U0534310

国际佛学论丛 5

因果

夏坝·降央克珠　魏德东◎主编
中国人民大学国际佛学研究中心◎主办

中国社会科学出版社

图书在版编目(CIP)数据

国际佛学论丛.5，因果/夏坝·降央克珠，魏德东主编.
—北京：中国社会科学出版社，2019.4
ISBN 978-7-5203-4273-5

Ⅰ.①国…　Ⅱ.①夏…②魏…　Ⅲ.①佛学—文集
Ⅳ.①B94－53

中国版本图书馆CIP数据核字(2019)第096982号

出 版 人　赵剑英
责任编辑　韩国茹
责任校对　张爱华
责任印制　张雪娇

出　　版　中国社会科学出版社
社　　址　北京鼓楼西大街甲158号
邮　　编　100720
网　　址　http://www.csspw.cn
发 行 部　010－84083685
门 市 部　010－84029450
经　　销　新华书店及其他书店

印　　刷　北京君升印刷有限公司
装　　订　廊坊市广阳区广增装订厂
版　　次　2019年4月第1版
印　　次　2019年4月第1次印刷

开　　本　710×1000　1/16
印　　张　41.75
插　　页　2
字　　数　682千字
定　　价　228.00元

国际佛学论丛 5

刊首语

就中国佛教的特点而言，重视学术思想是其重要方面。古代中国佛教宗派的形成，无不以思想的多元与丰富为基础。而任何时代佛教的繁荣，也都表现为佛教思想的创新与勃发。今天，在中国佛教的外部环境与硬体建设都达到新的高度之后，越来越多的有识之士联合起来，积极推动学术研究的开展。自2011年起，中国人民大学国际佛学研究中心先后举办了“经典翻译与宗教传播”“禅定思想研究”“戒律思想与实践”“菩提心思想与实践”和“佛性研究”等五届国际佛学论坛，出版了《禅定》《戒律》《菩提心》和《佛性》等4辑“国际佛学论丛”，在国内外学术界、佛学界都产生了良好的影响。

2016年10月29—30日，“第六届国际佛学论坛：因果思想研究”在中国人民大学举行，来自北京大学、中国人民大学、北京师范大学、南京大学、中国社会科学院、青海民族大学、中国藏语系高级佛学院、美国哥伦比亚大学、斯里兰卡凯拉尼亚大学等学术机构及沈阳北塔法轮寺、大庆富裕正洁寺、苏州西园寺戒幢佛学院、扬州鉴真佛学院、日喀则扎什伦布寺、玉树拉布寺、阿坝查理寺、甘孜寺、石渠色须寺、巴塘却丹寺等佛教界人才重镇的50多位学者发表了论文，与会者200余人。论坛由中国人民大学国际佛学研究中心、佛教与宗教学理论研究所、哲学院及美国哥伦比亚大学孔子学院、凤凰佛教等单位联合主办，是一场国内外高校之间、学术机构与宗教团体之间、学术界与媒体之间有效合作的成功会议。

善有善报，恶有恶报，不是不报，时候未到。这一朴素的因果观，或许是中国古典价值中最具生命力的部分。在有关中国人的大型价值观调查中，相信因果报应从来都排在前三。然而，如何从佛教、宗教、哲学、科学等学术层面解读因果思想与理论，却是最为复杂的学术课题。本届论坛讨论了佛教因果观的逻辑范式，业力与因果，原始佛教、中观学派、毗昙唯识二系中的因果观，中国佛教因果观的特点，文学艺术中的因果思想，汉传、藏传、南传佛教因果观的关系，佛教因果观与儒家、道教、基督教、伊斯兰教的异同，并从心理学、西方哲学、逻辑学视角对因果概念予以了解析。会议促进了多宗教、多学科在因果问题上的交流互鉴，深化了对因果思想的理解。

利用现代传媒扩大影响是本届论坛的有益尝试。本届论坛的第一场为“世界哲学与宗教体系中的因果理论”，由凤凰佛教网络直播，可通过微博、微信等多种形式收看，现场参与者达33万余人。北京大学楼宇烈教授、中国社会科学院杨曾文教授、中国人民大学法光教授、北京市佛教协会会长胡雪峰法师、黑龙江省佛教协会会长静波法师、川西活佛夏坝仁波切，联袂著名西方哲学教授张志伟、基督教学教授李秋零、伊斯兰教学教授王宇洁，从汉传、藏传与南传三大佛教体系，从儒家、佛家与道家中华三教关系，从佛教、基督教和伊斯兰教世界三大宗教，从东方哲学与西方哲学，从宗教、逻辑与科学等各个方面，共同阐释对因果的理解，并允许网民开放提问，相互激发，讨论热烈，很好地扩大了学术影响。

呈现在读者面前的这部论丛，精选自“第六届国际佛学论坛：因果思想研究”论文集，合计40篇。分别从佛教原典、印度佛教论典、汉传佛教论典、藏传佛教论典、中国佛教艺术与文学、西方哲学和心理学等方面，对因果概念、模式、内涵、历史演变及现代价值等议题予以了系统的研讨。

期待得到您的批评与指正。

夏坝·降央克珠 魏德东

2018年4月23日

目　　录

以十善为中心的佛教因果报应论
——兼述《十善业道经》《十不善业道经》的善恶观 …… 杨曾文（1）
说一切有部对佛教因果论之贡献 …… 释法光（10）
论佛教因果思想的三次转向
——以本生经为核心 …… 吕　昂（31）
说一切有部俱有因概念的发展 …… 高明元（45）
毗昙唯识二系因果抉择之异同管窥
——以《阿毗达磨俱舍论》《成唯识论》为依 …… 释克能（66）
佛教因果思想的瑜伽唯识机理 …… 袁经文（81）
佛国净土与因果
——以《维摩诘经·佛国品》的注疏诠释为中心 …… 杨祖荣（117）
6世纪前《法华经》因果思想初探
——前"智者时代"的争鸣 …… 释慧正（128）
中观学派的因果观
——以吉藏《中观论疏》为中心 …… 释宗志（151）
吉藏《十二门论疏》释《观因果门》著作目的中的问题 …… 释龙相（163）
试论鉴真大师因果观 …… 释能修（174）
《大乘起信论》的因果结构
——兼谈牟宗三、吕澂的诠释 …… 李宜静（181）
因该果海，果彻因源
——宗密因果观浅探 …… 杨　浩（193）

从《原人论》看儒释因果观的差异 ………………………… 崔韩颖（202）
《景德传灯录》中的因果问答 ………………………………… 张　琴（213）
“因果”与“无为”
——对莲池大师对《五部六册》之批评的反思 ……… 王若曦（228）
“因能变”说辨异 ……………………………………………… 黄　敏（240）
大足石刻中的因果思想探析 ………………………………… 邬宗玲（250）
苦乐分殊：大足宝顶山第18至20号造像组合考察 ……… 张建宇（272）
敦煌歌辞与佛教因果思想 …………………………………… 曾　凯（289）
《阅微草堂笔记》佛教因果观探究 ………………………… 常红星（306）
民间佛教的因果思想
——从山东民间手抄本《沤和颂赦科》谈起 ………… 释观清（318）
正念与因果的关系
——从行为认知角度分析 ………………………………… 朱天助（331）
心理因果性的佛教理论与心灵哲学对比初探 ……………… 姚　忆（341）
藏传因明学中的因果关系限定性问题 ……………………… 云　丹（354）
《业报差别经》汉藏版本对比及义理辨析 ………… 高婷　张子阳（361）
中观应成派“业灭”理论辨析 ……………………… 格西贡秋诺布（378）
应成派业因果·明镜 ………………………………… 格西仁增多杰（388）
试析法称因明学中的亲因和疏因 …………… 扎琼·洛桑索巴南杰（397）
试析法称因明学中的正因与助缘 …………………………… 白玛战堆（407）
简析等流果 ……………………………………………………… 格西周扎（423）
略辨定不定受业差别 ………………………………… 格西觉弘尼玛（431）
轻重业差别辨析 ……………………………………… 格西益西加措（441）
因果信仰与前后世信仰的关系 ……………………… 格西罗颂央吉（451）
六因建立辨析·启明慧论 …………………………… 格西雅玛索南（460）
经验主义因果观的再检视
——基于佛教哲学的思考 ………………………………… 土登德勒（482）
法称论“因果性在比度中的作用”
——以《释量论自释》11—38颂
为例 ……………… Brendan S. Gillon & Richard P. Hayes（518）

《释量论广释·正理海·自义比量品》比量与因果性
　论述节选 …………………………… 法称论师颂，克珠杰大师释（578）
西方哲学视野下的因果问题 ……………………………… 张志伟（616）
心理因果：从笛卡尔到金在权 ………………………… Daniel Lim（630）
征稿启事 ……………………………………………………………（651）

Content

Causality in Buddhist Theory and Retribution of Karma Based on
Ten - good - deeds - centred View
——The Virtues and Vices in *Daśakuśalakarmapathasūtra and Daśākuśalakarmapathasūtra* ………………… Yang Zengwen (1)

Sarvāstivādin's Contribution to Buddhist Causal
Thought ………………………………………………… Ven. Faguang (10)

Discussion on Three Changes in Buddhist Causal Thought
——*Take Jataka as Core* ……………………………… Lü Ang (31)

The Development of Sarvāstivādin's Concept of
Sahabhūhetu …………………………………………… Gao Mingyuan (45)

The Differences of Causal Deciding and Choosing between Abhidharma
and Vijñaptimātra
——Based on *Abhidharmakośaśāstra* and
Vijñaptimātratāsiddhi - śāstra ……………… Ven. Keneng (66)

How the Buddist Causal Thought Works in Yogacāra
Theory ………………………………………………… Yuan Jingwen (81)

Buddhist Pure Land and Cause & Effect
——Focus on the Commentary of *Vimalakīrtinirdeśasūtra* · *buddhakṣetrapariśuddhinidānam* ……………… Yang Zurong (117)

Primary Exploration of Causal Thought in *Saddharmapuṇḍarīkasūtra*
before 6th Century ……………………………………… Ven. Huizheng (128)

The Causal Idea in the System of Mādhyamika

——Focusing on Jizang's Zhong – guan – lun – shu …………………………………………… Ven. Zongzhi (151)

The Problems of Jizang's Purpose in Writing Commentary on *Chapter Nine Kāryakāraṇaparikṣā of Dvādaśamukhāśastra* ……… Ven. Longxiang (163)

Discussion on Master Jianzhen's Causal Idea …………… Ven. Nengxiu (174)

The Causal Structure of *Mahāyānaśraddhotpādaśāstra*

——and the Annotation of Mou Tsung – san and Lü Cheng …………………………………………………… Li Yijing (181)

"Cause Involves the Ocean of Effect while Effect Penetrates the Spring of Cause" Exploration on Zongmi's Causal Idea …… YangHao (193)

Differences of Causal Ideas between Confucianism and Buddhism Based on *Yuan – ren – lun* …………………………… Cui Hanying (202)

Causal Q&A in *Jing – de – chuan – deng – lu* …………… Zhang Qin (213)

Cause & Effect and Wuwei

——Rethink of Master LianChi's Criticism on *Wu – bu – liu – ce* …………………………………………… Wang Ruoxi (228)

Discrimination about the Theory of Hetupariṇāma ……… Huang Min (240)

Exploration on Causal Idea of Dazu Rock Carvings …… Wu Zongling (250)

Hardship and Happiness Differ: Investigation of Statue Groups No. 18 – No. 20 on Baoding Mountain in Dazu County ……… Zhang Jianyu (272)

Dunhuang Poetry and Buddhist Causal Idea ………………… Zeng Kai (289)

Exploration on Buddhist Causal Idea in *Yue – wei – cao –* tang *Fantastic Tales* ……………………………… Chang Hongxing (306)

Causal Idea of Folk Buddhism

——*Ou – he – ban – che – ke*, a Handwritten Copy in ShanDong …………………………………… Ven. Guanqing (318)

The Relationship between Samyaksmṛti and Hetuphala

——Analysis from the Cognitive – behavioral Point of View …………………………………………… Zhu Tianzhu (331)

Exploration on Comparing Cause&Effect Behavior of Buddhist

Theory and Philosophy of Mind ……………………………… YaoYi (341)

Definiteness of Causal Relationship in Tibetan Hetuvidyā ……………………………………………… Ven. Yon*tan* (354)

Ch – Tib Bilingual Version of Karmavibhaṅga and the Argumental Discrimination ……………………………… GaoTing/Zhang Ziyang (361)

Analysis of Mādhyamika – Prāsaṅgika's Karma – parikṣaya Theory ……………………………………… Geshe Kunchok – norbu (378)

Karma Causal Idea of Prāsaṅgika · Bright Mirror ……………………………………… Geshe Rindzin – dorje (388)

Analysis of Direct Cause and Indirect Cause in Dharmakīrti's Hetuvidya Works ……………………………… Gra – kyung Rinpoche (397)

Analysis of Hetu and Pratītya in Dharmakīrti's Hetuvidya Works ……………………………………… Geshe Padma – dradul (407)

Brief Analysis of Niṣyandaphalam …………………… Geshe Grubgrag (423)

Brief Analysis of Differences between Anubhavanāniścita and Anubhavanā-aniyama Karma ………………… Gashe Jorpun – nyima (431)

Discriminate between Light Karma and Heavy Karma ……………………………………… Geshe Yeshe Gyamtso (441)

Relationship between Causal Belief and Previous – After Life Belief ……………………………… Geshe Losang – yargye (451)

Analysis of the Ṣaḍhetavaḥ Establishment · Enlightening the Wisdom ……………………………………… Geshe Yama – sonam (460)

Buddhist Causal Thought

—— Interpreting Cause&Effect from Madhyamika – svatantrika's Point of View ………………………… Ven. Tubden – dele (482)

Dharmakīrti's Discussion on "The Cause&Effect's Role in Anumāna"

——Take Gāthā No. 11 – 38 in Pramāṇa – vārttika Svav ṛtti for Example ……………………………… Gillon and Hayes (518)

Discussions on Anumāna – pramāṇa and Hetu – phala – bhāva Expert from *Extensive Commentary of Pramāṇavārttika Ocean of Reasoning · svārtha – anumāna* …………… Kedrup – gele – pelsang (578)

Causal Problem Through the View of Western Philosophy … Zhang Zhiwei (616)
Mental Causation: From Descare to Kim ………………… Daniel Lim (630)
Looking for Article Contribution ………………………………… (651)

དཀར་ཆག

དགེ་བ་བཅུ་གཙོ་བོར་བྱེད་པའི་ནང་བསྟན་རྒྱུ་འབྲས་ལྟ་བ། དགེ་བ་བཅུ་ལས་ལམ་གྱི་མདོ་དང་མི་དགེ་བ་བཅུ་ལས་ལམ་གྱི་མདོའི་དགེ་མི་དགེའི་ལྟ་བ་ཞོར་དུ་བརྗོད་པ།······························ཡང་ཅེང་ཕྲེན། (1)

བྱེ་བྲག་སྨྲ་བས་ནང་བསྟན་རྒྱུ་འབྲས་ལྟ་བ་ལ་བཞག་པའི་མཛད་རྗེས། ······ སློབ་དཔོན་ཆོས་ཀྱི་འོད་ཟེར། (10)

ནང་བསྟན་རྒྱུ་འབྲས་ལྟ་བ་ཀྱི་ཐེངས་གསུམ་སྒྱུར་ཕྱོགས། སྐྱེས་རབས་མདོ་གཙོ་བོར་བྱེད་པ།···ལུས་ཨང་། (31)

བྱེ་བྲག་སྨྲ་བའི་ལྷན་ཅིག་འབྱུང་བའི་རྒྱུའི་དོན་སྤྱིའི་འཕེལ་བ།··························ཀའོ་མིང་ཡོན། (45)

མཛོན་པ་དང་སེམས་ཅམ་པས་རྒྱུ་འབྲས་གཏན་ལ་ཕབ་པའི་འདྲ་ས་དང་མི་འདྲ་ས། ཆོས་མཛོན་པའི་མཛོད་དང་སེམས་ཅམ་དུ་གྲུབ་པའི་བསྟན་བཅོས་ལ་བརྟེན་པ།··························སློབ་དཔོན་ཁེ་ནེང་། (66)

ནང་བསྟན་རྒྱུ་འབྲས་ལྟ་བའི་རྣལ་འབྱོར་སེམས་ཅམ་པའི་རིགས་གཞུང་།················ཡོན་ཅིང་ཕྲེན། (81)

སངས་རྒྱས་ཀྱི་ཞིང་། དག་པའི་ཞིང་ཁམས་དང་རྒྱུ་འབྲས། དྲི་མ་མེད་པའི་གྲགས་པའི་མདོ་ལས་སངས་རྒྱས་ཀྱི་ཞིང་གི་ལེ་ཚན་གྱི་རྣམ་བཤད་གཙོ་བོར་བྱེད་པ།··································ཡང་ཙུ་རོང་། (117)

དུས་རབས་དྲུག་པའི་སྔོན་ལ་དམ་པའི་ཆོས་པད་མ་དཀར་པོའི་རྒྱུ་འབྲས་ལྟ་བའི་འཚོལ་ཞིབ་དང་པོ། སྦྱ་མའི་མཁས་པའི་དུས་རབས་ཀྱི་འགྲན་གླེང་།······························སློབ་དཔོན་ཤེས་རབ་ཡང་དག (128)

དབུ་མ་པའི་རྒྱུ་འབྲས་ལྟ་བ། སློབ་དཔོན་ཅི་ཙང་གིས་བརྩམས་པའི་དབུ་མ་བསྟན་བཅོས་ཀྱི་རྣམ་བཤད་གཙོ་བོར་བྱེད་པ།··སློབ་དཔོན་བརྟན་འགྲུབ། (151)

སློབ་དཔོན་ཅི་ཙང་གིས་སྒོ་བཅུ་གཉིས་ཀྱི་རྣམ་བཤད་ཀྱི་འགྲེལ་པ་རྒྱུ་འབྲས་ཀྱི་སྒོ་དཔྱོད་པ་བརྩམས་པའི་དམིགས་ཡུལ་གྱི་དོགས་གནད།·······································སློབ་དཔོན་ཞོང་ཤང་། (163)

སློབ་དཔོན་ཅན་དེན་གྱི་རྒྱུ་འབྲས་ལྟ་བ་ལ་ཅུང་ཟད་དཔྱོད་པ། ··················· སློབ་དཔོན་ནེང་ཤེ་ཚུ། (174)

ཐེག་ཆེན་ལ་དད་པ་བསྐྱེད་པའི་བསྟན་བཅོས་ཀྱི་རྒྱུ་འབྲས་ཀྱི་སྒྲིག་གཞི། མོ་ཚུ་ཅོང་སན་དང་ལུས་ཕྲེང་གི་འགྲེལ་བཤད་ཞོར་དུ་བརྗོད་པ། ·· ལི་ཡི་ཅིང་། (181)

ཅོང་མིའི་རྒྱུ་འབྲས་ལྟ་བ་ལ་ཅུང་ཟད་དཔྱོད་པ།······································ཡང་ཏའོ། (193)

ཡོན་རིན་བསྟན་བཅོས་ལ་བརྟེན་ནས་ཏུ་ཝུ་ལུགས་པ་དང་སངས་རྒྱས་པའི་རྒྱུ་འབྲས་ལྟ་བའི་
ཁྱད་པར་ལ་དཔྱོད་པ།……ཚུའི་ཏན་ཡིན།（202）
ཅིང་ཏེ་ཁྲུན་ཏེང་ལུ་ནང་ལས་རྒྱུ་འབྲས་སྐོར་གྱི་འདྲི་ལན།……ཁྲང་ཆིང་།（213）
རྒྱུ་འབྲས་དང་འདུས་མ་བྱས། སློབ་དཔོན་ཡིན་ཁྲིས་ཕུ་ཕུ་ལི་ཝུ་ཆེ་ལ་སྐྱོན་བརྗོད་པའི་བསམ་ཞིབ།
……ཞང་རོ་ཞི།（228）
རྒྱུའི་ཡོངས་སུ་འགྱུར་བའི་རྣམ་བཞག་ལ་དབྱེ་བ་འབྱེད་པ།……ཧྭང་མིན།（240）
ཏ་ཙུ་རྡོ་བཀོས་ནང་ལས་རྒྱུ་འབྲས་ལྟ་བའི་བརྟག་དཔྱད།……ལུ་ཅོང་ལིང་།（250）
བདེ་སྡུག་གི་ཁྱད་པར་སྟེ། ཏ་ཙུ་རྫོང་གི་རི་བོ་པའོ་ཏིང་གི་ཨང་བཅོ་བརྒྱད་པ་ནས་ཉི་ཤུ་པའི་བར་གྱི་སྐུ་ཚོགས་ཀྱི་
བརྟག་དཔྱད།……ཀྲང་ཅན་ཡུ།（272）
ཏུན་ཧྭང་གི་སྨན་ངག་དང་ནང་བསྟན་རྒྱུ་འབྲས་ལྟ་བ།……ཅེང་ཁའི།（289）
ཡུལ་ལྷེའི་ཚའོ་ཧྲང་ཐྲིན་པོ་ནང་ལས་ནང་བསྟན་རྒྱུ་འབྲས་ལྟ་བའི་རྩད་གཅོད།……ཁྲང་ཏོང་ཤིང་།（306）
དམངས་ཁྲོད་ནང་བསྟན་གྱི་རྒྱུ་འབྲས་ལྟ་བ། ཧྲན་ཏོང་དམངས་ཁྲོད་ཀྱི་བྲིས་མ་ཨོ་ཝུ་ཏེ་པན་ཁྲི་ཁེ་ནས་བཟུང་སྟེ་
བརྗོད་པ།……སློབ་དཔོན་ཀུན་ཆེང་།（318）
རྟེན་པ་དང་རྒྱུ་འབྲས་ཀྱི་འབྲེལ་བ། སྤྱོད་པའི་ངོས་འཛིན་གྱི་སྒོ་ནས་དབྱེ་ཞིབ་བྱེད་པ།……ཀུ་ཤིན་སྤྲུག（331）
རྒྱུ་འབྲས་སྤྱོད་ཀྱི་ནང་བསྟན་གྲུབ་མཐའ་དང་སེམས་ཁམས་ཀྱི་གྲུབ་མཐའ་སྦྱར་སྟེ་དཔྱོད་པ།……ཡའོ་ཡིག（341）
བོད་བརྒྱུད་ཚད་མ་རིག་པ་ནང་ལས་རྒྱུ་འབྲས་ཀྱི་འབྲེལ་བ་དཔྱད་པ།……ཐུབ་བསྟན་ཡོན་ཏན།（354）
ལས་རྣམ་པར་འབྱེད་པའི་མདོའི་བོད་འགྱུར་དང་རྒྱ་འགྱུར་གྱི་ཁྱད་པར་དང་དོན་དག་གི་དབྱེ་འབྱེད།
ཀའོ་ཐིང་དང་ཀྲང་ཅི་ཡང་།……（361）
ཐལ་འགྱུར་བའི་ལུགས་ལ་ལས་ཞིག་པ་ལ་ཅུང་ཟད་དཔྱད་པ།……དགེ་བཤེས་དཀོན་མཆོག་ནོར་བུ།（378）
ཐལ་འགྱུར་བའི་ལས་རྒྱུ་འབྲས་གསལ་བའི་མེ་ལོང་།……དགེ་བཤེས་རིག་འཛིན་རྡོ་རྗེ།（388）
དངོས་རྒྱུ་དང་བརྒྱུད་ལ་ཅུང་ཟད་དཔྱད་པ།……བྲ་ཁྲིམ་རིན་པོ་ཆེ།（397）
ཉེར་ལེན་གྱི་རྒྱུ་དང་ལྷན་ཅིག་བྱེད་རྐྱེན་ལ་མཐའ་དཔྱད་པ།……པད་མ་དགྲ་འདུལ།（407）
རྒྱུ་མ་ཐུན་གྱི་འབྲས་བུ་ཀྱི་སྐབས་ཀྱི་དཔྱད།……དགེ་བཤེས་བསོད་ནམས་འབྲུག་སྒྲ།（423）
ངེས་པའི་ལས་དང་མ་ངེས་ལས་ཀྱི་སྐབས་ཀྱི་དཔྱད་པ།……དགེ་བཤེས་སྐྱོར་དཔོན་ཉི་མ།（431）
ལས་ལྗི་ཡང་གི་ཁྱད་པར།……དགེ་བཤེས་ཡེ་ཤེས་རྒྱ་མཚོ།（441）
རྒྱུ་འབྲས་ལ་ཡིད་ཆེས་རྙེད་པས་སྐྱེ་བ་སྔ་ཕྱི་ལ་ཡིད་ཆེས་རྙེད་པ།……དགེ་བཤེས་བློ་བཟང་ཡར་རྒྱས།（451）

རྒྱ་དྲག་གི་རྣམ་གཞག་ལ་དཔྱད་པ་བློ་གསལ་དགྱེས་པའི་གཏམ། …… དགེ་བཤེས་ཡ་མ་བསོད་ནམས། （460）

ནང་བསྟན་གྱི་རྒྱུ་འབྲས་ལྟ་བ། དབུ་མ་རང་རྒྱུད་པའི་སྒོ་ནས་རྒྱུ་འབྲས་འབྲེལ་བཤད་བྱེད་པ།
…………………………………………………… ཐུབ་བསྟན་བདེ་ལེགས། （482）

སློབ་དཔོན་ཆོས་གྲགས་ཀྱིས་རྗེས་དཔག་ལ་རྒྱུ་འབྲས་ཉིད་ཀྱི་བྱེད་ལས་གང་ཡོད་པ་བརྗོད་པ།
ཚད་མ་རྣམ་འགྲེལ་གྱི་རང་འགྲེལ་ལས་ཚིགས་བཅད་བཅུ་གཅིག་པ་ནས་སུམ་ཅུ་སོ་བརྒྱད་པའི་
བར་ལ་གཞི་བཞག་ནས་བརྗོད་པ། ……………………………ཀི་ཡོན་དང་ཧ་ཡེས། （518）

མཁས་གྲུབ་རྗེའི་ཚད་མ་རྣམ་འགྲེལ་རིགས་པའི་རྒྱ་མཚོ་རང་དོན་ལེའུ་ལས་རྗེས་དཔག་ཚད་མ་དང་རྒྱུ་འབྲས་ཉིད་
ཀྱི་རྣམ་བཤད་ཀྱི་རྒྱ་བསྒྱུར། …………………… མཁས་གྲུབ་དགེ་ལེགས་དཔལ་བཟང་། （578）

ཐུབ་ཕྱོགས་རྒྱལ་ཁབ་ཀྱི་གྲུབ་མཐའི་ལྟ་བ་ནང་ལས་རྒྱུ་འབྲས་ཀྱི་དོགས་གནད། …………ཀྲང་ཀྲི་ལེའི། （616）

སེམས་ཁམས་ཀྱི་རྒྱུ་འབྲས་སྐེ། ཏེ་ཁ་རེ་ནས་ཅིན་ཙའི་རྒྱུན་གྱི་བར། …………… ཏན་ཉིལ་ཞི་མ། （630）

རྩོམ་བསྡུའི་བརྡ་ཐོ། ………………………………………………………… （651）

以十善为中心的佛教因果报应论

——兼述《十善业道经》《十不善业道经》的善恶观

杨曾文

【提要】 文章对佛教五戒特别是十善的理念和善恶因果报应思想进行阐释，并兼述《十善业道经》《十不善业道经》的道德观。

【关键词】 五戒　十善　十恶　因果报应　《十善业道经》

【作者简介】 杨曾文，中国社会科学院荣誉学部委员、世界宗教研究所教授。zengwen8@ china. com

中国古代文化以儒释道三家为骨干，然而它们的社会功能有所不同，最有代表性的看法是南宋孝宗著《原道论》所说"以佛修心，以道养生，以儒治世"。今天看来这种说法并非准确，却也抓住了佛教重在修心的特色。佛教大小乘教法虽有千差万别，然而皆注重善恶因果报应的说教，引导信众进行修善止恶的修心，只是依据的理论和采用的修持方法有所差异而已。

从原始佛教到部派佛教，再到大乘佛教，以至中国隋唐以后形成的佛教诸宗，在倡导伦理思想过程中皆将五戒、十善作为根本内容，作为劝导信众扬善弃恶的基本要求。当然，具体到个人，在弘传五戒、十善的过程中又加入某些说教内容，作出新的发挥。常见的是不仅从"止善"（制止十不善，如不杀）方面，也从"行善"（进而行善，如放生）方面对五戒、十善作出诠释；也有的结合儒家的伦理名教加以会通。

在汉译佛经当中，对十善作比较系统阐释的有唐代实叉难陀所译

《十善业道经》和宋代日称等译《十不善业道经》[①]。二经不仅列举何为十善、十不善，还指出做到十善的善行和做出十不善的恶行会遭遇怎样的善恶报应，历来受到佛教界的重视。

一 五戒、十善与佛教的善恶因果报应

古印度释迦牟尼佛在创立佛教以后，随着教团人数的增多和佛教传播范围的扩大，为防止僧众犯错，即所谓“防非止恶”，并且为了维持僧众内部和谐和建立僧团与社会民众之间的良好关系，经常因时因事而“随机设教”，按照僧众不同身份制定戒规，分为沙弥（含沙弥尼）戒、比丘戒、比丘尼戒，遵守十戒、二百五十戒等。[②] 同时针对在家信众也制定了简要的居士五戒和集中修行时期遵守的八戒。这些戒规是从制止做某些行为角度而制定的规范，每项戒条前面加以“不”字，如“不杀”“不盗”“不淫”等。戒规中也包括僧团举行集会、各种仪式以及修行、日常生活等的规定、礼仪。

五戒虽是居士戒，实际是最基本的戒条，也存在于其他戒规中，要求信众皆须遵守。其具体内容包括：不杀生、不偷盗、不邪淫（禁止不正当男女关系）、不妄语（不说谎话）、不饮酒。当然对于出家的沙弥、比丘来说，还有别的更多戒条，要求也更为严格。

在上述各类戒规之外，佛陀还制定了具有道德理念和道德规范意义的“十善”，要求僧俗信众从身业（行为）、口业（语言）、意业（思想）三个方面自我约束，注重道德修养，促进心灵净化，并在行为上做到行善、止恶，积累功德，既可得到善的报应，也为深入修持其他佛法创造条件。

所谓“十善”，是从原始佛教，经部派佛教，直至大乘佛教一直倡导的最基本的道德理念和规范。在东晋佛陀耶舍与竺佛念译的《长阿含经·十上经》中称十善为“十增法”“十善行”，包括对身口意三个方面

---

① 二经分别载《大正藏》第 15 册第 157 页下—159 页中和第 17 册第 457 页下，下面引文不再一一详引页码。

② 汉译戒律有四部，其中《四分律》为唐代以后通用，规定比丘戒 250 条，比丘尼戒 348 条；南北朝时南方通用《十诵律》，比丘戒 257 条，比丘尼戒 355 条，等等。

的约束："身不杀、盗、淫（引者按：一般作'邪淫'）；口不两舌、恶骂、妄言、绮语；意不贪取、嫉妒、邪见。"与此相对则为十恶，称之为"十退法""十不善行迹"，包括："身杀、盗、淫（引者按：一般作'邪淫'）；口两舌、恶骂、妄言、绮语；意贪取、嫉妒、邪见。"现将十善与身、语、意三业的关系表示如下：

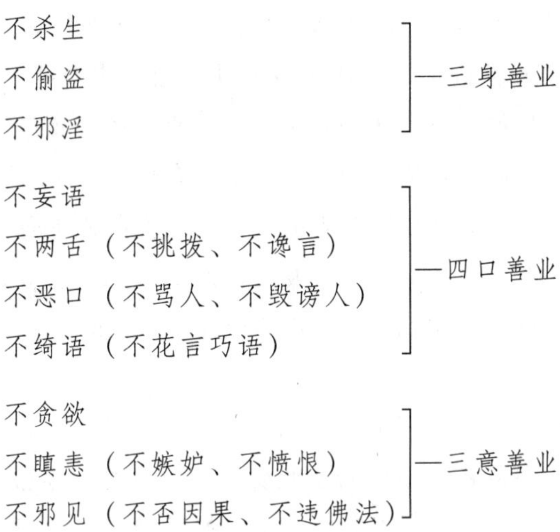

与此相反就是"十不善业""十恶"，即做十种恶的行为。不过，仅从不作恶来说是带有消极意味的。大乘佛经对此有发展，要求从不做恶事（止善），进而主动积极地做利益众生和提高道德修养的善事（行善）。

大乘佛教在发展中提出"五乘"的说法，将修持五戒之教称为"人乘"，谓修五戒者来世能生为人；而将修持十善之教归为"天乘"，谓修十善死后能够生到天界（三十三天等）。

那么，十善与居士戒的"五戒"有什么区别呢？首先，五戒属于戒，是要求居士必须做到的，否则属于犯戒；其次，五戒仅局限在身业、口业两个方面对在家居士提出制约，比较容易做到，而未在意（心、精神）业方面提出制约，因而对人在道德方面的制约范围较小，没有十善那样蕴含宽泛的道德理念、规范的意义。

从伦理道德的要求来看，十善内容已经覆盖了五戒的内容，是佛教用来向信众乃至普通民众进行道德说教最适宜的内容。

佛教大小乘将缘起（因缘）理论作为思想基础，所谓“此有故彼有，此生故彼生，此无故彼无，此灭故彼灭”。在这里，“此”为因，“彼”为果，旨在说明有因必有果，无因则无果。构成人生循环链条的“十二因缘”之前提的“无明”或“痴”，主要指的是不明因果道理。由于有“无明”这个因，才有生死轮回链条这个果。佛教将上述善恶思想与缘起理论结合起来，便形成善恶因果报应的说教。

佛教讲十善、十恶，谓“行善止恶”或“遏恶扬善”“防非止恶”等，意在劝导世人奉行十善，遏止或制止十恶。奉行十善是属于善行善业，将积累善的功德；行十恶则属于恶行恶业，将造成恶的罪过。将此善恶思想纳入因果报应、六道轮回之说，谓善有善报，恶有恶报。报应或早或迟，以致决定死后灵魂轮回转世的去向：得善报者轮回到“善道”（善趣），再生为人或生到天界；得恶报者轮回到“恶道”（恶趣），生为畜生、饿鬼或下地狱。这种说教曾长期广泛流传于民间，对古代道德风尚和社会习俗影响极大。

东晋庐山慧远曾写《三报论》谓：“业有三报：一曰现报，二曰生报，三曰后报。现报者，善恶始于此身，即此身受。生报者，来生便受。后报者，或经二生、三生、百生、千生，然后乃受。”① 概言之，“现报”是善恶业因在人的生前得到报应；“生报”是基于灵魂不灭思想谓在来世得到报应；后报是经过一生以上才得到报应。这种理论旨在打破人们因看到“或有积善而殃集，或有凶邪而致庆”和“积善之无庆，积恶之无殃”的现象而产生的对因果报应的怀疑，告诉人们：即使善恶业因在现世得不到报应，来世、无尽的后世也必然得到报应。

实际上，善恶报应思想最早是来自人们的日常生活。人是社会的人，一生下来首先接触父母，然后是兄弟姐妹，随着年龄增长进入社会，接触更为复杂的社会关系。一个人若是做了好事、错事乃至坏事，皆会产生一种潜在的作用力或影响力，以后在某些时间场合便会招致或好或坏事物的回报。在这当中即蕴含着因与果的关系。佛教作为宗教，将此因果现象与教义结合起来加以发展，便形成善恶因果报应的理论。

---

① （东晋）慧远：《三报论》，载（南朝梁）僧祐《弘明集》卷五，《大正藏》第52册，第34页中。

顺便提到，在佛教中国化的过程中，佛教将儒家道德和其他的传统伦理思想也纳入“善”的范畴之中，从而扩大了对中国社会的影响。

二　《十善业道经》《十不善业道经》的善恶观

唐宋以来以至于近代，唐于阗三藏实叉难陀所译《十善业道经》是佛教界经常向信众宣讲的劝善、惩恶的佛经。宋代日称等译、印度马鸣菩萨所集《十不善业道经》篇幅很短，对十不善业作了较详解释。

实叉难陀（652—710），于阗（今新疆维吾尔自治区和田一带）人，在武周时新译《华严经》八十卷。所译《十善业道经》是用大乘教理对佛教基本的道德规范“十善”及其报应作较详阐释，有以下特色：

（一）强调“心”在决定行善造恶以及善恶报应中的作用

此经借佛向龙王说法，宣称：

> 一切众生心想异故，造业亦异，由是故有诸趣轮转。龙王！汝见此会及大海中形色种类各别不耶？如是一切，靡不由心造善不善身业、语业、意业所致。
>
> 汝观佛身，从百千亿福德所生，诸相庄严，光明显曜，蔽诸大众。……汝又观此诸大菩萨，妙色严净，一切皆由修集善业福德而生。又诸天龙八部众等大威势者，亦因善业福德所生。今大海中所有众生，形色粗鄙，或大或小，皆由自心种种想念，作身语意诸不善业，是故随业各自受报。汝今当应如是修学，亦令众生了达因果，修习善业。

这是说，众生一切身（行为）、语（语言）、意（思想）三个方面的善和不善（恶）的表现，皆是由“心”决定的。“众生心想异故，造业亦异”，造善业必有善报，来世有好的轮回，说佛、菩萨乃至天龙八部皆“修集善业福德而生”；相反，造恶业必有恶报，如大海中“形色粗鄙，或大或小”的各种鱼鳖物类，皆因“作身语意诸不善业”得此报应而生。将善恶一切行为看作皆由心、思想决定，反映了大乘佛教重心性修养和心性解脱的特色。

(二) 将十善看作断恶、避免轮回“恶道”的根本“善法”

经文说：

> 当知菩萨有一法能断一切诸恶道苦。何等为一？谓于昼夜，常念思惟、观察善法，令诸善法念念增长，不容毫分不善间杂，是即能令诸恶永断，善法圆满，常得亲近诸佛、菩萨及余圣众。言善法者，谓人天身、声闻菩提、独觉菩提、无上菩提，皆依此法以为根本而得成就，故名善法。此法即是十善业道。

是说十善业道，即“离（引者按：不）杀生、偷盗、邪行、妄语、两舌、恶口、绮语、贪欲、瞋恚、邪见”，是人、生天者乃至三乘得道的罗汉、菩萨和佛必须修持的“根本”之教，应当时时以此净化自心，“令诸善法念念增长”，断除一切“诸恶”。这里不仅要求在行为中贯彻十善，而且要求“常念思惟、观察善法”，从思想上断除一切恶念。

(三) 详细宣述践行十善的功德和报应

经文对人践行十善将得到的功德和报应作了详细宣述。这里仅择取要点。

十善之一是“离杀生”。经文说，做到这点，即可在十个方面摆脱烦恼：“一、于诸众生普施无畏；二、常于众生起大慈心；三、永断一切瞋恚习气；四、身常无病；五、寿命长远；六、恒为非人（引者按：指善神之类）之所守护；七、常无恶梦，寝觉快乐；八、灭除怨结，众怨自解；九、无恶道怖；十、命终生天。”其能达到的最高目标是：达到最高觉悟成佛时，能“得佛随心自在寿命”。

十善之二是“离偷盗”，谓可得十种“可保信法”：“一者、资财盈积，王、贼、水、火及非爱子，不能散灭；二、多人爱念；三、人不欺负；四、十方赞美；五、不忧损害；六、善名流布；七、处众无畏；八、财、命、色、力安乐，辩才具足无缺；九、常怀施意；十、命终生天。”如果成佛，则“得证清净大菩提智”。

十善之八是“离贪欲”，可得到五种“自在”，即：“一、三业自在，诸根具足故；二、财物自在，一切怨贼不能夺故；三、福德自在，随心所欲，物皆备故；四、王位自在，珍奇妙物皆奉献故；五、所获之物，过本所求，百倍殊胜，由于昔时不悭嫉故。”如果成佛，“三界特尊，皆共敬养”。

十善之九是“离瞋恚”，可得到八种“喜悦心法”，即：“一、无损恼心；二、无瞋恚心；三、无诤讼心；四、柔和质直心；五、得圣者慈心；六、常作利益安众生心；七、身相端严，众共尊敬；八、以和忍故，速生梵世。”如果成佛，能“得无碍心，观者无厌”。

十善之十是“离邪见”，能得到十种“功德法”：“一、得真善意乐、真善等侣；二、深信因果，宁殒身命，终不作恶；三、唯归依佛，非余天等；四、直心正见，永离一切吉凶疑网；五、常生人天，不更恶道；六、无量福慧，转转增胜；七、永离邪道，行于圣道；八、不起身见，舍诸恶业；九、住无碍见；十、不堕诸难。”如果成佛，“速证一切佛法，成就自在神通”。

在经文所罗列行十善所能得到的功德、报应中，多数属于东晋慧远所说的“现报”。例如做到不杀生，则能给众生以勇气（“施无畏”）；对众生产生慈心，断除瞋恚；不偷盗，便能增加财富，不遭盗贼；离邪行（邪淫），则离邪淫之念，为世人尊重；不妄语，则“口常清净”，为世人所信，“言无误失，心常欢喜”；不两舌，则心身安泰，眷属和谐，受人信任；离恶口，则言语顺正，说话在理；离绮语，则为智者爱敬；离贪欲，则身心、财物、福德皆自在，永不贫穷；离瞋恚，则无损害人之心，心地柔和慈善；离邪见，则能得到真善观念，“深信因果，宁殒身命，终不作恶”“直心正见，永离一切吉凶疑网”。这实际讲的是修持十善所能达到的道德修养境界和能够得到的现实利益。这种功德当然属于慧远讲的“现报”。

其中也有属于来世的善报，例如所说的“命终生天”“速生梵世”“不堕诸难”等说法，实际是指修行十善能在死后得到好的轮回，生为人天。至于慧远说的“后报”，经文中所说“若能回向阿耨多罗三藐三菩提（引者按：最高觉悟）者，后成佛时……”就属于这种。因为大乘佛教所说的成佛动辄以“阿僧祇劫”（无数时间）计算，是并非可以一世二世预计的。

（四）将大乘菩萨道的“六度”“四摄”与十善结合宣说

大乘佛教以实践菩萨道为宗旨，以修持六度（六波罗蜜）为核心。六度包括：施舍、持戒、忍辱、精进、禅定、般若（智慧）。至于“四摄”可看作对六度的补充，包括：布施、爱语（对人劝导、说法）、同行（给人信心和帮助）、同事（与民众同甘共苦）。

在《十善业道经》中，讲完十善之后，经文又强调在修十善过程中应当同时修持六度、四摄等，特别强调修持“行施”“持戒”“忍辱”，谓这样做便能“常富财宝，无能侵夺”，身心安泰，增长智慧，断除妄见和各种烦恼，利益众生，获取大的利益。

此外，经文还要求修持其他如慈悲喜舍（四无量）等佛法。

经文最后强调，如同城乡必须依处大地、“一切药草、卉木、丛林，亦皆依地而得生长”那样，十善道则是一切佛教的基础，谓“一切人、天依之而立，一切声闻、独觉菩提、诸菩萨行、一切佛法，咸共依此十善大地而得成就”。

日称（1017—1078），中印度人，北宋仁宗朝来到中国，所译《十不善业道经》篇幅很短，卷首强调十不善业“体性是罪”，即在本质上皆属于“罪”，告诫修持佛道者应当远离，然后对十不善业（十恶）一一进行解释。

何为杀生？谓“于有情率先见已，次审其名，决定欲杀，动身施作，断其命根。如是五缘次第具足，成杀生罪，定感彼果”。意为先见到要杀的对象（有情众生），然后审明对象之名，决定要杀，然后动手，将其杀死。若具备这五个条件便构成杀生罪，将遭到报应。

何为不与取（偷盗）呢？解释说：“与他物先窥觇已，而起审虑，决定欲取，动身所作，即盗其物。具足五缘，成不与取罪。”意为先窥查到要偷窃的东西，然后思虑，形成偷盗的动机，动身去做，将东西拿到手。有此五个条件就犯下不与取之罪。

至于贪，是贪心他人的财富和生活；瞋，是对人产生愤恨之心；邪见，谓“无施等、无彼后世、无供养事、无佛世尊声闻缘觉、无罪无福、无所作业、无所受报”，即否认施舍、来世、供养，甚至否认佛、声闻、缘觉以及罪福业报的见解，实际是指反对佛教的思想。

经文最后说："此十不善业道是地狱因，于十善业道应当修学，则于恶趣永不堕落。"

总之，佛教的善恶因果报应教说在大小乘佛法中属于基础的说教，属于道德理念和道德规范的十善十恶在其中占据重要地位。这种说教将善有善报、恶有恶报和相应的三世轮回思想相结合，用来劝诫民众行善止恶，进行道德修养和心灵净化，促进修持佛法。《十善业道经》《十不善业道经》二经对此有比较系统的论述，至今受到佛教界的重视，常为信众讲述，对扬善止恶的道德教化有积极意义。

说一切有部对佛教因果论之贡献

释法光

【提要】 说一切有部是部派佛教中最具影响力的部派，它特别注重因果论，曾以“说因部”见称于世。其在公元前3世纪前后成立的“俱有因”（同时因果论）对有部的认识论、三世实有论以及修证论都有重要意义，并且对随后的整个佛教的思想发展有着极大的影响。俱有因是有部因果论的最根本范式，凡是必定同时生起而有因果关系的法都是俱有因，众贤论师确定了俱有因所涉及的范围：（1）共一果；（2）展转果；（3）由此力，彼法得生。瑜伽行派继承了有部的俱有因说，并借助于它建立了阿赖耶识说、种子熏习论和唯识论等核心教义。本文旨在阐述这个学说的特有意义，并凸显其于佛教因果论上所作的贡献。

【关键词】 俱有因　三世实有　同时因果　唯识

【作者简介】 释法光，哲学博士，中国人民大学哲学院佛教与宗教学研究所讲座教授，博士生导师。

前　言

在公元前270年前后，说一切有部已从根本上座部分出，并沿用传统的四缘说。到了公元前150年前后，迦旃延尼子（Kātyāyanīputra）的《阿毗达磨发智论》（以下简称《发智论》）创说六因论。对比四缘与六因论，可说两者在教理上最重要的差别，在于六因中的俱有因。也可以说：迦旃延尼子在四缘论的基础上再提出六因，主要就在于成立俱有因。当然，在此之前，《舍利弗阿毗昙》的十缘说中，已说到“异缘”，意义上相当于俱有因[①]；所以这个概念本身不能完全说是《发智论》的创说[②]。但迦旃延尼子却是首次具体清晰地论述俱有因，并标举它为六因之一。其后的有部大论师们，也都一致尽其所能地建立并维护俱有因之非有不可。从这点上，可见俱有因对有部教义的重要性。瑜伽行派继承了有部的俱有因说，并借助于它，以建立其阿赖耶识论、种子熏习论和唯识论等核心教义。

一 俱有因的例子与解释

《发智论》在解释俱有因和相应因时，没有给予明确的定义；但提供了一些具体的例子：

> 云何相应因？答：受与受相应法，为相应因。受相应法与受，为相应因。想、思、触、作意、欲、胜解、念、三摩地、慧，与慧相应法，为相应因。慧相应法与慧，为相应因。是谓相应因。
>
> 云何俱有因？答：心与心所法，为俱有因。心所法与心，为俱有因。心与随心转身业语业，为俱有因。心与随心转不相应行，为俱有因。随心转不相应行与心，为俱有因。复次，俱生四大种，展转为俱有因。是谓俱有因。[③]

---

① （姚秦）昙摩耶舍、昙摩崛多等译：《舍利弗阿毗昙论》卷二十五，《大正藏》第28册，第679页下：“何谓异缘？若法共有，是名异缘。”南传的 Paṭṭhāna 所列举的24缘里，也有相当于俱有因的 sahajāta - paccaya 和 aññamañña - paccaya。

② 印顺认为，《舍利弗毗昙》的十缘可理解为四缘与六因。印顺：《说一切有部为主的论书与论师之研究》，正闻出版社1968年版，第443页：“…… 依这样的分别，可见相续缘是同类因，报缘是异熟因，异缘是俱有（相应）因。起缘与俱有因相近，但是主因。如依四大起造色，依善不善根而起同时的善不善心所。起缘的从十结与三不善根而起不善心所，实为遍行因的另一解说。本论有（起）业（的）缘，而不特明起烦恼的遍行因，这是与六因说大不同的地方。这样，十缘不就是分别为四缘与六因吗？”但也同时指出（同上，第444页）：“六因与四缘，虽说近于十缘，但有十缘所没有的内容。”

③ 迦旃延尼子造，（唐）玄奘译：《阿毗达磨发智论》卷一，《大正藏》第26册，第920页下。

实际上，相应因也是俱有因，但只限于心心所法的范围。[①]《阿毗达磨大毗婆沙论》（以下简称《大毗婆沙论》）解说道：心与心所也是相应的[②]；《发智论》在此没把这两者说为相应因，是因为要心王胜于心所，而心所法之间相互平等的意义明显。在这里，《大毗婆沙论》也同时给俱有因下了一个定义：

办一事义，是俱有因义。心心所法，办事义同，故今说心。[③]

尽管相应因为俱有因的子集，婆沙评家把这两个范畴区别如下：

相应因义	俱有因义
（1）为伴侣义，是相应因 。	同一果义（ekakāryārtha），是俱有因。
（2）同一所依、一行相、一所缘义，是相应因。	同一生、一老、一住、一灭、一果、一等流、一异熟义，是俱有因。
（3）如执杖义，是相应因。	如执杖已有所作义，是俱有因。
（4）如连手义，是相应因。	如连手已渡暴河义，是俱有因
（5）相随顺义，是相应因。	不相离义（avinā - bhāvārtha），是俱有因。

上表所列举的俱有因义中，（3）及（4）相当于前说的“办一事义”（＊samānakāryatva，＊ekakāryatva），也和上述的“同一果义”相符。（2）及（5）则同样表示着因果同时之必定性。

比起《发智论》，《大毗婆沙论》的解释较为具体，但也不是十分精简。必定同时存在而不相离的，当然也是“相随顺”的。所以，《大毗婆

① 五百大罗汉等造，（唐）玄奘译：《阿毗达磨大毗婆沙论》卷十六，《大正藏》第 27 册，第 80 页上：“若作尽理无余说者，应作是说：‘云何相应因？谓一切心心所法。云何俱有因？谓一切有为法。’”同书第 107 页中：“问：若法是相应因，彼亦是俱有因耶？答：若法是相应因，彼亦是俱有因。有法是俱有因，彼非相应因；谓有为不相应法。”

② 五百大罗汉等造，（唐）玄奘译：《阿毗达磨大毗婆沙论》卷五十二，《大正藏》第 27 册，第 270 页上—中：“心与心所相应；心所亦与心所相应。心所又得与心相应。唯心与心，无相应义；一身二心不俱起故。”

③ 五百大罗汉等造，（唐）玄奘译：《阿毗达磨大毗婆沙论》卷十六，《大正藏》第 27 册，第 81 页中。

沙论》又将俱有因的定义归纳如下：

> 问：何故名俱有因？俱有是何义？
>
> 答：［1］不相离义，是俱有义。［2］同一果义，是俱有义。［3］相随顺义，是俱有义。此俱有因，定通三世，有士用果。①

俱有因的主要意义应该是：诸法同时存在的时候，相互随顺而同作一事。当这些法是心心所法时，由于它们彼此相应而相互随顺，所以另外立为相应因。众贤解说俱有因及相应因时，都强调“相互随顺，同作一事”这一共同点：

> ……诸如是等，即俱有因：诸行俱时，同作一事，由互随转，故立此因。……诸如是等，即相应因：心心所相应，同作一事，由共取一境，故立此因。②

《阿毗达磨俱舍论》（以下简称《俱舍论》）论主世亲，把有部的俱有因义介绍为互为果义（sahabhūrye mithaḥphalāḥ）。但也补充道：一法与它的随相（如生生等），虽非互为果，此法也是其随相的俱有因。③

因与果同时存在而互不相离的具体例子，在日常生活体验中，很不好

---

① 五百大罗汉等造，（唐）玄奘译：《阿毗达磨大毗婆沙论》卷十七，《大正藏》第27册，第85页中。

② 众贤造，（唐）玄奘译：《阿毗达磨顺正理论》卷十五，《大正藏》第29册，第416页下。

③ 世亲造，（唐）玄奘译：《阿毗达磨俱舍论》卷六，《大正藏》第29册，第30页中：“若法，更互为士用果，彼法更互为俱有因。其相云何？如四大种，更互相望，为俱有因。如是，诸相与所相法、心与心随转，亦更互为因。是则，俱有因，由互为果，遍摄有为法，如其所应。法与随相，非互为果；然法与随相，为俱有因，非随相于法。”

Abhidharmakośabhāṣyam of Vasubandhu, ed. Pradhan P., Patna: K. P. Jayaswal Research Institute, 1975, pp. 83 – 85: *sahabhūr ye mithaḥphalāḥ* | … *yathā* … *catvāri mahābhūtāny anyonyaṃ sahabhūhetuḥ* | *cittaṃ cittānuvarttināṃ dharmāṇāṃ te 'pi tasya* | *saṃskṛtalakṣaṇāni lakṣyasya so 'pi teṣām* | *evaṃ kṛtvā sarvameva saṃskṛtaṃ sahabhūhetur yathāyogam* | *vināpi cānyonyaphalatvena dharmo'nulakṣaṇānāṃ sahabhūhetur na tāni tasyety upasaṃkhyātavyam* … *tridaṇḍānyonyabalāvasthānavat* … *sahabhuvāṃ hetuphalabhāvaḥ sidhyati* | |

找。《俱舍论》里举了三个：灯焰与明，芽与影，三杖互相依住。[①]

二　俱有因与因果关系论

1985 年，日本学者 Kenneth K. Tanaka（田中ケネス）撰文批评在他之前的西方佛学家，说他们未曾正确理解过俱有因的意义，错认“此［俱有因］能为因生起新的法”[②]。他在结论里称：

> 不相离性（或相互性，mutuality）——表达为“互为因果”——受到其他部派，尤其是经量部的严厉抨击。但我们发现，“相互性”实际上意指构成俱有因的诸法之“不相离性”，而不是因果关系（causation）；因此，他们的批判是方向有误而且也无必要。
>
> ……对有部诸师而言，俱有因的主要意义是同一果；而这却在很大程度上被《俱舍论》所忽视了。然尽管这个意义多少牵涉到因果关系的样貌，但仍非直接由它而生起另一个法。[③]

简而言之，田中教授以为：俱有因不是一种因果关系，不是能直接生起一个果的因；所谓“互为”，应该理解为“不分离”，而不是因果关系。显然，田中否认“互为因果”是指同时存在的诸法相互为因、相互为果。他把俱有因解释为“协调［同时的］诸法以得到一个共同的效果”[④]。

---

① 世亲造，（唐）玄奘译：《阿毗达磨俱舍论》卷六，《大正藏》第 29 册，第 31 页上。

② Kenneth K. Tanaka, "Simultaneous Relation (Sahabhū - hetu): A Study in Buddhist Theory of Causation", *Journal of the International Association of Buddhist Studies*, Vol. 8, No. 1, p. 98: "[They have erred] in holding this hetu responsible for the production of new dharmas."

③ Kenneth K. Tanaka, "Simultaneous Relation (Sahabhū - hetu): A Study in Buddhist Theory of Causation", *Journal of the International Association of Buddhist Studies*, Vol. 8, No. 1, p. 106: "Inseparability (or mutuality) —expressed as 'mutual cause and effect' —was severely attacked by the other schools, the Sautrāntikas in particular. However, their criticism was misdirected and unwarranted, since we found 'mutuality' to mean in actuality the 'inseparability' of the dharmas that comprise sahabhū - hetu, and not causation."

④ Kenneth K. Tanaka, "Simultaneous Relation (Sahabhū - hetu): A Study in Buddhist Theory of Causation", *Journal of the International Association of Buddhist Studies*, Vol. 8, No. 1, p. 102: "Sahabhū - hetu is the force that co - ordinates the dharmas for a common effect".

“因此，诸俱有因法所共具的共同效果并非与那些俱有因法同时生起，而是在随后的某一个刹那生起。”①

很可惜的是，田中多处误读了《大毗婆论》及《阿毗达磨顺正理论》（以下简称《顺正理论》）的句子。有时似乎还故意歪曲这两本（以及梵本《俱舍论》）他自己强调为最重要依据的论书里的字句。② 这里我且举一两个例子。

田中引述下面《顺正理论》对俱有因的解释：

> ［I］又我不许一切俱生皆有展转为因果义。许有者何？谓，共一果或展转果，方有此义；或由此力，彼法得生。如是俱生。有因果义。③

紧接下来，他再引《顺正理论》的另一段文，以表示众贤偏向于“同一果”的定义：

> ［Ⅱ］故又不应说，唯互为果，为俱有因。法与随相，非互为果，然为因故。…… 由此义故，应辩相言：有为法一果，可为俱有因。本论说故。此无过失。④（下划线部分是田中的错误所在）

首先，在［Ⅱ］里，田中严重地误读了“法与随相，非互为果，然为因故”。他将此句译为：“一个法与其随相，互相为果；但不是（俱有因）”［A dharma and its secondary characteristics are mutual effects but are not (sahabhū - hetus)］——恰恰颠倒了原意。其实，《俱舍论》论主于同一地方已指出：“法

---

① Kenneth K. Tanaka, “Simultaneous Relation (Sahabhū - hetu): A Study in Buddhist Theory of Causation”, *Journal of the International Association of Buddhist Studies*, Vol. 8, No. 1, p. 101: “Hence, a common effect which the sahabhū - hetu dharmas share is produced not in the same moment as the sahabhū - hetu dharmas, but in one of the subsequent moments.”

② 详见拙稿：“The Sarvāstivāda Doctrine of Simultaneous Causality”, *Journal of Buddhist Studies*, Vol. I. Colombo, 2003, 17 ff.

③ 众贤造，（唐）玄奘译：《阿毗达磨顺正理论》卷十五，《大正藏》第29册，第419页下。

④ 同上书，第417页下。

与随相，非互为果。然法与随相，为俱有因；非随相于法。”①

另外，他又无视“可”字，将“有为法一果，可为俱有因”一句译为：“那些同一果的有为法，是俱有因。”但众贤在这里说的是：同时生起的有为法，如果是同一果的，也可以称之为俱有因。这并非像田中所称，众贤虽亦举出俱有因可包括两种意义——“互为果”和“同一果”——而从这段文中可看出他是偏向于“同一果”的。

在［I］里，他省略了“或由此力……有因果义”，而将众贤的解答译为：“（唯有）共一果、或展转果（之法，才有）此义。”这样，田中曲解了众贤对俱有因所下的定义。

实际上，众贤的贡献，正在于承继了《大毗婆沙论》所说，并更明确显了地在［Ⅱ］中给俱有因作出了一个完整的定义：俱有因共有三个情形：（1）共一果；（2）展转果（＝互为因果）；或（3）由此力，彼法得生。

其中第（3）可说是最具包容性的。但这三者都必须以因与果俱生为前提。这就说明了田中自己有误解（而不是他之前的学者们），声称俱有因所共具的果是随着因而后起的！如众贤所辩，凡是必定俱生的，一定是辗转为因的。例如：相应的甲、乙、丙、丁心心所法，同时生起，必定是相互为因的。因为，甲之能于那同一刹那生起，必依赖于乙、丙、丁；乙的生起，同样必依赖于甲、丙、丁；……这样，甲是乙、丙、丁的果；乙、丙、丁也是甲的果——它们互为因果，是俱有因。众贤解释道：

> 又见因虽同，而不俱生；故知必俱生者，定展转为因。谓：由眼、色前生识故，无量眼识皆可得生；此生因虽同，而不俱起者，由不展转为因生故。唯因前识，后识得生；非因后识，前识生故。由此验知：生因虽共，不相因者，未必俱生。若必俱生，定相因起。俱生因义，由此极成。②

---

① 世亲造，（唐）玄奘译：《阿毗达磨俱舍论》卷六，《大正藏》第 29 册，第 30 页中。Cf. Abhidharmakośabhāṣyam of Vasubandhu，ed. Pradhan P.，Patna：K. P. Jayaswal Research Institute，1975，p. 83：vināpi cānyonyaphalatvena dharmo ’ anulakṣaṇaṇānāṃ sahabhūheturna tāni tasyety upasaṃkhyātavyam.

② 众贤造，（唐）玄奘译：《阿毗达磨顺正理论》卷十五，《大正藏》第 29 册，第 420 页中至下。

俱有因与其他五因平列，是六因之一；因此，不能像田中那样，否定其因果关系性。是因，则必有果；有部明确地说，俱有因（和相应因）的果是士用果。①

此果定义，《大毗婆沙论》作：

> 士用果者：若法由彼士用，故成此法，说为彼士用果。②

这与《俱舍论》所给的定义类似：

> 若法因彼势力所生，即说此法名士用果。③

这个士用果的范围很广，仅次于增上果。《大毗婆沙论》这样区别此二果：

> 士用力起，名士用果。增上力起，名增上果。增上力宽，不障碍故；士用力狭，能引证故。是名二果差别。④

如果乙法的生起是由于甲法的因力，乙即是甲的士用果——像众贤解

---

① 五百大罗汉等造，（唐）玄奘译：《阿毗达磨大毗婆沙论》卷二十一，《大正藏》第27册，第108页下："相应、俱有因，有士用果。"世亲造，（唐）玄奘译：《阿毗达磨俱舍论》卷六，《大正藏》第29册，第30页中："若法更互为士用果，彼法更互为俱有因。"

② 五百大罗汉等造，（唐）玄奘译：《阿毗达磨大毗婆沙论》卷一百二十一，《大正藏》第27册，第630页中。

③ 世亲造，（唐）玄奘译：《阿毗达磨俱舍论》卷六，《大正藏》第29册，第35页中至下。Abhidharmakośabhāṣyam of Vasubandhu, ed. Pradhan P., Patna: K. P. Jayaswal Research Institute, 1975, p. 96: yadbalājjāyate yattatphalaṃ *puruśabhāṣakārajam* | See Yasśomitra, *Sphuṭārthā Abhidharmakośavyākhyā*, ed. U Wogihara, Tokyo: Sankibo Buddhist Book Store, 1971, p. 225: yad-balāj jāyate iti vistaraḥ | yasya balaṃ yad-balam iti ṣaṣthī – samāsaḥ | yasya balāj jāyate yat saṃskṛtaṃ tat phalaṃ tasya puruṣakārajam | puruṣakārāj jātaṃ puruṣakārajaṃ puruṣakāra – phalam ity arthaḥ | |

④ 众贤造，（唐）玄奘译：《阿毗达磨顺正理论》卷五十一，《大正藏》第29册，第630页中。参见五百大罗汉等造，（唐）玄奘译《阿毗达磨大毗婆沙论》卷二十一，《大正藏》第27册，第106页下："作功力得者，是士用果。不障碍得者，是增上果。"

释那样，含义如此广义的士用果，是可以含摄俱生、无间、隔越、不生（无为法的离系果）四种类别的。[①]俱有因的士用果，当然就是其中的俱生这一类。[②]它可概括上述众贤的定义中的三种情形 —— 共一果；展转果；由此力，彼法得生。

三 俱有因在有部教义上的重要性

前面提到，有部成立六因说，很可能是为了要建立俱有因。在《大毗婆沙论》和《顺正理论》以及称友（Yaśomitra）的《俱舍论疏》（Sphuṭārthā Abhidharmakośa - vyākhyā）等论书里，我们可以看到经量部与有部毗婆沙师之间持续而争执不下的大辩论。前者坚决否定因果可以同时；后者则尽其最大努力，维护俱有因之真实性与必要性。俱有因对有部的重要，可从下面几点来说明。

（一）没有俱有因则无从建立认识之事实

有部的一个根本立场，是实在主义：外部世界和我们的认识对象是具有客观实在性的。众贤精简地把认识对象的真实存在 ——“真有”—— 定义为：“为境生觉是真有相”（sal - lakṣaṇa）。有部毗婆沙师就是在这个“有”的定义的基础上，成立他们“三世有”的根本论点：凡是可以认识到的（包括过去的、未来的、梦、幻，等等）都是“有”（存在）的，尽管这“有”可以是“实有”或“假有”[③]；而假必依实[④]。因此，有部必须成立认识对象的真实存在。为此，则必须成立现量（pratyakṣa）。如果现量不能成立，比量也没法成立。那样，整个认识的事实也无从成立。最终，三世有的论点也就不

---

① 众贤造，（唐）玄奘译：《阿毗达磨顺正理论》卷十五，《大正藏》第29册，第418页中：“然士用果，总有四种：俱生、无间、隔越、不生。”

② 田中在此（Tanaka, p. 101）完全误解众贤的解说，以为他不许俱有因有俱生的士用果！

③ 众贤造，（唐）玄奘译：《阿毗达磨顺正理论》卷五十，《大正藏》第29册，第621页下：“为境生觉，是真有相。此总有二：一者实有，二者假有；以依世俗及胜义谛而安立故。若无所待，于中生觉，是实有相；如色受等。若有所待，于中生觉，是假有相；如瓶军等。”

④ 如“人”是个假有（概念上存在）；但必定是在实有的五蕴的基础上，才可生起此概念——才可认识到它。

能成立了。而且，否定俱有因就违反了佛说的缘起道理。众贤辩道：

> 若执诸法唯有前生因，无俱生因者，…… 应违害缘起正理。如契经说："眼色为缘，生于眼识。"前生眼色，与后眼识，应非所依及非所缘；有、无有，故。非毕竟无，可说此是所依、所缘。此亦应尔：彼眼识生时，眼、色已灭故，应无缘力，眼识自生——无法（不存在的法）无容为所依故；眼识唯缘现在境故。若眼、色、识，不俱生者，则应眼、色非眼识缘，或耳、声等，亦眼识缘；同与眼识，非相属故。若薄伽梵唯说前生眼、色为缘，生眼识者，则应说眼识唯用识为缘——自类缘强，如种子故；前识为后识等无间缘故。既不说识为眼识缘，故知此中唯说俱起眼根、色境，为眼识缘。非一身中，二识俱起，故不说识为眼识缘。①

经部譬喻师与有部论师一样，都是刹那论者，而且也都承认外境的真实存在。但他们不许因果可以同时。由此，所得出的结论是：我们永远无法直接认识到外境；然外境的存在，可以从推论而得知。后期的印度学派当中，即称他们为"外境可推知论者"（bāhyārthānumeyavādin）。可是，对有部毗婆沙师来说，这等于否定现量认识的可能性。有部的立场是：在认识外境的第一刹那，根、境、识，同时生起。三者是俱有因；与识相应而起的受、想等心所，也含摄于这俱有因群中。② 根与境共取同时生起的

---

① 众贤造，（唐）玄奘译：《阿毗达磨顺正理论》卷十五，《大正藏》第29册，第420页下—421页上。

众贤在其他地方，也有类似的批评。如众贤造，（唐）玄奘译：《阿毗达磨顺正理论》卷十五，《大正藏》第29册，第447页中："譬喻者宗，理必应尔……：所缘缘，非所缘境；若所缘境，非所缘缘。所以者何？彼说，色等若能为缘，生眼等识；如是色等，必前生故。若色有时，眼识未有。识既未有，谁复能缘？眼识有时，色已非有。色既非有，谁作所缘？眼识不应缘非有境；以说五识缘现在故，彼宗现在非非有故。现所缘色，非所缘缘；与现眼识，俱时生故。乃至身识，征难亦然。五识应无，所缘缘义。彼宗意识，缘现在者，应同五识，进退推征。若缘去、来及无为者，决定无有，所缘缘义；彼执去、来及无为法，皆非有故；非非有体，可立为缘，太过失故。"

② 参见五百大罗汉等造，（唐）玄奘译《阿毗达磨大毗婆沙论》卷十六，《大正藏》第27册，第79页中："又契经说：'眼及色为缘，生眼识。三和合故触；俱起受、想、思。'如是等经，说俱有因。"众贤造，（唐）玄奘译：《阿毗达磨顺正理论》卷十五，《大正藏》第29册，第416页下："如经说：'三和合触；俱起受、想、思。'诸如是等，即俱有因。"

识果。这样才有直接认识到外境的可能，才有真正的现量觉。毗婆沙师说："现量有三：依根、领纳、觉了（/觉慧）。"[①] 在觉了的阶段，才完成现量觉；而此之前，必先有依根和领纳现量：

> 又，若五识唯缘过去，如何于彼，有现量觉？… 谓，于自身曾所生受，余时领纳，余时觉了。[领纳（自性受，领所随触）] 灭过去，方能为境，生现忆念。此忆念位，名觉了时。由斯理趣，唯于现量曾所受事，有现量觉故，现量觉于自身受，有义得成。……
>
> 又，若现在色等五境，非现量得，…… 应无自谓"我曾领受如是色等"。如苦受等，必为领纳现量受已，方有缘彼现量觉生。如是色等，必为依根现量受已，方有缘彼现量觉生；现所逼故。…… 是故不应，于诸现量曾未受境，有现量觉。由此五识唯缘现境，必以俱生为所缘故，契经既说："眼色为缘，生于眼识"，乃至广说。[②]

（二）关系到修行证果问题的初无漏法之生起

凡夫从无始以来，就充满贪瞋痴；要转凡成圣，则必须生起无漏法。然无漏法的最初生起，是没有同类因的；而无漏又不应从有漏生。这便成问题了。但在有部的教义里，诸法自性本来就存在；尽管无同类因，还有俱有、相应因，可以引生初念的无漏法。

经部否定三世实有说，从种子论来解说这个问题。经部譬喻师说无漏种子是本有的；而它们本身，却是有漏的。众贤责难这种说法：

> 然彼［经部师］论说：此心心所，虽为无漏种，而体非无漏。谓，如世间，木为火种、地为金种，而不可说木是火性、地是金性。…… 彼说非理。以木等中，先有火等自类种故。……
>
> 经说同类唯同类为因。无明为因故生染着；明为因故离染着

---

① 众贤造，（唐）玄奘译：《阿毗达磨顺正理论》卷七十三，《大正藏》第 29 册，第 736 页上："现量总有三种：依根、领纳、觉慧，别故。依根现量，谓：依五根，现取色等五外境界。领纳现量，谓：受、想等心心所法正现前。觉慧现量，谓：于诸法，随其所应，证自、共相。"

② 众贤造，（唐）玄奘译：《阿毗达磨顺正理论》卷八，《大正藏》第 29 册，第 374 页下—375 页上。

生。…… 有漏、无漏，其类既别，如何可说前为后因？

又，有漏心是惑依止，宁与自性净法为因？违教且然。言违理者，若有漏法为无漏因；无漏为因，应生有漏。…… 如从异生心心所法，引诸圣者心心所生；亦应从圣心心所法，引异生者心心所生，无异因故。若谓异生善心心所，与无漏法，同是善故，可与无漏为能生因；此过同前 ……谓，同类故，应互为因。如是，则应圣心心所，引异生类心心所生。便有圣凡更相作失。①

由于否定三世有和俱有因，经部需要以“相续转变”（santati - pariṇāma）来解说种子熏习生果的道理。本有的无漏种（也叫作净界；* śubha - dhātu），需要经过“相续转变”的过程，等到众缘和合，才能生起无漏。众贤批评经部在这个问题上所陷入的困难：

又，诸憎背俱生因者，初无漏法，从何因生？彼前生因，曾未有故。若谓，净界本来有者；因既恒有，何缘障故，无漏果法，曾未得生？若言，更赖余缘助者；即此所赖，何不为因？……

若言，要待相续转变，理亦不然；此与净界，若异若一，皆有过故。谓若异者，应同前难：即此转变，何不为因？如何复执净界为种？…… 若言一者，前后既同，应毕竟无生无漏用；然彼前后无差别因，不可无因，自有差别。

若言，如种待缘转变：同类种子，有地等缘和合摄助，可有相续待时方成转变差别。所执净界无漏法种，若是有漏，执此唐捐；有漏法不应为无漏种故，无漏法亦不应为有漏种故。若是无漏，如何本来成就圣道，而堕恶趣？岂成圣道，而是异生？非圣位中，不起圣道，尔时可得名异生故。

若言少故，无斯过者：勿彼能为无始积集坚固烦恼对治生因。……

不可闻说大木聚中有净界故，即说有情身中亦有；太过失故。如

① 众贤造，（唐）玄奘译：《阿毗达磨顺正理论》卷六十八，《大正藏》第29册，第713页上。

> 大木聚随他所欲，成净成染；有情亦应许随他欲，或从净界无漏法种生圣法已，复随他欲，还成异生。又亦应执，诸阿罗汉退法种性有烦恼种。①

众贤还指出：如果不接受三世有及俱有因，则种子熏习本身即不能成立。首先，如果过未无体，唯有现在，就不能建立“相续”；“不应此［现在］法，即续于此。”（见下引文）没有相续，就谈不上“相续转变”。再加上对俱有因的否定，就无法建立种子功能在心心所相续转变中被保留和不断熏发的道理。众贤时代被称为“上座”的经部譬喻大师室利罗多（Śrīlāta）的种子说，叫作随界论。②随界，“即诸有情相续（即内六处），展转能为因性”③。众贤反驳了上座对俱有因的否定；并指出，其否定致使其“展转因”“相续 ”的理论都不能成立：

> 又上座说，诸行决定无俱生因；诸行将生应无因故，又应余类生余类故。谓：俱生法于将起位，非此与彼，能作生因；犹未生故。又，应求彼二种异因；由彼二因，二俱得起。
>
> 此说非理。…… 又，我所宗有，有多种；体、用，假、实，有差别故。未来虽有，而引果用犹未有故，说为未生。体既非无，何无因义？……
>
> 若未生故不得成因，生故成因；是则，应许过去诸法定成因性。若尔，执有随界唐捐。或应随界，无因而有。若谓，过去是展转因；…… 如何过去，全无有体，而可成立为展转因？……
>
> 又展转者，是相续言。不应此法，即续于此。既无去来，唯有现

① 众贤造，（唐）玄奘译：《阿毗达磨顺正理论》卷十五，《大正藏》第 29 册，第 421 页上—中。

② 众贤造，（唐）玄奘译：《阿毗达磨顺正理论》，卷十二，《大正藏》第 29 册，第 398 页中：“复有诸师，于此种子，处处随义建立别名。或名随界，或名熏习，或名功能，或名不失，或名增长。”

有关随界的详细讨论，请参照拙稿“Śrīlāta's Anudhātu Doctrine”（《室利罗多之随界说》），*Buddhist Studies*（Bukkyō Kenkyū 佛教研究），Vol. XXXIX，2011，第 19—75 页。

③ 众贤造，（唐）玄奘译：《阿毗达磨顺正理论》卷十八，《大正藏》第 29 册，第 440 页中。

在，故应决定无展转因。

然彼所说，“又，应求彼二种异因；由彼二因，二俱起”者，此我已许。谓：我许心心所等法，皆由前生自类因起，及由俱起异类因生。…… 是故上座，都无有因，能证定无俱生因义。[①]

总之：从有部的观点看，经部譬喻师们既然只承认现在法的存在，如果想成立他们的相续转变及种子熏习思想，则非接受俱有因不可。瑜伽行派（Yogācāra）与经部譬喻师一样，摒弃了三世实有说。他们承受了经部的种子熏习论，并在此基础上，将之发展为此派的核心教义之一。但值得注意的是，瑜伽行派自始至终都坚持着俱生因果说：能熏与所熏必须是同时的；种子生现行，现行生种子，也必须是同时的。这不能不说是有部俱有因思想的根本性影响！

（三）俱有因代表了因果关系的根本范式（paradigm）

毗婆沙师以“作用”（kāritra）[②] 来区别三世：唯有现在的法才有“作用”。所谓作用，是指“能取自果”的特殊功能 —— 能令其自体于接下一刹那生起（能取自己的等流果）。[③] 过去、未来的法虽有自体（自性；svabhāva），而没有这样的作用；但可以有令他法生起的功能性。（参照上面众贤对未来法之有体而无引果用的解释。）

有部在因果关系说中，区别了一个法的“取果” ［也叫作引果；phala－（prati）grahaṇa，phala－ākṣepa］和“与果”（phala－dāna）。取果或引果，是说：甲法生起时，正发挥出它的因性（hetu－bhāva）[④]，能决定

① 众贤造，（唐）玄奘译：《阿毗达磨顺正理论》卷十五，《大正藏》第 29 册，第 421 页中—下。

② 玄奘大师在明示“作用”的此种特殊意义时（如在《顺正理论》），以“作用”翻译 kāritra；以“功能”翻译其他表示势用、效用等之梵语，如 vyāpāra，śakti，vṛtti，sāmarthya 等。

③ 五百大罗汉等造，（唐）玄奘译：《阿毗达磨大毗婆沙论》卷七十六，《大正藏》第 27 册，第 393 页下—394 页上：“诸有为法，在现在时，皆能为因，取等流果。此取果用，遍现在法无杂乱故，依之建立过去、未来、现在，差别。”

④ Yaśomitra，Sphuṭārthā Abhidharmakośavyākhyā，ed. U Wogihara，Tokyo：Sankibo Buddhist Book Store，1971，p. 226：gṛhṇantīty avadhāraṇam. pratigṛhṇantīti. ākṣipanti hetu – bhāvenāvatiṣṭhanta ity arthaḥ |

引生乙法为其相对应的果。在此刻，甲与乙的因果关系已成决定。[①] 与果，是说：在那个已得决定为果的乙法正在生起时，此甲法给予因力令它从未来世生至现在世。“此因取果，无非现在。又非不取，而有与义。”[②] 与果用则可通过、现。[③] 俱有、相应因的取果与果都在同一刹那的现在。

从这些解说中，我们可以清楚地理解到：在有部的系统里，任何有为法与它的果法都只能于现在的同一刹那建立起因果关系。也就是说：因与果必须同时存在 —— 尽管两者不必同时生起。这是因为，两者必须是真正存在的法，才能建立起因果联系。如果甲法不是一个存在体，仅是一个空白，就不可能有因性，不可能取乙法为果；“若不取果，云何与果?”[④] 如果甲乙二法同时生起，就是俱有因的情形。

即使是异熟因和它的果，虽必是先有业因甲的生起，而后才有其异熟乙的生起；然甲与乙之间最初因果关系的建立，也必定是在甲法正在生起的那一刹那——甲是现在“类”(bhāva；就法救论师的“类异”说而言)，乙是未来“类”。而且，当乙法生起时，甲法必须还是存在着，才能有与果的功能性（虽然此时甲的“类”是过去，乙的“类”是现在）。

在这个意义上，我们可以说：有部的因果关系论，是因果同时存在论。存在（√as）的，不一定是生起（√bhū）的。俱有因的情形，是因与果的两存在体俱生（saha -√bhū）的情形。从这个角度，我们可以说：俱有因的因果同时原则，是有部因果关系论的根本范式。假使俱有因说不能成立，则任何因果关系都无法成立。这就是何以毗婆沙师们（像众贤等）非尽其所能维护此说不可的原因。

---

① 众贤造，（唐）玄奘译：《阿毗达磨顺正理论》卷十八，《大正藏》第 29 册，第 437 页下：“言取果者，是能引义。谓，引未来令其生等：于同体类，能为种子；于异体类，由同一果；于非一果，由同性类；于异性类，而由有是自聚相续。是故一切皆名能引。如是能引，名为取果。此取果用，唯现在有；非于去来。唯此可名有为作用。”

② 众贤造，（唐）玄奘译：《阿毗达磨顺正理论》卷十八，《大正藏》第 29 册，第 437 页下。

③ 五百大罗汉等造，（唐）玄奘译：《阿毗达磨大毗婆沙论》卷二十一，《大正藏》第 27 册，第 108 页下详述六因之“何时取果，何时与果”。

《阿毗达磨藏显宗论》，《大正藏》第 29 册，第 820 页上：“能取果者，定唯现在。与，通过、现。”

④ 五百大罗汉等造，（唐）玄奘译：《阿毗达磨大毗婆沙论》卷十八，《大正藏》第 27 册，第 89 页中。

四 俱有因说对瑜伽行派的启迪

大乘瑜伽行派，从说一切有部的传统中的瑜伽师（yoagācāra）发展而成。于此发展过程中，在教义上受到了大众分别说系及经部譬喻师的重大影响，吸收了如种子熏习论等根本学说，但始终坚持俱有因的说法。或者还可以说他们比有部更明确显了地强调这个因果关系的范畴。这里且举两三例。无著在其《摄大乘论》里，解说阿赖耶识与其所生的杂染法互为因果：阿赖耶识为种子，生起杂染诸法；在同一刹那，后者又熏成阿赖耶识里的种子（种子生现行；现行熏种子）。这就是俱有因的情形。他所举的例子与在有部论书中所见的相同，而更把俱有因在此强调为唯一的真实因果关系——唯识宗认为，只有从本识种子与转识同时互为因的关系上，才能建立真正的“因缘”（hetu - pratyaya，rgyu'i rkyen），也就是说：不同时的都不能成为因缘。

> ……阿赖耶识，与彼杂染诸法，同时更互为因，云何可见？譬如明灯，焰、炷，生、烧（mar me'i me lce 'byung ba dang | snying po tshig pa），同时更互。又如芦束，互相依持，同时不倒。应观此中更互为因道理亦尔。如阿赖耶识，为杂染诸法因；杂染诸法，亦为阿赖耶识因。唯就如是，安立因缘；所余因缘不可得故（rgyu'i rkyen gzhan mi dmigs pa'i phyir ro | ）。①

世亲的《摄大乘论释》清楚地说：论中所举焰炷和芦束喻“显示有

① 无著造，（唐）玄奘译：《摄大乘论》卷一，《大正藏》第31册，第134页中—下。参照印顺《摄大乘论讲记》，正闻出版社1972年版，第82页及以后。

长尾雅人：《摄大乘论—和译と注解》（上），讲谈社1982年版，§I. 17：“kun gzhi rnam par shes pa dang | kun nas nyon mongs pa'i chos de dag dus mnyam du gcig gi rgyu nyid du gcig ' gyur bar ji ltar blta zhe na | dper na mar me'i me lce ' byung ba dang | snying po tshig pa phan tshun dus mnyam pa dang | mdung khyim yang dus mnyam du gcig la gcig brten nas mi ' gyel ba bzhin du ' dir yang gcig gi rgyu nyid du gcig ' gyur bar blta' o | | ji ltar kun gzhi rnam par shes pa kun nas nyon mongs pa'i chos rnams kyi rgyu yin pa de ltar kun nas nyon mongs pa'i chos rnams kyang kun gzhi rnam par shes pa'i rgyu'i rgyu'i rkyen du rnam par bzhag ste | rgyu'i rkyen gzhan mi dmigs pa'i phyir ro | ”

俱有因；由因现在住，即见果生故。”①无性释所说相同。他并解释：“所余因缘不可得故者：谓所余法摄持种子不相应故。若说五因为因缘者，即异门说 — 阿赖耶识，同类、遍行、异熟，三因，若离任持熏习因性，不相应故；熏习若离阿赖耶识，无容有故。”②

安慧在他的《唯识三十颂释论》(Triṃśikavijñapti - bhāṣya) 里，论证若离眼等无阿赖耶识，则无生死之流转与还灭；而且也无法善释“行缘识”“识缘名色”，而有结生相续的道理。在此，他同样采用了俱有因的原则：

> 若不许生死有阿赖耶识，则或分别行缘结生相续识，或［行缘］行所熏六识身。此中，不应行缘结生相续识 —— 诸所许结生相续识缘性之行，久已灭故；已灭者非有故；非有者无缘性故。……
>
> 行所熏六识身为行缘识亦不应理。何以故？非识能置若异熟习气若等流习气于自体中；违其于自体中作用（kāritra）故。又非于未来［识］中；彼于尔时犹未起故；未起者非有故。又非于已生［识］中；前者尔时已灭去故。…… 是故，无明缘行；彼所熏阿赖耶识为行缘识。结生相续时，名色以彼为缘。……③

安慧不但否定了有部的行缘六识身说，也评破经部师等的前心熏后心

---

① 世亲造，（唐）玄奘译：《摄大乘论释》卷二，《大正藏》第 31 册，第 328 页中。

② 同上书，第 388 页上—中。

③ Hartmut Buescher (ed.), *Sthiramati's Triṃśikāvijñaptibhāṣya: Critical Editions of the Sanskrit Text and its Tibetan Translation*, Wien: Verlag der Österreischen Akademie der Wisssenschaften, 2007, pp. 116 - 118:

Saṃskārasyālayavijñānānabhyupagame pratisandhivijñānaṃ vā saṃskārapratyayaṃ parikalpyeta saṃskāraparibhāviā vā ṣaḍ vijñānakāyāḥ | tatra ye saṃskārāḥ prātisadhikavijñānapratyayatveneṣyante teṣāñ ciraniruddhatvān niruddhasya cāsatvād asataś ca pratyayatvābhāvān na saṃskārapratyayaṃ pratisandhivijñānaṃ yujyate | ...

saṃskāraparibhāvitā vā ṣaḍvijñānakāyā api na saṃskārapratyayaṃ vijñānaṃ yujyate | kiṃ kāraṇaṃ | na hi vijñānaṃ vipākavāsanāṃ niṣyandavāsanāṃ vā svātmany ādhātuṃ samarthaṃ svātmani kāritra - virodhāt | nāpy anāgate tasya tadānutpannatvāt | anutpannasya cāsattvāt | nāpy utpanne pūrvāsya tadā niruddhatvāt | ...

tasmāt avidyāpratyayāḥ saṃskārās tadadhivāsitañ cālayavijñānaṃ saṃskārapratyayaṃ vijñānam | tat-pratyayaṃ pratisandhau nāmarūpam ity eṣaiva nītir anavadyā |

说。对经部师之说，众贤早已评破：既不许过未实有，则前心与后心永远无法联系得上，而且“相续转变”的说法也不能成立。瑜伽行派继承了相续转变说，但也同意前心熏后心说有困难。如此，唯有承认在现有的一刹那中，有俱有因的事实。不过，自体不能与自体为因，就论证应有另外一个实有的识体 —— 阿赖耶识 —— 刹那刹那与转识互为因果。这样，安慧成立了阿赖耶识的存在，又会释了经说的“行缘识”。

俱有因说对瑜伽行派的重要，还可以从其唯识论来理解。首先，识必须有对象才能生起——这是从有部毗昙中继承过来的。弥勒所造《辩中边论颂》说：

> 识生变似义、有情、我及了。此境实非。又境无故，识无。①

义、有情、我、了（别），都是识的变似（pratibhāsa）；识（vijñāna）起时即同时而起。这些都非实有，“境无故，识无”。这个结论，显然是以境、识俱生 —— 有部所说的根境为俱有因，共取识果 —— 为前提。在同论第 6—7 偈论述唯识观之修证过程里，也同样可见瑜伽行派以俱有因的原则为前提：

> 依识有所得，境无所得生。依境无所得，识无所得生。
> 由识有得性，亦成无所得；故知二，有得、无得，性平等。②

---

① *Madhyāntavibhāga*:
artha - satvātma - vijñapti - pratbhāsaṃ prajāyate |
vijñānaṃ nāsti cāsyārthastadabhāvāt tadapy asat || 3
弥勒菩萨说，（唐）玄奘译：《辩中边论颂》卷一，《大正藏》第 31 册，第 477 页下。

② *Madhyāntavibhāga*:
upalabdhiṃ samāśritya nopalabdhiḥ prajayāyate |
nopalabdhiṃ samāśritya nopalabdhiḥ prajāyate || 6
upalabdhes tataḥ siddhā nopalabdhi - svabhāvatā |
tasmāc ca samatā jñeyā nopalambhopalambhayoḥ ||
弥勒菩萨说，（唐）玄奘译：《辩中边论颂》卷一，《大正藏》第 31 册，第 477 页下。世亲造，（唐）玄奘译：《辩中边论》卷一，《大正藏》第 31 册，第 465 页上，解释：“唯识生时，现似种种虚妄境故，名有所得。以所得境无实性故，能得实性亦不得成。由能得识无所得故，所取、能取，二有所得，平等俱成无所得性。”

先以依他起性的识，观遍计所执性的境是空的。再进一步，领悟到：识必依境而起，两者必俱生；境既无，识也不可得。这样，即证悟到：能取、所起都无可得，都是唯识的。

实际上，最能令人信服唯识道理的，就是承用有部在认识论上所主张的俱有因说：根、境、识都起于同一刹那。如果境、识不必俱生，就不可能说外境是心识所现的，唯识的了。世亲的《唯识三十颂》第 17 颂论述了“一切唯识”（idaṃ sarvaṃ vijñaptimātrakam）的道理：

> 识转变分别。由彼分别者，以此皆无有。故一切唯识。①

安慧的注解比较忠实于世亲的颂义。他说：能分别者，是虚妄分别，即三界心心所；所分别者是器、我、色、声等。所有现象界的存在体，皆是虚妄分别所造的；因此，一切唯识。他没有将识体说成转化为见、相二分（darśana－bhāga，nimitta－bhāga），来说明唯识的道理。相比之下，玄奘显然受了护法/戒贤的影响。他在《成唯识论》里，将颂文译为：

> 是诸识转变，分别所分别；由此彼皆无。故一切唯识。

他先解说：“三能变识及心所，皆能变似见、相二分，立转变名。”他所译颂中第二句的“分别、所分别”，相对应于见分、相分。②接下来，他又引述另一个解释：

> 或：转变者，谓诸内识，转似我、法外境相现。此能转变，即名分别，虚妄分别为自性故；谓，即三界心及心所。此所执境，名所分

---

① Hartmut Buescher (ed.), *Sthiramati's Triṃśikāvijñaptibhāṣya: Critical Editions of the Sanskrit Text and its Tibetan Translation*, Wien: Verlag der Österreischen Akademie der Wisssenschaften, 2007, p. 108:

vijñānapariṇāmo 'yaṃ vikalpo yad vikalpyate ｜

tena tan nāsti tenedaṃ sarvaṃ vijñaptimātrakam ｜｜

② 护法等造，（唐）玄奘译：《成唯识论》卷七，《大正藏》第 31 册，第 38 页下：“所变见分，说名分别；能取相故。所变相分，名所分别；见所取故。”

别；即所妄执实我、法性。由此分别，变似外境假我、法相。彼所分别实我、法性决定皆无，前引教理已广破故。是故一切皆唯有识。①

这第二种解释，类似安慧的《唯识三十颂释论》所说。② 窥基也说：这种解释是"安慧等以前圣者"的说法。"此师意说：见、相二分，是所执无；唯自证分，依他性有。""若护法等以后圣说言：内识生似外境现。谓，有依他自证、见、相，三分而生。不离识故，名为唯识。"③可见，安慧此中之解说，玄奘是很清楚的。但从他所译的颂文和解说来看，他显然偏向护法等的三（/四）分说。我们或许可以这样理解：玄奘之偏向见相（加自证分及证自证分）说，除了是受护法、戒贤的影响外，也可是能是由于此见相说 —— 显然符合于境识俱生的俱有因的原则 —— 能更有效地显示出唯识的道理。

五 结 论

有部在传统的四缘论之上，创立六因论，主要是为了成立俱有因。有些现代学者声称它不算是一个因果关系的范畴。然从有部论师们所举的例子和说明来看，它不但是六因中的一因，有它相对应的果（士用果）；而且可以作为有部因果论的最根本范式。这是因为：在三世实有的体系里，任何的因果关系都必须以因与果同时存在为前提。甲法与乙法之间的因果关系的决定性建立 —— 甲"取"乙为果 —— 都是在现在的同一刹那；而"非不取，而有与（果）义"。此外，在有部的认识论上，三世实有论上，以及修证论上，俱有因说都极其重要。

众贤对俱有因的说明，最为具体明确：首先，因与果必定是俱生、互不相离的；其中，有三种情形：（i）甲与乙互为因果，或（ii）甲与乙共

① 护法等造，（唐）玄奘译：《成唯识论》卷七，《大正藏》第 31 册，第 38 页下—39 页上。

② Cf. Hartmut Buescher (ed.), *Sthiramati's Triṃśikāvijñaptibhāṣya: Critical Editions of the Sanskrit Text and its Tibetan Translation*, Wien: Verlag der Österreischen Akademie der Wissenschaften, 2007, p. 108.

③ 见（唐）窥基《唯识二十论述记》卷一，《大正藏》第 43 册，第 982 页中—下。

一丙果，或（iii）由甲力，乙得生起。

瑜伽行派继承了有部的俱有因说，而更将它强调为唯一真正的因果关系说。在他们的多个核心教义上 —— 阿赖耶识之建立，种子与熏习说，乃至唯识论 —— 俱有因说都成了不可或缺的理论工具。

论佛教因果思想的三次转向

——以本生经为核心

吕　昂

【提要】 因果思想是佛教的根本思想，但从原始佛教到大乘佛教，因果思想发生了三次转向，从本生经中可见端倪。在原始佛教中，因果思想是建立在轮回观上的善恶有报，即今世的行为决定来世转生的好坏。部派佛教时期，因果思想发生了转向，因受到婆罗门教种姓观的影响，佛教本生中的因果思想变为善恶不变。而当大乘佛教成熟，佛教传入西域和东土，善恶有报又成为主流，并且开始重视此生的报应。另一方面，大乘经典在阐发义理时所说的本生则反映了大乘因果思想的圆融无碍，并不重视善恶本身了。佛教因果思想的三次转向反映了佛教对社会的适应，也体现了佛教义理的发展。

【关键词】 因果　轮回　报应　本生

【作者简介】 吕昂，南京大学哲学系博士生。txzlbqy@ 163. com

因果思想是佛教的根本思想之一，且可以说因果思想贯穿一切佛法。正如虚云大师所说："约而言之，则因果二字，全把佛所说法包括无余了。"[①] 也正因此，在佛教传入中国的过程中，因果思想对中国人的影响是非常大的。"种瓜得瓜，种豆得豆"[②]，"善有善报，恶有恶报"[③]，这些耳熟能详的俗语都来源于佛经。但值得注意的是，在佛教发展史中，中国

① 虚云：《禅修入门》，江苏文艺出版社 2009 年版，第 67 页。

② （明）蕅益：《阿弥陀经要解》卷一，《大正藏》第 37 册，第 364 页下。

③ （后秦）竺佛念译：《菩萨璎珞经》卷八，《大正藏》第 16 册，第 78 页下。

人所理解的善恶有报并不是佛教因果思想的唯一逻辑。

事实上，中国大众所理解的因果与佛教因果的最初意义是有所区别的。佛教最初的因果思想，与轮回观是密切相关的。而在轮回这一世界观的框架下，印度产生了“本生”这一文体。所谓本生，即某人前世的故事。“本生云何？谓诸经中宣说过去所经生事。”[①] 故本文以佛典中的本生经为核心，对佛教因果思想的三次转向加以探讨。

一　原点：轮回之善恶有报——以《杂阿含经》本生为例

释尊之前，因果理论已是印度颇为盛行的一个论题。据《三论玄义》记载，其时印度有九十六外道，对因果的观点可概括为“四执”：“一计邪因邪果。二执无因有果。三立有因无果。四辨无因无果。”[②] “邪因邪果”见者认为“大自在天”是万物产生的原因和结果，苦乐皆由天定；“无因有果”见者认为世间一切长存，我们虽然知道果却无法追究其因，类似于郭象的“独化”说；“有因无果”见者认为只有今生，再无来世，因此应当珍惜此生，不必顾忌任何后果；“无因无果”见者认为没有后世受果报，今生也是无因而生，所以完全没有什么因果而言。由上可见，古印度的因果观与我们现在所讲的“因果”侧重点有所差异，是集中在生命历程上的。诸学派所讲的“因果”，实际上也就是轮回观。“因”是讨论前世的行为，“果”是讨论后世的果报，并不是泛泛的原因和结果。佛教所主张的，是“有因有果”，前世行为与后世果报是有联系的。

除此“四执”之外，印度另有两种主流观点，即“因中有果说”与“因中无果说”。“因中有果”指原因中包含着结果，因果一体，本质相同；“因中无果”指原因和结果完全不同，因可无果，果必有因。这两种观点看似与我们如今关注的因果关系很是相近，但事实上，这两种观点讨论的是一个轮回主体的问题，即承受果报的是不是恒常的我。如果是的话，与佛教“无我”教义相违背；如果不是的话，轮回便没有意义可言。所以佛教对这两种观点都加以破斥，《大般涅槃经》言：“诸佛菩萨终不

① （唐）玄奘译：《阿毗达磨大毗婆沙论》，《大正藏》第 27 册，第 660 页上。

② （隋）吉藏：《三论玄义》卷一，《大正藏》第 45 册，第 1 页中。

定说因中有果因中无果，及有无果非有非无果……诸佛菩萨显示中道。”[①]

以释尊教法而言，天下之事，未有无因之果，亦未有无果之因。因必生果，果必有因，因果之间，非一非异，因果互生，重重无尽。正如方立天先生所言：

> 因果报应论是佛教用以说明世界一切关系的基本理论。它认为世间一切事物都由因果关系支配，强调每个人的善恶行为必定会给自身的命运带来影响，产生相应的回报，善因必生善果，恶因必得恶果。由此引起人在前世、现世和来世三世间轮回，相继在前生世界、现实世界和死后世界生活。实际上就是阐发道德与生命关系的理论，是一种强调由行为来改变自我命运和未来生命的理论。[②]

方先生的阐释非常透彻，业因必生轮回果，行善作恶决定了命运与来生的改变。原始佛教关注的重点在于生命历程，因此因果与轮回的关系正是原始佛教的聚焦点。《杂阿含经》是汉传佛典中最古之佛教经典之一，最可代表原始佛教之思想。以《杂阿含经》为例，其中几乎所有的本生都是在讲善恶因果的。以大目犍连见鬼道众生为引，释尊说其前生所做恶事之本生便有二十七则之多，下引第一则：

> 尊者大目犍连语尊者勒叉那：“我路中见一众生，身如楼阁，啼哭号呼，忧悲苦痛，乘虚而行。我见是已，作是思惟：‘如是众生受如此身，而有如是忧悲大苦。’”……佛告诸比丘：“过去世时，彼大身众生在此王舍城，为屠牛儿，以屠牛因缘故，于百千岁堕地狱中，从地狱出，有屠牛余罪，得如是身，常受如是忧悲恼苦。如是，诸比丘！如尊者大目犍连所见不异，汝等受持。”[③]

以前世屠牛之因而有今世鬼道之果，这是很明显的“恶有恶报”之

① （北凉）昙无谶译：《大般涅槃经》卷二十五，《大正藏》第12册，第516页中。
② 方立天：《中国佛教哲学要义》上，中国人民大学出版社2005年版，第76页。
③ （刘宋）求那跋陀罗译：《杂阿含经》卷十九，《大正藏》第2册，第135页上—中。

因果论。余下二十六则本生，大体也是如此，其恶行包括屠牛、屠羊、堕胎、调象[①]、伤人、打猎、屠猪、断人头、欺诈、捕鱼、占卜、淫乱、侮辱比丘、贪吝、偷盗等。这些恶行包括了当时印度生活以及僧团生活的方方面面。经中不厌其烦地一一列出，指出这些都会导致后世的恶果，是有很明显的教化指向的。

至于善有善报，也不乏例子，如“手天子本事旷野长者无厌三法缘”：

> 时，有旷野长者疾病命终，生无热天……手天子白佛：“世尊！我于三法无厌足故，身坏命终，生无热天。何等三法？我于见佛无厌故，身坏命终，生无热天；我于佛法无厌足故，生无热天；供养众僧无厌足故，身坏命终，生无热天。”[②]

因为前世护持三宝，所以今世往生天界。《杂阿含经》中此类本生也有数则，如悉鞞梨王布施而往生天界[③]，六人行善事而转生为天女[④]等。

但原始佛教并没有停留于善恶有报的轮回观上。因为在终极的角度看，轮回本身就是苦，唯有摆脱轮回，才是终极的善报。所以《杂阿含经》中有一篇“转轮圣王本生”[⑤]，一比丘问佛五蕴中是否有常住不变，佛言五蕴无常，并言自己前世为转轮圣王，富有天下，虽知是前世业报所致，但不可常保：

> 比丘！此是何等业报，得如是威德自在耶？此是三种业报，云何为三？一者布施，二者调伏，三者修道。比丘当知，凡夫染习五欲，

① 调象要虐待大象，包括鞭打等手段，故是恶行。或言调象是为作战，战象杀人无数，故是恶行，亦有道理。

② （刘宋）求那跋陀罗译：《杂阿含经》卷十九，《大正藏》第 2 册，第 159 页上—中。

③ （刘宋）求那跋陀罗译：《杂阿含经》卷三十六，《大正藏》第 2 册，第 261 页下—262 页中。

④ （刘宋）求那跋陀罗译：《杂阿含经》卷四十八，《大正藏》第 2 册，第 353 页中—354 页上。

⑤ （刘宋）求那跋陀罗译：《杂阿含经》卷十，《大正藏》第 2 册，第 67 页下—68 页中。又见于《中阿含经》“刹利顶生王本生”，《增一阿含经》“转轮圣王本生”。

无有厌足，圣人智慧成满，而常知足。比丘！一切诸行，过去尽灭、过去变易，彼自然众具及以名称，皆悉磨灭。是故，比丘！永息诸行，厌离、断欲、解脱。[①]

不仅恶报是苦，善报亦是无常，终会消失，所以也是苦。故释尊在阿含经中不止一次强调“我生已尽，梵行已立，所作已作，不受后有”，因此佛已离苦得乐。但考察其内在逻辑，其实依然不脱离善有善报的轨迹，即修梵行之善因导致脱离轮回之善果。可见，原始佛教的因果思想即在轮回基础上的善恶有报。

二　第一次转向：轮回之善恶不变——以《摩诃僧祇律》本生为例

部派佛教时期，各部自有律典，据《出三藏记集》记载所分为五。“时有五大罗汉，各领徒众弘法。见解不同，或执开随制，共相传习。遂有五部出焉。”[②] 译为汉文者则有四：《十诵律》《四分律》《五分律》《摩诃僧祇律》。其中，《摩诃僧祇律》所含本生最多，共有五十二则，因其属于大众部，较重视世俗宣讲之故。

与《杂阿含经》本生体现出的因果思想不同，律典中的本生则展现出了另一种特色，即善恶不变。在达腻伽比丘不与而取国王木材后，释尊便说本生故事：

佛告诸比丘：是达腻伽不但今日犯最初不与取，过去世时已曾最初犯不与取……分其米地令有畔界，即便封之，此分属我，彼分属汝。时有一众生作是念：若我自取己分不久当尽，宁可少取他分令我分久在。彼诸众生见此众生不与而取，便语之言：汝今云何不与而取？勿复更作！然此众生犹取不止，乃至再三……佛告诸比丘：是时众生最初不与取者，岂异人乎？今瓦师子达腻伽比丘是

---

① （刘宋）求那跋陀罗译：《杂阿含经》卷十，《大正藏》第2册，第68页上—中。

② （南梁）僧祐：《出三藏记集》卷三，《大正藏》第55册，第19页下。

也。是达腻伽，从过去最初时不与取，今复于我正法中，亦最初不与而取。[①]

这则本生初看起来似乎并无异处，但略加思索就会发现，其中的逻辑内核是很奇怪的。达腻伽比丘今世不与而取，定有前世之因。但前世之因竟也是不与而取。“因前世如何，而今世亦如何”，这一类的本生在《摩诃僧祇律》中占了主导地位。在野干[②]主本生[③]中，提婆达多前世为野干王，不听众野干的劝谏总是打破人类的水罐，最终被人打死。今世提婆达多亦不听众比丘劝谏堕于恶道。在象本生[④]中，释尊前世为象，与猕猴、鸟比较年纪。鸟年纪大便恭敬鸟。今世佛亦能赞说应恭敬长老。《摩诃僧祇律》中，凡说本生之处，无论是善行还是恶行，当诸比丘疑惑而问释尊原因时，释尊的回答都是“不但今日如何，过去世亦是如何”。

这样的轮回果报思想确实令人一头雾水，但空穴来风，事必有因，之所以如此，可能的原因大概有三种：

其一，在本事[⑤]上，即对佛弟子而言，释尊想说明习气难除。即便成为声闻缘觉，也是“虽断烦恼不断习气”[⑥]。《报恩经》中也举例说明：“佛习气断，二乘习气不尽。如牛呞比丘，常作牛呞，以世世牛中来故；如一比丘虽得漏尽，而常以镜自照，以世世从淫女中来故；如一比丘跳枰掷阁，以世世从猕猴中来；不得名世尊。”[⑦] 但这样解释还有一些问题，因为习气显然不是今世果报的根本因。释尊只说及此难免有讲法不尽之嫌。且有些本生已经涉及栽赃、谋杀，这可绝对不只是习气的问题了！习气只是些许烦恼余气，为何“世世”如此才是我们所关心的重点。

---

① （东晋）佛陀跋陀罗、法显译：《摩诃僧祇律》卷二，《大正藏》第 22 册，第 239 页中—240 页上。

② 一种类似狐狸比狐狸小的动物。

③ （东晋）佛陀跋陀罗、法显译：《摩诃僧祇律》卷七，《大正藏》第 22 册，第 282 页中—下。

④ （东晋）佛陀跋陀罗、法显译：《摩诃僧祇律》卷二十七，《大正藏》第 22 册，第 446 页上—中。

⑤ 本事亦是本生的一种，即佛弟子的本生故事。

⑥ （北凉）昙无谶译：《优婆塞戒经》，《大正藏》第 24 册，第 1038 页中。

⑦ 失译：《大方便佛报恩经》，《大正藏》第 3 册，第 155 页下。

其二，在佛本生上，即对释尊自身而言，要保持佛的神圣性。提婆达多今世害释尊，按因果而言，应是释尊前世害提婆达多。事实上确实有这样的本生故事，即“须摩提本生”①，释尊前世推石头砸提婆达多，今世才被提婆达多砸。但这显然很难被崇敬佛陀的信徒接受，事实上除了《佛说兴起行经》，以释尊作为负面形象的本生经非常罕见。

其三，受到婆罗门教的影响。虽然婆罗门教也主张轮回之中善恶有报，“唯在斯世行善行者，有望于生善胎，或生为婆罗门，或生为刹帝利，或生为吠奢。若在斯世行恶行者，其事且将为入乎不善之胎，入乎犬，或野彘，或战陀罗人之胎”②。但婆罗门教的轮回观念是个很繁复庞杂的体系，《奥义书》中也有“一个人变成什么，按照他的所作所为。行善者成为善人，行恶者变成恶人。因善行变成有德之人，因恶行变为有罪之人”③ 这样的记载。这种逻辑也可理解，不当行为本身就是惩罚，佛教受其影响也未可知。且婆罗门教的轮回思想本身就是为了维护其种姓制度，从“贼的儿子永远是贼”再进一步发展为“恶人轮回后也是恶人”也完全可以说通。

以上三点可能的原因中，第三点应是根本因。虽然佛教排斥婆罗门教，也不乏反对种姓制度的言语。不过佛教在教义建构的体系上，一定对婆罗门教的思想有所吸收；在世俗传播的过程中，也一定会受到印度根深蒂固的种姓思想的影响。佛教为更好地传播而做出一定的同化，并不是没有可能。但当佛教开始向其他地方传播的时候，这样的逻辑就并不适应没有种姓传统的其他民族地域了。因此，第三条逻辑开始消退，一、二逻辑开始兴起。

如《贤愚经》中的“沙弥本事父误被子杀缘”④ 与《十诵律》中的“长老比丘本事秃头染衣人误被儿杀缘”⑤。二者故事基本相同，一比丘在赶路中不慎将自己的父亲老比丘推倒在地而死，释尊因此而言他们前世也是如此，儿子看到父亲被蚊虫咬头，用大棒打虫，不慎杀死父亲。但在文

---

① （后汉）康孟详译：《佛说兴起行经》卷二，《大正藏》第4册，第170页中—下。

② 徐梵澄：《五十奥义书》，中国社会科学出版社1995年版，第182页。

③ 黄宝生：《奥义书》，商务印书馆2010年版，第86页。

④ （元魏）慧觉等译：《贤愚经》卷十，《大正藏》第4册，第418页上—中。

⑤ （后秦）弗若多罗、鸠摩罗什等译：《十诵律》卷五十八，《大正藏》第23册，第438页上—中。

末角色对应的时候，二则本生完全相反。《十诵律》中，前世的父子角色与今世是相同的。而在《贤愚经》中，角色对应是相反的，也即过去被误杀的父亲是今世的儿子。从这一例子中，可以很明显地看出小乘本生到大乘本生逻辑的变化。

三　第二次转向：此生之善恶有报——以《六度集经》本生为例

《六度集经》是一本集成的本生经典。当然，所有经典都是在佛灭度后集成。但《六度集经》显然非常晚出，至少在大乘“六度”思想成熟之后。《六度集经》由 83 则本生故事组成，按照布施、持戒、忍辱、精进、禅定、智慧这六度将本生故事分为六章，各章本生数量多少不一。多的如布施章，有 25 则本生；少的如禅定章，只有 2 则本生，只能用其他故事来弥补字数。

《六度集经》中的本生，大部分是典型的大乘本生，以菩萨行为主。这类本生基本是佛本生，描绘佛在因地时行种种难行苦行。这里的因果思想显然也是善恶有报，菩萨行之因产生成佛之果。但另一方面，果报也更多地反映在了今世。如乾夷王本生[①]中，佛前世为乾夷王，治国有方，德行高洁。提婆达多前世为一婆罗门（逝心），嫉妒乾夷王，求王布施头颅。一再要求后乾夷王同意，但婆罗门欲割乾夷王头时：

> 逝心拔刀疾步而进，树神睹之忿其无道，以手搏其颊，身即缭戾，面为反向，手垂刀陨。王得平康，臣民称寿，悲喜交集，诸天叹德，可谓内施乎！四王拥护，众毒消歇，境界无病，五谷丰熟，牢狱裂毁，君民欣欣。[②]

婆罗门当时便被树神杀死，乾夷王也安然无恙，国家太平富饶。这里的因果报应就在此生，就在此世。但这则本生在不同的经典中，结局也有

① （吴）康僧会译：《六度集经》卷一，《大正藏》第 3 册，第 2 页中—下。

② 同上书，第 2 页下。

不同的版本，今列举几例加以对比：

序号	经典	本生	结局
1	《菩萨本缘经》	月光王本生	婆罗门斩断树枝误以为已断王头，月光王无恙；婆罗门离去
2	《大方便佛报恩经》	大光明王本生	月光王头被婆罗门斩断；婆罗门离去
3	《贤愚经》	月光王本生	月光王头被婆罗门斩断；婆罗门被众人唾弃
4	《月光菩萨经》	月光王本生	月光王自断头颅布施；婆罗门无交代

从人物和内容看，这些本生显然讲的是同一个故事，但在结局上却产生了较大差异。在 2 和 4 中，此生并没有产生任何报应；在 1 中，月光王此生得到了善报；在 3 中，婆罗门此生得到了恶报。而乾夷王本生中，月光王和婆罗门都在此生分别得到了善恶报应。这几则本生所出之经典均为大乘经典，但从成立时间来看，有理由相信乾夷王本生排在最后。

这并非特例，再看《六度集经》的兔王本生①，讲述佛前世为兔王，食物匮乏，投身入火供养道人的故事。这则本生又见于《菩萨本缘经》《生经》《菩萨本生鬘论》《一切智光明仙人慈心因缘不食肉经》《撰集百缘经》《杂宝藏经》，虽然细节各有不同，但结局均为兔王投火而死，或往生天界，或起塔供养。但在《六度集经》中，则是“火为不然”②。很明显，这里的善报也体现在了今世。

因果报应从来世走向今世，《六度集经》本生的这种改变当在佛教传出印度之后。对于其他并没有轮回传统的民族而言，若只有来生之报应，这样的因果论并不利于被大众接受。因此，在这些地方以本生弘法时，便在来世的报应之外添加了今世的报应，这样既能满足民众的心理需求，又可潜移默化地推行轮回说。但这样的改变，是为世俗传播层面的。随着大乘义理的推演，本生所体现的因果思想则走向了另一个方向。

① （吴）康僧会译：《六度集经》卷三，《大正藏》第 3 册，第 13 页下。

② 同上。

四　第三次转向：轮回之无善无恶——以《华严经·入法界品》本事为例

作为著名的大乘经典，《华严经》以“富贵”闻名于世。其说法之深刻、语言之华美可谓佛经中之翘楚。《华严经》中的本事集中在《入法界品》中，共有十四则：

序号	名　称①
1	宝髻长者本事奏乐染香供佛发愿缘②
2	不动优婆夷本事王女见佛发心修道缘③
3	婆须蜜多女本事长者妻善慧供佛闻法发心缘④
4	安住地神本事于妙眼佛所得法缘⑤
5	婆珊婆演底主夜神本事王夫人法慧月供佛发心缘⑥
6	喜目观察众生主夜神本事王宝女见佛发心缘⑦
7	普救众生妙德夜神本事妙德眼童女修补莲华座像缘⑧
8	寂静音海主夜神本事菩提树神见佛发心缘⑨
9	守护一切城增长威力主夜神本事法轮化光比丘尼护持正法缘⑩
10	开敷一切树华主夜神本事宝光童女信知功德缘⑪

① 按本事通常的命名规则命名，即：“今世人物名称”＋“本事”＋“过去世人物名称”＋“过去世行为”＋“缘”。

② （唐）实叉难陀译：《大方广佛华严经》卷六十六，《大正藏》第10册，第354页上—中。

③ 同上书，第358页下—359页中。

④ （唐）实叉难陀译：《大方广佛华严经》卷六十八，《大正藏》第10册，第366页上。

⑤ 同上书，第368页下—369页上。

⑥ 同上书，第370页下—371页中。

⑦ （唐）实叉难陀译：《大方广佛华严经》卷六十九，《大正藏》第10册，第375页下—378页上。

⑧ （唐）实叉难陀译：《大方广佛华严经》卷七十，《大正藏》第10册，第379页中—383页上。

⑨ 同上书，第386页上—387页中。

⑩ （唐）实叉难陀译：《大方广佛华严经》卷七十一，《大正藏》第10册，第389页上—390页上。

⑪ （唐）实叉难陀译：《大方广佛华严经》卷七十二，《大正藏》第10册，第392页上—395页下。

续表

序号	名　　称
11	大愿精进力救护一切众生夜神本事善伏太子救罪人布施缘①
12	妙德圆满神本事净光乳母供佛缘②
13	瞿波释种女本事具足妙德童女供佛缘③
14	摩耶夫人本事慈德道场神发愿为母缘④

综观《华严经》中的这些本事，可以发现与普遍的本生颇有不同。虽然它们大多数结构复杂，涉及多重时间与空间，但是其因果联系非常小，甚至可以说没有因果。每一则本事的字里行间都是华严之庄严富贵，但背后却分明是云淡风轻，颇有一些为了说本生而说本生的味道。如第4则安住地神本事，只言我在妙眼佛处得此法门，只言我供养诸佛未曾舍弃此法门，仅此而已。⑤ 这样的陈述从内容逻辑上看，前世与今世的联系更多是修饰性的。这里本生的使用仅是展示时间与轮回本身而已，每一世的故事本身和相互之间的关联被明显的淡化了。但这种“无因无果”，反映的却恰恰是大乘佛学的一些核心观点。

首先，以无限的可能作为推论前提，意味着每一个人，乃至每一个生物现在过去直至将来所有可能的状态都是佛陀曾经的状态。所以，人人皆可成佛。而且在无限的时间中，人人必将成佛。授记也只有在这一基础上解说才通达。若只因供佛发心，便必可成佛，世间焉有是理。佛所授记的，并非某种具体之行为，而是存在本身。以大愿精进力救护一切众生夜神本事善伏太子救罪人布施缘为例：

佛子！彼诸罪人，我所救者，即拘留孙等贤劫千佛，及百万阿僧

---

① （唐）实叉难陀译：《大方广佛华严经》卷七十三，《大正藏》第10册，第398页中—400页下。

② （唐）实叉难陀译：《大方广佛华严经》卷七十四，《大正藏》第10册，第404页中—下。

③ （唐）实叉难陀译：《大方广佛华严经》卷七十五，《大正藏》第10册，第408页上—412页下。

④ （唐）实叉难陀译：《大方广佛华严经》卷七十六，《大正藏》第10册，第417页上—中。

⑤ （唐）实叉难陀译：《大方广佛华严经》卷六十八，《大正藏》第10册，第368页下—369页上。

> 祇诸大菩萨——于无量精进力名称功德慧如来所，发阿耨多罗三藐三菩提心，今于十方国土，行菩萨道，修习增长此菩提，教化众生，令生善根解脱者是。时胜光王，今萨遮尼干子大论师是。时王宫人及诸眷属，即彼尼干六万弟子——与师俱来，建大论幢，共佛论议，悉降伏之，授阿耨多罗三藐三菩提记者是。此诸人等，皆当作佛，国土庄严、劫数、名号，各各有异。①

善伏太子所救罪人，外道论师尼乾子（nirgrantha）及其弟子已经被授记成佛，自己如今却尚未成佛，与普通的本生授记相比，其逻辑似乎有些混乱，但这正是华严义理的暗示：罪人可成佛，外道可成佛，善伏太子亦当为佛。《法华经》中，释尊连提婆达多也授记做佛。②于无量轮回中，凡是存在的，总有一善言善行，总有一智慧萌芽，经累劫可成熟，而这便是成佛之种。

其次，释尊经历无限轮回而成佛，而无限可以切割为多个无限，意味着释尊在无限的轮回前早已成佛。“无始有终”也就是“无始无终”。“有终”是脱离生死苦海，但这种脱离是觉悟、是了知真相，而不是与世俗断然割裂，归于寂灭。“无终”在实践上代表了无尽的菩萨行，在本体上代表了可以推衍变化为一切秽一切净，一切恶一切善，重重不休又根本为一的佛性本身。以此佛性，可包容一切存在。正如摩耶夫人本事慈德道场神发愿为母缘所言：“过去、现在十方世界无量诸佛将成佛时，皆于脐中放大光明，来照我身及我所住宫殿屋宅；彼最后生，我悉为母。”③ 净饭王、摩耶夫人不仅是释尊父母，亦是佛之理体毗卢遮那佛父母，乃至一切佛父母。因为一切佛本是一佛，一切存在本是一佛，“融三世间而为佛身”④，世间无一物不是毗卢遮那的显现。众生乃至草木瓦砾，皆内蕴在毗卢遮那之中，本就是佛，悟则解脱，不假外求。

最后，既然前世轮回没有起点，那么所有因果终究不可能完全断绝。

① （唐）实叉难陀译：《大方广佛华严经》卷七十三，《大正藏》第 10 册，第 400 页上。

② （姚秦）鸠摩罗什译：《妙法莲华经》卷四，《大正藏》第 9 册，第 35 页上。

③ （唐）实叉难陀译：《大方广佛华严经》卷七十六，《大正藏》第 10 册，第 417 页中。

④ （唐）澄观：《大方广佛华严经随疏演义钞》卷一，《大正藏》第 36 册，第 4 页上。

如“小儿本生”[①]（流离王灭释种）所言，释迦牟尼已然成佛，亦不免因业报头痛三日。所谓不昧因果，义理正在于此。一切因缘成熟时，此心了然不动，安然承受。无论割肉剜眼，于其心并无增减。因果轮回，历历在前，不虚不实。“三法辗转，因果同时”，时间性的桎梏在此被完全打破，尽在圆融之中，一旦打破，一切如是而已。存在即是存在，轮回只是假象。而本生在此也最彻底地淡化了，在时空的圆融中消弭了一切意义，归于佛之理体本身。

五　结论：义理之开展与种姓之阴影

与任何一种宗教一样，佛教在传播过程中，也会受到世俗观念的影响。而且，这些世俗观念越根深蒂固，与佛教的教义关联越紧密，佛教在这一地区传播得越成功，佛教受这些世俗观念的影响也就越深。结果就是，凡是佛法大兴之土，对佛教的原始观念之改造也是巨大的。中国如此，印度与西域诸国也不例外。从禁止占卜到《占察善恶业报经》的成立，从出家胜于在家到《维摩诘经》的成立，都是佛教理念被世俗影响的典型例子。虽然因果思想是佛教的根本思想，但完全没有受到印度世俗观念的影响也是不可能的。种姓思想自雅利安人进入印度而设，以其为统治基石数代而盛，时至当代竟仍不能尽其余绪，其流毒之深，可以见矣。故虽佛陀疾呼“四种姓者，皆悉平等”[②]，但于种姓之设，仍无计可施；至对于佛经中鄙薄首陀罗处，亦比比皆是，至对于旃陀罗，则更是“弊恶”“狠毒”了。这些种姓思想在本生经中出现，便是“今世如何，因前世亦如何”这样一种解释逻辑的体现。而在中国，自“王侯将相宁有种乎”以降，则从无种姓之锢；自唐广开科举以来，则更是人人有通天之径。所以这种令印度人欢喜无疑的解释，在中国人看来恐怕不知所云。但在中国，“积善之家必有余庆，积不善之家必有余殃”（《周易·坤·文言》）之因果思想则流传已久，故善恶有报之因果思想又再次兴起。同时在重视现实的中国人这里，更倾向于现世现报。而另一方面，大乘理论中

---

① （吴）康僧会译：《六度集经》卷五，《大正藏》第3册，第35页中—36页上。

② （刘宋）求那跋陀罗译：《杂阿含经》卷二十，《大正藏》第2册，第142页中。

的因果，则更加圆融而繁杂，并置于更广阔的时间与空间，这也反映在了本生之中。但在数量上，则显然不及宣传善恶有报以作弘法之用的本生了。

纵观佛教因果思想之三次转向，既有对世俗理念的主动迁就，亦有义理本身的深入发挥。前者有如火宅三车，后者直指第一义谛。但究其本质，皆不离“有因有果”之根本指向，均是对佛教因果观的时代诠释。

说一切有部俱有因概念的发展

高明元

【提要】 本文通过考察有部诸阿毗达磨中俱有因概念之内涵与外延的发展过程，指出俱有因的概念在最初提出时仅有外延，而其内涵则是随后从外延归纳出来的；众贤依毗婆沙师的立场又从俱有因的内涵出发将其外延扩展到一切有为法、认识论及证悟说等领域。

【关键词】 说一切有部　俱时因果　俱有因　相应因　俱生因

【作者简介】 高明元，斯里兰卡凯拉尼亚大学博士生。gaomingyuan.gmy@ gmail. com

根据日常生活经验，一般的因果观念应是因先果后的异时因果；而因果同时说或称俱时因果说则是说一切有部所提出的一种特别的因果理论。有部所立六因中的俱有因与相应因则是这种同时因果关系的典型代表。本文将对说一切有部诸阿毗达磨论书中的俱有因概念进行考察，以确定其概念之内涵与外延的发展演变。

一　《集异门足论》中的相应法与俱有法

在说一切有部的文献中，最早[①]出现“俱有”概念的文本当属《阿毗达磨集异门足论》：

① 关于有部论书产生的顺序，参见释印顺《说一切有部为主的论书与论师之研究》，中华书局 2011 年版，第 101—106 页。

复次若诸苦受、若彼相应法、若彼俱有法、若从彼生、若彼种类不可爱异熟果，由苦苦故苦。若诸乐受、若彼相应法、若彼俱有法、若从彼生、若彼种类可爱异熟果，由坏苦故苦。若不苦不乐受、若彼相应法、若彼俱有法、若从彼生、若彼种类非可爱非不可爱异熟果，由行苦故苦。①

该论将三苦性同苦受、乐受、不苦不乐受及其相应与俱有法分别对应了起来，不过并未解释受的相应法、俱有法具体为何，而且也没有说此二者有因意。但是我们至少可以由此得知，在有部经典成立的初期，“相应”和“俱有”就已作为两个并列的概念被一同提出来了，而且它们至少被用来描述受，只是二者所指的具体内容还不能确定。

二　《发智论》的相应因与俱有因及《大毗婆沙论》对此的解说

到了《发智论》的时候，相应因（saṃprayukta - hetu）与俱有因（sahabhū - hetu）的概念已被列入六因而被首次提出②，二者的外延已经在其中被明确了，只是对其的定义还尚未见到：

云何相应因？答：受与受相应法，为相应因；受相应法与受，为相应因。想、思、触、作意、欲、胜解、念、三摩地、慧与慧相应法，为相应因；慧相应法与慧，为相应因。是谓相应因。

云何俱有因？答：心与心所法，为俱有因；心所法与心，为俱有因。心与随心转身业语业，为俱有因。心与随心转不相应行，为俱有因；随心转不相应行与心，为俱有因。复次，俱生四大种，展转为俱

① 舍利子说，（唐）玄奘译：《阿毗达磨集异门足论》卷五，《大正藏》第 26 册，第 384 页中—下。

② ［日］箕浦晓雄：《説一切有部における倶有因の定義》，《大谷大学研究年报》第 56 期，第 65 页。

有因。是谓俱有因。[①]

就相应因而言，首先，《发智论》从受心所说起，似乎是对《集异门足论》说法的继承；其次，这里所言相应的范围已扩展到了十种心所法，正是在《发智论》当中，这十种心所首次列在一起，后来它们有了“十大地法”的称呼（本论中还未用“大地法”的名称）[②]；第三，这里的“相应因”仅说到心所法之间，还没有讲出心与心所是相应因（不过在随后说到能作因时，《发智论》提到了眼识的“相应法”[③]，所以无疑有部一向是肯定心与心所的相应的）。至于俱有因，《发智论》给出了四个范畴：（甲）心与心所法互为因果；（乙）心是随心转（cittānuparivartina）身业、语业的俱有因；（丙）心与随心转心不相应行[④]互为因果；（丁）俱生四大种辗转互为俱有因。

由此可知，从俱有法与相应法进而确立俱有因和相应因是《发智论》的发展。“相应”概念所说的一定是心与心所的内容；而关于俱有法，有部可能从一开始就已意识到“俱有”的概念比“相应”要广得多——随心转的不都是心所，还有身业语业等色法和心不相应行，所以“俱有”和“相应”有必要分开来说，不过其中的因果关系在一开始还不是很明了。作为《发智论》释论，《大毗婆沙论》针对上述段落给出了详细的解说。

（一）《发智论》中的相应因及其在《大毗婆沙论》中的解说

《发智论》提出了相应因的外延，《大毗婆沙论》则进一步给出了“相应”（saṃprayukta）概念的内涵/定义：“相应”意味着“五事等”，即同一刹那（时等）、同一所依（根等）、同一所缘（境等）、同一行相（行相

---

① 迦多衍尼子造，（唐）玄奘译：《阿毗达磨发智论》卷一，《大正藏》第26册，第920页下。

② KL Dhammajoti，*Sarvāstivāda Abhidharma*，Hong Kong：Centre of Buddhist Studies，The University of Hong Kong，2009，p. 214.

③ 迦多衍尼子造，（唐）玄奘译：《阿毗达磨发智论》卷一，《大正藏》第26册，第921页上。

④ 即心的生等法。

等)、心心所各唯一物（物体等）。这里的前“四事等”是“雾尊者”（Vāṣpa）[①]所说的，第五事则是由《婆沙》的作者所补充的，而且特别突出了心的相应——所谓“各唯一物”或“物体等”便是指一个心只能同时相应于一个受而非二受，反之一个受也只能在同一刹那相应于一个心而非二心，其他心所类推亦然。很显然，《大毗婆沙论》在此说明了心与心所的相应：“心与心所、心所与心心所，皆展转力持而得生，故更互相应。”[②]如上所引，《发智论》在谈到“受相应法”“慧相应法”等时只说了几种相应心所，而没有明言心王，所以《婆沙》有必要对此进行解释；而事实上《婆沙》以后的有部正宗都一致认为心与心所二者必定是相应的。于是，对于《发智论》为何没有明说心与心所是相应因，《婆沙》给出了余师的一个解答：“心已说在此所说中，谓受相应、慧相应法亦摄心故。”[③]“余师”二字似乎暗示这种说法虽然并非承袭自《婆沙》编纂者的传统，却多少能反映《发智论》作者的意图。但特别值得注意的是，凉译《阿毗昙婆沙论》在讲相应之定义的段落中，恰恰略过了这第五事等——心与心所各唯一物[④]——而只提到了四事，这似乎反映出这第五事等是为了文意的完整性在后来补充上的，而“四事等”的说法则更接近于《发智论》的说法，也即暗含心与心所的相应关系而未明确二者互为相应因。关于相应因中不说心而俱有因中说心，《婆沙》进而解释：“平等义是相应因义，心王是胜，与心所法等义不显，故不说心；办一事义是俱有因义，心、心所法办事义同，故今说心。”[⑤]也就是说，“相应因”原本意在突出各个心所之间的平等性，因此《发智论》没有讲心与心所的相应。不过，对于《发智论》未加明言的地方，《大毗婆沙论》则明确肯定心与心所的俱有关系是相应因。

兵藤一夫以为有部用心与心所来解析有情的心之活动实际上破坏了作为

① 凉译《阿毗昙毗婆沙论》作“尊者婆已”，见迦旃延子造，五百罗汉释，（北凉）浮陀跋摩、道泰译《阿毗昙毗婆沙论》卷十，《大正藏》第28册，第65页下。

② 五百大阿罗汉等造，（唐）玄奘译：《阿毗达磨大毗婆沙论》卷十六，《大正藏》第27册，第80页上。

③ 同上。

④ 参见迦旃延子造，五百罗汉释，（北凉）浮陀跋摩、道泰译《阿毗昙毗婆沙论》卷十，《大正藏》第28册，第65页下。

⑤ 五百大阿罗汉等造，（唐）玄奘译：《阿毗达磨大毗婆沙论》卷十六，《大正藏》第27册，第81页中。

一个有机整体的心，为了恢复心的统一性，所以就提出了相应、俱有的概念。[①]这个解释看起来颇为合理，但是正如印顺在论述《发智论》中的“相应”概念时所指出的：“本论以修道断惑的实践为主，多沿用契经旧说，对心与心所，还没有专重的辨析，所以不同后代的泛约心与心所而明相应。”[②]事实上，有部的心所说是到了《界身足论》时才基本完善的[③]；而俱有与相应的概念却是早在《集异门足论》中就提出了，而那时诸多心所的观念还不太清晰，因此兵藤的说法并不恰当。因此，顺着印顺的观点，我们可以说，虽然心与心所的相应从有部的立场看是必然的，但《发智论》时期的心所说尚未发达，所以“相应因”的概念更侧重于从外延上讲诸心所之间的相应，而后来的《大毗婆沙论》则在对前者进行归纳注释的过程中对“相应”的内涵做出更为清晰的规定，从而明确肯定了心与心所的相应，使其表述臻于完善。

另外，关于心与心所的相应，《大毗婆沙论》还记载了有部内部的其他说法，如：

> 尊者觉天作如是说：诸心、心所，体即是心。[④]

觉天说心所也是心，相当于否定了心所是心外别有的实法，既然一刹那不能有二心，那么说心所的体也是心就意味着否定了心与心所的俱时相应。这同《大毗婆沙论》中譬喻者的观点是一致的[⑤]：

> 心、心所法次第而起，互不相应，如譬喻者。[⑥]

---

① ［日］兵藤一夫：《“六因说”について—特に“相応因”と“俱有因”に関して—》，《印度学仏教学研究》1985 年第 33—2 期，第 704 页。

② 释印顺：《说一切有部为主的论书与论师之研究》，中华书局 2011 年版，第 163—164 页。

③ 参见 KL Dhammajoti，*The Categories of Thought and Thought - concomitants*（*citta - caitta*），9.3.2，Hong Kong：The Buddha Dharma Centre of Hong Kong，2015。与《大毗婆沙论》的七类 58 法不同，《界身足论》列举了八类 55 法。

④ 五百大阿罗汉等造，（唐）玄奘译：《阿毗达磨大毗婆沙论》卷一，《大正藏》第 27 册，第 8 页下。

⑤ 参见［日］加藤纯章：《经量部の研究》，春秋社 1989 年版，第 199 页。

⑥ 五百大阿罗汉等造，（唐）玄奘译：《阿毗达磨大毗婆沙论》卷九十，《大正藏》第 27 册，第 463 页上。

次第而起就不是一时而生，也就不能成为俱有法，更谈不上相应。甚至我们可以说，如果不接受觉天的意见，譬喻者的说法也不能成立，因为既然心心相续，心与心所法次第而起，那么心所法必定是以心为体的。因此，《大毗婆沙论》之所以在《发智论》所言心所间互为相应因的基础上明确提出心与心所互为相应因，有很大可能是出于对觉天及譬喻师等有部内部反对意见的回应，以统一有部正宗。①

（二）《发智论》中的俱有因及其在《大毗婆沙论》中的解说

如果说《发智论》仅给出了俱有因外延的四个范畴，《大毗婆沙论》则进而对俱有因下了定义：

> 问：何故名“俱有因”？“俱有”是何义？
>
> 答：不相离义是俱有义；同一果义是俱有义；相随顺义是俱有义。此俱有因定通三世，有士用果。②

从这一定义来看，不相离、同一果、相随顺三者是规定俱有因的三个条件，这三者是缺一不可的。同时，俱有因的果也被规定为士用果（puruṣakāra - phala）。此外，《婆沙》还提到过“办一事义”：

> 办一事义是俱有因义。心、心所法办事义同，故今说心。③
>
> 心与随心转身语业展转为俱有因。所以者何？同一果故，办一事故。④

从这两句的语境来看，“办一事”强调的是成就共同的果，也即产生

① 进一步说，规定心与心所为相应因更是为了保障在认识发生的过程中现量的可靠性。比如在依根领纳现量之时总是需要触、受、想、思等十大地法的同时参与才可能认识到对象，当然，像这样对现量的系统分析要到众贤时才有。

② 五百大阿罗汉等造，（唐）玄奘译：《阿毗达磨大毗婆沙论》卷十七，《大正藏》第27册，第85页中。

③ 五百大阿罗汉等造，（唐）玄奘译：《阿毗达磨大毗婆沙论》卷十六，《大正藏》第27册，第81页中。

④ 同上书，第81页下。

同一士用果，因此这也是对“同一果义”的补充。

接下来我们重点讨论一下“心与随心转身业语业为俱有因”的问题。我们注意到，在《发智论》对俱有因的规定中，上述的（甲）（丙）（丁）三项均互为因果，唯有“心与随心转身业语业为俱有因”是以心为因、以随心转身业语业为果的单向共时因果关系，而这一项在《大毗婆沙论》中则被说成是双向的互为因果关系[①]，而与此同时，后者在给出俱有因的定义时也并未表述为互为果，却只说“同一（士用）果”。这样的变化涉及“随心转身业语业”的内容。“随心转身业、语业”的表达唯有在《发智论》与《大毗婆沙论》当中出现过，前者没有进行任何说明，后者则将其解释为静虑律仪（dhyāna - saṃvara）与无漏律仪（anāsrava - saṃvara）。[②]这两种律仪在《大毗婆沙论》中又被分别称作“定俱有戒”与“道俱有戒”，二者都是随心转戒。[③]不过，这些名相均未见于早期有部的论书当中，我们最多能在《集异门足论》[④]《法蕴足论》[⑤]中看到关于身语律仪与心共生的一些零散的说法，所以很显然对它们的分类、总结与系统阐述则是在《大毗婆沙论》中才完成的。《大毗婆沙论》对《发智论》没有说该项是互为因果做出了三种辩解：

问：何故此中不说随心转身业、语业与心为俱有因耶？

---

① ［日］箕浦晓雄：《説一切有部における俱有因の定義》，《大谷大学研究年报》第56期，第67页。

② 见五百大阿罗汉等造，（唐）玄奘译《阿毗达磨大毗婆沙论》卷十六，《大正藏》第27册，第81页中。

③ 参见五百大阿罗汉等造，（唐）玄奘译《阿毗达磨大毗婆沙论》卷十七，《大正藏》第27册，第82页下—83页中。简单地说：当修行者进入色、无色界的静虑时，就会随心产生身律仪与语律仪，称作定俱有戒；当修行者见无漏法（如入正性离生）时，随其心识的生起，身语色法也会随之转起（anuparivartina），称作道俱有戒。

④ 《阿毗达磨集异门足论》：“戒类福业事者，云何戒类、云何福、云何业、云何事而说戒类福业事耶？……福者，谓戒俱行身律仪、语律仪、命清净，是名福；业者，谓戒俱行诸思等思、现等思已，思、思类作心意业，是名业；事者，谓若防若止若遮……此中戒类名为戒类，亦名福，亦名业，亦名事。”［舍利子说，（唐）玄奘译：《阿毗达磨集异门足论》卷五，《大正藏》第26册，第385页下—386页上］

⑤ 《阿毗达磨法蕴足论》：“……初静虑具足住。于此定中，诸身律仪、语律仪、命清净名为色；即彼所生受、想、行、识名为名。”［大目乾连造，（唐）玄奘译：《阿毗达磨法蕴足论》卷十一，《大正藏》第26册，第508页上］

答：是作论者意欲尔故，乃至广说。有说：应说而不说者，当知此义有余，前说此中所说“因义皆不尽”故。有说：此中初后广说，中间略说，义准可知，是故不说。有余师说：心于随心转身语业能为因，不随其事转，以是胜故；随心转身语业于心随其事转，不能为因，以是劣故——如王于臣，能与爵禄，不随其事转；臣于王，随其事转，不能与爵禄，此亦如是。①

《婆沙》的编纂者想表示，《发智论》的作者迦多衍尼子明知心与随心转身业语业是互为因果的，却故意不说。这里给出了三个理由：第一个是借用了前文在讲《发智论》为何不提心与心所互为相应因时的解答——六因并未尽含一切因果，所以应知“此义”还有剩余的部分，也即只讲了心之于随心转身业语业为俱有因，反过来的俱有因关系却没说明。第二个则说上下文都是互有的因果，所以这一项同理类推可得——我们当然可以对此发问：俱有因的四个范畴中为何会单单省略这一项？这个理由并未能真正说明《发智论》不说它的原因，反倒是反映出《婆沙》可能是为了叙述格式的完整性才添加了“随心转身语业于心”为俱有因。最后“余师”所讲的这则理由似乎才揭示了《发智论》仅对此做出单向因果关系之规定的真正原因，即心胜于作为思已业的身业、语业。依据有部的看法，色身——即便是阿罗汉的——一定都是有漏的，但圣者入色界定及入无漏定都能够产生无漏的无表色②，但这种无表色会随着出定而消失。据此，理应是入定时的心决定了身语无表业的同时产生，反之则略显牵强。因此，《发智论》才没有讲“随心转身业语业于心为俱有因”。

《大毗婆沙论》一方面根据《发智论》关于俱有因外延的表述将俱有因总结为“同一果义”，另一方面又从文意的完整性出发将此处的单向因果关系补全为互为俱有因，这便为后来《杂阿毗昙心论》（简称“杂心论”）提出“俱有互为果”的定义埋下了伏笔。

在此值得一提的是，兵藤一夫曾提出，有部的四缘六因说最早出现于

① 五百大阿罗汉等造，（唐）玄奘译：《阿毗达磨大毗婆沙论》卷十六，《大正藏》第 27 册，第 81 页中—下。

② 此外还有受戒的情况，受戒属于别解脱律仪，唯在欲界，作为无漏的无表业不感异熟，所以一旦生起便恒时作用。但这一情况不属于本文所讨论静虑律仪与无漏律仪的范畴。

《识身足论》，四缘和六因最初都是就识生起的情况而言的，根据该论，俱有、相应法便是四缘中的因缘[①]，继而再将六因的适用范围从识生起的情况扩大至色法乃至一切法，六因说就完成了。[②]兵藤过于依赖《识身足论》，甚至以为其中所讲的因缘即俱有因与相应因就是有部最初的理解，却忽略掉该论本身就是针对识生问题的考察，并不涉及色法俱有的问题，况且该论还受到了《发智论》的影响，当属《发智论》之后的著作[③]，六因说应当是《发智论》的首创。

总之，既然俱有因包含了心、心所法、色法和心不相应行法，便可以遍摄一切有为法了。这样，俱有因也因适用范围颇广而和其他五因紧密关联——依照《大毗婆沙论》的说法，相应因、同类因、遍行因或异熟因都可以被视作俱有因，反之则不然；能作因中除无为法外也都是俱有因：

> 如是已显六因自性，今当复显六因相杂不相杂义。
>
> 问：若法是相应因，彼亦是俱有因耶？
>
> 答：若法是相应因，彼亦是俱有因。有法是俱有因，彼非相应因，谓有为不相应法。
>
> ……
>
> 问：若法是俱有因，彼亦是同类因耶？
>
> 答：若法是同类因，彼亦是俱有因。有法是俱有因，彼非同类因，谓未来法。
>
> 问：若法是俱有因，彼亦是遍行因耶？
>
> 答：若法是遍行因，彼亦是俱有因。有法是俱有因，彼非遍行因，谓除过去、现在遍行随眠及彼相应俱有法、诸余有为法。
>
> 问：若法是俱有因，彼亦是异熟因耶？

---

① ［日］兵藤一夫：《"六因説"について—特にその成立に関して—》，《大谷大学研究年报》1985 年第 64—4 期，第 107 页。又《阿毗达磨识身足论》："眼识有四缘：一、因缘，二、等无间缘，三、所缘缘，四、增上缘。何等因缘？谓此俱有、相应法等。……是名眼识所有四缘：谓因缘、等无间缘、所缘缘、增上缘。如是眼识是谁因缘？谓此俱有、相应法等……"［提婆设摩造，（唐）玄奘译：《阿毗达磨识身足论》卷三，《大正藏》第 26 册，第 547 页中］

② ［日］兵藤一夫：《"六因説"について—特に"相応因"と"俱有因"に関して—》，《印度学仏教学研究》1985 年第 33—2 期，第 704 页。

③ 参见释印顺《说一切有部为主的论书与论师之研究》，中华书局 2011 年版，第 146 页。

答：若法是异熟因，彼亦是俱有因。有法是俱有因，彼非异熟因，谓无记、无漏有为法。

问：若法是俱有因，彼亦是能作因耶？

答：若法是俱有因，彼亦是能作因。有法是能作因，彼非俱有因，谓无为法。[①]

由此，我们也可以理解法光法师所指出的，俱有因所反映的俱时因果乃是有部因果观的范式（paradigm）。[②]

三 《俱舍论》及《顺正理论》对俱有因的拓展

（一）互为果与同一果

众所周知，《俱舍论》是以《阿毗昙心论》与《杂阿毗昙心论》为基础的。[③]《阿毗昙心论》只提及了“共有因”却没有解释[④]，优波扇多的《阿毗昙心论经》则沿用《婆沙》的“同一果义”[⑤]；而《杂心论》却对《婆沙》原意进行了整理而提出了“展转果”义（即互为果）：“若一时起，展转为果，是共有因。”[⑥]《杂心论》这一解说显然影响了《俱舍论》对“俱有因”的定义，后者说：“若法更互为士用果，彼法更互为俱有因。”[⑦]《杂心论》特别指出了有为法与相（lakṣaṇa）和随相（anulakṣaṇa）是“共

---

① 参见五百大阿罗汉等造，（唐）玄奘译《阿毗达磨大毗婆沙论》卷二十一，《大正藏》第 27 册，第 107 页中—下。

② ［马来西亚］法光（KL Dhammajoti）：《说一切有部对佛教因果论之贡献》，《第六届国际佛学论坛佛教因果思想研究论文集》，会议论文，中国人民大学，2016 年 10 月，第 13 页。

③ 吕澂：《印度佛学源流略讲》，上海人民出版社 1979 年版，第 138 页；释印顺：《说一切有部为主的论书与论师之研究》，中华书局 2011 年版，第 558—559 页。二者说法应当均出自木村泰贤《阿毗达磨论之研究》第五篇（259—324）。

④ 《阿毗昙心论》：“或因俱生，如相应因及共有因。”［法胜造，（晋）僧伽提婆、慧远译：《阿毗昙心论》卷四，《大正藏》第 28 册，第 831 页中］

⑤ 《阿毗昙心论经》：“同一果义是共生因。”［法胜论，优波扇多释，（高齐）那连提耶舍译：《阿毗昙心论经》卷一，《大正藏》第 28 册，第 838 页中］

⑥ 法救造，（刘宋）僧伽跋摩译：《杂阿毗昙心论》卷二，《大正藏》第 28 册，第 883 页中。

⑦ 世亲造，（唐）玄奘译：《阿毗达磨俱舍论》卷六，《大正藏》第 29 册，第 30 页中。AKB，83：… ye dharmāḥ paraspara－phalās te parasparaḥ sahabhū－hetur … ｜

有”（saha－√bhū）的关系。[①]《杂心论》中对共生的法与相、随相是否是俱有因的问题分析得很明白，比如眼与四相、四随相同时共生，但其中的因果关系只存在于眼同四相相互之间、眼之于四随相以及四相与其对应的随相之间。[②]这是就具体事例的整体而举出的互为因果的情况，可以看出其中并非所相、相与随相三者之间全都是互为因果的。因此，《俱舍论》接受了《杂心论》的意见，并将其纳入“俱有因”的外延之中。然而，由于脱离了《杂心论》所述的具体情况，《俱舍论》在下定义时就会遇到一些问题：如果承认“俱有互为果”的前提，就不应该承认法与随相为俱有因，于是世亲不得不在此做了一个特别的说明：“法与随相非互为果，然法与随相为俱有因；非随相于法。”[③]可见连世亲自己都清楚“俱有互为果”这一定义的逻辑缺陷。

同时，《俱舍论》也顺承了《婆沙》的说法[④]，明确了相与所相法（lakṣya）的俱有关系，如偈颂云：“俱有互为果，如大，相、所相，心于心随转。”[⑤]这样，原本《大毗婆沙论》中“心与随心转不相应行”（即心与生、住、异、灭四相）相互间的俱有因关系再加入四有为相与所相法的互为因果，这便使得俱有因的适用范围变得更广。

随后，悟入的《入阿毗达磨论》则融合了《俱舍》（及《杂心》）与

---

① 参见法救造，（刘宋）僧伽跋摩译：《杂阿毗昙心论》卷二，《大正藏》第28册，第883页中—下。

② 《杂阿毗昙心论》：“彼眼于八法共有，亦共有因。［八法］谓四相、四随相。相于眼共有，［是］共有因；随相于眼共有，非共有因。生于八法共有，［是］共有因。除生自性，眼及余相、随相生，此五法（眼、生生、住、异、灭）于生共有，［是］共有因。余（住住、异异、灭灭）随相共有，非共有因。如是余相、随相亦如是，乃至触入亦如是。”［法救造，（刘宋）僧伽跋摩译：《杂阿毗昙心论》卷二，《大正藏》第28册，第883页中下］

③ AKB，83：vinâpi cânyonya－phalatvena dharmo 'nulakṣaṇānāṃsahabhū－hetuḥ，na tāni tasy［a］... ।

④ 《阿毗达磨大毗婆沙论》：“相与所相是同一果，决定俱行，为俱有因，故必同世。”［五百大阿罗汉等造，（唐）玄奘译：《阿毗达磨大毗婆沙论》卷三十八，《大正藏》第27册，第198页中］

⑤ 世亲造，（唐）玄奘译：《阿毗达磨俱舍论》卷六，《大正藏》第29册，第30页中。VAkK，2.50：... sahabhūr ye mithaḥ phalāḥ । bhūtavac citta－cittānuvarti－lakṣaṇa－lakṣyavat । ।

《婆沙》的说法："诸有为法更互为果，或同一果，名俱有因。"[①]由于《入阿毗达磨论》本身只是一个有部教义纲要，悟入没有做更多的说明，具体的阐述还需参考其弟子众贤的《顺正理论》。

针对《俱舍论》所提出的俱有因相——四大、诸相与所相法、心与心随转更互为因——众贤说：

> 此（引者注，《俱舍论》）中所说因相太少。谓诸心随转及诸能相，各应说互为俱有因故。又不应说："唯互为果，为俱有因。"法与随相非互为果，然为因故——此为因相，彼应更辩。由此义故，应辩相言：有为法一果，可为俱有因。《本论》说故，此无过失。[②]

众贤没有反对世亲的"互为果"说，只是讲按照《俱舍》的定义则"因相太少"，不足以概括所有的俱有因。因此他举例说，比如共起的诸随心转之间及诸能相之间也应当是俱有因。[③]紧接着，众贤便根据"互为果"的定义质疑了世亲关于法是随相之俱有因的说法。从而，他又将俱有因的规定回归到了《发智论》（"本论"）的"共一果"义，并认为这样定义便无过失。

接下来，众贤又在证明俱有因时提出了一个所谓"俱生因"的概念，并对其做出了更为宽泛的定义：

> 又我不许一切俱生皆有展转为因果义。许有者何？谓共一果，或

---

① 塞建陀罗（悟入）造，（唐）玄奘译：《入阿毗达磨论》卷下，《大正藏》第28册，第988页上。值得注意的是，藏译的相应部分却只讲了互为果，而未提同一果：lhan cig ' byung ba'i rgyu ni phan tshun 'bras bu chos rnams te | …… 引自 KL Dhammajoti，*Entrance into the Supreme Doctrine*：*Skandhila's Abhidharmāvatāra*，Hong Kong：Centre of Buddhist Studies，The University of Hong Kong，2008，p. 257。

② 众贤造，（唐）玄奘译：《阿毗达磨顺正理论》卷十五，《大正藏》第29册，第417页下。

③ 请注意，随心转起的既可以有无表的身业语业，也可以有心不相应行，二者只是共生的关系，却并非互为果的关系。这不禁令人联想到《成实论》将"无作"（即无表，avijñapti）解释为非色非心的心不相应行，或就是将随心转的（无表）色法与心不相应行二者相互结合的理论结果。参见诃梨跋摩造，（姚秦）鸠摩罗什译《成实论》卷七，《大正藏》第32册，第290页中。

展转果，方有此义；或由此力，彼法得生。如是俱生，有因果义。[①]

据此，俱生因有了三个并行的规定：（甲）共一果，（乙）展转果，（丙）由此力彼法得生。“共一果”即是《大毗婆沙论》所讲的“同一果”；“展转果”则是《杂心论》《俱舍论》所说的“互为果”；“由此力，彼法得生”出自《俱舍论》及《入阿毗达磨论》中对士用果的定义，如《俱舍》云：“若法因彼势力所生，即说此法名士用果”[②]；又，悟入说：“谓相应、俱有因，得士用果——由此势力，彼得生故。”[③]这样，众贤就对《婆沙》《俱舍》和悟入的学说进行了融合。“由此力，彼法得生”讲的是单方向的俱时因果，加上“展转果”与“共一果”，一切的俱生因法的生果可能皆备。不管怎样，经过上文的分析可知，“俱有因”的内涵在不同的有部阿毗达磨论书中虽然只是在“同一果”与“互为果”二者之间摇摆，但其外延却随着这种不断清晰化的过程而逐渐扩大。事实上，众贤通过将这三个规定结合在一起，再度扩大了俱有因概念的外延，他将对俱有因的论证扩展到了根境识和合及初无漏法等范畴上。

（二）俱生因即俱有因

什么是“俱生因”？

加藤纯章注意到了众贤于此在用词上的差别，他认为“俱有因”特指同时存在的法互为因果的情况，而“俱生因”则指诸法同时存在时单一方向的因果关系。[④]然而，一方面这个说法忽略了众贤已经重申俱有因的定义为同一果以便更好地解释“法为随相的俱有因”——即对众贤而言，同时生起的诸法存在单向的因果关系也可以是俱有因；另一方面，众

① 众贤造，（唐）玄奘译：《阿毗达磨顺正理论》卷十五，《大正藏》第29册，第419页下。

② 世亲造，（唐）玄奘译：《阿毗达磨俱舍论》卷六，《大正藏》第29册，第35页中—下。

③ 塞建陀罗（悟入）造，（唐）玄奘译：《入阿毗达磨论》卷下，《大正藏》第28册，第988页中。

④ ［日］加藤纯章：《经量部の研究》，春秋社1989年版，第310页。

贤完全没有在六因的基础上别立称作“俱生因”的第七因，所以加藤这种将俱有因与俱生因对立起来的解读不可取。

俱生因这一概念需要从语境来检视：在《顺正理论》中，“俱生因”是与“前生因”相对而设立的概念，目的就是为了反对上座的前生因说并证明俱时因果关系的存在，从而成立俱有因。这样，“俱生因”与“前生因”更像是根据因与果所在时间的同异而区分出的两种因果关系类别，而非特别新立的因缘（hetu - pratyaya）。众贤利用描述缘起的经典表述“依此有彼有，此生故彼生”来对此进行分析，即认为前半句讲的是俱生因，后半句则讲前生因。这样的分析明显是依据梵文的语法展开的：“依此有彼有”（asmin satīdaṃ bhavati）的“依此有”（asmin sati）是梵文的绝对依格，可以表示“当此存在的时候”或“在此者存在之处”等含义；而“此生故彼生”（asyotpādād idam utpadyate）的“此生故”（asya utpādāt）最后则是以梵文从格结尾，表示“从此者的生起”或“因为这个的生起”。如果考虑到阿毗达磨师的刹那性（kṣanikatva）之立场①，前者暗示出作为因的“此”法只要存在（sati），作为果的“彼”法就一定产生（bhavati）——“彼有”的时候，“此”法同时存在，于是因果完全可以是同时的；而后者则是说作为果的“彼”法是由“此”法之生起（utpāda）而生起（utpadyate）的——由于法是刹那生灭的，前一刹那的此法已完成了生灭，下一刹那的彼法便随之生起，这便显示了因前果后的意思。

同时，我们还要注意《顺正理论》针对士用果进行过如下的分类：“然士用果总有四种：俱生、无间、隔越、不生。”②由此看来，既然俱有相应因生士用果，那么俱生士用果的因当然就是俱有因（包括相应因），所以众贤只是用了一个新的名相来表达“俱有因”的概念。

倘若如此，接下来的问题便是：既然众贤讲的就是“俱有因”，为何还要增添出“俱生因”的表述？这是否没必要？事实上，众贤的论证是

---

① 关于阿毗达磨佛教对“刹那性”的讨论，参见 Y. Karunadasa, *The Theravāda Abhidhamma: Its Inquiry into the Nature of Conditioned Reality*, Hong Kong: Centre of Buddhist Studies, The University of Hong Kong, 2010, pp. 234—261.

② 众贤造，（唐）玄奘译：《阿毗达磨顺正理论》卷十五，《大正藏》第29册，第418页中。

十分谨慎的，对此，我们还需要从几点来考虑：

第一，俱生因对应于前生因。如前所说，众贤所论述的语境是在前生因之外而成立俱有因。虽然“前生因”（*pūrvotpatti－hetu/ pūrvajāta－hetu？）与“俱生因”（*sahotpatti－hetu/ sahajāta－hetu？）[①] 的梵语原文为何已不可考，但从玄奘的译文上看，与“前生”相对的便是“俱生”。如果这个“生”指的是“由因生（ut－√pad）果”，那么它就有生起、产生的意义；而“俱有”的“有”（√bhū）则是（法的）生成的意思。二者在意义上的差别不太大，但在构词与侧重上还是有所不同。

第二，俱生法不等于俱有因。俱有因关系中的诸法一定是俱生的，但并非所有俱生的法都是有因果关系的，只有俱生且存在因果关系的诸法才可称为俱有因。[②]所以，凡是成为俱生因的，便是俱有因，其外延被规定为上面引文所涉及的三个情况。从这点来看，“俱生因”便是对“俱有因”的进一步规定。

第三，众贤在使用“俱生因”的概念时亦将一些有部之前未加说明的内容明确为俱有因。众贤指出，在“眼色为缘生眼识”的情况下，眼根与色境是眼识的“俱生缘”。[③]众贤在此没有直接说“俱生因”，或许是因为在经典的表述中讲的是缘（pratyaya）而不是因（hetu），但“缘”即“因”义，略加推论便可知，他所说的就是俱有因。根、境是识的俱有因，这是有部传统论书中没有明确论述过的内容。

关于眼识缘起的问题，在《发智论》当中眼根与色境只是专门被作

---

① 加藤还提出了“sahaja－hetu”“sahotpāda－hetu”等其他几种可能。参见［日］加藤纯章：《経量部の研究》，春秋社 1989 年版，第 310 页。

② 对比南传上座部阿毗达磨在二十四缘中所区分的俱生缘（sahajāta－paccaya）与相互缘（aññamañña－paccaya）：前者指同时生起的诸法共同为缘的情况，如心与心所、心与心共生的色法、四大之间及四大与所造色、结生时的意根与非色蕴等；后者则指同时生起的诸法辗转为缘的情况，如三支芦束的相互依存，这属于前者的一个子类。互为俱生缘而非相互缘的情况有如意生的色法与心，以及四大之间的共生而非互生。参见 Bhikkhu Bodhi，*Comprehensive Manual of Abhidhamma*，Seattle：BPS Pariyatti Edition，2000，pp. 317－318 以及 Nārada Mahā Thera，*A Manual of Abhidhamma*，Kuala Lumpur：Buddhist Missionary Society，1979，pp. 419－420。

③ 见众贤造，（唐）玄奘译《阿毗达磨顺正理论》卷十五，《大正藏》第 29 册，第 420 页下—421 页上。

为能作因[①]而非俱有因来论述的[②]：

> 云何能作因？
>
> 答："眼及色为缘，生眼识"，此眼识以彼眼、色、彼相应法、彼俱有法……有为无为等一切法，为能作因。除其自性，如眼识，耳鼻舌身意识亦尔，是谓能作因。[③]

我们注意到，《发智论》的这段话是将眼和色同眼识的相应法和俱有法分开陈述的，这里的"彼（眼识）俱有法"是否包括眼与色，该论也没有说明。这至少反映出有部在早期对于这种情况是否算俱有因是不够明确的。[④]

《大毗婆沙论》则论及了三和合与俱有因的问题：

> 又契经说："眼及色为缘，生眼识。三和合故触，俱起受、想、思。"[⑤] 如是等经说俱有因。[⑥]

---

① 能作因正是由增上缘发展而来。见［日］兵藤一夫《説一切有部の因縁論—"四縁説"と"六因説"の成立に関連して—》，《大谷大学研究年报》1985 年第 65—2 期，第 50 页。KL Dhammajoti，*Sarvāstivāda Abhidharma*，Hong Kong：Centre of Buddhist Studies，The University of Hong Kong，p. 145.

② 与此相似，一色大悟指出：同时生起的大种对于所造色也只是能作因，并不属于俱有因。参见［日］一色大悟《"順正理論"における引果と取果》，《インド哲学仏教学研究》2011 年第 19 期，第 82 页。

③ 迦多衍尼子造，（唐）玄奘译：《阿毗达磨发智论》卷一，《大正藏》第 26 册，第 921 页上。

④ 此外，《识身足论》已依据四缘将眼根归为增上缘（ādhipatti - pratyaya），色境归为所缘缘（ālambana - pratyaya），所以并未也没必要再就六因来阐述根境识缘起的情况。见《阿毗达磨识身足论》："眼识有四缘……何等因缘？谓此俱有相应法等。何等等无间缘？谓若从彼诸心、心法平等无间，如是眼识已生、正生。何等所缘缘？谓一切色。何等增上缘？谓除自性余一切法。是名眼识所有四缘。"（《大正藏》第 26 册，第 547 页中）

⑤ 对比 AKB，146：cakṣuḥ pratītya rūpāṇi côtpadyate cakṣur - vijñānaṃ ｜ trayāṇāṃ saṃnipātaḥ sparśaḥ ｜ sahajātā vedanā saṃjñā cetan［ā］… ｜

⑥ 五百大阿罗汉等造，（唐）玄奘译：《阿毗达磨大毗婆沙论》卷十六，《大正藏》第 27 册，第 79 页中。

《婆沙》所引的这段文字出自《杂阿含经》[①]，它是叙述缘起的经典表述。不过，这段话所说俱有因的内容指的究竟是什么？如果参照上文所考察的《婆沙》中“俱有因”定义的外延（心与心所、心与随心转不相应行、心与随心转身语业、四大种），此处所讲的“俱有因”指的应当是触、受、想、思等心所与识共生、互为因果，也即仅是这段文字的后半部分，并不涉及根、境、识之缘起的前半部分。虽然有部认为根、境、识的三和合必然是同时的，但《婆沙》中却仅论证了心与心所为俱有因，并未有一处展开说明过根、境是识的俱有因。

另外，针对这句经文，经部上座室利逻多（Śrīlāta）对有部提出了反对意见：在经部看来，一切因果都必然是因前果后的，因此该句经文的意思应当是第一刹那有眼与色为缘，第二刹那才有作为触的识，受等心所则于第三刹那才次第生起[②]——这也就是众贤所讲的“前生因”意，也即因果次第说。所以按照上座的解读，这句表述甚至可以完全不涉及俱生因。

而当这句经文再度被众贤解释时，我们看到众贤一方面使用“俱生缘”的表述论证有部“俱有因”的成立[③]，另一方面则将注意力的重点放在了眼色之于识与心所的俱生，而非尽在心与诸心所的俱有上面——在同一刹那就有了眼、色、识，并随之伴生触、受、想、思等心所，从而作为根、境的眼与色就是识与诸心所的“俱生缘”/俱有因。于是，在众贤这里，俱生因成为有部认识论的基础——如果没有俱生因，认识就无法发生。

众贤的论述与其说是对有部的传统说法做了创新，倒不如说是在有部传统内部对之前模糊的问题进行了阐明。虽然有部诸论书中并没有论述根、境是识的俱有因，但是从《大毗婆沙论》对俱有因的定义——“同一（士用）果”——来看，识生的情况也是符合的。士用果本义是指起

---

① 参见（刘宋）求那跋陀罗译《杂阿含经》卷十一，《大正藏》第2册，第72下。

② 参见众贤造，（唐）玄奘译《阿毗达磨顺正理论》卷十，《大正藏》第29册，第385页中；KL Dhammajoti, *Abhidharma Doctrines and Controversies on Perception*, Hong Kong: Centre of Buddhist Studies, The University of Hong Kong, 2007, pp. 120 – 123；［日］加藤纯章：《経量部の研究》，春秋社1989年版，第216页。

③ 《顺正理论》：“由此决定有俱生因，故俱有因理极成立。”见众贤造，（唐）玄奘译《阿毗达磨顺正理论》卷十五，《大正藏》第29册，第421页下。

士夫之用的因所生的果，其所涉及的范围颇广，通于一切有为法。按照《入阿毗达磨论》对士用果的解释——“由此势力，彼得生故——此名士用，彼名为果”[①]，眼、色二法对于同时生起的识而言起的也是士夫之用，那么眼根、色境当然就有了眼识这同一士用果。据此，根、境便应当是识的俱有因。即便对于意根（前一刹那的意）和法境，由于有部承认三世实有，它们也是意识的俱有因。[②]

如果考虑到有部关于“俱有因”的规定始于《发智论》且仅限于外延，那么《婆沙》中俱有因之“同一果”的内涵实际上是对《发智论》所说的归纳与总结。众贤继承了有部的教义传统，他从毗婆沙师的立场出发又将“同一（士用）果”的定义视作论证的前提，从而自然会推导出依根、缘境为识之俱有因的结论。

此外，众贤在论证有俱生因时还批判了上座的“净界”（＊śubha－dhātu?）说[③]——上座主张净界（无漏法的种子）是本来就有的，但需要经过相续转变，依赖余缘相助便能生起。从这点看来，上座没有必要成立俱有因。而众贤认为，如果不承认俱生因，最初的无漏法就无从于现观苦谛时生起，因为它不存在同类因。[④]通过这一论证可知，俱有因之对于有部的意义不仅在于解释心法与色法的生起，更在于证悟的可能——这对于修行者而言才是最为根本的。

需要注意的是，众贤在论述俱生因时还做了一个特别的说明：

> 知必俱生者，定展转为因。[⑤]

---

① 塞建陀罗（悟入）造，（唐）玄奘译：《入阿毗达磨论》卷下，《大正藏》第 28 册，第 988 页中。

② 参见众贤造，（唐）玄奘译《阿毗达磨顺正理论》卷十五，《大正藏》第 29 册，第 421 页上。

③ 众贤具体的批判方式与本文主题无关，故略。参见众贤造，（唐）玄奘译《阿毗达磨顺正理论》卷十五，《大正藏》第 29 册，第 421 页上—中。

④ KL Dhammajoti, “The Sarvāstivāda Doctrine of Simultaneous Causality”, *Journal of the Centre for Buddhist Studies*, Colombo: Centre for Buddhist Studies, 2000, pp. 43－45.

⑤ 众贤造，（唐）玄奘译：《阿毗达磨顺正理论》卷十五，《大正藏》第 29 册，第 420 页中。

若必俱生，定相因起——俱生因义，由此极成。[①]

也就是说，虽然众贤不承认共生诸法必然互为因果，但如果诸法必然同时生起，那它们一定是相互为因的。互为因的诸法当然也是互为果的，因此这句话相当于是将“俱有互为果”的观念融合在“俱生因”的论证之中。不过，从《婆沙》到《俱舍》都是依于《发智论》中俱有因的外延而归纳出其内涵的，而众贤的思路则是从定义出发回推其外延的，这就难免导致外延的扩大。这样，如果承认必然同时生起的诸法一定存在相互的因果关系，那么前文所讲《婆沙》中所说的随心转身语业是心的俱有因也自然能够理解了。然而这里的问题在于，既然有部坚持根境识必定是同时生起的，且必然共生的则一定互因，那么由此便可以进而推论出眼识也是眼与色的俱有因——这本是为阿毗达磨师所不容许的，但却使后来瑜伽行派的唯识说成为可能。同时，这也从另一个侧面反映出众贤的思想并不一定就是所谓“新萨婆多”的有部创新派[②]，而很有可能如本文所分析的这样，只是对《婆沙》之教条做了延伸性的解读。

由于面对有部内部的毗婆沙师们不必论证俱时因果的存在，只需建立不需破斥，众贤在其纲要性的《阿毗达磨显宗论》中便没有再于相应的位置提出俱生因的话题。但有趣的是，众贤在《显宗论》中却只说：“若有为法同得一果，可得说此为俱有因。”[③]众贤为何又回归到了俱有因概念最初的定义？对此，兵藤一夫将其归结到“互为果”不能定义有为法之于随相的俱有因关系。[④]然而，众贤完全可以像他在《顺正理论》中所做的那样将数种定义并列在一起构成一个完整的定义，但他却选择了只提出同一果，因此兵藤的解释将问题简单化了。实际上，在《顺正理论》关于俱生因的论证中，众贤已承认凡是同一果的法都是互为因的，他说：

---

① 众贤造，（唐）玄奘译：《阿毗达磨顺正理论》卷十五，《大正藏》第29册，第420页中—下。

② 参见释印顺《说一切有部为主的论书与论师之研究》，中华书局2011年版，第594页。

③ 众贤造，（唐）玄奘译：《阿毗达磨藏显宗论》卷八，《大正藏》第29册，第814页下。

④ ［日］兵藤一夫：《“六因説”について—特に“相応因”と“俱有因”に関して—》，《印度学仏教学研究》1985年第33—2期，第706页。另外一色大悟也注意到了这个事实，但是并没有对此做出解释，见［日］一色大悟《“顺正理論”における引果と取果》，《インド哲学仏教学研究》2012年第19期，第81页。

“古昔诸师咸作是释：同一果法，展转为因。”①于是，只要说同一果也就暗示了互为因，互为因的当然也是互为果的，这就意味着“同一果义”包含了“互为果义”。然而，这里反映出了众贤的一个问题，即且不论“古师”孰谓，他们所言的“同一果法，展转为因”（* eka - phalaś cânyonya - hetukaḥ？）究竟是并列句还是条件句？如果将其解读为并列句，那么它相当于只是总结了《婆沙》与《杂心》的内容，即“同一果”和“展转果”都是“俱有因”的定义；但在《顺正理论》的语境中，众贤明显将这句话解读为了条件句，亦即“凡是同一果的都是互为因”，这就使得“同一果”涵盖了“互为果”的内容。也正因此，在《显宗论》中，众贤不再需要展开讲俱有因的不同定义，而只需用“同一果”概括即可。

但正如上文所述，虽然俱有因的内涵同《大毗婆沙论》一致，但其外延却已经是大大增加了。或许正是由于众贤的论证十分有力，就连安慧在《俱舍论实义疏》（Tattvārthā Abhidharmakośabhāṣyaṭīkā）中都放弃了世亲本人的“互为果”说，而是将俱有因解说为“同一果”②。

四　结　论

通过对有部诸论书的考察，俱有因概念在有部学说体系发展中的变化过程可以总结如下：

（1）有部在其早期的《集异门足论》中已经意识到俱有、相应法的存在，但尚未给出其具体的内容。

（2）随着阿毗达磨论书的发展，《发智论》最早提出了相应因与俱有因的概念，并规定了二者各自的外延，但未给出明确的定义。

（3）《大毗婆沙论》进而规定了“相应”的内涵；对照《大毗婆沙论》的异译本可知，“相应因”最初主要是专就心所之间的相应而言的，

① 众贤造，（唐）玄奘译：《阿毗达磨顺正理论》卷十四，《大正藏》第 29 册，第 411 页中。

② ［日］箕浦晓雄：《说一切有部における俱有因の定义》，《大谷大学研究年报》2004 年第 56 期，第 70—71 页。（lhan cig ’ byung ba'i rgyu ni ’ dus byas kyi chos ’ bras bu gcig pa rnams kyi’ o | ）

心与心所为相应因的论述是于后来在定义的过程中才明确的。

(4)《大毗婆沙论》将俱有因的定义总结为同时存在、有同一士用果的诸法，并进一步完善了《发智论》中所论及的俱有因的外延。

(5)《杂阿毗昙心论》根据《大毗婆沙论》所提出的俱有因外延而将其内涵修订为“互为果”，这一定义也由随后的《俱舍论》所继承。

(6)众贤综合了有部关于俱有因的不同定义，并从前人所归纳出的定义出发将对俱有因的外延推广至根、境、识等一切必定俱生法及初无漏法，将有部先前笼统的表述一一明确化，甚至由此使唯识思想的发展成为可能。

由此，俱有因的重要性在有部逐渐提升，这亦同有部认识论的发展及对证悟的追求都有紧密的联系。

毗昙唯识二系因果抉择之异同管窥

——以《阿毗达磨俱舍论》《成唯识论》为依

释克能

【提要】本文以《阿毗达磨俱舍论》和《成唯识论》为依，从建立的缘起、立量的依据、围绕毗昙唯识二系所依二论之内涵的含摄等方面，分别辨析了此二系对因果抉择之异同所在。本文认为：从毗昙唯识二系对于因缘果报的弘传来看，虽然同秉释迦牟尼佛的十二有支缘起之缘起正理，但其差异根源于对因缘果报的名目和法义之不同抉择。只有通过对二系缜密、公允的对照，才能展现佛陀之缘起正理的建立和弘传的真实意趣。

【关键词】阿毗达磨　唯识法相　对法藏论　成唯识论　因缘果报　缘起正理　判摄抉择

【作者简介】释克能，鉴真佛教学院副教务长。37182340@ qq. com

一　绪　言

因果：梵文 hetu phala，英语 Causality，有如下二义：其一，谓因缘和果报：这是根据佛教术语的解释。从佛教轮回之说而建立之因果，也就是说：种什么因，受什么果；善有乐报，恶有苦果。其二，阐述原因和结果之义理及其相互关系：即原因和结果，意为有什么结果就会有什么原因。

因果律指出：种瓜得瓜，种豆得豆。佛教认为任何事物都可能成为因，也可能成为果，没有绝对的因，也没有绝对的果。佛教所讲的因，有时与缘并用且有一些区分，佛教否认了世间万物独立演化交织的因果，而是将所有的因果与业力串联使客观世界依附于众生化现。

狭义的因是指产生结果的直接原因或内在原因，而缘则主要指产生结果的助因或外在的间接条件。而广义的因也包括缘，因果是对存在和行为的互相关系尤其是前后关系的一种认识，佛教的因果理论是其轮回解脱理论的基础，也是其人生现象理论的基础，原始佛教中的十二因缘以及部派佛学中的根本说一切有部、大乘唯识学等分别建立的六因、四缘、五果和十因、十五依处、四缘、五果等论证体系都属于佛教因果理论范围。

本文以《阿毗达磨俱舍论》和《成唯识论》为依，从建立的缘起、立量的依据、围绕毗昙唯识二系所依二论之内涵的含摄等方面，分别辨析了此二系对因果抉择之异同所在。本文认为：从毗昙唯识二系对于因缘果报的弘传来看，虽然同秉释迦牟尼佛的十二有支缘起之缘起正理，但其差异根源于对因缘果报的名目和法义之抉择不同。只有通过对二系缜密、公允的对照，才能展现佛陀之缘起正理的建立和弘传的真实意趣。

二　试论佛法因果建立的起源及理论依据

关于佛法的因缘果报建立的起源和理论依据，分别陈述于后：

首先，从佛教的因果理论建立的缘起来看，本文唯以两部最为著名的古代印度圣典来说明和辨析：一部是收在阐释古代婆罗门教的宇宙观的《梨俱吠陀》第 10 卷中，五首赞歌（总名曰“创造赞歌”）之一的《无有赞歌》；另一部则是被誉为“三大圣书”之一的《奥义书》。此两部在建立因果、轮回、解脱等学说的意趣和目的方面，虽然受到古印度哲学宗教思潮的熏陶和影响，却与佛陀之顺逆观“十二有支缘起”有着本质性的差异：“十二因缘”是佛陀通过现观亲证所获得的出世间最清净法界等流性，为方便引导众生而亲口宣说的“缘起论”正理所彰显出的“结构性”[①] 之论证形式，而《无有赞歌》和《奥义书》等所述之因果、轮回

① 结构性：各个部位的配合、组织，各个组成部分的搭配和排列，是指一件事物的架构或组织的特质。如建筑物的架构、文章的组织、人群组合的特质等。因为事物的结构是由许多部分组成的。即“就事论事，就现象来论证现象”之义。

等学说则属于“建构性”[①] 的推理过程。正如传印长老在《印度哲学讲义》之“缘起观的雏形”中曾提到：

> 五首创造赞歌的第一首《无有歌》所述之意，对以后的思想界产生有种种影响，并成为非吠陀主义思想的先驱。这首赞歌中所示的最高原理——“唯一的存在”，既没有被弄成拟人化，并且在赞歌中孕育着缘起的初型，实甚值得吾人寄予一定的重视。[②]

又圣严法师在《印度佛教史》也做了相关的梳理：

> 《奥义书》梵文为upaniṣad，乃“近坐”的合成语，为肝胆相照的对坐之意。其目的是在于教人不知的秘密教义。《奥义书》的出现，是由于时代思潮的所趋，故其内容有反传统的锋芒。就大体言之，佛教亦可谓曾受此书的熏陶，例如业说，在古《奥义书》本为不公开的密教，到佛世则成为各教派所公认的思想；轮回说，在梵书时代已萌芽，完成而为一般所承认者，则自《奥义书》时代始；解脱说，乃为《奥义书》的最终目的。凡此，均足以推定，佛陀虽因《奥义书》为印度西部婆罗门教内的密教而未亲见，但却不能说佛陀未曾受到此书之自由思想的间接影响。因为，佛陀所说的业、轮回、解脱，虽不尽同于《奥义书》，却不能说其间毫无关系。[③]

---

① 建构性：主体对客体信息进行组合和构思，在观念中建构客体。客体是外在于人的客观客体。在认识过程中，主体把客体在思维中分解成各个部分，分别进行认识。客体信息经过主体选择加工后，呈现出分散的、不完整的、不系统的状态。这样作为整体的客体在观念中就以分散的、不连续的形式出现，而人们的认识任务是要以完整的形式在观念中把握客体的本质和规律。因此，主体必须在观念中对分散的客体信息进行组合、加工，力图按客体的本来面貌重新建构起一个观念的客体。在具体认识过程中，主体对客体信息的这个“建构”或者“重构”起到十分重要的作用。主体思维对客体信息的选择取舍或加工制作，最后都必须通过“建构”或者“重构”这一环节，才能实现主体以观念的形式反映客体的要求。

② 释传印：《印度学讲义》，宗教文化出版社 1996 年版，第 91 页。

③ 释圣严：《印度佛教史》，福建莆田广化寺 1988 年版，第 14 页。

另外，传印长老和日本平川彰先生分别在《印度学讲义》① 《印度佛教史》② 都做了相关论释，由于篇幅关系，兹不赘述！

其次，至于佛教建立的理论依据：原始佛教的核心正理是四圣谛、十二有支缘起和八正道等。其中十二有支缘起以“惑、业、苦”之三世两重因果为主要内容，从而涵盖了如下两大理论体系：第一，从果上建立“轮回”说；第二，从因上论证“业感缘起”思想。虽然此最初阶段的心识理论主要依据十二缘起中的“识”来建立前六识，但后来在部派佛学与大乘佛法的传承和发展过程当中，各派系即便是本着“十二有支缘起”的精神内涵来进行抉择，却因其切入点各异，对因缘果报的梳理也各有差别。其中唯识学（瑜伽行派）之“赖耶缘起”思想也作出过详尽的阐释和说明：譬如前五识在生灭变异的过程中均有间断性，即使是第六意识也因为在“睡眠、闷绝、二无心定、无想天”等五种情况而有间断，正如世亲菩萨《唯识三十颂》云：

> 次第三能变，差别有六种。了境为性相，善不善俱非。……
> 依止根本识，五识随缘现。或俱或不俱，如波涛依水。
> 意识常现起，除生无想天，及二无心定，睡眠与闷绝。③

这就会出现“因果是如何延续不断的、业力是如何保存的、补特伽罗是否有我”等相关问题。从而就引发了萨婆多部、经量部等部派佛学和大乘唯识学、中观学等之间在“思心所”是否建立种子说之纷争和辩难。而以下就以《阿毗达磨俱舍论》和《成唯识论》为依为要，从而辨析和抉择佛教在因果规律中的建立和论议之不共性。

三 《俱舍》和《成唯识》二论因果法义抉择探微

一切有为法，是依生、住、老、无常四相刹那生灭相续的作用，因此

① 释传印：《印度学讲义》，宗教文化出版社 1996 年版，第 100—101 页。

② ［日］平川彰：《印度佛教史》，庄昆木译，商周出版社 2004 年版，第 38—39 页。

③ 世亲造，（唐）玄奘译：《唯识三十颂》，《大正藏》第 31 册，第 60 页下。

叫作刹那生灭法。但这种生灭法并非偶然，也非自然可以产生，而必须有相当的原因，佛教把这种原因分为“因”和“缘”两种，因就是对于结果而说的直接原因，缘就是间接的原因。这二者都是一切诸法生灭的原因，故通常以因缘来称呼它，此中又分亲因缘——亲因：生起一切事物的主要根据；疏因缘——助缘：生起一切事物的辅助条件。

（一）《阿毗达磨俱舍论根品第二》

该论将世上万有生起的因缘及其相互的关系，从时间或空间加以考察检讨，直接或间接地把复杂的关系与规则示现出来，就是因果论。故该论把因分为六种（六因），缘分四种（四缘），果分为五种（五果）。

1. 六因：能作、俱有、同类、相应、遍行、异熟因。此六因为有部所认许。它始出于迦多衍尼子所著的《阿毗达磨发智论》。据传说衍尼子修禅定，感天人为说六因，经部师不同意说六因。如《阿毗达磨大毗婆沙论》说：“然此六因，非契经说。”而《阿毗达磨俱舍论颂》之颂文也云：

> 能作及俱有，同类与相应；遍行并异熟，许因唯六种。①

此六因建立的次第，是因范围的广狭而定的：能作因的体遍通一切法，故居先；俱有因的体遍一切有为法，位列第二；同类因较俱有因狭，除去未来，但摄心心所、色和不相应行法，位居三；相应因虽通三世，体唯心心所，比同类因狭，位居四；遍行因唯染污心心所，位居第五；异熟因体最狭，故在最后。遍行因与异熟因，在欲界方面，遍行因体性狭窄，异熟因体性宽泛；在上二界（色界和无色界）中，遍行因体性颇为宽泛，异熟因体性较为狭窄。

能作因（旧译“随造因”）：一切有为法生起时，除所生法自体外，其余一切法，包括有为、无为，不为障碍而住，都是能作因。但能作因本身非因，故须得遣除。因能做果，故名“能作因”②。正如《阿毗达磨俱

---

① 世亲造，（唐）玄奘译：《阿毗达磨俱舍论》卷六，《大正藏》第29册，第30页上。

② 李世杰载：《俱舍的因果论》，载张曼涛主编《现代佛教学术丛刊》卷二十二，大乘文化出版社1978年版，第358页。

舍论》曰："颂曰'除自余能作。'论曰：'一切有为，唯除自体，以一切法，为能作因。由彼生死无障住故虽余因性。亦能作因，然能作因更无别称。'……"[①] 能作因分为有力能作因和无力能作因，前者唯通有为，而后者兼通有为无为。

俱有因：互相为因，互相为果的因，即因果同时之义，名俱有因。分为互为果俱有因和同一果俱有因：前者说明二物以上具有相持性而互为因果；后者为二物自他合力，而俱得一结果而得名。

同类因：就善与恶、有漏和无漏而论，同类是相似义。即因与果同其性质的时候，而说前者是同类因。如前念善心为后念善心之因，或前念恶心为后念恶心之因，前念有漏为后念有漏之因，前念无漏为后念无漏之因，名同类因。

相应因：相应因决定是心心所法。心王与心所必须同一所依，同一所缘，同一行相，同事，同时，方名相应因。这与俱有因有所不同。若心王与心所不是同依，只是互相依存，则属俱有因。

遍行因：遍行是指十一遍行烦恼以及相应的俱有法。十一遍行烦恼是：迷苦谛的身、边、邪、见取、戒禁取见、疑、无明七种；迷集谛的邪、见取见、疑、无明四种。遍行因是遍一切的杂染法，而能生起烦恼的原因，名遍行因。虽然此遍行因与同类因从"同为时间因果"来看本来相同，但稍有差别：同类因遍一切有为法；遍行因则限于心所中的遍行之惑。

异熟因：唯诸不善及有漏善是异熟因，因为这些法自体有力，又有爱润，能招异熟果，故名异熟因。无记法自体无力，纵有爱润亦不招果，无为法，自虽有力无受水润，亦不招果。

总之，因虽然有多种，但总不出因果同时的因和因果异时的因二类。同时的因是空间的因，指诸法的相依相托；异时的因是时间的因，指诸法的相续继起。六因中，俱有、相应二因是同时因；同类、遍行、异熟三因为异时因。

2. 四缘：据世亲菩萨而言，四缘是佛说。一切万事万物的生起，是"因"摄"缘"，还是"缘"摄"因"？《阿毗达磨大毗婆沙论》则有二

---

① 世亲造，（唐）玄奘译：《阿毗达磨俱舍论》卷六，《大正藏》第29册，第30页上。

说："问：是'因'摄'缘'？还是'缘'摄'因'？答：互相摄之，随其事，谓前五因是因缘，能作因是余三缘。有作是说，缘摄因，非'因'摄缘，谓：前五因是因缘，能作因是增上缘，等无间缘及所缘缘并非'因'所摄。"而世亲菩萨很赞同后一种说法，故《阿毗达磨俱舍论颂》云："因缘五因性……增上即能作。"① 故六因不能说尽一切之原因，而缘摄"因"，乃于二说中，以相摄为善。现将其义理分述如下：

因缘：以因为缘的缘而名因缘，也即是说：以能亲自办自体，生自果的因为缘，故名因缘。而《俱舍论》则是依六因中除去能作因之外的俱有因等余五因为因体，而立此"因缘"。因为因缘是五因之性，其余五因属于直接的原因，故也可将能作因的一部分包含于因缘，因为五因是能作因的差别。

等无间缘（旧译为"次第缘"）：等谓心心所前后特性平等或等同义；无间则是前后二心心所之间无有他物间隔。此缘依心心所法上而立，即前念心心所法之灭为后念心心所法之生作开导，名为等无间缘。又如瀑布中的水，前一波水的流下逝去作为后一波水现起顺流而下开导引生之缘，但心心所法的特性依然是前后平等不二的、无有间隔的。此缘仅限于心心所法，不通于色法心不相应行法（非色非心之有为假法），此缘的特质，体现于"等"与"无间"上，故唯有心法具此特性。

所缘缘（旧译为"缘缘"）：一切事物的现起是心识作用之缘，即心法对客观事物的所缘境所生起的缘，故名所缘缘。因为心法的生起并非孤立无缘的，必须依仗攀缘所依的境而生起，而此所缘，能为所起的心法之缘，故名"所缘缘"。如眼识必须依仗色境的现起才得以生起。上"缘"谓"攀缘"义，下"缘"则为生起的条件义。一切法皆为心所缘，故所缘缘普摄于一切法。

增上缘：一切万有，均可为增上缘，与能作因相同，故颂云："增上即能作。"此缘可分为"与力增上缘"和"不障增上缘"两种，前者为对他生法，会给予力量；后者对他生法，不产生障碍而名。

虽然以上四缘具有"与力"和"不障"二缘的分类，但前三缘是依特殊义而立别缘，故除前三缘，将辅助其他一切法之缘总括为增上缘，故

① 世亲造，（唐）玄奘译：《阿毗达磨俱舍论》卷七，《大正藏》第 29 册，第 36 页中。

此缘也存在于一切法。虽然心法由缘而生，二无心定由四缘中除所缘缘外的余三缘而生，因为二无心定没有所缘缘，而一切色法由因缘和增上缘二缘所生，但一切法当中，无有一缘而独生者。

3. 五果：名目与《成唯识论》中的五果相差无几，即增上果、士用果、等流果、异熟果和离系果。其义理特点彰显于后：

增上果：相对于能作因之果，唯有无障碍而住，故名增上果。有为法之间的对望而名，即不管一切法是否给予力量，相互之间不会产生任何的障碍，而由此“给予力量”和“不障碍”的增上力的功用所产生的结果，则为增上果。此果是依于“能作因”而立的。

士用果：士用谓士大夫之功用，也就是说：由造作的力量而产生的果，此乃由俱有因、相应因而立的果。故颂云：“若由彼力生，此果名士用。”①

等流果：果性等于因性而流来之果。譬如由善心而生乐果，恶因而得苦报。此果是由同类因和遍行因而立的果，故《阿毗达磨俱舍论颂》云：“等流似自因。”②

异熟果：业因为善恶，苦乐的果性属于无记性之果。如由善业的种植而招感未来世之人天乐果；由造作恶业而感得未来世之三途苦报。

离系果（旧译“离灭果”）：离系即离系缚（又名烦恼），此虽立果名，但并非相待于六因之因体而立名，而是由修习正道的力量所证显之道果。由吾人智力而脱离各种烦恼，以得择灭无为之果，故名离系果。故颂云：“离系由慧尽。”即由般若智慧抉择而所尽除烦恼之法，抉择属于慧的功用，故“择灭”名离系果（旧译为“离灭果”）。无为虽然可为能作因和离系果，但其实有为法不真实所显现的空性真如，故无以无为为因之果，因为无为没有取果、与果之功用。无为虽然可以假施设为证道之果，但实质上，无为并不属于因果规律的范畴。据根本说一切有部来看：无为虽可谓“因”或“果”（究竟的“因”；究竟的“果”），但过程上是没有因果的，并非非因非果的。因为“无为法是以无生无灭、无因无缘、无有造作之法而得名”。正如《阿毗达磨俱舍论》卷六云：

① 世亲造，（唐）玄奘译：《阿毗达磨俱舍论》卷六，《大正藏》第29册，第35页中。

② 同上。

若尔，无为许是果，故则应有因，要对彼因乃可得说此为果故。又此无为，许是因，故亦应有果，要对彼果乃可得说此为因故。唯有为此，有因有果，非诸无为。所以者何？无六因故，无五果故。①

故其结论云："是故无为，虽实有物，常无用故无因无果。"

在此五果当中，前四果通于有为之果，唯离系果专属无为之果。

（二）依据《成唯识论》建立的因果

此论属于大乘唯识学六经十一论当中最为重要的一部论著，也是由西北印度犍陀罗国世亲菩萨所造。其因果规律的建立甚深最甚深、难通达极难通达，主要体现在十因十五依处、四缘和五果等方面，现将其内涵法义和相互间的关系分述如下：

1. 十因："随说、观待、牵引、生起、摄受、引发、定异、同事、相违和不相违"等，是为《成唯识论》所述之十因。如是十因，谓依十五依处而立。

"随说因"，依"语依处"而立：世俗于诸事物，立种种名，依名起种种想，思维诸义，基于此而起种种言说，诠说种种事物，即此言说是所说一切事物的因，故名随说因。比如人们用天地、山河、草木、鸟兽等名言，随所见闻而说天地、山河、草木、鸟兽等事；又如用无明、行、识、名色乃至生老死等名言，诠说十二缘起、诸杂染法；再如用择灭无为、菩提、涅槃等名言诠说无漏诸清净法，如是一切皆是随说因。

"观待因"，依"领受依处"而立：观待彼物，而有此物的生、住、成、得，彼物即为此物的观待因。如人们因渴得茶，因饥得食，渴与饥是茶与食的观待因，得茶口润，得食腹饱，茶与食又是润与饱的观待因。

"牵引因"，依"习气依处"而立：习气即指未成熟的种子，内外染净诸种，未得滋润，虽不能立地起用而可远引自果，故名牵引因。比如瓜豆等种未播于地，未得水、肥、雨、露的滋润，不能立地生起瓜豆等苗，但仍有待缘引生瓜豆等苗的潜力。贪、瞋等烦恼习气未得他力滋润，不能立地生起现行，但有待缘生起欲行、恶行的因性势力。有菩提种性的人，

① 世亲造，（唐）玄奘译：《阿毗达磨俱舍论》卷六，《大正藏》第29册，第33页下。

未得法雨滋润，不能立地生起净信，但有一定力量能潜滋暗长，渐渐得遇善友，听闻正法，勤修正行，乃至证得圣果。如是一切，皆为牵引因。

“生起因”，依“有润种子依处”而立：内外染净诸种，得法滋润，即已成熟，便能引生自果，名生起因。例如农业所用谷麦等种，播之于地，得水、肥、雨、露的滋润，便会油然发芽，生起叶茎，以致开花结果；无贪、无瞋、无痴三善根等种，一遇善缘，即有廉正好施，慈悲戒杀，通达真理等善良行为；有菩提种性的人，一遇善友，获得法雨的滋润，立即生起净信，发愿持戒、修定、发慧。如是一切，是为生起因。

“摄受因”，依如下“六依处”而立：“无间灭依处”：谓心心所之现行法，自类前聚，对接着生起心心所有开导作用的等无间缘。“境界依处”：谓心心所法所认识的对象，也就是所缘缘。“根依处”：谓能生起眼、耳、鼻、舌、身、意等识的诸根。“作用依处”：谓实有法所起作用及生产工具所起诸用。“士用依处”：谓从事农、工、商、学等业的人士用相应工具所起的作用。“真实见依处”：谓无漏智慧所起种种正见。依如是六处立“摄受因”。谓摄受无间、所缘、诸根等作用，能助生心心所法；摄受作用、士用二处，能成办种种生产用品和生活用品；摄受真实见、能证涅槃。总揽此六依处，能成办诸有为法和能证无为法，故名摄受因。

“引发因”，依“随顺依处”而立：谓诸种子与现行，对同类法有随顺引发的力量，名引发因。善、恶、无记诸法种子各各自类前聚种引生自类后聚种；在现法方面，烈日蒸发江河水气，对于结云下雨，滋润草木禾稼，能相随顺，有引发之功用；天气寒冷，对于制衣蔽体，升温取暖，能相随顺，有引发之力用；有无漏种性的人，听闻正法，能生净信，勤修福慧，乃至证得择灭无为，如是等类，前者于后，皆属引发因。

“定异因”，依“差别功能依处”而立：一切事物的种子，自种生自现行，自现行复熏成自种，犹如眼识自种能生眼识现行，现行眼识复熏成眼识自种。耳、鼻、舌等诸识种现各各自类相生，亦复如是，这就叫作“引自果”。善种生善法，恶种生恶法，无记种生无记法，这就叫作“性决定”。世间法如此，出世间法亦然。如声闻种性，以声闻乘能般涅槃。独觉种性，以独觉乘能般涅槃。大乘种性，以无上乘能般涅槃。世出世间，万象纷纭而千差万别，互不混淆，所以然者，以有定异因故。

“同事因”，依“和合依处”而立：谓由此中观待、牵引、生起乃至定异六因和合能共办一事，同成一果，名同事因。如在农业方面，由此六因和合，能使粮棉成熟；在工业方面，由此六因和合，能成就各种生产用具和种种生活用品；在净法方面，若此六因和合，能修胜行，证得涅槃，成就解脱，是为同事因。

“相违因”，依“障碍依处”而立：于有为法中，为诸事物的生、住、成、得而作障碍，令其不生不成，名相违因。冰雹、风灾能损禾稼，令不生长，是农业的相违因；吸烟、嫖、赌、懒惰偷闲，能障正业等是敦品立行的相违因。贪、瞋、痴、慢、杀、盗、淫、妄等诸烦恼，不生净信，不修正行，是为清净法的相违因。

“不相违因”，依“不障碍依处”而立：于有为法中诸事物的生、住、成、得，能予助力，不相障碍，名不相违因。如果人们好逸恶劳，任情纵欲对于提高道德、完成人格来说，这是相违因；而对于违法乱纪、伤风败俗，是不相违因。大讲精神文明建设，积极兴办福利事业，对于社会紊乱、人类退化是相违因；而对于人类素质的提高和社会的友爱团结，是不相违因。

2. 四缘者：四缘的名目虽然与《阿毗达磨俱舍论》相同，但其义理拓展方面，却各有其不同的特点。

因缘者：因缘，即是一般所说的“根据”，它是直接生起某事某物的内在和本质的条件，是主要的缘，故居首位。诸识由现行熏成自种，现行即是其自种的因缘；诸识自种又转起现行，自种即是其现行的因缘（这与《阿毗达摩俱舍论》中之“俱有因”有相契合之处）。这是诸识生起的内在和本质的条件，也是其首要的条件。故《成唯识论》卷七云：

> 谓有为法，亲办自果。此体有二：一种子，二现行。[①]

等无间缘者：识是念念生灭的，在无间生灭的衔接上，自识后念之生，必依仗前念自识的开导作用，其自识前念的开导作用，即是其自识后念生起的等无间缘。同类为等，两念相接为无间，其间前自识导引后自

---

① 护法等造，（唐）玄奘译：《成唯识论》卷七，《大正藏》第31册，第40页上。

识，无间相续而生，即是其等无间缘。诸识必须各有其等无间缘，才能使八识及其所摄各心所，各自前后衔接相续，互不混淆。同时，人的知识的积累，技术的操作，主要是靠诸识，特别是意识有等无间缘的作用，使前后衔接，才可能专门化和系统化。故《成唯识论》卷七云：

> 谓八现识及彼心所，前聚于后，自类无间，等而开导，令彼续生。①

所缘缘者：佛教认为诸识之生，必有所认识的对象，这就是它的"所缘缘"。上缘字是认识义，下缘字是条件义。认识的对象是识生起的一个重要条件，所以叫作"所缘缘"。但是认识的对象多是能认识的主体生时，由自己所挟带已有的相分种而变现的内境，这是诸识直接所变所缘的境相，名"亲所缘缘"。有的识生要仗本质客境，才能变起内境为自亲缘，此本质客境是被间接认识的对象，名"疏所缘缘"。故《成唯识论》卷七云：

> 谓若有法，是带己相，心或相应，所虑所托，此体有二，一亲，二疏，若与能缘体不相离，是见分等内所虑托，应知彼是亲所缘缘；若与能缘，体虽相离，为质能起内所虑托，应知彼是疏所缘缘。②

增上缘者：诸识的生住成得，除了前三种条件之外，其余凡能于它的生住，或从正面予以协助，或从反面予以激发，都是它的辅助条件，而谓之为"增上缘"。增添力量，或不障碍，令其生成故，这种条件不止一种，总名增上缘。故《成唯识论》卷七云：

> 谓若有法，有胜势用，能于余法，或顺或违……此顺违用，于四处转，生住成得，四事别故。③

---

① 护法等造，（唐）玄奘译：《成唯识论》卷七，《大正藏》第31册，第40页中。

② 同上书，第40页下。

③ 同上书，第41页上。

3. 五果者：谓“异熟、等流、士用、增上、离系”五果。

“异熟果”者：由过去世造业，感现在世果；由现在世造业，感未来世界果。《瑜伽师地论》云：“诸不善法，于诸恶趣，受异熟果；善有漏法，于诸善趣，受异熟果。”异熟一名有三义：其一，业在过去，果在现在，业在现在，果在未来，异时而熟；其二，前六识造业，熏习本识，成业习气，此业习气在本识中变异成熟；其三，有漏善业感乐报，恶业感苦报，乐与苦非善非恶，性是无记，业是善恶，果是无记，异性而熟：具此三义，故名异熟果。

“等流果”者：等谓等同，流是类义，同类事物，发展变化，因与果同，果似于因，彼此相等，是名等流果。此果有二：一真，二假。真又有二：一是自种生自现行，自现行复熏成自种，因果等同，如八识中眼识自种生起眼识现行，眼识现行又熏成眼识自种，耳识等种现熏生，果因相似，亦是这样。这是种子起用上的等流果；二是现行法由劣转胜，前后发展，有等流义，如贪瞋烦恼，势有胜劣，故有上品中品下品之分，但上品者必由同类下品中品发展而来，善法同类胜品，亦必由其同类下品中品发展而来，这是现行法上的等流果。假等流者，在业果问题上亦有部分果似于因的，如造杀业的人，短他人或其他动物的寿命，能杀者自身亦往往短命，这不是同类事物在变化中的因果相似，而只是异类事物表面上的部分近似，故称之为假等流果。

“士用果”者：此有“人士用”和“法士用”两种：农、工、商、学等人士，用一定的作业工具作种种业，成种种果，此果由人士作用所成，故名人士用；诸有为法皆有作用，彼此之间有相互促进的关系，受某事物促进而生成的事物，即是某法的士用果，如遍行心所中的作意，能作动心识生起，感受境界等。

“增上果”者：一切事物之间或相随顺，增添力量，而助其生成，或虽不与力而对某事物的生成不作障碍，这种生成的事物，即属增上果。如农夫种庄稼，把稻麦等种播在田里，通过肥料雨水的滋润，日光的增温，种子自会发芽长茎，乃至开花结实。这些农作物的生长成熟，就是土地水肥等的增上果。

“离系果”者：系谓系缚，人们生在世间，由起烦恼，故造染业，染业感生死等苦果，辗转相续，受其束缚，不得出离，若遇善友，闻佛正法，如理作意，勤修戒定，其本有菩提种性，即得滋润，而起现行，便会转识成智，断烦恼业，证得常、乐、我、净的涅槃，即得永离生死系缚，是为离系果。

从以上毗昙、唯识二系对因缘果报之名目和内涵等条分缕析的逐一抉择和辨析来看：虽然它们所依据的两部论著都是世亲菩萨所造，同时也都是秉承原始佛教的“十二有支缘起”得以弘传的，其前后的思想内涵既有相通之处，但也有本质区别。其分化和演变过程在印度佛教史上是不容置疑的：以《阿毗达磨俱舍论》中之六因、四缘和五果来看，六因分别以“同时因和异时因”以及广狭范围次第而立；四缘则是分别依于六因而立，五果则依与六因、四缘之间不可分割的关系而定，因为《阿毗达磨俱舍论》继承和发展了说一切有部“三世实有，法体恒存”之思想，虽然此论本着“以理为宗”的精神，但同时也充斥着本体论思潮之嫌疑（极微说理论）。然而《成唯识论》中之十因、四缘和五果的特性则是：十因则依于十五依处而立，四缘则是源于“种子说——种现熏生的赖耶缘起”的思想体系而成立的，五果则由该论所主张“诸识变皆随因缘势力变和分别势力变”的理论依据延伸而来，正如《成唯识论》云：“然诸识变略有二种：一随因缘势力故变；二随分别势力故变。初必有用，但后为境。”① 注意：此中识随因缘势力变和随分别势力变，二者并非孤立存在，其间的关系是相互作用、相互转化、非一非异，时常反复推演，从而形成心理活动的相似相续、非断非常等缘起正理之基本规律。

四 结 语

综上所述：因是能造作、产生一定后果的原因，果是由一定原因产生的结果。佛教的缘起论产生了因果理论，因果理论是佛教轮回解脱理论的基础，随着佛教的发展而对因果理论产生了不同的看法。佛教将世间一世因果扩至三世因果，此则可论证诠释社会中同类不相应现象，将一切贯穿其中以使人产生敬畏之心，达到解脱生死之目标。超时空、超自然的力

① 护法等造，（唐）玄奘译：《成唯识论》卷二，《大正藏》第31册，第11页中。

量、现象与实体是不存在的，因果理论中的真实自然奥妙仍有待于科学进一步的发展与论证。

所以，佛教因果律随佛教的发展，也有了不同的思想体系和论证过程：

第一，说一切有部的因果观念主要是六因、四缘、五果。六因是在分析三世善恶果报的各种条件或作用时提出的，包括能作因、俱有因、同类因、相应因、遍行因和异熟因。四缘是一切有为法产生时的因，是从一般的果的产生角度来进行分析时对因所作出的分类，包括因缘、等无间缘、所缘缘和增上缘。五果是因缘所生或道力所证之果，包括异熟果、等流果、士用果、增上果和离系果。

第二，瑜伽行派从“识”出发，提出十因、十五依处、四缘、五果，认为因果关系依非实有之“识”施设而安立，故其因果论与中观派也就没有实质的差别。

第三，中观学派从“自性空”出发，遣除法有实体的因果关系，认为诸法缘起如幻而因不实在，果也不实在，继而破除了因中有果论、因中无果论以及有真正的“生”的存在性。这也就从根本上除遣了事物有实体的因果关系。

本文唯以毗昙、唯识二系分别所依据的《阿毗达磨俱舍论》《成唯识论》等为例，通过对佛陀一代圣教之十二有支缘起所建立的因缘果报进行详细而又深入的论证和抉择，使真佛子在修学实践过程中，能够如理如法、行之有效地对有情与有情、有情与无情、无情与无情之间所对应的因果关系等论理的梳理起到决定性的作用和影响，也就是“众生各证一境，各与宇宙，互作增上，各自引发各自的亲因缘，互作疏所缘缘，各自引发自己的亲所缘缘”。

最后，笔者以《成唯识论》对因缘果报最为精辟的论证为结尾，以示共勉：“观现在法，以酬前相，假立前因，对说现果；观现在法，有引后用，假立当果，对说现因。”①

---

① 护法等造，（唐）玄奘译：《成唯识论》卷三，《大正藏》第 31 册，第 12 页下—13 页上。

佛教因果思想的瑜伽唯识机理

袁经文

【提要】业因与果报的联系，是如何通过唯识的八识得以联构和达成的？此中具体的作用机理，涉及末那识遍计所执性的诸种功能发用，涉及阿赖耶识的持种、受熏、现行以及含藏的无漏有为的种种功能德性，涉及唯识八识之间关联互动的复杂作用。此中需予面对的重要问题是，佛教之提倡五蕴、十八界无常、苦、空、无我思想，是如何能够与业力的持存不失，相互兼容而不矛盾的；前世造业者与后世受报者之间，是如何能够在无我、无常、空的前提下而确保连贯性和统一性的；乃至菩萨道修行过程中，因地修证与果地成就无上正等正觉，是如何可能和如何运作的。此中探讨的问题，涉及大乘佛教和小乘佛教方方面面的重要议题。

【关键词】因果　唯识　定业　不定业　阿赖耶识　实相　因果同时　菩提

【作者简介】袁经文，广西大学哲学系教授。yjingwen@163. com

一　导　论

因果，即原因与结果，是人类热衷探究的一对范畴；因果问题，是多学科涉及的议题，在数学、物理、哲学、逻辑学、心理学、社会学、经济学、法学和宗教学上，均有多元深入的理论分析。哲学史上，亚里士多德、休谟、康德、莱布尼茨、胡塞尔等都探讨过因果问题，并展示出人类哲学思想罕有的高度……人类对因果关系的探索，所折射的，正是人类具有寻找事物和现象背后决定原因的理性偏好。

因果，究竟是事物固有的规律，还是仅仅出于人类有限认识的错觉而聊以自慰的一种方法或由此而呈现出的迷思？目前，不得而知，也尚无定论。

因果问题的复杂性，将伴随哲学、逻辑学、数学、物理和宗教学的深入而逐步展示出来，也许这是一个永无止境的遐想。

佛教中展示出因果观念，但佛教明示，对因果的全然了知，唯佛与佛方能。

佛教的因果理论，可视为佛教缘起理论的另一种表述；因果思想，也是佛教轮回思想的具现落实或释读。在佛教那里，因果是一种先验的规律，对这一规律的认识和驾驭，既是佛教伦理价值的依据和安顿，也是佛教实证解脱道和佛菩提道的标的和修行指向。因此，佛教的因果思想，是佛教思想体系的核心部分；对因果思想进行多层次的深入分析，能推进对佛教思想的体系性认识，或至少有助于学人自我对佛教认识的体系建构。

本文着重从因果的先验解释出发，探究瑜伽唯识在因果方面的系列思想。

二　关于因果关系之有与无

佛教的因果思想或因果表述，可体现为业因与果报的关系。

业，是指人类众生的作业，包括人类众生的一切作为，含身口意三业即三种作为；也即人们的行动所为、语言所说、心灵所想，都会形成一种作用力；这种作用力就是业因。这种作用力，必然会产生出反作用力的结果，这种结果就是果报。

佛教的因果关系，呈现出亦空亦有、非空非有、空有不二的多层复杂关系。

（一）因果之有

佛教因果的维持，具有长久性，经典指出其百劫不消亡；而且，业因与果报，在量上具有等价性；受报者与施业者更是严格一一对应。

1. 因果维系，百劫不亡

佛在《大宝积经》卷五十七中指出：

> 假使经百劫，所作业不亡，因缘会遇时，果报还自受。[①]

这里表述出，众生造作的力用业因，虽经长劫，也不会消失；一旦遇到外在因缘诱发，施业者必然要承受这种反作用的结果。

2. 业因与果报的等价和对应性

《光明童子因缘经》卷四也指出；

> 一切众生所作业，纵经百劫亦不忘，因缘和合于一时，果报随应自当受。[②]

“果报随应自当受”，隐约道出，果报回馈与施业力用在量上的等价性（“随应受”），以及果报回馈与施业者的一一对应性（“自当受”）。

《根本说一切有部毗奈耶》卷十四有载：

> 佛告诸苾刍：“汝等善听，我当为汝说彼因缘。诸苾刍，若自作业，必不于外地、水、火、风四大之处，果报成熟；但于自己蕴界处中，善恶之业，果报成熟。……”[③]

这里是进一步强调，“果报成熟”具有严格对应，“果报”不会外于施业者的五蕴、十二处、十八界而在任何“四大”上“成熟”，而必然是落实于“自己蕴界处中”，依其“善恶之业”而“果报成熟”。

上述引经，明示了历经百劫而果报不会亡失的原则。但是，即便有众生一期寿命不能达致百劫者（譬如现时人类的寿命），佛教轮回思想的预设，似乎也在为之作出辅助性的解读。但是，进言之，实质上不是轮回思想为因果思想作出释读，而是因果思想为轮回思想的构筑作出具体支撑。此中的“但于自己蕴界处中，善恶之业，果报成熟”，便隐藏着甚深的因果思想；这有待瑜伽唯识思想对“自己蕴界处”作出阐释。这里的深义

① 《大宝积经》卷五十七，《大正藏》第 11 册，第 335 页中。

② 《光明童子因缘经》卷四，《大正藏》第 14 册，第 862 页下。

③ 《根本说一切有部毗奈耶》卷十四 ，《大正藏》第 23 册，第 698 页上。

在于，“自己”与“蕴界处”所具有的特殊含义，以及二者之间所存在的差异性和统一性。

正是因为果报的丝毫不爽和铁面无私，《瑜伽师地论》卷三十八指出了“精勤修习”“渐得清净，渐得增长”的必要性：

> 云何内明论显示“已作不失、未作不得”相？
>
> 谓诸有情，自所作业，虽复作已，经多百劫，与果功能，终无失坏；亦无不作或复异作而有异熟或异果熟。菩萨于是内明，所显已作，不失“未作不得”相。如实知已，精勤修习，令其自业、智力、种姓，渐得清净，渐得增长。①

这里，还从“未作不得”，烘托了因果报应的严谨和精确；也道出了不会存在不作业而有异熟或异熟果的情况，不存在“异作”，即不存在自作他受或他作自受，而有异熟或异熟果。异熟和异熟果问题，也是因果思想的题中要义。

（二）因果无自性而空

1. 文殊“手执利剑，直趣世尊”

因果关联的维系，虽然是百劫不亡，但并不意味着因果的实有。因果存在与否，取决于对“人我”和“法我”的认识立场和境界姿态。

《大宝积经》卷一百〇五载“文殊”“手执利剑，直趣世尊”，就是佛教著名的案例和宣法典型，此在禅宗典籍中称为“文殊仗剑弑佛”。

五百位菩萨，已得四禅而具五神通，他们依据宿命通，各各“自见往昔所行恶业，或杀父、杀母、杀阿罗汉，或毁佛寺，破塔坏僧”，从而生起甚深懊悔，因我心分别而难以忘怀往昔罪业，萦绕于心而长时不散；这便阻碍着这些菩萨证入甚深无生法忍。

于是，佛以神力让文殊“手执利剑，直趣世尊”，合局上演一出“无生法”的戏份：

① 《瑜伽师地论》卷三十八《8力种姓品》，《大正藏》第30册，第502页中。

> 尔时，世尊为欲除彼五百菩萨分别心故，即以威神，觉悟文殊师利；文殊师利承佛神力，从座而起，整理衣服，偏袒右髆，手执利剑，直趣世尊，欲行逆害，时，佛遽告文殊师利言："汝住！汝住！不应造逆，勿得害我。我必被害，为善被害。何以故？文殊师利！从本已来，无我、无人、无有丈夫；但是内心见有我人，内心起时，彼已害我，即名为害。"①

深义下续分析。

2. 执剑妙法门

经中对文殊此举，谓之"执剑妙法门"，那么，其意何在？

文殊执剑逆害世尊时，被佛呵止："不应造逆，勿得害我"（此时佛所说之"我"只是方便指称，并非佛有"我"）。"我必被害，为善被害"，其意是谓，将我执、我见去除，虽然也是一种为害，即某种意义上危及"我"的存在，但却是趋善之害（"为善被害"）；因为本来就没有人我，也没有所谓业力、因果等法相，只是由于我见生起，才有了为害和因果等法。这意味着，内心若有我生起时，便是真正在为害，真正在造业了。

那么，如果是这样，能否说，即便文殊有此执剑逆害的行为，假若毫无我念、我执生起时，就不是在为害呢？应该说，这种情况，并不存在，因为如果没有心念，是无法生起为害的行止的；实质上，这里只是佛以神力让文殊演示行止而已，并非文殊有此心念和行为。但是，即便文殊没有如此心行，为了广行教化诸菩萨之实，佛也在呵斥文殊"不应造逆，勿得害我"，其意正在于告诫菩萨们，不能萌生任何为害的心念；而为害的心念，正是以人我和法我的存在为前提。

3. "无生法忍"成就

在佛与文殊如上的方便教化下，五百菩萨，有了认识上的质变，对往昔罪业的执念俨然放下：

> 时，诸菩萨闻佛说已，咸作是念："一切诸法悉如幻化，是中无

① 《大宝积经》卷一百〇五《9 神通证说品》，《大正藏》第11册，第590页中。

> 我、无人、无众生、无寿命、无丈夫、无摩奴阇、无摩那婆、无父无母、无阿罗汉、无佛无法无僧，无有是逆，无作逆者，岂有堕逆？所以者何？今此文殊师利，聪明圣达，智慧超伦，诸佛世尊称赞，此等已得无碍甚深法忍，已曾供养无量百千亿那由他诸佛世尊，于诸佛法巧分别知，能说如是真实之法，于诸如来等念恭敬。而忽提剑，欲逼如来，世尊遽告且住且住，文殊师利，汝无害我。若必害者，应当善害。所以者何？是中若有一法和合集聚，决定成就，得名为佛，名法名僧，名父名母，名阿罗汉；定可取者，则不应尽。然而，今此一切诸法，无体无实，非有非真，虚妄颠倒，空如幻化。是故于中，无人得罪，无罪可得，谁为杀者而得受殃？”①

若将诸法视为幻化，也是同时在将我相人相，乃至父母、佛法僧，视为空无；既是空无所有，哪里有逆害、有造作者以及有所谓堕于果报呢？只是一旦有了诸法集成的观念，视诸法为确定存在，便有了我他和万法之诸相；如果一定要这样执取的话，因果关联就不会穷尽。实质而言，万法虚妄空幻、非有非真；既然如是，已经无人无罪，哪里还有造业受报的事相呢？

五百菩萨明白了这番道理，便有了如下变化，即时获得无生法忍：

> 彼诸菩萨如是观察明了知已，实时获得无生法忍，欢喜踊跃，身升虚空，高七多罗树。②

所以，紧接而至的偈颂，便有了对文殊行止明确的总结，“是中云何杀”：

> 文殊大智人，深达法源底；自手握利剑，驰逼如来身。如剑佛亦尔，一相无有二，无相无所生，是中云何杀？③

① 《大宝积经》卷一百〇五《9 神通证说品》，《大正藏》第 11 册，第 590 页中—下。

② 同上书，第 590 页下。

③ 同上。

无论是既往罪业，还是当下文殊与佛共成的事相，都无相而空、无自性而空。

4. 无自性而空

但是，五百菩萨的既往罪业，却不是据此便能消弭殆尽。在顿悟空性，即时去除既往罪业执念，而成就无生法忍之时，并不意味着既往罪业得以顷刻清除。

经典还继续为此事进行宣说，“说此执剑妙法门时，十方如恒沙等诸佛世界，六种振动”①；而且，为了不使初机新学菩萨误解，世尊以方便神力，使会中一切新学菩萨、善根微少以及尚未摆脱用分别心去取相的众生，“皆悉不睹彼执剑事，亦不得闻其所说法”。显然，因果法义深邃难明，新学菩萨等，若要明此中真义，确是不易；世尊只能如此遮蔽之。

即便是佛的十大弟子中智慧第一的舍利弗，也向文殊提出质疑，便有了二人的如下对话：

> 尔时，尊者舍利弗白文殊师利言：“大士！仁今已造极猛恶业，欲害如是天人大师，是业若熟，当于何受？”
>
> 时，文殊师利告舍利弗言：“如是，大德！如汝所说，我今唯②能造作如是极重恶业，而实不知于何处受？然，舍利弗！如吾见者，当若化人，幻业熟时，我如斯受。所以者何？彼幻化人，无心分别，无有念想，一切诸法，皆幻化故。”③

此中，文殊阐释的法义理趣是，文殊以见道实证的菩萨所见（“如吾见者”），自己之行止作为，就犹如受操纵的“幻化人”即木偶人，如果说木偶人被动而为的幻业也有果熟之时而受报的话，那么，文殊受报，就像木偶受果报一样。

由于木偶是魔术幻变所致，木偶毫无心念心想，一切在木偶“行履”中呈现的都不真实，全都是幻化的把戏，因此，木偶受报，也就无从

① 《大宝积经》卷一百〇五《9 神通证说品》，《大正藏》第 11 册，第 590 页下。

② 唯：思，考虑；虽然，即使。

③ 《大宝积经》卷一百〇五《9 神通证说品》，《大正藏》第 11 册，第 591 页上。

说起。

这除了表明是佛以神力让文殊演绎一出戏份外，也在道出破除我见而致万法皆空、无自性而空的理则。即谓，当见道者，以般若波罗蜜多而转依空性本心，由之无人我和无法我而能所双泯，此时，现实层面所呈现的便是无分别智，其时，“我”既然已无从生起，需有“我”作保障才会有力能出现的业因，又如何会出现？此义在文殊继续与舍利弗的对话中，更能看得分明：

> “又，舍利弗！我今问汝，随汝意答。于意云何？如汝意者，实见剑耶？”
>
> 舍利弗言：“不也。”
>
> 文殊师利曰：“又，定见彼恶业可得耶？”
>
> 舍利弗言：“不也。”
>
> 文殊师利曰：“又，定见彼受果报耶？”
>
> 舍利弗言：“不也。”
>
> 文殊师利言：“如是，舍利弗！彼剑既无，复无业报，谁造斯业？谁受报者？而反问我受报处乎？”
>
> 舍利弗言：“大士！以何义故，复如是说？”
>
> 文殊师利言：“如我所见，实无有法，业报熟者。所以者何？一切诸法，无业无报，无业报熟故。”①

剑本身和执剑的业因以及执剑所受的果报等三者，存在与否，关键是在观念上、在实证上以及在日常的行履上（当具有大悟的实证时，便能落实于日常），能否断除我见；一旦断除我见，便是毫无能所的无自性而空。具言之，只要见道明心而真实转依，“能善学般若波罗蜜如幻法”②，于是，五蕴所为，就类似于木偶“幻化人”之所为；幻化之所为，已然是去除了我见。若是没有我见，便是万法无自性，从而万法顿空；如此，又哪里有造业和造业者及受果报者？一切万法，若是失去人我的介入和参

---

① 《大宝积经》卷一百〇五《9 神通证说品》，《大正藏》第 11 册，第 591 页上—中。

② 同上书，第 591 页中。

与，又哪里有业因和果报呢？因为离开了人我，物物间是毫无相互作用的，包括毫无因果作用，这是下面将会探讨的唯识增上慧学的议题。

5. “野狐禅”公案的理则

人本来就存在于虚妄不实的幻化世界中，即便人在此中有念、有心、有分别，也只是类似于木偶幻化世界中的“语言”，那并不是真正的心和真正的念想，也并非幻化木偶人真正能够行止的“动因”；非真之心念所为，自然便毫无真实的业因力用，果报也就无从谈起。

《宗镜录》卷七十一也总结了如上这般道理：

> 心迹才现，果报难逃；以过去善恶为因，现今苦乐为果，丝毫匪滥，孰能免之？犹响之应声、影之随形，此必然之理也。唯除悟道，定力所排；若处世幻之中，焉有能脱之者？①

“心迹”一现，便是能所俱全，自然是果报难逃。若是见道悟道，便可排除造作业因和避免果报，若是身处如幻世界中则难以摆脱因果。

但是，此中意蕴，并非见道者不受果报，而是指，见道而真实转依者，已然断除我见，如此便可排除造作恶业的可能；既无恶业之因，便相应没有受恶的果报。也即是说，禅宗关于“野狐禅”的公案，在佛教因果思想中是成立的，也即“大修行者”（见道位以上）也需担负因果。

至于此中五百位菩萨的既往业障，并非能够据此去除执着便得以消泯；只是耿耿于怀的事相阻碍了菩萨们进修无生法忍，佛与文殊才演绎出不执着业障的重要性。因为，无我的修行，直至我执的去除，正是无生法忍的施用所在。菩萨通过长劫修行，安住于无生法忍，才能最终净除业障，觉悟成佛。

但是，即便需要历经长劫，才能断除此般业障，也在说明和支持着因果无自性而空这一道理的实存。

6. “万法皆空，因果不空”的局限

我们常常听到有人将“万法皆空，因果不空”挂在嘴边，或有书法条幅行世。可以认为，就方便而言，此话是对的；但就了义而言，此话则

① 《宗镜录》卷七十一，《大正藏》第48册，第816页上。

未必全面和正确。

就方便而言，此语表述出因果的谨严和不失，这当然无可厚非。但是，就了义、就万法自性而言，因果也属于万法的范畴，若将因果与万法进行切割，便属不当；而且，因果与万法一样，也是空无自性。这话语的弊端是，表述因果的严谨不失，却以修行无果、无意义作为代价；正是因为因果不会固结不变，涅槃解脱等佛教推崇的修行，才成为可能。但言说因果之空无自性，并非意谓因果律不存在、不起用，而是表明，因果是能够为人类所认识和驾驭的。

下面探讨的内容，将会有助于对这一问题有更深入确切的了解。

（三）业力轻重的确定与非确定

1. “一切作业，无不得果”

因果百劫不亡而呈现的有是假有，因果由断除我见、我执而呈现的无自性而空亦非毁损因果律则；因果之空与有，并非就是因果理论的全部。此中，还涉及若干中间过渡的细节内容。

因果报应，具有上述探索的严谨等量的对应性和一一对应性，但是，佛教也提出，只要具备某些条件或附带某些因素，因果也并非等量对应的，既有重业轻报，也有轻业重报，甚至业报消失的情形。

这其实正是佛教立教必要性的彰显，以及修行之可能性的保障性前提。因为一切业因如果都具有确定性的恒不变易的必定报果，佛教的立教和修行的效用就将无以安顿，而变得没有意义。

《大般涅槃经》卷三十一中，佛指出：

> 善男子！一切作业，有轻有重。轻重二业，复各有二：一者决定，二者不决定。
>
> 善男子！或有人言：恶业无果，若言恶业定有果者，云何气嘘旃陀罗而得生天？鸯掘摩罗得解脱果？以是义故，当知作业，有定得果、不定得果。
>
> 我为除断如是邪见，故于经中说如是语：“一切作业，无不得果。”
>
> 善男子！或有重业，可得作轻；或有轻业，可得作重。非一切

> 人，唯有愚智；是故，当知非一切业，悉定得果；虽不定得，亦非不得。
>
> 善男子！一切众生，凡有二种，一者智人，二者愚痴。有智之人，以智慧力，能令地狱极重之业，现世轻受。愚痴之人，现世轻业，地狱重受。①

佛在这里表明，一切作业，具有轻重之别，而这些或轻或重的业力，既有确定性业力，也有非确定性业力。但是，这并不意味着，作业有确定得果和不确定得果；准确而实质性的原则是："一切作业，无不得果。"

根据人有愚智的不同，智者可以重业变轻，愚者可以轻业变重。所以，应当知晓一个理则，在智慧的介入下，不是一切作业均会确定性地获得对应性果报；虽然不是确定性地获得对应性果报，但是，一切作业却不会存在不受果报的情形。也即，凡是作业必定受果，只是作业与受果之间，并不必然地按照轻对轻、重对重来兑现，智者只要懂得法门，就可重业轻报；愚者如果不懂得法门，就会有轻业重报的情形出现。何谓智者和愚者？下详。

显然，"一切业确定得果"，与"一切作业，无不得果"，二者并不相同。前者是指，一切作业，必然按照其轻重而获得相应轻重的果报；后者是指，一切作业，必定承受果报。前者的论断，涉及了因果的等量对应性，且认为这种等量对应是确定不移的；引文中关于此点尚不够精确和全面。

佛在该经继续指出：

> 善男子！若一切业定得果者，则不应求梵行解脱；以不定故，则修梵行及解脱果。
>
> 善男子！若能远离一切恶业，则得善果；若远善业，则得恶果。
>
> 若一切业定得果者，则不应求修习圣道；若不修道，则无解脱。
>
> 一切圣人所以修道，为坏"定业"，得轻报故；"不定之业"，无果报故。

---

① 《大般涅槃经》卷三十一《11 师子吼菩萨品》，《大正藏》第12册，第550页上。

若一切业定得果者，则不应求修习圣道。若人远离修习圣道得解脱者，无有是处；不得解脱得涅槃者，亦无是处。

善男子！若一切业定得果者，一世所作纯善之业，应当永已常受安乐；一世所作极重恶业，亦应永已受大苦恼。业果若尔，则无修道解脱涅槃，人作人受，婆罗门作婆罗门受。若如是者，则不应有下姓、下人；人应常人，婆罗门应常婆罗门。小时作业应小时受，不应中年及老时受。老时作恶，生地狱中，地狱初身不应便受，应待老时然后乃受。若老时不杀，不应壮年得寿；若无壮寿，云何至老？业无失故。业若无失，云何而有修道涅槃？①

此段经文，不易理解，本文下面予以全部梳释翻译。

佛在此中阐释的含义是，如果业力确定得果，也即业力不可改变（在量上没有增减变化甚至消失）的话，则修清净梵行、求涅槃解脱便是不可能的。得道成为圣人后，还需继续修道，旨在损坏“定业”（定义下详），以使重业转化而得轻报；使“不定业”（定义下详）的力能消失，终成无果报。所以，业力必定是可有办法使之变化或消失的。但是，“不定业”的消失而终无果报，与“一切作业，无不得果”并不矛盾；此待下文分析“不定业”的定义时，便可分晓。

据这里所引经的行文，还可以明确，如果业力确定得果（即如果业力永远不会变化或消失）的话，便意味着，一世造作纯善之业就可永远“常受安乐”；一世造作极重恶业就可永远“常受大苦”。但佛认为，这是不可能的；因为业力必会变化或消失。

正是因为业力会有变化，才会出现种种变数，即不会出现人永远是人、婆罗门永远是婆罗门种姓的情况。随着业力的变化，曾经是婆罗门者，有可能沦为低于婆罗门种姓者；曾经是人者，亦有可能沦为低于人种的三恶道。

如果业力没有造作和受报的时间变化，而是少年作业少年受报，如此等等，那么，少年、中年、老年分别作业，便应是对应于同一时段而受果报；而现见诸多少年作业，到中年、老年受果报的情形。同理，年老时造

① 《大般涅槃经》卷三十一《11 师子吼菩萨品》，《大正藏》第12册，第550页上。

作了重业，必生地狱，亦应地狱初身不受地狱果报，需是等待地狱老年时才受果报；上述引文则认为这是执着老年身所造的杀业，应是对应于老年受地狱果报的缘故，才会出现的荒谬事相。

老年时不被杀而顺利活着，并不意味着在其壮年时就具有了在老年不被杀的可能而得长寿；如果没有在壮年时便隐含着具有得长寿而变老的条件，他又如何能够活到老年呢？言外之意，业力总在变化中，但业力也是有条件地持存不失，是之谓“业无失故”。这意味着，业力总是处于变化、消失与相续、持存的二维矛盾运动的关系中。

如果业力总是不会改变或失去，又哪里有修道得涅槃的可能？故云：“业若无失，云何而有修道涅槃？”

其实，此中佛语还隐含着回答如下问题的深义。

我们知道，佛教认为修行成佛需要三大阿僧祇劫，这虽是异常漫长的时间，但相对于众生从无始时以来就造作诸种业力而言，无异于一瞬间而已；或者，若无始意味着无限的话，其与三大阿僧祇劫之长短，根本就不可类比。既然如是，在如此短暂（三大阿僧祇劫）的修行中，何以能够抵消既往无尽时劫所造作的种种业力（含诸种重业）而使行者得以涅槃解脱？

这便涉及了以下要探讨的问题。

2. “定业”与“不定业”

只有业力本身是可以改变的，或者业力本身具有持存的时效性，才使修道变得有意义，才使涅槃解脱成为可能。

上面一段引文，讨论了损坏“定业”，以使重业转化而得轻报；使“不定业”的力能消失，终成无果报。那么，经典是如何定义“定业”和“不定业”的呢？

《大般涅槃经》指出：

> 善男子！业有二种，定以不定。
>
> 定业有二：一者报定，二者时定。或有报定，而时不定，缘合则受，或三时受，所谓现受、生受、后受。
>
> 善男子！若定心作善恶等业，作已深生信心欢喜；若发誓愿供养三宝，是名定业。
>
> 善男子！智者善根深固难动，是故能令重业为轻。愚痴之人不善

深厚，能令轻业而作重报。以是义故，一切诸业不名决定。①

所谓“定业”，是指造作业力之时，果报便已确定，不可更改。这包括“时定”和“报定”。“时定”是指果报时间的确凿不移。“报定”是指果报已是确定性出现的，但是，何时出现果报，尚待外缘决定，时间未知；但必定是三时受报，也即现世受报、下一世出生而受报或者下一世之往后某一世而受报。分析可知，这里的“定业”，实质可以分为“时定业”和“时不定业”；因为“报定”的实质就是“时不定之定业”。

“定业”是指造作之时，果报便已确定，不可更改。那么，为何“定业”具有如此强劲的势力而使果报不可变更？

依据此中的表述，分析可知，凡是发了誓愿、凡是具有确凿不移的定心而造作的业力就是“定业”，因为发愿和认定，就会具有深心、具有确定性和坚定性的力量，从而使果报不可动摇。所以，誓愿和坚定心，是具有难以想象的力能的。此外，《瑜伽师地论》卷六十也指出五种“极重业”属于“定受业”：

复次，如先所说作及增长业，若先所说由五因缘，成极重业，名定受业；与此相违，名不定受业。②

这五种“极重业”是：“由五因缘，杀生成重。何等为五？一由意乐，二由方便，三由无治，四由邪执，五由其事。”③

---

① 《大般涅槃经》卷三十一《11 师子吼菩萨品》，《大正藏》第12册，第550页中。

② 《瑜伽师地论》卷六十，《大正藏》第30册，第635页下。

③ 五种极重杀生业，具体解释如下——《瑜伽师地论》卷六十：“若由猛利贪欲意乐所作，猛利瞋恚意乐所作，猛利愚痴意乐所作，名重杀生。与此相违，名轻杀生。

“若有念言：我应当作；正作、已作，心便踊跃，心生欢悦；或有自作，或复劝他；于彼所作，称扬赞叹；见同法者，意便欣庆；长时思量，长时蓄积怨恨心已，方有所作；无间所作，殷重所作；或于一时，顿杀多类；或以坚固发业因缘，而行杀害；或令恐怖，无所依投，方行杀害；或于孤苦贫穷、哀戚悲泣等者，而行杀害。如是一切，由方便故，名重杀生。

“若唯行杀，不能日日乃至极少，持一学处。或亦不能于月八、日十四、十五及半月等，受持斋戒；或亦不能于时时间，惠施作福，问讯礼拜，迎送合掌，和敬业等；又亦不能于时时间，获得猛利增上惭愧，悔所作恶；又不证得世间离欲；亦不证得真法现观。如是一切由无治故，名重杀生。（转下页注）

所谓“不定业”，是指根据智愚不同，也即智者善根深厚、愚者不善根深厚，也即依据既有善根和不善根作为基数，会相应出现重业轻报、轻业重报的情状。也即谓，若是具有更多的善根，重业可以变为轻报；若是具有更多的不善根，轻业便变为重报。所以，其实，“不定业”表述的是既往业力对今时业力的累加或抵消等不同情况，类似于世间将功赎过而罪报变轻，也类似于累犯惯犯而遭受法律重判等意涵。

正是因为这样的原则，上文谈及的“不定业”的消失而终无果报，与“一切作业，无不得果”并不矛盾。显然，“不定业”之所以可以消失，其实并未破坏因果，不违“一切作业，无不得果”之理。这里的深义是，由于善根深厚，具有积蓄，便能够以此积蓄去偿还所欠而抵销债务；而抵销债务之不必钱钱对应，并不意味着没有偿还债务。正如世间，以物抵债，并不意味着欠人钱款可以不还；因为物也可以折算成钱款。所以，“不定业”的消失，其实是并未真消失，只是耗用无始以来累积的善根善业在偿还抵销。

只有业力本身是可以改变的，或者业力本身具有持存的时效性，才使修道变得有意义，才使涅槃解脱成为可能。所谓业力持存的时效性，譬如，上述佛语谓业力百劫不消亡，而未见佛语谓业力永远不亡失。这是否意味着业力具有时效？就像世间五谷的种子，若是储藏足够时长，就会成为焦芽败种，从而丧失种子的性质而不再发芽。这种业力的时效性，是否存在？如果存在，此中关键点是，业力持存的时效性，如何能够与“一切作业，无不得果”相统一？这是有待后续另文深入研究的。

这里需要深入探讨的还有，“以是义故，一切诸业不名决定”，这里应是在表明，除了发愿、坚定而所造作的业力属于“定业”外，一切作

（接上页注）“若诸沙门或婆罗门，继邪祠祀，随忍此见，执为正法而行杀戮，由邪执故，名重杀生。又作是心：杀羊无罪。由彼羊等，为资生故，世主所化。诸如是等，依止邪见，而行杀害，皆邪执故，名重杀生。

“若有杀害大身众生，此由事故，名重杀生。或有杀害，人或人，相或父或母，及余尊重。或有杀害归投委信，或诸有学，或诸菩萨，或阿罗汉，或诸独觉。或于如来，作杀害意、恶心、出血；如来性命不可杀故。如是一切，由其事故，名重杀生。

“与如上说，因缘相违，而杀生者，名轻杀生。复次，当说不与取等，由其事故，轻重差别，余随所应，如杀应知。”《瑜伽师地论》卷六十，《大正藏》第30册，第632页中—下。

业几乎都是“不定业”。因为《大般涅槃经》继续在下面指出：

> 善男子，一切众生，不定业多，决定业少；以是义故，有修习道。修习道故，决定重业，可使轻受；不定之业，非生报受。[①]

这意味着，众生多是非发愿作业，也即众生作业，多不会是当作一件神圣的事业而郑重其事地先有誓愿和坚定心发出，再去有意、有计划地驾驭业因与果报的规律，以使成其愿功。

那些通过发愿的作业者虽少（“决定业少”），却是懂得把握因果规律的行者，这当然包括佛教菩萨的护法发愿，也包括魔子魔孙毁坏佛法的发愿等两种情形。

由于众生有“不定业”，而且众生此业居多，所以，依照理性抉择而言，修道针对“不定业”，便是明智和可行的，且具有更普遍的适用性。当然，这一普遍性，必须除去那些魔子魔孙誓愿毁坏佛法者，因为他们是难以改变的，他们有深心反对佛法的愿力。

此外，“定业”与“不定业”之间会相互转化。

> 善男子，有二种人，一者，不定作定报，现报作生报，轻报作重报，应人中受在地狱受。二者，定作不定，应生受者回为现受，重报作轻，应地狱受人中轻受。如是二人，一愚二智。智者为轻，愚者令重。[②]

显然，此中第一类是指愚者，愚者会将“不定业”转化为“定业”受报；第二类是指智者，智者能够将“定业”转化为“不定业”受报。但其具体原理，尚待另文探讨。

3. 智者和愚者

上面的分析，不断涉及“智者”和“愚者”，“智者”可以重业轻报，“愚者”会轻业重报，“智者”还能够使“不定业”免报。而且，圣

① 《大般涅槃经》卷三十一《11 师子吼菩萨品》，《大正藏》第12册，第551页下。

② 同上。

人（“见道”后便称为圣人）“修道”（“见道”后，才能“修道”）的目的，就是要损坏“定业”以使重业得轻报、使“不定业”消失而毫无果报（参见上引经文“一切圣人所以修道，为坏‘定业’，得轻报故；‘不定之业’，无果报故”）。

那么，佛教是如何定义“智者”和“愚者”呢？

> 师子吼菩萨言：“世尊，如佛所说，非一切业悉得定果，非一切众生定受。世尊，云何众生令现轻报，地狱重受；地狱重报，现世轻受？”
>
> 佛言：“一切众生，凡有二种，一者有智，二者愚痴。若能修习身戒心慧，是名智者。若不能修身戒心慧，是名愚者。云何名为不修习身？若不能摄五情诸根，名不修身。不能受持七种净戒，名不修戒。不调心故，名不修心。不修圣行，名不修慧。”①

师子吼菩萨，在此很好地概括出，佛所说因果法义为“非一切业悉得定果，非一切众生定受”。众生之所以不是一定会获得果报，就是因为勤加修身，以及勤修戒定（心）慧；此即属智者，反之是愚者。

三　关于因果问题的思考

（一）因果与无知

以上对因果关联有与无问题的探讨，让我们见识了佛教因果思想的辩证和丰富。

因果既有联系，但因果却不总是呈现必然对应的联系。

有如是因，当然是会有如是果。但是，在果报尚未完全成熟时，通过对既往业因的损坏，就能使似乎定局了的果，丧失成熟的因缘条件，从而使业因得以改变。

在复杂的因果关系中，以人们之所能知晓的单一或若干因果联系，是无法判定或得出在复杂系统中的因果作用的博弈结果的。譬如，往池塘投

① 《大般涅槃经》卷三十一《11 师子吼菩萨品》，《大正藏》第12册，第552页上。

掷一颗石头，必有涟漪以同心圆的方式蔓延开去，这是一对因果。但是，如果同时有其他人投掷多颗石头，势必不会同时出现多个同心圆涟漪的存在，因为它们之间会互相干涉。当你无法知晓也有其他人在同时投掷石头时，你期望看到的以为必然存在的多个规则性同心圆的涟漪，最终并不会出现。这便是一种典型的因果不对应的例子。

诚然，若将诸种要素均综合考虑进来的话，系统依然是遵循因果原理的。只是人类知识的局限，使我们无法知晓和驾驭各种复杂的原因，从而让因果关系呈现出我们所以为的非对称性。

我们不妨沿着如此的思路继续往前，若是这一类非对称性足够多时，人类就无法发现其中单维的真实的因果作用了。譬如，我们会认为，往池塘投掷石头，是无法出现多个同心圆涟漪的。有时，这就可能会被视为真理而占据着我们人类认识的领域。

人类对世界的认识，因遭受遮蔽而呈现出的诸多无知，实有过之而无不及。

因果的探求，能够令我们有所知；但是，因果的探求，也令人类自己意识到局限乃至意识到自己诸多的无知。

（二）“因果同时”与“因果异时”

若是从作用力和反作用力的角度，对因果关系进行考察，经验可告诉我们，譬如，一个拳头打出去，就会形成一种力能，当拳头冲击一堵残垣时，拳头势必遭受残垣的即时反作用力。因此，从时间而言，这里的因果关联，可视为“因果同时”。

当发出的作用力，需要在量上积聚到一个阈值，才会产生某种结果时，这种原因与结果的关系，便呈现出时间的滞后性，这是因为量上的累积需在时间绵延中实现，是为“因果异时”。

因此，“因果同时”和“因果异时”，借助经验和理性则更易于理解。

但是，即便是在“因果同时”中，若是将起念摧毁残垣并连同提手握拳等都列为原因的话，便也是“因果异时”的。就此而言，因果一定是呈现先后关系的，因果的本质应是“因果异时”。

(三) 因果的两个原则

在学界的哲学讨论中，一般会认为，因果关系具有两个基本特征：

(1) 因果不对称，如果 e1 是 e2 的原因，e2 则不是 e1 的原因，此称为“因果序列”。

(2) 时间不对称，如果 e1 是 e2 的原因，那么，在时间 t 上，e1 总是或几乎总是先于 e2 的，此称为“时间序列”。

以佛教观念对这两个原则进行判摄，所谓“因果序列”和“时间序列”的存在，已然有一个预设，也即预设原因和结果，均是一种实体存在。

现在的问题是，实体是否真的存在？

(四) 业力的储藏

在原因的形成与结果的出现之间，是错时性或谓异时性的，是谓“因果异时”。当原因达到一个阈值时，结果便会出现。问题是，在原因到达阈值之前，原因到底是以何种方式得以持存的？

下面两个例子，似乎能够让我们具有某些感性认识。

一个拳头，不断在冲击某个物体，当累积的势能足够后，物体被摧毁的结果便出现了。

制造一架飞机时，当该飞机所需的既定配件系统安装完毕时，飞机这一结果也会出现。

以上这两个经验世界中的事例，能够让我们明白原因累积的原理和特征。

显然，在拳头不断冲击物品的过程中，原因的持存是集结于物品中，使物品产生趋向于质变的量变累积。在制造安装飞机的过程中，是以组装零部件于系统内的不同空间而使原因得以持存。

至此，需要追问分析的是，众生业因的作用力，是如何得以储藏而不会丢失的？这种作用力的作用机理又是怎样的？

在佛教因果报应中，可以认为，依然具有上面拳击累积和飞机安装的因果形态。譬如，某 A 对 B 的爱恨情仇，在达到 B 的一个忍耐阈值时，B 就会产生对 A 的反作用力。又譬如，某 C 有多种未知用意和行为，当这些用意和行为积集至足够多后，其所展示的综合效应是针对 D 的，那么，

D 就会产生对 C 的反作用力。

但是，当因果的关联度，是以超出记忆范围，或者根本不为被作用对象知晓，甚至是佛教轮回思想述说的跨越今生和来世的，此时，如果说，这种反作用力具有延时性且永远不会自行消失，那么，这种作用力是以何种方式存在的？存在于哪里？

并且，如果说，反作用的果报，是对发出作用力者的对应性回馈，那么，这种对应性的实现，又是如何和怎样得到保障的？

（五）物物间无相互作用

无论如何，因果关系的存在，必须是以确认原因的存在和结果的存在为先决条件、为前提的。那么，原因和结果，确实存在吗？

佛教明示，唯佛与佛方能全然了知因果；佛教也明示，物物间无相互作用，唯有心生，毫无作用生。若是物物间毫无作用生起，也必然没有物物间的因果关系，既然如是，佛教的因果关系又何以成立？而且，现见世间存在有复杂的因果关系；况且，佛教也谓只有佛才能了知因果，这不是已承认因果存在了吗？

其实，佛教思想的复杂性，使如上貌似矛盾的问题，呈现出了别开生面的深刻意蕴。

在佛教看来，因果两原则中，原因 e1 和结果 e2，是被预设为实体性存在的，而实体的存在本身就是不被确认的。在佛教这里，不但实体性的原因 e1 和结果 e2 没有存在的可能，即便是时间 t，也没有存在的可能；佛教唯识学认为，时间是“心不相应行法”，时间的存在是依附于实体存在而言说，一旦实体观念消解，时间也就没有存在的场所。

原因、结果以及时间，都是意识中的习惯和观念的产物，并无实体，也即毫无自性。若预设这些存在，再考察因果关系，则已然虚妄无疑；或者，我们已被假象蒙蔽而不自知。

也许会有人对此置疑，如果实体不存在，那么，又是什么因缘致使所谓原因具有造作的力量和势能的？

佛教认为，物物间无相互作用，唯有心生，毫无作用生，是为三界唯心、万法唯识。但是，唯心之心，却不是指妄念意识心，而是众生和宇宙的本心，此即人人具有的第八识，也称为阿赖耶识。

既然三界内毫无相互作用，也必然毫无所谓因果作用；因为原因和结果的确认存在，是以万物万事具有实体存在为前提，如此，才会有相互作用，继而，才会有所谓的原因和结果。

在佛教唯识学看来，万法自心生，才是因果关系的本质所在。如果抛却心识本源，便无法发现真理。

真正的因果，就存在于心识本体。

若是没有心识，便无所谓物的观念；若是没有心识，也毫无世间相互作用的万般运动；若是没有相互作用的万般运动，便没有因果。这里告诉我们，任何意义的安立和展开，都是以人的存在机制和人的自我意识为前提的。

但是，这里所探讨的，却不是哲学史上各流派哲学家认识论层面所探讨的内容，佛教唯识涉及了世界和人生的本体，是指本体论意义的决定和生发，而不是认识论层面的决定性。

一切所谓原因以及原因具有业力造作的势能，都是通过本识心田而禀具的，即便你的意识可能对此一无所知。

四　唯识与因果

（一）阿赖耶识蕴含的因果内涵和特征

上述分析提出的系列问题，都可汇归到瑜伽唯识实相，也即汇归到第八识阿赖耶识。以下分析唯识，着重就第八识阿赖耶识所蕴含的因果内涵和特征展开。

1. 实相与因果

因果属于实相，是佛与佛才能“究尽”和“成就”的“第一希有难解之法”；《妙法莲华经》卷一便如此指出：

> 佛所成就第一希有难解之法，唯佛与佛乃能究尽诸法实相，所谓诸法如是相，如是性，如是体，如是力，如是作，如是因，如是缘，如是果，如是报，如是本末究竟等。[①]

① 《妙法莲华经》卷一《2 方便品》，《大正藏》第 9 册，第 5 页下。

因、缘、果、报四种实相与其他六种实相，被天台宗称为“十如”。

因果，是一种原则、规制、秩序，本质是理，是规律，是诸法实相。这是一种自在的性质，无须人类众生等生命体的知晓，便总在不断起着最重要的规范作用。只有佛与佛才能穷尽对如是此因果等法的了知。

人类对世间因果关系的探索，之所以具有解读的难度而永无止境，在瑜伽唯识看来，是因为人类对因果关系的探索，总是在与实相第八识愈行愈远的基础上发生的，也即人类的探索，总是落着于世间现象而进行着无边无尽的茫然无谓的探求。所以，人类总被复杂的因果关系束缚，总是难以在立体的犹如因陀罗网式的关系中精确把握因果。这便不足为奇，因为因果是第八识所含藏的实相；只有在实相中也即在第八识中才能了然因果。而佛便是实证和具备了一切种智者，是洞察了然第八识实相包括因果实相的觉悟者。这便是佛与佛能够穷尽因果的教理之原因所在。

2. 本识与转识的“因果同时”

第八识实相所含藏的因果理则，也决定着本识第八识与转识前七识（眼识、耳识、鼻识、舌识、身识、意识、末那识）之间是相互为因、“因果同时”的。

第八识阿赖耶识以其出世间的本有自性，成为世间万法的决定原因。但是，阿赖耶识的决定性，并不是指阿赖耶识独立、单维的决定性；凡夫第八识阿赖耶识通过转识而与杂染诸法之世间现象相关切。由于阿赖耶识恒时受到七转识的熏习，而使阿赖耶识成为世间杂染法的生因；而且，七转识的熏习也成为阿赖耶识存含种子且种子不断迁变的生因。由此，阿赖耶识与七转识杂染诸法，便是互相为因。瑜伽行派的名作《摄大乘论》便指出了这种因果关系：

> 阿赖耶识与彼杂染诸法，同时更互为因，云何可见？譬如明灯，焰炷生烧，同时更互；又如芦束，互相依持，同时不倒。应观此中更互为因，道理亦尔。如阿赖耶识为杂染诸法因，杂染诸法亦为阿赖耶识因。[1]

① 玄奘译：《摄大乘论》，《大正藏》第 31 册，第 134 页下。

由于受到七转识杂染诸法的影响，可说阿赖耶识与杂染诸法互相依持而互为因果，也即本识与转识两者构成互为因果关系。在《成唯识论》中，还以“能熏识”指代本识，以“所熏识”指代转识，同样阐释了这种“因果同时”的关系：

> 如是能熏与所熏识，俱生俱灭，熏习义成，令所熏中种子生长，如熏苣藤，故名熏习。能熏识等从种生时，即能为因，复熏成种。三法展转，因果同时，如炷生焰，焰生焦炷；亦如芦束，更互相依。因果俱时，理不倾动。①

这种因果关系，实质便是“种子生现行，现行熏种子”的关系。由于种子六义之两义是“刹那灭”② 和“果俱有”③，表明了种子的刹那生灭性和种子与其所生果的同时存在，所以，“种子生现行”时，“种子”是因，“现行”是果，这种因果关系是同时的；“现行熏种子”时，“现行”是因，受熏的“新种子”是果，这种因果关系也是同时的。由于“种子”“现行”和“新种子”三者构成的两对因果关系俱时联结在一起，所以，在出现“种生现”因果的同时，也出现了“现生种”的因果关系，这也是一种“因果同时”。

这便是瑜伽唯识学体系特有的“因果同时”；显然，这与上述探讨的世间因果之唯有严谨的“因果异时”是不同的。这是由第八识所含藏的因果实相决定的，这也是世间因果现象出现和生发的基底性原则和前提。

3. 阿赖耶识的决定性与实体因果的消解

我们以上探讨因果的两个原则，是以原因 e1 和结果 e2 以及时间 t 的实体性存在为前提的。实体观念的消解，以及物物间毫无相互作用的肯认，直至物物间毫无因果关系的认定，其实并未抹杀因果原理。

---

① 《成唯识论》卷二，《大正藏》第 31 册，第 10 页上。

② 种子六义之一的“刹那灭”在下文会涉及。

③ 种子六义之一，“果俱有，谓与所生现行果法，俱现和合，方成种子。此遮前后及定相离。现种异类，互不相违，一身俱时，有能生用；非如种子，自类相生，前后相违，必不俱有。虽因与果，有俱不俱，而现在时，可有因用。未生已灭，无自体故。依生现果，立种子名，不依引生自类名种，故但应说与果俱有。”《成唯识论》卷二，《大正藏》第 31 册，第 9 页中。

佛教瑜伽唯识派主张，若是脱离阿赖耶识本心的决定性，便毫无所谓相互关系和运动，从而也毫无因果关系。实体不存在之揭示，是旨在彰显万法的动力原在于第八识，因为极微并非物体的本质。其并未抹杀因果关系，是指依托第八识所含藏的实相理则，才有因果原理的实然存在；而现实中的众生，只有在执着自我为真并持有万法固化的实体观念时，才会有现实世间的所谓因果关系，才有造作力能的具现起用，果报也由之如影随形。

4. 阿赖耶识的储藏性与异熟性

当拳头累积势能、摧毁物体，当既定配件组装完毕、飞机成型，这里依然需要一个原动力作为解释支持；也就是说，由何种原因决定物体被摧毁的阈值，以及由何种标准决定该系统所需的自洽性和功能参数？

某 A 对 B 的爱恨情仇，在尚未达到 B 的忍耐阈值时，这种力量的承载落着于何方？某 C 多种未知的用意和行为，是以记忆的方式存储起来以至足够多而被 D 所察觉；但是，当因果的关联起用，不需记忆甚至不需被作用对象知晓时，直至转世轮回而跨向来世，而往世意识全然无存时……诸如此类，业力究竟储藏于何处？延时的反作用力是如何保留和酝酿的？而且，下一世若是具有业因和果报互动往返的二人，是如何相互寻找或定向选择到对方？……

显然，瑜伽唯识派的阿赖耶识所具备的储藏性、异熟性以及各各阿赖耶识之间融摄开放的特征，便承载着对以上所有问题的深细诠释。

业力以“种子”的形态存在于第八识，但“种子”只是借助世间五谷种子之类而假名施设，“种子”的本质是亲生自果的功能差别[①]，也即第八识持有此类功能种子。而“种子”之亲生自果的功能，便已为既往业力势能的储藏以及往后待缘而发的果报作出了奠定、铺垫，或谓埋下了现实潜在势能的伏笔。

业力以种子形态持存，还必然体现为“异熟”。所谓“异熟”便是异时、异类、变异而成熟，这是异熟识、第八识的运作功能所决定的。

以种子六义中的三义即“刹那灭”“恒随转”“性决定”，将更能明

① “此中何法名为种子，谓本识中亲生自果功能差别。”《成唯识论》卷二，《大正藏》第31册，第8页上。

白“异熟”的三种含义。

其一，种子“刹那灭”的含义是：

> 刹那灭，谓体才生，无间必灭，有胜功力，方成种子。此遮常法，常无转变，不可说有能生用故。[①]

种子之具有殊胜功力，是以种子具有刹那生灭的“变异”特征为保证的。诚然，若种子是常不变异、不变化的，就不可能具有“异时”生起现行的即时能动的力效性。

其二，种子“恒随转”的含义是：

> 恒随转，谓要长时一类相续，至究竟位，方成种子。此遮转识，转易间断，与种子法，不相应故。此显种子，自类相生。[②]

种子功能的类型有多种，而种子便是功能差别的集合。每一类型的种子，必须永远确保自身的一致性，若不具有一致性，则会出现混沌无序的后果。这种一致性，并不是种子自身的固结持存，而是通过种子自类前灭后生也即持续不断的“变异”来维持的。如果种子是通过自身前后的不动不变来维持其一致性，便违反了种子六义的第一义即“刹那灭”了。而种子之自类性质，是直至佛地究竟位都不会变化的，如此才能确保任何时节也即“异时”的随缘待缘[③]现行均成为可能。据此，亦可知晓，现行有多少类，种子便有多少类。关键是，如何对种子的类进行划分。在种子六义之“引自果”[④] 中，只是划分了心法和色法两类；若是据此思路，则可按照五位百法来对种子进行百种分类。

---

① 《成唯识论》卷二，《大正藏》第 31 册，第 9 页中。

② 同上。

③ 种子六义之一，“待众缘，谓此要待自众缘合，功能殊胜，方成种子。此遮外道执自然因，不待众缘，恒顿生果；或遮余部，缘恒非无。显所待缘，非恒有性，故种于果，非恒顿生。”《成唯识论》卷二，《大正藏》第 31 册，第 9 页中。

④ 种子六义之一，“引自果，谓于别别色心等果，各各引生，方成种子。此遮外道执唯一因，生一切果。或遮余部执色心等，互为因缘。”《成唯识论》卷二，《大正藏》第 31 册，第 9 页中。

其三，种子“性决定”的含义是：

> 性决定，谓随因力，生善恶等功能决定，方成种子。此遮余部，执异性因，生异性果，有因缘义。①

种子受“能熏识”的熏习而有了善性、恶性的不同自性，这种善恶种子的自性具有确凿不移地必然产生或善果或恶果的性质。但这类种子依然是在刹那生灭的不断“变异”中“异时”待缘而成熟。这种成熟，是以善性对应善的现行果、以恶性对应恶的现行果，即这类种子所生的果，必定是具有或善或恶的性质的。显然，这类种子所生必定不是异熟果，因为若是异熟果的话，就不会出现善果、恶果，异熟果只能是无记性的，而不论其种子之或善或恶，所生均是无记性的异熟果。善恶因缘，生出没有善恶的无记性的异熟果，便是“异类”而熟的含义。

以上探讨种子具有的储藏性，必然包括第八识中含藏的无量的无漏有为的功能德性；当种子异熟时，也必然会有相应种类的无漏有为种子参与现行而成为依因，否则现行就不会实现。

5. 阿赖耶识的融摄开放性

各各众生的第八识阿赖耶识之间，具有相互融摄、相互映射的开放性。

上文论及的问题，下一世若是具有业因和果报互动往返的二人，是如何相互寻找或定向选择到对方的？本文认为，正是依靠阿赖耶识的这种特性来达成。

忍辱获得福报与瞋恨招致自伤和伤人，也具有同一唯识学理趣。任何发起瞋恨和生起忍辱的人，均会接收到对方的一个反作用力。众生之间的因缘和果报，便是这样实现的。

这是由阿赖耶识的特征所决定，众生的阿赖耶识具有相即相入、相互感应知悉的功能。《大方广佛华严经》卷五十六，便向我们透露了这一秘密：

---

① 《成唯识论》卷二，《大正藏》第 31 册，第 9 页中。

> 菩萨摩诃萨有十种决定解知众生界。何等为十：所谓知一切众生界，本性无实。知一切众生界，悉入一众生身。知一切众生界，悉入菩萨身。知一切众生界，悉入如来藏。知一众生身，普入一切众生界。知一切众生界，悉堪为诸佛法器。知一切众生界，随其所欲，为现释梵护世身。知一切众生界，随其所欲，为现声闻独觉寂静威仪。知一切众生界，为现菩萨功德庄严身。知一切众生界，为现如来相好，寂静威仪，开悟众生。是为十。若诸菩萨，安住此法，则得如来无上大威力决定解。①

这里提到“知一切众生界，悉入一众生身”，“知一切众生界，悉入菩萨身”，“知一切众生界，悉入如来藏”，“知一众生身，普入一切众生界”。

这里的“悉入”便是融摄互涉、相互映照。而此中关键，是要对“众生界”有确当的理解。根据本人考证，“众生界”便是指如来藏或阿赖耶识。何以故？佛在《不增不减经》中指出：

> 甚深义者，即是第一义谛；第一义谛者，即是众生界；众生界者，即是如来藏；如来藏者，即是法身。②

又，《入楞伽经》中佛说：

> 大慧！阿梨耶识者，名如来藏，而与无明七识共俱，如大海波，常不断绝，身俱生故。③

于此迂曲索证，可以知晓，“众生界”是与阿赖耶识相关联的。

明确了以上引文后，我们可以得出结论：在阿赖耶识悉入一切众生阿赖耶识，并了知一切众生心行的前提下，由于末那识也具有五遍行心所即

① 《大方广佛华严经》卷五十六，《大正藏》第10册，第299页上—中。

② 《不增不减经》，《大正藏》第16册，第467页上。

③ 《入楞伽经》，《大正藏》第16册，第556页中—556页下。

“作意、触、受、想、思”的力效，恒时“作意”，借助意根末那识“触”“受”而遍缘一切境的特性，就能以“想”心所去捕捉、领会其他众生的意识心，并借助末那识“思”心所，就能通过阿赖耶识，形成对特定众生具有一定反作用力的心识效能而实现因果报应的作用机理；而这一切，我们的意识心是一无所知的。

6. 阿赖耶识的内在抉择与重业先报

佛教有一个重业先报的原则，当业因造成的势能已经完成时，是否即时成为现行的结果，还取决于在众多业力中进行抉择，看其是否最重的业因，以与重业先报原则一致。而业因的繁多种类及其排序兑现的先后过程，也决定着种子的异熟需要时间。这还是就内在业种的排序而言，尚未论及某个业因所需的外在因缘的诱导条件，而这也同样需要时间。内在与外在因缘所决定的因果异时或异熟，均是需要在时间绵延中来保障实现的。

《俱舍论记》卷三十除了提到重业先报外，还提到另外两种先报业：

> 如有取识，至轮转于生死者，因解差别，显业先受。如有取识，正命终时，虽色心中，带彼众多感后有业所引熏习功能种子：
>
> 一、重业者，今先受果，譬如负债强者先牵；
>
> 二、近起者，今先受果，如将命终，遇善、恶友，生善、恶趣；
>
> 三、数习者，今先受果，如一生来，偏习此业。
>
> 三所引由明了，故先起，非余转等业也。如经部中有是颂言：
>
> 一业极重，二业近起，三种业习数，即先所作，如其次第，配释三前。谓重业前熟，近起前熟，数习前熟，余轻等业后熟，由斯业故转生死。①

“有取识”当是指阿赖耶识，以执取三有（三界）而命名之。

这里提到“重业”“先受果”外，还提到“近起”“数习”“先受果”。

① 《俱舍论记》卷三十《9 破执我品》，《大正藏》第41册，第451页中。

（二）菩提：阿赖耶识的运作机理

上面我们分析了第八识阿赖耶识所蕴含的几种因果内涵和特征，显然，此中彰显出阿赖耶识是具有出世间智慧的。这种出世间智慧的运作，就是本有的“菩提”即本有的觉悟活动；这种本有觉悟的智性运作，是通过第八识阿赖耶识的“五遍行心所”（作意、触、受、想、思）来完成的。

《维摩诘经·菩萨品第四》中提到的“菩提”有多种特征，这对我们深入认识第八识阿赖耶识的运作机理具有帮助。

> 若弥勒得阿耨多罗三藐三菩提者，一切众生皆亦应得。所以者何？一切众生即菩提相。若弥勒得灭度者，一切众生亦应灭度。所以者何？诸佛知一切众生毕竟寂灭，即涅槃相，不复更灭。是故，弥勒！无以此法诱诸天子，实无发阿耨多罗三藐三菩提心者，亦无退者。弥勒！当令此诸天子，舍于分别菩提之见。所以者何？菩提者不可以身得，不可以心得；寂灭是菩提，灭诸相故；不观是菩提，离诸缘故；不行是菩提，无忆念故；断是菩提，舍诸见故；离是菩提，离诸妄想故；障是菩提，障诸愿故；不入是菩提，无贪着故；顺是菩提，顺于如故；住是菩提，住法性故；至是菩提，至实际故；不二是菩提，离意法故；等是菩提，等虚空故；无为是菩提，无生住灭故；知是菩提，了众生心行故；不会是菩提，诸入不会故；不合是菩提，离烦恼习故；无处是菩提，无形色故；假名是菩提，名字空故。如化是菩提，无取舍故；无乱是菩提，常自静故；善寂是菩提，性清净故；无取是菩提，离攀缘故；无异是菩提，诸法等故；无比是菩提，无可喻故；微妙是菩提，诸法难知故。①

为何能说这里的“菩提”性就是指阿赖耶识？

这段文字，是弥勒菩萨回忆维摩诘居士曾经对他说过的话。维摩诘提出，如果弥勒得“阿耨多罗三藐三菩提”，众生也应得，因为“一切众生

① 《维摩诘所说经》卷一《4 菩萨品》，《大正藏》第 14 册，第 542 页中—下。

即菩提相”，这是维摩诘居士以众生本有阿赖耶识，而阿赖耶识本有菩提种智，而说众生本来已得菩提相。

这里还指出了阿赖耶识的涅槃性，即“诸佛知一切众生毕竟寂灭，即涅槃相，不复更灭”。

菩提和涅槃，正是佛地究竟位需要实证的内容。

这里还指出了实证阿赖耶识本有菩提的路径，“当令此诸天子，舍于分别菩提之见；所以者何？菩提者不可以身得，不可以心得”，意谓，菩提是不能通过意识见解来获得，因为菩提不存在于五蕴身，菩提也不存在于意识心。

那么，菩提有哪些特质？

此段自“寂灭是菩提，灭诸相故”一句起，全是讲第八识阿赖耶识的本觉性；笔者经过梳理，将这些内容，划分为三组关系、六个方面的内容：

1. 菩提对心行的统摄和了别

“知是菩提，了众生心行故”，菩提不是七个转识，但本识菩提对转识的运作，能够了别互动；而且，菩提也对转识的起灭起到统摄作用。

2. 菩提非意识攀缘境域

“不二是菩提，离意法故”，菩提不二，也即菩提并无二者，意谓菩提远离意法二者，也即远离意法为缘而产生的意识境界。

“不观是菩提，离诸缘故；不行是菩提，无忆念故；断是菩提，舍诸见故；离是菩提，离诸妄想故；障是菩提，障诸愿故；不入是菩提，无贪着故。”意谓，菩提远离尘缘而不作观行，菩提不似意识具有忆念的行蕴，菩提已舍弃而断无意识的见解，菩提更是远离意识的妄想，菩提也没有意识的种种希冀和愿望，菩提不介入不贪着六尘。

“不会是菩提，诸入不会故；不合是菩提，离烦恼习故”，意谓，菩提不与十二入即六根六境相和会。

“无取是菩提，离攀缘故”，菩提毫无意识那般执取和攀缘。

3. 阿赖耶识本来涅槃

“寂灭是菩提，灭诸相故”，“无乱是菩提，常自静故；善寂是菩提，性清净故”。菩提和涅槃，并不相同，二者不可并轨。如果非要说菩提具有涅槃寂灭相，正是说阿赖耶识具有的本来自性清净涅槃。

4. 阿赖耶识难以了知

“无比是菩提，无可喻故”，阿赖耶识与世间一切法均不相同，所以，无法通过世间的现象对之进行譬喻或类比认识。

“微妙是菩提，诸法难知故”，阿赖耶识的别别运作是异常微妙的，用尽诸法也难以知晓，或菩提之诸法难以被证知。

“无处是菩提，无形色故”，阿赖耶识是出世间存在，毫无世间的形色和处所可言。

“假名是菩提，名字空故”，阿赖耶识与世间语言无涉，即便有名，也是假名施设而空。

5. 菩提安住真如法性而无为

“顺是菩提，顺于如故；住是菩提，住法性故；至是菩提，至实际故”，意谓，本有菩提是随顺真如，住于法性，通向实际的。菩提是按照真如而行。

“如化是菩提，无取舍故”，菩提是真如所化，人人本有，不能对菩提有任何的执取或舍弃，这是做不到的。

“无为是菩提，无生住灭故”，菩提无为，不是菩提真的无为，而是指菩提没有生灭变化。

6. 菩提遍于虚空万法

“等是菩提，等虚空故”，“无异是菩提，诸法等故”，意谓，阿赖耶识的本有智慧，是虚空和万法得以存续的依因，这便是指阿赖耶识中本有的无漏有为法的功能德性，并非谓虚空和万法均具有出世间的本觉智慧。

上述六个方面，分别依次序而两两合成三组关系，从而便可有如下三点认识：

(1) 阿赖耶识并非意识心行，它有自己独特的运行系统，且对七转识具有统摄和了别的功能。

(2) 阿赖耶识本来涅槃，是故难以了知。

(3) 阿赖耶识的本觉智慧是遵循法性真如的，虚空万法均因阿赖耶识而有法性真如。

据此，我们对阿赖耶识的运作机理和特殊性，便有了“菩提”意义上的深入认识。

业因与果报的联系，正是通过唯识的八识得以联构和达成的。由第八识所具有的功能，而对既往任何善恶的三业（无记性业除外），作了捕获、影录、凝聚、储藏，以及选择性地导出匹配于外缘的业因，从而才有与此业因对应的果报出现。

此中具体的作用机理，涉及末那识遍计所执性的诸种功能发用，涉及阿赖耶识的持种、受熏、现行以及含藏的无漏有为法的种种功能德性，涉及唯识八识之间关联互动的复杂作用。于是，对业因轻重的甄别和抉择，以及接受外在因缘的激发，等等，便得以成就。这便是第八识阿赖耶识的运作机理。

诚然，这已属于哲学上的先验范畴。

但是，先验的范畴，并非仅限于哲学的，与数学也直接相关，数学上那些不需要经验世界来检验的主观思想，那些只是在心灵世界进行自洽的自我演绎的数学建构，也同样可以视为先验范畴。数学不限于在物理世界展开和获得验证，那些在精神世界的方程逻辑的推衍体系，涉及超时空的存在，也可视为一种先验范畴；在佛教看来，这是一种出世间的自在存在。

在现象界，就认识而言，因果关系是一种受制于认识主体的主观认识活动。尽管就科学而言，或就自以为能够达到科学的认识而言，似乎展示出了客观性，但是，这种客观性，至多是因为这种所谓客观性的认识符合人类认识机能的自洽性而被确立的，就终极意义的追问而言，其客观性并没有保障。所以，瑜伽唯识学才将之归置于识，识既是了别、认识活动的机制，也导出一切所有的终极本体性存在，这便是阿赖耶识所具菩提的意义。

（三）胜义无因果与拔无因果之罪

唯识实相层面的因果，具有复杂性；所以，佛指出，在胜义谛上，不可说有因果差别，《大般若波罗蜜多经》载：

> 具寿善现复白佛言："若色等法与真法界、真如、实际无有异者，云何世尊施设黑业有黑异熟，谓感地狱、傍生、鬼界？施设白业有白异熟，谓感人、天？施设黑白业有黑白异熟，谓感一分傍生、鬼界及一分人？施设非黑非白业有非黑非白异熟，谓感预流、一来、不

还、阿罗汉果、独觉菩提、诸佛无上正等菩提？”

佛告善现：“我依世俗，施设如是因果差别，不依胜义；以胜义中，不可说有因果差别。所以者何？胜义谛理，诸法性相，不可分别，无说无示，如何当有因果差别？”①

但是，经典也指出，若是拨无因果，则断善根，《大乘大集地藏十轮经》指出：

拨无因果，断灭善根，往诸恶趣。②

《佛说观无量寿佛经》还强调，深信因果便是“净业”：

发菩提心，深信因果，读诵大乘，劝进行者，如此三事，名为净业。③

因果问题的复杂性，使因果处于非有与非无之间，此即《大宝积经》所云“非因果，非不因果”：

一切业缘，皆住实际，不来不去，非因果，非不因果。何以故？法界无边，无前无后故。④

《佛说仁王般若波罗蜜经》亦有“非因非果，非不因果”之说：

一切众生无生无灭，无缚解，非因非果，非不因果，烦恼我人，知见受者我所者，一切苦受行空故。一切法集，幻化五阴，无合无散，法同法性，寂然空故。⑤

---

① 《大般若波罗蜜多经》卷四百七十一《76 众德相品》，《大正藏》第 7 册，第 383 页上。

② 《大乘大集地藏十轮经》卷七《5 忏悔品》，《大正藏》第 13 册，第 757 页下。

③ 《佛说观无量寿佛经》卷一，《大正藏》第 12 册，第 341 页下。

④ 《大宝积经》卷一百一十六，《大正藏》第 11 册，第 652 页下。

⑤ 《佛说仁王般若波罗蜜经》卷一《3 菩萨教化品》，《大正藏》第 8 册，第 828 页上。

《显扬圣教论》甚至将“一切有情业报不可思议”视为六种“不可思议事”之一：

> 不可思议理趣者，略有六种不可思议事：一、我不可思议。二、有情不可思议。三、世间不可思议。四、一切有情业报不可思议。五、证静虑者及静虑境界不可思议。六、诸佛及诸佛境界不可思议。①

不可思议之谓，似乎正道出了众生因果报应的复杂性。

（四）我与无我：阿赖耶识的非断非常

因果问题，还涉及“我”与“无我”。

佛教提倡五蕴、十二处、十八界之无常、苦、空、“无我”思想，但是，如此又如何能与“我”、与业力的持存不失，相互兼容而不矛盾？

前世造业者与后世受报者之间，是如何能够在“无我”、无常、空的前提下而确保轮回主体“我”的连贯性和统一性？乃至菩萨道修行过程中，因地修证与果地成就无上正等正觉，是如何可能获得前后一致的？

此中探讨的问题，虽然涉及大乘佛教和小乘佛教方方面面的重要议题。但是，在瑜伽唯识学看来，此中关键点，实质上聚焦于对阿赖耶识非断非常的阐释上。

《成唯识论》卷三对阿赖耶识的非断与非常，展开了论证：

> 阿赖耶识为断为常？
>
> 非断非常，以恒转故。
>
> 恒谓此识无始时来，一类相续，常无间断。是界、趣、生施设本故；性坚持种，令不失故。
>
> 转谓此识无始时来，念念生灭，前后变异，因灭果生，非常一

① 《显扬圣教论》卷六《2 摄净义品》，《大正藏》第 31 册，第 510 页下。

故，可为转识熏成种故。

恒言遮断，转表非常。

犹如瀑流，因果法尔。如瀑流水，非断非常，相续长时，有所漂溺；此识亦尔，从无始来，生灭相续，非常非断，漂溺有情，令不出离。

又如瀑流，虽风等击，起诸波浪，而流不断；此识亦尔，虽遇众缘，起眼识等，而恒相续。

又如瀑流，漂水下上，鱼草等物，随流不舍；此识亦尔，与内习气、外触等法，恒相随转。

如是法喻，意显此识，无始因果，非断常义。谓此识性，无始时来，刹那刹那，果生因灭，果生故非断，因灭故非常，非断非常是缘起理。故说此识，恒转如流。①

如果阿赖耶识是恒常不变异的，此便与无常、苦、空、“无我”相互矛盾；而如果阿赖耶识是会断灭的，则业力的持存便无以实现，轮回主体也无法保证前后一致，从而便使因果律则毁坏而荡然无存，乃至菩萨道修行与最终成佛也无法取得对应统一的有效性。

只要阿赖耶识非断非常，断常不二，那么，以上问题，便迎刃而解。

“非断”即是“恒”，表明了第八识持种不失，从而确保了不断轮回的过程中虽呈现为各各不同的五蕴身，但是，本质种子的一类相续不变，便确保了前世与后世的统一性。

“非常”即是“转”，表明了第八识，念念生灭，而且，本识无始以来，便总有因消失、果生起，从而前后变异。

第八识的每一刹那，都是恒新的。因为每一刹那，都有果生起，从而使此识不间断，此即非断；而且每一刹那，都有因消失，从而使此识并非始终不变，此即非常。

因果律通过“恒”与“转”，即因灭果生，而得以表现出来，此即本识与转识互为因果。而且，第八识与种子，与五遍行心所，总是恒相随转的。这便揭示出阿赖耶识在因果具体运作上的基本模式。

① 《成唯识论》卷三，《大正藏》第31册，第12页中—下。

五　结　语

经过上文探讨，从佛教瑜伽唯识的视角，本文可对经验世界的因果，作出进一步的思考、抉择和界定，认为可有三种因果存在：

其一，是满足经验世界这种影像的自洽性而展现出来的根本性结构性因果关系。这是在经验世界的层面，呈现出来的一种机制性或框架性因果关系。这种因果关系，哲学上有某些学说触及；科学上工具理性的边界，往往也隐藏着这种界面，而此界面之下所裹藏的往往就是这种因果真理。而佛教唯识思想也对此进行了规范性界定和观照。依此建构性而呈现递减的因果关系，便包括诸种人类自身出于常识，出于各种科学观念、哲学观念、宗教观念（不包含佛教）或认识局限，而自以为是的所谓因果关联。这种自以为是的因果，以结构性因果为前提。

其二，是数学、物理学、逻辑学上，纯粹属于原理、规律或思维的因果关系。这是经验世界中最高层次的因果关系，但是，人类往往在此中陷入迷失。在佛教道种智上，这也是一种被纳入考虑的存在于经验世界的因果关系，但只有在熟习大藏经具备系统知见或获得见道位的功德后才能对此了然。而佛教中最为深奥的因果，却不是存在于经验世界的，于是，并不能列入此三种之中探讨，但已然在本文的上述探索中进行了某些层面的揭示。

其三，是根据佛教原理而学会或习得的一种世间智慧，也即遵循佛教的因果报应思想而规范自身，确立系列伦理价值观。这种因果关系，通常被视为是最具佛教色彩的，但是，以上第二种之道种智所含藏的世间和出世间因果才是佛教因果的根本。伦理的或轮回的因果，虽然属于佛教的重要内容，但是，相对于实相因果而言，至多只是一种表相相关；而这种表相，却是需要唯识实相作为其内在核心的支持才能得以实现。此中蕴含着难以述说的深刻理则，这也是以上佛教因果探讨过程中呈现出复杂性的部分原因所在。

佛国净土与因果

——以《维摩诘经·佛国品》的注疏诠释为中心

杨祖荣

【提要】《维摩诘经》中净土思想与因果有密切的联系，在注疏中，净土思想的诠释，因果也扮演了重要的角色。无论是关中旧疏中罗什、僧肇和道生对其中净土行的强调，还是窥基以唯识义对净土理论的建构，虽然其所持思想、立场略有不同，但都有明显的“因果”链。关中旧疏一脉的理解可归纳为：直心固信发迹造行（净土行）众生净佛土净；窥基的理解则是：修智（因行）识净（内）佛土净（外感众生及器世间国土净）。这既体现了因果作为诠释的框架对净土思想的阐释，也反映出两家在诠释思想和风格上的特色。

【关键词】《维摩诘经》　佛国净土　因果

【作者简介】杨祖荣，北京大学宗教学系博士。810129559@ qq. com

《维摩诘经》(*Vimalakīrtinirdeśa*)是一部广为流传的大乘佛教经典，通俗简洁，思想丰富。其中，“净土”（Buddhakṣetra）是经中的重要话题之一，“随其心净则佛土净”（yādṛśī bodhisatvasya cittapariśuddhis tādṛśī buddhakṣetrapariśuddhiḥ saṃbhavati）的言句，也成为人们描述《维摩诘经》净土思想的流行语。《维摩诘经》中对“净土”思想的讨论有很多，最集中且最有代表性的论述是《佛国品》。对于《维摩诘经·佛国品》的考察，能更好地理解该经地净土思想意蕴。

因果思想是佛教的重要理论之一，在佛教思想形成前以及佛教思想形成与发展的过程中，都有不少关于因果关系的讨论，佛教也在批判和融汇中形成了自己独特的因果思想和观念。

在《维摩诘经》的注疏中，经中净土思想与“因果”有较密切的联系：一方面，净土作为修行解脱体系的一环，处于佛教的因果框架之中，虽偏于果位功德，但其实现之修行也暗含了因行的意味；另一方面，因果作为说明事物关系的基本理论，具有诠释的维度，以因果来分析净土，也是净土的内在之意。

有鉴于此，本文希望通过《维摩诘经·佛国品》的梵汉文本及相关注疏的分析，来探讨经典与注疏中净土思想与因果的关联。因篇幅所限，本文所分析的注疏仅限于关中旧疏（《注维摩诘经》）和窥基的《说无垢称经疏》。关中旧疏涵盖罗什、僧肇与道生的注释，能较完整地呈现该经被罗什译介时的理解；《说无垢称经疏》为窥基所作，以玄奘翻译的《说无垢称经》为注疏所本，这也是目前保留的唯一以玄奘译本为本的注疏，有重要价值。总的来说，这两份注疏能较好地反映《维摩诘经》两位不同译者的思想，并且因两位译者所处思想立场之不同而有极大代表性。

一 净土相还是净土行?

《佛国品》是《维摩诘经》的第一品，其对应梵文 *Buddhakṣetrapariśuddhinidānaparivartaḥ*，即“佛土清净缘起品”。在该品中，离车族童子宝积（Ratnākara）偕同五百长者子（kumāra）前来，以宝盖供养世尊，聆听佛法。世尊以神力现大宝盖，遍覆三千大千世界。宝积说偈颂赞，而后祈请世尊：

【梵本】tāni cemāni buddhakṣetrapariśuddhiṃ paripṛcchanti katamā bodhisatvānāṃ buddhakṣetrapariśuddhir iti ǀ tat sādhu bhagavan deśayatu tathāgato' mīṣāṃ bodhisatvānāṃ buddhakṣetrapari-śuddhim ǀ ①

【今译】他们（五百长者子）询问清净佛土：何谓菩萨的清净佛

① ［日］大正大学综合佛教研究所梵语佛典研究会：《梵文维摩经：ポタラ宮所蔵写本に基づく校订》（Vimalakīrtinirdeśa：A Sanskrit Edition Based upon the Manuscript Newly Found at the Potala Palace），大正大学出版会 2006 年版，第 8 页。

土呢？善哉世尊，敬请如来宣示那些菩萨的清净佛土。

【支译】愿闻得佛国土清净，佛惟解说如来佛国清净之行。[①]

【什译】愿闻得佛国土清净，唯愿世尊说诸菩萨净土之行。[②]

【奘译】彼咸问我严净佛土，惟愿如来哀愍，为说净佛土相。云何菩萨修净佛土？[③]

支谦、罗什所译大体一致，突出了菩萨清净佛土之“行”，侧重于修行层面；玄奘的译文则将“菩萨的清净佛土”分作“相”“修”两个层面。若以梵本来看，原文只说“何谓菩萨的清净佛土”，似侧重于其相状。罗什在解释“诸菩萨净土之行”时也说：“梵本云‘清净之相’，下言众生是佛土，则是其相兆于今，故事应于后。”[④] 罗什虽译作“净土之行”，但他也明确说：“宝积所问净土之相，故以净相答之。”在罗什看来，“净相即净土因缘”，即成就净土之因，这就与“行”相挂钩了。僧肇说：“土之所以净，岂校饰之所能净之，必由行，故请说行也。”[⑤] 换言之，在罗什看来，所谓净土之相即净土之因，而僧肇认为净土之因即净土之行，因为由行才能成就净土。就玄奘译文来看，窥基在《说无垢称经疏》中说：“旧经愿闻净土行，问唯问因，不问土相。”[⑥] 可见，他认为玄奘译文“相”“修”兼顾，而罗什等旧译则并未体现“相”的层面。

总的来说，虽然梵本《维摩诘经》与其译文中对经中世尊宣说的净土义有净土行、净土相上的差别，但事实上各本都体现了“相”“行”兼顾．“相”与“行”不可分离的特点。窥基虽批评旧译重行不重相，毋宁说罗什认为“相”“行”一体，净土相即净土行，净土行即净土因，以净土之因行得净土之果德。在这里，因果作为净土诠释的框架与理论已渐露端倪。

---

① （吴）支谦译：《佛说维摩诘经》卷上，《大正藏》第14册，第520页上。

② （姚秦）鸠摩罗什译：《维摩诘所说经》卷上，《大正藏》第14册，第538页上。

③ （唐）玄奘译：《说无垢称经》卷一，《大正藏》第14册，第559页上。

④ （东晋）僧肇等：《注维摩诘经》，《大正藏》第38册，第334页中。

⑤ 同上。

⑥ （唐）窥基：《说无垢称经疏》，《大正藏》第38册，第1023页上。

就宝积之所问，世尊开始“菩萨的清净佛土”的说法，其说法可分为三个部分：(1) 众生土是菩萨的佛土及其原因；(2) 净土行：……是菩萨净土，菩萨成佛时，……来生其国；菩萨随其……，则……；(3) 舍利弗生疑与螺髻梵王和世尊为舍利弗解疑。以下逐一讨论。

二　众生土是菩萨的佛土

就 (1) 来看，梵本作：satvakṣetraṃ kulaputra bodhisatvasya buddhakṣetram[①](buddhakṣetram 缺失，依藏文本而补)，即善男子，众生土是菩萨的佛土。支谦、罗什和玄奘分别译作：“蚑行喘息人物之土，则是菩萨佛国”[②]；“众生之类是菩萨佛土”[③]；“诸有情土是为菩萨严净佛土”[④]。窥基在《说无垢称经疏》中说：“旧云‘众生之类是菩萨佛土’，文义不同。严净当来成佛之土，名净佛土，非菩萨时已名佛土。”[⑤] 窥基认为“严净”二字为动词，菩萨只能把众生土当作将来的佛土来严净。但梵本并无“严净”，而玄奘其他翻译成“严净”的地方所对应的是pariśuddhi，即清净，是对净土的形容而非动词。因此，窥基对旧译的批评当不成立。

问题在于，“众生土是菩萨的佛土”中“是”何以可能？梵本《维摩诘经》中列有四句，可视作原因的阐述：yāvantaṃ bodhisatvaḥ satveṣūpacayaṃ karoti tāvad buddhakṣetraṃ parigṛhṇāti | yādṛśaḥ satvānāṃ vinayo bhavati tādṛśaṃ buddhakṣetraṃ parigṛhnāti | yādṛśena buddhakṣetrāvatāreṇa satvā buddhajñānam avataranti tādṛśaṃ buddhakṣetraṃ parigṛhnāti | yādṛśena buddhakṣetrāvatāreṇa satvānām āryākārāṇīndriyāṇy utpadyante tādṛśaṃ

---

① ［日］大正大学综合佛教研究所梵语佛典研究会：《梵文维摩经：ポタラ宫所藏写本に基づく校订》(Vimalakīrtinirdeśa: A Sanskrit Edition Based upon the Manuscript Newly Found at the Potala Palace)，大正大学出版会 2006 年版，第 9 页。

② (吴) 支谦译：《佛说维摩诘经》，《大正藏》第 14 册，第 520 页上。

③ (姚秦) 鸠摩罗什译：《维摩诘所说经》，《大正藏》第 14 册，第 538 页上。

④ (唐) 玄奘译：《说无垢称经》，《大正藏》第 14 册，第 559 页上。

⑤ (唐) 窥基：《说无垢称经疏》，《大正藏》第 38 册，第 1023 页中。

buddhakṣetraṃ parigṛhṇāti｜[①]，即菩萨在众生中怎样帮助，就摄取这样的佛土；随众生怎样的调伏，就摄取这样的佛土；随众生以怎样趣入佛土而通达佛智，就摄取这样的佛土；随众生以怎样趣入佛土，产生圣洁的诸根，就摄取这样的佛土。

罗什、玄奘的翻译在内容上与此大体一致，只不过玄奘多了“随诸有情发起种种清净功德，即便摄受严净佛土”[②]，窥基认为，可以将其与“一切菩萨随诸有情增长饶益，即便摄受严净佛土”[③] 合并。

而后，世尊说，菩萨的佛土皆为众生的利益而产生（satvārthanirjātaṃ hi kulaputra bodhisatvānāṃ buddhakṣetram），并以譬喻加以说明。《维摩诘经》中说：

【梵本】tadyathā ratnākara yādṛśam icched ākāśaṃ māpayituṃ tādṛśaṃ māpayeta na cākāśaṃ śakyate māpayituṃ nāpy alaṃkartum｜evam eva ratnākara ākāśasamān sarvadharmāñ jñātvā｜yādṛśam icched bodhisatvaḥ satvaparipākāya buddhakṣetraṃ māpayituṃ tādṛśaṃ buddhakṣetraṃ māpayati na ca buddhakṣetrākāśatā śakyaṃ māpayituṃ nāpy alaṃkartum｜[④]

【今译】宝积，譬如有人想要建造怎样的虚空，他就这样建造，但虚空不能被建造，也不能被装饰；宝积，同样的，已知一切法如同虚空，菩萨想要建造怎样的佛土来成熟众生，就建造这样的佛土，但佛土虚空，不能被建造，也不能被装饰。

【支谦】譬如有人欲处空中造立宫室，终不能成。如是，童子，

① ［日］大正大学综合佛教研究所梵语佛典研究会：《梵文维摩经：ポタラ宫所藏写本に基づく校订》（Vimalakīrtinirdeśa：A Sanskrit Edition Based upon the Manuscript Newly Found at the Potala Palace），大正大学出版会2006年版，第9页。

② （唐）玄奘译：《说无垢称经》，《大正藏》第14册，第559页上。

③ 同上。

④ ［日］大正大学综合佛教研究所梵语佛典研究会：《梵文维摩经：ポタラ宫所藏写本に基づく校订》（Vimalakīrtinirdeśa：A Sanskrit Edition Based upon the Manuscript Newly Found at the Potala Palace），大正大学出版会2006年版，第9页。

菩萨欲度人民，故愿取佛国，愿取佛国者，非于空也。①

【罗什】诸善男子！譬如有人欲于空地造立宫室，或复庄严，随意无碍，若于虚空，终不能成。菩萨如是知一切法皆如虚空，惟为有情增长饶益，生净功德，即便摄受如是佛土，摄受如是净佛土者，非于空也。②

【玄奘】譬如有人欲于空地造立宫室，随意无碍，若于虚空，终不能成。菩萨如是为成就众生故，愿取佛国，愿取佛国者，非于空也。③

这段譬喻是想表明佛土如虚空，实无法被建造和被装饰，只能为众生利益而产生。但支谦、罗什和玄奘等人的翻译在文辞上有许多不同。支谦以虚空不可造立宫室，譬喻不可于空中取佛土，罗什、玄奘在保留这层含义的同时，增加了于空地可造立宫室，随意无碍的信息，与虚空不可造立宫室，形成对比。此外，罗什的翻译有“知一切法皆如虚空”，与梵本一致，但支谦和玄奘译本中却没有这点。

由上述经文的分析，可知经中通过“众生土是菩萨的佛土”及其原因与譬喻的说明，将众生土与菩萨的佛土置于一定的因果链中，菩萨有怎样的佛土取决于众生。关中旧疏与窥基也围绕这一点展开解释。

如上文所述，《注维摩诘经》中罗什以“净土之行”相译，僧肇以土净必由行来解释何以重行的原因。他们着重对“行”的阐发，即是对净土因位诸行的强调。在上文中，罗什认为净土相与行是一体的，净土行即净土相。在这里他进一步明确净土相即净土因缘，这一因缘包括菩萨功德、众生与众生功德三个方面。此三者既净，则可得净土。所以，所谓“众生之类是菩萨的佛土”，其实是“因中说果”。就经中所说“众生之类是菩萨的佛土”的原因而言，罗什将其进一步深化，认为：A 随所化众生有“化人多少”和“以何法化”两种可能；B 菩萨调伏众生是令其弃恶行善，弃恶行善的程度决定了其取佛土的程度；C 入佛慧、起菩提根只

① （吴）支谦译：《佛说维摩诘经》，《大正藏》第 14 册，第 520 页上。

② （姚秦）鸠摩罗什译：《维摩诘所说经》，《大正藏》第 14 册，第 538 页上。

③ （唐）玄奘译：《说无垢称经》，《大正藏》第 14 册，第 559 页上。

不过是众生将来受化之深浅不同，而深浅的程度则是依据众生来世之心。最后罗什强调，菩萨为饶益众生而去佛土，是依据众生，从物制宜。总的来看，罗什认为，菩萨为了众生利益而取佛土是因中说果，就因而言，应以三因（菩萨功德、众生、众生功德）来成其国。

僧肇的理解与罗什大体一致，但有所补充和深化，尤其是对“净土”的描述，延续了罗什“从物制宜”的策略，强调“随其所应而取”。在僧肇看来，如来所修之净土是如来土、真土，“无方”“无定”，但因众生业行不同、报应不一，故虽同视而异见，而净土也应众生之不同而有不同，于净者则以宝玉之美，于秽者则以砂砾之恶。此外，僧肇的注释中也体现了对位次等级的区分，如“七住以上得无生慧”，“六住以下菩提心”等，又如二乘“不因众生故无净土”。

道生的解释则略有不同，他从“行致净土”出发，以国土疆域为喻，着重阐明“致”意，认为唯有“自无造国，又不在彼疆”才能成就众生。道生的解释对经文前后的关联性也有极大的说明，如“众生之类是菩萨佛土”的四点原因，在道生看来则是本随于化、随化从解、入佛智慧和明其深大的层次。

窥基《说无垢称经疏》以玄奘所译为本，从“相”“行”两方面来诠释，此处则归于“相”。窥基在对净土相的诠释中，有三点值得注意：第一，对于“土”的细分，以及根本与方便的分判，窥基认为凡土分有情世间和器世间，圣土分菩萨与宝方，凡土与圣土相合假名为土，在根本上器世间等土无法变为净土，但在方便层面则能令有情众生出世而将秽土变为宝方；第二，窥基的注释也注重因果层面的分析，他将“诸有情土是为菩萨严净佛土”的原因分为五重，其中第三重以菩萨妙行而息恶，后二重则以佛慧为果，以菩提根为因，表随众生而获善；第三，窥基的注释有唯识的明显痕迹，如以三自性来说明除菩萨外众生不可执无二摄受佛土等。

无论是罗什的“因中说果”还是僧肇的“随其所应而取”，无论是道生的“行致净土”还是窥基以因果对“诸有情土是为菩萨严净佛土”的阐发，都是将众生土作为因，菩萨土作为果。虽然上文有对“行”的强调，“众生土是菩萨的佛土”所给出的四点原因也有因行的意味，但并没有详细列举众行，也没有陈列其辗转次第。

三　净土众行

（2）中包含两个方面：A……是菩萨净土，菩萨成佛时，……来生其国；B 菩萨随其……，则……

就 A 而言，世尊宣说佛土义，列举众行之土为菩萨之佛土，招引不同的有情来生相应的菩萨的佛土。包括直心（āśayakṣetra）、深心（adhyāśayakṣetra）、菩提心（udāra - bodhicittotpāda）、六度（ṣaḍpāramitā）、四无量（catvāry apramāṇāni）、四摄事（catvāri saṃgrahavastūni）等，其中梵文本和玄奘译本列十八项，支谦和罗什译本列十七项。如表一所示。

表一

梵　本	现代语译	支译本	什译本	奘译本
Āśayakṣetra、	意愿土、	无求、	直心、	发起无上菩提心土、
Adhyāśayakṣetra、	增上意愿土。	善性、	深心、	
Prayogakṣetra、	加行土、			纯意乐土、
Udāra - bodhicittotpāda、	产生广大菩提心、	弘其道意、	菩提心、	善加行土、上意乐土、
Dānakṣetra、	布施土、	布施、	布施、	修布施土、
Śīlakṣetra、	净戒土、	持戒、	持戒、	修净戒土、
Kṣāntikṣetra、	忍辱土、	忍辱、	忍辱、	修安忍土、
Vīryakṣetra、	精进土、	精进、	精进、	修精进土、
Dhyānakṣetra、	禅定土、	禅思、	禅定、	修静虑土、
Prajñākṣetra、	智慧土、	智慧、	智慧、	修般若土、
Catvāry apramāṇāni、	四无量、	行四等心、	四无量心、	四无量土、
Catvāri saṃgrahavastūni、	四摄事、	行四恩、	四摄法、	四摄事土、
Upāyakauśalya、	方便善巧、	行善权方便、	方便、	巧方便土、
Saptatriṃśadbodhipakṣā dharmāḥ、	三十七道品法、	行三十七道品之法、	三十七道品、	修三十七菩提分土、
Pariṇāmanācitta、	回向心、	分流法化、	回向心、	修回向土、
Aṣṭākṣaṇapraśamadeśanāḥ、	宣说平息八难、	说除八难、	说除八难、	善说息除八无暇土、
Svayaṃ śikṣāpadeṣu vartamānāparāpattyacodanatāḥ、	自身净戒于学处，不怂恿他人犯罪、	自觉不讥彼受、	自守戒行不讥彼阙、	自守戒行不讥彼土、
Daśakuśalakarmapathapariśuddhi	十善业道极清净	净修十善之行	十善	十善业道极清净土

随后又以 yāvantaḥ …… tāvantaḥ ……和 yādṛśī …… tādṛśī ……的句式，表达净土众行的次第。如表二所示：

表二

梵文本	现代语译	支译本	什译本	奘译本
Prayoga	加行、	应此行、	直心、	发菩提心、
Āśaya、	意愿、	名誉、	发行、	纯净意乐、
Adhyāśaya、	增上意愿、	善处、	深心、	妙善加行、
Nidhyapti、	深思、	受其福、		增上意乐、
Pratipatti、	正行、		意调伏、	止息、
			如说行、	发起、
Pariṇāmana、	回向、	分德、	回向、	回向、
Upāya、	方便、	善权、	方便、	寂静、
Kṣetrapariśuddhi、	清净土、	佛国净、	成就众生、	清净有情、
Satvapariśuddhi、	清净有情、	人物净、	佛土净、	严净佛土、
Jñānapariśuddhi、	清净智、	净智、		
Deśanāpariśuddhi、	清净宣说、	净教、	说法净、	清净法教、
				清净妙福、
				清净妙慧、
Jñānapratipattipariśuddhi、	清净智行、	受清净	智慧净、	清净妙智、
Svacittapariśuddhi	清净自心			清净妙行、
			心净、	清净自心、
			一切功德净	清净诸妙功德

上示二表之净土众行，在各本中的内容和次序略有不同。笔者曾在《次序与诠释：〈维摩诘经〉及其注疏中的三心概念》一文中，考察了直心、深心和菩提心等净土众行的次序关系，认为各本次序的不同，或由其所据原本的不同，但也受其个人理解的影响。

比如，表一中，玄奘译本“发起无上菩提心土”置于首位，“善加行土”置于“纯意乐土”与“上意乐土”之间，而梵本中则按意愿土（āśayakṣetra）、增上意愿土（adhyāśayakṣetra）、加行土（prayogakṣetra）、产生广大菩提心（udāra - bodhicittotpāda）的顺序，这一顺序的不同就很可能受玄奘自身理解的影响。表一所对应的经文中，藏译本的顺序为意乐（bsam pa）、增上意乐（lhag pa'i bsam pa）、加行（sbyor ba）、发菩提萨埵心（byang chub sems dpa'i sems bskyed pa），而在表二对应的经文中，则以发菩提心冠首，加行置于意乐和增上意乐中间，与奘译本较为一致。奘译本与藏译本之间的差异较小，为什么会出现这种不同呢？玄奘很可能是受表二中次序或自己思想的影响而在表一的翻译中调整了次序，尤其是发菩提心的位置。从经文来看，表一所列众行无次第关系（但部分注疏认为表一中的部分项也有一定的次序）而表二中有，表二中玄奘所译前四项的顺序与表一中一致。窥基也认为，表二所列十七项可分为两部分，"初之八转，牒上十八番行之次第展转相"①。这就表明从"发菩提心"至"寂静"是有一定的次第辗转的，并且这一次第与前段引文相应。

无论是《注维摩诘经》还是《说无垢称经疏》，净土众行都被认为是"众生土是菩萨的佛土"的"因"。在窥基看来，"严净土行"的提出是为了说明"严净因"，"严净因"中又包含具体的"严因"以及"土因所为利益"。僧肇的看法更直接，他认为净土众行是"因中说果"，它与前述经文有内在的逻辑关系："夫土之净者，必由众生，众生之净，必因众行"，"夫行净则众生净，众生净则佛土净，此必然之数，不可差也"②。

作为"因"的净土行在经中列有多种，诸行次第关系着由净土行到净土的因果链，成为《注维摩诘经》和《说无垢称经疏》在注疏时的重要话题之一。

就关中旧疏来看，罗什认为直心、深心和菩提心是受化者之心，以诚实为始，次第深入，而后受化者依据一定的修行来生相应的佛土。随后，他又阐明净土众行的次第，推导出"有这样的清净心就有这样的清净佛土"（罗什译：随其心净则佛土净）：

> 什曰：直心以诚心信佛法也。信心既立，则能发行众善；众善既积，其心转深；转深则不随众恶，弃恶从善，是名调伏；心既调伏，则遇善斯行；遇善斯行，则难行能行；难行能行，故能如所说行；如

① （唐）窥基：《说无垢称经疏》，《大正藏》第38册，第1026页中。

② （东晋）僧肇等：《注维摩诘经》，《大正藏》第38册，第335页中。

所说行，则万善兼具；万善兼具，故能回向佛道；向而弥进，是方便力也。方便大要有三：一善于自行而不取相、二不取证、三善化众生。具此三已，则能成就众生；成就众生，则三因具足；三因具足，则得净土；土既清净，则众生纯净；众生纯净，则不说杂教，故言说清净。受法则具下三净，具下三净，则与化主同德，故曰一切净也。[①]

僧肇也继承了罗什的观点，他说："三心是始学之次行。夫欲弘大道，要先直其心，心既真直，然后入行能深，入行既深，则能广运无涯，此三心之次也。"[②] 而后又举二譬喻说明净土众行的递进，如"譬犹植栽丝发其茂百围也"，"净土盖是心之影响耳。夫欲响顺，必和其声，欲影端必正其形，此报应之定数也"。

此外，罗什曾区分了行善与报生善，众生来生佛土是报生善，僧肇与此一致区分行善与报善，认为"诸众生所习皆报善也"。行善与报善的区分，也是以因果诠释净土的体现。

罗什受化者依修行来生相应佛土之说，在僧肇与道生处演化为"因果说"：僧肇强调菩萨的重要性，认为菩萨化彼同已，所以能令众生聚集、果报相连而来生佛土；道生强调从众生入手，众生昔有受菩萨教化之因，故今有来生佛土之果。窥基则在"因果说"外提出"内因—外感"的机制，认为菩萨以发心严净佛土为内因，能外感有情众生来生相应的佛土。前者是其因，后者显其果，所以窥基说："初皆出因行，后皆显得果。"

---

① （东晋）僧肇等：《注维摩诘经》，《大正藏》第38册，第337页上。

② 同上书，第335页下。

6 世纪前《法华经》因果思想初探
——前“智者时代”的争鸣

释慧正

【提要】《法华经》通篇并无“因果”二字连用之例，但其“低头合掌，皆成佛道”的因果思想却为众所公认。随着《法华经》在中国的弘传，以及汉传佛教宗派的发展，到公元 6 世纪，五位中印高僧对《法华经》因果观的诠释独有特色：一是天亲菩萨论“因果十事”，明成就之德；二是道生大师阐“善不受报论”，启体用之辨；三是光宅法云述“因果人教四一理”，发大乘实相之理；四是慧思大师唱“圆顿因果观”，助修法华三昧；五是嘉祥吉藏说“非因非果”，辩“无所得”为体，以助观修。他们在因果方面诠释《法华经》的争鸣，可归纳为“论功德、辨体用、识实相、助观行、明性修”的发展趋势，为“智者时代”的来临做好了思想的奠基。

【关键词】《法华经》　因果　天亲　道生　法云　慧思　吉藏

【作者简介】释慧正，南京大学哲学系博士生。3094969295@ qq. com

前　言

半个世纪前，演培法师曾说：“整个佛法所讲的不出‘因果’两字，因果是可贯通全部佛法的。”①而且，从信仰的角度说，如果一个人要皈依佛教，对因果的相信是首要的前提条件。藏族学者阿忠荣认为佛教因果观具有三大特质：（1）因果不虚之理；（2）因果可转之理；（3）因果性空

---

① 演培法师：《佛法的因果论》（1964 年 10 月 21 日讲于新加坡南洋大学），李玉钻记，网址：http：//www. ptsfjw. com/pts/fsjj/fs017. htm。

之理。[①]这是从总的方面对佛教的因果思想进行了归纳。

佛典中关于因果的教证、理证、事证的材料也很多。大藏经中直接以“因果”为题的经典有二经一颂，一经为早在刘宋时期由求那跋陀罗所译而传入中土，讲述佛陀本行的《过去现在因果经》[②]；二经为讲述世间美丑强弱、贫富贵贱之因果的疑经《善恶因果经》[③]；一颂为唐代阇那多迦所译《十六罗汉因果识见颂》，如范仲淹序云：“乃十六国大阿罗汉为摩拏罗多等，诵佛说因果识见、悟本成佛大法之颂；一尊七颂，总一百一十二颂，皆直指死生之源，深陈心性之法。”[④]

佛典中还有《百业经》《贤愚经》《得度因缘经》《地藏经》《涅槃经》等，都是最通行的关于因果的重要教典。《百业经》曾由梵文译成汉语但佚失，现由西藏的索达吉堪布由藏文译成汉语，共一百多个公案，涉及比丘、比丘尼、沙弥、沙弥尼、优婆塞、优婆夷、仙人、国王、大臣、婆罗门、施主、居民、妓女、猎人等人物，形象地阐明了善恶之因必感善恶之果的真谛。《贤愚经》[⑤]则是元魏时期在高昌所译，译者慧觉、威德等八人，曾西行求经至于阗（今新疆和田）大寺，遇见当地五年一次举行的般遮于瑟会。会中长老各讲经律，他们八人分别听了记录下来，译成汉文，于公元445年回到高昌，综集成为这一部经，共13卷69品，每品各包含一段长短不同的因缘故事，还层迭地引出几段因缘，而与本经各品相同或类似的因缘，也有时见于汉译各经律中；这部集录经过流沙，送到凉州，凉州名僧慧朗为它题名《贤愚经》，以后由凉州传入建业（今南京）。《地藏经》[⑥]为唐代实叉难陀所译，讲述的是释迦牟尼佛上升忉利天宫，为其生母摩耶夫人说法之事，介绍各种业因果报和种种地狱相状，说明了众生在生死之际，救拔亲人眷属，使其离苦得乐的种种方法等。《得度因缘经》讲述了建设祇园精舍的给孤独长者之女善无毒的前世今生之因缘，

---

① 阿忠荣：《佛教因果思想要义及现代价值简论》，《青海师范大学学报》（哲学社会科学版）2010年第6期。

② 《过去现在因果经》（4卷），《大正藏》第3册。

③ 《善恶因果经》（1卷），《大正藏》第85册。

④ 《十六大罗汉因果识见颂》（1卷），《大正藏》第2册。

⑤ 《贤愚经》（13卷），《大藏经》第4册。

⑥ 《地藏经》（2卷），《大藏经》第13册。

及其正知、正信引导无数外道皈依佛陀的事迹。《涅槃经》则从“果报”的角度，阐述了佛教修行之最高境界“涅槃”的成就途径与特质，从经中佛言“是生死法，悉有因果，有因果故，不得名之为涅槃也。何以故？涅槃之体，无因果故”可窥见此经殊胜的“超因果”的涅槃理论。

中国佛教的因果思想非常丰富，它“吸收和发展了印度古代《奥义书》中带有宗教伦理色彩的因果观念”①，又在印度和中国的哲学与文化发展中，随着原始佛教、部派佛教、大乘佛教、密教等多个发展阶段，在与其他宗教和思想流派，如婆罗门教、以六师为代表的 96 种外道、印度教、儒家、道家、道教等的共同发展与辩论中，在台、贤、性、相、禅、净、律、密等八大宗派的创建与传承过程中，逐渐丰富并最终形成了一套独特的因果思想，归纳而言，可以说是：基于缘起性空理论，包括了善恶报应理论、四缘理论、六因理论、十因理论、五果理论、三世两重因果理论等，其核心为四谛、十二因缘，以“业报酬引”为机制，可分成“世间”与“解脱”两种因果规律。并由此也相应产生了三十七道品、四摄六度和大乘转依理论等解脱道理论。

一些现代学者对佛教因果与科学因果做了辨析和比较，并尝试做了一些沟通的研究，如李章印教授，他不仅明确提出，“佛教‘因果报应’所描述的是一种生存关系。佛教的因果学说是关于人的生存的，是与人生解脱密不可分的。它与脱离生存本身的科学本来是互不相关的”，还创造性地用海德格尔“缘—由—引发”的生存论因果思想，来证明客观的“因”和“果”之间只有一种机械的或数学的关系，而生存的“因”和“果”之间则有着“报应”关系或“招致—引发”关系，并依此理解《地藏经》中的作为“生存关系”的“杀生”与“宿殃短命报”之间的因果关系②，从哲学的角度来说，是一种有益的探索。

正如演培法师所说：“佛法对于因果法则的肯定，绝不如一般人所想

① 姚卫群：《印度婆罗门教哲学与佛教哲学比较研究》，中国大百科全书出版社 2015 年版，第 31—42 页。亦见姚卫群《佛教与婆罗门教的因果观念比较》，《杭州师范大学学报》（社会科学版）2010 年第 3 期。

② 李章印：《如何理解佛教的因果思想?》，载陈坚主编《闻是佛学研究》，江西人民出版社 2015 年版，第 119—130 页。

象的是迷信，而实是对于人类行为价值的肯定。”①素有“经中之王”美誉的《妙法莲华经》正是一部基于“一佛乘”思想的大乘佛教经典，是汉传佛教中最具影响力的经典之一，其因果思想一直未得足够重视，不能说不是一种遗憾。本文尝试结合《法华经》在中国的弘传史及汉传佛教宗派的发展，选取五位中、印高僧，以他们的论著或学说为基础，分析他们的《法华经》因果观，并予以归纳。

一　天亲菩萨与“因果十事成就”说

素有“千部论师”之美誉的天亲菩萨，出生于古印度犍陀罗国富娄沙富罗（今巴基斯坦的白沙瓦），据说是国师婆罗门憍尸迦第二子，属婆罗门种姓，生卒年一说为 400—480 年，二说为 320—400 年，三说为 380—480 年，约和鸠摩罗什（344—413）属同时代人，陈朝真谛大师（499—569）亲自为其作传。如果说鸠摩罗什是西域佛教的杰出大师，则天亲菩萨堪称印度佛教的卓越代表。

天亲菩萨是古印度大乘佛教瑜伽行派创始人之一，立志改善有部教义，遂入迦湿弥罗国，研究大毗婆沙论。四年后归国，为众讲毗婆沙。其论著与注释之典籍甚多，奠定大乘佛教瑜伽派之基础。著有《俱舍论》《摄大乘论释》《十地经论》《金刚般若波罗蜜经论》《广百论》等四十多种。另据现代学者之考证，著《俱舍论》之世亲与无著之弟世亲，为同名之二人，前者为说一切有部之论师（新世亲），后者为瑜伽行派之论师（古世亲）。②

（一）《妙法莲华经优波提舍》

《法华传记》卷一中，真谛大师曾提到，印度注解《法华》者有 50 余家，龙树菩萨、坚意菩萨都曾造法华论，但未传到中国。③天亲菩萨撰写的《妙法

① 演培法师：《佛法的因果论》，佛历二五〇八年十月二十一日讲于新加坡南洋大学，李玉钻记，网址：http：//www. ptsfjw. com/pts/fsjj/fs017. htm。

② 天亲菩萨，亦名世亲、婆修盘头、婆薮盘豆、筏苏盘豆、筏苏畔徒、婆薮盘头、婆修盘头等。

③ 《法华传记》卷一：“真谛三藏云：西方相传，说法华大教，流演五天竺，造优婆提舍，释其文义五十余家。佛涅槃后五百年终，龙树菩萨造法华论；六百年初，坚意菩萨造释论，并未来此土。”（《大正藏》第 51 册，第 52 页下）

莲华经优波提舍》（以下简称《优波提舍》），是目前所知唯一一部古代印度论师关于《法华经》的论著，在北魏先后两次被翻译成汉文，一次由菩提流支共沙门昙林等译，分两卷；一次由勒那摩提共僧朗等译，仅一卷。比较二者，“文句小异，义意无别”[①]，基本内容无实质差别，只有部分词汇的翻译不同，且均只解释了《法华经》的前三品，两译所依原始论著的底本是同一个的可能性非常大。该论约译于508—535年，距离罗什僧团翻译出《妙法莲华经》后百年左右，但从《优波提舍》中按照“序品、方便品、譬喻品”的名称与分布，及论中所记之经文来看，基本采纳了罗什大师所译之《法华经》，由此有两种可能：一，天亲菩萨造论所依据的《法华经》的本子和罗什大师的一模一样，因此在翻译论著时，也译得一样；或者说在翻译论著的时候，译者菩提流支等人参考了罗什的译本。二，天亲菩萨造论所依据的《法华经》的本子和罗什大师的不一样，但是因为彼时罗什大师的翻译版本已经流行于世，于是在将论著翻译成汉语的时候，译者直接采取了罗什大师的翻译。哪一种更加接近真相，还有待考据。但由论题“妙法莲华经”字样的出现，以及论中“此大乘修多罗有十七种名，显示甚深功德应知”，及“十六名妙法莲华经者”，猜测前者的可能性较大。因为我们一般认为鸠摩罗什大师是第一个使用“妙法莲华经”来翻译经题的人，由此推测，《优波提舍》原文形成的年代可能稍微晚于罗什大师译出的《妙法莲华经》。

（二）不被关注的“因果十事成就”

《大智度论》卷二提出了佛经序品的“六成就”（信成就、闻成就、时成就、主成就、处成就、众成就）[②]，《法华文句记》则认为可以有五成就，或六成就、七成就，“五者如文，合佛及处，六则离佛及处，七则离我与闻”。[③]而《优波提舍》在序品释中，则提出“七种功德成就”。[④]前六

① 《法华经论述记》卷一，《续藏经》第46册，第780页上。

② 《华严经疏》，《大藏经》第35册。

③ 《法华文句记》卷一《释序品》，《大藏经》第34册，第158页下。

④ 《妙法莲华经论优波提舍》卷一《1 序品》：“此法门中初第一品明七种功德成就，何等为七，一者序分成就，二者众成就，三者如来欲说法时至成就，四者所依说法随顺威仪住成就，五者依止说因成就，六者大众现前欲闻法成就，七者文殊师利答成就。”《大藏经》第26册，第10页下。

与“六成就”说法不同，但有相似之处，最后一个成就是“文殊师利答成就”。在大法将宣之前，“佛陀放眉间白毫相光，照东方万八千世界，弥不周遍”之时，弥勒菩萨向文殊菩萨请教瑞相之因。论主在解释为何文殊菩萨会知道这个瑞相之因时，提出，“文殊师利所做成就、因果成就，现见彼法故”，意思是说因为文殊菩萨具有“所做成就”和“因果成就”两种成就，因此能“现见彼法”，了知佛陀“说法之果”的因。论主接着解释说，“所作成就者有二种：一者功德成就，二者智慧成就”，又说：“因成就者，一切智成就故。又复有因，谓缘因故。缘因成就者，众相具足故。果成就者，说大法故。”[①]在同为天亲菩萨造，菩提流支译的《十地经论》中，天亲菩萨也提出了“因成就”，并对十地菩萨的“因成就大”进行了解释：“何者因成就大？偈言慈悲及愿力故。慈者，同与喜乐因果故；悲者，同拔忧苦因果故；愿者，发心期大菩提故。此慈、悲、愿长夜熏修，不同二乘故。”[②]意思是说，慈、悲、愿这三种心行的长期熏修，是菩萨不与二乘共的，也是菩萨“因成就”的殊胜性及力用大的主要体现。

大藏经中，只见吉藏大师和窥基大师对此“因果十事成就”有所讨论。吉藏大师（549—623）作《法华经论疏》[③]，将“因”分为“正因”和“缘因”，“正因”为“一切智”，“缘因”为“众相”，即“动地雨华放光”等众瑞相。吉藏对“十事成就”的解释中，最突出的贡献是将第一因成就“大义因成就”之具体八种与菩萨修行的阶位相结合而提出。[④]

① 《妙法莲华经忧波提舍》卷一《1 序品》：“以文殊师利所作成就、因果成就，现见彼法故。所作成就者，此有二种：一者功德成就，二者智慧成就，因成就者，一切智成就故，又复有因，谓缘因故。缘因成就者，众相具足故，果成就者，说大法故。”《大藏经》第26册，第3页下。

② 《十地经论》卷二：“何者因成就大？偈言慈悲及愿力故，慈者，同与喜乐因果故；悲者，同拔忧苦因果故；愿者，发心期大菩提故，此慈、悲、愿长夜熏修，不同二乘故。”《大藏经》第26册，第134页上。

③ 吉藏大师依据这两部《优波提舍》，专门撰写了《法华论疏》，自陈此疏是他第四次为《法华经》作注解。身为胡人后代的吉藏大师，解读梵文汉译论疏，应当能更加准确地把握和理解论主的原意。吉藏大师比较了罗什译文和流支所译“带论之经”，归纳了五种不同之处，并尝试解释，言辞之间，流露出对罗什和天亲两位大菩萨的无比尊敬。此疏非常“忠实”于原论，除了为其做科判，并在某些言辞晦涩之处做了增补式的说明。

④ 《法华论疏》，《大藏经》第40册，第785页中。

窥基大师（632—682）则在《妙法莲华经玄赞》卷二《序品》中，将文殊菩萨的“所作成就”判为“内德满”，因果成就判为“外德满”，他认为“外因既满，内德复圆，故能知佛亦说妙法果”。[①]

天亲菩萨认为因具宿命智，文殊菩萨能“现见过去因相、果相，成就十事，如现在前，是故能答弥勒”，及“现见过去因相者，自见己身，于彼诸佛国土中，修种种行事故；现见过去果相者，文殊师利自见己身，是过去妙光菩萨，于彼佛所，闻此法门，为众生说故，成就十种事者”。[②]论主指出，菩萨道中，修种种事行是因，登菩萨位，闻法说法是果。文殊菩萨的“十事成就”分别是：“一者现见大义因成就，二者现见世间文字章句意甚深因成就，三者现见希有因成就，四者现见胜妙因成就，五者现见受用大因成就，六者现见摄取一切诸佛转法轮因成就，七者现见善坚实如来法轮因成就，八者现见能进入因成就，九者现见忆念因成就，十者现见自身所经事因成就。”[③]这“十事成就”，全为“因成就”，其果为一，即前文所说，“果成就者，说大法故”。此处大法，即指《妙法莲华经》。接着论主详细解释了十个因成就的具体内涵。[④]

（三）天亲菩萨之法华因果观小结

纵观上述，似乎可以推出天亲菩萨的“明成就之德”因果观：（1）只有菩萨乘“因果成就”与“所做成就”均获得，方能真正了知佛陀开示大法的本意。（2）因果成就是十地菩萨的境界。（3）因成就，分为“正因成就”和“缘因成就”，“正因”为一切智，“缘因”为众相。（4）果成就，就是“说大法”，即为大众开示宣说《妙法莲华经》。（5）只有菩萨“因果十事成就”，方有《妙法莲华经》的流传。

二　道生大师与“善不受报论”

道生大师（355—434）是东晋时期的传奇僧人，曾因“阐提成佛说”

① 《妙法莲华经玄赞》卷二《序品》，《大藏经》第 34 册，第 683 页中上下。

② 《妙法莲华经忧波提舍》卷一《1 序品》，《大藏经》第 26 册，第 3 页下。

③ 同上书，第 3 页上—4 页上。

④ 同上书，第 13 页中—14 页上。

不被当时佛教界认可而被摈出建康（今南京），后因《涅槃经》下半部的传来，证明大师之说不谬而又大受推崇，被誉为“涅槃圣”。僧祐大师（445—518）的《出三藏记集》中记载道生大师“于是校练空有，研思因果，乃立善不受报、顿悟成佛”，然而“并笼罩旧说妙有渊旨，而守文之徒多生嫌嫉，与夺之声纷然竞起”。[①]之后的《高僧传》《佛祖统纪》《庐山记》《广弘明集》《法苑珠林》《大唐内典录》《东林十八高贤传》等均采纳了僧祐大师的说法，不仅将“善不受报”与“顿悟成佛”相提并论，且大藏经中，每次提及道生大师的诸论，“善不受报论”也总是排在第一位。可见历史上，令道生大师饱受争议的，不止“阐提成佛说”，“顿悟成佛论”，最让一般“守文之徒”接受不了的，有可能是其“善不受报论”。该论虽已佚失，但不妨碍我们从大藏经中其他古大德的论著中，以及道生大师唯一一部独立的传世著作《妙法莲华经疏》中，一窥其庐山真面目。

（一）备受争议的“善不受报论”

道生大师的《善不受报论》已经佚失，梁朝僧祐的《出三藏记集》卷十五曰：“（生公）游学积年，备总经论，妙贯龙树大乘之源，兼综提婆小道之要。博以异闻，约以一致，乃喟然而叹曰：‘夫象以尽意，得意则象忘；言以寄理，入理则言息。自经典东流，译人重阻，多守滞文，鲜见圆义。若忘筌取鱼，则可与言道矣。’”生公这次著名的喟然叹息，不仅成为当时玄学清流之代表，还成为后世中国禅宗学理阐发的渊源。

然而“善不受报”义，从刚一提出就引起轩然大波，对佛教界的影响不啻于“阐提成佛”，正如宋朝智圆大师在《涅槃经疏三德指归》卷十中以“令善体无力”来批评说：“作此释者，乃令善体无力，委如《妙乐记》破生公有十四义科一卷，大为义学所宗，今亦现行于世。‘善不受报’当第六义，唯此一条，众所未许，不独今宗。”[②]《妙乐记》即天台九祖湛然大师（711—782）所作《法华文句记》，湛然大师努力带来天台

① 《出三藏记集》卷十五，《大藏经》第 40 册，第 111 页上。

② 《涅槃经疏三德指归》卷十，《续藏经》第 37 册，第 483 页中—下。

中兴的同时，也选择了道生大师作为其佛教义理全面破斥的主要对象之一，“善不受报论”就是其第六个遭到批判的理论。《法华文句记》云：“关中虽立善不受报，而不明善体本融。但众生无始唯流妄我，凡所修习未尝不俱，不受报言为从谁立?”① “不明善体本融”，成为对“善不受报论”最有影响力的批评。宋明天台后裔，包括素有“后山外”之称的从义大师（1041—1091）、完成山家山外之争之总结的善月和尚（1149—1241）等，均在其著述中继承了湛然大师关于善恶与善体本融等的观点，虽又有所发挥，但并未跳出此思路。生公论著的佚失，一方面也许是战乱、法难等外部原因；另一方面，不能说与来自佛教界同时代人及后起之秀不遗余力的摈斥没有关系。

然而，生公后 200 年的吉藏大师深赞其论，在著作中多次为其辩护。他在《法华义疏》卷四《2 方便品》中云：“问：低头举手善，云何成佛？答：昔竺道生著《善不受报论》，明一毫之善并皆成佛，不受生死之报。今见《璎珞经》亦有此意。成论师云：‘一念善有习报两因，报因则感于人天，习因牵性相生作佛。今明此义并成难解。经云：有所得善，不动不出。凡夫习因之善既有所得，云何得成佛耶?’则以此言还责生法师也。今明善因，有受报、不受报义。有所得善受有所得报，无所得善受无所得报，谓受报义也。有所得善不受无所得报，无所得善不受有所得报。谓不受报义。故大品云：‘有所得善不动不出，无所得善能动能出。’即是证也。”②后在其《百论疏》卷一《1 舍罪福品》中，吉藏大师又在此基础上继续发挥道：“问：若有所得之善不受无得报者，何得《法华》明‘一念善根皆成佛道’？答：有得之善是无得初门，因人天善根值佛菩萨。破有得心，习无得观，方乃成佛，非起有得之善而成佛也。”③意思是说，道生大师并非说人天之善直接能成佛，而是说，人天乘是成佛之初门，一旦破除了“有得之心”，在人天乘之善的基础上，修习空观，才能成佛。

唐朝华严四祖澄观大师（738—839）则在《华严经随疏演义钞》中

① 《法华文句记》卷五《释方便品》，《大正藏》第 34 册，第 244 页上—中。

② 《法华义疏》卷四《2 方便品》，《大正藏》第 34 册，第 505 页上—中。

③ 《百论疏》卷一《1 舍罪福品》，《大正藏》第 42 册，第 240 页上—中。

引用道生大师此论来支持自己的论述，他不仅在演义钞中提出道生大师的“善不受报论”有十四科，还保留了其中的一段以“明暗”来譬喻的原文：“此亦生公十四科善不受报义。彼问云：善恶相倾，其犹明暗不并，云何言万善理同，恶异各有限域耶？答：明暗虽相倾，而理实天绝。明能灭暗，故无暗而不灭；所以一爝之火，与巨泽火同。暗不能灭明，以其理尽暗质故也。思之可知。”①宋朝天台山外一派之智圆大师（976—1022）在《维摩经略疏垂裕记》卷六《3 弟子品》中认为，佛陀“开导当解入正位者必至法华”，又说：“若缘因者，事关生公善不受报。彼义尚以一毫不亡，何况了因菩提之心？理合于此，广明失与不失之本意也，受不受之大旨也。”唐朝道暹《法华经文句辅正记》卷四：“善不受报者，生公云：善法体不受报，以其贪壅情畅等。”这句话意思比较晦涩难懂。宋朝有严法师所作《法华经文句记笺难》卷二云：“善不受报，以关中多谈‘诸法体空，不受人天果报’。”②

批评道生大师最多的声音主要来自唯识家。窥基大师（632—682）从“有漏善因招异熟生无记果”的唯识理论之角度批评道生大师，他在《成唯识论述记》卷八中说：“若但言异熟，即六识中，报非真异熟摄；今为总摄彼，故言异熟生。然本识亦名异熟生无记，如前第二卷会。此中即显古道生法师‘善不受报论’非也。”③唐朝的灵泰法师也在其《成唯识论疏抄》卷十三中说：“道生法师造五种论，一卷《善不受报论》，此师意说：‘善业即不招无记异熟果，恶业亦不招异熟无记果。’此师意说，即同小乘中大众说，大众说唯有善恶二法。无有无记性法。”④然而，唯识家或许没有意识到，道生大师所说之“善”是“本善”，是从“理”上来探讨善恶的本质，并非从具体的“行”上来说的。

① 《大方广佛华严经随疏演义钞》卷四十一《20 偈赞品》，《大正藏》第 36 册，第 318 页下。

② 《法华经文句记笺难》卷二，《续藏经》第 29 册，第 523 页下。

③ 《成唯识论述记》卷八，《大正藏》第 43 册，第 509 页中。

④ 《成唯识论疏抄》卷十三，《续藏经》第 50 册，第 394 页中。

（二）从《法华经疏》理解“善不受报论”

鸠摩罗什（344—413）门下四圣十哲，道生大师均列其中，他在鸠摩罗什大师门下游学多年。据考证，道生大师“404 年至 407 年肯定在鸠摩罗什身边，而 406 年夏，鸠摩罗什在大寺译《法华经》八卷，是年并在大寺译出《维摩经》，这两部经，现都有道生的注疏存世”[①]。《妙法莲华经疏》（以下简称《经疏》）是他于“刘宋元嘉九年（432）编撰于庐山东林精舍。这是竺道生整理罗什大师的讲义，加上自己的见解，以阐明法华一乘的真义”[②]。该疏应该从义理上比较接近罗什大师的讲述，如道生大师所言：“聊于讲日，疏录所闻，述记先言，其犹鼓生。”《经疏》也是我国现在留存下来最古老的《法华经》注释书。朱封鳌认为：“本书是法华经注疏中最能体现鸠摩罗什译本原貌的一种。”[③] 该疏完成于道生大师晚年，可说是其毕生研习《法华经》的宝贵成果。

“《经疏》中将《法华经》的经文分为因、果、人三段，以《法华经》解明一乘的因果。”[④]正如道生自言：“此经所明，凡有三段。始于序品，讫安乐行，此十三品，明三因为一因；从踊出至于嘱累品，此八品辨三果；从药王终于普贤，此六品均三人为一人，斯则荡其封异之情，泯其分流之滞也。”所谓“明三因为一因”，即会三乘归一佛乘；“辨三果”指的是分辨“声闻、缘觉、菩萨”三个果位的修行途径和境界；“均三人为一人”指的是三乘人最终都趋于佛乘。

道生大师在《分别功德品》的解释中说：“夫因果相召，信若影响。”[⑤]在解《常不轻品》时，大师亦说：“如不轻菩萨，既欲证经，故设此端，示罪报者，以排其疑谤。现六根果者，欲明其净信，亦表罪福影响，理不可差。洗学之子可不慎哉！”[⑥]可见从俗谛上来说，道生大师认可因果在“相”上的“有”，因果规律，如同影子和响声，只要有物，就会

① 张雪松：《竺道生的生平及其相关问题简析》，《中国佛学》2012 年第 2 期。

② 朱封鳌、韦彦铎：《中华天台宗通史》，宗教文化出版社 2001 年版，第 43 页。

③ 同上。

④ 同上。

⑤ 《法华经疏》卷二，《续藏经》第 27 册，第 15 页上。

⑥ 同上书，第 16 页上。

有影子，只要说话，就会有声音。

道生大师对“十如是”的解释中，可见其对“因、缘、果、报、本末究竟”的理解，他说：“因缘，能生为因，扶疏为缘；果报，情期克遂，谓之果；历数所钟，谓之报；本末，万善之始为末，佛慧之终为本。唯佛了此诸义，晓其源极，故总结云究竟等。”[①]在释《药草喻品》时，他说：“以何善为因？得何法者？为得何果报耶？如此因果，皆趣于佛，而众生不知，各执谓异，唯佛了之同归耳。”[②]大师之意，众生谓因果为“异”，而佛之境界，因果不异，皆趣于佛道。在对《五百弟子授记品》的解读中，道生大师对“衣珠喻”提出了一个很有趣的说法，“以果名因，谓之无价”和“以因易果，何乐不得”，似乎在大师看来，“因”与“果”不仅在名相上可以相互替换，在其本质上也是不二的。这正是道生大师对“低头合掌，皆成佛道”的解释。

从《法华文句记》卷三《释序品》“今昔因果粗妙永乖，混同一称今昔无从”[③]可知，湛然大师认为“因果永乖”，自然不赞同生公“因果不异”的观点。湛然大师《法华文句记》卷九《释寿量品》中也能看到：“生公意云：一身之处三身备矣，近成之果与远果同。”但是因为“然不云恒存之长诸经未说”，因此湛然大师认为生公的因果不异、长短恒同的观点因为“诸经未说”而不能予以弘扬。[④]

（三）道生大师之法华因果观小结

汤用彤先生[⑤]，廖磊硕士[⑥]、张雪松教授[⑦]和史经鹏博士后[⑧]等人，

① 《法华经疏》卷二，《续藏经》第 27 册，第 4 页中。

② 同上书，第 10 页下。

③ 《法华文句记》卷三《释序品》；《大正藏》第 34 册，第 195 页下。

④ 《法华文句记》卷九《释寿量品》，《大正藏》第 34 册，第 328 页中。

⑤ 汤用彤：《汉魏两晋南北朝佛教史》，载《汤用彤全集》（第一册），河北人民出版社 2000 年版。

⑥ 廖磊：《竺道生“善不受报”思想研究——兼论佛、儒伦理思想之分殊与融通》，安徽大学，硕士学位论文，2009 年。

⑦ 张雪松：《竺道生的生平及其相关问题简析》，《中国佛学》2012 年第 2 期。

⑧ 史经鹏：《再论竺道生的佛教伦理思想——以“善不受报义”为中心》，博士后出站报告，湖南师范大学，2013 年。

都曾经对道生大师的“善不受报论”进行过专门的研究，学僧根据他们的研究，结合学僧自己的看法，归纳出道生大师的“启体用之辨”的法华因果观：（1）“善不受报”是《法华经》“一佛乘”思想的“忘筌取鱼”之表达，如同“阐提成佛”是《涅槃经》“般若”思想之表达一样。（2）善有世善，有本善；报有生死业报，有究竟佛果。（3）本善是理善，不受生死业报，趣向无上佛果。（4）世间善恶与罪福，如同影响，不可不慎。（5）从“三因归一因”而言，因果从实相上讲是不二的。（6）“善不受报”与“顿悟成佛”是不可分割的一个理论整体。

三　法云大师与“因果人教四一理”

法云大师（467—529），曾被梁武帝拜为大僧正，请住光宅寺。法师因善讲《法华经》而独步当时，世称光宅法云，他的佛学思想对天台智者大师、日本圣德太子等均有重要影响。《法华传记》为其单独立传，提到神僧宝志公“道超方外”，“亦与法云互相敬爱”，请其说法，弹指称妙。[①]法云大师在讲法华时，曾感天雨花，时人称其光明佛时就已经诵《法华经》了，是当时最具影响力的《法华经》讲者、注者。然而天台创建后，其光芒即被“东土小释迦”智者大师的光芒所掩盖，乃至于连其所撰之《法华义记》也佚失无踪。加之智者大师在《法华玄义》中对“南三北七”之十种判教进行破斥时，曾以法云大师为首当其冲的对象，《玄义》开卷即云：“今古诸释，世以光宅为长。观南方释，大乘多承肇什。肇什多附通意，光宅释妙，宁得远乎？今先难光宅，余者望风。”[②]智者大师亦承认，在他之前，除了罗什、僧肇师徒之外，诠释《法华经》最好的，当数法云大师，所以只要破斥了他，其他论师之观点自然望风而败。由此可见，法云大师在智者大师心目中，是什肇之外，唯一值得与其辩论判教问题的对象。在天台三大部中，智者大师均尊称其为“光宅”，可见英雄相惜之情如是。

① 《法华传记》卷二，《大正藏》第 51 册，第 56 页中。

② 《妙法莲华经玄义》卷一，《大正藏》第 33 册，第 691 页下。

（一）失而复得的《法华义记》

《法华义记》（以下简称《义记》）是法云大师唯一传世之作，是仅次于道生大师《法华义疏》的古本。然而在唐宋即已佚失，千年之后的17 世纪末，昭和元禄年间，方才由日本天台后裔僧叡凤潭刊印流世。从此点看，日本天台宗对法云大师的思想，不仅并不排斥，甚至有可能非常欣赏，才会有发心刊印之举。在敦煌遗书中，多有同名为《法华义记》的不完整论著，经过学者考证，均非法云大师的著作。①

吕澂曾提到说，日本圣德太子著《法华经疏》，便主要依据此《法华义记》略予增减而成。②胡垚的博士学位论文《光宅法云研究》中指出：（1）法云大师是首个在判教系统中独尊《法华经》为最高教的僧人。（2）智者大师的“五时八教”说吸收了法云大师的四乘教、五乘教的部分观点。（3）法云大师对“十如是”权实结合的遣一理论，对后世有重大影响。③此由此可见，法云大师实在是《法华经》弘传史上非常重要的人物。

（二）权智所照之“因果人教四一理”

法云法师对《法华经》所阐明的“因果”问题的关注，从《义记》卷一开篇感叹众生不可顿明“一乘因果大理”即能体现出来④，卷二中，法云大师则阐述了“一乘因果之理”被其视为“天下真实定境”的原因：它是由权智所照之境⑤。文中有“明如来之智，照四一之境”⑥的说法，因此学僧不揣浅陋，用“因果人教四一理”来概括法云法师的因果观。

所谓四一，四，指的是因、果、人、教；一，则指唯一大乘。《义记》云：“所言教一理，一者今日唱明因无异趣、果无别从，然真实之

① 胡垚：《敦煌本〈法华义记〉考辨》，《敦煌学辑刊》2010 年第 1 期。

② 吕澂：《中国佛学源流略讲》，中华书局 2002 年版，第 129 页。

③ 胡垚：《光宅法云研究》，四川大学，博士学位论文，2010 年。

④ 《法华经义记》卷一《1 序品》，《大正藏》第 33 册，第 572 页下。

⑤ 《法华经义记》卷二《2 方便品》，《大正藏》第 33 册，第 592 页下。

⑥ 同上书，第 593 页上。

义，其理莫二。然所诠之理既一，能诠之教何容是二也？复言机一者，法华座席时，众者有感一果之机一也。人一者，明昔日声闻、缘觉等人，今日皆改心成菩萨。下经文言‘但化诸菩萨，无声闻弟子’，亦言一人有一机，感一教一理。如来用一教说一理，应一机化一人也。是故如来智慧，照此四一之境，即是实智体也。”[①]因此，一因一果一人一教，是实智所照之境。权智所照之境，为“三三境”，即“三教三机三人”[②]，如来为化三乘人，观三乘之机，权说三乘之法。我们比较如来之权实二智所照之境中，权智不照“一乘因果大理”，因为“昔说一因作三因，其实是一因”，对“果”的解释也是同理。[③]可以说，法云大师的“因果人教四一理”，既继承了之前罗什僧肇大师的权实二智之说，又启发了之后智者大师“会三归一”之说。

法云大师不仅在解释经题的过程中，对因果与莲花之譬喻进行了多番比较，阐明了因果之昔粗今妙、昔假今实、昔狭今广等区别，还巧妙地将经中其他的譬喻故事也与“因果”相联系。如在“朽宅喻”中，将宅中所有众生之名相与遭遇，与对因果的体解程度进行类比，例如，“思因果之理为有、为无，未判见心，如两狗未决也”；“然因果即是四谛，谤无灭道因果，如食噉人肉也”；“色界众生，谤无色无因、无果，如捉狗两足”；“又谤欲界无因、无果，如以脚加颈一，今捉狗两足，扑令失声者，谤无苦集，令因果理绝而不通，故言失声也”；“以脚加颈，怖狗自乐者，谤无灭道二谛也。又解谤无业烦恼为集，故言捉狗两足等也。复谤无苦为果，故言以脚加颈等也”。[④]再如“穷子喻”中，长者密遣二位形色憔悴、无威德者，诱子来见，“形色憔悴者，以理来名教。若用大乘教，诠大乘理，名形色晖华。今二乘教，不能诠大乘因果之理，故言憔悴也；无威德者，二乘教不说声闻、辟支有三十二相、八十种好、四无畏等德，故言无威德也”[⑤]。如此类比，不仅形象生动，而且便于理解。

---

① 《法华经义记》卷二《2 方便品》，《大正藏》第 33 册，第 593 页上。

② 同上书，第 592 页上—593 页上。

③ 同上书，第 593 页上—中。

④ 《法华经义记》卷五《3 譬喻品》，《大正藏》第 33 册，第 625 页下—626 页下。

⑤ 《法华经义记》卷六《4 信解品》，《大正藏》第 33 册，第 637 页下。

（三）法云大师之法华因果观小结

法云大师《义记》中之“发大乘实相之理”的因果观，小结如下：(1) 首次提出《法华经》以“因果双说”为宗。[①]（2）因果双明，即是三乘人对四谛、十二因缘的不同层次的理解与修行。（3）因果理一，即是大乘人对诸法实相义的体解。（4）因果感应，指习因可正感习果，傍感圣功[②]，如只求三车，终得大车。(5) 权智，观因果三三；实智，观因果人教四一。

四　慧思大师与“圆顿因果观”

慧思大师（515—577）世称“南岳尊者”，从慧文禅师继承“一心三观”之法，“昼夜摄心，理事筹度”，“是我国法华教学上，妙证法华三昧的第一人”，“更将隐没多年不受重视的《法华经》，使其恢复本来面目，而光扬于后世!”[③] 其“对《法华经》做精深诠释，确立其经王地位”[④]，并依《法华经》修习法华三昧，成为天台宗止观行法的根本法门。证悟后，慧思大师于光州、南岳弘法不辍，对“北禅南教”之风格均有吸收，弟子中成就者众多，智者大师、新罗玄光等，均亦证得法华三昧，并将天台教观传之后世。大师效仿常啼菩萨，造金字《摩诃般若经》和《妙法莲华经》，“黄金为字，琉璃宝函”，七宝校饰，六时供养，并立誓愿文，其《般若》与《法华》并重的思想表露无遗。大师论著仅有六种传世，《立誓愿文》《受菩萨戒仪》《随自意三昧》《大乘止观法门》《诸法无诤三昧法门》和《法华经安乐行义》（以下简称《安乐行义》）等。教内公认，“《安乐行义》修持之法，不但兴隆了禅修及念佛，且促成以止观为

---

① 《法华经义记》卷一《1 序品》：“故知因果双说是经正宗。此意是光宅法师今述而不作也。”《大正藏》第 33 册，第 574 页下。

② 《法华经义记》卷四《3 譬喻品》，《大正藏》第 33 册，第 618 页上。

③ 慧岳法师：《天台教学史》，台湾弥勒出版社 1983 年版，第 39 页。

④ 黄国清：《〈法华经〉于中国佛教的判教地位——从鸠摩罗什到法藏》，《世界宗教学刊》第 16 期，第 41—94 页。

宗的天台教派之诞生。”①

（一）解行双运的《安乐行义》

被誉为《法华经》“四要品”之一的《安乐行品》，是《法华经》28品中因果思想最丰富、最深刻的一品。慧思大师、智者大师等皆依此修证法华三昧，并开创中国佛教最早宗派之一——天台宗。本品字数仅3400余字，但内涵丰富，思想深刻，被慧思大师赞为“大涅槃道”，通过修证“有相行”和“四无相行”之法华妙行，获得现世利益和终极利益，自然感成佛妙果。虽然大师般若与方便并重，但仍视《法华》高于《般若》。《续高僧传》卷十七有记载，智者代讲《金光明经》至“一心具万行”处有疑，请教慧思，“思为释曰：‘汝向所疑，此乃《大品》次第意耳，未是《法华》圆顿旨也。吾昔夏中，苦节思此，后夜一念，顿发诸法。吾既身证，不劳致疑。’顗即谘受法华行法”②。虽然其弟子智者大师通过天台三大部，将《法华经》的因果理论阐述得非常系统和完备，但慧思大师的因果思想却异常简单、朴素，主要体现在《安乐行义》中，而《随自意三昧》则将其理论运用在“行住坐眠食语”六威仪门的日常修行中，这两部论著可以说是解行双运，互为表里。

（二）不以次第入的“圆顿因果观”

慧思大师在《安乐行义》开篇即盛赞曰：“《法华经》者，大乘顿觉，无师自悟，疾成佛道，一切世间难信法门！”③这个法门的殊胜性，就在于“圆顿因果论”，虽然大师没有明确用这样的一个词来表达，但从《安乐行义》中，似乎可以总结出这一点来。台湾的慧岳法师总结了慧思大师解释经题时的观点：“对世间花之种种相比拟，即世间花之种类虽多，综合起来，可分为（1）狂花无果：外道、二乘人——二乘；（2）一花一果：钝根菩萨——次第道、次第行——三乘；（3）一花多果：不次第道、次第行——一乘。”④而“一花多果”的含义，即

① 心皓法师：《天台制教史》，厦门大学出版社2007年版，第47页。

② 《续高僧传》卷十七，《大正藏》第50册，第563页中。

③ 《法华经安乐行义》卷一，《大正藏》第46册，第697页下。

④ 慧岳法师：《天台教学史》，台湾弥勒出版社1983年版，第55页。

“一心一学，众果普备，一时具足，非次第入。亦如莲华，一华成众果，一时具足，是名一乘众生之义”。一心一学，学的是法华三昧，证悟的也是法华三昧，“是利根菩萨，正直舍方便，不修次第行，若证法华三昧，众果悉具足”①。

因和果，在慧思大师这里，有和以往经典与论著不一样的内涵，“忍”，在慧思大师的理论和修行体系中，占据着非常重要的地位，也是慧思大师因果论独特之所在。他说：“生忍名为因，众生忍者名之为果。因者众生因，果者众生果。因者是无明，果者是身行。”②台湾慧岳法师对慧思大师的评价非常准确，他说：“换言之，慧思大师是以忍行为出发点，进趋证入法华三昧无相行，为其中心论据。”如果众生能明白“忍为智之因，智为忍之果”，则生忍、法忍便证得道种智和一切智，为证“大忍”打下基础。而后，慧思大师又提出：“于诸法中，毕竟心不动，亦无住相，得不动三昧，即无天子魔，因舍三受得此解脱，名为苦乐行。因果俱名为声闻，非菩萨道，钝根菩萨亦因此观，无取舍为异。”③意思是说，众生将因和果对立起来，因此有无明，有身行，因而如“十二缘起”的“流转门”中，有生死轮回。钝根菩萨因为能不取不舍对因和果进行观照，则能做到心不动，不住相，得解脱。

在《随自意三昧》中，慧思大师从“心性”的角度对佛法和外道法进行了根本区别，他说：“若心常住，不变易者，亦不能知一切法。何以故？无前因后果故。常亦无因果，断亦无因果，亦无罪福，复无业报，瓦石无异，皆是外道义也。是故佛法中，众生心性不断不常，毕竟不相续，无心无无心。”④因为众生的心性，如佛性无二，即慧思大师所认为的“如来藏”，是不断不常的，如此才能“知一切法”。慧思大师以“无因果”作为主要理由来批评外道，可见“因果”在其心目中，是将“佛法”与“外道”进行区别的根本因素之一。

慧思大师认为，因果是俱空而不失，为中道第一义空。他对因果最集中的讨论在《随自意三昧》卷一中，先介绍了“定中之王”首楞严大定

① 《法华经安乐行义》卷一，《大正藏》第 46 册，第 698 页下。

② 同上书，第 700 页下。

③ 同上书，第 701 页上—中。

④ 《随自意三昧》卷一，《续藏经》第 55 册，第 497 页中。

的境界："菩萨行时，身心无定无乱，亦能觉了一切众事。觉及所觉，俱不可得。无有诸大阴界入，众魔群盗不得入，是故名为首楞严定。"大定之境界，由实相之观照而来，在此观照中，"明因果"是重要的一个方面，"从初发心终至佛果，一切圣行皆如随自意三昧，无初发心，无果可至，亦不失因果。因果虽在，亦无受者；虽无受者，果不败亡；虽不败亡，亦无处所。何以故？因空故，无有作；果空故，无有想。因之与果，正是一空，更无别空。观此空法，无空可得，是名空空。一切皆空，名为大空。不失因果，名为中道第一义空。菩萨观察生死诸行及修道圣行，一切皆是第一义空。是故佛言：众生性即菩提，菩提性即众生，菩提众生无一二。知如此，名世尊"[①]。由此，对因果进行观照觉知而即空、即假、即中的"一心三观"，乃继承了慧文大师的般若禅观，在慧思大师的理论和修行实践中，已基本成型。

（三）慧思大师之法华因果观小结

综上所述，慧思大师的"助修法华三昧"的因果观可以小结为：(1)"因果"是将"佛法"与"外道"进行区别的根本因素之一。(2)在十二缘起中，"无明"与"行"发动了之后的流转门，前者是因，后者是果。(3)因与果，都是众生之因果。(4)有因果之分别观，则是二乘人，菩萨的境界则是观因果不二。(5)因果俱空而不失，为中道第一义空。(6)将"一心三观"用在对因果的观照上，是法华三昧的重要修行内容。

五　吉藏大师与"双非无所得辩"

吉藏大师（549—623）本是安息国人，其名为真谛大师所起，八岁拜法朗为师，集三论学之大成，被后世尊为三论宗的创始人。然而，《续高僧传》卷十一记载其"晚以大业初岁，写两千部《法华》，隋历告终"[②]。"讲《三论》一百余遍，《法华》三百余遍，《大品》《智论》《华

---

① 《随自意三昧》卷一，《续藏经》第55册，第498页上。

② 《续高僧传》卷十一，《大正藏》第50册，第514页中。

严》《维摩》等各数十遍，并著玄疏盛流于世。”[①]台湾杨惠南教授评价说：“吉藏的晚年（五十岁左右以后），专研《法华经》，也见到了世亲的《法华论》，因此受到了《法华经》中一乘思想的深刻影响。”又说：“而《法华经》的‘一乘’和《涅槃经》里的‘佛性’概念，在吉藏看来是完全相同的，因此吉藏在五十岁以后，与其说是三论宗师，不如说是《法华经》师或《涅槃经》师。”[②]这种关于吉藏大师思想转变的说法，虽然没有得到目前学术界的一致认可，但是吉藏大师前后撰写了 5 部关于《法华经》的注疏，共计 29 卷之多，在其一生 27 部著作中，也占了较重比例，是不争的事实。

（一）法华五解，归于《游意》

吉藏大师在《法华论疏》卷一开首便说：“余讲斯经文疏三种，一用关河叡朗旧宗，二依龙树提婆通经大意，三采此论纲领以释《法华》。但昔三出经疏犹未解论文，今具释之，使经论焕然可领。”[③]可知《法华论疏》是其撰写的第四部《法华》有关的论著。今妙一法师对吉藏大师的著作进行了年代的判析，他认为完成顺序为：首出《义疏》，因其零落；“录其要用”而出《玄论》；后“复有异闻”而“撰录大宗”，出《统略》；后释《论疏》；圆寂前几个月撰成《游意》。[④]他的论证过程非常细致，故而此结论也比较可信。

从《游意》开篇云“至如《妙法莲华经》者，斯乃穷理尽性之格言，究竟无余之极说”[⑤]，可见其将《法华经》奉为众经之最。《游意》篇幅虽短，但集中阐述了他的判教说和解经体例。“三种法轮”之判教说，即：（1）根本法轮；（2）枝末法轮；（3）摄末归本法轮。法华玄十门，即：（1）来意门；（2）宗旨门；（3）释名题门；（4）辨教意门；（5）显密门；（6）三一门；（7）功用门；（8）弘经门；（9）部党门；（10）缘起门。此“三种法轮”和“玄十门”所出时间介于天台宗智者大师

---

① 《续高僧传》卷十一，《大正藏》第 50 册，第 514 页下。

② 杨惠南：《吉藏的佛性论与心性说之研究》，《台湾大学哲学评论》1989 年第 12 期。

③ 《法华论疏》卷一，《大正藏》第 40 册，第 785 页中。

④ 妙一法师：《吉藏大师法华著作先后顺序考》，《中国佛学》2012 年第 2 期，第 102—113 页。

⑤ 《法华游意》卷一，《大正藏》第 34 册，第 633 页中。

(538—597)的“五重玄义”和华严宗贤首大师(643—712)的“十玄门”之间，可以看作吉藏大师判教思想之核心与方法论。似乎可以如此说，《游意》不独是吉藏大师对《法华经》的解释之集大成，且是其毕生研究佛法之精髓所在，故而本节以“五解归一”为题，也主要依据此《游意》来讨论吉藏大师的《法华》因果思想。

(二)“非因非果”之“无所得”为体

吉藏大师将佛陀的教化判为“三种法轮”。“欲说三种法轮，故说此经。言三种者，一者根本法轮，二者枝末之教，三者摄末归本。根本法轮者，谓佛初成道，花严之会纯为菩萨，开一因一果法门，谓根本之教也。但薄福钝根之流，不堪于闻一因一果，故于一佛乘，分别说三，谓枝末之教也。四十余年，说三乘之教，陶练其心，至今法花，始得会彼，三乘归于一道，即摄末归本教也。”[①]可见吉藏大师与道生大师一样，是认同“三因归一因”的。然而吉藏大师的因果观，与生公还是有很大差别，并不滞于善、恶、罪、福、本、末等之讨论，而主要体现在其用“三论”空宗的“四句非，绝百句”的方法，认为“总摄三师不出因果，《正观论》盛破十家因果，则一切因果不成”[②]。“三师”即分别执因、果和因果为乘的论师。《正观论》即龙树菩萨(约150—250)所著《中观论》，依此吉藏大师在“宗旨门”中提出，《法华经》既非“以因为乘”，亦非“以果为乘”，也不是以“因果为乘”，亦不是“非有非无为乘”，而是以超越因果的“无所得”为宗。如要体会《法华经》的宗旨，就要首先做到“息因果等见”。其后，大师又说，“三世诸佛、菩萨说经造论，意在众生得悟为正宗，而教无定也”，因此，“若众生应闻‘因为宗’得悟，即为说因；应闻‘果为宗’得悟者，即为说果；应俱闻‘因果为宗’得悟，则为说因果”。[③] 其原因是“三世诸佛、菩萨说经造论，意在众生得悟为正宗，而教无定也”。

继而吉藏提出“因果等为用，非因果为体”的观点。在此之前，吉

① 《法华游意》卷一，《大正藏》第34册，第634页下。

② 同上书，第637页上。

③ 同上书，第638页上。

藏大师阐述了“三一”“近远”“权实”为“用”，“非三非一”“非远非近”“非权非实”为“体”的分别。在此之后，大师质疑曰：“既不得体，云何得用?”而此“非因非果”之“体”，又因“是法不可示，言辞相寂灭”，故“不可破不可立”，“不可言宣”。而《法华经》的“中道义”，恰恰体现在“非因非果为体”的“妙法”上，因为“禀人天乘者，堕在生死边；求声闻缘觉乘者，堕涅槃边；学三藏教者，堕在小边；学摩诃衍者，堕在大边；乃至昔禀五乘异，堕在异边；今闻一乘，作一乘解者，堕在一边；今破此诸边，令心无所著，即是《妙法莲花经》，故名中道也”①。至此，吉藏大师通过对执着五乘因果的“偏”之破，完成了对《法华经》“无所得”之“中道”义的阐述。

大师在回应如何用“无所得来理解《法华经》的低头举手皆成佛道”时，则指出：“一初开宗即云：我以无数方便，引导众生，令离诸著；二者，后流通富楼那叹佛云：甚奇世尊！以智慧方便，拔出众生，处处贪着。处处贪着者，着小着大、着三着一。故知此经正明‘无所得’也。”②可见吉藏大师认为：佛陀之无数方便，即是佛法之体为“无所得”之证。

然而，三论宗的发展流行时间不长，即渐趋衰微，吉藏大师的诸多理论，并无后学的继承和发扬；又因《续高僧传》中，道宣大师对其“德不足以领众”的批评，故而逐渐被忽略。

（三）吉藏大师之法华因果观小结

从《游意》归纳出吉藏大师的“明体起修”的法华因果观，如下：（1）一切因果不成。（2）非因非果为体，因果等为用。（3）有因有果，即是有所得，非佛一乘法。（4）无数方便，即是“无所得”之证。（5）非因非果，即是“无所得”之中道义。

六　总　结

正如道宣大师（596—667）在《法华经弘传序》中所说：“自汉至

① 《法华游意》卷一，《大正藏》第 34 册，第 635 页下。

② 同上书，第 637 页中。

唐，六百余载，总历群籍，四千余轴，受持盛者，无出此经。”千百年来，《法华经》一如既往地吸引着无数行者、学者，其独特的因果思想，也是它殊胜处之一。

我们也注意到，一是《法华经》中，“四谛”“十二因缘”和“六波罗蜜”三词仅分别出现 4 次、3 次和 7 次。也就是说，《法华经》本身“开方便门，示真实相”的宗旨，就超越了具体的修行方式和内容。二是所谓四缘、六因、十因、五果等理论，在中国早期大乘思想中，因为毗昙师、成实师、地论师等的辩论而呈现出丰富的发展，但没有哪一种理论占绝对统治地位。这些带有强烈印度色彩的佛教理论，虽然并未消失，但最终让位于随着《法华经》的中国式诠释而发展起来的中国佛教因果论，而屈居次要的地位。

智者大师之前的这五位中印高僧的思想，大致可以做如下小结：一是天亲菩萨论“因果十事”，明成就之德；二是道生大师阐“善不受报论”，启体用之辨；三是光宅法云述“因果人教四一理”，发大乘实相之理；四是慧思大师之“圆顿因果观”，助修法华三昧；五是嘉祥吉藏说“非因非果”，辩性明修。他们在因果方面诠释经典的努力，根据论主的生平先后，可归纳为“论功德、辨体用、识实相、助观行、明性修”的发展趋势，为“智者时代”的来临做好了思想的奠基。

中观学派的因果观

——以吉藏《中观论疏》为中心

释宗志

【提要】本文用中观学的原则表明了对法相的态度，对以四缘为主的因果类法相之安立主要依吉藏法师的《中观论疏》进行了总结，破除了其中的自性执，并进一步对因果关系及在因生果过程中产生的种种自性执进行了破除，同时，表明了其合理安立的正当性。

【关键词】中观　因果　四缘

【作者简介】释宗志，苏州西园寺戒幢佛学研究所副教务长。2241597801@ qq. com

缘　起

中观学的基本原则是通过诸法无自性来准确描述一切法的体性，从而建构佛教的理论与修行体系。对于佛教内部不同宗派的理论体系，中观宗所采取的态度往往是破除其自性执，而对于法相安立则取其合理之处。在破除自性执时，《中论》的相关注释书往往会或多或少地提及相关的法相，其中对因果的法相建立有较好总结的是吉藏法师的《中观论疏》，本文主要以其为基础，并结合相关的注释书进行论述。

一　中观学对待法相的态度

对于中观学对部派佛性法相安立的态度，吉藏法师在《中观论疏》中作了四句的处理：

一者、若三藏所无，众师横造，则弃而不取。二、若视经圣口，得适化之言，取而不破。三、学教起迷，得言失意，则破其能迷之情，收其所惑之教。四、若望道门，无所破取。①

其中第四种情况指的是从中观一切法无自性的角度讲，无论是取还是破其本身都是自性。这与藏传佛教（本文特指格鲁派）的说法相类似。

藏传格鲁派对于广行的安立一般则多有随顺瑜伽，因明的安立也是基于经部宗的理论，仅对一些特别的地方加以说明，而这一原则与吉藏法师所说的情况相同。宗喀巴大师说：

应知时、因果、众缘和合如实事师所许之体性有非有，故破之；依因缘生之缘起则有，故不破。

这也是中观宗二谛思想的体现。既然中观宗不否认世俗谛，那么他宗在世俗法相方面的安立除去其自相执后，自然就有其合理之处，只是其中有一些是基于不同的立场所作的符合自宗的安立，故而中观宗有时会作一些特殊的说明。

对于部派异执的根本原因，青目释说："求十二因缘、五阴、十二入、十八界等决定相，不知佛意但着文字。"② 对此吉藏作了具体的解说，他认为各部派就五蕴等法相的安立而产生了一些过失，这些过失的共同点是它们都执着蕴等为实有，然后就各自不同的说法，互相生起了诤论。其原因在不解佛陀施设五蕴等的本意是为了破除我执，使用的方法是借妄止妄，并没有因此去承许有一个自性意上的五蕴，因此种种异执从根本上不能成立。如果能够了知这一点，就不会对五蕴等及由五蕴而产生的种种差别生起执着。如说：

① （隋）吉藏：《中观论疏》卷十，《大正藏》第 42 册，第 161 页下。

② 龙树菩萨造，青目释，（姚秦）鸠摩罗什译：《中论》卷一，《大正藏》第 30 册，第 1 页下。

若体佛意我妄不存法，心无所依便得解脱。阴门既尔，界入亦然。①

对于各种异解，吉藏法师有一段解释其他问题的文字或许可以作为参考：

前之三部各执一边，互兴诤论。论主知佛方便适化不同，悉可随时而用。如《大集》云：虽有五部不妨法界。《文殊问经》：十八及本二皆从大乘出。《涅槃经》：三十诤论。论主申佛方便，并须用之。皆是执着，应须破。②

在吉藏法师看来，佛教各宗不同的异解，作为一种方便，都有其合理的用法，如果将其作为一种实执，则都应该破除。

二　中观宗对于因果法相之总明

同样，对因果的讨论亦是如此。说一切有部从法相的角度安立了六因、四缘、五果之说。《成实论》则有三因③、四缘之说。《中论》在《观因缘品》中对有部的四缘生果论进行了考察。选择有部的原因，吉藏法师认为："部虽二十，而五部盛兴于世，五部中萨婆多偏行于世。"④ 对于有部兴盛的原因，吉藏法师说："此部明三世是有，见有得道，与凡夫

① （隋）吉藏：《中观论疏》卷一："总判诸部有三种失：一者、同失，如同计有五阴谓决定有。佛说五阴意在破我，不在于法。而诸部不领无我而取著于法，与佛意乖也。二者、异失，诸部执五阴不同，互相是非起于诤论，是故为失。或言色有十一，或言色有十四，或有无作色，或言无无作色，或言四心一时，或言四心前后，或言别有心数，或言无别心数，遂成诤论。以诤论故，便是烦恼因缘，以烦恼因缘即便起业，以业因缘即有生死忧悲苦恼。三者、佛教所无穿凿横造，是故为失。若体佛意我妄不存法，心无所依便得解脱。阴门既尔，界入亦然。"《大正藏》第42册，第18页下。

② （隋）吉藏：《中观论疏》卷十，《大正藏》第42册，第160页下。

③ 诃梨跋摩造，（姚秦）鸠摩罗什译：《成实论》卷二："生因者，若法生时能与作因。如业为报因。习因者，如习贪欲，贪欲增长。依因者，如心心数法依色香等。是名因缘。"《大正藏》第32册，第252页下—253页上。

④ （隋）吉藏：《中观论疏》卷三，《大正藏》第42册，第44页中。

心相应故世多信之。又时数应尔，前五百年多说无相法，后五百年多说有相法。”①

吉藏法师对于因与缘的含义作了总结与辨析，既有中观学意义上的解释，如因缘的本质可从“空”“假”“中”三个角度来理解②；又有法相方面的综述，如云：

> 一者、种子亲而能生，为因。水土疏而助发故，为缘。
>
> 二者、本无互体。辨之令有，故称为因。有可生之义，假缘助发，故目为缘。故互具有无二义，种受因缘两名，故曰因缘。
>
> 三者、《毗昙》人云：摄因为缘，故名因缘。③

吉藏法师认为因缘可以相互为体，因可以摄在缘中，对生果而言，因亲缘疏。对于“因”“缘”的使用，在经论中有以下几种情况：

> 一者、但作因名，如六因十因之例。六因如《杂心》说，十因④《地持论》明。
>
> 二者、但作缘名，如四缘十缘之流，四缘经论皆备，十缘如《舍利弗毗昙》叙。
>
> 三者、因缘两说，皆如十二因缘。此皆适化不同，故立名非一也。⑤

---

① （隋）吉藏：《中观论疏》卷三，《大正藏》第42册，第44页中—下。

② （隋）吉藏：《中观论疏》卷一：“问：云何名为因缘？依下偈云：‘因缘所生法，我说即是空，亦为是假名，亦是中道义’。略明因缘凡有三义：一者、因缘是空义。以因缘所生法，即是寂灭性，故知因缘即是空义。二者、因缘是假义。既无自性，故不得言有。空亦复空，故不得言空。为化众生故，以假名说，故因缘是假义。三者、因缘是中道义。即此因缘离于二边，故名为中道。”《大正藏》第42册，第6页下—7页上。依吉藏法师的解释因缘所生之法具“假”“中”“空”三义，以理类推，因与缘本身亦具有此三义。又此颂依梵本虽有小异，然据其义，也可如吉藏法师所解，本文且依吉藏法师之义。本文其余地方的处理亦同。

③ （隋）吉藏：《中观论疏》卷一，《大正藏》第42册，第7页上。

④ （北凉）昙无谶译：《菩萨地持经》卷三：“一者随说因；二者以有因；三者种殖因；四者摄因；五者生因；六者长因；七者自种因；八者共事因；九者相违因；十者不相违因。”《大正藏》第30册，第903页上。

⑤ （隋）吉藏：《中观论疏》卷一，《大正藏》第42册，第7页上。

四缘可以含摄六因，对于《中论》选四缘而没有用六因进行观察，吉藏法师引用《毗婆沙》论的说法对六因的来源作了总结：

> 一解云：四缘是佛说，六因非佛说。但迦旃延子作六因解佛四缘义耳，六因既非佛说故不引之，今欲引佛诚言以难论主。
>
> 次解云：六因亦是佛说，但文脱落，故应在《增一阿含》六数法门说也。
>
> 次解云：六因实是佛说，但佛散说，旃延后集之耳。
>
> 真谛三藏云：佛在天上说六因经，诸天见旃延欲造《毗昙》故送将来，旃延以宿命智观知是佛说。然终不定，故不引来也。①

除了上面所讲的因果安立之外，吉藏法师还提到了一组特别的因果安立，经检索似唯限于吉藏之说。其为：

> 一相生因果，如泥瓶之类。二相缘因果，如卷指之流。三者了因因果，如灯了物，万行了出法身。②

三　吉藏法师对四缘的总结

在《中观论疏》中，吉藏法师对各派之四缘说作了简明的总结，较一般的《中论》注释书略为详明。③

（一）因缘

关于因缘：

> 一者、因缘在初。二者、因缘摄因广，谓摄五因。（一）者、相应因，心王与心数同起同缘不相违背。（二）者、共有因（引者按，

① （隋）吉藏：《中观论疏》卷三，《大正藏》第42册，第45页上一中。

② （隋）吉藏：《中观论疏》卷九，《大正藏》第42册，第132页上。

③ （隋）吉藏：《中观论疏》卷三，《大正藏》第42册。

玄奘译为俱有因，下同），心王心数与四相等同时共起名共有因。（三）自分因（同类因），善还生善，恶无记亦然。（四）遍因（遍行因）。十一遍使生一切烦恼，故名为遍。（五）报因（异熟因）。善恶之法能生苦乐果报。为报为因。摄此五因为缘故言因缘广也。三者、因缘亲密，三缘即疏。四者、因缘事显。五者、众生多计。[1]

吉藏法师认为因缘是四缘中的第一个，可以包含五因。因的含摄义广，相对于其他三缘意义亲密，事相显明，众生多计于此。

（二）次第缘

对于次第缘（等无间缘），吉藏法师总结了几家不同的说法，以及他们之间的争论：

第一，《成论》师云：四心次第，如识灭想生，识灭为缘想生为果。

第二，《毗昙》人云：心王心数俱起俱灭以俱灭为缘，俱起为次第也。

第三，异部人云：善心灭还生善心，余心亦尔，故名次第缘。

评家不许此说。若不善心还生不善即无解脱也，但用前灭后生三世次第，不言三性次第也。[2]

吉藏法师认为虽有各种不同的说法，但是总的来说是以时间上的前后次第相生而名为次第缘。如云：

五部虽异，同以前灭为缘，后生为次第，次第是后果。以前灭心与后生次第果作缘故名次第缘，后心非越次而生，即次第而生。故名次第也。[3]

---

① （隋）吉藏：《中观论疏》卷三，《大正藏》第 42 册，第 47 页下。

② 同上书，第 48 页中。

③ 同上书，第 48 页下。

同时，对于次第缘，吉藏法师还总结了三种简除色法的说法：

一者、心是神灵之法有相开避义。色是无知无有此能。故不立也。二者、色得善恶并起其起即乱。心即不尔。三者、众生多计心神是常。故今明心念念生灭无有常也。[①]

（三）缘缘

对于缘缘，吉藏法师总结了两种说法：

一云：心是能缘，境是所缘，心境合说故名缘缘。

二解云：心是能缘，复缘前境，故心名缘缘。[②]

这两种说法，一是将心与境合称为缘缘，一是将心称为缘缘，缘缘即所缘缘，其说法有多种，依《俱舍》等义“所缘缘性，即一切法望心、心所随其所应”[③]。谓主要从境的角度来讲。

（四）增上缘

对于增上缘，吉藏法师总结了两种说法：

一云：谷芽生时万法不障，是以谷芽得生长增上。故万法为增上果作缘，故云增上。此从果受名。

次解云：谷芽生时万法于芽各有增上胜力，如地有胜持，空有容受，以万法各有增上之力，故当体受增上名也。[④]

吉藏法师认为增上缘有通有别，通就是诸法生时，除自以外的其余一切法，以不障为义。别就是诸法生时，有特别增上作用的法，以殊胜为其

---

① （隋）吉藏：《中观论疏》卷三，《大正藏》第42册，第48页中—下。

② 同上书，第50页下。

③ 世亲论师造，（唐）玄奘译：《阿毗达磨俱舍论》卷七，《大正藏》第29册，第37页上—中。

④ （隋）吉藏：《中观论疏》卷三，《大正藏》第42册，第51页中。

义。增上缘以十二因缘为代表，如云：

> 所言通者，一切法不障一法，故一法得生则一切法为一法作缘。一法不障一切法，故一切法得生则一法为一切法作增上缘义。但增上缘通为无为，而果但是有为，又虽不相障而终取一时因果及前缘后果，无有前后乱相生义也。
>
> 别者，如眼识从眼根生眼根望识，但是别相增上缘。若如成实云从胜受名，故云增上。如空明等生而名眼识不名色识，从胜受名故名增上缘也。[①]

四　对四缘执着的破除

毗昙学在安立了种种法相的同时，也或多或少地赋予了这些法相内在的实有性，如有部三世实有、法体恒存的观念，对此《般若经》云：

> 菩萨摩诃萨欲知诸法因缘、次第缘、缘缘、增上缘，当学般若波罗蜜。[②]

龙树菩萨在《大智度论》中解释说："阿毗昙四缘义，初学如得其实；求之转深，入于邪见。"[③] 因此，中观学在不破坏法相安立的同时，需要对种种施设于法相的自性执进行破除。在《中论》第一品中从总与别两个方面进行了破除。对于颂文的翻译与理解各注释家略有不同，相关内容易于查找，本文仅作简单介绍。

（一）总破诸法之自性

总的来说，可以通过破除诸法的"生、灭、断、常、一、异、来、出"等各个角度来破除诸法的自性。对于"生"则从破除诸法的自生、

① （隋）吉藏：《中观论疏》卷三，《大正藏》第 42 册，51 页中—下。

② （后秦）鸠摩罗什译：《摩诃般若波罗蜜经》卷一，《大正藏》第 8 册，第 219 页下。

③ 龙树菩萨造，（后秦）鸠摩罗什译：《大智度论》卷三十二，《大正藏》第 25 册，第 297 页中。

他生、共生与无因生来破除诸法从自性之缘而生的种种可能性，即能生的缘并不具有自性，这可通于一切法。别则是专指破四缘，其中又可分为通破与别破。自生与他生的破除方法从简而言可以放在下面所要讲的“因中有果”与“因中无果”中加以破除：自生即从自而生，相当于因中有果。他生即从他而生，相当于因中无果；共生相当于自生加他生；无因生则破坏一切世间现见之因果。

（二）通破自性之缘

共通而言，因为某一法生果，这个法才叫作缘，在果法还没有生起的时候，这个所谓的缘不能被称为自性意义上的缘。

（三）别破自性之因缘

别则对因缘来说，从果法的角度，如果果法在缘中已先有，则不需缘生；如果先无，则这个“缘”与其他不是“缘”的法一样不能生果法。从自性的意义上讲，果法在缘中只有这两种情况，如果非要说果法在缘中是亦有亦无，那么要么此果法实际上是一部分在缘中已先有，一部分在缘中先无，这由上可破；要么不存在亦有亦无这种情况。

（四）别破自性之次第缘

对于次第缘来说，在果法没有生起的时候，此缘不能灭。如果按照次第缘的定义，此缘灭了，再在果法，既然已经灭了，自性的灭则是完全没有，就不能因此而生起后续的果法。

（五）别破自性之缘缘

对于缘缘来说，大体有两种不同的说法，若依《佛护释》《月称释》《宗喀巴释》之义，从自性的角度讲，于能缘前已有所缘，此能缘不需所缘；若无所缘则此能缘亦无所缘。

（六）别破增上缘

对于增上缘，依“此有故彼有”的原则，诸法无自性，既无自性则无无自性之有。

通过这样的方法，中观宗破除了对四缘的自性执，并且由自性之缘的不成立，可进一步可知自性之果不成立。

五　对因果关系的其他论述

广而言之，可以说《中论》中所有内容都与因果有关，但是就狭义而言，在《中论》中，尚有《观因果品》对从因生果作了较为详细的观察。在该品中，吉藏法师将内外道的各种因果关系总结为："外道计邪因邪果四宗不同，大小乘人十家所说。"① 对此日本僧人安澄法师作了具体的注解，其中外道的四种邪因邪果为：

> 计因果中，自有四家。迦毗罗②人谓：因中先有果，因果是一。卫世师③人谓：因中先无果，因果是异。勒沙婆④人谓：因中亦有果亦无果，因果亦一亦异。若提子⑤人谓：因中非无果，因果非一非异。准之可悉。⑥

这四种外道，依次为数论外道、胜论外道、耆那教外道、六师之一的若提子，他们对因生果以及因果关系计有三种：因中有果与因果是一、因中无果与因果是异、因中非有果与因果非一非异。佛教内部的大小乘各宗对因果有十种说法，分别为：

> 一、因中有果家，即是僧佉（数论）之与上座，明因中有果。二、因中无果家，盖是卫世（胜论）、僧祇二世无义。三、因与果作因家，即成论师义。四、因不与果作因家，是毗昙义。亦是摄论师立二义：（一）立闻熏飞灭作报佛；（二）立闻熏习灭不作报佛。五、

---

① （隋）吉藏：《中观论疏》卷九，《大正藏》第 42 册，第 132 页上。

② Kapila，迦毗罗，梵名数论外道之祖。

③ Vaisesika，胜论师。

④ Ṛṣabha 或 Ṛṣabhanātha，意译牛仙，尼犍子外道（耆那教）之开祖。

⑤ Nirgranthajñāti，尼犍陀若提子，六师外道之一。

⑥ 《中观疏记》，《大正藏》第 65 册。

因果一时，亦是成实五阴，一时成人。萨婆多八相，一时共起义。六、前果后因家。七、因灭变为果家。八、因灭不变果。九与十者遍不遍义。准之可悉。

这十种因果之间的关系，除了如前述外道所言之因中有无果与因果一异外，加上因果一时与异时，因果之间遍与不遍的关系，可以在自性意义上作如下简单的观察：

1. 因中有果，果法已经有了，则不需生果，故不成立。

2. 因中无果，无则全无，因与非因相同，也不能生果，故不成立。

3. 因果是一，因时已经有果，则可同1，故不成立。

4. 因果是异，则因时果尚未有，同于全无，如2不成。

5. 因果同时，因时已经有果，则可同1，故不成立。

6. 因果异时，则因时果尚未有，同于全无，如2不成。

7. 因遍于果，因时已经有果，则可同1，故不成立。

8. 因不遍果，则因时果尚未有，同于全无，如2不成。或因有部分遍部分，可以分别按1及2处理。最终的结果仍是不成立。

总之，对这几种关系进行正理观察时，会发现在自性的意义上，在这些情况下，因无法生果。而且在自性的意义上，因与果的关系，在相应的观察体系中，1与2、3与4、5与6、7与8已经分别包括所有的可能性，都无法生果。除此之外的与果不与果，以及变果不变果也是同样。如果有人有其他的执着，如因中半有果，因中半无果，也可以退一步，就其所安立的情况，进行正理观察，此时可将其分别配入相应的情况，同样可用上面的方式处理，但这并不表明前面的处理方式在逻辑上有问题。

对于因如何具体地生为果，内外道学者安立了变果及与果两种方式：

A 因变为果意味着，因中没有果，但因可以变为果。如果这样的话，可在自性意义下，考察变为果的因与以前的因是同一关系，还是相异关系。同样可用前面1与2的方法破除；如果因不变为果，因灭果则没有办法生起。这是数论外道常用的方式。

B 因没有变为果，虽灭仍然以另一种功能或势力的形式存在而支持着果法，使其生起，此即与果。这时可在自性意义上，考察此功能或势力与因是一还是异，同样可以用前面1与2的方法破除；如果因不与果，因灭果则没有办法生起。唯识学的种子学说就是因与果的一种具体表现。

以上所说的是单从因与果的角度来进行的考察，除此，尚有将因与缘和果联系在一起的考察，同样也可以从因缘和合时，果法是否存在来进行考察，也同样如上不能成立。对于和合进行考察时，其本身也是因因缘而和合，故而“和合”亦无自性。这种正理观察同样是一种补充，即前面单从因与果的角度来进行的考察并无逻辑之错误。

除此之外，还可以有各种各样的安立方式，但从自性的角度，都可以最终简化为上述情况而得以破除。总之，这些安立如果是基于自性意义上的安立，无论是以何种方式，无论看起来是多么的巧妙，总是会为正理观察所破。然而在破除了自性之后，仅仅从名言的角度，则可以随着不同的角度而有所安立，如文中所举的种种情况，只要去其自性执，在名言中都可以成立。

凡计因果各自不同：见莲中有子便谓前有，见待缘始生便谓前无；见因灭果生即谓因在果前，见为果作因便谓因在果后；见会指成卷便谓因果一时，见转乳成酪便谓因变作果；见镜中有像便谓因见于果，见种灭生芽便言因不见果；见麻中出油便言遍有，见母生子便言不遍，子但在腹中不在四肢故。

六 总 结

总的来说，可以用吉藏法师的一段话作为本文的总结：

> 一者求内外大小性实因果皆悉无从，故名破因果。以计性实之人即破因果义，故论主须破之。二者性实因果既除，始得辨因缘因果。既称因缘，则因果宛然而常寂灭。①

① （隋）吉藏：《中观论疏》卷九，《大正藏》第42册，第132页上。

吉藏《十二门论疏》释《观因果门》著作目的中的问题

释龙相

【提要】 吉藏在解释龙树《十二门论·观因果门》时，认为此门说明因果空的目的是破邪见空、但空，将人引入真空——无所得空。本文根据《大智度论》，认为吉藏在其著作中所理解的“但空”“无所得空”以及由此牵连出的“不可得空”“空空”与龙树所说有较大不同，故其所阐发的《十二门论》著论目的，是吉藏本人在学术上的发挥。

【关键词】《十二门论》　但空　不可得空　真空

【作者简介】 释龙相，上海慈慧文化研究所研究员。gycchris@ 163. com

问题的提出

龙树所造《十二门论》，唯独保存在汉译佛典中，既无藏译本，又无梵本留存，所以现存对《十二门论》的注解，最重要的就是吉藏的《十二门论疏》和法藏的《十二门论宗致义记》。

在《十二门论疏》中，吉藏认为，龙树著《观因果门》的目的，在于破除错误的两种空观——邪见空、但空，令入真空，即无所得空。而笔者在对比吉藏著作与龙树《大智度论》时发现：吉藏所说的“但空”“真空（无所得空）”，与龙树本人对这两个词的阐述并不相同。由这个问题还引出另外的发现，即吉藏观念中的“不可得空”“空空”也与龙树本人的理解有异。

《十二门论·观因果门》很短，不妨全文摘引如下：

复次，一切法空。何以故？诸法自无性，亦不从余处来。如说：

果于众缘中，毕竟不可得，

亦不余处来，云何而有果？

众缘若一一中，若和合中，俱无果，如先说。又是果不从余处来，若余处来者则不从因缘生，亦无众缘和合功。若果众缘中无，亦不从余处来者，是即为空。

果空故，一切有为法空；有为法空故，无为法亦空；有为、无为尚空，何况我耶？①

从字面上来看，龙树在《观因果门》中要表达的意思，是从果空的角度来显明有为法空；有为法空故，无为法亦空；由有为法、无为法空，最后引出我空。而吉藏《十二门论疏》在解释此《观因果门》何以要说明“因果空”时则说：

问：若无因果，与邪见何异？

答：有五人立无因果。

一　立有见人，谓实有果体，则不从因生，故成无因果。

二　外道邪见言无因果。

三　复二乘言无因果。

四　大乘人言无因果。

外道是邪见，拨无因果，故言无因果，此是邪见空。二乘言无因果，望大乘亦是邪见空。故《涅槃》云：“若以二乘言无布施是破戒邪见。”《智度论》云：“二乘空是但空。”四、大乘学方广人谓无世谛因果。

五　诸佛菩萨言无因果者，因果宛然而毕竟空，故名无所得空。

所以有三空异：一邪见空、二但空、三真空。今破前二空，令入真空，故明因果空也。②

① 龙树菩萨造，（姚秦）鸠摩罗什译：《十二门论》，《大正藏》第30册，第165页中—下。

② （隋）吉藏：《十二门论疏》卷三，《大正藏》第42册，第207页中。

在这里，吉藏把“空”分为三种：一是邪见空，包括外道和大乘方广道人中拨无因果的观点。二是但空，即小乘的空见，相对于大乘来说仍不是究竟了义，故是相对于大乘的“邪见空”。三是佛菩萨的无所得空。吉藏认为，龙树在《观因果门》中所说的因果空理是为了破除前两种不正确的“空”，从而将人引入无所得空——真空。

这段话出现了两个关键词：但空、无所得空。

对“无所得空”，吉藏说得很明白，就是“因果宛然而毕竟空”。

“但空”的提法，则出自龙树《大智度论》[①]：

> 【经】舍利弗！空行菩萨摩诃萨不堕声闻、辟支佛地，能净佛土，成就众生，疾得阿耨多罗三藐三菩提。
>
> ……
>
> 【释】曰：
>
> “不堕声闻、辟支佛地”者，空相应有二种：一者但空，二者不可得空。但行空，堕声闻、辟支佛地；行不可得空，空亦不可得，则无处可堕[②]。

吉藏的论述中出现了“但空”和“无所得空”这一对概念。而《大智度论》中这里出现的是“但空”和“不可得空”这一对概念。

根据吉藏自己的著作，他所理解的《大智度论》这段话，“但空”就是唯独见空，而“不可得空”就是能见空亦是空。佛菩萨能见空也是空，而声闻、独觉则不能，故吉藏在《三论玄义》中说：

> 小乘名为但空，谓但住于空。菩萨名不可得空，空亦不可得也。[③]

又吉藏《净名玄论》云：

---

① 笔者不赞同“《大智度论》非龙树所造”的观点，理由无须在此详述。

② 龙树菩萨造，（后秦）鸠摩罗什译：《大智度论》卷三十七，《大正藏》第25册，第334页下—335页上。

③ （隋）吉藏：《三论玄义》卷一，《大正藏》第45册，第4页中。

二乘不知空亦复空，以空为妙极，故名但空，所以证空。菩萨知空亦空，名不可得空①。

又吉藏《大乘玄论》云：

二乘不知空，亦复以空为妙极，故名空但空，所以证空。菩萨知空亦空，名不可得空②。

吉藏《中观论疏》云：

《智度论》云二乘名但空，菩萨名不可得空。二乘但住于空名为单空。大士知空亦复空，名不可得空③。

此处"但空"又作"单空"。

关于"单空"，吉藏《中观论疏》中对龙树《中论·观行品》"若有不空法，则应有空法。实无不空法，何得有空法？大圣说空法，是为离诸见。若复见有空，诸佛所不化"④ 两颂进行解释时说：

答曰：下第二论主破。若就单空及以重空分破意者，外人前云：破是，破异应有空在。此立单空。论主前偈破单空也。

次问曰："明空与不空二种俱空，则是立于重空。"今破其重空也。

……

上半序佛说空意，明佛说单空及与重空为离诸见。说单空为离有见，说于重空为破空见也⑤。

① （隋）吉藏：《净名玄论》卷四，《大正藏》第 38 册，第 878 页下。

② （隋）吉藏：《大乘玄论》卷四，《大正藏》第 45 册，第 51 页上。

③ （隋）吉藏：《中观论疏》卷二，《大正藏》第 42 册，第 22 页上。

④ 龙树菩萨造，青目释，（姚秦）鸠摩罗什译：《中论》卷二，《大正藏》第 30 册，第 18 页下。

⑤ （隋）吉藏：《中观论疏》卷七，《大正藏》第 42 册，第 108 页中。

吉藏这段话的意思是：有人说，用空来破有，那么应该在离有之外存在一个空，即实有单空，而能破此单空执者，是“空与不空二种俱空”，就是重空，即空空。又，佛说空法——单空、空空，是为破除诸见——有见和无见，即以单空破执有，以空空破执空，故不可对空空再起实执，否则将难以教化。

这里又出现一对概念：单空和空空（重空）。

关于“空空”，除“明空与不空二种俱空，则是立于重空”外，他在《中观论疏》中也说过：

> 无有无空名为空空。①

因此，从吉藏的理解来说，空空就是既否定有又否定空，其否定的范围比只否定空的不可得空要大。

至此，已经出现了三对概念（四个名词）：

1. 但空与无所得空
2. 但空与不可得空
3. 单空与空空

吉藏认为但空、单空是一回事，即除空以外的其他法皆不可得。而在吉藏的理解里，因果宛然而毕竟空就是无所得空。空也不可得，就是不可得空。空与不空俱空，就是空空。

龙树《十二门论》中并未直接出现“但空”“无所得空”“不可得空”“空空”这四个词。“但空”一词出自龙树《大智度论》，“无所得空”“不可得空”“空空”皆出自《摩诃般若波罗蜜经》，而《大智度论》是汉译佛典中对《摩诃般若波罗蜜经》的权威解释，对此三词都有明确的说明。通过分析《大智度论》，可以发现，吉藏在解读龙树中观作品时，对此四个概念的理解与龙树本人的阐述皆有明显差异，吉藏的理解是比较独特的。

---

① （隋）吉藏：《中观论疏》卷七，《大正藏》第42册，第108页上。

一　但　空

吉藏认为，“但空”就是“但住于空”，“不知空亦复空”。而“但空”作为一个词汇，在龙树著作中只出现了一次，即《大智度论》卷三十七：

> 空相应有二种：一者但空，二者不可得空。但行空，堕声闻、辟支佛地；行不可得空，空亦不可得，则无处可堕。①

《大智度论》并未对“但空”作出更多的解释，只是说二乘行但空就会堕声闻、辟支佛地。那么“但空”究为何意？

《大智度论》在释《般若经》中“菩萨摩诃萨作如是行般若波罗蜜，除佛智慧，过一切声闻、辟支佛上，用不可得空故”一句时说：

> 有二因缘故，菩萨智慧胜声闻、辟支佛：一者、以空知一切法空，亦不见是空，空以不空等一不异。二者、以此智慧，为欲度脱一切众生令得涅槃。声闻、辟支佛智慧但观诸法空，不能观世间、涅槃为一。譬如人出狱，有但穿墙而出自脱身者；有破狱坏锁，既自脱身，兼济众人者。②

在笔者看来，这段文字正可作上面那段的注解。

依《大智度论》文意，二乘人只是观诸法空，他们不能观世间、涅槃体性为一——这就是“但空”，由此就难以发起大悲，会直堕声闻、辟支佛之涅槃。而菩萨以空慧了解一切法不可得，空亦不可得，空与不空等一不异，故轮回涅槃体性为一，并且以此智慧为摄持，发起大悲，长时间在轮回中救度众生，不急于趣入涅槃。可见，《大智度论》中的“但空”

---

① 龙树菩萨造，（后秦）鸠摩罗什译：《大智度论》卷三十七，《大正藏》第 25 册，第 335 页上。

② 龙树菩萨造，（后秦）鸠摩罗什译：《大智度论》卷三十五，《大正藏》第 25 册，第 320 页上。

和“不可得空”，其主要的差别在于是否能观世间、涅槃为一，并以此分判二乘行与菩萨行之高下：小乘人只为自身解脱而趣入涅槃，大乘人誓愿度脱一切众生。此即所谓“堕声闻、辟支佛地”与“无处可堕”。

因此，吉藏所理解的“但空”与龙树所说的“但空”内涵并不一致。

二 无所得空

“无所得空”是一个在汉译佛经中远不如“不可得空”来得常见的词，而二者实际并非两个概念。鸠摩罗什译《摩诃般若波罗蜜经》说有“七空”：

> 菩萨摩诃萨行般若波罗蜜习应七空，所谓性空、自相空、诸法空、无所得空、无法空、有法空、无法有法空，是名与般若波罗蜜相应。①

而鸠摩罗什译《大智度论》在解释这段经文时，所引文字直接变成了：

> 菩萨摩诃萨行般若波罗蜜习应七空，所谓性空、自相空、诸法空、不可得空、无法空、有法空、无法有法空，是名与般若波罗蜜相应。②

《大智度论》并在下文对“不可得空”注解为：

---

① （后秦）鸠摩罗什译：《摩诃般若波罗蜜经》卷一，《大正藏》第8册，第222页下—223页上。

② 龙树菩萨造，（后秦）鸠摩罗什译：《大智度论》卷三十六，《大正藏》第25册，第327页上。

> 诸法空故，更无所得，是名“不可得空”。①

依龙树所解，“无所得”与“不可得”同义，无所得空就是不可得空。

《摩诃般若波罗蜜经》与《大智度论》同为鸠摩罗什所译，而后者没有梵本存世。笔者推测这里有两个可能。第一是梵文本中本是同一词，鸠摩罗什分别以二词译之。第二，梵文本中非同一词，但名异而义一。

又，《大智度论》云：

> 十八空中佛何以但说“自相空”？
>
> 答曰：是中道空。内外空等是小空；毕竟空、无所得空等是甚深空；自相空是中空。自相有理破故而心不没，而能入甚深空中。②

而鸠摩罗什译《摩诃般若波罗蜜经》的“十八空”中，能与此“无所得空”相对应的，也只有“不可得空”。这可作为一个旁证。

可见，本来同义的“无所得空”和“不可得空”，在吉藏的解读中则成了不同义，他将前者解读为“因果宛然而毕竟空”，将后者解读为“知空亦空”。

三　不可得空

如上，《大智度论》中的“不可得空”，即“无所得空”，其意义当理解为一切法不可得。《大智度论》引《摩诃般若波罗蜜经》云：

> 何等为不可得空？
>
> 求诸法不可得，是不可得空，非常非灭故。何以故？性自尔。是

① 龙树菩萨造，（后秦）鸠摩罗什译：《大智度论》卷三十六，《大正藏》第 25 册，第 327 页中。

② 龙树菩萨造，（后秦）鸠摩罗什译：《大智度论》卷九十四，《大正藏》第 25 册，第 721 页中。

名不可得空。①

又说：

问曰：何事不可得？

答曰：一切法乃至无余涅槃不可得故，名为不可得空。②

“空空”只针对“空”，“不可得空”则针对“一切法”——“空”也是一切法之一，故了解不可得空，必了解空空：

问曰：无相是为有边？

答曰：若无相，即是无边。不可说、不可难法，云何言有边？若无相中取相，非是无相。是无相名为不可得空。是中无相亦不可得，空亦不可得，是故名不可得空。③

无相就是不可得空，无相也是无相，这还是不可得空。

所以，吉藏将“不可得空”理解为“知空亦空”，是将龙树认为的“不可得空”的意思窄化了。

四　空空

关于“空空”，《大智度论》有不少论述，而其中最有代表性的一段是：

问曰：空与空空有何等异？

---

① 龙树菩萨造，（后秦）鸠摩罗什译：《大智度论》卷四十六，《大正藏》第25册，第394页上。原文在鸠摩罗什译《摩诃般若波罗蜜经》卷五，《大正藏》第8册，第250页下。

② 龙树菩萨造，（后秦）鸠摩罗什译：《大智度论》卷三十一，《大正藏》第25册，第295页下。

③ 龙树菩萨造，（后秦）鸠摩罗什译：《大智度论》卷二十六，《大正藏》第25册，第255页中。

答曰：空破五受众，空空破空。

问曰：空若是法，空为已破。空若非法，空何所破？

答曰：空破一切法，唯有空在。空破一切法已，空亦应舍。以是故，须是空空。

复次，空缘一切法，空空但缘空。

如一健儿破一切贼，复更有人能破此健人，空空亦如是。

又如服药，药能破病，病已得破，药亦应出，若药不出，则复是病。以空灭诸烦恼病，恐空复为患，是故以空舍空，是名空空。

复次，以空破十七空，故名为空空。①

对比前引吉藏《十二门论疏》《中观论疏》《三论玄义》《净名玄论》《大乘玄论》可见，《大智度论》所说的“空空”，恰是吉藏认为的“不可得空”。而吉藏理解的“空空”则是将龙树理解的“空空”的本义宽泛化了。

总　结

在此可以列一个表格，说明吉藏理解的“但空”“无所得空”“不可得空”“空空”与龙树《大智度论》中的差异。

	吉　藏	《大智度论》
但空	但住于空、不知空亦复空	声闻、辟支佛智慧但观诸法空，不能观世间、涅槃为一
无所得空	因果宛然而毕竟空	不可得空
不可得空	知空亦空	求诸法不可得
空空	空与不空二种俱空	空空破空

吉藏认为，龙树著作《十二门论·观因果门》的目的，在于“破前二空（邪见空、但空），令入真空（无所得空），故明因果空也”，但综上

① 龙树菩萨造，（后秦）鸠摩罗什译：《大智度论》卷三十一，《大正藏》第 25 册，第 288 页上。

可知，吉藏理解的“但空”并不同于龙树所说“但空”的内涵。在龙树看来同义的“无所得空”和“不可得空”，在吉藏的著作中则成为不同义。此外，吉藏所理解的“不可得空”，实际是龙树观念中的“空空”，他所理解的“空空”，却比龙树之“空空”的指向来得宽。

由此可以说，吉藏对龙树造《十二门论·观因果门》之缘由所作出的阐述，应是吉藏本人在学术上的发挥。

试论鉴真大师因果观

释能修

【提要】鉴真大师一生从事佛法弘传的实践并没有留下什么文献，本文只能从其师承、弟子及弘法活动中做一些抉择和梳理，使我们真修佛者可以秉承鉴真大师“是为法者，何惜生命”的不屈不挠的精神，激励我们从初发心直至悉地的修学征途当中精勤不懈、坚忍不拔，无怯懦、无喜足、无退转而以回报三宝恩和众生恩为依为要。

【关键词】鉴真大师　六次东渡　南山律学　异熟因果　戒体判摄　自誓从师

【作者简介】释能修，中国佛教协会常务理事，江苏省佛教协会副会长，扬州市佛教协会会长，鉴真佛教学院常务院长，大明寺方丈。404829828@qq.com

一　引　言

佛教起源于古印度，光大于华夏，自两汉之际传入中国以来，通过与魏晋玄学的相互融合，随即在隋唐步入鼎盛时期，此时的佛经传译也是空前绝后，佛教理论也逐步形成独立的演绎和推理，构建了如三论、慈恩、天台、贤首、真言、禅宗、净土和律宗等中国佛教八大宗派，并分别传承到日本、朝鲜和越南等国。其中律部的传承主要是以《四分律》为依，由终南山道宣律师所创建，为彰显佛陀一代圣教，兴建戒坛，制定受戒仪轨，史称“南山律”。鉴真大师受传于此派系的道岸、弘景等大师，乃当时蜚声中外的律学大德。可谓因缘殊胜，大师在驻锡盛极一时、名僧辈出的大明寺的时候，接受了日僧荣睿、普照东渡日本的邀请，后历经十年成功渡日，弘律布教，由此开创了日本律宗。

由于鉴真大师一生从事佛法弘传的实践并没有留下什么文献，本文只能从其师承、弟子及弘法活动中做一些抉择和梳理，使我们真修佛者可以秉承鉴真大师“是为法者，何惜生命”的不屈不挠的精神，激励我们从初发心直至悉地的修学征途当中精勤不懈、坚忍不拔，无怯懦、无喜足、无退转而以回报三宝恩和众生恩为依为要。

二 鉴真大师史迹

鉴真和尚（688—763），扬州江阳县淳于人氏，14岁随父于大云寺出家，师从智满禅师，法名鉴真。后随南山一系道岸律师受戒学律，随即在洛阳、长安师从弘景律师受具足戒，并受学弘传律学，兼及建筑、雕塑、书画、音乐和医药等外学，且有幸进入皇宫太医署学习。有《佛性论》《顺义说》等注疏，并抄写佛经、建寺、塑佛像等，讲授佛教律典遍及四方。后回扬州，兴戒坛，缮道场，建寺舍，塑佛像，讲经弘律，写经刻石，广施医药，普济众生，成为名满江淮的僧人，万人仰慕的讲律授戒大师。

日天平四年，即唐开元二十年（732），荣睿、普照二师随第九次遣唐使丹比治广成留学中国。当时汉传佛教虽已传入日本，但戒律传承流弊很多，荣睿、普照二师游学的目的，主要是物色一位律学高僧到日本去传授律学。其在洛阳、长安研修佛学长达10年，得知在大明寺讲授律学的鉴真大师，便于天宝元年（742）来扬州，说明来意，大师也为二人的真诚所打动，决定亲自带队东渡日本。

此后的10年，通过六次东渡并最终得以成功。关于前五次的艰辛历程，兹列表如下：

次序	时间	随从传戒僧人数	失败原因
第一次	743年3月	21	如海等诬告
第二次	743年冬	17	风浪险恶
第三次	744年春	17	舟山触礁
第四次	744年冬	13	官府阻挠
第五次	748年6月	12	遇台风

前五次东渡失败，其得力助手荣睿死于端州（今广东高要）；弟子祥彦卒于吉州（今江西吉安）；为接洽东渡的便船，普照只得暂别大师，独自去明州阿育王寺。当年邀请大师东渡的两位日僧，一位死别，一位生离，这让大师感慨万千：“为了传戒弘法，我下决心东渡，一天不到日本，一天不改意愿。”当时大师年事已高，再加之长期辛苦跋涉，身体状况大不如前，又得眼病，后导致终身双目失明。

753 年，正逢遣唐使藤原清河，副使宿弥胡磨、吉备真备和在大唐做官多年的阿倍仲麻吕（汉名晁衡）等回国。他们邀请大师及随从弟子、工匠一行 24 人，携带书籍、法器和大批文物，于 10 月 29 日从扬州出发，12 月 20 日顺利到达摩萨国阿多郡秋妻屋浦（今九州南部）。第六次东渡终于得以成功，次年 2 月 4 日抵达首都平城京（今奈良），被迎至东大寺内，当时的大师已是 66 岁高龄了。

圣武太上天皇派正议大夫吉备真备向大师传旨，赐予他“传灯大法师”称号，委以授戒传律的重任。4 月，鉴真大师于卢舍那佛殿立戒坛，为圣武太上皇、光明皇太后、孝廉天皇和皇后、太子及公卿以下等 430 多人传戒，另有名僧 80 多人弃旧戒而重受新戒，这是日本佛教史上第一次正规的登台授戒，天平宝字元年（757），大师被加封为“大和尚”尊号。

759 年，大师率弟子普照、思托等在奈良建成唐招提寺，传布律法。大师被称为日本律宗太祖，唐招提寺成为日本律宗祖庭。

大师在日 10 年间，精勤弘法布教，为日本佛学和佛教艺术、医药、文学、书法和印刷等付出了毕生精力。因其精通医道，救人无数，淳仁天皇曾让他鉴别药的真伪。他用鼻子闻，无一错误。光明皇太后有病，其用药也很有效。大师并著有《鉴上人秘方》，虽已散佚，但有少数药方传世。

763 年春，由于长期操劳，健康状况日渐恶化，思托、忍塞等弟子经过商议，为大师塑造了一尊干漆夹纻坐像。5 月 6 日，大师圆寂，建墓塔安葬在唐招提寺内，那尊干漆夹纻坐像，一直供奉在唐招提寺御影堂内，成为日本国宝。

次年八月，日本朝廷特派遣唐使臣到扬州各寺报丧。消息传来，江淮各地寺院及僧众云聚龙兴寺、大明寺，穿着丧服，面向东方，哀悼三天，并为超度亡灵举行盛大法会，悼念场面之大，参与僧众之多，为世所罕见。

三 从南山律的传承和思想来辨析鉴真大师因果思想

根据大师东渡日本时所带佛教经典及东渡后的佛教活动，可以总结出大师在日本弘传律学方面所呈现出来的因果思想，其主流无疑是国内自道宣以来的南山宗的律学理论。所以本节主要是以律宗的主流思想来进行梳理和论证。

大师在大明寺讲授律学期间，据史料记载：先后讲解广律及注疏40遍，律钞70遍，轻重仪10遍，羯磨疏10遍，学识之渊博，说理之精辟，闻者无不叹服。其诸多弟子都是名重一方之律学大师，并遍及各地，大师实属桃李满天下。另外，还有参照鉴真大师的最原始的、可靠的资料所著者：日本真人元开根据鉴真的弟子思托的《大磨传戒师僧名记大和上鉴真传》（已佚）所著的《唐大和上东征传》（以下简称《东征传》）、宋释赞宁《宋高僧传》卷十四《鉴真本传》等。本文结合鉴真一生传教弘法的实践活动和《东征传》等有限文献资料，同时依据南山律学的传承和思想等方面来分析抉择大师的因果思想。

（一）鉴真大师秉承和发展了道宣律师在《行事钞》等著述中的观点：将戒律的精神实质界定为止持门（防非止恶：诸恶莫作）和作持门（积极行善：众善奉行，自净其意）二种并重的教理论证，并且把其分为戒法、戒体、戒行、戒相四科。

“戒法”泛指佛教的各种律法。《四分律行事钞》云：“言戒法者，语法面谈，不局凡圣。直明此法必能规成出离之道。”① 戒法是通往解脱的重要途径。

“戒体”是弟子在从师受戒时从自己内心领受圣法所产生的法体，并在心理上产生了防非止恶的功能。

“戒行”是受戒后随顺着戒体而如法动作身、口、意三业。《四分律行事钞》云：“戒行者，既受得此戒，秉之在心。必须广修方便，检察身

① 释大恩：《律宗大义》，四川出版集团、巴蜀书社2004年版。

口威仪之行。克志专崇，高慕前圣持心后起，义顺于前。”[①] 意即，依戒而行就能符合戒法的要求。

“戒相”即戒行发动而表现于外的相别，是持戒的主要内容，如五戒、十戒乃至比丘二百五十戒、比丘尼三百四十八戒等。

其中南山律对戒体的纳受的判摄就与当时相部和东塔二系有着本质的区别：相部法励依据《成实论》，以“非色非心”为戒体的教证；而东塔怀素则是根据《俱舍论》以“无表色”（虽然属于色法，但谓无见无对，实质上所指的是持戒的意志）为戒体之判摄；南山律则是依据《四分律行事钞资持记》所言“戒体者，所谓纳圣法于心胸，即法是所纳之戒体”为圣言量。因此南山律之戒体产生于戒法的领受，同时生出护持戒法的心理要求。又如《四分律行事钞》云：“戒体，即谓出生众行之本。”所以戒体又是戒行、戒相的根据。《芝苑》又说：“夫戒体者，律部之枢要，持犯之基本，返流之源始，发行之先导。”这也要求真学佛者在学戒持戒的修行过程当中，必须要依照基本的道德和信仰对自己的身口意三业如法如律地去行持和守护（开遮持犯）。可见戒体论是南山律的主要学说，道宣依据《法华经》《摄大乘论》的种子思想，认为戒体就是阿赖耶识所藏的种子（善法种子或者金刚菩提种子）。这种以赖耶识种子为戒体的说法，叫作心法戒体论。阿赖耶识在唯识学里又名“异熟识”。异熟识有三义：(1) 异时而熟：业（因）在过去，果在现在；业（因）在现在，果在未来，因与果在不同时期变异成熟，故名异时而熟；(2) 异性而熟：业因有善恶性，果是不善不恶的无记性，因果之间的特性不同而变异成熟，故名异性而熟；(3) 变异而熟：谓业因酬果，前生后熟，因果变异，故名异熟。《成唯识论》卷三：“此第八识，或名异熟识能引生死善不善业异熟故。”[②]《摄大乘论》卷一也有详解，兹不赘述。故“心法戒体论”是南山律宗教理的核心理论，也是鉴真大师在弘传律学上的根本所依。

（二）从自誓受与从师受的两种方法（因），是否能如法得戒（纳受戒体——果）的问题。佛教传入日本的最初阶段，虽然也从中国和高丽

---

① 释大恩：《律宗大义》，四川出版集团、巴蜀书社 2004 年版。

② 护法等著，（唐）三藏法师玄奘奉诏译：《成唯识论》卷三，台北佛陀教育基金会 1994 年版，第 111—112 页。

（现朝鲜）传入了律学，但当时的日本，僧侣戒律松弛，私度成风，民间普遍采用自誓自受的方式出家剃度乃至受戒，对于戒律的理解也是五花八门，民众只要愿意，就可以自行宣布自己是出家僧侣。没有戒律的摄持，佛教的发展也岌岌可危，社会风气污浊不堪，各种矛盾日渐激化。正如《善见律毗婆沙》云："毗尼藏者，佛法寿命，毗尼藏住，佛法亦住。"①按佛陀律部的规定：从三皈五戒为起始，进而沙弥（尼）十戒、具足戒（比丘二百五十戒、比丘尼三百四十八戒）乃至于菩萨戒（包含在家和出家）都要通过正常的从师受的戒仪。

鉴真大师看到了日本佛教界盛行的自誓受戒的做法，认为此举不如法如律，因为这种未曾经过三师七证的受戒仪轨，根本无法获得戒体。他主张正规的受戒仪轨，必须依附于"三师七证"—— 得戒和尚、羯磨阿阇梨和教授阿阇梨传授戒法，七位尊证临场作证的从师受戒法，才算完成戒仪。

但大师的主张却遭到奈良旧教团的反对和抨击，天皇还为此举办了一场辩论。旧教团引用鸠摩罗什法师所译《梵网经》中之依据，用以论证其自誓受的合法性："佛入灭后，无受戒法师时，自于菩萨尊前自誓受戒，称为下品戒。"大师反驳说：受戒有十种方法，自誓受戒是其中的第四种，但举行自誓受戒有严格的规定。（1）受戒时间有限制，根据《菩萨璎珞本业经》，只在佛灭度后，千里内无法师时才可以举行自誓受戒。现在三师七证俱全，自誓受戒便不合法。（2）受戒对象有限制，只有像大迦叶这样的上上根机之人才有资格通过自誓受戒而得戒体，普通根机的众生根本没有资格这样做。（3）得戒体的条件十分严格，《梵网经》记载自誓得戒的条件是应于佛菩萨圣像前忏悔，礼三世千佛，若见佛来摩顶或见光见华等好相，才能得戒，否则虽有自誓之形式亦不得戒。双目失明的大师辩才无碍，破邪显正，表明了按照从师受戒的必要性和重要性，从而获得天皇和大众的支持，孝廉天皇于是下诏："大德和尚远涉沧波，来投此国，诚副朕意。自今以后，传授戒律，一任和尚。"随即授予"大僧都"一职，并赐予"传灯大法师"尊位。大师进一步开始了其在日本筹备立坛受戒和设立戒坛院等项工作。从此，凡经鉴真受戒者，方始为国家

① 广化法师讲：《四分律比丘戒本讲义》，高雄南林出版社 2008 年版，第 37 页。

公认之僧尼，统领日本佛教僧务。

正是由于鉴真大师当年东渡日本带去了珍贵的南山律学的传承体系，使得中国的南山律学在失传一千多年之后，近代律学宗匠弘一大师悲天悯人，为着中国佛教的传承和发展，又从日本搜集、整理并重新传回中国，这难道不正是鉴真大师当年种下了极深的因缘吗？鉴真大师东渡日本并弘传律学，恩泽历史，光彩照人。

总体说来：鉴真大师在弘传律学上所呈现出来的因果思想主要体现在两点：一者是在洛阳和长安、扬州期间，秉承了南山律道宣律师依据融通声闻、菩萨二部律学之“三聚净戒”（摄律仪戒、摄善法戒和饶益有情戒）的《四分律》传承体系，以“心法戒体论”思想来破遣相部法励的“非心非色”戒体论和东塔怀素之“色法（无表色）”戒体思想之界定问题；二者是在东渡日本成功以后，面对当时日本旧教团势力的自誓受戒不得戒的种种不如法不如律的乱象，进行了整治。至于其所传之天台教观中所含摄的因果思想，乃至于人文、建筑和医药等，这些都有其弘传流布的时节因缘，由于时间紧迫，再加之论文的篇幅所限，兹不赘述！

四 结 语

综上所述表明：1260 年前曾经住持过大明寺的鉴真大师，作为南山律第四代祖师，日本佛教南山律的开山鼻祖，不畏艰险，六次东渡，将佛陀的戒法漂洋过海弘传到日本，整肃僧刚，为佛法的弘扬做出了巨大贡献。大师在日本弘传戒法的实践，说明戒律在佛法修学当中的重要地位。我们每一位佛弟子都承担着弘护正法的责任和义务，在 1260 年后的今天，我们更觉得任重而道远。

所以，为使大明寺恢复当年鉴真律学道风，本寺新建的二部僧受三坛大戒的戒坛院即将竣工，机缘成熟，希望能秉承三宝的摄受，鉴真大师的加持，使好乐学戒持戒的真佛子们都能从这里走向圆满的菩提之路。鉴真佛教学院也会坚持以“突出外语教学，注重律学研修，弘扬鉴真精神”为办学特色，尽力护持正法，弘扬律学的活动，能涌现出更多的弘律、讲律僧才，整肃律制，发起真正的定慧修行，像当年鉴真大师那样，把律学带到世界各地。以普领大众，回报三宝恩，普施众生界！

《大乘起信论》的因果结构

——兼谈牟宗三、吕澂的诠释

李宜静

【提要】《大乘起信论》以“一心开二门”的架构阐释了人类生死流转和解脱幻灭的因果法则。本文采取牟宗三“超越的分解”的理论模型对《大乘起信论》的因果论结构进行了诠释，指出其避免学界“本觉真心如何产生无明”的理论质疑的可能路径，并在此基础上，对近代以来国内外学界针对《大乘起信论》的批评进行了理论上的澄清。

【关键词】《大乘起信论》 无明 牟宗三 吕澂

【作者简介】 李宜静，华南师范大学副教授。echo_ liyijing@ hotmail. com

佛教义理的一个中心问题是以因果法则阐明众生为何会生死流转以及如何解脱还灭。《大乘起信论》作为真常心系统的根本论典之一，以“一心开二门”的架构对此一问题作出了系统的说明。大体而言，“一心”是“众生心”，统摄一切染净法。一心开出“真如门”和“生灭门”。“真如心”是“体”，不生不灭、具备一切清净无漏功德，是一切清净法的根源；“生灭心”是真心忽然不觉而起念，“生灭与不生灭和合”，是一切染污法的根源。众生虽然无始以来即在染污之中，但“真如心”具有内在的影响力，能够熏习“无明”，使人厌生死苦，乐求涅槃。相对于唯识学以阿赖耶识为中心说明一切染净法的根源，有些学者认为《大乘起信论》对此问题的阐释更加圆满，因为阿赖耶识作为杂染的心识，在解释清净法的缘起和众生成佛依据的时候会遇到困难，而《大乘起信论》则可以很好地解决这一问题。也许正是因为“一心开二门”在说明一切染净法的缘起和众生成佛根据方面的独到之处，使它成为对中国佛教义理影响至深的一部经典。

然而也有不少学者注意到了“一心开二门”中隐含的一些理论上的困难，如程恭让就指出，如果说以虚妄心识作为一切法存有依据的唯识体系在解释清净法的来源时会遇到困难，那以真常心作为一切法存有论依据的《大乘起信论》在说明染污法的来源时也未免捉襟见肘，因为《起信论》依靠“无明”的插入解决染污法的产生，和唯识学依靠“圣言”解释清净法的来源是一样的。[①] 释恒清也提出了类似问题，“假如众生的真如本性是清净的，杂染法从何而生（就像如果上帝是全善的，世间的罪恶何来）?”[②] 印顺法师也指出印度传来的如来藏经论也还是采取相对的二本说，从杂染熏习的一切种子识去说明一切，而中国的如来藏学者则倾向于一元，在教相的说明上，难以确立染净差别的诸法。[③]

要而言之，《大乘起信论》的缘起结构遇到的最大问题就在于“一心开二门”中的“心生灭门”如何成立，也即“本觉”的真心如何生起无明?《大乘起信论》的作者显然已经意识到这一问题：“何以故？是心从本以来，自性清净而有无明，为无明所染，有其染心，虽有染心而恒常不变，是故此义唯佛能知。”然而《大乘起信论》的文本并没有清晰地对这一问题进行阐明，而是使用了“唯佛能知”这一解释策略，意在表明它是世间理论难以通达的。本文认为，如果对《大乘起信论》“一心开二门”的结构进行恰当诠释，完全可以避免“本觉真心如何产生无明”这一理论难题，也更有助于进一步思考近代以来针对《大乘起信论》“本觉”思想的批评。

一　一心开二门的因果结构

《阿含经》及早期经典对人生一切现象的因果都是通过业感缘起进行解释的，“无明”缘“行”，“行”缘“识”直至生、老、死，其中“无

① 程恭让：《牟宗三〈大乘起信论〉一心开二门辩证》，载《华梵之间》，中国社会科学出版社 2007 年版，第 403 页。

② 释恒清：《佛性思想》，台北东大图书公司 1997 年版，第 221—222 页。

③ 印顺：《以佛法研究佛法》，载《印顺法师佛学著作全集》第七卷，中华书局 2009 年版。

明”是解释杂染法的重心，由无明而起种种业，由业而招致有识的生死。至于“无明”从何而来，这似乎是一个不需要回答的问题，从经验的立场看，无明是无始以来就有的，是如环无端的因果链条的一部分，是业感而生。无明不是世界的第一因，也不需要为它寻找一个本体论上的依据。对于众生如何解脱，早期佛教也并未给出一种所谓“必然”的根据，《阿含经》说“五根”，信根、进根、念根、定根、慧根，作为一切无漏善法生起的根本，都是经验的分析。唯识学以阿赖耶识为中心说明一切染净法的生起，通过种子熏习说明众生的流转与还灭，同样也是基于对人生经验的深层分析。可以说，早期佛教经典和唯识学都是在经验的层面对一切法的因果关系进行说明。

《大乘起信论》则有所不同，按照牟宗三的说法，它属于“超越的分解”，所谓分解，指的是通过明确概念、建立体系的方式阐明佛教义理。“超越的分解”是指通过预设一个“超越”的真心，作为一切染净法的依据，并为“众生皆可成佛”提供一个超越的、必然性的保障。[①] 牟宗三的这一看法，为分析《大乘起信论》的因果结构提供了一个很有益的帮助，以下本文将顺此思路展开。

《大乘起信论》以“众生心”为一切杂染法和清净法的根源，“是心则摄一切世间法出世间法”。“众生心”包含着两个方面，“心真如门”和“心生灭门”，然而，这两个方面并非并列，而是在不同的维度上对同一心灵的阐释。从超越的角度讲，众生心是本觉的真心；从现实的、经验的角度讲，它是生灭心。因此，《大乘起信论》对一切染净法的因果阐释，也是在超越和经验两个维度展开的。

“心真如”指的是离念本净、佛与众生平等不二、真实的一心。所谓“真如”原指包括心在内的一切法的真实本性，可以是“心性”，也可以是“法性”，但在《大乘起信论》中，性与心合而为一，真如即指超越的真心。这一真心有两方面的含义：“如实空”与“如实不空”。如实空是指：“从本以来一切染法不相应故。谓离一切法差别之相，以无虚妄心念故。”空也就是没有妄念，而没有妄念才能显出心的究竟真实，“一者如实空，以能究竟显实故”。这里需要注意的是“从本以来一切染法不相

① 牟宗三：《佛性与般若》上，吉林出版集团有限公司2010年版，第381页。

应”，之所以在定义清净真心的时候先提“染法”，是因为从时间的（经验的）维度看，真心无始以来就伴随着一切染法；而从究竟真实或超越的维度看，才可以说本性清净、不与染法相应。

真心的“如实不空”指的是“常恒不变，净法满足”，所谓“非前际生非后际灭，毕竟长恒”，意味着真心是超越时间的永恒存在。“净法满足”意味着与中观与唯识学不同，真如心不仅只是从缘起无自性的空性或与烦恼不相应的清净本性来谈论心灵，更是从心灵的能力，即本具觉性而谈的，“所谓自体，有大智慧光明义故，遍照法界义故，真实知识义故……亦名如来法身”，这正是真常唯心论的特质所在。应当注意的是，这个本觉的真心，并非时间意义上的心灵的原初状态，它并非来自对众生现实心灵的经验的分析，而是从超越的角度立论，用牟宗三先生的说法就是“超越的分解”，用《大乘起信论》自身的语言就是“唯证相应”，只有佛才能了知。

“心生灭”指的是“依如来藏故有生灭心，所谓不生灭与生灭和合，非一非异，名为阿赖耶识”，“生灭心”就是阿赖耶识，它作为种子识含摄无始以来所有人生经验所留下的潜在影响力，是杂染法生起的原因。应该说，对于杂染法的缘起，《大乘起信论》大致将唯识学的方式融入了自己的解释体系中，是从经验的层面予以说明。

然而，与唯识学不同的是，《大乘起信论》既然承认本觉的真心，就必须要说明此真心与阿赖耶识的关系，它对此的解释是不生不灭的真心与生灭和合就成为阿赖耶识。所谓“生灭”，印顺法师将其疏解为“虚妄的熏染”，从根本上讲就是无始无明的熏染。接下来的问题似乎就是，既然真心本觉，无明就是不觉，那么本觉的真心如何会被无明熏染，无明从哪里来？《大乘起信论》使用著名的水波之喻，将本觉真心比喻为大海水，将无明比喻为风，因为无明风动而起识波浪，然而波浪虽动水性不动，以此说明本觉性不变。这一比喻似乎将无明看作心外之物而另有来源，但无明作为虚妄心念，必然从心而来，所以《大乘起信论》又有说“依阿赖耶识而有无明，不觉而起，能见、能现、能取境界……”总之，无论无明熏染真心而有阿赖耶识，还是依阿赖耶识而有无明，都是一种循环解释，似乎最终未说明本觉真心如何会起无明的问题。也正因如此，如本文前面所提到的，不少学者认为《大乘起信论》既然以真心为本，在解释无明染法时就会遭遇理论困难。

本文认为，依照牟宗三“超越的分解”与“经验的分解”的理论，这一难题其实可以避免。如牟宗三所言，“真心”是从超越的角度立论，因此并非有一个在众生经验中的、初始的真心，在时间中忽然产生无明。至于无明从何而来，《大乘起信论》也完全可以就经验的立场解释，无明是无始以来即存在的，是经验的现实，并没有本体论的最终根据。印顺法师也对“从真起妄”[①] 解释无明的来源进行过批评，他指出：“真如是超时间相的，是‘无’有‘前际’可说的。‘无明’也是‘无有始’的，从来即是如此，所以名为无始无明。不应该说：先有如来藏，后有无明生死。”[②] 对于《大乘起信论》的因果结构，印顺法师在其讲记中也曾提到：“真常心者说明一切是有二种论法的：一、从现起一切说，建立相对的二元论，如说杂染与清净、真实与虚妄……二、从究竟悟入真实性说，建立绝对的一元论。……如不知此义，但说从真起妄，返妄归真，立义不圆满，容易为虚妄唯识者所误会与攻难，而不能自圆其说。”[③]

总之，《大乘起信论》的“一心”有两个维度，就其现实性而言，是无始以来就处于无明之中（这是经验的事实）；而从其超越性上讲，则是清净的、觉悟的。“心生灭门”对于染污法缘起的阐释，是从经验的角度立论，将唯识学的阿赖耶识缘起纳入自己的解释框架中；“心真如门”是对清净法根源的阐释，则属于“超越的分解”。相对无始以来即存在的无明染法这一强大的经验事实，“心真如”是从超越的角度指出，众生心灵的清净觉悟比无明更根本、更真实。正因如此，在“生灭门”中无始以来即处于染污中的众生才具备一种离染求净的内在动力，众生成佛才有其必然性。

---

① 《大乘起信论》有“所谓心性常无念故，名为不变，以不达一法界故，心不相应，忽然念起，名为无明”，似乎无明是真心忽然产生的，对此，本文认同印顺法师的解释：“所以说忽然，不是无缘无故的突然生起，是形容众生于不知不觉间的任运生起。也因为心性是常恒不变的，所以说念起为忽然，其实是无识以来成就的。”参见印顺《大乘起信论讲记》，载《印顺法师佛学著作全集》第三卷，中华书局 2009 年版，第 128 页。

② 同上书，第 192 页。

③ 同上书，第 93 页。

二　对近代以来《大乘起信论》思想批判的再反思

《大乘起信论》的思想模式在历史上对中国佛教义理产生过深刻的影响，近代以来则遭遇了不少质疑和批评，特别以吕澂和日本批判佛教对其"本觉"思想的批判为代表。这些批评引起了学界长久、深入的讨论，也激发佛教思想研究的进一步深入。其中一些理论问题与如何诠释《大乘起信论》思想有关，有进一步探讨的余地。

吕澂对《大乘起信论》的批评兼及翻译的真伪与理论的是非，其中文献的考据又是为义理的诠订服务的。就文献考证而言，吕澂不仅认为《大乘起信论》的翻译与马鸣、真谛无涉，更进一步指出其依据在于北魏菩提流支翻译的《楞伽经》，是对魏译《楞伽经》错误的因袭和进一步发挥[①]；就思想而言，吕澂对《起信论》最根本的批评即在于其"心性本觉"思想。他将这种思想总结为："人心为万有的本源，此即所谓'真心'。它的自性'智慧光明'遍照一切，而又'真实识知'称得'本觉'。此心在凡夫的地位虽然为妄念（烦恼）所蔽障，但觉性自存，妄念一息，就会恢复它的本来面目。"[②] 这种思想在理论上的错误关键在于：一、将真如与如来藏混为一体，把本来作为万法实相、不动不变的真如混同为本心，"视染净万法悉为一心之开展演变，此正《楞伽》所破缘生外道之说，何复有于佛法哉"[③]。二、真如、正智不分，认为真如自体不空，具足性德，有大智慧光明，遍照法界。这样，将心的实相"真如"与获得觉悟的智慧混淆，于是众生具有证得真如实相的潜能就被误作为真如能够自我觉证，进而被误认为众生本来觉悟。

"本觉"思想在吕澂看来除了其义理"圣教无征"外，更大的问题还在于它引发的"返本"的实践性格。吕澂认为，佛法的本质并非妥协的、消极的，而有着积极变革世间、净化现实人生的含义，这一观点

① 吕澂：《起信与楞伽》，载《吕澂佛学论著选集》第一卷，齐鲁书社 1991 年版，第 292—302 页。

② 吕澂：《试论中国佛学有关心性的基本思想》，载《吕澂佛学论著选集》第三卷，齐鲁书社 1991 年版，第 1417 页。

③ 吕澂：《起信与楞伽》，载《吕澂佛学论著选集》第一卷，齐鲁书社 1991 年版，第 295 页。

贯穿于他的整个佛学思想。在他的诠释下，唯识学的“转依”具有革新的意义，通过“离染转依”达到心的由染而净、由迷而悟，从而整个人生得以提升，在他后期的佛学思想中更将这种“革新”扩大到整个人类和社会的变革。而“本觉”则导致实践上的“返本”，在与熊十力的通信中，他指出：“唯其返本，故才起具足于己之心，便以毕生委身情性，纵又安排，无非节文损益而已。等而下之，至于禅悦飘零，暗滋鄙吝，则其道易既穷矣。”① 本觉使人认为自己内心完满具足，因此听任自然本能之心的驱使，无法实现人生真正提升和净化。而这种观念运用到社会实践中，就是保守与妥协，它肯定一切现实（包括社会制度）的价值，谈不到任何实质的变革。②

吕澂对《起信论》本觉思想的批评与20世纪80年代兴起的日本批判佛教思潮有不少相似之处。虽然日本批判佛教思潮对“本觉”思想的批评在内容上涉及的范围更广，角度也更为复杂，不仅包括《大乘起信论》的本觉思想，更包括日本中世天台思想，源自印度的如来藏思想③，甚至中国和日本的本土思想。但其批判的重点也在两方面展开：一、本觉思想以如来藏或真如为“基体”，是万物的根源，松本史郎称之为“发生的一元论”或“根源实在论”，违背了佛教的缘起无我说。这与吕澂对《大乘起信论》“一心开二门”的批评“视染净万法悉为一心之开展演变，此正《楞伽》所破缘生外道之说，何复有于佛法哉”是一致的。二、本觉无法引导有意义的宗教实践，没有为佛教“无我利他”的道德律令留下余地，在社会实践层面导致无批判、无差别地接受社会现实，对世俗世界“全幅肯定”，甚至视社会歧视为合理。这与吕澂对本觉思想无法实现人生的提升和净化、在社会层面妥协保守的批评异曲

---

① 吕澂、熊十力：《辩佛学根本问题》，载《中国哲学》第一辑，人民出版社1984年版，第173页。

② 吕澂：《试论中国佛学有关心性的基本思想》，载《吕澂佛学论著选集》三，齐鲁书社1991年版，第1417页。

③ 对于何为“本觉”，末木文美士教授将之大致归纳为狭义的本觉思想即日本中世的天台本觉思想，和广义的本觉思想即源于《起信论》，在中国华严系统中得到发展。参见氏著《本觉思想的定义和类型》，载《宗教研究》，宗教文化出版社2008年版，第3—4页。批判佛教的发起人之一松本史郎教授则认为“本觉思想”概念内涵模糊，歧义纷呈，不适合进行严肃的学问论争，应该用“如来藏思想”取而代之。

同工。

对于第一种批评，即以一心（真如）为万法的根源，有实体化的嫌疑，违背了佛教的缘起法则，从《大乘起信论》的某些文句及一些对后世产生广泛影响的高僧注疏看，似乎确实如此。《起信论》开篇即有“所言法者，谓众生心；是心则摄一切世间出世间法”；又说此心“能生一切世间出世间善因果”，心真如门和心生灭门“各总摄一切法”等，似乎一心确为万法开展的根源。牟宗三认为佛教思想的发展必由般若学进至以《大乘起信论》为代表的真常心系统，理由便是般若学没有对万法的存在予以根源的说明，“根源就是缘生，这等于未说明，这只是一套套逻辑”，而《大乘起信论》则能从根源上对一切染净法的存在给予圆满的说明。但是对佛教教义而言，一种实体性或根源性的存在的观念是佛教最初即反对或警惕的，所以把《起信论》的一心理解为万法的根源，无论如何会招致批评。

关于这一点，牟宗三也有清楚的意识，他一方面说：“但到‘真心’成立，空如理与真心为一，空如理遂因真心故而成为一实体字。”① 这种作为一切法依止的“竖立”的真心，以今语言之，便可有实体性的本体之嫌，以古语言之，便可有外道梵我之嫌。② 另一方面又辩解说这实体性的实有只是一个虚样子，只是在对众生而说其成佛可能之依据并对一切法做一根源的说明这两个问题上始显示出这一姿态，如来藏“随缘不变不变随缘”之缘起并不是“实体性的实有之本体论的生起”。他的理由是，当《起信论》说心真如是一切法的根源时，此“法”是作为功德的“意义法”，是第二序上的，不是缘起的事法。③ 也就是说心真如并不产生一套有别于现实染污世界的清净法，而是洞察缘起法的寂灭本相、清净功德因而被带进来，因此并非一实体性的真心缘起清净法。至于心生灭门，作为一切世间法的根源，其实是阿赖耶识缘起，真心是依凭因而非一切法的生因。待到无明断尽，离妄想无所有境界，有实体性虚样子的真心即被打散。④

① 牟宗三：《佛性与般若》上，吉林出版集团有限公司 2010 年版，第 373 页。

② 同上书，第 374 页。

③ 同上书，第 369 页。

④ 同上书，第 376 页。

本文认为牟宗三的观点确有洞见，但有些地方也值得进一步商榷。将“心真如摄一切法”视作在功德或“意义”的层面上对理解“心真如门”很有启发，《大乘起信论》在谈论真如与无量清净功德和一切世间出世间善法时，常常是在与妄境妄念相对的意义上展开的，如当论中有人问到为何说真如体有种种功德时，回答是：“若心有动，非真识知，无有自性，非常非乐非我非净，热恼衰变，则不自在，乃至具有过恒河沙等妄染之义。对此义故，心性无动，则有过恒河沙等净功德相义示现。”无量的清净法并非在缘起的意义上别由真心产生，而只是知虚妄为虚妄，去除虚妄就是清净功德。这样看来，《起信论》可以在一定程度上避免产生万法的实体或基体的批评。但从另一方面讲，只要将一心诠释为如牟氏所言的“对万法的存在的根源的说明”，即便真心不是万法的生因而仅是依凭因，吕澂和批判佛教的批评也难以完全避免。

本文认为，虽然《大乘起信论》有一心“摄一切世间法出世间法”“能生一切世间出世间因果”“是一法界大总相法门体”等文句，但将之诠释为存有论上“万法的根源”并不一定恰当。综观《起信论》全文，在谈论“一切法”时几乎都是围绕着人的觉与不觉展开，而并非关注世界如何从一超时间的实在中生成。无论是“心真如”还是“心生灭”，其中心都是解释众生觉悟的必然性（心本觉）、众生为何生死流转（由本觉而不觉）以及众生转染还净的过程（从不觉到始觉到究竟觉），而并非一心如何派生世界。虽然《起信论》中确有一段，“是故三界虚伪、唯心所作，离心则无六尘境界。……一切法皆从心起妄念而生……当知世间一切境界，皆依众生无明妄心而得住持”，似乎是说世界万法都由心产生，但其后文又马上转入对虚妄意识如何产生的分析当中，关注点还是人生论而非宇宙论，是从法之于人的意义的角度展开的。因此可以说“一心”即便涉及存有论上“万法产生的根源”，这种意义在《大乘起信论》中也是一闪而过，而其反复申论、一再强调的还是众生本具的“本觉”真心作为一种内在而超越的力量，能够自然发挥作用，使无始以来处在无明妄染之中的众生终能究竟解脱，所谓“以有真如法故，能熏习无明，以熏习因缘力故，则令妄心厌生死苦，乐求涅槃……自性己性，知心妄动，无前境界，修远离法……乃至久远熏习力故，无明则灭……以因缘俱灭故，心相皆尽，名得涅槃，成就自然业”。因此，与

“万法的根源”相比，在解脱论、修行论的层面看待“真心”，将之诠释为众生修行的内在动力和成佛的必然保证似乎更为切合《起信论》的本旨。

对于“本觉”说在实践上导致“返本”而非“革新”，妥协保守，消解宗教功行这一批评，本文认为可以从以下两个方面看待这一问题：首先，就《大乘起信论》的文本看，从来没有因为众生本具觉性，而无须修行的说法。吕澂曾言：“从性寂上说人心明净，只就其可能的、当然的方面而言，至于从性觉上来说，则等同于现实的、已然的一般。”① 然而如前所述，“本觉”是从超越的或应然的角度立论，而非在经验的实然的角度说众生已经实现了觉悟，《起信论》一再表明：“是故一切众生不名为觉。以从本以来念念相续，未曾离念，故说无始无明。”恰恰因为有“本觉”作为真实、应然的状态，才凸显出众生现实中的“不觉”是虚妄的、应舍离的：“犹如迷人，依方故迷；若离于方，则无有迷。众生亦尔，依觉故迷；若离觉性，则无不觉。”因此，《大乘起信论》同样强调修行的重要性。“真如”作为内在的清净力量虽然能够自然发动，“以有力故，能令众生厌生死苦乐求涅槃”，但这只是一种发动力和信心的保证，所谓“自信己身有真如法，发心修行”，要实现真正的觉悟，个人的努力和外缘的配合都必不可少，“又诸佛法有因有缘，因缘具足，乃得成办……众生亦尔……若因缘具足者，所谓自有熏习之力，又为诸佛菩萨等慈悲愿护故，能起厌苦之心，信由涅槃，修习善根。以修善根成熟故，则值诸佛菩萨示教利喜，乃进趣向涅槃道”。

此外，由于《大乘起信论》中有不少观察妄念达至心体无念的内容，于修习止观法门较为详细，因此长期被禅宗重视，成为为禅宗提供理论依据和实践指导的重要经典，然而《起信论》并非只关注修心实践，和其他大乘佛教经典一样，《起信论》文本中也强调信仰、自我完善和利他层面的伦理实践。如在表明什么样的人、通过什么样的修行才能成就“信心”时，《起信论》的回答是：“有熏习善根力故；信业果报，能起十善，厌生死苦，欲求无上菩提，得值诸佛，亲承供养，修行信心。”其中既有

① 吕澂：《试论中国佛学有关心性的基本思想》，载《吕澂佛学论著选集》三，齐鲁书社1991年版，第1418页。

对因果法则及诸佛的信仰，又有对自身行为符合“十善”的要求。对于信成就的发心，也强调有三个方面，除了正念真如法外，还要在自身的行为中“乐集一切诸善行”，并且要有利他的大悲心“欲拔一切众生苦”。当设问“上说法界一相，佛体无二。何故不唯念真如，复假求学诸善之行”，即佛与众生既然心体是一样的，那么正念真如法界就行了，为什么还要修学种种善行呢？《起信论》的回答是：“若人虽念真如，不以方便种种熏修，亦无得净。以垢无量遍一切法故，修一切善行以为对治。若人修行一切善法，自然归顺真如法故。”因此修行不只是回归内心，体会与佛平等的真如法性，只有切实的善行才能对治烦恼，善增恶薄，才能归于真性。关于更深入的“解行发心”，《起信论》指出，菩萨修行要随顺六度（檀波罗蜜、尸波罗蜜、羼提波罗蜜、毗梨耶波罗蜜、禅波罗蜜、般若波罗蜜）；对一般的修行者而言，也要通过布施、持戒、忍辱、精进、止观来成就信心。总之，在修行实践上，从文本上看，《大乘起信论》并未因“本觉”的主张而忽视修行的重要性，也未只关注止观、修心的意义，而是和其他大乘经典一样主张通过自我完善和慈悲利他达到真正的觉悟。

对于“本觉”理论在社会实践上导致不加分别地肯定现实、妥协保守的批评，应该说这是一些学者基于对历史及现实中佛教社会实践的观察，而将之归结为理论的偏差所致。然而，宗教的社会实践往往与多种因素有关，如国家主流思想的影响、国家的性质、社会控制的形式，甚至宗教领袖的个人经历和个性等，把一种实践方式完全归因于理论，似乎并不公平。此外，一种观念会具有怎样的伦理含义和实践导向，这同时也是一个诠释的问题。吕澂认为唯识学“转依”具有革新的意义，可以从错误认识的转变进而拓展到人生的提升及整个社会的变革，这本身就是一种在现实关怀下对传统理论资源进行的重新诠释，恰当赋予其新的意义。如莎莉·B. 金所言，文本的诠释有赖于将什么样的假定、需要和愿望代入文本中。致力于社会参与的群体和个体如将这类关怀代入佛性传统的文本，也将在这些文本中发现对他们事业有用的资源。[①] 就《大乘起信论》的

① 莎莉·B. 金：《佛性论是地道的佛教》，载［美］霍巴德、史万森主编《修剪菩提树》，龚隽等译，上海古籍出版社 2004 年版，第 184 页。

“本觉”思想来说，它关注的是个人的修行和觉悟，文本中并没有肯定一切现实合理性的意味，当然也没有对现实的批判性，但这并不意味着其理论不能随着新的关怀而具有其他诠释的可能。

总而言之，牟宗三将《大乘起信论》思想诠释为“超越的分解”，为理解“一心开二门”的因果结构提供了一个恰当的视角，可以较清楚地解释本觉真心与无明的关系，避免“从真起妄”的理论难题。然而，将“一心”诠释为“万法存有的根源”，这种说法难以避免佛教从建立之初就反对的“实体化”的批评。从《大乘起信论》的文本看，将真心理解为救世的方便和信仰的宣称比在存有论上将之诠释为万法的根源更为贴切。作为对中国佛教影响至深的经典，《大乘起信论》自身蕴含着丰富的思想资源，如何对其进行诠释，使之为新处境下的宗教实践提供理论和灵性的支持，可能也是一个有待进一步思考的问题。

因该果海，果彻因源

——宗密因果观浅探

杨　浩

【提要】因果是印度宗教所重点讨论的一对范畴，“因该果海，果彻因源”可谓是中国华严哲学在因果观方面的经典表述。此表述的语源已难考察，澄观认为是“古人之言”，作为澄观之弟子，宗密对之也有其独特的理解。本文考察了宗密的几种因果观点，一是将因果报应学说作为佛教较浅的人天教；二是如来藏、心真如、本觉、圆觉等作为成就佛果之因；三是以“因该果海，果彻因源”作为《华严经》才讲的殊胜理论。

【关键词】宗密　因果报应　判教　《华严经》

【作者简介】杨浩，北京大学哲学系助理教授，北京大学《儒藏》编纂与研究中心。yanghao2008@ pku. edu. cn

“因果”是印度宗教哲学中特别重视的一对范畴，而中国传统哲学中则并不将之作为主要范畴。[①] 传统的印度六派哲学中的数论派、胜论派分别主张因中有果论、因中无果论，是颇有特色的思想，后来佛教中观派的龙树、提婆对这两种理论进行了彻底的驳斥。而且，佛教本身是因果论者，小乘佛教的“苦集灭道”“十二因缘”等都蕴含着很深的因果思想。佛教的逻辑学在古代称为“因明”，就是探究原因的一门学问。佛教北传

① 汤一介先生较早提出研究中国传统哲学的范畴问题，在其《论中国传统哲学范畴体系的诸问题》（原刊于《中国社会科学》1981 年第 5 期）一文中，罗列了十二对范畴，其中有天人、常变、正反、动静、神形、情性、知行、有无、道器、体用、理气、心物等，没有因果范畴。葛荣晋《中国哲学范畴导论》（万卷楼图书有限公司 1993 年版）所列的对立范畴，除汤先生所列，还有一两、渐聚、名实、格物致知、参验真知、义利、古今、理势、经权、力命等。

后，在藏地，因明学则得到普遍的研究与运用，但在汉地，因明学不很发达。

处于主流的汉地佛学（指主张如来藏学说的宗派）虽然对因明没有什么研究，但是因果思想并非不受重视。如来藏等作为成佛之因与佛果之间的关系一直是各宗派讨论的热门话题。特别是华严宗的因果理论颇有特色[①]，根据最新的研究，在法藏建构的华严宗思想当中，有关的“因门六义”的因果理论还是其哲学理论基础。[②] 宗密作为华严宗与禅宗两宗的传人，其佛学思想可以说是中国佛学思想发展的一个顶峰。[③] 宗密的因果观虽然不是其思想中主要讨论的话题，但是从华严与禅思想融合的角度也表达出了他对因果思想的某些看法，体现了华严思想的特色，并具有一定思想的高度。

本文旨在梳理宗密对因果的看法。通过梳理不难看出，在宗密的语境中，论及“六因”“四缘”“五果”等因果理论之处较少，但以下几种意义则较多：指因果报应，实际上是业报轮回的思想；成就佛果与作为如来藏、本觉等成佛之因；成就佛果与其依仗的菩萨修行等。故而本文强分三节，求教于方家。

一　对因果报应的看法

宗密的判教相较前代高僧（如智顗“藏通别圆”化法四教、法藏“小始终顿圆”五教）有其特点，大要有二：一是在其判教前融摄儒道二

① 华严宗的因果理论，主要有法藏《华严经探玄记》等中提及的与《华严经》关系密切的“五周因果”“因果缘起理实法界”等，参见亀川教信《華嚴教學に於ける因果の研究》，载《龍谷大学論叢》第 245 号（1922 年 8 月），第 39—61 页；木村清孝《華嚴教學における因果の問題》，载佛教思想研究会编《因果》，平乐寺书店 1978 年版，第 271—286 页。

② 王颂先生指出，“作为汉传佛教义理基石之一的华严宗，在因果学说上有独特的创建”，华严宗因果说的核心在于法藏《五教章》等中提出的“因门六义说”，此理论不仅是其华严释经学中提出的“五周因果”等说法的哲学基础，而且还是华严学中法界缘起、重重无尽说等特色思想的哲学理论基础。参见王颂《华严之因果别义学说》，载《中国哲学史》2016 年第 1 期。

③ 吕澂先生曾言：“宗密的思想代表了中国佛家最高峰的思想。”（吕澂遗稿《〈华严原人论〉通讲》，《社会科学战线》1990 年第 3 期）

教，但并没有纳入其判教体系；二是在小乘之前增加了人天教。[①] "人天教"，《禅源诸诠集都序》中与之对应的名称是"人天因果教"。文曰：

> 一人天因果教，说善恶业报，令知因果不差，惧三途苦，求人天乐，修施戒禅定等一切善行，得生人道天道乃至色界无色界，此名人天教。[②]

从佛教思想来看，宗密所谓的讲因果报应的人天教，实际上是包含在小乘佛教思想当中的，其中的有情世间、十善业、十恶业等即包含有此类内容。可能是鉴于佛教自汉代传入中国以来世俗间对佛教因果报应学说的特别兴趣，宗密故而将之独立为一教。因为与因果报应学说关系密切的是轮回转世学说，而轮回转世的说法并不是佛教所独有的，是印度宗教如婆罗门教、耆那教等的共同主张。这种世俗味很重的强调六道轮回、去恶修善的理论与作为知苦断集证灭修道的小乘理论还是有很大不同的。将人天教独立为一教，可以说在一定程度上肯定了人们对佛教最浅显最基本理解的合理性。

《原人论》中对人天教有更为详尽的说法，文曰：

> 佛为初心人且说三世业报善恶因果，谓造上品十恶死堕地狱，中品饿鬼，下品畜生。故佛且类世五常之教（天竺世教，仪式虽殊，惩恶劝善无别，亦不离仁义等五常，而有德行可修例。如：此国敛手而举，吐番散手而垂，皆为礼也），令持五戒（不杀是仁；不盗是义；不邪淫是礼；不妄语是信；不饮噉酒肉，神气清洁益于智也），得免三途、生人道中。修上品十善及施戒等生六欲天。修四禅八定生色界、无色界天（题中不标天鬼地狱者，界地不同，见闻不及，凡俗尚不知末，况肯穷本？故对俗教且标原人。今叙佛经，理宜具列）。故名人天教也（然业有三种：一恶，二善，三不动。报有三

---

① 参看杨浩《宗密〈原人论〉三教关系之探析》，《中国文化研究》2012 年第 3 期。

② （唐）宗密：《禅源诸诠集都序》卷一，《大正藏》第 48 册，第 403 页上。

时：谓现报，生报，后报）。[①]

之所以称之为人天教，是指这部分理论是通过善恶因果的学说，令人为善去恶，从而避免堕入地狱、饿鬼、畜生等三恶趣，而能够转世到人道、天道的善趣。宗密并不否定因果业报的真实性，但强调如果以为这样的讲法是究竟的则是不对的。这样的理论可以说是佛教中较为浅显的教义。从比较宗教学来看，佛教将善恶的因果归结为人的善恶行为，实际上是将道德的根本归结为人自身的自觉意识。

二　对《圆觉经》"本起因地"的诠释

如来藏、心真如、本觉、圆觉等思想从理论内涵来讲，体现着后期大乘的某种因果观。《圆觉经》反复说明如来藏是成佛的种子。如来藏是成佛之因，有了这个因，才会有最终得果的果。并且举出种种比喻，比如销金矿等。此种观点在经文一开始即予以举出。

"本起因地"是《圆觉经》十二菩萨之首位文殊菩萨请佛回答的主要内容。根据宗密的分析，《圆觉经》体现着"顿悟渐修"的修行方法，"顿悟"的内容正是由文殊菩萨请问的。[②]"本起因地"是"本起清净，因地法行"的简略称法。宗密将此八字集中地解释为：

> 言如来本起者，佛昔本因所起最初之心也，如上广释。清净者，圆照本体，元无烦想。因地者，因行所依之地。法行者，称法性之行。[③]

依据《圆觉经》的逻辑，佛已经证得了佛果，以此来追溯最初所发的清净之心以及所实践的行为。这里面蕴含着一个因果关系。宗密对此问题有一个清晰的认识：

---

① （唐）宗密：《原人论》卷一，《大正藏》第 45 册，第 708 页下。

② 参看崔奥飞《宗密〈圆觉经大疏〉解释思想的研究》，中央民族大学，博士学位论文，2013 年。

③ （唐）宗密：《圆觉经大疏》卷一，《卍续藏》第 9 册，第 344 页中。

> 请意云，夫求果者，必观于因，因若非真，果还是妄。如造真金佛像，先须辨得真金，成像之时，体无增减。故《首楞严经》云："若以生灭心为本修因，欲求如来不生灭果，无有是处。"又云："汝观因地心与果地觉，为同为异？同则克证，异则不成。"①

在宗密看来，佛果是究竟的、觉悟的、值得去追求的，但是为什么能够成就佛果则必定有其根本因。这也就是后期大乘如来藏学说主要探究的问题。果是怎么来的？果不可能凭空产生。如果果的某些因素在种子中不存在，果的这些特点是如何出现的。认为世间万物都是从某一终极原因中产生的演变说在因果上倾向于主张因中有果论，而认为世间万物都是由某些元素组成的集聚说倾向于主张因中无果论。中观学派对这两种观点皆进行了批驳，所以后来形成的如来藏观点不是简单的因中有无果的问题。在成佛之因与佛果之间则更多强调了佛果就蕴藏在成佛之因当中。宗密引用《楞严经》对其原文略有改动以更加契合关于因果之间关系的论断。

《圆觉经》即以此逻辑在佛回答文殊请问时说明了"圆觉"是能够成佛的根本因，即宗密所言的"本有觉心"。宗密对《圆觉经》的解释当中彻底贯彻了《起信论》一心二门的思想②，自然对其"本觉""始觉"的理念非常认同。实际上，"本觉"是从因的角度而言，而"始觉"则是从果的角度而言。

三　对华严"因该果海，果彻因源"的理解

如果说如来藏、心真如、本觉、圆觉等思想是从因果关系角度对成佛根本因的探讨，那么"因该果海，果彻因源"则是更能够体现华严思想在因果观上的经典语句。根据澄观的说法，此八字是"古人之言"，可能

---

① （唐）宗密：《圆觉经大疏》卷一，《卍续藏》第9册，第344页中。两段引文出自《首楞严经》卷四："阿难！第一义者，汝等若欲捐舍声闻，修菩萨乘入佛知见，应当审观因地发心与果地觉为同？为异？阿难！若于因地，以生灭心为本修因，而求佛乘不生不灭，无有是处。"《大正藏》第19册，第122页上。

② 参看崔奥飞《宗密〈圆觉经大疏〉解释思想的研究》中的相关内容，中央民族大学，博士学位论文，2013年。

是一种传统留下来的惯用语，体现的当然是华严的思想，相关的背景值得一探究竟。澄观在《华严经疏》的序中赞叹《华严经》道：

剖裂玄微、昭廓心境、穷理尽性、彻果该因、汪洋冲融、广大悉备者，其唯《大方广佛华严经》焉。①

对《华严经》的赞叹有很多句，此经能够做到“彻果该因”是其中一句。但此一句具体何义？其《疏钞》对“彻果该因”进行了非常详细的解释：

言“彻果该因”者，兼于深广。彻究五周之果，该罗六位之因，则广也。② 故广说地位因果，莫逾此经。若云“因该果海，果彻因源，二互交彻”，则显深也。“初发心时，便成正觉”③，因该果也；虽得佛道，不舍因门，④ 果彻因也。上约广义，“彻果”属果，“该因”属因，即明能诠之教，该彻彼因果也。今约深释，“彻果”属因，以因彻彼果故；“该因”属果，以果彻彼因故。即因果自相，该彻唯属所诠，而其能诠，具明斯义。然“因该果海，果彻因源”，是

① （唐）澄观：《大方广佛华严经疏》卷一，《大正藏》第 35 册，第 503 页上。

② 其中的“五周之果”“六位之因”并非一般所谓的“六因”“四缘”“五果”。元普瑞解释道：“钞言‘彻究五周之果’者，一所信因果（即初会六品后二品是）；二差别因果（从第二会至七会中随好已前是也，谓第七会中前之六品并前六会是因，不思议等三品是果，亦名生解因果）；三平等因果（即第七会中后二品也。普贤行品为因，出现品为果，亦名出现因果）；四成行因果（即第八初明六位之因，后明八相之果，亦名出现因果）；五证入因果（即第九会中初明佛果大用，后显菩萨起用修因，因果二门俱证入故也）。言‘六位之因’者，即第二会十信、第三十住、第四十行、第五十向、第六十地、第七等觉。”（元）普瑞：《华严悬谈会玄记》卷三，《大正藏》第 8 册，第 105 页下。

③ （东晋）佛陀跋陀罗译：《大方广佛华严经》卷八，《大正藏》第 9 册，第 449 页下。

④ （元）普瑞解释道：“言‘虽得佛道不舍因门’者，《法界品》意位后普贤故寂照云：文殊虽已果满，反为佛子（证果彻因源也）；迦叶上位菩萨，却礼初心（因彻果也。以《涅槃》中彼说偈云‘发心毕竟二无别，如是二心初心难；自未得度先度他，是故敬礼〔而〕发心’等是也）。”（元）普瑞：《华严悬谈会玄记》卷三，《大正藏》第 8 册，第 105 页下—106 页上。关于“位后普贤”，澄观曰：“以普贤有三：一位前普贤，但发普贤心，即是非今所用；二位中普贤，即等觉位故，此居佛前；三位后普贤，谓得果不舍因行故。”（唐）澄观：《大方广佛华严经疏》卷十一，《大正藏》第 35 册，第 576 页上。

古人之言。今欲具含深广之义，云“彻果该因”耳。[1]

澄观对“彻果该因”四字的表达颇为自得，认为这四个字不仅能够涵盖很广，而且义理也很深。而传统“因该果海，果彻因源”的讲法则主要是义理深。澄观在《疏钞》中还多次使用了这种讲法。

作为澄观的得意弟子，宗密对此也颇有心得，体现出宗密对华严思想的领悟。宗密将之运用到《禅源诸诠集都序》“化仪顿”的解说当中：

> 二化仪顿。谓佛初成道，为宿世缘熟上根之流，一时顿说性相理事、众生万惑、菩萨万行、贤圣地位、诸佛万德。因该果海，初心即得菩提；果彻因源，位满犹称菩萨。此唯《华严》一经及《十地论》，名为圆顿教，余皆不备。（前叙外难云：顿悟成佛是违经者，余今于此通了）其中所说，诸法是全一心之证[2]法，一心是全诸法之一心。性相圆融，一多自在，故诸佛与众生交彻，净土与秽土融通，法法皆彼此互收，尘尘悉包含世界，相入相即，无碍镕融，具十玄门重重无尽，名为无障碍法界。[3]

此处明确肯定“因该果海”“果彻因源”是《华严经》所代表的思想。化仪顿特指《华严》顿教。因果在华严宗思想中体现着一多、先后等关系，两者也是圆融互摄的。如果发心真正，一发心就成正觉。成就佛果之后，还自称是因地的菩萨。华严的境界强调了理事、事事之间的差别无碍，重重无尽，确实不可思议。

> 故十成佛佛无别体，但是始觉，翻前第二不觉，合前第一本觉，始本不二，唯是真如显现，名为法身大觉，故与初悟无二体也。顺逆之次，参差正由此矣。一即因该果海，十即果彻因源。《涅槃经》云：发心毕竟二不别。《华严经》云：初发心时得阿耨菩提。正是

① （唐）澄观：《大方广佛华严经随疏演义钞》卷一，《大正藏》第36册，第3页中。

② 《大正藏》校记指出甲本“证”作“诸”。

③ （唐）宗密：《禅源诸诠集都序》卷二，《大正藏》第48册，第407页下。

此意。[①]

宗密建构了“迷十重”与“悟十重”两种模式，悟十重从第二重“怖苦发心”至第十重为“成佛”，迷十重从第一重是“本觉”、第二重是“不觉”至第十重“受报”。迷悟相互呼应，“悟十重”的“成佛”即是“始觉”，对应“迷十重”的本觉与不觉，从而形成一个回圈。在“迷”当中一重重不觉，进而受报遭受轮回生死。在“悟”当中一重重觉，进而成佛。最终“始觉”证悟“本觉”，始觉与本觉无二无别。如何入“迷”反过来就是如何开“悟”。在其开始的“本觉”自然该摄其终极觉悟，而在终极觉悟则彻照其成佛的根本源头。宗密用此两重的方法说明了起点与终点的统一性。

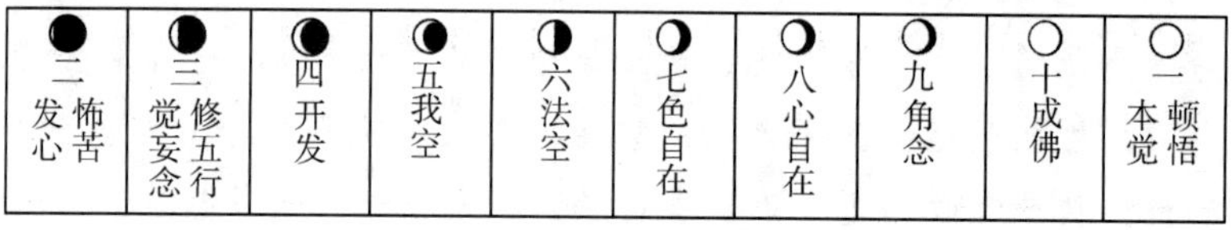

二 怖苦 发心	三 修五行 觉妄念	四 开发	五 我空	六 法空	七 色自在	八 心自在	九 角念	十 成佛	一 顿悟 本觉

（悟十重图）

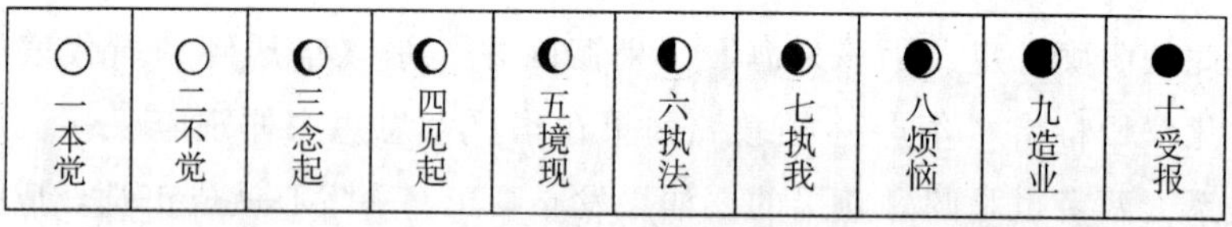

一 本觉	二 不觉	三 念起	四 见起	五 境现	六 执法	七 执我	八 烦恼	九 造业	十 受报

迷十重图

四 结 语

一般而言，学界并不将“因该果海，果彻因源”作为华严宗的代表思想。不过，近代佛学的复兴者杨文会在其《佛教初学课本》中将“因该果、果彻因”[②] 作为华严宗的代表思想之一，与其他四法界、十玄门、

① （唐）宗密:《禅源诸诠集都序》卷二,《大正藏》第 48 册，第 410 页中。

② “四法界，十玄门，暨六相，义最纯，因该果，果彻因，摄万法，归一真。”《杨仁山居士遗书》卷六，蓝吉富主编《大藏经补编》，华宇出版社 1985 年版，第 490 页。

六相圆融等观念并列，也是饶有意味的。

宗密作为一代颇富特色的佛学家，在因果上继承前代的思想，也结合他自身的领悟，体现出一些理论特色。因果报应学说成为其判教中独立一教的人天教，为世俗对佛教的信仰正名。特别将《起信论》《华严经》《圆觉经》熔为一炉，强调“顿悟渐修”，如来藏、心真如、本觉、圆觉等概念在他的会通下成为成就佛果的根本因，也是用来解释《圆觉经》“本起清净，因地法行”的理论基础。至于“因该果海，果彻因源”的传统华严思想，宗密则将之规定为只有《华严经》（含《十地经论》）才具有的独特思想，并用其“迷十重”“悟十重”的巧妙结构予以形象的解释。

从《原人论》看儒释因果观的差异

崔韩颖

【提要】 宗密《原人论》从“原人”视角出发，通过比较儒“道”与释“真心”、儒“元气”与释“阿赖耶识”、儒“天命”与释“业报”分别展现了儒释在人之本原、人之身心、天人关系方面的因果观差异。在宗密看来，儒家倡导“道生万物论”，是误把虚无大道当作人世的主宰；以“元气”为本，是错以秉气的清浊精粗为人存在身心差异的原因，且“元气论”缺乏三世因果观念；注重“天命决定论”，是错将人禀受不同气质的原因归结为天命。正是儒家种种错误之“原因”，导致了其错误之“人本”。宗密又分别以“真心”“阿赖耶识”、业报等佛教因果观念对儒学之三方面进行了会通，再次呈现了儒释因果观的差异。

【关键词】《原人论》　儒释　因果

【作者简介】 崔韩颖，南京大学宗教学系博士生。641775940@qq. com

儒释都以人为灵，注重探讨人之本原，且各以其本原作为解释人身生成、人之身心、人之境遇、天人关系的根本原因，强调正是此一根本本原导致了诸多现象的产生。因儒释所认同的本原不同，因此二者的因果观也存在很大差异，《原人论》清晰地展现了这些差异。宗密《原人论》的核心正是探求人的本原[①]，他通过批判、清理儒家的本原学问，指出儒家的

① 按净源的注解，“原，考也，穷也。谓博考内外、推穷万法，原其人道以一心为本焉”，即“原”是考察、推就的意思。（宋）净源：《圭峰禅师原人论发微录》，《国家图书馆善本佛典》第39册，第3页中。

"原人观"不能真正地原人，其因果关系中存在诸多矛盾，在解释现实问题时漏洞百出，缺乏有效性和合理性，只有佛教一乘显性教的"真心"才是人之本原，"推万法，穷理尽性，至于本原，则佛教方为决了"①，并以此"真心"为根本会通儒家，建构了完满解释人身形成和人生境遇等的理论。

《原人论》对儒学思想的批判主要集中在序言和第一章"斥迷执"之中，对儒学思想的会通集中在第五章"会通本末"之中。宗密对儒学的批判和会通可从以下三方面辨析，儒"道"与释"心"、儒"元气"与释"阿赖耶识"、儒"天命"与释"业报"，这三方面分别从人之本原、人之身心、天人关系的角度为我们展现了儒释因果观的差异。

一　人之本原：释"真心"而非儒"道"

宗密概括儒学的原人观为道生万物论、元气本论、天命决定论三大理论，"儒道二教，说人畜等类，皆是虚无大道，生成养育，谓道法自然，生于元气，元气生天地，天地生万物，故愚智贵贱，贫富苦乐，皆禀于天，由于时命故，死后却归天地，复其虚无"②。但这都不是人之本原，三大理论"但在乎依身立行，不在究竟身之元由，所说万物不论象外，虽指大道为本，而不备明顺逆、起灭、染净因缘，故习者不知是权，执之为了"③。也就是说儒道思想偏重修身齐家的行为，孔子、老子虽然都是如同释迦一样的圣人，都是应物设教，其思想都具有劝善惩恶的治世功能，但是儒道二家都不注重探究人身的根本原因；虽说它们以道为根本，但是并未具体说明顺逆、起灭、染净的因缘；更为严重的是，儒道迷执其权巧之说为究竟。这些错误的理论自然不能作为解释人生现象的根本原因。

宗密指出儒学的三大原人观中，"道生万物论"最为根本，所以"道"是最根本的人之本原，其生成模式是：道→元气→天地→万物。然

① （唐）宗密：《原人论》，《大正藏》第45册，第708页上。

② 同上书，第708页上—中。

③ 同上书，第708页上。

而“道生万物”的宇宙生成论，是一种“迷执”，是错把道当作了人生的主宰。所以，宗密首先对“道”本原进行了批判。

儒家的“道”内涵丰富，它是尧舜和先王教化的道、先验性的道德、伦理道德的道、社会秩序和政治秩序的道。“道”的形态虽不断演变，但儒家一向重视“道”的道德创生性，以“道”为本原。如孔子提倡“仁道”，强调人应该践行“仁”，重视功夫修养和境界的达成。[①] 孟子主张“立人之道”[②]，人区别于禽兽，要践行的是圣人之道。韩愈说：“博爱之谓仁，行而宜之之谓义，由是而之焉之谓道，足乎己而无待于外之谓德。”（《原道》）即仁义是道、德的内容，在日常人伦中践行仁义才是“道”。孔孟韩都强调以伦理道德的“道”对人进行教化。

宗密说儒家赋予“道”以教化、尊贵的属性根本不能成立。“所言万物皆从虚无大道而生者，大道即是生死贤愚之本，吉凶祸福之基。基本既其常存，则祸乱凶愚不可除也，福庆贤善不可益也，何用老庄之教耶？又道育虎狼、胎桀纣，夭颜冉、祸夷齐，何名尊乎？”[③] 作为本原的“道”应具有常恒性、遍在性、绝对性，但“道”的这种性质如何体现在人和万物之中，儒家解释不清；“道”具有决定性，既然万物性质早已由“道”决定，儒家的教化就不可能再起作用；“道”为尊、为贵，但现实中凶恶祸乱等现象的存在正反映了道不尊、不贵。

“道”不能作为人之本原的最根本原因在于“道”“不备明顺逆、起灭、染净因缘”[④]，缺乏对生成万物的有效解释。儒“道”更重视现世修养和治理，不注重探究人身的本原、宇宙的根源，不能具体说明顺逆、起灭、染净的因缘。宗密在判释小乘教时指出，诸法都要经历成住坏空四劫。四劫与儒道“一生二，二生三，三生万物”的宇宙生成论模式，虽有相似之处，但成住坏空是因缘和合的，不是儒道所谓的实有；佛教的宇宙时空观更加广大，而儒家说“道”体虚无，只知这一世界的生成和变化，却不知此前已历经千万遍的生灭变化。

在否定“道”本原后，宗密指出只有一乘显性教的“真心”才是人

---

① 唐君毅：《中国哲学原论：原道篇》上册，中国社会科学出版社 2006 年版，第 50 页。

② 同上书，第 93 页。

③ （唐）宗密：《原人论》，《大正藏》第 45 册，第 708 页中。

④ 同上书，第 708 页上。

之本原。他解释了“真心”生起人身和天地万物的具体过程：“心既从细至粗，展转妄计乃至造业；境亦从微至著，展转变起乃至天地。业既成熟，即从父母禀受二气，与业识和合成就人身。据此，则心识所变之境，乃成二分。一分即与心识和合成人，一分不与心识和合，即成天地山河国邑。三才中唯人灵者，由与心神合也。”[①] 概括言之，真心迷而造业，生成天地等外境；又由内在的业和外在的气，合而为人的心、身。人身禀受父母的阴阳二气，其根本是天地未分之前的元气；人心的根本是真心、真一灵心。[②] 由于前世业力的招感，心起贪瞋痴等惑，又生起种种执着和烦恼覆盖了真心。[③] 所以，真心才是人之本原，道亦是由心而生。宗密还通过“迷悟十重”理论解释了真心由染转净，烦恼由生而灭，人由不觉而究竟觉成佛的因缘过程。[④]

宗密又以“真心”会通“道”。道虽然不是本原，但儒家说易有太极而生两仪，表达了天地的变现，相当于“一念能变见分”[⑤]，即“道”（或“易”）相当于大乘法相教阿赖耶识的见分，而天地万物则是阿赖耶识转识所现的境界相。这就使得儒家“道”的地位低于“真心”。

总之，在人之本原上，儒家以“道”为根本原因，认为道生万物。宗密认为儒家的“道”本原不过是“真心”所展现的世间现象的一个很细小的环节，根本不能作为人世的主宰，且会陷入“道生万物”的机械生成论之中。“道”虽生万物，但是对万物顺逆、染净、起灭的问题解释不清，也就是说对事物发展变化的原因无法做出合理的解释。

二 人之身心：释“阿赖耶识”而非儒“元气”

儒家的“元气论”认为“元气”是贯通“道”和人的中介，万物是禀受元气“自然而生”的，人所禀气的清浊、精粗等决定了人的身心差异。如王充提倡“元气自然”的宇宙生成说和“天地合气，万物自生”

① （唐）宗密：《原人论》，《大正藏》第45册，第710页下。

② （宋）净源：《华严原人论发微录》卷三，《卍续藏》第58册，第736页上。

③ （元）圆觉：《华严原人论合解》卷下，《卍续藏》第58册，第799页上。

④ （唐）宗密：《禅源诸诠集都序》卷下之二，《大正藏》第48册，第410页下。

⑤ （唐）宗密：《原人论》，《大正藏》第45册，第710页下。

(《自然》)的元气论，并建立了“由元气—阴阳之气—五行之气—五常之气等范畴构成的‘元气一元论’的哲学体系”[①]，指出万物都是禀受统一的、物质性的元气自然生成的。韩愈主张元气生成人，“元气阴阳之坏，人由之生”[②]。李翱说人是“受一气而成形”(《复性书》)。这都体现了儒家以“元气”为本原的倾向。

“元气论”在一定程度上可以说明人的身心生成和差异，但宗密仍然认为“元气”不能作为人之本原，“元气论”的主张错以气的清浊精粗作为人身心有差异的原因，但只有“阿赖耶识”才能说明人的身心情况。

宗密首先对儒家的“元气论”进行了总结性概括：“万物唯气，离气无物。禀神于天，受形于地，故形神者，粗妙之质，粗妙者，清浊之气，散则反至本，聚则成于物。聚散虽异，而其气一焉。以恒一之气，运造化之功。千转万变，而未始有极也。”[③] 万物都是以物质性的“气”为本原，气聚而生、气散而灭，气的清浊决定了人身的形质、精神的粗妙。这一概括抓住了元气思想的精髓。

其次，宗密从无前世、无后世、无三性三大方面批判了“元气论”，即“元气论”局限于今世一世，缺乏三世因果的观念。

“无前世”，指出元气自然生化说是无因论，它否定了前世的记忆和认识的存在，不能说明人们认识的生成和差异。儒家“又言皆从元气而生成者，则欻(顿，忽然)生之神，未曾习虑，岂得婴孩便能爱恶骄恣焉？若言欻有自然，便能随念爱恶等者，则五德六艺，悉能随念而解，何待因缘学习而成？……且世有鉴达前生、追忆往事，则知生前相续，非禀气而欻有”[④]。如果人的神识自然而有、忽然而生，那初生婴儿怎么会有各种感情活动？如果感情是“随念”而有，那么儒家的五德六艺也可“随念”而能，何必凭借后天的教导和教化呢？而且“自然生化”会导致万物随处随时而生、儒家教化“无用”，不能完满地解决万物的染净、生灭因缘的差异。所以，“元气论”的主张是不懂得前世因缘相续的道理，

---

① 刘兆彬：《古代“元气论”哲学的逻辑演进》，《东岳论丛》2010 年第 6 期。

② 转引自(唐)柳宗元：《天说》，《柳宗元集》卷十六，中华书局 1979 年版，第 422 页。

③ (唐)宗密：《圆觉经大疏释义钞》卷九(之下)，《卍续藏》第 9 册，第 671 页中。

④ (唐)宗密：《原人论》，《大正藏》第 45 册，第 708 页中。

人的认识是前世而来的，因特定境、缘再显现而已。“今幼少时，逐境随缘，渐渐生爱恶等，则知先已经习经虑，由托生历世，废忘前习，今因再遇境缘，爱恶渐渐明显，岂但是气能如是乎？”① 而人的前世因缘有差异，所以认识也有差异。

“无后世”，指出“元气论”否定鬼神存在，是不知后世的表现，这实质是否定王充等人的无神论。“元气论”主张元气散人死归于元气，不存在鬼神，但儒家却有祭祀鬼神、向鬼神祈祷的传统，儒家典籍中也有关于鬼神的记载。而且现实中很多死而复生之人讲述冥界之事和民间传说，也恰恰证明了鬼神的存在和后世的存在。

“无三性”，指出“元气论”无“知”，不能说明人的情识的产生和差异。“且天地之气本无知也，人禀无知之气，安得欻起而有知乎？草木亦皆禀气，何不知乎？”② 宗密从：“无后世”的角度批判元气论时已证明鬼神存在，而鬼神有知，但元气无知，元气如何生鬼神？元气无知，草木禀气是无知，但人禀受无知的元气怎么会变成有知的生灵呢？所以说，“神识不关气”③，“元气论”只能解释人身诸根的形成，对于心或者说意识性的活动的产生不能做出恰当的说明，更不能对情识的差异做出清晰解释。宗密就是“鉴于无意识活动的元气与人的情识活动之间的巨大差异性，极力反对从受质禀气上推究‘身本’，反对把人性归结为气性，以其疾锋利剑般的宗教哲思，破除了儒家这一世俗之见的遮蔽”④。

最后，宗密以大乘法相教“阿赖耶识”会通了儒家的“元气论”，元气只是阿赖耶识的相分，并以一乘显性教的“阿赖耶识”会通大乘法相教的“阿赖耶识”来说明人的身心情况。

宗密判释大乘法相教以第八识“阿赖耶识”为身心之本，所谓“万法唯识”。该教以禅定体验为前提，通过一整套心、意、识层次和功能的严密逻辑解释我、法等是八识的变现。阿赖耶识顿变根身、器界、种子，以此六根与六尘和合而有前六识的了别境识，第七识执持第八阿赖耶识为

---

① （唐）宗密：《圆觉经大疏释义钞》卷九（之下），《卍续藏》第9册，第671页下。

② （唐）宗密：《原人论》，《大正藏》第45册，第708页中。

③ （宋）净源，《华严原人论发微录》卷一，《卍续藏》第58册，第726页上。

④ 韩焕忠：《〈华严原人论〉对儒家人性论的批判》，《理论学刊》1999年第5期。

实“我”。这就是人的意识活动的生成和过程，而人身心的差异与赖耶种子的性质和外在业力牵引的现行有关。儒家的“元气”“其实但是境界之相”[①]，元气、人都只是阿赖耶识种子现行的境界相。

宗密又以大乘破相教的中观理论破斥大乘法相教的“阿赖耶识”是虚妄识，又以大乘显性教的观点破斥破相教“但破执情，亦未明显真灵之性”的“真心”本原。通过层层批判，宗密就把法相教的“阿赖耶识”归入了显性教的“真心”本原之下，“促使彼等由‘万法唯识’观，会通于‘三界唯心’观”[②]，使之成为依“真心”而具有真妄和合二义的“阿赖耶识”，并以此“阿赖耶识”最终会通了“元气论”。

人是心识、身根和合而成的，身心各有其本。四大是身本，四蕴是心本。由于前世引业的作用，投入母胎，禀受气质，气有四大，形成眼、耳、鼻、舌、身等诸根；心有四蕴，形成眼识、耳识、鼻识、舌识、身识、意识等诸识。在母胎满十月后，出生为身心和合的人。而元气“但成血肉之身。此血肉身，但心神之屋宅耳”[③]，气只能构成身根，“心神”（即阿赖耶识[④]）才使得人成为三才中最灵。

虽然元气决定了人身形质，但元气的根本还是真心。“然所禀之气，展转推本，即混一之元气也；所起之心，展转穷源，即真一之灵心也。究实言之，心外无别法，元气亦从心之所变，属前转识所现之境，是阿赖耶识相分所摄。”[⑤] 元气是真心所变，由阿赖耶识的相分所摄，是阿赖耶识的境界相。

总之，在人之身心的原因的解释上，“元气论”比较粗糙，它最多只涉及儒家所讲的气质修养等，没有关于“识”的观念[⑥]，缺乏解释人的身心生成变化原因的完善理论，所以宗密才以阿赖耶识和真心对“元气论”进行会通。

---

① （唐）宗密：《原人论》，《大正藏》第 45 册，第 710 页下。

② 释圣严：《华严心诠》，宗教文化出版社 2007 年版，第 202 页。

③ （元）圆觉：《华严原人论合解》卷下，《卍续藏》第 58 册，第 800 页上。

④ 释圣严：《华严心诠》，宗教文化出版社 2007 年版，第 197 页。

⑤ （唐）宗密：《原人论》，《大正藏》第 45 册，第 710 页下。

⑥ 释圣严：《华严心诠》，宗教文化出版社 2007 年版，第 116 页。

三 天人关系：释“业报”而非儒“天命”

儒学言人必及天，通天人之际，把天视为德性的存在。在天人关系上，儒家内部有不同主张。儒士或把天客观化、自然化，如荀子强调天人相分，主张认识“天道”以主宰自然；柳宗元认为天是自然的存在，“功者自功，祸者自祸”（《天说》），天不能对人实施赏善罚恶；刘禹锡说“天人交相胜”（《天论》），人之身体生于天，而社会行为属于人自身，天道之用胜在生养强弱、人道之用胜在是非善恶，正确认识是非善恶才不会陷入天命论之中。这种观点又常与上述元气论联系在一起。

儒士或强调“天命决定论”，认为天命决定了人禀受气质的不同，造成了人生祸福寿夭、贫富贵贱等不同境况。“天命”也经常与“天道”联系在一起，决定人生的祸福善恶。如孔子的“天生德于予”、孟子的“尽心知性知天”为后代诠释“人道本于天道”留下了空间。《易传》和《中庸》，就“吸收了先秦宇宙论思想，以儒家思想为基调，强调天道、人道相贯通，以天道为人道轨范之根源，天道为人性教化之根据，主张实践人道以契合天道”①。董仲舒建立了“天道阴阳”的宇宙秩序观和天人感应论，即“天、地、阴、阳、木、火、土、金、水九，与人而十者，天数毕也”（《春秋繁露·天地阴阳》），天为主宰，生阴阳二气，阴阳二气既代表四时，又象征天的喜怒哀乐，而人的喜怒哀乐是禀天而有。天又把五行和方位、四时相配，建立起宇宙体系。以此为基础，他提出“人理副天道”（《王道通三》）的神权政治理论，君主是贯通人道和天道的中介，要严格奉行君主推行的社会伦理秩序。韩愈承接董仲舒的思想，指出天有意志，人禀受天的气质而有善恶性情和性三品之分。李翱说，“循其源而反其性者，道也”（《复性书》），人遵循天去情复性就是天道。

大体而言，“天命决定论”主张天有意志，是人的道德根源，能通过君主对人赏善罚恶，所以要遵从君主和圣人的教化。

对此，宗密提出了质疑。

---

① 林素芬：《北宋中期儒学道论类型研究》，里仁书局2008年版，第10页。

> 贫富、贵贱、贤愚、善恶、吉凶、祸福，皆由天命者，则天之赋命奚有贫多富少、贱多贵少，乃至祸多福少？苟多少之分在天，天何不平乎？况有无行而贵、守行而贱，无德而富、有德而贫，逆吉义凶、仁夭暴寿，乃至有道者丧、无道者兴？既皆由天，天乃兴不道而丧道？何有福善益谦之赏，祸淫害盈之罚焉？
>
> 又既祸乱反逆皆由天命，则圣人设教，责人不责天，罪物不罪命，是不当也！然则《诗》刺乱政，《书》赞王道，《礼》称安上，《乐》号移风，岂是奉上天之意，顺造化之心乎？是知专此教者，未能原人。①

如果天命公平，可以决定贫贱富贵，为什么会出现贫贱富贵的多少之分的差别？现实生活之中存在着很多德福不一致的现象，这不正说明了天有意要兴无道丧有道？那么天“赏善罚恶”的功能如何成立？儒家提倡“天命决定论”不过是为了王道政治服务。

如此，宗密以现实现象指出了“天命决定论”与儒家的价值准则、教化伦理之间的矛盾。“儒家以天命解释人生在世种种差异的合理性难称究竟之义；天命作为一种解释范畴，只是表达了人们在残酷现实面前的无可奈何或对已有特权的专擅独断这样一些邪见迷执，其背后还应有更为深刻的原因存在。这样，宗密循着佛教因缘论的链条一步步地向上追索，轻而易举地否定了儒家的天命究极之说，将自己的视野投向那更为宏阔深邃的形而上之域。”②

为明确天人关系和人存在种种差别境遇的原因，宗密以佛教的业感缘起和三世因果观会通儒家的“天命决定论”。业报论决定了人的境遇差别，“贵贱、贫富、寿夭、病健、盛衰、苦乐……皆是前生满业已定……外学者不知前世……唯执否泰由于时运”③。满业论认为前世的造业在今世产生别报，这是说前世的业的性质与今世果报的性质相同，前世造的善、恶业，相应地在今世会获得善、恶报。业与报之间虽然可能会有一定

---

① （唐）宗密：《原人论》，《大正藏》第45册，第708页下。

② 韩焕忠：《〈华严原人论〉对儒家人性论的批判》，《理论学刊》1999年第5期。

③ （唐）宗密：《原人论》，《大正藏》第45册，第710页中。

的时空差异，但业一定会产生相应的报。所以说，社会生活中的善恶报应，不同的人、同一个人在人生的不同阶段有不同的境遇都是由前世满业决定，儒学正是忽略了这种必然存在的前世今生的业报因果律，才把一切都归咎于天命。这实质上是把儒学重视的天人关系转到了佛教的因果业报理论之中。

不过，宗密指出“业报”并不是人之本原，真正的本原还是“真心”。儒家的天人关系、人生的种种境遇，不过是“真心”迷执、阿赖耶识不觉而起心动念、造作受报的结果。

总之，在天人关系上，儒学将人禀受气质的不同归结为天命，但又对天命生死问题解释不清，始终带有神秘决定的色彩，相比而言，宗密以三世因果的业报论来会通“天命决定论”，“在一定意义上弥补了传统儒、道对人的生死问题关注或解决不够的缺憾”①。且在宗密而言，人是自作自受，而不是天命所决定的。

四　结　语

综上，儒学的三大原人观道生万物论、元气论和天命决定论，分别展现在人之本原、人之身心和天人关系三大方面。从这三方面的比较看来，儒释之所以在人之身心和天人关系的解释方面存在诸多差异，其根本原因在于对人之本原的理解不同。儒家以道为本原，在道生万物的生成模式之中，解释人的生成、身心状态、境遇状况，把人的存在推进天命的决定之中。在这种解释模式下，人的生存方式和生活方式都被纳入了客观的道、元气以及神秘的天命之中，人的善恶行为与所得报应不能够对应，必然会导致道德教化权威性和合理性的弱化。

反之，宗密以“真心”作为人之本原，以真心解释万物的生成、人的身心和境遇，强调生死流转的三世因果轮回报应论，倡导善有善报、恶有恶报的道德因果论，突出自作自受的报应方式，“这就从理论上把生命自然律和行为道德律统一起来，把因果报应定位为支配人类社会的铁律，

① 洪修平：《从三教关系与契理契机谈隋唐佛教宗派》，《世界宗教研究》2014 年第 5 期。

把佛教的戒律等道德规范定位为人生行为的基本准则”[①]。也就是说，宗密以三世因果轮回报应取代了儒学的一世报应说，更圆满地解决了德福不一致、行报不同等现实情况，同时，三世轮回“要人们把对幸福的渴望寄托于来世，为了未来的幸福，应作出巨大的努力。这就把人们的希望、理想引向死后的未来，从而为‘解除’人们的生命忧患奉献了一种绝妙的方案”[②]。以道德因果论作为三世因果轮回报应的重要依据，即善行一定有善报，以此将人行为的善恶无记的道德性，作为所获报应性质的唯一标准，强化了道德教化的关键性；以自作自受作为报应的方式，取代了儒学所提倡的天命决定论和自作他受等理论，把主体的思想行为和生命的再塑造紧密连接起来，使得人们更加关注自我的行为，自作主宰虔诚修道忏悔罪业，而不是怨天尤人。

总之，宗密从“原人”视角出发，从人之本原、人之身心、天人关系三大角度出发，从生活经验、生成论、社会现实、伦理道德、社会公平等角度指出儒家的原人观存在诸多与现实相违背的情况，并以“真心”对之进行了会通，试图以佛教的因果观弥补儒学思想之不足，进而建立儒释合一的体系。

① 方立天：《中国佛教哲学要义》（上），中国人民大学出版社 2002 年版，第 111 页。

② 同上。

《景德传灯录》中的因果问答

张　琴

【提要】 从学人提问的角度，《景德传灯录》中的因果问答大致可分为“有无因果”“如是因，如是果”“如是因，何种果”“何种因，如是果”“因果取舍”五种。择其出现频率较高或具有独特代表性的因果问答进行分析，可以看出禅门对佛教因果思想的重视及禅师在接引学人时的灵活方便，由此也能体现时代因素的影响及禅门“家风”特点。禅宗因果思想以理为先，反对执着事相，禅师对学人的因果之问皆以破执着，解粘缚，启开悟，督促学人反省自心为主，对于我们了解中唐至宋初时期的禅宗面貌有一定的意义。

【关键词】《景德传灯录》　因果　禅宗　破执

【作者简介】 张琴，九江学院庐山文化研究中心研究员。qin_zhang2008@126.com

《景德传灯录》是北宋法眼宗僧人释道原编撰的一部禅宗灯史，为宋代“五灯”之首。书中辑录了自七佛至禅宗历代祖师五十二世，计一千七百零一人的传灯法系，其形式以语录为主，既有禅门内部的互相勘验，也有禅师对学人的启发开示；其内容既有如关于“如何是佛”“如何是道”“如何是祖师西来意”“祖意教意同别”等佛法理论的问题，也有如“师唱谁家曲，宗风嗣阿谁”“如何是某某境”“如何是和尚家风”等宗风方面的问题，还有如“如何是学人用心处”“十二时中如何即得不空过”“十二时中如何行履即得与道相应”等修行实践问题。

《景德传灯录》中与因果有关的问答较少，相对集中于中唐至五代宋初时期禅门之间，而这一时期恰恰被誉为禅宗的“黄金时代”，此外，这一时期的禅宗也被描述为“古典禅”[①]。基于当前学界尚未重视对禅门因果问答方面的研究，本文即拟以《景德传灯录》为研究文本，择取其中出现频率较高或有独特代表性的因果问答，且为便于分析，对这些问答进行权宜方便的分类，以期探讨古典禅时期禅宗的因果思想及其语言机锋特点。

一　禅门五种因果问答

“一切诸报，皆从业起；一切诸果，皆从因起；一切诸业，皆从习起。”[②] 因果业报律是世间亘古不移的规律，因此，“拨无因果”属于邪见，为禅门所忌，《天圣广灯录》中记载，一位老人前世于迦叶佛时，有学人问，大修行人“还落因果也无”，他回答“不落因果”，因而堕入野狐身，直至遇到百丈怀海开示“不昧因果”，方才大悟，免于狐身之报。[③]《景德传灯录》中的因果问答虽然不多，但从学人提问的角度进行分类，大致有“有无因果”“如是因，如是果”“如是因，何种果”“何种因，如是果”“因果取舍”五种。

（一）有无因果

这一类的提问并非否认因果，而是当一个行为以善因为主，但又难免夹杂恶因的时候，侥幸希望恶果不会发生，为求得心里安慰，而请教禅师。如下例：

> 问：“或因普请，锄头损伤虾蟆、蚯蚓，还有罪也无？”师（衡州镇境志澄大师）曰：“阿谁是下手者？”曰：“恁么即无罪过？”师

① “古典禅（classical Chan Buddhism）一词经常被用来描述马祖道一（709—788）等中唐禅师及其在晚唐五代的后裔的活动，大致覆盖8—10世纪后期约两个世纪的时期。禅佛教发展的这一古典时期，还经常被称为黄金时代。” “有些学者将这一古典时期延长至宋景德元年（1004），即《景德传灯录》编成的时间。”见贾晋华《古典禅研究：中唐至五代禅宗发展新探》（修订版），上海人民出版社2013年版，第1、21页。

② （唐）实叉难陀译：《大方广佛华严经》卷七十七，《大正藏》第10册，第423页上。

③ （宋）李遵勖：《天圣广灯录》卷八，《卍续藏》第78册，第451页上。

曰："因果历然。"[①]

普请之法始于唐代，指禅林中合力从事出坡镢地、运水搬柴等日常农作，以维持必要生存。农作时，锄头容易误伤到虾蟆、蚯蚓之类，无心之害，是否要承担杀伤之罪呢？志澄大师却反问："谁是下手的人?"问者似乎略有欣喜，以为若是无心误伤，当不会有罪过，但志澄大师急转直下答"因果历然"，彻底打消了对方的侥幸心理。因为，无论是有心伤害，还是无意之举，伤生害命，因果丝毫不爽。

志澄大师出自杭州道潜禅师法嗣，属青原行思门下五代时期法眼禅系，法眼禅系重视经教，禅风简明，强调"一切现成"，法眼文益即从地藏桂琛处闻"一切现成"而开悟：

> (地藏桂琛)乃指庭石曰："且道此石在心内在心外?眼曰："心内。"
>
> 藏曰："行脚人着甚来由，安片石在心头?"眼窘求住。藏曰："若论佛法，一切现成。"法眼于是大悟。[②]

从理论上说，佛性本然具足，一切现成；但是在世间实践方面，则因果分明，所以志澄大师的回答可谓简洁扼要，深得法眼之旨。

但是，有禅师在回答杀牛是否有罪的问题上，直言"无罪"。如例：

> 有人问："某甲平生爱杀牛，还有罪否?"师(杨州城东光孝院慧觉禅师)曰："无罪。"曰："为什么无罪?"师曰："杀一个还一个。"[③]

"无罪"并非认为杀牛没有恶果，而是若以佛法第一义谛论，一切皆从缘起，所以"罪性本空"；若以世俗谛而言，"罪住六根，六尘为缘而

① (宋)道原：《景德传灯录》卷二十六，《大正藏》第51册，第427页下。

② (明)法藏：《五宗原》，《卍续藏》第65册，第104页中。

③ (宋)道原：《景德传灯录》卷十一，《大正藏》第51册，第287页中。

起罪"①，所以仍要偿还牛的命债，"杀一个还一个"。窥基大师在其《说无垢称经疏》中曾举例说明为什么有时要强调"罪性本空"：

> 二人犯罪，由怀有相，今请悔除，还教起有。以有加有，故名增罪。当直除灭彼心忧悔，应说无相罪性本空，为彼除之，勿以有罪乱其心也。……
>
> 罪为业道，当须证理体达虚幻，方拔罪根。②

当人执着罪相的时候，则应告知其"罪性本空"的道理，否则更增加其对"有"的执着，徒扰其心。禅师回答学人的提问，一般随顺对方的根机，针对其所执而应机逗教，并无固定模式。因问者对因果律尚未彻底相信，志澄大师开示其"因果历然"；慧觉禅师则针对问者执着于杀牛者的罪过，为破除其对外相的执着，而称杀牛"无罪"，令其看清缘起的本质，但又并未否认因果的存在，因为业报依旧俨然。

（二）如是因，如是果

此处析出的"如是因，如是果"，并非指实有其果，而是以"汝无佛性"这样的回答警醒向外执求的禅宗修行者。佛教认为，佛性遍及一切众生，这是成佛之因，所以众生皆可成佛，但是，在《景德传灯录》的语录中，可以看到有不少禅师称对方"无佛性"，如：

> （潭州招提慧朗禅师）问："如何是佛？"石头曰："汝无佛性。"曰："蠢动含灵又作么生？"石头曰："蠢动含灵却有佛性。"曰："慧朗为什么却无？"石头曰："为汝不肯承当。"师于言下信入。后住梁端招提寺，不出户三十余年，凡参学者至，皆曰："去，去，汝无佛性。"③

---

① （唐）窥基：《说无垢称经疏》卷三，《大正藏》第 38 册，第 1052 页下。

② 同上书，第 1052 页中。

③ （宋）道原：《景德传灯录》卷十四，《大正藏》第 51 册，第 311 页上。

既然佛性不分南北西东，蠢动含灵皆有佛性，为何“我”却没有佛性呢？想必这个时候的慧朗禅师既震惊又委屈，忍不住追问下去，而石头和尚轻轻的一句“为汝不肯承当”道出端倪，如雷霆万钧，泰山压顶，令慧朗禅师不但哑口无言，甚至把“汝无佛性”这句话作为自己此后三十余年接引学人之机。如何是佛？自性就是佛，佛在自身，向外觅求，岂不是等于承认自己“无佛性”吗？连自己是佛都不知晓，又怎能承担起弘法利生的大业呢？雪峰禅系门下的普明大师对这一问题回答得更直白：

> 问：“如何是佛性？”师（益州普通山普明大师）曰：“汝无佛性。”曰：“蠢动含灵皆有佛性，学人为何却无？”师曰：“为汝向外求。”[①]

直言对方“无佛性”在禅门中属于慈悲方便之语，因而圆悟克勤谓：“古人有具大慈悲，见人当面不自承当，方便拨正通个入路。如古堤见僧来便云：‘退后退后，汝无佛性。’”[②]《景德传灯录》记载，朗州古堤和尚平时只要看见有僧人前来，就会说“去，汝无佛性”[③]。当有人问佛性在身中哪里时，有的禅师也会如此回应：

> 僧问：“四大五蕴身中，阿那个是本来佛性？”师（京兆府章敬寺怀恽禅师）乃呼僧名，僧应诺。师良久曰：“汝无佛性。”[④]

自性之佛无处不在，如摩尼宝珠光照大千世界，怎会拘泥于无常的五蕴合和的色身之中呢？向外执求者，远离心法根本，既然不能承担如来家业，即如同无佛性者。怀恽禅师呼唤僧名，僧应答，就是启发僧人，佛在自性之中。而禅门也一再强调心外求法为“认影为头”，是大错。[⑤]

① （宋）道原：《景德传灯录》卷十九，《大正藏》第51册，第359页下。

② （宋）子文：《佛果圆悟真觉禅师心要》卷上，《卍续藏》第69册，第467页下。

③ （宋）道原：《景德传灯录》卷九，《大正藏》第51册，第270页上。

④ （宋）道原：《景德传灯录》卷七，《大正藏》第51册，第252页中。

⑤ 如抚州黄山月轮禅师云：“自是诸人不荐，向外驰求，投赤水以寻珠，就荆山而觅玉。所以道：从门入者不是家珍，认影为头岂非大错？”见（宋）道原《景德传灯录》卷十六，《大正藏》第51册，第332页下。

（三）如是因，何种果

五代时期，除后周世宗毁佛以外，其他帝王对儒、佛、道三家的信仰都不排斥，遇天灾人祸，帝王将相到寺观祈福禳灾，或祭祀天地，设斋祈福，在正史中并不鲜见。但这一时期政局动荡，中原政权朝代更迭迅速，南方政权分裂割据，互相之间征战不断，若是争战双方都设斋祈福，哪一方会获得保佑？

> 问："大军设天王斋求胜，贼军亦设天王斋求胜，未审天王赴阿谁愿？"
>
> 师（京兆华严寺休静禅师）曰："天垂雨露，不拣荣枯。"一日车驾入寺烧香，帝问曰："遮个是什么神？"师对曰："护法善神。"帝曰："沙汰时什么处去来？"师曰："天垂雨露，不为荣枯。"①

休静禅师是五代后唐庄宗时人。对于天王保佑哪一方的问题，休静禅师没有正面作答，而是打了个比方，把天王的护佑比喻成天上降下的雨露，并不会择物而润，言下之意则在于，地上之物是否能够享受到雨露，完全取决于是否自设障碍。庄宗也向他问了一个更为棘手的问题：既然寺中有护法善神，那么佛教遭到法难时，护法善神为什么不出来护法，保护佛寺不被拆毁，经书不被焚烧，僧人不被遣散呢？休静禅师的回答与之前在意思上并无变化，因为，在佛门看来，正如"日月丽天，而瞽者不睹其明；雷电振地，而聋者不闻其响"②，"非日月不普，是障隔之咎也"③。也就是说，虽然"外因"（如设斋祈福）相同，但是因为造作者"内因"不同，其"果"也不会相同，而"众生心者，犹如于镜。镜若有垢，色像不现；如是众生心若有垢，法身不现。……福人出世，则琳琅现矣；薄福者出，则荆棘生焉。皆由自心"④。

禅门学人既有来自对世间因果的困惑，也有对修行有成的渴望及受到

① （宋）道原：《景德传灯录》卷十七，《大正藏》第 51 册，第 338 页上。
② （梁）僧祐：《弘明集》卷六，《大正藏》第 52 册，第 37 页上。
③ （宋）道原：《景德传灯录》卷十三，《大正藏》第 51 册，第 305 页下。
④ （宋）延寿：《宗镜录》卷十八，《大正藏》第 48 册，第 510 页上。

印证的期待。如：

问："一棒打破虚空时如何？"师（杨州城东光孝院慧觉禅师）曰："困即歇去。"[①]

"一棒打破虚空"在禅林中一般指开悟时的境界。慧觉禅师是赵州从谂法嗣，赵州和尚从南泉普愿处领悟"平常心是道"，此后也多以"庭前柏树子""镇州出大萝卜头""摘杨花""吃茶去"等日常生活之语，启发学人在平实的事与物中体验禅机。所以当有人问开悟时是怎样，慧觉禅师答"困即歇去"。因为道不远人，开悟成佛并不是五蕴色身会有怎样的奇异变化，饥来饮食困时眠，平常心是道，做平常事，在平常事中体现功用，才是"道"的本质，并非要标新立异，行为超俗。也有人就同样的问题问扬州丰化和尚：

问："一棒打破虚空时如何？"师（扬州丰化和尚）曰："把一片来。"[②]

希求开悟或以为自己已经开悟，依然是有所执着；有所执，则并非真正开悟。丰化和尚让对方把打破的虚空拿一片来，就是要破对方所执。真正的开悟并非有个相在那里让你执取，恰恰是无所执。

（四）何种因，如是果

这类问题一般比较刁钻，或者非常现实，很尖刻。如询问禅师生病的原因是什么：

师（襄州万铜山广德和尚）因不安，僧问："和尚患个什么太羸瘦生？"

师曰："无思不坠的。"曰："恁么即知和尚病源也。"师曰："尔

---

① （宋）道原：《景德传灯录》卷十一，《大正藏》第51册，第287页中。

② （宋）道原：《景德传灯录》，卷二十，《大正藏》第51册，第362页下。

道老僧患什么？”曰：“和尚忌口好。”师便打。①

广德和尚生了病，身体难受，有僧人问他患病的原因，他说“无思不坠的”。“思”有二义，所以这句话可有两种理解：一个是，没有想过自己不会“坠”，即生老病死，世间常情，没有人能够真正避免，自己不认为自己不会生病；另一个含义是，因为思虑，所以才生病。对方以为理解了老和尚的话，但是当广德和尚反问他：“尔道老僧患什么？”他却说：“和尚忌口好。”显然并未真正理解广德和尚的机锋，因而遭打。

修行时间长的人，在禅门被称为“久战沙场”，但是久修无成，是什么原因？这类问题屡屡被提出，禅师的回答从表面上看来也不相同：

问：“久战沙场为什么功名不就？”师（蕲州乌牙山彦宾禅师）曰：“双雕随箭落，李广不当名。”②

据《史记·李将军列传》，匈奴入侵上郡（今陕西榆林东南鱼河堡）时，李广曾率上百名骑兵抗击，并射杀了两名匈奴射雕手。③ 彦宾禅师化用了李广射杀匈奴射雕手的典故。双雕虽然随箭而落，但并非李广所为，李广所射的不过是射雕手，如同禅师以手指月，学人目标在“指”，并非“月”，而佛法根本要旨不在“指”，而在“月”。修行有成者定然是用对方向者，否则努力再久，也是南辕北辙。

杭州云龙院归禅师也遇到这样的问题：

僧问：“久战沙场为什么功名不就？”师（杭州云龙院归禅师）曰：“过在遮边。”僧曰：“还有进处也无？”师曰：“冰消瓦解。”④

久在沙场功名不就的原因不在他人身上，而在自己身上，解决的办法，只有消除自身障碍，才能真正解决问题。

---

① （宋）道原：《景德传灯录》卷二十，《大正藏》第51册，第366页中。

② 同上书，第369页上。

③ （汉）司马迁撰，韩兆琦译注：《史记·李将军列传》，中华书局2007年版，第317页。

④ （宋）道原：《景德传灯录》卷二十二，《大正藏》第51册，第380页中。

问："久战沙场为什么功名不就?"师（庐州南天王永平禅师）曰："只为眠霜卧雪深。"曰："恁么即罢息干戈，束手归朝去也。"师曰："指挥使未到尔作。"①

"眠霜卧雪深"，睡卧于霜雪之中，形容在外劳苦，这里借用来指修行人枉自向外寻求，虽然辛劳却无真正所得。问者大约以为禅师指的是修行人四处参访倒不如固定一处修习，所以以"罢息干戈，束手归朝"为解决方案，但禅师却说"指挥使未到尔作"。"指挥使"在这里指修行者的心，说明如果安不下心，即便止于一处参学，也未必有所成。

中唐以来，禅门行脚参学"走江湖"，这样固然似乎机缘更多，但如果盲目参访游学，一味外求高明指点，也容易形成弊端，造下恶业，如云门文偃禅师曾开示学人："若有个入头处遇着一个咬猪狗脚手，不惜性命入泥入水相为，有可咬嚼，札上眉毛高挂钵囊，拗折拄杖，十年二十年拟取彻头，莫愁不成办，直是今生未得彻头，来生亦不失人身，……莫空游州猎县，横担柱杖一千二千里走趁，遮边经冬那边过夏，好山水堪取性，多斋供易得衣钵，苦屈图他一粒米，失却半年粮，如此行脚有什么利益?"②

（五）因果取舍

禅寺多傍山而筑，远离闹市，学人跋山涉水参访途中，难免会遇到猛兽，此时如何抉择，是个两难的问题。

问："路逢猛兽时如何?"师（抚州荷玉山光慧禅师）曰："憨作么?"③

问："路逢猛虎时如何?"师（云居山道简禅师）曰："千人万人不逢，偏汝便逢。"④

① （宋）道原：《景德传灯录》卷二十三，《大正藏》第51册，第390页中。
② （宋）道原：《景德传灯录》卷十九，《大正藏》第51册，第356页中。
③ （宋）道原：《景德传灯录》卷二十，《大正藏》第51册，第363页下。
④ 同上书，第362页下。

光慧禅师直指问者路遇猛兽时的神态和心态，“憨作么”，反问问者愣着做什么。遇到障碍，不该无所作为，慌乱无措，而是要积极面对。道简禅师的回答则更如霹雳贯耳，让问者反省自己的问题：如果真的是路上遇到了猛虎，为什么别人没有遇到，偏偏你遇到了？是不是走的路不对，还是出发的时辰恰好是猛虎下山的时间？当然，猛兽也用以指代修行中遇到的大障碍，若是遇到这种大障碍，就更应该反省，为什么别人没有遇到？是不是自己的方法不对，入手处有误？两位禅师的回答看似不同，实则都是要问者反躬自省，不要逃避问题。

“路遇猛虎时如何”于五代之后成为禅门互相勘验的话头或手段，如：

问：“路逢猛虎时如何?”师（郴州干明兴禅师）云：“心惊胆裂。”①

师（楚石梵琦禅师）云：“路逢猛虎时如何?”僧作虎声。师便打云：“今日等闲，打着一虎。”僧不肯。师云：“分明记取，举似作家。”②

日常行路除了遇到猛虎的问题，乱世之中，还有遇到贼人的问题：

有行者问：“某甲遇贼来时，若杀即违佛教，不杀又违王敕。未审师意如何?”师（韶州双峰山兴福院竟钦和尚）曰：“官不容针，私通车马。”③

这也是一个两难的问题，竟钦和尚没有正面告诉问者到底该杀贼还是不该杀贼，只答了“官不容针，私通车马”。而这八个字，早在唐代沩山灵佑和仰山慧寂的对话中就有使用：

---

① （宋）李遵勖：《天圣广灯录》卷二十一，《卍续藏》第 78 册，第 525 页上。

② （明）祖光等编：《楚石梵琦禅师语录》卷八，《卍续藏》第 71 册，第 586 页上。

③ （宋）道原：《景德传灯录》卷二十二，《大正藏》第 51 册，第 385 页中。

沩山问仰山："石火莫及、电光罔通，从上诸圣将什么为人？"仰山云："和尚意作么生？"沩山云："但有言说，都无实义。"仰山云："不然。"

沩山云："子又作么生？"仰山云："官不容针，私通车马。"①

从字面意思上来说，"官不容针，私通车马"形容于公而言，连细针的差错也不允许出现；于私而言，连车马大的偏差也可以通过。在禅门中，代指佛法在胜义谛方面绝对不能有丝毫偏差，而世俗谛方面则可以权宜应机。仰山慧寂的回答即是指佛法第一义虽然不落言筌，但禅师在接引学人时则可以自在方便，理事圆融。竟钦和尚的回答也许是说明，从佛教本怀，当然不可杀人，但从世间法上而言，杀贼以免贼人为害更多，也免于贼人造更多恶业，亦未必要违背王令。

那么，遇到动物界的生物链，该如何对待？

僧问："蛇吞虾蟆，救即是？不救即是？"师（筠州洞山良价禅师）曰："救即双目不睹，不救即形影不彰。"②

看到两物有生死之争，是救下将死者，还是不救？洞山禅师认为问者不辨"空""有"，执着所见的对象，不知真实，因为因果业报遍及世间六道一切众生，如果去救虾蟆则是没有看到二者之间的前世因果；但是如果不救，则又没有分清"形"与"影"的关系，完全置身事外，不显"业空"之中佛教的慈悲妙用。

下面的问题也是两难：

洪州廉使问云："弟子吃酒肉即是？不吃即是？"师（江西道一禅师）云："若吃是中丞禄，不吃是中丞福。"③

① （唐）慧然集：《镇州临济慧照禅师语录》，大正藏第47册，第506页中。

② （宋）道原：《景德传灯录》卷十五，《大正藏》第51册，第321页下。

③ （宋）道原：《景德传灯录》卷六，《大正藏》第51册，第246页上。

佛教以断肉食素为慈悲之举，饮酒则为五戒之一。未出家尚在红尘中的修行人，往往会面对是否要吃肉喝酒的窘迫问题，之所以如此两难，在于心中有“彼”与“此”之间截然分割、取舍难定的情识。马祖一语破除了洪州廉使心中的对立：今生有经济能力吃得起酒肉，自然非贫贱之身，从世间角度而言，是自己应享有的；但是从出离世间苦的角度来说，不吃酒肉，能够积累福德，当然也是应该的。“吃”与“不吃”本来没有对立可言，因果通三世，造什么因结什么果，关键在于个人的取舍与选择而已！

二　禅门因果问答的特点

以上所分析的五种因果问答，在《景德传灯录》中出现频率较高，有的在后世衍化为具有象征意义的话头或机锋。经常出现的问题一般是当时时代的人最为关心或与他们日常关系最为密切的问题，因而具有普遍性和代表性。通过分析，可以看出，中唐至五代宋初时期，禅门因果问答具有以下几个特点。

（一）学人因果之“问”，体现出古典禅时期禅门的生活状况与时代特点

《景德传灯录》中提及的禅门生活有畲田种地、择菜摘茶、担水烧火、锄草搬柴、做酱等农业劳作，还有园头、米头、饭头、浴头、柴头等分工，这些都体现出唐代实行普请之法以来的农禅特色。锄头误伤蚯蚓、虾蟆有无罪过，遇见蛇吞虾蟆救还是不救的两难，显然也都是生活在农禅环境中的学人遇到的日常问题。禅寺大多择山筑庵而居，学人四处云游，遍参诸方，行走山林，遇到猛虎野兽也是常事，无论是有形之“虎”，还是无形之“兽”，都是障碍；路遇贼人，杀违佛教，不杀违背王命，到底该怎么办？两军对阵，都设天王斋祈求保佑，天王会帮助敌方还是我方？“打破虚空”“久战沙场”的比方……这些既可见中唐以来禅宗学人中形成的“走江湖”风气，也是唐末五代战乱纷争时代的写照。也反映出，即便是避居山林参禅问道，也不可能完全脱离尘俗世间，正所谓“佛法

在世间，不离世间觉；离世觅菩提，恰如求兔角”[1]，禅门学人关注生活中细微的因果问题，因为修行就在平常日用之中。

（二）禅师因果之“答”，形式相对平实，内容不拘于所问，重在启发内省

相较义学之师，对于学人因果方面的问题，禅师从来都不做理论上的分析，不会向学人分析某个因是异熟因、相应因或俱有因等，也不会解释会产生怎样的等流果、异熟果等。

另外，相较其他方面问题的回答，对于因果方面，禅师们几乎没有什么呵佛骂祖的特异之举，也无拈槌竖拂或棒喝交加的夸张动作，而是相对平实。但是，禅师一般也不作正面作答，不会直接给问者一个明确的答案，而是或化用典故暗示学人方向不对；或顺水推舟，比如让问者把打破的虚空拿一片来，破除对方执着；或使用遮诠，以称对方“无佛性”，杀牛者“无罪”这样颠覆通常认知的方式，启发学人起大疑情，从而反躬自心等，这也正是六祖惠能所强调的“自心内有知识自悟，若起邪迷，妄念颠倒，外善知识虽有教授，救不可得”，唯有进行引导，“令学道者顿悟菩提，各自观心，自见本性”[2] 的顿教之法。

（三）禅门因果思想以理为先，反对执着事相

历代禅宗祖师都很重视因果，并重视对所造恶业的忏悔。菩提达摩以求那跋陀罗所译四卷本《楞伽经》交付弟子，作为藉教悟宗的法本，经中即有言“谤因果见，拔善根本，坏清净因”[3]。传为菩提达摩所述的《血脉论》中有云：“有人拨无因果，炽然作恶业，妄言本空作恶无过，如此之人，堕无间黑暗地狱，永无出期。若是智人，不应作如是见解。”[4] 六祖惠能重视“无相忏”，并解释何为“忏悔”，“忏者，忏其前愆，从前所有恶业，愚迷骄诳嫉妒等罪悉皆尽忏，永不复起，是名为忏；悔者，悔其后过，从今以后，所有恶业，愚迷骄诳嫉妒等罪，今已觉悟。悉皆永

---

① （元）宗宝：《六祖大师法宝坛经》，《大正藏》第 48 册，第 351 页中。

② 同上书，第 351 页上。

③ （宋）求那跋陀罗译：《楞伽阿跋多罗宝经》卷二，《大正藏》第 16 册，第 491 页上。

④ （梁）菩提达摩：《血脉论》，《卍续藏》第 63 册，第 2 页下。

断，更不复作，是名为悔。故称忏悔”[①]。

修行中固然要避免造恶因结恶果，但是因为“罪性本空”，执着有罪无罪的罪相，善业则喜，恶业则忧，都并非修行之究竟，反而头上安头，更增执着，所以黄檗希运言：“着相修行，皆是恶法，非菩提道”，“造恶造善皆是着相。着相造恶枉受轮回，着相造善枉受劳苦，总不如言下便自认取本法。此法即心，心外无法。”[②] 担心锄头无意中伤害了蚯蚓是否有罪？路遇贼人，杀还是不杀？该不该喝酒吃肉？……学人区分因果细节并非有错，但远离心法执取事相，终非正道，因为“若未悟自心无生之理，唯以生灭心为因，欲求无生之果，如蒸砂作饭，种苦求甘，因果不同，体用俱失”[③]。

三　结　语

从《景德传灯录》中的因果问答可见，中唐以来的禅师虽然大多几乎不曾正面回答因果当如何报及有罪无罪的问题，但都肯定因果的存在，而且因果的取舍由己，受报因业，没有无因之果，也没有无果之因，自作业自承当。

当然，自马祖道一、石头希迁之后，至五代宋初，禅门又分出雪峰、德山、临济等多家禅系，不同的禅系并非见解有别，而是“门庭施设”不同，从而形成不同的“家风”或“宗风”。[④] 不同的禅师在回答类似问题时，其表现及答语通常也不同，这一方面是由于各自传承的家风不同，另一方面则主要根据问话者的根机或弊病，有针对性地做出回应，并无固定模式，所以同样是问“一棒打破虚空时如何”，有的禅师答“困即歇去”，有的禅师则要对方“把一片来”；同样是关于杀生是否有罪，有的禅师答“因果历然”，有的禅师答“无罪”；同样问“久在沙场为什么功名不就”，有的禅师用典故说明方向错误，有的禅师打比方，指示用心不

① （元）宗宝：《六祖大师法宝坛经》，《大正藏》第48册，第353页下。

② （唐）裴休：《黄檗山断际禅师传心法要》，《大正藏》第48册，第379页下。

③ （宋）延寿：《宗镜录》卷四十，《大正藏》第48册，第652页中。

④ 如：“曹洞则敲唱为用，临济则互换为机，韶阳则函盖截流，沩仰则方圆默契。”见（南唐）文益《宗门十规论》，《卍续藏》第63册，第37页下。

对……如此种种。

但即便是禅师看似相异的回答中也体现出许多共性，如形式活泼、语言生动、简洁明快、不拖泥带水；无论是遮诠还是表诠，皆直指人心，目的都在于去执着，解粘缚，启开悟，督促学人反省自心。因为重视因果、培养福德固然重要，但更重要的是要先明理，正如百丈怀海所言："理未立先有福智载去，如贱使贵；不如于理先立，后有福智，临时作得，捉土为金，变海水为酥酪，破须弥山为微尘，于一义作无量义，于无量义作一义。"①

本文对禅门因果问答所作的五种分类，主要依据学人所问的内容，选取的例子也较为常见，从这些问话中可以看到，禅宗学人"大多并不特别去关心那些超越逻辑、超越语言的玄妙"②。当然，还有一些因果问答并没有在本文中提及并分析，如"学人不负师机，还免披毛戴角也无"，"无边身菩萨为什么不见如来顶相"，"无著见文殊为什么不识"，"既见般若为什么却被缚"等，并非它们不值得分析，而是因为相较而言，最普通、最一般、与日常生活最为密切的问题，往往更具有代表性，"那些看来平庸的思想，却因为它反复出现，证明了它作为常识的价值"③，既具有时代特色，也对后世有所启发，因为"灯录提供的语言资料也许比历史事实考据更接近禅宗存在的真实"④，因而《景德传灯录》中记载的因果问答能够在一定程度上有助于我们真正了解古典禅时期禅宗的思想面貌与时代背景。

---

① （宋）道原：《景德传灯录》卷六，《大正藏》第51册，第249页中。

② 葛兆光：《增订本中国禅思想史：从六世纪到十世纪》，上海古籍出版社2015年版，第452页。

③ 同上。

④ 周裕锴：《禅宗语言》，浙江人民出版社1999年版，第7页。

“因果”与“无为”

——对莲池大师对《五部六册》之批评的反思

王若曦

【提要】 莲池大师对《五部六册》有“借口无为，拨空因果”的批判。《五部六册》谈论因果，主要在“不住因果”和“本无因果”两个层次上展开。“不住因果”即不执着于因果；“本无因果”并非否定因果法则的存在，而是指在一种契入本体的境界中，作为现象的因果尚未展开。《五部六册》所指认的本体就是“无为”。通过对于现象的不执着而证悟本体，是《五部六册》解脱论的基本模式。通过考察《五部六册》中的“因果”和“无为”概念，可以发现莲池大师对《五部六册》的批评存在着概念上的错位。《五部六册》并未否认因果法则的存在；莲池大师对《五部六册》的批判实际上反映出的是两者在教法与实践上存在的重大差别。

【关键词】 因果　无为　《五部六册》

【作者简介】 王若曦，南京大学哲学系博士生。345638564@qq.com

“借口无为，拨空因果”是净土宗第八祖莲池大师（1535—1615）对《五部六册》经卷提出的重要批评。《五部六册》谈论因果有“不住因果”与“本无因果”两个层次：前者是对因果的不执着；后者则需在《五部六册》的“无为”本体论视野下方可得其真意。理解《五部六册》中的“因果”与“无为”概念，构成了反思莲池大师之批判的基础。

一　《五部六册》对因果的论说模式

程恭让教授在其《莲池大师对"五部六册"的批评的再反思》① 一文中指出："清代的雍正皇帝曾御选莲池大师的著名佛学著作《云栖法汇》，对于其净土思想予以大力提倡与表彰。由于雍正皇帝这个御选的集子中也选取了莲池大师批评'五部六册'的一些文字，因此云栖袾宏对罗教的相关批评，也就自然被看成是清代以来由最高统治者认可过的佛门对于'五部六册'的正统意见及权威意见。"在此文中，莲池大师与《五部六册》在念佛问题上的矛盾得到了充分的讨论。而"借口无为，拨空因果"是莲池大师对《五部六册》在念佛之相关问题外的又一重要批评：

> 今五部六册之徒，借口无为，拨空因果，障人礼像，嗤彼称名。古德有言："人人丹霞，方可劈佛；个个百丈，始可道无。其或未然，入地狱如箭射。"②

莲池大师认为，《五部六册》以无为的观念作为根据，实际上破坏了因果的法则；同时，《五部六册》中"说因果，当佛法，不明大道"，"亦无修证，亦无因果"，"因果是病"等语句似乎亦为莲池大师的批评提供了佐证。而实际上，《五部六册》谈论因果有"不住因果"与"本无因果"两个层次：前者是对因果的不执着；后者则需在《五部六册》的"无为"本体论视野下方可得其真意。理解《五部六册》中的"因果"与"无为"概念，构成了反思莲池大师与《五部六册》之间关于因果之争论的基础。

（一）"不住因果"

《五部六册》谈论因果最有代表性的一处文本如下：

---

① 程恭让：《莲池大师对"五部六册"的批评的再反思》，载程恭让主编《道在民间——中华民间宗教文化论坛论文集》，台北中华文化国际交流促进会，2013 年版。

② （明）莲池：《答四十八问》，《卍续藏》第 61 册，第 510 页下—511 页上。

有一等不惺悟的人，他不知因果是病，引的人想着，久后病重，退道。左右是成不的。退了罢，我有力量说法，自有进，无有退。说因果，跟人讨饭吃，说饭不能饱，休随因果，是个虚境，狂言诳哄迷人。悟道之人，本来无有因果，本来无有一物。①

这一段文本中，《五部六册》对因果的两种主要言说形式，即“不住因果”与“本无因果”一同出现。所谓“因果是病，引的人想着，久后病重，退道”，实际上并非是说因果有问题，而是在说执着于因果是一种病。反对对于因果的执着，就是《五部六册》谈论因果的第一种形式“不住因果”。

科仪作证，妙体本来无住所。不住有无，不住僧俗，不住凡圣，不住佛，不住人，不住修证，不住禅定，不住解脱，不住神仙，不住斋戒，不住因果，不住来去，不住工夫，不住生死，不住临危，不住时刻。凡所有相，皆是虚妄，妙体本来无住所。②

《科仪》即《销释金刚科仪》，是宋代对《金刚经》科仪化的诠释典籍。《五部六册》谈到“不住因果”的这一段文本，完全是承接着《金刚经》“应无所住”的无住思想而来。只是在文字上，若断章取义，则容易将否定执着的文本理解为否定因果。其典型例子如下：

说因果，当佛法，不明大道；引迷人，妄想心，扑了顽空。明历历，放光明，不增不减；执因果，照样修，扑了顽空。本无修，本无证，谁人知道；本无僧，本无俗，那个知闻。③

这里所谓的“说因果，当佛法，不明大道”，结合“引迷人，妄想心”理解，正是“不住因果”的另一种表示。“执因果，照样修”也正表

① 王见川、林万传主编：《明清民间宗教经卷文献》第一册，台北新文丰出版公司 1999 年版，第 373 页。

② 同上书，第 221 页。

③ 同上书，第 181 页。

明《五部六册》在这里反对的是对因果的执着，而非因果本身。

（二）"本无因果"

《五部六册》对因果的另一种论说模式，即前引文中"悟道之人，本来无有因果，本来无有一物"的"本无因果"的论说模式。相较于"不住因果"的论说模式，"本无因果"更深入地接触到了因果问题的核心。

要理解何谓"本无因果"，首先要理解"本无"是在什么意义上言说因果之无。"本无"就是本来没有；本，就是根本上，说到底的意思，就是从本来面目说的意思。这里的"本来""根本"不能仅仅做日常语言囫囵地理解，而必须意识到它关涉着一种更高级的智慧和更真实的状态。正如"本来无一物，何处惹尘埃"并非否定有菩提树、明镜台等现象事物存在，"本来无一物"之无，是在一种更高智慧的观照下所呈现出的"无"。《五部六册》说"本无因果"，是在一种契入本体的状态的参照下，才说因果在现象意义上之"无"：

> 这无身，无一物，又无修证；无出家，无在家，好个无身。刀难劈，水难淹，本无一物；天不盖，地不载，好个无身。①
>
> 想当初，无凡圣，先有本体；想当初，无一物，先有吾身。想当初，无善恶，先有本体；想当初，无因果，先有吾身。②

在这段文本中，"无因果"乃至"无一物"再次出现，并且在谈论这种因果之无的同时，引进了"本体"和"先有"概念，即所谓"先有本体""先有吾身"。这恰说明"无因果"乃至"无一物"并非指现象及现象间的联系之无，而是在谈论一种尚未有现象、尚未有能所之分之时的本体状态。无独有偶，在《五部六册》中表示本体之先有的文本还有：

---

① 王见川、林万传主编：《明清民间宗教经卷文献》第一册，台北新文丰出版公司1999年版，第275页。

② 同上书，第276页。

威音王，已前时，本无佛名，本无人名，本无众生名，本无寿者名，本无成佛位，本是自在无名体。①

忽然参透虚空，未曾无天无地，先有不动虚空。无边无际，不动不摇，是诸佛法身。乾坤有坏，虚空不坏，是诸佛法体。②

由此可见，《五部六册》所使用的“本无因果”的论说模式与其所体认的本体息息相关。从契入本体的角度立论，所无之物与所无之因果，并不是指其在存在意义上的无，而是指其在现象界中的未展开与未发生。莲池大师称“《五部六册》之徒，借口无为，拨空因果”，“无为”正是《五部六册》所指认的本体。可见，“无为”概念是理解《五部六册》论说模式并反思莲池大师对其批评的重要基础。

二 《五部六册》的无为思想

莲池大师批评《五部六册》之徒“借口无为，拨空因果”。可见在莲池大师的意识中，一种被曲解的“无为”是《五部六册》否定因果的主要依据。罗教又称无为教，《五部六册》亦被称为《无为卷》，可见无为概念确为《五部六册》的核心概念。如同“因果”在《五部六册》中，存在“不住因果”和“本无因果”两个层次，“无为”在《五部六册》中，同样有现象上的不住以及本体上的存有两个层次。

（一）不住色相是无为

不住即不执着。罗祖自述“请一部金刚科仪，三年整看”，无住思想是其通过《销释金刚科仪》与《金刚经》吸收到《五部六册》中的核心思想之一。《五部六册》常将“无为”与不住于相联系起来：

《金刚经》云：若菩萨，不住相布施，其福德不可思量。无住相

① 王见川、林万传主编：《明清民间宗教经卷文献》第一册，台北新文丰出版公司 1999 年版，第 138 页。

② 同上书，第 135—136 页。

布施，其福德亦复如是，不可思量。偈曰：若论无相施，功德极难量。欲知檀状貌，如空遍十方。百千世界中，满中真金施，不如一法施。宝满三千界，斋持作福田。唯成有漏果，终不离人天。持经取四句，与圣作良缘。欲入无为海，须乘般若船。①

所谓的“欲入无为海，须乘般若船”，结合前文对《金刚经》无相布施的引用，可知此处的“与圣作良缘”“须乘般若船”是与布施时的不执着紧密联系的。在《五部六册》中，还可以见到对《金刚经》无住思想的直接引用：

《金刚经》云“应无所住”，不住有，不住无，不住佛。不住相法是无为，无佛无人证菩提。②

这一段引文除了表明《五部六册》对《金刚经》无住思想的直接继承之外，还有甚可注意的一点，即其“无人无佛”的表述，实际与“不住相法”的意思完全相同，“无佛”之“佛”是指现象中之佛，“无佛”即是说对于现象的不执着。这正佐证了前文对“本无因果”之因果是指现象中之因果的判断。更有意思的一点在于，这一句短小的文本，建立了现象之不执着与本体之存有间的联系。所谓“应无所住而生其心”，对于现象的不执着，将引导本体回归其存有的本真状态——一种持续而开放的活动。

另一段将“无为”与不住相联系的重要文本如下：

不住色相是无为，应无所住绝轮回。金刚真经本作证，证得诸人出轮回。妙体本来无住所，应无所住得纵横。诸佛法身无边际，本性相连太虚空。虚空架住大千界，虚空本是诸佛身。诸佛法身在心中，本性诸佛一体同。认得本性共虚空，本性即是诸佛身。认得自己诸佛

① 王见川、林万传主编：《明清民间宗教经卷文献》第一册，台北新文丰出版公司 1999 年版，第 237—238 页。

② 同上书，第 243 页。

会，诸佛境界在心中。凡所有相生死路，应无所住绝轮回。诸形相法都灭了，灭了诸相快乐多。佛在灵山莫远求，三宝只在人心头。本性就是真三宝，万法归一一篮收。①

这段文本同样点明了“不住”现象对于体认本体的意义。所谓“妙体”“法身”“本性”“虚空”“佛身”都是对同一本体的不同描述，这一本体是人心之本性、诸佛法身，同时有“架住大千”“万法归一”之用。由此可见，《五部六册》确实赋予了“无为”以本体的性格。

（二）无为法门在玄中

《五部六册》对“无为”的另一种论说模式，即一种本体式的描述。其中最具代表性的文本如下：

本自生成不假雕，柱天柱地自逍遥；古今分明常出现，通身不挂一丝毫。无为法门在玄中，扫除万典觅无生；一法包含无量法，一门劈破万般门。直指单传密意深，本来非佛亦非心；分明不受燃灯记，自有灵光耀古今。②

所谓“本自生成”“柱天柱地”，即在一种存有的意义上描述本体；本体兼有“柱天柱地”和“自有灵光”两面，即一种主客能所未分之存有状态；所谓“一法包含无量法”“一门劈破万般门”，即指出本体既包含着现象，同时又与现象截然不同；所谓“通身不挂”“扫除万典”都强调了这种现象与本体在性质上的区别。

“无为”的这种本体性格，使其对“空”的理解更侧重于“虚空”的一面：

诸佛法身无边际，本性相连太虚空。虚空架住大千界，虚空本是

① 王见川、林万传主编：《明清民间宗教经卷文献》第一册，台北新文丰出版公司 1999 年版，第 219 页。

② 同上书，第 343 页。

诸佛身。诸佛法身在心中，本性诸佛一体同。认得本性共虚空，本性即是诸佛身。①

这种强调无为、虚空的特点与《涅槃经》一脉相承：

一切有为，皆是无常。虚空无为，是故为常；佛性无为，是故为常。虚空者即是佛性，佛性者即是如来，如来者即是无为，无为者即是常，常者即是法，法者即是僧，僧即无为，无为者即是常。②

而莲池大师在批评《五部六册》的无为观念时，其对“无为”和“空”的理解更侧重于空性的内涵。其在《云栖法汇》中谈到《五部六册》之无为：

有罗姓人，造《五部六册》，号《无为卷》，愚者多从之。此讹也。彼所云无为者，不过将万行门悉皆废置，而不知万行即空，终日为而未尝为者，真无为也。彼口谈清虚，而心图利养，名无为而实有为耳。人见其杂引佛经，便谓亦是正道，不知假正助邪，诳吓聋瞽，凡我释子，宜力攘之。③

莲池大师批评《五部六册》废置行门、“不知万行即空”，若按《五部六册》“虚空架住大千界”④ 去理解，虚空普覆，举手投足何曾离得开虚空？按莲池大师之意，当是说《五部六册》没有正确理解无为法与有为法、性空与假有之间的相即关系，所谓“万行即空”“终日为而未尝为”皆是此意。《五部六册》侧重从本体和虚空的角度理解无为与空，莲池大师则忽略了无为的这种本体性格，并侧重于从空性的角度理解无为与

① 王见川、林万传主编：《明清民间宗教经卷文献》第一册，台北新文丰出版公司1999年版，第219页。

② 见《大般涅槃经》卷十四《圣行品第七之四》，《大正藏》第12册，第445页下。

③ 《云栖法汇》，《嘉兴藏》第33册，第78页上。

④ 王见川、林万传主编：《明清民间宗教经卷文献》第一册，台北新文丰出版公司1999年版，第219页。

空。由此可见，莲池大师与《五部六册》确实在解释“空”“无为”的角度上有所不同，莲池大师对《五部六册》的批评存在着概念上的微妙差异与错位。

三　无为与因果之关系的反思

莲池大师从有为法与无为法的相即关系出发，批评《五部六册》割裂了有为与无为，并由这种割裂而破坏了因果。抛开其间概念的差异不谈，《五部六册》是不是如莲池大师所批评的，割裂了有为法与无为法，并由此破坏了因果呢？

通观《五部六册》，确实大量地强调了无为与有为的差异——但这并不意味着一种割裂。《五部六册》对于有为法与无为法的联系，正在其现象与本体的张力之间，即在于“不住因果”与“本无因果”，“不住色相是无为”和“无为法门在玄中”两种论说模式之间。《大智度论》卷九十五中须菩提与佛的一段问答，正有助于我们理解有为法与无为法的关系：

> 问曰：有为法是无常，无为法是常，云何言离有为无为不可得？答曰：无为法无分别故无相，若说常相不得言无相。破有为法故名无为，更无异法。如人闭在牢狱，穿墙得出，破壁是空，更无异空。①

《五部六册》强调由对因果、色相的不执着而契入无为虚空的本体境界，正是这种“破有为即是无为”之思路的体现。应当说，“万行即空”“为而无为”固然是建立了有为法与无为法的相即关系；“破有为即是无为”“不住色相是无为”同样也是在建立一种有为法与无为法的相即关系。强调无为法有为法性质上的差别，并不意味着一种割裂。

而对于修证和因果，《五部六册》以不执着因果、修证为途径，导向于无为、虚空的本体境界。在这种模式下，《五部六册》确实存在侧重于强调无为法及其无为本体的价值；在修行方法上，《五部六册》也特别强调“悟”无为本体的重要性，但这并不构成对现象中之因果、修证的否

① 《大智度论》卷九十五，《大正藏》第 25 册，第 728 页中。

定。《五部六册》中，对此种关系最好的注解为：

> 终日行，未曾行。终日坐，何曾坐。修善元无功德，作恶亦无罪过。时人若未明心地，莫执此言乱作，死去定见阎罗，难免濩汤碓磨。①

所谓"时人若未明心地，莫执此言乱作"，正是《五部六册》重本体之悟而不坏世间法的有力证明。无独有偶，另一段值得玩味的文本如下：

> 金刚本体是真人，本性就是金刚经。行住坐卧常持念，终日长念不在声。②

所谓"行住坐卧常持念"正是一种现象生活中的行门功夫，只是这种"念"不一定要执着于"声"的形式而已。《五部六册》中存在大量"本无修证""本无因果"的表述，都应放在其对本体之强调的语境中来理解，而不应理解为对现象中之因果及修行的否定。

综上所述，在概念的理解上，莲池大师与《五部六册》对"空""无为"有着不同的角度；而在实际上，二者都承认因果，注重解脱。莲池大师对《五部六册》的批判，实际上反映出两者在解脱途径、教法侧重上存在着重大差别。通过对于"无为"概念的分析，可见《五部六册》特别侧重于从一种契入本体的角度立教。《五部六册》中所谓的"本无因果"，正应该在这个意义上得到理解。它并不是指实际上不存在因果法则——若不承认因果，罗教教众也不可能借由"悟道"而得到解脱。事实上《五部六册》中还有"一切因果是引进"③这样的表述，这足以佐证"本无因果"并非破坏因果法则的判断。所谓"本无因果"，实际上是指在契入本体的状态中，作为现象的因果尚未出现。现象的未出现当然不同于不存在，它只是处于一种含藏的状态，甚至连时空这样的基本形式都

---

① 王见川、林万传主编：《明清民间宗教经卷文献》第一册，台北新文丰出版公司1999年版，第234页。

② 同上书，第247页。

③ 同上书，第278页。

尚未被赋予。而对于在现象中已经得到展开的“因果”，《五部六册》的基本态度是“不住”。实际上，无论是“本无因果”，还是“不住因果”，都不构成对于因果的否定。莲池大师对于《五部六册》“借口无为，拨空因果”的批评，伴随着一种概念的错位，实际上反映了二者教法和实践途径的差异。

四　结　语

关于因果与无为法的关系，以及莲池大师对《五部六册》“借口无为，拨空因果”的批评，在概念的同异问题之外，尚有值得进一步反思之处。对佛教进行政策上的严苛管制始于明代，寺院被分为禅寺、讲寺及教寺（瑜伽寺）三种，而对于瑜伽教寺的管理尤为严苛。在这种政策背景下，僧人与世俗人士之间的界限被大大强化了，寺院的宗教存在与现实的社会生活便被人为地隔绝开来。在这样一种僧团与信众相分离的状况下，以罗教为代表的民间宗教实际上满足了一部分有宗教诉求却无缘接触传统佛教的信众的宗教需求。而这种直接面向广大信众的弘法实践，也为《五部六册》注入了诸如男女平等、僧信平等等种种新的、适应时代需求的思想因素。应当说，在广大信众间弘法的实践充实了《五部六册》的思想，《五部六册》的教法也满足了一部分信众真实的宗教需求。而且就《五部六册》的思想核心来说，其破除执着而悟于自性的思想，未尝不渗透着佛法的智慧。

固然，《五部六册》的思想中包含着一些驳杂的成分，但在对《五部六册》中的思想进行简单的正邪之辩前，或许“以法为本”还是“以人为本”的出发点是更值得我们反思的。这里举一段《大般涅槃经》中关于因缘与无为的文本以飨读者：

> 如是众生于佛灭后作如是说，如来毕竟入于涅槃，或不毕竟入于涅槃，或说有我或说无我，或有中阴或无中阴，或说有退或说无退，或言：如来身是有为，或言如来身是无为，或有说言十二因缘是有为法，或说因缘是无为法……如其如来具足成就知根力者，何故今日不决定说？佛告迦叶：菩萨善男子，如是之义，非眼识知乃至非意识

> 知，乃是智慧之所能知。若有智者，我于是人，终不作二；是亦谓我，不作二说。于无智者，作不定说；而是无智，亦复谓我，作不定说。善男子，如来所有一切善行，悉为调伏诸众生故，譬如医王，所有医方悉为疗治一切病苦。①

若是从概念同异的角度出发，《五部六册》中关于因果与无为的思想，或许不能与如海之经藏尽合；若是站在亟待宗教之安慰的现实的人的角度，《五部六册》则未尝不能以其渗透着的佛法智慧，给他们以慰藉和指引。缓解众生的苦难，当是佛陀之本怀；种种说法，悉皆为此。站在这样一种“以人为本”的角度，或许我们可以对《五部六册》多一些同情式的理解；佛教也可以在这个文化多元的时代，得到一个在交流中发展的广阔平台。

① （北凉）昙无谶译《大般涅槃经》卷三十三，《大正藏》第12册，第563页下。

“因能变”说辨异

黄 敏

【提要】 熊十力在其早年的《唯识学概论》的系列写作中已提出对窥基解因能变说的质疑，而这一问题深关宏旨。正是由于对窥基“因通现种”一说的岐解，导致他后来以因果二变释种现二界，从而有对唯识学种现对立、二重本体的批评。然而，因果二种能变并不能视为种现对立的依据。能变有转变、变现二义，应以变义为据，才能更好地理解种现活动实为识转变的整体活动，才不至于静态机械地理解唯识的含义。对唯识学中其他问题的研究也应见微知著，作如是观。

【关键词】 因能变　种现　转变　变现　唯识

【作者简介】 黄敏，中南财经政法大学哲学院讲师，宗教学博士。huangmin1826@126.com

在熊十力早年的佛学研究中，因果轮回问题始终是一个关乎其最终思想立场的重要问题。《新唯识论》得以形成的关键就在于他对佛教因果问题的怀疑乃至批判，特别从他对唯识学因能变说的误解中可见一斑。正是由于对因能变的误读，才有了后来《新唯识论》中对护法唯识学种现对立、二重本体的抨击。所以，从熊十力早年的唯识学研究中探讨他的致思路向就显得尤为必要。

一 “因通现种”质疑

一般认为，1923年的《唯识学概论》是熊十力唯识学系列论著中比较忠于阐发唯识学原旨的一本。然而，熊十力在《唯识学概论》中已提出窥基解因能变不当。

《唯识三十论颂》开篇便提出"由假说我法，有种种相转"[①]，而种种相归结起来则有能变三相，此能变为三者，依次为第八异熟、第七思量、前六了境识三类。玄奘的《成唯识论》则将"此能变为三"[②] 解释为因能变和果能变二种。因此说："此三皆名能变识者，能变有二种：一因能变，谓第八识中等流、异熟二因习气。……二果能变，谓前二种习气力故，有八识生现种种相。"[③] 窥基的《成唯识论述记》卷二（末）对此有一番解释，正是这番解释引起熊十力的问难。窥基对因能变解释道："此言因者，即所由故。谓种子也。辨体生现为现行生之所由也。"[④] 此因能变中又分为第八识中等流、异熟二因习气的熏令增长，所以，因能变即有种子转变生果之意，又因为种子的熏变包含了能生起现行之意，所以窥基进一步解释，这种因能熏"意现七识等诸现行法，亦名为因，亦名能变"[⑤]，这样，因能变就包含了一切种子的熏习而转变生种、现，这就是熊十力所指出的转变之义通现、种。

熊十力认为，窥基的理解有误。他一方面以窥基《成唯识论述记》的解释[⑥]为据，另一方面又以太贤的《成唯识论学记》为证。他说："按基解多分违论……，因变中但有种生现义，基解转变无失，云通现行即非，果变中现种相一语，基解自证分变现相见，亦合。"[⑦] 熊十力认为窥基的因能变解释问题出在因通现种上，据他对唯识学的了解，世亲的《唯识三十论颂》是严于法相的，不可能因果混淆，种现不分，所以，据因能变立种子，

---

① 世亲造，（唐）玄奘译：《唯识三十论颂》，《大正藏》第 31 册，第 60 页上。

② 同上。

③ （唐）玄奘撰，韩廷杰校：《成唯识论校释》，中华书局 1998 年版，第 96 页。

④ （唐）窥基：《成唯识论述记》卷二（末），《大正藏》第 43 册，第 298 页下。

⑤ 同上。

⑥ 按：熊十力说此解释详见窥基《成唯识论述记》十二，然查《成唯识论述记》无十二卷，又别处云《述记》四十九，亦无。《成唯识论述记》在《大正藏》中共计十卷，每卷又分本、末二篇，总共合计为二十篇，熊十力所列十二、十五、四十九等数字不知所指是卷还是篇，但与《大正藏》本均难对应。由此可知熊十力所见《成唯识论述记》本或为其他刻本，读者须自行分辨，切勿与《大正藏》本《述记》对应。

⑦ 按：此处引文标点有改动。出自《熊十力全集》第一卷（湖北教育出版社 2001 年版）第 53 页，然《全集》此处标点有误，读者可参看《全集》第二卷《佛家名相通释》（湖北教育出版社 2001 年版）第 501 页查阅对比便知。

就不可能再将现行视为因，故他说："述记十二据不正义，以释因能变，淆现于种，非小失也。论言因能变，乃建立种子为识，生之因耳，若现亦名种，则法相淆乱。至因缘中有现生种一义，所以明新熏种之来源，别为一事，焉可并谈？《太贤学记》（二）第二十四页虽不取基疏，然其词义隐晦，未畅厥指。"[①] 因能变中的变义，熊十力认为窥基解释为转变无失，因能变就是因的转变，而果能变的变突出的则是变现义，所以窥基说有缘法能变现，侧重自证变现相、见分果。也就是熊十力说的因、果二能变本唯一事，但义说两变，将识转变的过程以此二能变分解地说罢了。

值得注意的是，熊十力以一识转变说因果二能变，是以一意识师的观念来解读二能变的问题，为了便于将因果二能变统一起来，此时他虽抨击窥基的解释不当，但并未整个否定护法唯识学，所以尽管他不认同窥基因通现种之说，但他站在识转变的立场将能变看作一个整体，故说此是一识转起二变之事，并无种识分离之嫌。尽管如此，这一对窥基因能变说的疑问仍然为他日后批评护法唯识学埋下了伏笔。

二　"因能变"异说

窥基既是玄奘的得意弟子，何以会如此理解《成唯识论》，这是令熊十力感到迷惑的。故熊十力又以太贤为据，太贤的《成唯识论学记》中曾提道："虽有别义，种亦现因，现亦种因，各具二变，然杂乱故，三藏存前以为正义，准此基云六七熏言意显能熏，亦因能变，不正义也。"[②] 显然，熊十力所谓基师据不正义的说法实则是对太贤《成唯识论学记》观点的转述，然而，正如熊十力所言，太贤虽未取基义，但词义隐晦，未深入讨论。所以熊十力也未敢贸然对此深究。但这一观点深关宏旨，始终困扰他，所以他在以下多处又反复提起这一问题，逐渐形成他后来视唯识学为种现二分的看法。

在 1933 年的《破破新唯识论》中，熊十力为了反驳刘定权之说，再

① 按：此处引文标点有改动，《熊十力全集》第一卷（湖北教育出版社 2001 年版）第 98—99 页标点有误，可对比《全集》第二卷《佛家名相通释》（湖北教育出版社 2001 年版）第 544 页校正。另《成唯识论述记》中也并无此原文，故标点有误无疑。

② （唐）太贤：《成唯识论学记》，《卍续藏》第 50 册，第 50 页下。

次举出因能变为证，以因能变意味着种现对立来说明护法唯识学是以种界为现界本体，从而以此为唯识学有二重本体之过的明证。更言明，此因能变的争论早在《成唯识论了义灯》里已有辨解，窥基的《成唯识论述记》解因能变太支离。直到 1937 年，熊十力在《佛家名相通释》中仍持这一观点，并作了大胆猜想，谓："大抵基师于论文中，存护法之真，而述记乃自抒己见。然义灯不取，太贤学记亦不取。述记释因果变处，文字缴绕难理。曾见近人有节本，错误不堪。"①

之所以说这一理解深关宏旨，其实在《破破新唯识论》中熊十力已经道出了其中关键，这一问题正是他指责护法唯识学种现对立、二重世界的由来。若按照种现对立，因果分野截然两端的理解，则唯识学的因能变纯为种界，而果能变则指现界，熊十力认为，这样一来更说明种子为现行之因："然则现界既因种界而得生起，何故不肯承种界为现界之体耶？"②熊十力此处便以窥基《成唯识论述记》的因能变解说为证，并指出窥基谬解了因能变，实则应以太贤为正解③，因为依据太贤的解释，则将因能变解为种子，果能变解为现行，更能顺应熊十力对护法唯识学种现对立的批评，否则，熊十力的批评就成了无的放矢，无稽之谈。

然而，正如熊十力所说，太贤在《成唯识论学记》里的记载过于简略。太贤为朝鲜新罗人，为西明寺门下道证门人，而道证同为新罗人，又是圆测门下弟子，圆测与窥基两人见解不合，在对唯识学的翻译问题上旨趣各异，太贤在《学记》中说"三藏存前以为正义"一语，实难断定从何而来。但是，熊十力提到的《成唯识论了义灯》为窥基的嗣法弟子慧沼所撰，其观点应该与窥基较为一致，又何故熊十力说《成唯识论了义灯》中已对此有所辨正？查《成唯识论了义灯》，慧沼此处将诸多异说一并列出，可见此问题在当时已有争议。慧沼说：

能变有二谓因及果。有多解释，且准论文及本疏意，因变但种子，果变唯现行。设现熏种不名因变，何以故，论但云一因能变，谓

① 《熊十力全集》第二卷，湖北教育出版社 2001 年版，第 502 页。

② 同上书，第 188 页。

③ 按：熊十力在此处提道："余昔在北京大学所撰唯识讲义曾辨正之，后阅了义灯，知当时已有辨也。"这里提到的唯识讲义按照时间推断为 1923 年的《唯识学概论》。

> 第八识中等流，异熟二因习气，既言第八识中二因习气，七现能熏非在八中，亦非习气，不同三相，三相诸文互说不定，二变更无异文说故。若尔，现熏种是何变，答，是果变，或非二变。何以故，若言因非习气，若言果五七不能现彼种相故。问，若尔，二变摄义不尽，答，不尽何过。二变据胜故。然枢要中作句数者以义说之，或现熏种亦因能变，若说为果，五七所熏岂是现相。此中意说自证所现名种种相故。若尔，云何不说能熏为因变，答，准下第八现亦名种，然说习气胜显相续，现因间绝，隐略不说。①

这里慧沼不仅列出因变但种、果变唯现的观点，还解释了现不名因变的原因，也就是太贤说的，若现名因变，则与《成唯识论》前文说因能变是特指第八识中等流、异熟二习气所致不符合，因为现中包括前七识，七现能熏非在八中，亦非习气，故不合前文。然而，慧沼进一步解释，既然如此那现熏种的情况该做何变，回答却模棱两可：或为果变，或二变俱非。以下则解答了这两种可能答案存在的理由，然而，设问者又说，若是这样，那因果二能变岂不是没能完全统摄八识能变的所有情况？慧沼又进一步解释，二变据胜，还是能较为圆满地涵盖能变三相，并引据窥基的《成唯识论枢要》，现熏种亦因能变，此种解释比把现熏种划为果变更加合理，这样可以避免把五七识所熏视为现相，如此种种，循环往复地自问自答，表现出慧沼力图展现当时诸弟子对此问题的看法，但又很难在此问题上轻下决断。所以，因能变究竟能否通现的问题就变得迷离莫辨。这也说明，单纯将因变说为种、果变说唯现行的做法并不够圆满。而熊十力据此断定护法唯识学是以种现对立为因果二重世界就未免显得过于轻率。由窥基再传弟子，圆测的二传弟子来断定玄奘《成唯识论》的因能变说，推翻窥基所言，本来就不是一件轻而易举的事，况且在此基础上论断护法唯识学，乃至世亲一系唯识学为种现对立，如何使人信服？

然而，按照熊十力的理解，若因通现种，则很难解释因果二重世界中种现关系是怎样，本着因果二分，严守种现之别的原则，则唯有把因能变

---

① （唐）慧沼：《成唯识论了义灯》卷三，《大正藏》第 43 册，第 716 页下。此处为方便阅读标点已进行更改，读者可根据原文断句查阅。

解释为唯种，才能继续他对护法唯识学的批评。故他不取窥基义，而他对于种现的这种二分理解则必然导致他后来与唯识学的分道扬镳。故可以说他对因能变的误解深关宏旨，这是熊十力早年唯识学研究中未能厘清，从而导致他日后批判唯识学的一个重要端绪。

三 “能变”辨正

那么，窥基对因能变的解释是否如熊十力及太贤所说，为不正义呢？这就必须回到窥基的《成唯识论述记》中。如前所言，窥基首先表明，因就是因由之意，“此言因者，即所由故。谓种子也。辨体生现为现行生之所由也”[①]。所以，因能变的因的第一义是现行生之所由，这里显然只有种义而非通种现义。其次，要结合因能变中的能变来理解，这里能变的变首先是转变义。所谓转变，就是下文紧接着说的第八识能持种受熏，所有等流、异熟习气能现气分，感召而引生后自类同类现行，余识得以产生。所以，能变以转变为义，说明这是识转变的关系。

那么，为何有因通现种之说？窥基进一步认为：“明因能变，即是种子转变生果。果通种子，及与现行，自类种子亦相生故。”[②] 可见，转变还要包括种生果的结果的部分，这样，能变就不仅仅是识转变的过程，还说明由转变带来的果也属唯识。而转变所生的果又由于本有种与新熏种的现起，种子生现行、现行生种子而不断相继而起，这一整个过程刹那俱现，互为因果，所以果通种现。但是，由于种现的此种互生关系，因变所说的能熏之意，就很难将现排除在外。因此窥基说：“举因能熏，意显七识等诸现行法，亦名为因，亦名能变。故二习气各举能熏，诸因缘体辨体生果者，名因能变故。”[③] 这样，因能变即是指能辨体生果者，且包括了八识转变，从第八识等流、异熟习气中熏生余七识，七识现行反熏第八，将诸识转变涵括在因能变的意义中，自然，现行生种也在其中。

但是，正如慧沼所说，因能变明明说的是二种习气，现行不名习气，

---

① （唐）窥基：《成唯识论述记》卷二（末），《大正藏》第 43 册，第 298 页下。

② 同上。

③ 同上。

何以能划入其中。这就涉及不同情况下的因能变与果能变的划分问题。窥基认为，由于八识转变的情况不同，其中的各自种现类别也各异。“种因变唯在第八，现因变通余七识”[1]，而“第八唯果变而非因，种子因变而非果，现七识亦因亦果能变”[2]，这样就可以看出，因能变与果能变的划分不能对应于种现的划分，不能因为能变的情况为二，要么因要么果，就认定因果二能变就对应于种现二相，这种想法，恰恰是对识转变的一种静态的机械的曲解。在不同的立场和角度下，种现二法是相互转化的，且第八识从种的角度说是习气聚集所，故此时唯种变，然而，第八现行又能熏生令七识得以转变，现行七识又复能熏第八，所以现七亦因亦果能变，这种情况恰恰说明因果二能变的划分是细致的，也是十分严密的。

下文又以问者的提问引出，有问说，既然现行能为因能变，“种子何故非果能变”[3]，显然这里的问者所持的是与熊十力一样将因果二变理解为种现二分的观点。而窥基解释得就非常明白了：“对谁名因，答此中果变。谓有缘法能变现义，故种子非。若体是果而能转变，种子亦是。今论但说有八识生现种种相，故知但说现行果法名果能变，由以变现名能变故。种子但以转变名变。”[4] 窥基这里解答了两个问题，首先，因果二变的划分是相对的。以谁为因，要根据其所生果的彼此二者关系来确定，种子既然是生义，自然不能名为果。其次，因果二变的变的含义是不同的，要根据变义的差异来确定其中谁者为因能变，谁者为果能变。故而窥基说，如果体是果而能转变，那种子符合称为果能变的条件，因为有现行生种之义。但是，论中是以变现名果变，是有缘法的变现名果能变，那就只有现行才符合。如此看来，因果二变实则变义不同，因能变侧重转变名变，而果能变则指的是变现名变。

这样一来，问题的解决就从因果的划分转移到变的划分上。因果二能变实则是能变的两种不同情况，一指转变，以第八生余七的识转变为契机，描述第八识引发的整个种现活动过程；二指变现，侧重说明由诸识转变而引起的所缘境差别相，说明境的生成过程。这样就把唯识中的以识转

---

① （唐）窥基：《成唯识论述记》卷二（末），《大正藏》第43册，第298页下。

② 同上。

③ 同上。

④ 同上。

变而现起诸法的两个不同侧面展现出来。因能变，从识自身的变化来说明识的活动，而果能变则从自证能变现相、见二分果来说明诸法不离识，因果二变是可以摄尽能变三相的，而种现关系就不能简单理解为是因果二变的对应符号。

此前窥基已说，因能变的因是所由之义，从这一点上说为种子，所以，太贤、慧沼所说因能变唯种，在一定程度上理解了窥基的前半句，但未能在变的意义上理解现行的意义，这样就把因能变单独视为第八识自身种子的活动，何以能和余七识联系起来，第八岂不是与前七难以连续？若如此，则能变为三的三，便有被分裂为三种不同的能变识的趋势了，这样一来第八识的统摄意义便不存在，识转变的一体关系便模糊掉了。这是在因能变中必须注意的，也是关系到唯识学是否如熊十力想的那样可以理解为割裂零散的剖析术的重要问题。熊十力在 1923 年的《唯识学概论》中以"本唯一事，义说二变"[①] 的方式解答因能变的问题，虽然是以一意识师为据，但此解释尚能将唯识的意义保留下来，故并未在种现问题上走向二分，可惜未能贯彻到底。

再者，种现关系的联系性还可以从因缘义上看出。熊十力对此也有一番理解。他在 1937 年的《佛家名相通释》里曾解释因缘义，因缘为四缘之首，因缘义按照《成唯识论》的说法，其体有二，一为种子，二为现行。所以，"虽云因缘依种子立，要不可说因缘即种子，……今此谈因缘中，有现生种一义，所以明新熏种之由来，不可与因能变义并为一谈"[②]。熊十力以种现为因缘体的解释出自《成唯识论》，《成唯识论》第七卷解释种现关系时说，因缘义是有为法亲办自果。"此体有二：一种子，二现行。"[③] 故因缘义通种现，以此说明现行熏生新种，这种解释是成立的。但是，此因缘变是解释种现关系而说的，与前所说因能变解释识转变虽不能混为一谈，却可见出种现之间并非截然二分关系。此正是四缘说的解释意义所在。熊十力却因此引申以为种子为现行之因，从而以种界为现界本体，将种子说为因能变，现行即果能变，走向二分说，这体现出他在理解

---

① 《熊十力全集》第二卷，湖北教育出版社 2001 年版，第 53 页。

② 同上书，第 544 页。

③ （唐）释玄奘撰，韩廷杰校：《成唯识论校释》，中华书局 1998 年版，第 508 页。

唯识学上的矛盾。一方面，既然意识到因缘义与因能变分属不同解释面，故说种现皆为因缘体，却以因能变为唯种，用因能变上的种现二分来拆解因缘义上的二体；另一方面，再根据这种因能变上的二体论来解释因缘变，将种现划分为二界，更以种子为现行之本体，在体的意义上横生枝节，无形中又将因缘义上的种现二体视而不见，四缘说的成立便毫无意义了。

四　“能变”余论

纵观熊十力理解因能变说的过程，可以说这在研究唯识学的问题上极有代表性、启发性。从与《成唯识论》相关的撰述看，当时人们已经对因能变说莫衷一是，可见此问题并非熊十力先生一个人的问题。再者，熊十力对此问题的研究具有典型性，这是人们在阅读《成唯识论》，研究《唯识三十颂》中可能并未注意到或容易忽略的问题。如何理解玄奘法师对《唯识三十论颂》的注解，以及玄奘的翻译，关系到对唯识学的整个理解。熊先生作为一个富有思想创造力的哲学家，能够敏锐地发现《成唯识论》因能变说中的问题，转而对窥基所传、玄奘的翻译提出自己的看法，为近代以来的唯识学研究提供了新的视角。

这一问题之所以又具有典型性，是因为这反映出唯识学研究中的一些误区。首先，在对唯识学的理解上，由于《成唯识论》译文的言辞工整、论说精致细微、逻辑关联性强的特点，使得《成唯识论》对《唯识三十论颂》的翻译以对仗格式出现，这是人们容易将《唯识三十论颂》看作一部丝丝入扣的关于识的分析守则的论颂的原因之一。熊十力对因能变的理解便是基于对“此能变为三”以下诸文的推演逻辑的基础上的。所以他说“颂以能变释识，论更析能变以因果”①，后演化出转变、四分、诸识等逐条分析。《成唯识论》的语言特点使人们常常只看到其擅长分析的一面，将其视为一种能顺应近代科学精神需要的方法论，却没有把握唯识本旨。

第二，能变的解释又易于使人陷入名言纠葛，将唯识视为一种单纯解释意识活动的学说，把唯识学理解为一种认识论，将能变的主体性、主动

① 《熊十力全集》第一卷，湖北教育出版社 2001 年版，第 53 页。

性与认知主体联系在一起。熊十力对唯识学的理解也是如此。从他的几部唯识学著作中的章节安排就可以看出来。概论均分为甲部和乙部两部分。甲部为境论，以阐明法相为主，是所知的一面；乙部为量论，即认识论，阐明所知之所以可能的理由。这与后来《新唯识论》的甲、乙两部分类和命名完全一致。而在境论与量论的关系上，熊十力又指出实则境论乃为量论发端，所以根本在量论，故"此书通作量论观可也"①。从一开头的这段说明便可看出，熊十力把唯识学的根本点归结到认识论上，视唯识学为一门认识论方面的学问。这就使他的学说一开始便与立足于转识成智的瑜伽修持旨趣不同，与繁杂纷纭的名相背后蕴含的唯识学解脱精神更难接契，故有后来的《新唯识论》产生便不难理解。

第三，唯识学研究中应该像熊先生那样有勇于提出问题，不盲信前人，甚至犯错的勇气。熊十力对窥基注释的质疑，对护法、世亲唯识学的一概而论固然不妥，但也引起人们对诸师论说的辨异，而不是一厢情愿地以为玄奘所翻译的《成唯识论》就是《唯识三十论颂》的全部。而熊十力所谓的近人的窥基节本错误不堪，应该也是事实。对玄奘、窥基翻译的质疑也许并不始于熊十力，至少并非熊十力一人，从吕澂与熊十力的往来书信中可以看出，吕澂当时已对窥基、玄奘所传深为质疑②，在这一点上二人倒是有共识。吕澂先生在1926年的《安慧三十唯识释略抄》引言中就提出，玄奘对《唯识三十论颂》的翻译与安慧显然有别。且时有"详颂文之所略，损颂文之游词"③，更举例说"如三类识变，本指其事，解为能变，则指法体，于是因果二变意义纠纷，卒不可了"④。可见，因能变所引起的纠葛与能变的译文本身不无关系。

当然，此问题不能单纯视为因玄奘法师的翻译所致，其中需要细致深究的地方还很多。由因能变诸说引发的争议可以说只是唯识学诸多问题研究的一个缩影。无疑，熊十力先生对因能变说的思考是发人深省，亦值得引为注意的。

---

① 《熊十力全集》第一卷，湖北教育出版社2001年版，第45页。

② 按：见熊十力1943年致吕澂书，《熊十力全集》第八卷，湖北教育出版社2001年版，第435页。

③ 《吕澂佛学论著选集》第一卷，齐鲁书社1991年版，第146页。

④ 同上书，第149页。

大足石刻中的因果思想探析

邬宗玲

【提要】大足石刻因果思想注重对印度佛教教义的继承和发扬，坚持因缘和合的动态果报观和业感缘起，认为发菩提心可超越生死轮回而达到涅槃之佛境。石刻中的善恶二因主要涉及五戒、十恶、十善、五逆等内容，基本上属于道德修养问题，可见道德的高下是决定人的地位、命运和未来的根本要素。在与中国文化的碰撞中，又直接吸收传统的报应观念和文化内容。为了回应中土人士的批判和质疑，大足佛教界也在总结佛教信仰发展的经验教训，对于外来佛教经典所指示的教理和行法进行积极的改造和发挥，形成了独具特色的因果报应观。

【关键词】大足石刻　因果报应　中国化　世俗化

【作者简介】邬宗玲，重庆三峡学院文学院副教授。Zonglingwu2002@163. com

大足石刻，是重庆市大足县内摩崖石刻造像的总称，起于初唐，后经晚唐、五代、北宋时期，南宋时期达到鼎盛，延续至明、清两朝。县境内造像区概有75处，造像5万余尊，以佛教题材为主，并镌刻有儒道造像以及10万余字的铭文。学者们一致认为大足石刻内涵丰富，可资考证当时社会政治、经济、军事、文化、宗教等诸多方面。[①] 尤其是以宝顶山、北山、南山、石篆山、石门山为代表的石窟群，以数量众多的雕像不仅展现了我国古代雕刻艺术之精美绝伦，而且以图文并茂的形式演绎了传统文

① 陈明光：《巴蜀遗产——大足石刻铭文搜藏与研究》，载《大足石刻研究文集》第四辑（二），中国文联出版社2002年版，第742页。

化思想之兼容并蓄。

就学术界目前的研究现状而言，对大足石刻思想内蕴的论述，多从佛学、儒家思想、三教融合、佛教的世俗化等方面进行探讨。如《大足唐宋佛教雕崖研究》对宝顶山石窟造像背后之禅宗思想与唐宋社会风尚作了分析。[①]《略谈宝顶山摩崖造像的哲学、伦理思想》则根据宝顶山六耗图、牧牛图等比较典型的造像，分析其代表的哲学思想与伦理道德。[②]《大足、安岳宋代华严系统造像源流和宗教意义新探索——以大足宝顶毗卢道场和圆觉洞图像为例》以敦煌和东瀛的唐代华严变相为参照系统，论证了宝顶毗卢道场所绘乃华严七处九会变相，同时对宝顶圆觉洞及安岳华严洞的主佛像身份进行了论证。[③] 对宝顶山石刻是否为密宗道场进行的争论，是佛学思想研究的一个亮点。郭相颖先生力主宝顶为密宗道场。[④]《深沙神与柳、赵教派》一文从深沙神与柳本尊、赵智凤教派的关系出发，通过深沙神造型的演变和名称的更易，考察了柳本尊、赵智凤这一教派的密教特色。[⑤] 龙晦先生按照宝顶山几组大型经变相所处位置，认为大佛湾是“佛祖当中卧，禅净两边排”的格局，而柳本尊造像则在左边最末，位置不显著，说宝顶山是密教道场有违事实。[⑥]《大足石窟与敦煌石窟的比较》一书提出宝顶山的主建者赵智凤之传佛实践与佛教思想是法嗣柳本尊，推崇其为“瑜伽部总持王”，将柳本尊推举到大日如来的地位，以凡人而成佛，即身成佛，具有活佛之地位。大日如来之佛冠中有柳本尊坐像，而柳本尊之毫光中托起大日如来像，是其立论之基石。这属于四川密教，不同于开元三大士弘教时期之纯密，也有别于藏传佛教，是四川大足和安岳造像所独有的，故弥足珍贵。[⑦]《大足石刻中的儒教造像及

---

① 陈清香：《大足唐宋佛教雕崖研究》，“中国文化学院”艺术研究所1970年版。

② 郭相颖：《略谈宝顶山摩崖造像的哲学、伦理思想》，《中华文化论坛》1994年第4期。

③ 胡文和：《大足、安岳宋代华严系统造像源流和宗教意义新探索——以大足宝顶毗卢道场和圆觉洞图像为例》，《敦煌研究》2009年第4期。

④ 郭相颖：《宝顶山摩崖造像是完备而有特色的佛教密宗道场》，《四川文物》1986年S1期；郭相颖：《再谈宝顶山摩岩造像是密教道场及研究断想》，《社会科学研究》1996年第1期。

⑤ 李小强：《深沙神与柳、赵教派》，《宗教学研究》2009年第4期。

⑥ 龙晦：《关于大足佛教石刻两则跋文》，《中华文化论坛》1996年第4期。

⑦ 杨雄、胡良学、童登金：《大足石窟与敦煌石窟的比较》，巴蜀书社2007年版，第209—229页。

其产生根源》一文对镌刻孔子及弟子像、书写古文《孝经》、刻《父母恩重经变》等进行了分析，探讨其产生根源是三教合一以及佛教世俗化的大趋势。[①] 另有多篇论文亦认为儒家孝道思想和大足石刻关系密切。[②]《大足石刻：一部承载儒释道三教融合思想的文化巨著》亦以为大足石刻体现了三教思想的融合。[③]《从大足石刻看中国古代宗教哲学的世俗化和艺术化》则简述了大足石刻对中国古代宗教哲学的阐述与艺术化处理，充满了世俗化色彩。[④]

可见，大足石刻思想方面的讨论已经展开且关注点较为集中，取得了不菲的成绩。但通过仔细爬梳文献，笔者发现大足石刻中的因果思想比比皆是，学术界却未作深入细致的研究。是以本文拟从大足石刻造像与铭文所蕴含的因果思想入手，管中窥豹，充分挖掘大足石刻所具有的独特价值。

一 佛教根本教义浸润下的因果思想

宝顶山石窟的大足石刻是最具代表性的石刻艺术，造像为南宋赵智凤费数十年之力苦心经营而成[⑤]，宝顶卷发人是道者造像，是赵智凤居士佛教造像之独特标志。[⑥] 石窟造像上万躯，但题材无一重复，内容前后辉映，布列主次有序，表现形式统一而独特，在全国石窟群中独树一帜[⑦]，是佛教思想和佛教艺术深入中国文化骨髓的最好体现。宝顶山石窟所宣扬的因果思想，大都是通过警语戒条、偈颂赞、劝诫说理、宣讲佛经故事等

---

① 李正心：《大足石刻中的儒教造像及其产生根源》，《孔子研究》1993 年第 1 期。

② 胡昭曦：《大足宝顶石刻与“孝”的教化》，载《胡昭曦宋史论集》，西南师范大学出版社 1998 年版，第 351—368 页；秦茂惠、黄朝东：《略论大足石刻〈佛说父母恩重难报经〉的思想内容和现实意义》，《重庆文理学院学报》2006 年第 6 期；许孟青：《论大足孝道石刻在佛教中国化中的作用》，《宗教学研究》2010 年第 2 期。

③ 江涛：《大足石刻：一部承载儒释道三教融合思想的文化巨著》，《中国文化遗产》2009 年第 2 期。

④ 向自强、张书军：《从大足石刻看中国古代宗教哲学的世俗化和艺术化》，《川东学刊》1995 年第 4 期。

⑤ 杨雄：《赵智凤生平再考》，《敦煌研究》2008 年第 4 期。

⑥ 杨雄：《大足宝顶卷发人造像的佛教意义》，《重庆三峡学院学报》2015 年第 1 期。

⑦ 宋朗秋、陈明光：《试论大足宝顶山石窟造像的特点》，《四川文物》1986 年第 S1 期。

方式，图文并茂地向民众进行教化。概括起来，主要有以下四个方面的因果思想。

（一）因缘和合的动态因果观与业感缘起

大足石刻中的因果轮回思想，在大佛湾众多龛窟造像和题刻文字中都有体现，最典型最形象的应是“六道轮回图”龛。画面中转轮王（无常鬼）口衔、手捧一巨轮，无常表明万事万物都是刹那生灭的，“轮回”是譬喻众生的生死流转永无终期，犹如车轮旋转不停一般。轮盘有四圈，轮中心圈坐一鬈发修行者，其胸部发出一道毫光，把轮盘分成六瓣，意即“万缘发于心”，心所造之善恶业，决定自我转世轮回的遭际。第二圈为“天道”“阿修罗道”“人道”“饿鬼道”“地狱道”“畜生道”六道，图像生动地诠释了凡俗众生缘业因而流转轮回于六个世界。如地狱道镌刻有漆黑的地狱之门，旁设沸腾的油锅，一马面卒正拖一人去受刑。第三圈是“十二因缘”，即无明、行、识、名色、六处（六入）、触、受、爱、取、有、生、老死十二支，称为“十二有支”，它是业报轮回的基础。有缘必有果，有果必有因，“‘无明’，愚昧无知。‘行’，意志活动。‘识’，心识，精神活动。‘名色’，精神和形体。‘六处’，眼、耳、鼻、舌、身、意。‘受’，感受。‘爱’，爱欲，贪欲。‘取’，执取。‘有’，思想行为。‘生’，指来世之生。这是说，众生按照上述十二个环节所组成的因果链条而‘生生于老死，轮回周无穷’，处于生死轮回不已的苦海之中”①。缘起是构成因果的先决条件，是佛教的根本理论，是其对宇宙人生的来源、存在和运行的根本看法。因果的成立，必仰赖缘起的成全，离开缘起，无从谈因果。十二因缘的每个要素都是上一个要素的因，同时也是上一个要素的果，因果是相互依存的，当特定的因缘条件发生变化，会有新的因缘和合。这是一种动态因果观，万事万物都是依赖不断变化的因缘产生消亡，众生依此规则陷入轮回之中不能自拔。② 十二因缘的具体内容，以及生、老、病、死诸般痛苦，大足工匠师都用生动的艺术造型表现了出来。

① 方立天：《中国佛教哲学要义》，中国人民大学出版社2002年版，第77页。

② 景满华：《〈地藏经〉因果思想研究》，硕士学位论文，中央民族大学，2015年，第5—16页。

第四圈有一个非常形象的雕凿——十八个龛，每龛都雕有一皮囊，囊里裹着一些生命体呈逆时针走向。其尾部表示前生，头部表示来世，死此生彼，生生相连如流水相续不断。如一龛中头鱼蛇尾，意思就是它上辈子是条蛇，下辈子转世变成了鱼，外面的皮囊代表灵魂。佛教认为不管躯体如何变化，灵魂是不变的。

在轮回报应的因缘链条中，“业”乃根源。业是古代印度流行的观念，佛家加以利用，并成为自身思想体系的重要范畴。业是造作的意思，指众生的身心活动，佛教认为，这种活动与因果关系相结合，会形成可以产生不同结果的力量，是为“业力”，业是人类向上努力或向下堕落的根据。如六道轮回图中，在卷发人的周围有小猪、绿蛇、鸽子，分别代表贪、痴、瞋，佛教谓之“三毒”，此三毒残害身心，使人沉沦于生死轮回，为恶之根源，故又称三不善根，为根本烦恼之首。轮子左下方有一官一卒，以手扶轮表“贪”，右下方刻有一猴子一边抚着生殖器，一边瞅着后面的少女表示“爱”。二图的含义，兹刻偈语作了说明，“三界轮中万种身，自从贪爱业沉沦”[①]。另“缚心猿锁六耗图”龛，亦视三毒为轮回之因，“三界本来无暂止，少贪瞋，达取无生理”。且有七言诗偈云：“独坐思惟赡部洲，几人作业几人修。不因贪爱因名利，不为新冤为旧仇。意逐妄猿如野马，心随境转似猿猴。多缘执此迷真性，致使轮回不肯休。”[②]

（二）善恶二业因之具体内容

业因就是引发有情众生造作的内在动力，佛教将生命主体的一切行为都称为“业”，每种业俱会招来相应的果报，所以一般将业等同于因，称作“业因”。《成唯识论述记》卷八：“业，苦本故，唯是因也。”大足石刻所宣扬的业力，根据行为属性，有善恶之分，善因必产生善果，恶因必产生恶果，即宝顶山地狱龛所镌之语，“善有善报，恶有恶报”[③]，“好恶惟凭福业因”[④]。

---

① 重庆大足石刻艺术博物馆、重庆市社会科学院大足石刻艺术研究所编：《大足石刻铭文录》，重庆出版社 1999 年版，第 94 页。

② 同上书，第 130—131 页。

③ 同上书，第 150 页。

④ 同上书，第 140 页。

大足“缚心猿锁六耗图”窟为了强调业之善恶，特意用了对比和突出手法，将善恶、福祸、乐苦三组用左右对称的手法刻在崖壁的两边，镌刻的字明显要比周围的偈语颂赞大许多倍。善业，对应的行为是：“十善四弘，四禅八定，厌苦求寂，期出三界，孤调自度，悟世观空，自利利（化）［他］，上求下化，慈悲□□，□□□□。”① 所谓“十善”，又称“十善业道”，是从五戒分化出来的十种行为，又分属于“身”“口”“业”三业，故称为“十善业”。按照佛教教义，“身”三业指“放生”“布施”“梵行”，“语四业”指“诚实语”“和净语”“爱软语”“质直语”，“意”三业指不净观、慈悲观、因缘观。相对地，不杀生、不偷盗、不邪淫、不妄语、不饮酒等“五戒”对摄“十善”，转消极为积极，就有离杀生、离偷盗、离邪行、离妄语、离两舌、离恶口、离绮语、离贪欲、离嗔恚、离邪见等效能。② “四弘”，又称四弘誓、四弘愿行、四弘行愿、四弘愿：“梵语僧那，译曰誓愿。诸佛有总愿别愿，四弘誓愿为总愿，一切菩萨初发心时，必发此愿。以所愿广普故曰弘，自制其心故曰誓，志求满足故曰愿。缘四真谛而发此四愿也。《止观大意》谓，一众生无边誓愿度，是缘苦谛而度无边众生之愿也；二烦恼无数誓愿断，是缘集谛，而断无尽烦恼之愿也；三法门无尽誓愿学，是缘道谛，而学无尽法门之愿也；四佛道无上誓愿成，是缘灭谛，而成无尽佛道之愿也。《往生要集上》末曰：“一众生无边誓愿度，二烦恼无数誓愿断，三法门无尽誓愿知，四无上菩提誓愿证。”《心地观经七》曰：“一切菩萨复有四愿成就有情住持三宝，大海劫终不退转。云何为四：一者誓度一切众生，二者誓断一切烦恼，三者誓学一切法门，四者誓证一切佛果。”③ “四禅八定”，佛陀将世间分作欲界、色界和无色界三界，欲界有种种欲望，且没有定心；色界和无色界都要依靠定力进入，在欲界里修禅定，其中一个目的就是要离欲界而进入四禅八定，乃至进入灭尽定。“四禅”又作四禅定、四静虑，指用以治惑、生诸功德之四种根本禅，亦即指色界中之初禅、第二禅、第三禅、第四禅，故又称色界定。色界天之四禅与无色界天之四无色定，合之

① 重庆大足石刻艺术博物馆、重庆市社会科学院大足石刻艺术研究所编：《大足石刻铭文录》，重庆出版社 1999 年版，第 129 页。

② 劳政武：《佛教戒律学》，宗教文化出版社 1999 年版，第 201—202 页。

③ 丁福保：《佛学大辞典》上册，上海书店 1991 年版，第 757 页。

而成八定，故知八定包含四禅。[①] 盖禅定通见于印度宗教史中，为各时代重要修行法之一。佛陀很注重戒、定、慧三无漏学。人若想修行，首先必须持戒，受戒或有了定，就可以深入地观察世间的真相，即苦、无常、无我和空，这就是智慧。"自利利他"，自利，乃利己之意，即为自身之功德而努力修行，以此所产生之善果而自得其利；利他，乃利益他人之意，即非为己利，而为救济诸有情而致力行善。以上二者合称二利，通于世间、出世间二法，乃大乘佛教之目的，即佛之世界，称为自利利他圆满。"上求下化"，谓上求菩提，下化众生，乃菩萨行之内容。

除了"缚心猿锁六耗图"龛宣扬种种善业外，大佛湾其他龛窟亦反复申述之。如铁围山阿鼻地狱经文，借佛陀之口要求修行者"一不听饮酒，二不听食肉，三不听嫉妒心，四不听作不净行"[②]。观经变龛言上品上生者所修善业（净业），应当"一者孝养父母，奉事师长，慈心不杀，修十善业；二者受持三皈，具足众戒，不犯威仪；三者发菩提心，深信因果，读诵大乘"。上品中生者的善因，是"受持读诵方等经典，善解义趣，于第一义，心不惊动，深信因果，不谤大乘"。中品中生之人持八戒斋、沙弥戒、具足戒等；中品上生者除了持上述诸戒之外，还须"不造五逆，无众过患"。[③] "五逆"，指罪大恶极，极逆于理者。有大乘五逆、小乘五逆之分。小乘五逆指害母、害父、害阿罗汉、出佛身血、破和合僧，前二者为弃恩田，后三者则坏德田，其行为将成为堕无间地狱之因，故亦称五无间业。大乘五逆破坏塔寺，烧毁经像，夺取三宝之物，或教唆他人行此等事，而心生欢喜；毁谤声闻、缘觉以及大乘法；妨碍出家人修行，或杀害出家人；犯小乘五逆罪之一；主张所有皆无业报，而行十不善业，或不畏后世果报，而教唆他人行十恶等。慧沼于《金光明最胜王经疏》卷五中，将小乘五逆中之杀父、杀母合为一项，再加上诽谤正法（佛法）一项，而成立三乘通说之五逆。[④] 中品下生者的善因唯有"孝养父母，行世仁慈"。另石篆山志公和尚龛镌刻于北宋元丰八年（1085），

① 丁福保：《佛学大辞典》上册，上海书店 1991 年版，第 808—810 页。

② 重庆大足石刻艺术博物馆、重庆市社会科学院大足石刻艺术研究所编：《大足石刻铭文录》，重庆出版社 1999 年版，第 148 页。

③ 同上书，第 116—118 页。

④ 丁福保：《佛学大辞典》上册，上海书店 1991 年版，第 539—540 页。

其铭文言若想不失去人身，所作善业当有慈悲心与布施、忍辱、持戒、精进、禅定、般若等六波罗蜜，戒断贪瞋痴三毒。①

相对应地，小佛湾佛坛刻有“十恶罪报”的10组图像，每组图中均凿一竖发、怒目、手执凶器的鬼头立像，旁边镌刻有受刑者凄惨的画面，并题刻罪报名目，残存的有“佛言瞋恚业报”“佛言痴暗业报”“佛言贪爱罪报”“佛言两舌罪报”“佛言绮语罪报”“佛言妄言罪报”“佛言杀生罪报”②，剥泐的当为“偷盗罪报”“邪见罪报”“恶口罪报”。大佛湾“地狱变龛”亦以图文结合的形式说明哪些属于恶业，如破斋、毁戒、杀鸡猪、醉酒、沽酒、劝酒、养鸡、食肉等。又引《大藏佛说护口经》言一恶鬼受诸痛苦，造孽之缘是往生“恋着资生，悭贪不舍，出言粗恶，偏眼恶视，自恃豪强，谓长不死，造无量恶业。……妄言、绮语、两舌、恶口，受如是苦”③。据观经变龛，下品上生者虽不诽谤大乘，但却造众恶业。下品中生之人所犯恶业是“毁犯戒律，偷僧祇物，不净说法，无有惭愧”。下品下生者“五逆十恶，具诸不善”，十恶业，即十不善业。在小佛湾七佛壁的《南无金幢宝胜佛教诫》中，有偈语又云毁谤如来正法，将招致受无间地狱苦果。④

值得注意的是，“食肉”被视作恶业，如地狱龛之经文曰：

> 大藏佛告迦叶，(抢)［枪］兔之人堕铁轮地狱，方丈万钉间无空处。一切众生煮肉者，堕镬汤地狱，其中有水，其下有火，持火烧之，溃溃乃沸，驱煮肉之人，入此地狱，受其大苦。炙肉之人，堕铁床地狱。斩肉之人，堕锉碓地狱。……
>
> 《大藏经》云：迦叶菩萨白佛言，世尊，食肉者非如来弟子，即是外道眷属，食肉者不觉、不知、不闻、不见。若当食肉，或君食臣肉，或臣食君肉，或父食子肉，或子食父肉，或兄食弟肉，或弟食兄肉，或姊食妹肉，或妹食姊肉，或夫食妻肉，或妻食夫肉。……

---

① 邬宗玲、王斌：《石篆山与石壁寺碑文校补举隅》，《科技视界》2013年第14期。

② 重庆大足石刻艺术博物馆、重庆市社会科学院大足石刻艺术研究所编：《大足石刻铭文录》，重庆出版社1999年版，第187—188页。

③ 同上书，第150页。

④ 同上书，第185页。

> 《大藏经》云，迦叶白佛，言食肉者堕何地狱。佛告迦叶，食肉者堕粪秽地狱。其中有粪，乃深万丈，驱食肉之人，入此地狱，驱出转轴，始转一匝，遍体万钉，刺破此身，支过通彻，是其大苦。五百万世，无有出期。①

多条经文的重复申说以及罪报之重，可见南宋大足佛教界对禁断食肉之重视。同时，也说明不食肉的原因主要是基于生命轮回的观念，将个人与其他生命联系起来，认为其他众生是自己过去的父母、兄弟、姊妹等眷属。

此外，饮酒、沽酒、劝酒亦被视作破戒造恶的业因，而在造像和铭文中加以突出之。在截膝地狱龛中刻有多个情节，一为父不识子，儿子躬身向父亲请安，而父亲衣衫不整地坐在床上，醉眼蒙眬似乎不认识儿子；二为夫不识妻，醉鬼丈夫两眼无光，踉踉跄跄袒胸归家，揪住妻子头发乱扯；三为兄不识弟，乱性后坐在地上，对前去的弟弟恶言恶语；四为姊不识妹，醉酒后的姐姐，面对妹妹的搀扶，似毫不领情，把头偏向一方。另有醉酒者酒后胡作非为，杀父淫母，其母与外人私通又执刀杀之；沽酒女子双手托着酒坛，劝酒人双手捧酒劝比丘饮酒，比丘侧着身子，手半伸半缩，想喝又不敢喝等。这组雕像刻画得生动传神，配合旁边的文字，告诫众生酒后乱性并招致可怕的果报，故当戒之。

稽诸佛典，不饮酒乃根本五戒之一，在各大广律戒本以及论疏中俱有记载。佛教之所以重视戒酒与否，因其关系到修行者是否能持戒清净，是否能了脱生死，获得般若智慧。饮酒之人，能造无穷之恶业，有六失、十失、三十六失之说。如《优婆塞戒经》卷三《受戒品》："善男子，若复有人乐饮酒者，是人现世喜失财物、身心多病、常乐斗诤、恶名远闻、丧失智慧、心无惭愧、得恶色力、常为一切之所呵责、人不乐见、不能修善，是名饮酒现在恶报。舍此身已处在地狱，受饥渴等无量苦恼，是名后世恶业之果。若得人身，心常狂乱，不能系念思惟善法，是一恶人因缘力

① 重庆大足石刻艺术博物馆、重庆市社会科学院大足石刻艺术研究所编：《大足石刻铭文录》，重庆出版社 1999 年版，第 148—153 页。

故，一切外物资产臭烂。”① 而酒戒中又禁断沽酒劝酒，据相关论著所言，菩萨律仪所制更严格，因菩萨的责任是教化众生，开启智慧，令出离生死，故劝人饮酒或是卖酒于人的罪过胜于自己饮酒。②《梵网经》第十卷上云：“若佛子自酤酒、教人酤酒、酤酒因、酤酒缘、酤酒法、酤酒业，一切酒不得酤，是酒起罪因缘，而菩萨应生一切众生明达之慧。而反更生一切众生颠倒之心者，是菩萨波罗夷罪。”③ 可见，大足石刻特别看重酒戒，是缘于佛律对于饮酒之恶的清醒认识。

简言之，大足石刻善恶二因主要涉及十恶、十善、五逆等内容，基本上属于道德修养问题，可见道德的高下是决定人的地位、命运和未来的根本要素。善因中的不偷盗、不妄语、不杀人等要求，其实应当是人类生活的共同准则和普遍要求，对于抑制残暴行为、维护社会稳定和保持家庭结构的稳定都有重要的作用。正如北宋元祐五年（1090）严逊在石篆山开岩凿像后，他说佛教之所以能够流传久远，缘于“其教能使人愚者避恶、趋善、息贪，能使人贤者悟性达理，不昧因果”④。而五戒、八戒、四禅八定、六波罗蜜等是佛教修行之法，它们在大足石刻因果论思想中一再被提及，反映了主建者赵智凤融通佛法与社会道德的倾向。

（三）果报的方式、主体和时效

报为果之内容，所以一般合称果报。盖一切有为法，乃前后相续，故相对于前因，则后生之法，称为果。果报的方式从时间上说是三世受报；两重因果，前世之因导致今世之果，有情众生今世之行为又是来世之因，导致来世之果。从空间上来说是六道，在报应级别上有高低差异，按照“缚心猿锁六耗图”龛所言，人道和天道属善道，而地狱、饿鬼、畜生、

① （北凉）昙无谶译：《优婆塞戒经》卷三，《大正藏》第24册，第1017页上。

② 释慧果：《浅谈五戒中的饮酒戒》，佛教导航 http://www.fjdh.cn/wumin/2013/06/134830248647.html，2013年6月12日。

③ （后秦）鸠摩罗什译：《梵网经卢舍那佛说菩萨心地戒品》卷十，《大正藏》第24册，第1004页下。

④ 重庆大足石刻艺术博物馆、重庆市社会科学院大足石刻艺术研究所编：《大足石刻铭文录》，重庆出版社1999年版，第326页。

修罗为恶道，但主建者将人中贫贱者归入恶道中。[1] 这种观点来自佛经，依《中阿含经》卷四四《根本分别品·鹦鹉经第九》，人生形体美丑、贫贱富贵、疾病有无以及寿命长短等，都缘于前世诸多相应的造业。[2]

就报应的主体而言，佛教主张受报的主体具有唯一性。生命的主体以自我为中心造业，则其果报只能由自己承受，与其他人无关。如《般泥洹经》卷上："所作好恶，身自当之。父作不善，子不代受。子作不善，父亦不受。善自获福，恶自受殃。"在宝顶山大佛湾地狱龛之"自作自招还自受，莫待（□）［临］时手脚（□）［忙］"，以及小佛湾的经目塔、毗卢洞、金刚神龛、维摩殿坛台、佛祖岩华严三圣龛等之偈语"假使百千劫（或作经百劫），所作业不忘。因缘会遇时，果报还自受"，[3] 足见宝顶山主建者对于自作自受观的认同。

就报应的时效来说，有快有慢，据《阿毗昙心论》卷一："若业现法报，次受于生报，后报亦复然，余则说不定。"[4] 慧远作《三报论》解释之："经说业有三报：一曰现报，二曰生报，三曰后报。现报者，善报始于此身，即此身受。生报者，来生便受。后报者，或经二生三生，百生千生，然后乃受。"[5] 大足石刻上述偈语言经百千劫业因不失，遇缘则报属于"后报"。地狱龛之诸多造恶者，死后即堕入地狱受尽无数折磨，则为生报。小佛湾之"持佛戒律现受吉祥，犯佛戒律现受不详"，乃为现报。[6] 石篆山严逊为禁止不善之人在福地"肆狠恃强，欺侮凌辱，或酗酒博塞，以致争竞"，以"天堂地狱，不过一念之间，报应分明，如形影声响"威

---

① 重庆大足石刻艺术博物馆、重庆市社会科学院大足石刻艺术研究所编：《大足石刻铭文录》，重庆出版社 1999 年版，第 129 页。

② （东晋）瞿昙僧伽提婆译：《中阿含经》，《大正藏》第 1 册，第 706—707 页。

③ 重庆大足石刻艺术博物馆、重庆市社会科学院大足石刻艺术研究所编：《大足石刻铭文录》，重庆出版社 1999 年版，第 179—200 页。

④ 尊者法胜造，（东晋）僧伽提婆共惠远译：《阿毗昙心论》，《大正藏》第 28 册，第 814 页中。

⑤ 石峻等编：《中国佛教思想资料选编》第 1 卷，中华书局 1981 年版，第 87 页。

⑥ 重庆大足石刻艺术博物馆、重庆市社会科学院大足石刻艺术研究所编：《大足石刻铭文录》，重庆出版社 1999 年版，第 195 页。

慑之[①]，报应有立竿见影之效，此当属现报。在大佛湾，为了强调报应的即时迅速，甚至产生了现报司、速报司这样专掌善恶因果报应的冥间机构。

（四）超越因果轮回而达菩提之境

在大足宝顶山有多个龛窟刻有相同之偈语，“假使热铁轮，于我顶上旋。终不以此苦，退失菩提心”，“假使热铁轮，在我顶上旋。终不以此苦，退于无上道”。据学者的研究，这些诗偈“是佛的誓言，大足宝顶的创建者赵智凤集自佛经，也就成了赵智凤的誓言”。[②]

实际上，尽管赵智凤面对俗众多宣扬因果报应，但其修佛之最终目的，却是获得究竟超脱，所谓“上求菩提，下化众生”是也。如宝顶善大佛湾之涅槃大佛像，体积最为巨大，位置最为正中，它是佛教根本教义的形象诠释：灭谛，涅槃也，涅槃灭惑业而离生死之苦，真空寂灭，故名灭，是为悟之果。第四龛广大宝楼阁，三位修行者已修成正果，下方三人平行于岩石上禅定，第二层宝树下亦有三人入定，最上层三座琼楼宝阁内又各有一人禅定，以时间并置法呈现修行者在修行过程中的三个阶段和三层境界，最初是现世中的正觉，其次是如世尊在菩提树下的觉悟，最后进入如西方净土般的觉悟之境。华严三圣龛之高大庄严，又突出了佛境的崇高，舍利宝塔龛为涅槃之宁静，圆觉洞展现的是佛国妙境的庄严肃穆，强调的是圆觉菩萨最终获得觉悟。[③]

又六道轮回图龛之“汝常求出离，于佛教勤修，降服生死军，如象摧草舍”，“君看轮外恒沙佛，尽是轮中旧日人。于此法律中，常为不放逸。能竭烦恼海，当尽苦边际”。[④] 此偈语是告诫有情众生应看到六道的本质是苦，断除贪瞋痴诸烦恼和业因，勤修佛法，超脱六道轮回之苦，达到如佛般的证悟之境。在小佛湾七佛壁之《南无金幢宝胜佛教诫》里亦

---

① 重庆大足石刻艺术博物馆、重庆市社会科学院大足石刻艺术研究所编：《大足石刻铭文录》，重庆出版社 1999 年版，第 327 页。

② 杨雄：《大足石刻三偈的来历》，《中国宗教》2011 年第 4 期，第 43—44 页。

③ 张法：《佛教艺术》，高等教育出版社 2004 年版。

④ 重庆大足石刻艺术博物馆、重庆市社会科学院大足石刻艺术研究所编：《大足石刻铭文录》，重庆出版社 1999 年版，第 94 页。

云“无明，迷则无明，迷则四生六道，迷则佛不生”，“漏识修因果，谁言得长久，饶经八万劫，终是落空亡。……未来诸佛子，一路涅槃门”①，亦是否定果报之空，追求终极的解脱，达到觉悟的最高境界。从这个意义上讲，佛教的业报轮回说只是诸佛的方便说，而不是究竟说，是不了义，而非了义，当可看成佛教为世俗生活而展开的伦理说教。②

二　中土观念与佛教因果思想的冲突与统一

佛教传入中土后，因果报应论成为东汉至南北朝时期中国思想界的热门话题和中国佛教的理论重心。佛教因果报应论，对中国人来说，是一种崭新而神秘的人生理论，体现了人对现实的关切和对终极的关怀，并从理论上把因果律、道德律和自然律结合起来。中国佛教学者结合中国固有的观念，对佛教的因果理论进行了质疑、回应、接受和新的阐释，形成了“既与中国固有的报应观念相联系，又继承了印度佛教因果报应说；既区别于中国固有的报应观念，又不同于印度佛教因果报应说，是一种带有自身思想特色的报应学说”③。大足石刻主要镌刻于两宋，明清亦有龛窟的兴建和碑文的镌刻。其背后的因果思想，更是在中土观念和佛教观念相互冲突碰撞下，对原有的佛教因果理论作了新的阐释。

（一）直接吸收中土传统的善恶报应学说

其一，与天命论相贯通。在佛教观念系统中，行为者个人所造之因业是因果报应的决定性因素，是建立在内因论的基础上的。但在中土固有文化体系中，报应思想是建立在“天道观”基础上的。“在人们心目中，凡是仿效‘天’的，就能够拥有‘天’的神秘与权威。于是，这种‘天’的意义，在祭祀仪式中转化为神秘的支配力量，在占卜仪式中转化为神秘的对应关系，在时间生活上又显现为神秘的希望世界，支撑起人们的信

① 重庆大足石刻艺术博物馆、重庆市社会科学院大足石刻艺术研究所编：《大足石刻铭文录》，重庆出版社 1999 年版，第 185 页。

② 刘立夫：《弘道与明教——〈弘明集〉研究》，中国社会科学出版社 2004 年版，第 52 页。

③ 方立天：《中国佛教哲学要义》，中国人民大学出版社 2002 年版，第 76—116 页。

心，也为人们解决种种困厄。不仅是一般民众，就连掌握了世间权力的天子与贵族也相信合理依据和权力基础来自于‘天’。”[①] 中土自古有“予攸好德，汝则锡之福”，“积善之家必有余庆，积不善之家必有余殃”之类的观念，这是在血缘宗族制度下，基于天命观念由上天实施报应。到汉代的董仲舒宣扬“天人感应”，更突出天命对于人事的重要干预就是报应。[②]

大足石刻对于传统天道报应观的借用，主要表现在以下题刻中：大佛湾第9号舍利宝塔龛题词“天泽无私，不润枯木。佛威虽普，不立无根”[③]；兹条镌刻还出现在小佛湾七佛壁之《南无金幢宝胜佛教诫》里[④]。又大佛湾16号雷音图龛之“湛湛青天不可欺，未曾举动已先知。善恶到头终有报，只争来早与来迟”[⑤]。第17号地狱变龛一方面宣扬饿鬼在地狱受苦缘于生前自作诸多恶业，但在末尾又言“善有善报，恶有恶报。善恶无报，天地有私”[⑥]。南宋嘉定三年（1210）石壁寺所立之碑，一方面宣扬通过佛教法事可以解除来世之果报；另一方面又言天道报应，无私无漏。[⑦] 这些铭记在承认佛教报应论的基本前提下，还肯定儒家天命论，并把它引为佛教因果报应论的同道。此外，天有喜怒之气，至于平民，只有承受或是通过祭祀来获得天的原谅，咸丰四年（1854）陈天应在妙高山所立碑文言：“咸丰三年，陈天应等约集于龙台山，欲兴秋报神恩，上答天地之大德，祈祝炎帝下宥凡民之愆尤。”[⑧]

其二，加入以血缘关系为纽带的家族报应观念。在大足石刻的造像题记中，人们多希望通过自己造像、念经、持斋等功德，赐福给七世父母、子孙后代以及其他亲人眷属，这种观念更超出了外来佛教报应观的核心观念——自作自受，将作因和受果相割裂。这样的例子比比皆是，试举一

① 葛兆光：《中国思想史》卷一，复旦大学出版社2001年版，第227页。

② 孙昌武：《中国佛教文化史》第2册，中华书局2010年版，第898—892页。

③ 重庆大足石刻艺术博物馆、重庆市社会科学院大足石刻艺术研究所编：《大足石刻铭文录》，重庆出版社1999年版，第96页。

④ 同上书，第185页。

⑤ 同上书，第104页。

⑥ 同上书，第150页。

⑦ 同上书，第331页。

⑧ 同上书，第345页。

例。如杨元佑造佛安桥三教龛尊者像题记："弟子杨元佑夫妇发心镌造第五位尊者，永为瞻仰，祈过去父杨忠友、母王氏生天，见存夫妇安乐，膝下男女良宜，时壬辰三月日记。"①

其三，与儒家伦理思想相协调。报应的依据是行为的善恶，而佛教的善恶有其特定的宗教内涵，主要以佛陀制定的戒律为标准。但大足石刻的造像和碑文中，不遗余力地把本土的传统伦理，特别是孝道和忠君等观念补充进来。如大佛湾之报父母恩经变龛与大方便佛报恩经变龛。关于此方面的影响，学术界探讨较多，兹不赘述。此外，在"缚心猿锁六耗图"龛中，将儒家所宣扬的士的百行及五常（仁义礼智信）与佛教之善恶二业相对②，亦是赵氏将传统伦理道德纳入佛教因果论的一个实例。

其四，以中土的"神道设教"来理解佛教因果论。这种论调强调因果报应论中的惩戒措施，根本上是注重佛教之戒对中土礼制教化的辅助作用。据大足石刻文献，上述观念，更多的是明清大足地方长官在公开场合中所倡导的。如康熙二十九年（1690）大足县令史彰号召民众出资维修宝顶山石刻，理由之一即是："因思像教之设，惟借以诱化愚俗，令其触目惊心，时生善念。"③

（二）对中土质疑佛教因果报应思想的回应

随着佛教思想在中国的传播流行，因果报应更加深入人心，但同时也引起了思想界的关注，尤其是招致儒家学者的怀疑、反对和批判。从东晋至明清，何承天、范缜、韩愈、朱熹、杨度等人都先后著文否定或者是抨击因果报应论。为了回应儒家质疑的声音，中国佛教界往往结合中土固有的报应理论来证明佛教之因果论，只抓住其中的相通之处，忽略它们的不同。

直至清末，这种怀疑和混同的声音依然存在。如同治二年（1863）刻在大足大佛湾地狱变相龛的《天堂地狱论》：

---

① 重庆大足石刻艺术博物馆、重庆市社会科学院大足石刻艺术研究所编：《大足石刻铭文录》，重庆出版社 1999 年版，第 322 页。

② 同上书，第 130 页。

③ 同上书，第 221 页。

□□□有天堂地狱之说，理本真实不谬，而世儒每□以为无殆而不察也？《诗》不云乎“文王陟降，在帝（□）［左］右”。若无天堂，帝何在乎，文王何在乎？此知天堂之必有也。《书》云“重民五教，惟食丧祭”。《鲁论》亦持“祭如在焉”。世儒动云“人死魂魄既散，彼刑狱何处可受？”何不云：“人死魂魄既散，圣人何以重祀典也？”是益善人而享馨香，恶人下沉而入地狱，原理有据，而无足疑者。他如恶鬼、畜生两途，吾（济）［侪］耳之所闻，目之所见，难可确凭者所在多有，又不独伯有为厉，彭生为（□）［豕］，（自）［白］起为牛，载在史策者为可信也。嗟乎，福善祸淫，天起之常，而古今来之，善来及福、恶来及祸者多矣。天道□终梦梦哉，则死而受三途之苦又决然而无□。

或曰：善恶之报，不在天堂地狱，而在后嗣子孙。□云：“仁□［者］必有后。”仲尼曰“始作（□）［俑］者，其无后乎”是也，曰是正可以见天堂地狱之必有也。人死果无知觉，不能受赏受罚乎？则有后何益于君子，何伤于小人。天道更不应梦梦若是？曰是固然，而先儒何以群攻浮屠之妄。曰先儒嫉斋僧供佛者不务民义，而力言其无以救世道人心。意良美也，而不知使作奸犯科者益无忌惮，而愈见世道人心之敝，则意虽叹而词未善也。……安在言天堂地狱遂畔我□□之道乎？①

从上引文字可以看出，佛教因果报应思想的维护者主要从五个方面来回应挑战者：一是用中土的天上（天帝所居之所）、人间及地下（鬼居住之地）和重视祭祀礼仪，混同于佛家六道轮回中的天道、人道、地狱道和灵魂死后在地狱受报，而忽略了其间的本质区别。二是提出传统的天道报应和子孙果报既然成为不言自明的事实，那么佛教之因果也应遵循此规则而成立，这是把佛教之果报笼统混同于中土之罪福。三是着重引用《诗经》《尚书》《论语》等儒家典籍的有关记载，用以子之矛攻子之盾的方法，论证六道轮回和因果报应的存在。四是引神话传说作例证，儒

① 重庆大足石刻艺术博物馆、重庆市社会科学院大足石刻艺术研究所编：《大足石刻铭文录》，重庆出版社 1999 年版，第 153—154 页。

家早有人变畜生、精灵投胎、死而复活之说，以此祸福来比附因果，这也是宏观地以祸福为因果，不再深究佛教因果观和中土报应观的不同。五是否定儒者认为信佛有损世道民俗，强调佛教有助于封建社会的治理教化。

（三）新的阐释：因果报应的中国化和世俗化

就大足石刻而言，其值得注意的有以下三个方面。

首先，石刻中体现了心念是因果和觉悟的关键因素这一思想：一方面乃受禅宗影响，认为调心具有阶梯性；另一方面又濡染了华严思想，而宣扬一念即生善恶和刻刻轮回。

大佛湾六道轮回龛，从卷发人之心发出六道光芒，正好把六道区分开来，形象地说明了心决定生命的果报；又卷发人之心和波旬之心重叠，每道光芒中都坐着小佛像，意味着生命的六道皆有佛性，成佛成魔，惟在一心。

大佛湾第 30 号“牧牛图”龛是大足引人注目的中土禅宗造像，有十组牧牛图和相应的诗偈，表现的是未牧、初调、受制、回首、驯服、无碍、任运、相忘、独照、双忘等十个修行的过程。如第一组，刻牛头东尾西，昂首犟项。一牧人立牛后，双手紧拉牛鼻索往后拽。其左刻“突出栏中不奈何，若无绳绻总由他。力争牵出不回首，只么因循放者多”。以牛未被驯服来喻人心未悟之前。第十组刻牧人袒胸露腹，仰卧岩石，酣然大睡。其头后树上倒挂一猴，伸出左前爪抓牧人衣。牛卧牧人之西。牧人左壁刻“高卧烟霞绝放收，牧童闲坐况无忧。欲寻古尊□踪□，去住人间得自由”。[①] 可见心意相通，又各不相碍，达到了无心合道的“相忘境界”。以牧牛喻调心，成佛是心的觉悟，修行之要在于调心，而十组牧牛情节即表示修习禅观的渐悟阶梯。有学者即指出：“牧牛图者，禅宗调伏心意之功夫也。牧童以喻修行者之正知正念。牛者，以喻心王也。依佛法言，心王自信善恶无记，随于善法则行善业，戒定慧悲，自度度人。随于烦恼，则行诸恶业，贪瞋痴傻，自恼恼他。故学者调心，当正知正念，时时觉照，时时警策，依四念住，起四正勤，断恶修善，令心调和纯一，烦

① 重庆大足石刻艺术博物馆、重庆市社会科学院大足石刻艺术研究所编：《大足石刻铭文录》，重庆出版社 1999 年版，第 163—167 页。

恼既净，善法全生，心体澄清，意念寂静，则住无功用，任运自然，起心动念，无非道者。此时所治既尽，能治之名不立，所修既圆，能修之念亦离，既纯一则两忘矣，两忘而功用转深矣。详其自勉强而自然，自有功用而无功用。功夫次第，约有十位，是以牧牛图中人牛各十，而先后之神情气度各异也。”[①] 除上述 10 图外，“牧牛图”与圆觉洞之间有赵智凤像、诗偈和三首七言四句诗。兹三首诗录下：

> 无牛人自镇安闲，无住无依性自宽。只此分明谁是侣，寒山樵竹与岩泉。
>
> 了了了无无所了，心心心更有何心。了心心了无依止，圆照无私耀古今。
>
> 人牛不见杳无踪，明月光寒万象空。若问其中端的意，野花芳草自丛丛。[②]

第十二首诗偈以“了”和“心”二字为主，充满了哲理的玄机，关于其内涵学术界有不同的看法。《关于大足佛教石刻的两则跋文》认为第十二首“了了诗”在牧牛图与圆觉洞之间起过渡作用，因为《圆觉经》的全名是《大方广圆觉修多罗了义经》，所谓“了”义，是让人永无疑悔。此经在西南的盛行与唐南充人圭峰宗密有关，宋孝宗亦曾注解《圆觉经》。赵智凤修圆觉道场，既满足了西南人学法的需要，又足以壮大宝顶山石窟声威。[③]《大足石刻杨次公证道牧牛颂》一文将“了了诗”与杨杰的《了了堂记》对勘，得出二者有传承关系，“了了”句包含“了了→了无→无所了”三层次，亦即《了了堂记》所言：“了有所了→了无所了→法本空寂，不待了而常寂”，而第三句的“了心→心了→无依止”，即《了了堂记》中的“万法本空，一心非有→心既非有，不待了而已圆→法本空寂，不待了而常寂”，而此常寂的法性，具“圆照无私耀古今”的特

① 王恩洋：《大足石刻艺术与佛教》，载刘长久、胡文和、李永翘编《大足石刻内容总录》，四川省社会科学院出版社 1985 年版，第 111 页。

② 重庆大足石刻艺术博物馆、重庆市社会科学院大足石刻艺术研究所编：《大足石刻铭文录》，重庆出版社 1999 年版，第 168 页。

③ 龙晦：《关于大足佛教石刻的两则跋文》，《中华文化论坛》1996 年第 4 期。

质，此即“了了”之意，其主旨仍是在于表现心境合一、主客双亡的超越绝待的境界。①《大足石刻〈牧牛图〉考》提出前十首牧牛图颂毕，已进入罗汉境；人牛不见颂，至十地菩萨境；明月图颂毕，进入佛境（涅槃境，明月相即大圆满相），直入圆觉。“了心心了无依止”，即“无念”“无住”“无依”，正是圆照无私照古今的境界。此种禅观的哲学渊源，一是取自三论宗，二是受慧忠及永嘉玄觉禅师禅观向古典禅回归的影响，三是受禅密共奉的《圆觉经》的影响。②

大佛湾第 19 号“缚心猿锁六耗图”龛亦值得关注，中心位置是抱心猿的修行者，从其头顶上生出一道毫光，上刻六道众生像，其下面雕刻被绳拴着代表六根的犬、鸦、蛇、狐、鱼、马，其主旨是说一个人如心发妄念，似猿猴般躁动不肯静，指挥放纵“六耗”之贪婪，所感识的“六境”（色、声、香、味、触、法）便要迷其真性，因而达不到“不求欲，不生厌”的修习要求，③“天堂及地狱”，皆在一念之间。此龛整面体积较小，与两边的观经变和地狱变形成意义上的关联，指示“天堂地狱，只在目前；诸佛菩萨，与我无异”。总之，整个石窟意义的重点是要修行者牢牢束缚住不断攀缘的妄念心，让心神回归本源的清净，因为一念之间即会产生不同的果报轮回：

> 心猿颂：牢缚心猿脚，壮锁六贼根。心神得清净，福乐自然亲。
> 若人欲了知，三世一切佛。应观法界性，一切惟心造。
>
> 意逐妄缘如野马，心随意转似猿猴。多缘执此迷真性，致使轮回不肯休。
>
> 《咏心歌》：心心难伏难擒，形象不大，难度浅深。收之则吉应，放之则祸侵。智明通大道，浊乱起邪淫。静则万神皆助，动则众魔来寻。若将真心为至宝，何愁本性不成金。
>
> 《咏心偈》：方寸心非心，非浅亦非深。宽则遍法界，窄则不通

---

① 蔡荣婷：《大足石刻杨次公证道牧牛颂》，载《佛教文学与艺术学术研讨会论文集》，法鼓文化出版社 1998 年版，第 287—327 页。

② 赵辉志：《大足石刻〈牧牛图〉考》，《佛学研究》2002 年第 1 期，第 359—361 页。

③ 陈灼：《大足石刻宝顶山大佛湾“缚心猿锁六耗图”研究》，佛教导航 http://www.fjdh.cn/wumin/2010/11/123419132810.html，2010 年 11 月 19 日。

针。善则生福乐，恶则祸殃侵。苦乐多般事，皆缘一寸心。

西方极乐国，此去非遥。南海普陀山，到头不远。[①]

上述偈语颂赞，句式各异，字数不一，主旨却趋同——反复强调心识之重要和报应的迅速。值得注意的是，“若人欲了知”四句及“法界”观念，似与《华严经》和华严宗有关系。联系赵智凤在小佛湾毗卢洞所刻之文，“各发无上菩提心，愿入毗卢法性海”，“虚空法界遍包含，只是毗卢一座庵”[②]，而《华严经》于诸经典中大倡毗卢佛，则宝顶山修行解脱观或当受到华严宗“法界观”的影响。据学者的研究，华严宗最有特色的是法界缘起和圆融无碍理论，认为缘起惟心、众生与佛无异、初发心便成正觉、一念即无量劫、无量劫即一念、一心法有二种门、法界因果双摄互离。以“心如真门”作为心之“体”，以“心生灭门”作为心的“相、用”，前者纯净无染，后者具有变现世界的能动功效（生灭心）；从其所含的清净种子来说，具有“觉”的意义，而从其含有染妄种子来说，意味着“不觉”，人们通过舍妄逐净的修行，才可以达到得见心性的觉悟。[③] 这种理论强调众生主体心性活动的多样性和统一性，在世俗世界和神圣世界之间架起了一座便捷的桥梁，为众生解脱生死独辟蹊径。此外，它还强调人在现实生活中随时受报，人心一念的善恶，立即决定生死流转的不同方向，在一定意义上淡化了来世受报的观念。

其次，构建繁密系统的善恶审判机构——地狱。

在原始佛教观念中，地狱本属于六道轮回的一种状态，中土既没有与佛教地狱观念相对应的观念，也没有灵魂在这里接受惩罚或得到超度的设想。但佛教各类地狱典籍在中土广泛传播的过程中，结合传统的灵魂不灭、幽都、黄泉、泰山治鬼以及道教观念，再加之僧尼以各种各样的通俗形式而大肆宣扬，具有严密组织系统的地狱，每个有情众生都有下地狱的

① 重庆大足石刻艺术博物馆、重庆市社会科学院大足石刻艺术研究所编：《大足石刻铭文录》，重庆出版社1999年版，第129—132页。

② 同上书，第163—167页。

③ 杨曾文：《华严宗创始人法藏的“法界”观》，载《中国佛教史论》，中国社会科学出版社2002年版，第70—84页。

宿命以及在那里接受善恶罪罚的观念，到了南北朝时期已经在民众间普及起来。晚唐以降，出现了《十王经》为代表的一系列关于十殿阎王及其所辖地狱状况的经典。①

在大足石刻宝顶山中，第20号地狱变龛以触目惊心的众多雕像和壮观的叙事场面，构建着最恐怖的十八层地狱报应图像和最公正的审判者——十殿阎王，上方有圆龛十佛，来源于《地藏十斋日》，每个斋日都有对应的佛（菩萨）当值，念佛号，即可避免恶运，斋日十佛提供了向善避恶的方法。此外，"业镜"和"业秤"出现在地狱中。业镜是地狱审判亡魂的工具，借用日常生活中常见的镜子，赋予了公正鉴定亡魂生前善恶的功能，借此告诫世人弃恶从善，多做好事。此镜系中土僧人所造经书里所记，在晚唐纳入地狱十王信仰体系中。②

再次，极力鼓吹以念弥陀佛为中心的他力信仰，并融入灵魂不死、轮回报应、民间流行的地狱罪罚信仰、往生西方净土以及中土的孝道观，这也是以大足石刻为代表的宋代佛教改造、修补外来教理的又一重要特征。

本来按照原始佛教义理，自我所造之业由自己承担，要获好报必须自行秉持五戒、十善以及四禅八定等。但大足石刻以观经变龛为代表的雕像和铭刻，却极力宣称念阿弥陀佛的殊胜。《普劝持念阿弥陀佛碑文》告诫以文博取功名者、武力高强者、富贵无敌者、姿色曼妙者等各色人等，万事无常，浮生实短，为去宿恶，当随分、及时、端坐、省事、方便、习善念阿弥陀佛，正所谓"念佛持经福最多，不持不念罪恒河。如来金口亲宣说，普为众生解网罗"，而且勤念阿弥陀佛，所费力气甚小，"不碍家缘不费钱"，所获功德却大——成佛。③

另在大佛湾地狱变相龛中，反复提倡造经、造像、设斋等功德，可视作善业而得到救赎。如"直饶造业如山重，但念真名免众殃"；"要免阎王亲叫问，持念地藏一千声"；"落在波中何时出，早修净土免沉沦"；"遇逢斋日勤修福，免见前程恶业牵"；"若悟百年弹指过，修斋听法莫教迟"；"诸王遣使捡亡人，男女修何功德因。依名放出三途狱，免历冥间

① 孙昌武：《中国佛教文化史》第2册，中华书局2010年版，第856—888页。

② 姜守诚：《中国古代的"业镜"观念》，《江淮论坛》2011年第4期。

③ 重庆大足石刻艺术博物馆、重庆市社会科学院大足石刻艺术研究所编：《大足石刻铭文录》，重庆出版社1999年版，第127—128页。

遭苦辛”[①] 等。又“父母恩重经变相”龛一方面强调父母养育孩子的艰辛；另一方面宣扬孝子报答父母的恩德，如为父母写大乘经、供养三宝、设斋修福等，“若不持此行者，当是地狱之人”。[②]

小　结

总之，从以上的分析可以看出，大足石刻因果思想注重对传统印度佛教教义的继承和发扬，坚持因缘和合的动态果报观和业感缘起，认为发菩提心可超越生死轮回并达到涅槃的佛境。但在与中土文化的碰撞中，为了适应民众崇尚简易方便的修功德因的心理需求，大足佛教界又特别强调方便说法，提倡念弥陀佛、持斋、诵经等他力信仰；在中土华严宗、禅宗、净土宗的影响下突出心念的重要性，改造业因和果报的关系，构建了具体而现实的天堂地狱世界，将来世报应加以落实。他们尤其喜欢把世俗伦理、本土神灵、传统报应内容等融入印度佛教义理中，使因果观念在不断世俗化和中国化的过程中，被赋予更多现实内容和人生情趣，因而对一般民众能够产生更大的蛊惑力。因此，探讨大足石刻所蕴含的因果思想，无论是对于了解佛教对中国文化的影响，还是探讨佛教“中国化”的道路，都极具价值。

① 重庆大足石刻艺术博物馆、重庆市社会科学院大足石刻艺术研究所编：《大足石刻铭文录》，重庆出版社 1999 年版，第 98—103 页。

② 同上书，第 101 页。

苦乐分殊：大足宝顶山第18至20号造像组合考察

张建宇

【提要】 唐代画师吴道子曾在长安景云寺画“地狱变相”，获得奇效，导致“迁善远罪者众矣”，甚至“两市屠沽，鱼肉不售”（《太平广记》），其画样被成都大圣慈寺、庐山归宗寺等寺院仿效。然而在因果宣教方面，吴道子所绘的“地狱变相”并非完备，如苏轼所说：“不见其造业之因，而见其受罪之状。”（《东坡题跋》卷五）从佛教义理和图像的关联性角度看，由南宋赵智凤（1159—1249）主持开凿的大足宝顶石窟较之吴氏壁画更为成熟。宝顶山大佛湾第18号“观无量寿佛经变相”、第19号“缚心猿锁六耗图”和第20号“地狱变相”构成了一个完整的图像组合，一方面这组造像通过视觉创造的方式清晰呈现出“善”与“乐”（观无量寿佛经变相）、“恶”与“苦”（地狱变相）的对应关系，以实现因果宣教功效；另一方面“六耗图”石刻铭文以中国本土概念“福”“祸”诠释佛教术语“乐”和“苦”，体现出佛教思想的本土化倾向。

【关键词】 因果　吴道子　大足石窟　地狱变相　净土美术

【作者简介】 张建宇，中国人民大学艺术学院副教授，中国人民大学佛教艺术研究所副所长。zhangjianyu@ ruc. edu. cn

本文选取唐宋佛教美术的两个著名实例，通过分析它们各自的图像内容和艺术表现特色，以及二者之间的差异，旨在观察唐宋佛教是如何通过视觉创造的方式来向公众宣传佛教的因果观。第一个实例是吴道子在长安赵景公寺所绘的“地狱变相”主题壁画，第二个实例是重庆大足石窟宝顶山第18至20号造像。前者早已湮灭不存，只有通过文献进行研究，后者保存完好并向公众开放，可以说其宣教功能延续至今。

一　唐长安赵景公寺“地狱变相”

本文要分析的首个案例，来自唐代有“冠绝于世，国朝第一”之誉的画师吴道子。吴道子，亦名吴道玄，阳翟（今河南禹县）人，生卒年不详，根据其生平记载，约活跃于8世纪60年代之前。吴道子一生作品多为宗教题材，文献记载，他在长安、洛阳一带画寺观壁画三百余处，可惜均未能保存至今。

作为一代“画圣”，吴道子绘制佛教题材壁画，在因果劝诫方面获得奇效，历来为世人所称道。据史料记载，唐代画师吴道子曾在长安景云寺绘制“地狱变相”主题壁画，获得奇效，导致“迁善远罪者众矣”，甚至“两市屠沽，鱼肉不售”（《太平广记》）。从现存文献看，朱景玄的《唐朝名画录》是最早记录常乐坊赵景公寺“地狱变相”的著作，其云：

> 寺观之中，图画墙壁，凡三百余间。变相人物，奇踪异状，无有同者。……及景公寺地狱壁、帝释、梵王、龙神，永寿寺中三门两神，及诸道观寺院，不可胜纪，皆妙一时。又尝闻景云寺老僧传云：“吴生画此寺地狱变相时，京都屠沽渔罟之辈，见之而惧罪业改业者往往有之。”①

朱景玄活动于元和至大和年间（806—835），仅晚于吴道子活动的年代大约五十余年。此时还未经历“会昌法难”，两京寺院壁画保存尚好，文中转述的景云寺老僧之语亦真实可信。

这铺使得“京都屠沽渔罟之辈，见之而惧罪业改业者往往有之”的“地狱变相”究竟是什么样子呢？会昌三年（843），段成式与他的两位朋友游览了位于常乐坊的赵景公寺，段成式在《酉阳杂俎》续集卷五《寺塔记》中有如下记录：“南中三门里东壁上，吴道玄白画地狱变，笔力劲

① （唐）朱景玄：《唐朝名画录》，引自陈高华编著《隋唐画家史料》，文物出版社1987年版，第182—183页。

怒，变状阴怪，睹之不觉毛戴，吴画中得意处。”[①] 对此壁画，段成式与其朋友发出了如下感叹：

> 惨淡十堵内，吴生纵狂迹。风云将逼人，鬼神如脱壁。……冥狱不可视，毛戴腋流液。苟能水成刹，刹那沉火宅。[②]

从段成式的记录中，可以发现以下三个信息点：1. 画面表现了地狱“变状阴怪”之态，对人产生极大震颤，“睹之不觉毛戴”“毛戴腋流液”。2. 此铺作品为“笔力劲怒”的白画。3. 唐代长安佛寺不仅是宗教性空间，同时也是延续性相对较长的城市公共空间，至少从吴道子时代直至段成式参观赵景公寺的八十余年间，赵景公寺内的这铺“地狱变相”一直对民众产生着深刻的影响。

据张彦远《历代名画记》卷第九记载，吴道子所画的“地狱变相”是受到了张孝师的启发：

> 张孝师，为骠骑尉。尤善画地狱，气候幽默。孝师曾死复苏，具见冥中事，故备得之。吴道玄见其画，因号为地狱变。[③]

事实上，初、盛唐时期，地狱的观念、景象早已深入人心。道世编撰的《法苑珠林》“地狱部”集结了诸多典籍中对于地狱的描述，历数种种惨淡煎熬。“地狱部”之下又列举了七则“感应缘”，其中包括唐贞观年间的“唐柳智感判地狱验”等。[④] 这些感应故事多叙述亡者死而复生，亲见地狱种种惨状。张孝师所见之“冥中事”当属此类。因此，吴道子所绘的“地狱变相”来源于唐人的地狱观念。唐人的《冥报记》《感应传》等著述中，记录的多是地狱苦刑，吴道子通过将地狱图像化的方式达到了“京都屠沽渔罟之辈，见之而惧罪业改业者往往有之”的劝诫作用。但是

① （唐）段成式著，方南生校点：《酉阳杂俎》，中华书局 1981 年版，第 248 页。

② 同上书，第 249 页。

③ （唐）张彦远著，［日］冈村繁译注：《〈历代名画记〉译注》，俞慰刚译，上海古籍出版社 2002 年版，第 427 页。

④ （唐）释道世：《法苑珠林》卷七，《大正藏》第 53 册，第 330 页中。

另一方面，唐人与地狱相关的故事中侧重于描写地狱场景，对于地狱众生受苦之“因”并未过多诠释，这也导致了吴道子的“地狱变相”存在一定的局限性。

朱景玄着重叙述了“地狱变相”的社会功用，显然是和唐代的艺术观密不可分。绘画艺术的社会功用，三国时的曹植就明确提出：“是知存乎鉴戒者，图画也。”这一鉴戒、规劝的功能在此后的时间段中不断被演绎、发展，到唐时，张彦远在《历代名画记》的开卷就有详细的论述：

> 夫画者，成教化，助人伦，穷神变，测幽微，与六籍同功，四时并运，发于天然，非由述作。①

吴道子的“地狱变相”起到劝善戒杀的社会功用，与早期绘画的这种“成教化，助人伦”思想相合。吴道子所绘之“地狱变相”并非仅此一铺，据《历代名画记》卷第三“记两京外州寺观画壁”载，东都洛阳先福寺三阶院亦画有“地狱变相”。并且吴道子的弟子亦有擅长“地狱变相”者，如李生等皆为此中名手。

在此需要指出的是，赵景公寺“地狱变相”的表现方式为白画。这种单纯依靠线条来造型的艺术手法脱胎于壁画画稿，在吴道子这里成为一种特殊的绘画技巧：

> 其笔法超妙，为百代画圣。早年行笔差细，中年行笔磊落，如莼菜条。人物有八面，生意活动。其敷采，于焦墨痕中略施微染，自然超出缣素，世谓之“吴装”。②

吴道子画法的高妙也体现出他本人对壁画画稿、粉本的纯熟运用，结合长安、洛阳两地及其传派的“地狱变相”，我们倾向于认为赵景公寺的这铺“地狱变相”作品是有粉本来源的、具备样式规范的成熟作品。这导致

---

① （唐）张彦远著，［日］冈村繁译注：《〈历代名画记〉译注》，俞慰刚译，上海古籍出版社 2002 年版，第 1 页。

② （元）夏文彦：《图绘宝鉴》，转引自陈高华编著《隋唐画家史料》，文物出版社 1987 年版，第 186 页。

“地狱变相”的影响不局限于一寺一坊，而是扩展到京洛，乃至辐射全国。

吴道子及其传派的“地狱变相”壁画绘制于开放的寺院空间之中，对市井文化产生了直接而深入的影响。芝加哥大学教授巫鸿针对吴道子的艺术曾指出：

> 吴道子那富有表现力的艺术并非是宫廷的产物。……吴道子所代表的是成千上万修造佛道寺观的工匠画匠，被他们尊为“画圣”……吴道子一生主要从事壁画创作，而不是供私人观赏的卷轴画。他的主要艺术实践在佛寺道观，与唐代的大众市井文化不可分割。①

赵景公寺所在的常乐坊，位于长安城东部，紧邻着繁华的东市（大致在今天的西安市太乙路一带），想来这里人流量大、熙攘繁忙。从朱景玄《唐朝名画录》、段成式《酉阳杂俎》这些记录吴道子“地狱变相”的文字来看，吴道子“地狱变相”的影响范围很大，上至文人士大夫，下至贩夫走卒，对长安城的广大民众普遍起到了止恶扬善的作用。

二　吴道子“地狱变相”的传播与评价

据张彦远《历代名画记》记载，唐武宗“会昌法难”之后，长安、洛阳两地至少有 21 座寺院保留了吴道子的画作，大约占两京劫余寺院总数的三分之一。吴道子绘于赵景公寺的“地狱变相”壁画，作为长安城中的著名画作，其画样亦屡被成都大圣慈寺、庐山归宗寺等寺院所仿效。

唐末，围绕成都大圣慈寺内多宝塔的一场绘画竞赛，便是“地狱变相”的摹写。宋初黄休复《益州名画录》载：

> 左全者，蜀人也。世传图画迹本名家。宝历中（825—826 年），声驰阙下。于大圣慈寺……多宝塔下仿长安景公寺吴道玄地狱变相。当时吴生画此地狱相时，都人咸观；惧罪修善，两市屠沽，经月不售。
>
> 竹虔者，雍京人也。攻画人物佛像，闻成都创起大圣慈寺，欲将

① 转引自杨新、班宗华等《中国绘画三千年》，外文出版社 1997 年版，第 73—74 页。

> 吴道玄地狱变相于寺画焉。广明年（880—881年），随驾到蜀，左全已在多宝塔下画竟，遂于华严阁下后壁西畔画丈六天花瑞像一堵。①

在这场竞赛中，左全与竹虔两位画师都想到了摹写吴道子的“地狱变相”，生动反映出了作为一种著名图像样式，“地狱变相”在画工群体中的巨大影响力。一方面，赵景公寺的“地狱变相”壁画在时人心目中已经成为该题材的经典性、标准性作品，为百工所范。京洛一带的画工们握有赵景公寺“地狱变相”粉本，先完成作品的左全，即是以广有“图画迹本”而闻名。另一方面，随着画工们的流动，特别是唐末五代的战乱，客观上促进了“地狱变相”流传到更远的地方。通过对地狱业报的种种恐怖表现，也规劝、警醒了更多的普通民众，或许在成都可能也起到了类似于当年在长安城的劝诫效果吧。

益州之外，庐山归宗寺也刻有吴道子的“地狱变相”，据活动在北宋政和年间（1111—1118）的董逌记载，此图“鬼魅化出，恢诡形见”②。由于是复制的刻本，更便于僧侣、画工临拓。董逌所见之传为吴道子“地狱变相”的拓本不止一品：

> 崇宁四年（1105年），人有自长安持吴生画“地狱变相”练本求售，谓卢阜石本，盖摹拓所得于此。陈珦中玉遂于石本后书以千缗可购，当有快人意处。③

摹拓的图本在市面上价值千缗，宋人对吴道子作品之珍视由此可见一斑。

赵宋去唐不远，宋人尚有机会亲见吴道子真迹。北宋苏轼（1037—1101）、苏辙（1039—1112）兄弟，对吴道子的绘画推崇备至。苏轼的名言“诗至杜子美，文至韩退之，书至颜鲁公，画至吴道子，而古今之变，天下

---

① （宋）黄休复：《益州名画录》，转引自陈高华编著《隋唐画家史料》，文物出版社1987年版，第193—194页。

② （北宋）董逌：《广川画跋》，转引自陈高华编著《隋唐画家史料》，文物出版社1987年版，第209页。

③ 同上书，第210页。

之事毕矣"，早已为人们所熟知。尽管吴道子的画作为人所重，然而在因果宣教方面，吴道子所绘的"地狱变相"并非完备。元丰六年（1083），苏轼在齐安临皋亭看到友人所藏的吴道子《地狱变相》后，发出了如下感叹：

> 道子画圣也，出新意于法度之内，奇妙理于豪放之外，盖所谓游刃余地运斤成风耶！观地狱变相，不见其造业之因，而见其受罪之状，悲哉悲哉！①

从唐代"京都屠沽渔罟之辈"与苏轼面对"地狱变相"的感叹，对二者进行分析不难看出，这两种反应之间存在着某种差异。唐代民众见之，考虑到的是由于自己所造的恶业会感得下地狱的果报，因惧罪而导致断恶修善。而苏轼在观看"地狱变相"时，思及的是造业的前因。唐时民众的重点在于果报，苏轼则更着重于对前因的思考。有学者指出，"宋人好语前世，唐人喜言来生"②，是唐宋时期因果观变化的一个突出表现，以苏轼为代表的宋代文人多有对自己前世的追述③。简单来说，吴道子"地狱变相"着重于果报的表现，在唐代起到了良好的规劝作用；而宋人更重视前因，强调因果链条的完备性，不再满足一味强调果报景象表达的吴道子"地狱变相"绘画，这一历史变化在南宋时开凿的重庆大足宝顶山石窟中呈现得尤为突出。

三　大足宝顶山第 18 至 20 号造像

由南宋赵智凤（1159—1249）主持开凿的大足宝顶山石窟也出现了"地狱变相"主题群雕，从佛教义理和图像的关联性角度看，宝顶山石窟较之吴氏"地狱变相"壁画更为成熟。

宝顶山石窟位于重庆大足县城东北约 35 公里处，由赵智凤于南宋淳

① （北宋）苏轼：《东坡题跋》卷五，转引自陈高华编著《隋唐画家史料》，文物出版社 1987 年版，第 201 页。

② 刘金柱：《唐宋八大家与佛教》，博士学位论文，河北大学，2004 年。

③ 戴长江、刘金柱：《"前世为僧"与唐宋佛教因果观的变迁——以苏轼为中心》，《河北师范大学学报》（哲学社会科学版）2006 年第 5 期，第 132—138 页。

熙至淳祐年间（1174—1252）主持开凿而成，是一座以大佛湾和小佛湾为主体、拥有造像近万尊的佛教道场。① 大佛湾古名“广大宝楼阁”，是为广大世俗信众进行说教的外道场；小佛湾古名“大宝楼阁”，是受戒、修行的内道场。由于宝顶山石窟是由赵智凤统一主持建造，因此它是一处有总体构思的造像群，这是大足宝顶山石窟与敦煌莫高窟、洛阳龙门石窟等其他著名石窟的一个极为重要的差异。

宝顶山大佛湾造像共编 31 号，其中第 20 号的主题为“地狱变相”，然而它不只是一个独立的造像单元，而是与临近的第 18 号、第 19 号构成一组完整的造像群，以居中的第 19 号“锁六耗图”为中心，以三个互相关联的主题表达出共同的佛教义理（图 1）。下面依次描述这三铺造像的内容。

图 1　大足宝顶山第 18 至 20 号造像全景

首先看与吴道子壁画主题相同的宝顶山第 20 号“地狱变相”。② 该组造像位于北岩西部，全龛高 13.8 米，宽 19.4 米③，全龛规模宏大、图像

① 刘长久、胡文和、李永翘编：《大足石刻内容总录》，四川省社会科学院出版社 1985 年版，第 183 页。

② 在重庆大足，除宝顶山大佛湾第 20 号外，小佛湾第 6 号也造出了“地狱变相”，亦称“十恶罪报图”，据研究其内容乃据《华严经·十地品》和北宋时法护译《大乘集菩萨学论》所造。详阅张总《大足石刻地狱——轮回图像丛考》，载重庆大足石刻博物馆编《2005 年重庆大足石刻国际学术研讨会论文集》，文物出版社 2007 年版，第 235—241 页。

③ 刘长久、胡文和、李永翘编：《大足石刻内容总录》，四川省社会科学院出版社 1985 年版，第 215 页。

复杂，造像以地藏菩萨为中心，大致可分为四层，上两层主要依据《地藏菩萨十斋日》，下两层依据中土撰述（疑伪经）《大方广华严十恶品经》和《佛说十王经》而作。

第一层于十个小圆龛内刻十佛，圆龛直径 1.44 米。第二层正中为地藏菩萨像（图 2），头戴化佛宝冠，身着通肩天衣，外饰偏衫袈裟，结跏趺坐于莲座上，像高 2.63 米，莲座高 1.15 米，通高 3.78 米，右手结说法印，左手托宝珠，珠内放出六道毫光，向两侧形成上、中、下三道光带，以示其慈悲与智慧之光上达天界、下至地狱。地藏两侧各胁立一比丘（左胁侍）、比丘尼（右胁侍），再两侧为“十王”及“二司”（现报司官、速报司官），均坐于桌案后，仅现上半身，“十王”两侧有臣使或侍者。桌案正面饰桌帷和帷帘，帷面刻十王、两司名讳及七言偈颂。顺便说一下，大足石刻中出现数量惊人的铭文题记，包括经文、经目、偈颂等，这样“变相”与“变文”并重，以“文字”辅助“造像”，其目的在于更好地教化大众，这是大足石刻一个极为突出的特点。如左侧第二“五官大王”（图 3）桌帷竖刻偈颂：

> 破斋毁戒杀鸡猪，业镜昭然报不虚。若造此经兼画像，阎王判放罪消除。①

再如右侧第一“变成大王”桌帷竖刻偈颂：

> 若人信法不思议，书写经文听受持。舍命顿超三恶道，此身长免入阿鼻。②

第二层左下侧雕凿出一秤，秤钩上刻“业”字，此即“业秤”；右下侧有一圆形物，其上亦刻“业”字，此即“业镜”（图 4）。

第三、四层凿刻出地狱景象，其中第三层为“刀山地狱”“镬汤地狱”“寒冰地狱”等十组地狱变群雕，第四层刻“截膝地狱”“铁围山阿

① 重庆大足石刻艺术博物馆、重庆市社会科学院大足石刻艺术研究院编：《大足石刻铭文录》，重庆出版社 1999 年版，第 136 页。

② 同上书，第 138 页。

图 2　宝顶山第 20 号“地狱变相”之地藏菩萨像

图 3　宝顶山第 20 号“地狱变相”之五官大王

鼻地狱”等八组地狱变群雕及祖师说法像。各组地狱群雕形象生动，令观者有不寒而栗之感（图 5）。地狱群雕并未一味在创造恐怖景象上着力，造像者还努力把招感如此“苦果”之“业因”呈现在观者面前。比如在

图 4　宝顶山第 20 号“地狱变相”之业镜与业秤

第四层“截膝地狱”共刻出四组图像，其中下半部有挖眼、拔舌等“罪刑图像”，一受刑者枷上刻“三为破斋并犯戒，四为无逆向爷娘”[①] 字样（图 6），造像上半部还刻出酒后淫母、弑父，以及双手捧酒杯劝比丘饮酒等“罪业图像”。前者是“果”，后者表现其“因”。在美术史上，非常著名的“养鸡女”雕像就出现在第四层的“刀船地狱”中，该组造像榜题刻：“一切众生养鸡者，入于地狱。”[②] 此外，“地狱变相”也常刻出向大众宣传如何避免地狱之苦内容的铭文，如“镬汤地狱”旁之图碑刻：“日念药师琉璃光佛千遍，不堕镬汤地狱。”[③] 再如“黑暗地狱”旁之图碑刻：“日念释迦牟尼佛一千遍，不堕黑暗地狱”[④]，等等。

与第 20 号“地狱变相”相对的是第 18 号“观无量寿佛经变相”。该龛位于北岩中部，上有平顶，顶高 8.1 米，宽 20.2 米[⑤]，全龛造像 169 尊，异常宏大而庄严。

① 重庆大足石刻艺术博物馆、重庆市社会科学院大足石刻艺术研究院编：《大足石刻铭文录》，重庆出版社 1999 年版，第 147 页。

② 同上书，第 149 页。

③ 同上书，第 142 页。

④ 同上书，第 146 页。

⑤ 刘长久、胡文和、李永翘编：《大足石刻内容总录》，四川省社会科学院出版社 1985 年版，第 206 页。

图 5　宝顶山第 20 号“地狱变相”之地狱场景

图 6　宝顶山第 20 号“地狱变相”之受刑者

龛上部七曲栏杆内雕凿出西方极乐世界景象，正中造“西方三圣”半身巨像，居中的阿弥陀佛高 3.45 米，手施九品印，前额放出两道毫光飘向两侧，横贯全龛顶部，左右为观世音、大势至二菩萨。“西方三圣”以外，还雕凿出十方诸佛、供养菩萨、伎乐飞天以及两侧楼阁“珠楼”和“大宝楼阁”等，三圣前面的七曲栏杆各立柱顶部皆立一乐童形象。

图 7　宝顶山第 18 号“观无量寿佛经变相”之九品往生

栏杆外的龛下部造像以“九品往生”主题九组群雕造像为重点（图 7），造像中莲花内的化生童子表现得尤为可爱动人，令人心生希求（图 8）。造像旁的铭文告诉观者各品往生者的条件，即往生之因，如“上品上生”：

> 上品上生者，（若）有众生，愿生彼国，发三种心：所谓慈心不杀，具诸戒（行）；读诵大乘；修行六念，回向发愿。心具三心者，必生（彼国）……①

再如“中品中生”：

> 中品中生者，若有众生，一日一夜持八戒斋，持沙弥戒，持具足

① 重庆大足石刻艺术博物馆、重庆市社会科学院大足石刻艺术研究院编：《大足石刻铭文录》，重庆出版社 1999 年版，第 116 页。

图8　宝顶山第18号“观无量寿佛经变相”之化生童子

戒，威仪无缺，以此功德，回向愿求生极乐……[①]

这些铭文均依据《观无量寿经》，但与经文内容略有出入，尤其被省略的文字较多。龛下部左右两侧壁面及转角处，自上而下雕出韦提希夫人“十六观”图颂，每侧各刻有八观，每个观想图都配有相应的颂词。龛下部摩崖上刻出24行共324字的《普劝持念阿弥陀佛》碑，石面高0.7米，宽2.18米，向广大观者宣扬净土信仰。

宝顶山第20号“地狱变相”和第18号“观无量寿佛经变相”形成了强烈的苦、乐业报景象的反差，中间的第19号“缚心猿锁六耗图”将上述两龛造像紧密联系在一起。“缚心猿锁六耗图”（图9），简称“六耗图”或“锁六耗图”。上有平顶，顶部中间刻“缚心猿锁六耗”。顶高8.1米，上端宽3.3米，下端宽1.84米。[②] 龛正中坐一鬈发者，结跏趺坐于莲座上，他怀抱象征人心的猿猴。修行者头顶有一圆龛，龛中造弥勒化佛坐像一尊，全崖顶壁东侧竖刻“弥勒化身”四字，因此一说此修行者

① 重庆大足石刻艺术博物馆、重庆市社会科学院大足石刻艺术研究院编：《大足石刻铭文录》，重庆出版社1999年版，第118页。

② 刘长久、胡文和、李永翘编：《大足石刻内容总录》，四川省社会科学院出版社1985年版，第212页。

图 9　宝顶山第 19 号“缚心猿锁六耗图”全景

为“弥勒化身”。[①] 坐佛两侧刻“人天五欲”和“五趣轮回”图像。其莲座下刻有六条绳索，各缚犬、乌鸦、毒蛇、狐狸、大鱼和野马六种动物，分别代表“六根”（六耗或六贼），即眼（犬）、耳（乌鸦）、鼻（毒蛇）、舌（狐狸）、身（大鱼）、意（野马）。造像下部摩崖上刻《咏心歌》《咏心偈》《论六耗颂》《锁六耗诗》等，如《咏心偈》云：

> 方寸心非心，非浅亦非深，宽则遍法界，窄则不通针。善则生福乐，恶则祸殃侵，苦乐多般事，皆缘一寸心。……[②]

---

① 刘长久、胡文和、李永翘编：《大足石刻内容总录》，四川省社会科学院出版社 1985 年版，第 212 页；邓之金：《大足宝顶山大佛湾“六耗图”龛调查》，《四川文物》1996 年第 1 期，第 23 页；重庆大足石刻艺术博物馆、重庆出版社编：《大足石刻雕塑全集：宝顶石窟卷》（上），重庆出版社 1999 年版，第 28 页图版一三八说明文字。

② 重庆大足石刻艺术博物馆、重庆市社会科学院大足石刻艺术研究院编：《大足石刻铭文录》，重庆出版社 1999 年版，第 131 页。

偈颂中“善则生福乐，恶则祸殃侵，苦乐多般事，皆缘一寸心”一句，俨然道出善、恶业与乐、苦果的对应关系，并指出善、恶业力的作用，皆以心为主导。该铺造像非常强调“心”对于业力的决定性作用，这也正是该龛主题“缚心猿”三字所体现的内涵，亦如龛下石刻铭文中所云：“意逐妄缘如野马，心随境转似猿猴。多缘执此迷真性，致使轮回不肯休”①；以及修行者下莲台座面所刻偈颂：“若人欲了知，三世一切佛，应观法界性，一切惟心造。”②

在“六耗图”中，石刻铭文所起到的作用，较前述两龛造像显然更为重要（图 10）。本龛主像修行者左侧岩壁上（第 18 号“观无量寿佛经

图 10　宝顶山第 19 号“缚心猿锁六耗图”主尊及主要铭文

变相”方向），雕出三个圆形空间，上面自下而上分别镌刻“善”“福”“乐”三字，在“乐”字上方刻出扇形图案，共五条，从左到右分别刻“人天五欲”“四禅清净”“二乘寂灭”“菩提自在”和“如来究竟”内容文字，以及相应的人、比丘乃至佛的形象。在“福”“乐”二字两侧，刻出《心猿颂》和《咏乐诗》，如《咏乐诗》云：“乐是无疆福，福乃善由

① 重庆大足石刻艺术博物馆、重庆市社会科学院大足石刻艺术研究院编：《大足石刻铭文录》，重庆出版社 1999 年版，第 130 页。

② 同上。

因，超凡入圣道，尽在此心修。”[①] 修行者右侧岩壁上（第20号“地狱变相”方向），亦雕出三个圆形空间，自下而上刻“恶”“祸”“苦”三字，“苦”字上方也刻有五条扇形图案，其上从右到左刻“人中贫贱”“修罗斗战”“畜生患难”“饿鬼饥渴”和“地狱极苦”字样及相应的穷人、饿鬼、地狱等形象。在“苦”“祸”二字两侧，刻《咏苦诗》，其云：“苦厄人皆惧，灾祸有谁争。想非天地赐，心恶自然生。若了心非心，始得心心法。”[②]

值得注意的是，“六耗图”铭文中把“善”（因）与“乐”“福”（果）联系在一起，再把“恶”（因）与“苦”“祸”（果）联系在一起，其实“福”“祸”是一对源自中国本土的哲学术语，如《老子》第五十八章：“祸兮福之所倚，福兮祸之所伏”，此处铭文用这对中国传统概念辅助诠释佛教概念“乐”与“苦”，生动体现出佛教思想的本土化倾向。不仅借用中国本土术语，更有甚者，宝顶山的开凿者还进一步把第19号“六耗图”与两侧的“观无量寿佛经变”“地狱变相”构成一个完整的图像组合，用三个造像龛共同表达出“因果”这个重要的佛教思想的基本内涵，将“善”与“乐”（观无量寿佛经变相）、“恶”与“苦”（地狱变相）这两对因果关系，通过视觉创造的方式直观呈现在观者眼前，可谓苦乐分殊、撼人心魄，以期最大化实现在佛教因果思想方面的宣教功效。

① 重庆大足石刻艺术博物馆、重庆市社会科学院大足石刻艺术研究院编：《大足石刻铭文录》，重庆出版社 1999 年版，第 129 页。

② 同上书，第 130 页。

敦煌歌辞与佛教因果思想[①]

曾　凯

【提要】 敦煌歌辞（尤其是佛教歌辞）在内容上充满宗教说教，诱导人们皈依佛门，带有强烈的宗教色彩，佛教之因果报应思想极其丰富。本文主要从诸法因缘和合成而性空的因果律、三世两重因果、六道轮回、自作自受的报应观、以道德伦理为中心的善恶二业说、今世修各种功德因而得来世善报以及修菩提因而得清净佛性并超脱因果轮回等方面分析因果思想的主要内容。其特点一是佛教教义中融入了不少儒家思想，出现了佛教的中国化和儒学化，体现了强烈的民族性格；二是轮回报应的观念深入人心，影响了民众的精神生活；三是过多地迎合中国下层民众的心理而方便说法，在某种程度是对原始佛教教义的庸俗化。

【关键词】 敦煌歌辞　佛教　因果报应

【作者简介】 曾凯，重庆三峡学院图书馆馆员。22369540@ qq. com

敦煌歌辞（尤其是佛教歌辞）是面向广大民众进行佛教宣传的材料，属于音乐文学的范畴。敦煌歌辞涉及人生的多个方面，而涉佛词作则大都是僧人所作，是在举行各种佛事活动时要对佛菩萨进行赞叹。在形式上有只曲、大曲、组曲、联章歌辞等，其中《五更转》《十二时》《百岁篇》等属于定格联章。在内容上充满宗教说教，诱导人们皈依佛门，带有强烈的宗教色彩。[②] 尤其是关于因果报应、地狱轮回、缘起性空等思想，充斥

---

① 本篇论文为重庆市社会科学规划项目“大足石刻文字研究”（2015YBYY078）的阶段性成果。

② 王志鹏：《敦煌佛教歌辞的特征及其影响》，《兰州学刊》2009 年第 9 期。

歌辞，几乎篇篇都有。因此本文拟从因果报应思想入手，对敦煌歌辞作一分析探讨。

一　诸法因缘和合成而性空的因果律

诸法缘起而性空的因果律，是佛陀在菩提树下悟道理论的核心内容，是佛教对世界最基本的观点，也是全部佛法的核心。《中阿含经》卷三十即云："见缘起即见法，见法即见佛。"佛经中又曰："此有故彼有，此生故彼生；此无故彼无，此灭故彼灭。""未曾有一法，不从因缘生。是故一切法，无不是空者。"缘起论包括因和缘两个部分。因即因素，缘即条件，其中因是主要的，缘是辅助的。诸法没有独存性、恒常性和主宰性，必须靠"因""缘"和合才有"果"。一旦组成的因缘散失，事物本身也就归于乌有，本质上是假有性空。

佛教因缘观中有四大因缘聚会之说，佛教主张世界万物与人之身体皆由地、水、火、风之四大和合而成，皆为妄相。盖四大分离之初，本无人身，偶然因缘聚会，乃成人身。一成人身，四大相煎，由此造成人身种种病苦，终于导致四大分散，人死命终，一切又返回未有人身之状态。而若能了悟此四大本质亦为空假，终将归于空寂，而非"恒常不变"者，则亦可体悟万物皆无实体之谛理。《大方广圆觉修多罗了义经》云："四大各离，今者妄身当在何处，即知此身毕竟无体，和合为相，实同幻化。"《五更转》（南宗赞）亦云"了五蕴，体皆亡。灭六识，不相当。行住坐卧常注意，则知四大是佛堂。"① 又云："一更初，少年光景暂时无。一世之间何足度，谁知四大是空虚。"兹二首即以四大因缘聚会之说，论证人生虚幻不实。

据佛经四大又称四蛇，以一只箱箧容纳四条蛇，比喻人体系由地、水、火、风四大和合而成。《大般涅槃经》卷二三："观身如箧，地、水、火、风如四毒蛇，见毒、触毒、气毒、啮毒，一切众生遇是四毒，故丧其命。众生四大，亦复如是，或见为恶，或触为恶，或气为恶，或啮为恶。以是因缘，远离众善。"即以四大比喻四蛇之吐毒，此四大交恶，能令众

① 曾昭岷等：《全唐五代词》，中华书局 1999 年版，第 1225 页。

生远离诸善，害其慧命。《最胜王经》曰："地水火风共成身，随彼因缘招异果。同在一处相违害，如四毒蛇居一箧。于此四种毒蛇中，地水二蛇多沉下，风火二蛇性轻举，由此背违众病生。"敦煌歌辞《十二时》（禅门十二时）曰："隅中巳，隅中巳，所恨流浪俱生死。法船虽达涅槃城，二鼠四蛇从后至。"①

至于无常观，可视作缘起论的展开，意谓一切有为法生灭迁流而不常住。一切有为法皆由因缘而生，依生、住、异、灭四相，于刹那间生灭，而为本无今有、今有后无，故总称无常，喻如梦幻、泡影、露珠、灯焰、流水、闪电。这一观念在敦煌歌辞中，大都有分明的宣示。如歌词《十二时》（普劝四众依教行修），据相关论著研究，这部作品在敦煌地区广泛流行，有长久的生命力和影响力，它属于某种佛教组织的意识形态宣传文学，是敦煌当地高级官僚、僧官以及众多普通民众共同参与的佛法盛会。② 所谓《十二时》，是把一昼夜分作十二个时段的一种历法，即子、丑、寅、卯、辰、巳、午、未、申、酉、戌、亥，自陈隋以来，为了佛教更深入人心，佛门僧侣将十二时歌曲所涉及的佛曲利用《十二时歌》《五更转》等民间喜爱的形式广泛宣传佛教的根本教义。其有文曰：

> 孕者生，寿者夭。壮气英雄被侵老。古来美貌是潘安，谁免无常暗侵耗。
>
> 上三皇，下四皓。潘岳美容彭寿老。八元八俊葬丘陵，三杰三良掩荒草。
>
> 斗文才，逞词藻。三箧五车何足讨。尽推松柏有坚贞，也被消磨见枯槁。
>
> 奋金乌，迅玉兔。旋绕不离南赡部。潜移红脸作桑榆，暗换青丝为柳絮。
>
> 立三才，经万古。多少英雄似狼虎。咸随落日影魂销，尽溺逝波无觅处。

① 曾昭岷等：《全唐五代词》，中华书局 1999 年版，第 1108 页。

② 张长彬：《〈十二时普劝四众依教修行〉及其代表的敦煌宣传文学》，《敦煌研究》2015 年第 2 期。

潘岳容，石崇富。美媛四施并洛浦。死王谁怕镜前花，煞鬼徒劳掌中舞。

春复秋，旦复暮。改变桑田易朝祚。三皇五帝总成空，四皓七贤皆作土。

虚幻身，无正主。假托众缘成荫聚。一朝缘散气归空，又把形骸葬堆阜。

母哭儿，儿哭母。相送松间几千度。升沉瞥瞥似浮沤，来往憧憧如镇戍。

少颜回，老彭祖。前后虽殊尽须去。无常一件大家知，争那人心不惊悟。①

兹首歌辞主要运用排比和用典的艺术手法，以历史上著名的英雄、美女、豪贵、贤士、明主等为例，关注八苦中的老死，阐述了空幻人生之短暂无常，不过是假借众缘和合而成，一旦缘散则归入虚空。又另外一组《十二时》歌辞亦云："夜半子，独坐思维一段事，纵然妻子三五房，无常到来不免死。"②《驱催老》《愚蠢意》《为大患》《抛暗号》等也多感慨人生之短暂无常，这种感叹反复回荡在敦煌的歌辞以及其他通俗文学样式中，成为古代敦煌人士关照、穿透烦恼人生的一个视角，也成为敦煌歌辞中的习见主题。

佛教教化力求通俗易懂，敦煌歌辞还宣扬"学而优则仕"和升官发财，与佛教空无观念相背离，这是佛教随缘顺化、与世推移所付出的代价。

二 三世因果、六道轮回与自作自受的报应观

小乘说一切有部，在十二有支流转中，以五取蕴为体，建立三世两重因果，即无明、行两支，是过去世的惑业，为招感现世识、名色、六入、触、受五支的因，识等五支是现在世的果，这是一重因果；爱、取、有三

① 任半塘：《敦煌歌词总编》，上海古籍出版社 1987 年版，第 1606—1627 页。

② 曾昭岷等：《全唐五代词》，中华书局 1999 年版，第 1276 页。

支，是现在世的因，爱、取是烦恼，有是业，现在世的惑业，为招感未来世苦果的因，未来世的老、死二支，是现在世惑业之因所招感的果。这称为三世两重因果。敦煌有关地狱的歌辞中充满了因果报应、地狱惩罚以及自作自受的观念，如敦煌歌辞《求因果》（修善）云：

有福之人登彼岸，免受三途难。无福之人被弃遗，未有出缘期。努力回心归善道，地狱无人造。轮回烦恼作菩提，生死离阿鼻。普劝阎浮世界人，修善莫因循。切须钦敬自家身，莫遣受沉沦。今生果报前生种，惭愧生珍重。来生更望此生身，修取后来因。一失人身万不复，堕在三途狱。万般千种受灾殃，痛苦彻心肠。在生不觉分毫善，恶事专心羡。死后轮回受苦忙，自作自身当。劝君努力自修行，离却淤泥坑。守轨贪生恋世荣，究竟有何成。世荣虽好还生老，终是轮回道。学善修禅离死生，诸佛会中行。……有福之人拱着手，衣食原来有。无福之人终日忙，少食没衣裳。今生受苦犹常可，修取来生果。如今不解礼当阳，累劫受灾殃。①

辞中除了宣扬过去世、现在世以及未来世的三世因果外，更着重强调今世要为来世修善因，否则会堕入地狱道、畜生道、饿鬼道。传统佛教讲究六道轮回，一切有情，皆以诸欲因缘，自作自受，如车轮回转不已，生死于六条道趣，接受制裁。所谓六道，即人、天、阿修罗（三善道）、地狱、饿鬼、畜生（三恶道）。在六道中以人道为中心，因人心的善恶观念而随心所欲地去追求，造成报果。但在敦煌歌辞中，更重视地狱道，地狱观念系统而丰富，阎罗王取代泰山府君在地狱进行审判，冥界出现奈河，并有阿鼻、刀剑、油锅、镬汤等各种形式的地狱，业镜、业秤是地狱中审问罪人的工具，多由冥官执章，借以鉴查众生在世间所行善恶之累计情况。这不同于原始佛教的地狱道，也不同于中土的报应观念，是中土佛教的新阐释。但歌中鼓吹“有福之人拱着手，衣食原来有。无福之人终日忙，少食没衣裳”，与儒家积极进取的精神格格不入。

中土自古有“积善之家必有余庆，积不善之家必有余殃”的说法，

---

① 任半塘：《敦煌歌词总编》，上海古籍出版社1987年版，第869—871页。

这是在血缘宗族制度下，基于天命观念由上天实施报应。佛教却认为因果报应，自作自受，主张受报的主体具有唯一性。生命的主体以自我为中心造业，则其果报只能由自己承受，与其他人无关。如《般泥洹经》卷上："所作好恶，身自当之。父作不善，子不代受。子作不善，父亦不受。善自获福，恶自受殃。"自作自受的报应观，在敦煌歌辞中比比皆是，如"第八造作恶业恩：为男女作姻，杀个猪样屈，闲人，须肉会诸亲。倚早保，下精神，阿娘不为己身。由他造业自难陈，为男为女受沉沦"[①]。"自知非，须识分。步步无常渐相近。自家身事自家修，别人谁肯相哀悯。""劝诸人，莫放慢。火宅驱忙无际限。别人吃物自家饥，功德直须自家办。"

值得注意的是，中国儒家讲究亲情伦理关系，提倡父慈、子孝、兄友、弟恭、夫和、妇柔，但敦煌歌辞《十二时》却否定儒家所重视的脉脉温情：

> 妻子情，终不久，只是生存乍亲厚。未容三日病缠绵，隈地憎嫌百般有。
>
> 嘱亲情，托姑舅。房卧资财暗中袖。更若夫妻气不和，乞求得病谁相救。
>
> 兄弟亡，男女幼。财物是他为主首。每逢斋七尚推忙，更肯追修添福佑。[②]

可见，敦煌歌辞中虽提倡儒家伦理道德的内容（见下文论述），但在亲情的本质上却与儒家完全不同。佛教认为今生的父母与子女，亲人之间等各种关系，并非偶然，而是决定于前世的因缘，子女与父母之间只是暂时寄住的关系，死后父母与子女就没有什么联系。同时，歌辞作者之所以有这样的观念，还缘于现实人间亲情的淡薄，尤其是在生病死亡之际，很多人因为嫌憎疾病或贪恋财产，而把亲人间的感情抛诸脑后。辞中的"斋七"，指的是人死后每七日营斋至七七日也。以人死生为中有之身，

---

① 任半塘：《敦煌歌词总编》，上海古籍出版社 1987 年版，第 208—209 页。

② 曾昭岷等：《全唐五代词》，中华书局 1999 年版，第 1152—1153 页。

不得生缘则每七日死生而至七七日也。《释氏要览》曰："人亡每至七日必营斋追荐，谓之累七，又云斋七。"这是佛教观念对中国生死大事的重要影响，配合亲人关系的冷漠和佛教的因果报应观，佛教徒教化民众为了积累死后之福报，要修生七斋或是做其他佛事。预修生七斋，敦煌本《十王经》有明确的记载：

若是生在之日作此斋者，名为预修生七斋，七分功德，尽皆得之。若亡殁已后，男女六亲眷属为作斋者，七分功德，亡人惟得一分，六分生人将去，自种自得，非关他人与之。①

项楚先生认为："逆修斋七之事，初唐即已流行于民间。"② 敦煌写卷《先祗备》（闻健先祗备）中虽没明显出现生前修七斋的字眼，但其内在精神却与之相通：

妄施为，没计避，一点点冤家相逢值。所以如来劝世人，不如闻健日先祗备。

望儿孙，嘱神鬼，把阎王𩨮子千回跪。直饶你跪得一千双，不如闻健日先祗备。

望儿孙，趁烧纸，相共冥间出道理。贼过后张弓虚费工，也不如闻健先祗备。

望儿孙，行孝义，报塞我一生错使意。饶你报塞总无骞，也不如闻健先祗备。

望儿孙，羞饭味，累七修斋兼远忌。饶你累七总周旋，也不如闻健先祗备。

望儿孙，行施舍，铸像写经虚相为。饶你铸得一千躯，也不如闻健先祗备。③

① 转引自杜斗城《敦煌本佛说十王经校录研究》，甘肃教育出版社1989年版，第47页。

② 项楚：《王梵志诗校注》，上海古籍出版社1991年版，第17页。

③ 任半塘：《敦煌歌词总编》，上海古籍出版社1987年版，第1118—1119页。

此首歌辞运用议论和排比的手法，力主生前自身广行善业，远比儿孙替己代赎罪愆有用。这种主张，迥异于传统民间通过祭祀、斋七、焚烧纸钱等习俗来超脱怀念祖先的观念。

三　以道德伦理为中心的善恶二业说

按照佛教教义，业即因，以业为招感未来果报之因，又作因业，有善恶二业之别。《十二时》（禅门十二时）即言："身犹如水上泡，无常煞鬼忽然至。三日病卧死临头，善恶二业终难避。"

善有善报，恶有恶报，善业是乐果的因，恶业是苦果的因。自佛教十二因缘角度解释业因，有身、口、意三业。身业，指身所作及无作之业，有善有恶，若杀生、不与取、欲邪行等为身恶业；若不杀、不盗、不淫，即为身善业。口业，又作语业，指口所作及无作之业，有善有恶，若妄语、离间语、恶语、绮语等为口恶业；若不妄语、不两舌、不恶语、不绮语则为口善业。意业，指意所起之业，有善有恶，若贪欲、瞋恚、邪见等为意恶业；若不贪、不瞋、不邪见则为意善业。[①] 所谓十恶十善，基本涵盖上述三个方面，属于佛教修行，与世俗社会的善恶观既有联系又有区别。敦煌写卷《求因果》（修善）云：

> 日日捶钟吹法蠡，修善意轻罗。一前一步踏莲窠，诸佛竞来过。此是上方行步处，识者皆来聚。下界凡夫路得么，修善最喽啰。……劝善比来无恶意，学取如来智。同向菩提会里行，清净了无生。但知学善莫狐疑，生死与君期。改除三毒变慈悲，诸佛当时知。十恶不生名十善，便是如来见。忍辱包含并总齐，便是佛菩提。上十二千人众悟，识佛知门户。扫洒堂中修善台，清净没尘埃。[②]

贪、瞋、痴为三不善根，乃众恶因之首，因此在敦煌多个调名的歌辞中都强调众生要戒断贪爱、瞋恨和痴恋之心，《无厌足》《光明崖五首》

① 丁福保：《佛学大辞典》，上海书店 1991 年版。

② 任半塘：《敦煌歌词总编》，上海古籍出版社 1987 年版，第 867—869 页。

《十二时》等即是其例，《十二时》（禅门十二时）甚至认为："正南午，正南午，人命犹如草头露。火急努力勤修补，第一莫贪自迷误。"① 再如《无厌足》通过一大段排比，指出有人拥有大量的黄金、白玉、田园、房屋、麦粟等仍然不满足，其意在谆谆告诫众生要驱除贪欲之心，对治根本三毒。除三毒外，"三障"也是造成恶业的缘由。如《十二时》（禅门十二时）："平旦寅，平旦寅，智惠莫与色为亲。断除三障及三业，远离六贼与六尘。"② 三障，一，烦恼障，贪欲瞋恚愚痴等之惑；二，业障，五逆十恶之业；三，报障，地狱饿鬼畜生等之苦报。

在敦煌歌辞中，为了教导世人弃恶从善，常常采用各种手法来点醒之。如直接提出诽谤、两舌等业障将招致苦果，报应分明，丝毫不爽："诸佛弟子莫诽谤，一切皆有罪业障。三寸舌根没作向，道长说短恼心王，心王不了说短长，来生业道受苦殃。"③

五逆亦被视作恶因，《失调名》（须大拏太子度男女）云："罗睺一心成圣果，莫学善星五逆堕阿鼻。"④ "五逆"，指罪大恶极，极逆于理者。有大乘五逆、小乘五逆之分。小乘五逆指害母、害父、害阿罗汉、出佛身血、破和合僧，前二者为弃恩田，后三者则坏德田，以其行为将成为堕无间地狱之因，故亦称五无间业。大乘五逆指：破坏塔寺，烧毁经像，夺取三宝之物，或教唆他人行此等事，而心生欢喜；毁谤声闻、缘觉以及大乘法；妨碍出家人修行，或杀害出家人；犯小乘五逆罪之一；主张所有皆无业报，而行十不善业；或不畏后世果报，而教唆他人行十恶等。慧沼于《金光明最胜王经疏》卷五中，将小乘五逆中之杀父、杀母合为一项，再加上诽谤正法（佛法）一项，而成立三乘通说之五逆。⑤

在实践层面，制定以提高出家众和在家众道德素养的律仪，如失调名《和菩萨戒文》，共十首，分别为："一、杀生戒"，"二、盗戒"，"三、邪淫戒"，"四、妄语戒"，"五、沽酒戒"，"六、自说戒"，"七、毁他戒"，"八、多悭戒"，"九、多慎戒"，"十、谤三宝戒"，以歌辞化的形式对佛教

① 曾昭岷等：《全唐五代词》，中华书局 1999 年版，第 1109 页。

② 同上书，第 1107 页。

③ 吴肃森：《敦煌歌词选注》，辽宁人民出版社 1991 年版，第 150 页。

④ 任半塘：《敦煌歌词总编》，上海古籍出版社 1987 年版。

⑤ 丁福保：《佛学大辞典》，上海书店 1991 年版，第 757 页。

戒律作了演唱说明，但文学意味全无，所谓理过其辞，淡乎寡味。

在佛教的善恶二业中，还融入了儒家孝道观念，这是佛教为了适应中国文化土壤而作了变通融合，在敦煌歌辞中多有反映。如《十二时》（普劝四众依教行修）云："抱忠贞，行孝顺。无利之谈休话论。但将好事让他人，早晚偻罗胜百钝。"[①] 又如《五更转》劝告世间为儿女者当行孝心，具体行为有听从父母教诲，父母生病悉心照顾，言语上要尊重父母，若忤逆父母来生将受苦报。[②] 最为典型的当数《求因果》数十首，分别是孝义、悌让、修善、苦学等，兹举例如下：

> 一一劝君学好事，孝义存终始。立身礼让最为先，每事学周旋。
> 侍奉尊亲及父母，不得辞辛苦。急须匀当作家生，和慎乐轰轰。
> 曾闻父在观其志，孝义存终始。百年好恶自家看，每事要周旋。
> 姊妹兄弟如手足，断却难相续。共汝同胞骨肉连，争得不心欢。
> 迷人终日愁衣食，费却千车力。悟来谁肯受艰辛，忧道不忧贫。
> 父母发肤何要毁，只为无明嘴。结终两个竟虚空，相骂不成功。[③]

上述词句里面都是很典型的儒家孝亲哲学，更直接化用儒家经典中的原句入诗，如"父在观其志"，"身体发肤，受之父母，不敢损伤"。又有《皇帝感》（新集孝经十八章）及《十恩德》《孝顺乐》《十种缘》《佛·母同恩》等，亦是援儒入佛的代表作。有学者指出，敦煌写卷中佛教徒宣扬的并不是佛理，而是完全以"孝"为中心的儒家说教，是佛教在受到儒道两家的非难和攻击后，采取调和的态度，努力把佛教教义和中土的伦常道德统一起来。[④] 再如《求因果》（息争）采用回忆的形式，以止息纷争为中心，包含的思想内容极为广泛，既对世间谩骂斗争、争强好胜的丑陋行为进行了形象刻画，又深刻揭露了官吏贪赃枉法、压榨百姓的罪恶，同时又极力宣扬佛教的消极退让，不愤怒、不结怨的忍辱精神，还融入了儒家的孝道和礼让的思想。

---

① 任半塘：《敦煌歌词总编》，上海古籍出版社 1987 年版，第 1602 页。

② 同上书，第 1273—1276 页。

③ 同上书，第 869—884 页。

④ 王志鹏：《试论敦煌佛教歌辞中儒释思想的调和》，《敦煌学辑刊》2005 年第 3 期。

四　今世修各种功德因而得来世善报

仔细爬梳文献，敦煌歌辞极力倡导净土宗的以念佛为内因，以弥陀的不可思议愿力为外缘，内外相应而得往生极乐净土的善报。如歌辞《归去来》：

归去来，见弥陀，今在西方现说法，拔脱众生出爱河。出爱河。

归去来，上金台，势至、观音来引路，往生极乐坐花台。

归去来，婆娑世境难苦栽，撒手专心佛，弥陀净土法门开。

归去来，谁能此处受其灾。总劝同缘诸众等，努力相将归去来。且共往生安乐界，持花普献彼如来。

归去来，生老病死苦相催。昼夜须勤念彼佛，极乐逍遥坐宝台。

归去来，娑婆苦处哭哀哀。急需专念弥陀佛，长辞五浊见如来。

归去来，弥陀净刹法门开。但有虚心能念佛，临终决定坐花台。

归去来，昼夜唯闻唱苦哉。努力回心归净土，牟尼殿上礼如来。

归去来，娑婆秽境不堪停。撒手须归安乐念彼国，见佛闻法悟无生。

归去来，三涂地狱实堪怜。千生万死无休息，多劫常为猛烟燃。声声为念弥陀号，一时闻者坐金莲。

归去来，刀山剑树实难当。饮酒食肉贪财色，长劫将身入镬汤。不如西方快乐处，永超生死离无常。①

上述歌辞以十一首联章组诗的形式，不厌其烦地宣告若想超越生死轮回的苦海，回归自然清净的本性，迷途者可借助虚心或者是诚心地念弥陀法号，则弥陀如来和观音、势至二胁侍菩萨将在其去世后迎接其往生西方净土。闻见佛法，甚至连地狱果报亦可化解。这种修行方式简单，却能得到往生土的极大利益。《十二时》（普劝四众依教行修）亦宣扬生前杀生，死后阎王爷将亲自审判罪业，并在地狱遭受下油锅上刀山的痛楚。若忏悔

① 吴肃森：《敦煌歌词选注》，辽宁人民出版社 1991 年版，第 171—183 页。

礼赞弥陀，则可消除罪障，九品往生净土。① 又《十二时》（圣教佛本行赞）、《三皈依》《十二时》（学道）、《化生子》（花生童子赞）、《十无常》《行路难》《出家乐》《归去来》（宝门开）《归去来》（归西方赞）《三皈依》等歌辞，皆其例。据相关论著，中国佛教的净土信仰在两个方面对大乘思想作了发展：一是佛教本来追求"涅槃"，是超越生死的绝对境界，从大乘"佛土"论的本义说，清净佛土是不可言说的，净土之行是通过观想念佛达到佛的状态，实际上是习禅实践的结果，这种净土又称作"唯心净土"，但中国佛教的净土信仰却"有相化"了，变成具体的、实在的国土。二是佛教修持的目标是超脱轮回，而中土净土信仰却把它表现成来世托生之所，理想化的西方净土成为死后永生的乐国，更具有诱惑力，因此流行广泛而深远。②

转读大乘经典亦能识得自性，解得生死，知得去处，"十二部经赞，流在阎浮间，明人速悟转读看，尽得出三关"③。

以法会斋供的形式侍奉佛法僧，也属于佛陀方便说法的功德因。如以下诗偈：

> 隅中巳，时最善。胜事皆从此时办。一是如来持钵时，二当大众经行散。
>
> 纯陀供，香积饮。法会斋筵陈供献。州州梵刹扣金钟，处处道场排玉馔。
>
> 或平安，或追荐。肃肃高僧离竹院。起草蔟成鸾凤台，霜笺镂作莲花碗。
>
> 备果花，悬盖伞。玉像金容光焕烂。神祇之类沐珍羞，鸦鸟已来皆饱满。
>
> 利存亡，益家眷。凡是有求皆满愿。不唯禳却万般灾，兼乃蠲除千户难。④

---

① 任半塘：《敦煌歌词总编》，上海古籍出版社 1987 年版，第 1611 页。

② 孙昌武：《中国佛教文化史》第 2 册，中华书局 2010 年版，第 825—831 页。

③ 张长彬：《〈十二时普劝四众依教修行〉及其代表的敦煌宣传文学》，《敦煌研究》2015 年第 2 期。

④ 任半塘：《敦煌歌词总编》，上海古籍出版社 1987 年版，第 1581—1586 页。

诗偈以铺张扬厉的语言渲染了法会以及斋会道场之壮观，并许诸有求皆报，祛除各种灾难。

或者多种功德皆提倡者，如《十二时》（普劝四众依教行修）云："要慈悲，莫悭吝，小小违情但含忍。听法闻经勉励为，持斋念佛加精进。"①

五　修菩提因而得清净佛性并超脱因果轮回

尽管敦煌歌辞中极力宣传通过各种功德因而得善报，但从更高的修行阶梯而言，这不是终极目标。佛教把人生比作火宅，修行求道的目的是摆脱烦恼的缠缚，脱离苦海，解脱轮回，以追求精神的绝对自由。如上面所举之《五更转》（南宗赞）"一更长，二更长，有为功德尽无常。世间造作应不久，无为法会体皆亡"，"二更长，三更严，……诸佛教，实福田。持斋戒，得生天。生天终归还堕落，努力回心取涅槃"，可见功德果报再大，终不免轮回之苦。《十二时》（圣教）以歌辞的形式颂赞了释迦的一生，为了救拔有情众生脱离五趣苦海，世尊不愿做世间国王而唯求涅槃成佛因。②

佛教宣称要摆脱无数劫来"无明"的蒙蔽，就要能领受佛教"诸行无常，诸法无我，涅槃寂静"的学说，通过一系列宗教实践来达到这种境界。具体而言，要超脱生死轮回而求佛道，首要舍弃尘缘，不要被色、声、香、味、触和法等六尘所牵累，远离罪恶与烦恼，"万事不起真无我，直追菩提，离因果，心心寂灭无灾祸，念念无念真印可"③。除上六识外，法相宗认为还有末那识阿赖耶识二者，末那之义为我执，谓执持我之见者，即此识也；阿赖耶者，即末那识所执以为我者也，其义为藏，谓能藏一切法，世俗所云神识性灵，皆指此。《十二时》（学道）云："人定亥，蕴中真如在，但悟八识源，自成七觉海。"④ "七觉"，又称七觉支、七等觉支、七遍觉支、七菩提分，略称七觉。一曰择法觉支，以智慧简择

① 任半塘：《敦煌歌词总编》，上海古籍出版社1987年版，第1602页。

② 同上书，第1479页。

③ 吴肃森：《敦煌歌词选注》，辽宁人民出版社1991年版，第147页。

④ 任半塘：《敦煌歌词总编》，上海古籍出版社1987年版，第1407页。

法之真伪；二曰精进觉支，以勇猛之心离邪行行真法；三曰喜觉支，心得善法即生欢喜；四曰轻安觉支，止观及法界次第名为除觉分，断除身心粗重，使身心轻利安适；五曰念觉支，常明记定慧而不忘，使之均等；六曰定觉支，使心住于一境而不散乱；七曰行舍觉支，舍诸妄谬，舍一切法，平心坦怀，更不追忆，是行蕴所摄之舍之心所，故名行舍。此七法，若行者之心浮动时，可用除舍定之三觉支摄之，若心沉没时可用择法精进喜之三觉支起之。念觉支常念定慧，不可废退。是故除念觉外，他六觉随行人之要而用之。以此七事得证无学果。① 修菩提涅槃之因的关键在于观心，断除人我之别，了知佛性除烦恼，获得般若智慧，"实相离空有，但作不住观"，"观心超有无，寂然俱空理"。②

敦煌写卷中，还有一些歌辞力主通过定慧双修与四禅除掉宿缘，顿超彼岸，断绝未来果报之因。如《五更转》（无相）云："四更迁，定慧双行出盖缠。了见色空圆静体，澄如戒月莹晴天。五更催，佛日凝然妙境开。超透四禅空寂处，相应一念见如来。"③ 四禅，又作四禅定、四静虑，指用以治惑、生诸功德之四种根本禅定。亦即指色界中之初禅、第二禅、第三禅、第四禅，故又称色界定。禅，禅那之略称；意译作静虑，即由寂静，善能审虑，而如实了知之意，故四禅又称四静虑、四定静虑。此四禅之体为"心一境性"，其用为"能审虑"，特点为已离欲界之感受，而与色界之观想、感受相应。自初禅至第四禅，心理活动逐次发展，形成不同之精神世界。或谓自修证过程而言，前三禅乃方便之阶梯，仅第四禅为真实之禅（真禅）。盖禅定通见于印度宗教史中，为各时代重要修行法之一。佛陀亦以禅定为最主要之行法，而于成道及涅槃之际，皆依四禅法而成之。④

禅宗是以禅那为宗的宗派，因此宗偏重于修心，以心传心，直传佛祖的心印，故又名佛心宗。禅宗五祖弘忍在湖北黄梅县传法，其下有慧能神秀二大师，慧能之禅，行于南地，故称南宗。慧能认为人人皆有佛性，主张自我顿悟，即可见佛，"心但无不净，西方去此不远"，"佛是自性作

① 丁福保：《佛学大辞典》上册，上海书店 1991 年版。

② 任半塘：《敦煌歌词总编》，上海古籍出版社 1987 年版，第 1406 页。

③ 同上书，第 1405 页。

④ 丁福保：《佛学大辞典》上册，上海书店 1991 年版，第 757 页。

……自性迷，佛即众生，自性悟，众生是佛”。神秀之化，盛于北地，故称北宗，此宗认为修行有阶梯，提倡渐悟，即彼偈云“时时须拂拭，莫遣有尘埃”是也。

敦煌歌辞中，南北二宗皆有反映，如“木头不攒不生火”，用形象的比喻劝诫众生要坚持苦修。[①] 又有歌辞提出修行在于念念精进，勤于坐禅，如“儿欲如山坐禅去，好住娘，回头顶礼五台山”[②]。若不参禅会以邪害正，“时当第五百，邪法现人间，众生命尽受邪言，不解学参禅”[③]。再如《五更转》（假托“禅师各转”十首）：

一更静坐观刹那，生灭妄想遍婆娑。客尘烦恼积成劫，成劫除劫转更多。

二更静坐息心神，喻若日月去浮云。未识心时除妄想，只此妄想本来真。

真妄原来同一体，一物两名难合会。合会不二大丈夫，历劫相随今始解。

三更静坐入禅林，息妄归真达本心。本心清净无个物，只为无物悉包融。

包融一切含万境，色空不异何相碍。故知万法一心如，却将法财施一切。

四更念定悟总持，无明海底取莲藕丝。取丝出水花即死，未取丝时花即萎。

二疑中间难启会，劝君学道莫懈怠。念念精进须向前，菩提烦恼难料简。

了解烦恼是痴人，心心法数不识真。一物不念始合道，说即得道是愚人。

五更隐在五荫山，丛林斗暗侵半天。无想道师结跏坐，入定虚凝证涅槃。涅槃生死皆是幻，无有此岸非彼岸。

---

① 吴肃森：《敦煌歌词选注》，辽宁人民出版社 1991 年版，第 147 页。

② 同上书，第 162 页。

③ 同上书，第 186 页。

三世共作一刹那，影见世间出三界。若人达此理真如，行住坐卧皆三昧①

歌辞分五更分述：一更写静坐观心，二更静坐息心，三更入禅，息妄归真，四更、五更写禅悟，直到最后达到“行住坐卧皆三昧”的最高境界。歌词中强调“一物不念始合道”“涅槃生死皆是幻”，当是指禅者内心体证到的一种不可言说、不着于任何名相的觉悟境界。②

敦煌歌辞有多组佛曲，是歌颂南宗的，如《五更转》(南宗定邪正)③、《五更转》(顿见境)、《菏泽和尚五更转》等全篇宣扬南宗顿悟即能了识佛性，达到涅槃境界。《五更转》(顿见境)又反对北宗作意凝心、端坐坐禅。《五更转》(南宗赞)也称赞南宗的顿悟，但其中的“坐禅执定苦能甜”“今生作意断悭贪”④，接近北宗的修行方式。

净土宗提出快速成佛法，念佛即可成佛，以念佛为内因，以弥陀的愿力为外缘，内外相应，往生极乐净土。缘于此，唐代禅宗曾一度否定净土宗的他力信仰。如《易易九首》：

解悟成佛易易歌，不行寸步出娑婆。观身自见心中佛，明知极乐没弥陀。

解悟成佛易易歌，是心是佛没弥陀。是心作佛无别佛，明知极乐是娑婆。⑤

“观身自见心中佛”“是心是佛没弥陀”倡导向自心求佛，不向外求，正是禅宗的教门。与此同时，“明知极乐没弥陀”则指出了净土的虚妄。此外，“不劳持诵外求他”，反对持诵念佛，“何须净土觅弥陀”，更是彻底否定了净土弥陀。净土宗最怕禅宗，因为禅宗主张自内求佛，不假外佛，反

① 任半塘：《敦煌歌词总编》，上海古籍出版社 1987 年版，第 1412—1413 页。

② 王志鹏：《从敦煌歌辞看唐代敦煌地区禅宗的流传与发展》，《敦煌研究》2005 年第 6 期。

③ 任半塘：《敦煌歌词总编》，上海古籍出版社 1987 年版。

④ 同上书，第 1429 页。

⑤ 同上书，第 1230 页。

对建造塔庙等所谓功德，以为但令心净，此间即是，何处别有西方净土。

从敦煌歌辞中还可看出，崇拜净土等他力信仰与禅宗提倡自我观心之间既有冲突，亦有调和。“四更阑，五更延，菩提种子坐红莲。烦恼泥中常不染，恒将净土共金颜。佛在世，八十年。般若意，不在言。夜夜朝朝恒念经，当初求觅一言诠”等句，即提倡念经功德和净土宗念佛信仰。再如《求因果》（修善）之“自从发意礼南宗，终日用心功。一法安心万法同，无不尽消溶”，又如《求因果》（息诤）之“识字少年抄取读，长智多风俗。总是南宗内教言，袁（原）自善根源”等，俱推崇南宗顿悟之效，但又认为坐禅、修心、作意以及念经，可以“翻恶为善”，解除地狱三途因。

余　论

如上所述，敦煌歌辞本质是为了推广和普及佛教，因此宣扬佛教基本教义，谈空说道、开示修行方法和度脱教化是其最重要的内容。三世两重因果、四大皆空、人生苦幻无常、修五戒十善、自作自当受、涅槃寂静等佛家之因果报应思想，被反复渲染，具有浓厚的佛教教化色彩。但佛教中国化的重要特征，在于援儒入佛，故借用儒家孝道观念，宣扬孝道也是佛教说教中的一个重要方面。这是佛教为了自身生存和发展的需要，努力在中土文化和外来文化之间寻找契合之处，迎合中国的报应观和伦理道德观，对原始佛教的因果思想作了重新的解释和丰富。其结果一是使佛教教义中融入了不少儒家思想，出现了佛教的中国化和儒学化，体现了更强烈的民族性格；二是轮回报应、地狱惩罚以及往生净土的观念深入人心，影响了民众的精神生活，为佛教在中国民间的广泛流行奠定了基础；三是尽管敦煌歌辞中有对佛教根本教义——发菩提心而达到觉悟的精神境界的坚持，但更多的方面是迎合中国下层民众的心理而方便说法，在某种程度是对原始佛教教义的庸俗化。

《阅微草堂笔记》佛教因果观探究

常红星

【提要】 在《阅微草堂笔记》中，纪昀通过中国传统鬼神信仰中的冥府体系，力证佛教轮回业报真实不虚，最终将人死后的灵魂和佛教轮回转世说结合起来。借助佛教轮回观念，将人的今生、来世和后世都纳入其因果法则之下。佛教轮回因果的本质乃是自作自受背后所体现出来的意志自由，也正是以意志自由为前提，人才能够真正具有践履儒家伦理道德的能力。纪昀通过肯定佛教“自作自受”因果理念背后的个人自由意志，进而肯定了人能够凭借自己的自由意志来选择道德实践，并且有能力克服道德实践过程中的种种困难，最终完全践履道德，获得幸福。如此也就彻底解决了崇尚“德福一致”的儒家伦理之诉求。

【关键词】《阅微草堂笔记》　佛教因果　六道轮回　意志自由　德福一致

【作者简介】 常红星，南京大学哲学系博士生。hongdiz@ 163. com

佛教因果中的果报分为两大类，一为“等流果”，即今生造业今生受报（现报）；一为“异熟果”，即今生造业，来世或者后世受报（生报和后报）。异熟果的实现发生在造业者死亡之后，这就间接承认了人死以后灵魂不灭的思想。对于不灭灵魂的归属问题，佛教借鉴了古印度婆罗门教中的“轮回”观念，同时加以改造。佛教认为众生的生命形式时刻流转于六道之中，如同车轮之转动，无穷无尽。在此六道轮回中，由于众生永远不会消失，故而其所造之业因在理论上终有实现其业报的一天。可见，佛教因果不仅间接承认了“灵魂不灭”观念，并且其轮回思想亦对这种观念提供了有力论证。佛教借助于轮回而生成的生报和后报为因果的实现提供了系统而又强大的理论支撑。一方面，它有利于解释现实生活中坏人得福、好人遭殃的现象。按照佛教因果观念，坏人得福是在享用前世的善果；好人遭殃是因为承受前世的恶业。另一方面，由于佛教因果可以将果报的实现推到来世或者后世，这就大大增强了人们的敬畏心。一个人只要造下善恶业，即使今生不得报，报应也会在以后的轮回中必然实现。所以，为了在死后得到善报和免于恶报，世人就应该在这一世勉力为善不作恶。佛教系统的因果业报观念在伦理道德的实践上具有得天独厚的优势，正是认识到这一优势所在，纪昀才会在《阅微草堂笔记》中大讲佛教因果故事。

一 借轮回而行因果赏罚

（一）“轮回”之有无

纪昀通过轮回因果来宣传儒家的道德伦理，这种方法大大增强了世人对于道德实践的敬畏心理，故而具有很大的道德功用。但是如果世间并不存在轮回，那么纪昀所讲的轮回业报故事显然就成了无根之木。所以要想使佛教轮回业报为己所用，纪昀首先需要论证轮回的有无问题。失去了轮回存在的基础，讲再多业报故事都是没有意义的。关于这一问题，纪昀在《阅微草堂笔记》中作了专门讨论：

> 谓鬼无轮回，则自古及今，鬼日日增，将大地不能容；谓鬼有轮回，则此死彼生，旋即易形而去；又当世间无一鬼，贩夫田妇，往往转生，似无不轮回者。荒阡废冢，往往见鬼，又似有不轮回者。①

对于是否有轮回这个问题，纪昀面临着两难的窘境，如果没有轮回，则纪昀所谈的轮回业报整体上将是空中楼阁；如果有轮回的话，那么在轮回中，鬼魂“此死彼生，旋即易形而去”，无法解决生活中“遇鬼”的问题。为了解决这个两难问题，纪昀首先对人死后的鬼魂进行了分类：

---

① （清）纪昀：《阅微草堂笔记》上册，上海古籍出版社1980年版，第87页。

> 表兄安天石，尝卧疾，魂至冥府，以此问司籍之吏。吏曰："有轮回，有不轮回。轮回者三途：有福受报，有罪受报，有恩有怨者受报；不轮回者亦三途：圣贤仙佛不入轮回，无间地狱不得轮回，无罪无福之人，听其游行于虚墓，余气未尽则存，余气渐消则灭。如露珠水泡，倏有倏无；如闲花野草，自荣自落。如是者无可轮回。"①

按照鬼魂生前是否造了业因这个标准，纪昀将鬼魂分成了两类。一类生前造业，死后业因随身，必须通过轮回实现因果业报。另一类首先是圣贤仙佛，他们已然超越了业障，达到了佛教所说的"涅槃"境界，自然不需要轮回；其次是罪大恶极被打入了地狱道，几乎永远失去了再次轮回的机会；其三是"无罪无福之人"等，不造因自然不用承担果，所以也不需要轮回。纪昀这种"有轮回，有不轮回"的说法非常聪明。世间是没有几个人敢说自己已经达到了"圣贤仙佛"的境界，也没有几个人敢说自己终其一生都能够做到"无罪无福"，也更没有人愿意承认自己已经罪大恶极到可以直接被打入"地狱"之中去，永世不得翻身。所以，对于绝大多数人而言，他们都是属于那种"有福受报，有罪受报，有恩有怨者受报"的人。所以，轮回观念对于这绝大多数人来说都是存在的。既然轮回对他们是存在的，那么纪昀所宣扬的轮回业报自然也就是有意义的。

（二）冥府：中国传统鬼神信仰与轮回的联结

由于参与佛教轮回果报的都是有情众生，特别是人死后的灵魂，而灵魂又是中国传统鬼神信仰的主体，所以纪昀在其作品中将中国鬼神信仰和佛教轮回作了有机结合。为了解决鬼神信仰和佛教轮回相联结的问题，纪昀巧妙借鉴了中国鬼神信仰中的冥府体系。在鬼神信仰中，冥府是众鬼神的最高管理机构，它不但干预着世间的因果报应，而且还负责对进入冥府后的灵魂进行更深一步的赏罚。赏罚即为果报。在《阅微草堂笔记》中，冥府作出的赏罚大都和轮回有关。如某无赖吕四死后，其魂显现于其妻梦中，言：

① （清）纪昀：《阅微草堂笔记》上册，上海古籍出版社 1980 年版，第 87 页。

> 我业重，当永堕泥犁。缘生前事母尚尽孝，冥官检籍，得受蛇身，今往生矣。①

“凶横无所不为”② 的吕四死后到达冥府，冥官要对其进行进一步的惩罚。按照吕四生前所造的累累恶业，冥官本来应该将他发配到六道中最可怕的“泥犁”道中。所谓“泥犁”即为“地狱”，可谓佛教因果中最严厉的惩罚。然而冥府赏罚乃是一丝不苟的，当发现吕四“生前事母尚尽孝”后，冥官决定减免对吕四灵魂的惩罚，使之“得受蛇身”，也就是从地狱道提升到畜生道，待其恶业消解之后还有机会投生到人道。另：

> 北村郑苏仙，一日梦至冥府，见阎罗王方录囚。有邻村一媪至殿前，王改容拱手，赐以杯茗，命冥吏速送生善处。郑私叩冥吏曰：“此农家老妇，有何功德?”冥吏曰：“是媪一生无利己损人心。夫利己之心，虽贤士大夫或不免。然利己者必损人，种种机械因是而生，种种冤愆因是而造；甚至贻臭万年，流毒四海，皆此一念为害也。此一村妇而能自制其私心，读书讲学之儒，对之多愧色矣。何怪王之加礼乎！”③

冥王认为人间之所以会出现种种丑恶现象，皆是源自人内心深处的“利己之心”。如果人没有这么多贪欲，世间自然也就没有了种种丑恶。正是因此，冥王认为“一生无利己损人心”的老妇人乃是造了极大的善业，就连儒家士大夫都很少能够做到。正是因为老妇人的“善业”，冥王才会对其拱手行礼，礼遇有加。不仅如此，冥王还让冥吏将老妇人“速送生善处”。佛教六道中的“地狱道”“饿鬼道”“畜生道”三道被称为“三恶道”，主要体现佛教因果中恶报的一面。与三恶道相对的则是“天道”“人道”“阿修罗”三善道，此三道体现的是佛教因果善报的一面。冥王将老妇人灵魂送生的善处至少是三善道中的人道，而且为了让老妇人

---

① （清）纪昀：《阅微草堂笔记》上册，上海古籍出版社1980年版，第3页。

② 同上。

③ 同上。

在来世享受到善报，其所轮回转世的家庭也必然是在各方面都具备非常好的生活条件。又：

> （引者按，一鬼被另一鬼所殴打，土地神出面调解）曰："渠今已堕饿鬼道，君何必相凌？且负债必还，又何必太遽？"其一人弥怒曰："既已饿鬼，何从还债？"老叟曰："业有满时，则债有还日。冥司定律，凡称贷子母之钱，来生有禄则偿，无禄则免，为其限于力也。若胁取诱取之财，虽历万劫，亦须填补。其或无禄可抵，则为六畜以偿；或一世不足抵，则分数世以偿。今夕董公所食之豚，非其于仆某之十一世身耶？"其一人怒似略平，乃释手各散。老叟意其土神也。①

此故事中，被殴打的鬼显然已经被冥府判入了六道中的"饿鬼道"中。更有意思的是，作为冲突的调解者，中国传统信仰中的土地神对二鬼的调解词全是佛教轮回果报的理论，并且认为六道轮回早已成了"冥司定律"。

由上述故事可知，纪昀通过中国传统鬼神信仰中的冥府体系，进而将人死后的灵魂和佛教轮回转世说结合起来。冥府赏罚所持的善恶标准虽然是儒家的伦理道德，但同时冥府赏罚，要么将人之灵魂发配到地狱道、饿鬼道、畜生道中去承受处罚，要么将人送生到善处。可见冥府因果赏罚所依据的显然已经完全是佛教的轮回转世观念了。

（三）轮回故事中的业报因果

佛教之轮回理论本为宣传其因果业报思想而设，纪昀则是以佛教轮回为工具，宣传儒家伦理道德。在《阅微草堂笔记》中通过佛教轮回实现的因果联系，大致可分为三类。

其一，通过轮回自己受报。如：

> （僧）初世为屠人，年三十余死，魂为数人执缚去。冥官责以杀

① （清）纪昀：《阅微草堂笔记》上册，上海古籍出版社 1980 年版，第 111—112 页。

业至重，押赴转轮受恶报。觉恍惚迷离，如醉如梦，惟恼热不可忍。忽似清凉，则已在豕栏矣。……（引者按，中间部分写僧人前世为猪，从生长到被屠杀的一生）良久稍醒，自视已为人形矣。冥官以夙生尚有善业，仍许为人，是为今身。①

此故事中，僧人初世为屠夫，杀业至重，故而死后被冥府通过轮回转世成为猪身，吃猪狗食，惶恐一生，最后被屠杀。僧人所遭遇的种种苦难，是为通过轮回实现的恶报。猪被杀死以后，由于其“夙生尚有善业”，故而又可以转世为人，此为通过轮回实现的善报。另外《阅微草堂笔记》中还有很多类似的故事，这些故事的一个共同点是，鬼魂是业报的承受者，即报应的主体。它们生前所作的善恶业需要通过轮回在来世承受其果报，善有善报恶有恶报，丝毫不爽。轮回果报的形式局限于轮回本身，或者说轮回即是果报，恶报之惩罚体现为将其轮回到畜生道中，而善报之奖赏则是被轮回到人道中，或者是被轮回到人道中生活比较富足的家庭中去。

其二，通过轮回报应他人。如：

景城西偏，有数荒冢，将平矣。小时过之，老仆施祥指曰：“是即周某子孙，以一善延三世者也。”盖前明崇祯末，河南、山东大旱蝗，草根木皮皆尽，乃以人为粮，官吏弗能禁。妇女幼孩，反接鬻于市，谓之菜人。屠者买去，如刲羊豕。周氏之祖，自东昌商贩归，至肆午餐。屠者曰：“肉尽，请少待。”俄见曳二女子入厨下，呼曰：“客待久，可先取一蹄来。”急出止之，闻长号一声，则一女已生断右臂，宛转地上。一女战栗无人色。见周，并哀呼：一求速死，一求救。周恻然心动，并出资赎之。一无生理，急刺其心死。一携归，因无子，纳为妾。竟生一男，右臂有红丝，自腋下绕肩胛，宛然断臂女也。后传三世乃绝。皆言周本无子，此三世乃一善所延云。②

---

① （清）纪昀：《阅微草堂笔记》下册，上海古籍出版社 1980 年版，第 515—516 页。

② （清）纪昀：《阅微草堂笔记》上册，上海古籍出版社 1980 年版，第 28 页。

此故事中，周某的善业有二：一是将已“无生理”的女子杀死，使其免于痛楚；二是将另一个女子救出，使其免于屠刀之下。周某的行为首先充分体现了孟子所说的“恻隐之心”，是儒家“仁爱思想”的充分表达；其次，佛教也有不杀生的戒律和爱护生命的要求。可见于儒于佛，周某的行为都是大大的善行善业，此为原因。儒家非常注重对祖先的祭祀，认为通过祭祀，祖先的灵魂可以享用到子孙所提供的贡品，进而使祖先的灵魂得到满足，祖先的满足也就证明了子孙的孝心。就连否定传统鬼神存在的宋儒，在祭祀这方面也不得不作出妥协。认为人死之后余气终会散尽，但是在散而未尽的过程中，由于祖先的气和子孙的气是同类，有感通之理，所以仍然能够享用到子孙的祭祀。如果一个人没有子女传世，也就意味着不但自己老无所养，而且还会连累祖先得不到供养，所以孟子会说“不孝有三，无后为大”（《孟子·离娄上》），认为断子绝孙乃是对祖先的大不孝。同时，古代社会乃是宗族社会，家庭中子孙后代繁盛不但意味着在精神层面可以取悦祖先，在现实生活中更是意味着力量的强大，可以在社会竞争中占据有利的位置。故事中的周某命中“本无子”，这三个字也就意味着周某不但在精神层面上是不孝子，在现实生活中亦处于弱势。周某救人之后，这种尴尬的局面随即得到改变。被拯救出的女子为周某生出了儿子，且“延三世”。周某也就彻底摆脱了不孝的罪名，并且在社会中也能够扬眉，此为结果。此果报共有三方面构成，首先，周某的善举，此为主要原因；其次，周某将救出的女人纳为妾，为生子提供了必要条件；最后，“断臂女”通过轮回转世成为周某的儿子，以报其慈悲恩情。“断臂女”的轮回转世的一个特点是，她之所以转世成人并不是靠其本人生前的业因，而是单纯为了报答周某的善行。另：

> 世称殇子为债鬼，是固有之。卢南石言：朱元亭一子病瘵，绵□□时，呻吟自语曰：“是尚欠我十九金。”俄医者投以人参，煎成未饮而逝，其价恰得十九金。①

① （清）纪昀：《阅微草堂笔记》上册，上海古籍出版社 1980 年版，第 83 页。

所谓“殇子”指的是“未成年而死者，短命的人”①。前面已经说过，古代生养子女的目的一个是给祖先续传香火，另一个是养儿防老。殇子在生前耗费了父母大量的心血和金钱，还没有等到其回报父母和家庭就死去了，这意味着父母先前的投资血本无归。既然将殇子理解为讨债鬼，也就承认了一个前提，即父母前生或者今生曾欠了某人的金钱债，未及还钱债主就已经死去，但是之前的债务并没有因为债主的死亡而消失。为了了却债务关系，债主死后的鬼魂会通过轮回转世成为负债者的子女，而负债者成为债主父母，抚养之以还债。等到债务结束，此子女便会离开父母，也就是英年早逝。同上一个故事一样，债主轮回到父母家中成为殇子，过早经历着生病和死亡的种种痛苦，其目的并不是为了自己，而是为了报应其前生时欠债不还的人。轮回成了了却他人因果的有力工具。

其三，自己受报和报应他人相结合。如：

> 初，里人某货郎，逋先祖多金不偿，且出负心语。先祖性豁达，一笑而已。一日午睡起，谓姚安公曰：“某货郎死已久，顷忽梦之，何也?”俄圉人报马生一青骡，咸曰：“某货郎偿夙逋也。”先祖曰：“负我偿者多矣，何独某货郎来偿?某货郎负人亦多矣，何独来偿我?事有偶合，勿神其说，使人子孙蒙耻也。”然圉人每戏呼某货郎，转昂首作怒状。平生好弹三弦，唱边关调。或对之作此曲，辄耸耳以听云。②

故事中，某货郎曾借了纪昀先祖的钱，二人存在债务关系。某货郎不仅终其一生都没有还钱给纪昀先祖，而且还对纪昀先祖“出负心语”。可见在纪昀看来，某货郎并不是因为家贫缘故还不起债，而是故意不还钱。没有能力还债倒还情有可原，而故意赖账则明显违背金钱交往中的信义。某货郎的忘恩负义之举乃是此因果故事的原因。某货郎死后，纪昀先祖家里降生了一头骡子。骡子降生前纪昀先祖“顷忽梦”到某货郎，对骡子“戏呼某货郎”则“怒状”，骡子和某货郎喜欢相同的音乐等三处描写意

① 汉典：“殇子”条目，见：http：//www. zdic. net/cd/ci/9/ZdicE6ZdicAEZdic87287378. htm。

② （清）纪昀：《阅微草堂笔记》上册，上海古籍出版社 1980 年版，第 157 页。

在说明骡子就是某货郎的轮回转世。骡子属畜生道，且是马和驴杂交产生的后代，其天生没有性能力，更不可能有后代，这其中很明显有着断子绝孙的揶揄。此因果报应包含着两方面的内容，某货郎死后变成了骡子，体现的是佛教轮回因果。骡子本是“杂种”，且断子绝孙。中国儒家文化历来重视女性贞洁，这其中就有保持血统纯净的目的。另外，重视子孙繁荣兴盛的习俗更是将断子绝孙视为奇耻大辱。可见，骡子背后的隐语只有通过儒家文化才能够知晓其恶报的严重性。堕为畜生道作为对某货郎本身恶业的惩罚的同时，因为这头骡子乃是生在纪昀先祖家中，也就意味着其先祖得到了一笔财产，足以“某货郎偿夙逋”。此因果故事中的果报不仅惩罚了某货郎自己的忘恩负义，而且还偿还了纪昀先祖的债务，实现了自己受报和报应他人的结合。

二　佛教轮回因果的本质分析

之所以会发生佛教所讲的轮回业报，表面的原因是因为其人造业，故而得报。那么佛教所讲的“业”之背后又是什么？纪昀在下面的故事中给出了的答案：

> 河间冯树柟，粗通笔札，落拓京师十余年，每遇机缘，辄无成就。干祈于人，率口惠而实不至。穷愁抑郁，因祈梦于吕仙祠，夜梦一人语之曰：尔无恨人情薄，此因缘尔所自造也。尔过去生中，喜以虚词博长者名，遇有善事，心知必不能举也，必再三怂恿，使人感尔之赞成；遇有恶人，心知必不可贷也，必再三申雪，使人感尔之拯救。虽于人无所损益，然恩皆归尔，怨必归人，机巧已为太甚。且尔所赞成、拯救，皆尔身在局外，他人任其利害者也。其事稍稍涉于尔，则退避惟恐不速，坐视人之焚溺，虽一举手之力，亦惮烦不为。此心尚可问乎？由是思维，人于尔貌合而情疏，外关切而心漠视，宜乎不宜？鬼神之责人，一二行事之失，犹可以善抵，至罪在心术，则为阴律所不容。今生已矣，勉修未来可也，后果寒饿以终。①

① （清）纪昀：《阅微草堂笔记》上册，上海古籍出版社 1980 年版，第 41—42 页。

冯树枏虽有笔札之才，但却一生落拓，无所成就。其“祈梦于吕仙祠”，抱怨别人对他“口惠而实不至”。在他看来，其一生并未做过坏事，奈何周围的人对他如此情薄？后来冯树枏夜梦一人给他讲出了其中缘由，即“此因缘尔所自造也”。在佛教因果观念中，“父作不善，子不代受，子作不善，父不代受，善自获福，恶自受殃”①。也就是佛教秉承的是自作自受的因果法则，其和中国儒道前人造因，后人受果的“承负”因果有着很大区别。“自造”二字点明，冯应该向自己找原因，而非一味地去怨天尤人。

冯树枏一味抱怨别人对他情薄，却没有认识到自己应该对此负责。之所以如此，就在于冯树枏将自己的言行局限在了此生之中，故而认为自己并未作恶，不该受到别人如此对待。而佛教因果观念认为：“欲知前世因，则今生所受者是，欲知后世果，则今生所为者是。”② 一个人今生今世的生活其实只是承受前世造因的结果而已。冯树枏之所以一生落拓，并不是因为周围的人对他情薄，而是因为冯前世作了恶业，故而今生要承担恶果。据故事交代，冯前世所造恶业主要有二：其一，“以虚词博长者名”；其二，对任何有损自己利益的事情，“惮烦不为”。此恶业直接导致了冯在今生遭遇了他人对自己“口惠而实不至”，“貌合而情疏，外关切而心漠视”乃至最终“寒饿以终”的结果。那么是什么导致了这两种恶业呢？

对于“业”之来源，佛教将之归于“行”，意为身语意之造作。人在身语意三方面的具体行为，直接导致了善恶业的造作。故事中导致冯恶业的行为主要体现在其“遇有善事，心知必不能举也，必再三怂恿，使人感尔之赞成；遇有恶人，心知必不可贷也，必再三申雪，使人感尔之拯救”，“坐视人之焚溺，虽一举手之力，亦惮烦不为”。冯前世的诸般行为最终导致了其恶业缠身。

然而纪昀却并不停留于冯前世的行为导致了其恶业。纪昀评价冯“机巧（心）已为太甚”，“此心尚可问乎”等，可见他认为导致冯前世

① （东晋）译者不详：《般泥洹经》卷上，《大正藏》第1册，第181页上。

② 《三教平心论》卷上，《大正藏》第52册，第785页中。

之行为的原因是其“罪在心术”，所以才“为阴律所不容”。我们一般所说的“心”这一概念主要有三个方面：其一，人之生理器官；其二，指为人的道德品行，即良心；其三，谓之具有可以思考的功能。纪昀所说的冯前世之罪在心术，其一方面就是批判此人是一个道德、良心败坏的人；另一方面则是进一步指出，乃是冯前世之内心有所思，进而导致了其有所行。在佛教看来，人心之思“能令心有造作，即是意业”[①]。冯前世的“意业”主要在于其“喜”得长者名，“恐”事害于己。一“喜”一“恐”代表了他内心的取舍，进而以此成为其行事之标准，做下了种种导致恶业的行为。

如果再进一步思考，既然人心之思又名意业，那么意业本身也是可以继续细化的。所谓意业，“即意所起之业也”[②]。可见意业产生的背后还有一个“意”的存在。“意”在佛经中被解释为：思量事物曰意。可知，意是人们都具有的可以思虑量度事物的一种能力。人一旦动用这种能力去“思量”事物，就会产生“贪欲、瞋恚、邪见”等恶业，或者产生“不贪欲、不瞋恚、不邪见”等善业。分析到此处则佛教因果观就非常明了了。由于人具有对事物作“思量”的能力，人之思量就会产生善恶不等的意业，在意业的影响下，人就会做出善恶不等的“行”，而在“行”的影响下，人就会做出善恶不等的“身业”和“语业”，每个人在造业之后就要自己承受由业所引起的果报，这种果报有可能是在“现世”实现，也可能通过轮回在“来世”或者“后世”实现。相对于神意说或者宿命说中人必然为善或者为恶的理论，佛教认为作为导致因果最根本原因的“意”，其并不受到任何外在力量的制约，而是一个完全自由的存在，不然人就不可能会做出善恶不等的业报。对于佛教来说，一个人之所以成为好人或者坏人，得到善报或者恶报，其最根本原因是在于个人意志的自由选择。故事中的冯之所以得到“寒饿而终”的下场，这也是其自由选择的结果。

---

① （唐）玄奘译：《入阿毗达磨论》卷上，《大正藏》第 28 册，第 982 页中。

② （明）一如：《大明三藏法数》卷七，《永乐北藏》第 181 册，第 649 页中。

三 结 论

何怀宏先生曾言："无论在中国还是在西方的传统社会里，占优势的是一种目的论、价值论的伦理学类型，这种伦理学类型常常把善论（目的论、价值论、幸福论）与德论（功夫论、修养论、义务论、人格理论）结合起来，其中善论主要是讲人要达到的目标，德论主要是讲人要达到这一目标的途径、手段，或者这一目标在人的活动、性格中的体现，故而后者一般要以前者为依据。"① 纪昀著《阅微草堂笔记》，大讲"善有善报、恶有恶报"的因果业报故事，其目的也是让人相信通过践履儒家道德（因）从而能够实现个人的幸福或价值（果）。但是为了解决因果联系的必然性，即人的"德性"和"幸福"之间一致性这个问题，他必须要解决一个问题——人当真有能力去完全地践履道德吗？如果人本身不具备践履道德的能力，那么即使道德和幸福之间存在着必然的联系，其对于人来说也是没有任何意义的。所以，纪昀必须要论证出一个肯定性的答案。纪昀最终通过佛教因果找到了论证途径。佛教因果认为人是具有完全的自由意志的，这种意志自由主要体现为选择的自由。既然人完全具有选择的自由，那么人就有能力在"任何条件下都能正确地运用自己的意志，做出自由的选择"。② 从伦理学上来讲，人具有选择和认可某一种道德模式的自由，并且人在践履这种道德模式的时候，也可以凭借自己的自由意志来克服道德实践过程中的种种诱惑和困难，最终完全地践履道德。纪昀通过肯定佛教"自作自受"因果理念背后的个人自由意志，进而肯定了人能够凭借自己的自由意志来选择道德实践，并且有能力克服道德实践过程中的种种困难，最终完全践履道德获得幸福。如此，纪昀就解决了人之道德实践能力问题，为其崇尚"德福一致"的儒家伦理论证补上了关键一环。

① 何怀宏：《伦理学是什么》，北京大学出版社2002年版，第164—165页。

② 陈伟、沈新艺：《康德道德形而上学的逻辑结构》，《求索》2009年第9期。

民间佛教的因果思想

——从山东民间手抄本《沤和颁赦科》谈起

释观清

【提要】 中国的山村里巷，仍保留了大量的民间宗教《宝卷》《文书》类的文献，近世也开始被关注到。除了准宗教类的大篇幅《宝卷》之外，还有巨量的小篇幅因果文书散佚民间，其中佛道教背景掺杂，民间色彩浓厚。本文通过对新收集到的一份文献——《沤和颁赦科》的释读，略略分析一下这类流行于民间的“大众佛教”因果文献的思维模式。

【关键词】 民间佛教　因果　道教　戏曲

【作者简介】 释观清，上海慈慧文化研究所所长，江西省鄱阳县莲花山白云寺住持。492176453@ qq. com

本文要谈的《沤和颁赦科》①，是一本民间宗教，或者更精确地说，是一本民间佛教的因果文献。笔者新近得到的一个民国二十五年（1936）的手抄本，是一个做社会学研究的朋友从山东帮我收罗的。

初见《沤和颁赦科》这个题目我就很兴奋，“沤和”“颁赦科”，这是一对非常有趣的组合，引起了笔者解读、研究的兴趣。借此机会，把自己的一点点研读心得给大家做一个汇报。

一　释　名

文献名“沤和颁赦科”，对一般人来说，这个名字颇为奇兀，所以有

① 全文见附录。

必要对“沤和颁赦科”这个题目本身先作一下释读，大家也可以先通过“释名”对这份文献有一个大体的认识。

沤和

首先，谈一下“沤和”。“沤和”是一个纯佛教来源的旧译佛教名词，还原为梵文为upāya，巴利文亦为upāya，“沤和”或“伛和”“沤惒”乃属于音译[①]，唐以后新译经典当中基本不见这个译法，意译即为方便、善巧之意。如《大智度论》卷八十：“但见诸法不过如相，以般若波罗蜜、沤和拘舍罗[②]力故，不堕声闻辟支佛地。”[③] 吉藏《法华义疏》卷三云：“外国称‘伛和拘舍罗’，‘伛和’称为方便，‘拘舍罗’名为胜智，谓方便胜智也。”该文献题名用“沤和”，非常有意思地想表明其佛教身份，并且或明或暗地表示——这里的超度形式是一种“方便”。

颁赦科

与“沤和”明显的佛教背景相对的，“颁赦科”则可以明确其是一类“道教”文献的常用名称，它指的是一类道教超度仪式的法本，这似乎是一个通名。道教有《灵宝颁赦科》《告简颁赦科》《正一清醮颁赦科》《正一禳火颁赦科》《午朝颁赦科》《清微颁赦科》等文本，至今流传。

“颁”

颁，《小尔雅》：“颁，布也。”段玉裁《说文解字注》谓：“颁，读为‘班布’之‘班’。谓班、赐也。此假‘颁’为‘班’也。”颁，就是颁布、颁行。上皇下了诏书，要颁行；天尊赐下丹书，要颁行；乃至民间佛教认为佛祖下了佛命，也要颁布、颁行。《沤和颁赦科》里也说“颁布”“颁诰命”。

“赦”

赦，就是赦免、大赦。《说文解字·攴部》：“赦，置也。”段玉裁

---

① 沤、伛（yǔ）形同，“沤和”或为“伛和”之误写。

② 梵语upāya-kauśalya，巴利语upāya-kusala。

③ 《大智度论》北塔版下册，第1898页。此文，《摩诃般若》作“以般若波罗蜜沤惒拘舍罗力故，不堕声闻辟支佛地”。沤和，做“沤惒”。《摩诃般若》卷二十七“自念我未得沤和拘舍罗”，则写作“沤和”。

《说文解字注》："'赦'与'舍'音义同，非专谓赦罪也。后'舍'行而'赦'废。'赦'专为'赦罪'矣。"就是宽、免、赦、宥的意思。皇权可以赦免罪犯，天尊可以赦免罪过，民间佛教认为，佛也能赦免罪罚。《沤和颁赦科》里说"赦引""赦命""赦书""赦文"……

"科"1

如果说"颁赦科"是道教的一类法事的别名的话，那"科"在道教文献背景下就是一个通名。道教有很多"科仪"，亦即道教各类法事的仪式、规范。道教早期的这类文献多称"醮"①，即祭祀之礼，如"斋醮""祈雨九龙醮""正一传度醮""罗天大醮"等。而"科"，《说文解字·禾部》说："科，程也。"段玉裁《说文解字注》则说："科，程也。《广韵》曰：程也、条也、本也、品也。""程"，即程式、规范。

道教又管依照一定的法事规范做"道场"叫"依科阐事""依科演教"，那么，"科"又可以理解为是这一类程式的文本形式。如《玉皇朝科》《供斋科》《龙行科》《紫微阳赦玄科》《先天正一禳火告符秘科》《先天禳荧颁赦制火移度全科》之属。

"科"2

"科"，又提醒我们它是一种戏剧的表演程式。通读《沤和颁赦科》可以发现，它像是几个民间宗教背景下的"香花和尚"配合"善信事主"表演的一幕带伴奏的戏剧范本。中国戏曲特别是杂剧中，常用"科"这个词表示一种表演动作，又叫"科泛""科范""科介"。如做某表演就叫"做某科"，《窦娥冤》中，有"做行科""做勒卜儿科""做救卜儿科"，其余亦有"笑科""打科""见科""庙倒科"等。在民间目睹过香花和尚法事的便可知道，这类法事都带有很大的表演成分。

二　为什么把《沤和颁赦科》理解为民间佛教的文献

《沤和颁赦科》属于"民间宗教"自无疑，但其中既然有佛、道教两家的背景，我们为什么把它解读为"中国民间佛教"的文献呢？

中国民间宗教当中，佛、道教背景是大量夹杂的，比如《颁诏金科》

① 醮：音 jiào。

明显是道教文献，其中也出现“南无幽冥教主本尊地藏愿王菩萨”，“南无楞严会上八大金刚古佛菩萨”，“南无南海岸上灵感救苦救难观世音菩萨”这类明显具有佛教背景的字眼。但《颁诏金科》这类科文从全文来看，道教的背景更浓，无疑当判属（民间）道教文献。

《沤和颁赦科》也可以用同样的方式来理解。全篇的行文内容虽非正统佛教，但处处皆用佛教名词，“敕令”的假想颁行者是假想的“西乾（西天）”“释迦牟尼佛祖”；赍来者是假想的“灵山进奏官”（灵山，即“灵鹫山”，进奏官，就是往来传话的），表演者，是“班首和尚”；并且出现了一段《赞佛偈》：

一真法界，二利难思，
五声佛号，八句偈章。

巍巍妙相紫金身，外道天魔不敢侵；
三界独尊称十号，六通具足入双林。
慈风隐隐彰幽显，慧日明明耀古今，
天上人间咸敬仰，一轮皓月映波心。
皈依释迦牟尼佛，大慈悲皈依释迦牟尼佛。①

这里称余宗为“外道”，而自“皈依”的“释迦牟尼佛”则称“三界独尊”，这些都指出了《沤和颁赦科》和佛教的强相关性。而其余如道教、儒家的色彩在该文献中都寡淡得几乎可以忽略不计。

三 《沤和颁赦科》的内容

我们先来梳理一下《沤和颁赦科》的内容。

唱赞后，说明法事目的——欲超度亡者。

第一幕：请佛下“赦文”给“阴境主”超度（赦免）亡者。

① 见附录。

第二幕：西天“宣赦官”饮茶拜别官僚，骑马到地狱。地府迎接宣赦官，问来处，问来意。宣赦官谓自西天来宣赦文。验明亡者现在——未证果、未超度。宣赦，一律赦免亡者之罪（超度）。请宣赦官喝茶。

第三幕：地府升堂，奏有赦文到。行礼，拜接文书如仪。开赦书。赞佛。释囚。宣诫、宣赦、宣慰。颁赦，既往不咎。

旁白：提醒赦到奉行（放人），焚化赦文。宣赦官回。

唱赞，结仪。

可以看出，“香花和尚”“瑜伽僧”们演的这一出“超度程式”，完全是世俗官府文件往来办事模式的宗教翻版：由佛（“觉皇”）签发赦免文件，派官员（“灵山进奏官”）送到地狱。地狱（“地府”）官员（“阴境主”等）接文件，验明正身，劝诫后放犯人（欲超度的亡者）。这套模式很世俗，很易懂。比起缘起性空、四谛三性的教理，它更容易被大众所接受和理解，至少在思维、解读上完全没有障碍。

四 《沤和颁赦科》的“因果观”

既然和佛教有强相关性，那《沤和颁赦科》就脱离不了佛教的基本叙事模式——因果！果然，文中直接就有“因果”二字出现：

既有升沉之异，岂无因果之分？①

六道里，自下而上目为“升”，从上而堕视为“沉”，这是说：轮回有“升沉”之差异，是由各种“因果”的区别而来。文中并没有直接展开佛教关于业果报应的理论，但暗示了——因为善恶的业报，而有升堕之区分。亡者生前或有不善，故堕地府惩戒。而有佛皇慈悲赦免其罪——这通常是由亡者家人请“瑜伽僧”“做法事”而令其（亡者）得到超度（赦免）的机会。

① 见附录。

这里的因果概念是：

亡者堕地府——果；
生前有罪——因；
得赦超度——果；
佛发赦文——因。

除此之外，《沤和颁赦科》还暗设了另一套因果体系——佛教相关的因果观。

作为中国民间佛教的因果文书，《沤和颁赦科》预设了佛教的立场，其中有这样一段问答：

班首宣意旨至等情。
班首云：已发觉？加持答：未发觉！
班首云：已结证？加持答：未结证！
班首云：已超度？加持答：未超度！①

"发觉"，这应该指汉传佛教常见的"开悟"——"发"就是"开"，"觉"就是"悟"；"结证"，当指"证果"。这一段意思是：灵山进奏官问地府官员亡者是否已开悟或证果，或已被超度。地府官员皆答"否"——如此验明正身，方能赦免罪障。

这里，暗含了《沤和科分颂赦科》认同佛教"开悟""证果"和"超度"的相关教义——亡者若已经开悟、证果，则不堕地狱，不需赦罪；若已得超度，则亦脱离地狱（地府），不需赦免。亦即该文献认同，以开悟、证果为因，则得不堕地狱之果。

可以看到，《沤和颁赦科》借鉴了佛教的"因果业报""六道轮回"等理论，加入惩恶扬善的民间道德约束、大赦免罪的世俗法律和官场行政模式，拼凑出一个民间因果报应和行赦免罪的超度模式——这类粗犷的因果观最能被底层人民所接受的。而实际上，长久以来，中国民间对佛教因

① 见附录。

果思想的认知，大致就是这类变调的“因果思想”和“业报理论”，和真正的佛教因果业报理论差之甚远！

五　结　论

《沤和颁赦科》作为一份民间佛教的文献有一定的代表性。它大致给我们指出，中国的民间宗教、大众佛教是有其多文化来源、多因素背景的。中国的民间宗教和佛教、道教有其宗教认同上的背景关系，形式上，明以后的民间宗教借鉴戏曲程式来完成它的宗教仪式规范，并以世俗法律的惩恶扬善、逢赦不究的形式，建立起它的世俗化的因果报应和解脱超度模式。这种变调的“因果报应”的世俗解读，是在民间被长期传播并被大众接受的。

附录

沤和颁赦科

普济庙置

举香赞毕，然后白偈加持举。

日色西沉万籁安，凤凰啣赦下云端。
为怜六道迷沦苦，故布纶音度八寒。

行持沙门加持秉戢

佛遗教今为修斋 某某 超度当斋 亡者
并及附荐幽魂
敬请
调御师门下，金仙赦书一道，遍颁冥府，超度沉沦，仰惟阴境主者，地府曹僚，体大觉之慈心，广好生之仁爱，共遵佛敕，如法奉行，运动乐音，出坛敕赦。

敕马

加持云

清茗敬酌，骏马高乘，
赍赦回坛，欲当拱侯。

班首云

自愧才非古，欲见人才进，
既遵觉皇命，敢迷志诚心。

加持

此去前程路途多，遵奉佛命莫推却，
遇畅怀时须畅怀，得讴歌处且讴歌。

班首

蒙君送我天出涯，万里关山几徘徊，
执鞭上马腾云去，行等天边恩赦来。

鸣锡绕坛，首者唱偈，三首毕，然加持举。

远望红旗闪闪，近听锣鼓喧喧，
莫不我佛恩命，请君下马宽然。

班首

吾是灵山进奏官，掌持玉律在西乾，
我佛亲赐覃恩命，特驾祥云到此间。

加持

既是灵山进奏官，有劳仙长下三天，
吾今请问因何故，特驾祥云临我筵。

班首

释天门下赍赦而来，

赦文第一款因为何故。

班首宣意旨至等情
班首云已发觉加持答未发觉
班首云已结证加持答未结证
班首云已超度加持答未超度

班首云
罪无大小逢赦除之。

加持
两班锣鼓闹喧天，众官军马拥官前。
且奉一杯清茗酌，引入皇坛把敕宣。

班首
蒙君赐我赵州春，奠献天神共地神，
我佛恩命交与汝，亡者从此得超升。

加持云
有事官入坛进奏，无事官卷帘退班

上台对立
班首呼云

班首
觉皇敕命到来，人人勿得语笑喧哗。

持
执事者各执其事，玉楼前，侍鼓者发朝鼓三通。
发鼓三通吼如雷，灵山竺国持地辉，
卷起珠帘呼万岁，俯伏金阶面牟尼。

持

殿角下鸣金者，鸣金九扣。

加持

鸣金狮子吼，振动法王身。

翘勤三礼请，鞠躬见如来。

加持

丹墀下侍炮者，炮响三声。

觉皇诰命到，凤凰啣敕来。

善信虔诚请，俯伏拜金阶。

作乐者，起鼓作乐，善信出班行礼，礼毕乐止。

班首

掌朝官净鞭三索。

加持扶尺

净鞭一下响，缁流整朝衣，

尺

净鞭二下响，众等排班齐。

尺

净鞭三下响，加持开赦书。

一真法界，二利难思。

五声佛号，八句偈章。

巍巍妙像紫金身，外道天魔不敢侵。

三界独尊称十号，六通具足入双林。

慈风隐隐彰幽显，慧日明明耀古今。

天上人间咸敬仰，一轮皓月映波心。

皈依释迦牟尼佛　　　大慈悲皈依释迦牟尼佛

鸣金一阵加持抚尺云

生前积过不知非，死后方知悔是迟。
今日觉皇颁诰命，亡魂幽囚从此释羁縻。

加持抚尺一下云

夫阳间宥罪，圣人垂恻隐之心，
阴府赦愆，诸佛溥利生之愿，
多方诱化，随念应机，令众生入正觉之门，度含识达。
菩提之路，随赦头连状，敷宣，仰阴境主者谛听。

班首宣头连状毕加持称
解脱月菩萨摩诃萨三合毕

加持行道腔

伏以鹏搏霄汉，乃际会于风云，龙雨泥沙为淹留于岁月，既有升沉之异，岂无因果之分？由众生，日用而不知，迷真逐妄，故诸趣轮流而无息，换面改头，善力增强，宝座莲台成圣果。罪根深固，火车炉炭作前程，魂魄无依，形躯有碍，尚不仗大雄之方便，何由得滞魄以超升？今则法会胜缘，实为津梁有托，一称佛号，革秽土以成净邦，高举神幡，导幽魂而睹。慈像尚虑，迷途苦趣，孽识含情，有司所拘，无由出离。

皈投

大觉，具表而上达。高穹，详览情词，移文而遍行厚地，旷荡之思。已布局役之魂，当伸愿凭搜括之一缄，庶使幽魂而四达。

仰惟
阴境主者，土地真官，冥运灵通，克彰佛化。
觉皇赦命敷宣，威神彩听。

击鼓一阵，鸣锣三声

班首宣敕毕加持称

十号具足牟尼佛三合

加持扶尺云

天人之际，实一理而分殊；感应之机，相不急而自速。赦引敷宣，主者谛听。

宣赦引毕加持云

上来赦引宣读云周，装束整齐，合行颁布。

夫天无私覆，地无私载。德原本于好生，阳居大夏，阴居大冬。仁每存于不杀，是以广育群生之泽，推慈仁恻隐之心。凡有动植之微，悉属涵容之内。既往不咎，咸自维新。

仰惟

阴境主者，地府曹僚，赦命到时，急速颁布，勿令稽延，火速奉行，运动乐音，天阶焚化。

鸣大乐，出坛化赦同唱

南无三界师，四生慈父，人天教主

释迦牟尼佛

南无铁围山，幽冥界，三途教主

地藏王菩萨

加持云

我今颁佛敕，遍布十方中，

一切诸有情，愿承是解脱。

伏愿

赦随火灼，马逐云飞，

使者登程，回坛拜谢。

回坛加持韵偈回向

沤和颁赦科终

民国廿五年杏月上浣吉日抄录

正念与因果的关系

——从行为认知角度分析

朱天助

【提要】佛教重视当下正念对因果关系的改变。个人的观念和情绪会对单纯的现象界变化产生不同反应，并形成固定的思维模式。正念就是要清理这些负面情绪和错误观念，截断因果的链条。正念的意义还在于接纳自己的情绪，学会与自己“内在小孩“的沟通。正念的目的在于让心处于归零的状态，从而升起空行的智慧。

【关键词】正念　信念干扰　内在小孩　归零状态

【作者简介】朱天助，北京大学哲学系高等人文研究院博士后。wenxueyuan200320@ 163. com

佛教教义的基本内容：苦、集、灭、道，又称为四圣谛。四圣谛的根本原理则是缘起论（pratityasamutpada）。佛教的教义不离缘起论。“缘起”即诸法因缘而生，就是一切事物或现象的生起，都是相待的互存，互为条件。简而言之，因（hetu）就是关系；缘（paccaya）就是条件。缘起的定义即“若此有则彼有，若此生则彼生；若此无则彼无，若此灭则彼灭”。比如种子和芽的关系，因为过去先有种子，所以才能有今天的芽生；也因为有今天的芽生，过去的种子才能称为种子。这种互存关系，从佛教的角度上看，就是因果关系。

佛教认为因也是由因果关系形成的，因此没有绝对的因，也没有绝对的果。因为不存在第一因，宇宙就是重重无尽的缘起法界。因果关系的特征是：善因会得善果，恶因会得恶果。在佛教发展的不同时期，因果观有不同的表现形式。比如部派佛教提出的十二因缘：无名缘行，行缘识，识缘名色，名色缘六入，六入缘触，触缘受，受缘爱，爱缘取，取缘有，有缘生，生缘老死。各支彼此之间的关系就是因果的关系。《俱舍论》卷九提出四种十二缘起来解释这种异时和同时的因果关系。第一刹那缘起：一刹那间心中具足十二支。第二连缚缘起：十二支连续不断，形成前因后果之关系。第三分位缘起：三世两重因果之解释，即十二支表示有情生死流转之过程及其状态。第四连续缘起：十二支之连续缘起可远隔多世。

佛教虽论因果缘起，但更重视当下正念觉照的作用，因为过去的业加上现在的业才等于未来的业。简而言之，当下的正念可改变个人的命运。

一　识别信念干扰

我们错误把缘当成因。我们一直认为都是外境的不好，才使我的情绪如此。因为对方骂我，所以我才生气。我们想尽办法寻找最好的环境，拒绝讨厌的人和事。其实是自己的心在看不顺眼。比如有没有“你骂我”这回事，当然有，但是这是果，是包括过去世在内的各种因果产生的。更重要的还有自己内心生气的种子，遇到缘就起现行。如果在当下觉察自己的情绪波动，只是注意到情绪的起伏，不被牵着走，这时业报的枷锁就会中断片刻，轮回轮子遏然而止。当然，一不小心，又被情绪牵引，轮回又开始。我们认为某人好或坏，并不是这个人真的有好或坏的体性，而是每个人观念看法不同导致的。某人无所谓好坏，只是因缘让他说了某句话，让我感觉好，让你感觉坏。所以这件事、这个人并不是真的有好有坏。我们把现象当成只是现象，现象本身缘起性空，让我们产生痛苦或快乐觉受的是我们的观念、成见、意识形态。

美国心理学家艾里斯提出情绪 A—B—C 的认知理论。很多时候，我们愤怒是因为过去情绪的蕴藏，在特定的语境被突然激起。A 是事件本身；B 是过去情境的浮现；C 是情绪化的表达。我们往往是由 A 自动链接到 C，忽略 B，实则 B 恰是最重要的。因为 B 是自己固定的思维方式。比如在工作场所受冷遇。自己很容易产生自己“不被重视”，或“被打压”，甚至“故意找碴”的想法。可是当自己尝试和 B 保持一定的距离，试图观察 B 的时候，就会发现，这只是他们固定的行为和处事方式，不是有意针对你的，这样就会有 D，同时也会有 E 的出现。如图：

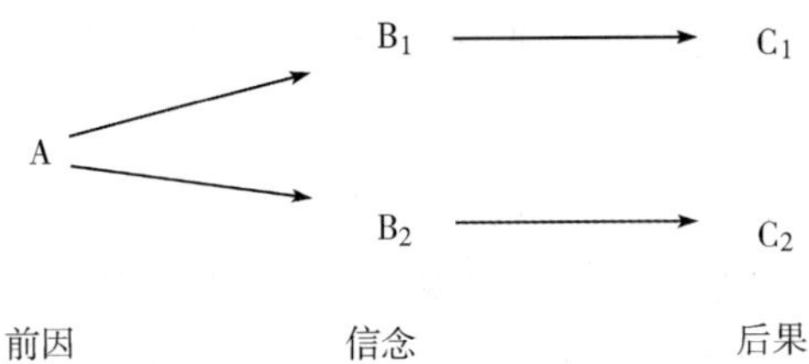

若以唯识学的转依方法为例，阿赖耶识为所依，转依就是不断以善法对待外境，善法的种子越来越多，而恶法的种子可绝缘，让其不起现行。比如违缘事件 A，要导致诱发恶果的 C，还离不开个人固有的信念和情绪，即 B。如果此时，能观察起心动念，虽然心念还存续恶业的种子，但能够觉察而不受其影响，这时，就会产生不同的 C，这就是正念改变原有因果关系的作用。

以升学考试失利为例，不同人反应迥异。秉持正念且坚信任何过失都有补救的可能的人，遇此情境，则会主动总结失败的经验，思考对策，寻求其他可行的道路。如果一个人此时万念俱灰，放弃正念的觉照，放任悲观情绪蔓延，则会引发最坏的恶缘 B 现行，产生最坏的结果 C。如若他又执 C 为真，再让恶种子 B^1 现行，又产生更坏的结果 C^1。可想而知，这样会恶性循环，祸不单行。《杂阿含经》中，佛陀告诫众生要避免受“第二支箭”的伤害。外界身体的受伤只是一次，但人们带着各种情绪去强化和回忆这种经历，则给自己“第二支箭”，甚至无数支箭。正念要阻止的是第二支箭的伤害。

艾里斯还深入分析产生的各种非理性的信念（IBS）主要包括：(1) 绝对的“必须”和“应该”；(2) 灾难化；(3) 我无法容忍这件事；(4) 责备自己和他人。比如：

> 人类评估逆境的信念通常是自动且是潜意识的，不过它们也经常存在于意识中。主要的潜意识状态是他们不知道信念会引发（或至少强力影响情绪）。通常他们误以为自己只是对于逆境感觉很糟而已——也就是 A“导致”C，事实上却是 A × B = C。不过由于 C 经常就在 A 之后紧紧跟随，他们无法看清 B 同样也会严重影响到 C。尤其当 A 的情况十分糟糕时——比如，被人误会为贼——他们立刻火冒三丈，通常他们会认为被人误会为贼这件事（A）是盛怒（C）的

导因，却不知道他们对于 A 的信念（B）也是盛怒的成因之一。[①]

“应观法界性，一切唯心造。”心又是如何造作万法呢？心乃通过“识”来呈现世界，即“万法唯识现”。此“唯”的意思不是唯一，而是离不开。识的呈现离不开种子，境界是种子所起的现行。“种子”包括人们非理性信念。艾里斯分析其渊源云：

> 即困扰中的 C 常常肇端于童年及青少年时期所遭遇的逆境（A），当时自然而生，作用力很强的非理性信念，影响力很大。由于最初的信念持续保留，以致当事人的困扰至今仍在。所以他们最好看清目前和过去的信念且加以修正，才能让现在的结果变得更好。[②]

非理性信念肇端于童年经历，故认知心理学非常关注个人心理成长的问题。以内心的情感投射为例，当个人处于童年时期，小孩子的世界只有自我，当他饿了，他就会哭。如果这时母亲给他食物，他就觉得她是个好妈妈。反之，如果母亲一时疏忽，小孩子的情绪立刻起伏，觉得她是坏妈妈。而他一旦认定对方是坏妈妈时，这种投射出去的情感又会反射回来，就像皮球反弹一样。他又会觉得这个世界很危险，立刻缺乏安全感，产生防御心理。这时期的情感投射，往往以照顾自己最亲密的人为投射对象。到了青少年这个重要时期，个人的自我意识开始觉醒。他开始思索自己要干什么，成为什么样的人，还渴望异性的爱慕和关注。这时候，他频繁和身边的同学互动，洞察对方的想法和需求。开始认识到自己的欲望不是一直都可以满足的，也依据自己的性格思考未来的职业。这个时候，个人学会换位的思考方式，但还不容易控制住个人的情绪。臻至成年，个人开始可以接纳身边亲人的缺点，容忍他们的疏忽处，个人情感不再胡乱投射。到了老年时，个人比较了解自己的性格，能更客观地看待世界，情绪趋于稳定。以上是一个人心理成长过程的梗概。问题就在于，如果一个人身体

① ［美］亚伯·艾里斯、凯瑟琳·麦克赖瑞：《理情行为治疗》，刘小箐译，四川大学出版社 2006 年版，第 31 页。

② 同上书，第 41 页。

发育成长了，但心理的成长却可能滞后，甚至可能停滞。比如一个人突遇变故，忽觉世界是危险的，误以为周遭人事是可怕的，沉溺于恐惧情绪中。或是一个人情感受挫，怀着嗔恨之心看待周围，会觉得周围人都厌恶他。而他带情绪的观察结果，又会反过来强化他固有的偏见。如此形成封闭式的恶性循环，此即“种子起现行，现行熏种子”。

正念处理的方法是：首先，了解一个人性格的成因。一个事件发生、个人对此的性格和情绪的反应，三者虽属不同因素，却极易形成因果的“链条”。又“链条”的牢固程度，与个人的性格养成的时间成正比。其次，就是要不断冲淡这种情绪反射。遇到逆境时，刚开始会震怒，但要尝试冷静思考，慢慢冲淡这种固有条件反射的“链条”。最后，逐渐走出旧的因果循环窠臼，直至该“链条”完全断裂，这时个人就学会了处理违缘的不同方式。

二　正念疗法

美国人本主义心理学提出“内在小孩”的治疗方法。这种观点认为我们每个人内心都深藏着一个“内在小孩”，他承载着个人过去的所有记忆。与此同时，我们又时刻在扮演着“父母亲”的角色，不断指责“内在小孩”没把事情处理好。“内在小孩”则冷漠以对，拒绝配合。个人不免时常感到焦虑和痛苦。

解决情绪痛苦的方法首先就是要接纳自己，特别是接纳现在的自己。然后每天冥想，与自己内心的“小孩”对话，拥抱他，爱抚他，安慰他和鼓励他。不要老是以指责的方式对待他。慢慢呵护，让内心的“内在小孩”逐渐长大。反之，如果自己苛责“内在小孩”，他就会越来越抗拒，最后自己就会迷失在各种情绪中。最佳的状态是个人的“父母”和“内在孩子”不断沟通，尝试相互理解，逐渐学会和谐共处。

“内在小孩”犹如我们的觉性，即正念。这种正念犹如初生的幼苗，时刻受“八风”（称、讥、毁、誉、利、衰、苦、乐）的摧折，所以要时刻不忘呵护。以毁誉为例，人们极易迷失在别人的评价中，也就是说人们做事很容易去迎合别人的期待，而忘记自我做事的目的和意义。

当一个人缺乏正念，为别人的评价所左右，情绪就容易受外境变化而起伏。比如当别人评价你自私无能，你若不接受这种评价，就会愤怒以对，进而反向投射自我情绪，认为对方在攻击自己。然而若以正念觉照，就会觉察对方的评价，也暗携其立场和观念于其间，只是他未察觉而已。当我们不喜欢某人时，不免将我们性格中相应的成见投射其中，即我们以自己的喜好为标准去审视他人。

宗门要求我们认清自己的本来面目，行住坐卧不离本具的心性。因此，修行以心为要，让心时刻安住在心性之中，这样才能免于心随境转。比如很多人会用外在标准来苛求自己成功，但这样会很辛苦，因为每一个人都有他的处事方式。何况过多关注他人的要求，就会忽略自己的感受。我们的“我执”习气经常让我们有意或无意地期盼他人的关注，但如果我们保持正念观察周围，就会发现每个人都在忙于自己的事情，我们都以为别人会关注自己，实际上根本不是。如果听一下别人的信息反馈，他们会告诉你，他们更关心的是与他们有利害关系的事情。实际上，更重要的是自己对自己的评价，以及自己能否接受这些评价，其中包括自己的缺点和不足。

正因为人们疲于追逐外在财富，而忽略内心的感受，各种情绪困扰才会不期而至。以焦虑和恐惧为例。事实上，当人们越厌恶和摒弃这两种情绪，就越给它们输入能量。心理学上有个有趣的实验，要求一个人五分钟不要想白熊，结果反而激发他不断想象白熊到底长得啥样，也就是妄想心会不断去描绘它。最好的方法是释放自己的情绪，而不是排斥这种情绪。可以让自己接纳和感受这些情绪，自己一旦意识到焦虑、恐惧，就让自己沉浸其中。再以正念去觉照自我恐惧的由来。恐惧在哪里？恐惧又像什么？如果像水滴，就去感受它。自己就会发现找不到恐惧和焦虑的由来，无所从来，无所从去，因为它们也是空性的，并没有自己臆想的那么可怕。

正念既可以让我们在因果关系中，畏因而善于抉择；也可让我们随顺因缘，观察因缘的变化来成就事业。但重要的是培养我们“无我”的空性智慧。物来不拒，物去不留，体会到一切法的不真实性，因缘和合也只是假名，心不再有所分别，从而任运自在而不离心性。

三　归零状态

当修行者定慧等持，越来越能够放下我执，就能在各种成见和评价中保持清醒。般若空性智慧就会观察到外界也是空性的。一种果的产生，是因缘合成，如果缺少缘，果就不会产生。因此因果关系也是空性的。当一个人以内心清净为因，则果就是涅槃。如果不再以我和我所有的眼光来看待万事万物，则宇宙就是完美的，而当我和我见升起时，所见事物就不再完美。实则不是事物本身不完美，而是我们看待它们的观念不完美。

因果关系是空性的，反之，空性也受因果关系支配。以共业和别业为例，当个人的别业超过共业，就可避开共业的影响。个人别业又非一成不变，而是与戒、定、慧关系密切。实则戒的力量就已很强大，恶的念头涌现时，能“诸恶莫作”，能以戒的正念去制止，就足以避免恶果产生。如果结合“定”和“慧”的止观训练，就可以敏锐觉察周遭的变化，从而避开恶缘。

人作为观察者，和事物处于一种对待的关系，人和宇宙万法可以达到一种和谐的状态。但这还不够，佛法更重视能所双泯。能和所的关系，消亡一个，另一个也随之消亡。止息内心的贪瞋痴，乃至善的欲念，烦恼也会彻底止息，因为心此时呈现清净的状态。

清净心就是做事没有动机。善法虽好，却还存各种压力，比如你内心就会有满足别人期待的压力。恶法就更不必提。善恶业是一股无形的力量，暗中推动自己做事。而如果以清净心为因，因为无动机，没有期待别人的赞誉，更不会为别人的讥毁所左右，所以做事会很从容自在，不会积累各种不良的情绪。故佛法更主张我们要培养清净业。具体步骤则可以先从善业着手，等到做善业自然而然了，再逐步清净内心的各种动机。

泰国高僧佛使比丘（Achaan Buddhad^asa 1906—1993）认为如果一个富翁在任何时刻生起“我是富翁”的念头，当下就经历富翁的苦。一个乞丐产生“我是乞丐”的念头，当下就经历乞丐的苦。相反，如果一个人不这样自我认定，他就没有“生”，也就没有苦了。他认为：

> 生，因不察觉而生起的执着，大家都应该明白：一个人的内心生

起“我是什么”，而他能觉察这个念头的生起，这就不是一种“生”，相反，如果他迷迷糊糊地不能觉察，就是“生”。①

因此，佛使比丘劝导人们要时时刻刻保持正念。如果我们清楚自己是什么、应该做什么，并且保持醒觉地做该做的事，就不会有苦，因为这时，没有“我”“我所有”的念头生起。佛使尊者又提出：

> 生是苦，只要能放下生，就能解脱苦。若一个人一天之内经验无数次的生，他就得受无数次的苦，但如果他完全不生，就可以完全没有苦了。所以，直接便捷的修行法（佛教的核心），就是在于持续缜密地观照心念，不让它出现轮回的状态，而维持心原有的涅槃境界。也就是每个人必须时时小心观照心念，不让它出现轮回的状态，而维持心原有的涅槃境界。也就是每个人必须时时小心观照、守护心念、始终保持清凉、寂静的心境，不让轮回有机可乘，那么，心会培养出涅槃的习惯，在某个适当的因缘下，就会达到绝对、永恒的涅槃。②

五阴本无我，但凡夫加入我执和法执，就成了“五受阴”。修行方法还可简单归纳为：回归五阴，去掉五受。那么又如何去掉“五受”？就是保持正念的觉察。让内心归零，维持内心清凉的境界。表面上，单独的零似乎没有意义，但如果前面加上数字就产生了不同的意义。缘起性空的意义就在于：让心有无限的可能。

---

① ［泰］佛使比丘：《生命之因》，香光书乡出版社 1999 年版，第 52—53 页。

② 同上书，第 54 页。

附录一：REBT 自动表格

REBT 自动表格

A（缘起事件或逆境）

- 简单地摘要困扰你的情境（譬如一架摄影机会照到什么？）
- A 可能是内在或外在，真实或想象的
- A 可能是过去、现在或未来的事件

C（结果）

主要的不健康的负面情绪：
主要的自我挫败的行为：

不健康的负面情绪包括：·焦虑·忧郁·盛怒·挫折容忍度低·羞愧/羞耻·痛心·嫉妒·罪恶感

IBs（非理性信念）

要找出 IBs，就要看是否有：
- 教条式的要求（必须、绝对、应该）
- 灾难化（事情很糟糕、恐怖、一塌糊涂）
- 挫折容忍度低（我无法忍受）
- 评估自我/他人（我/他/她是不好的，没有价值）

D（驳斥非理性信念）

驳斥要自问：
- 这种信念对我会造成什么影响？对我有益或只是自挫败？
- 有何证据可以支持我的非理性信念？这种信念符合现实状况吗？
- 我的信念符合逻辑吗？是否只是希望美梦成真而已？
- 事情真的很糟糕吗（糟到不能再糟了）？
- 我真的无法忍受吗？

E（有效而理性的哲学观）

想获得理性的思考则要：
- 非教条式的希望（希求、想要、欲望）
- 评估劣势（遇到不如意事，真是不幸）
- 挫折容忍度高（我不喜欢有这种事，不过还可以容忍）
- 对自己或他人的评价不致以偏概全（我——以及所有的人——都是容易犯错的人类。）

E（有效的情绪和行为）

全新而健康的负面情绪：
全新而积极的行为：

健康的负面情绪包括：
- 失望
- 担心
- 烦恼
- 悲伤
- 后悔
- 受挫

附录二：理情行为治疗的 ABC 理论

理情行为治疗的 ABC 理论

“人们不是因为事件感到困扰，而是他们对此事所持的观点。”

艾比克泰德．公元一世纪

我们的情绪反应并非源于事件本身，而是我们对这件事的态度和信念。

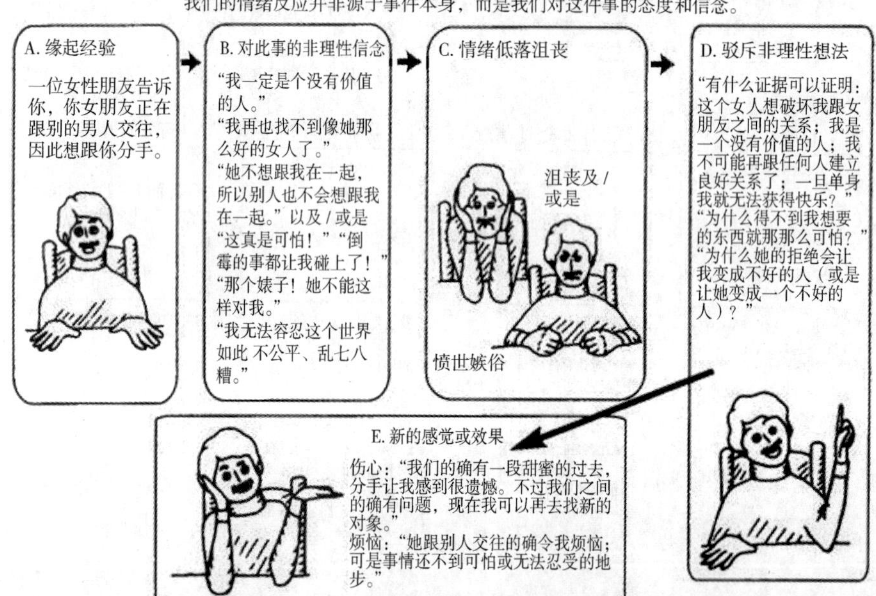

心理因果性的佛教理论与心灵哲学对比初探

姚　忆

【提要】佛教理论中通过心、心所法对心理基础及心理状态进行了深入详细的分类、研判，并以六因、四缘、五果建立出独特的心理因果作用关系理论；而心理因果性也是当代心灵哲学研究中的一个核心内容，心灵哲学历经实体二元论、物理主义、自然主义的演变仍在不断发展中。本文对佛教理论及心灵哲学关于心理因果性内容的概念、范畴、结构及相关问题进行了初步的对比梳理与探讨。

【关键词】心理因果性　心法　心灵哲学　对比研究

【作者简介】姚忆，上海慈慧文化研究所研究员，中医学博士。lotusyao@ msn. com

在佛教理论体系中，大小乘的论典多以心法、心所法、色法、心不相应行法及无为法五种类别来统摄所有的存在。其中一切有为法都必须依靠因果关系才能成立，心王、心所之心法同样也受因果法则的支配。由于心对于佛教的最终目的——解脱具有关键作用，佛教理论对心理基础及心理状态进行了深入详细的分类、研判，并建立出独特的心理因果作用关系理论。

而心理因果性也是当代心灵哲学研究中的一个核心内容。心灵哲学是西方分析哲学中的重要领域之一，近二三十年这一领域的研究异常活跃和丰富，不仅与语言哲学、现象学、形而上学等其他哲学领域的问题之间的深层内在关系得到挖掘，尤其借助认知科学研究——包括心理学、语言学、脑神经科学、计算机学和人工智能等的发展，跨学科合作的进路促进了对哲学理论本身的反思与推进。

在不同思想范式的框架下，存在着相互理解与对话的空间。本文即是对佛教理论与心灵哲学中对于心理因果性的概念、范畴、结构及相关问题的讨论进行一个粗略的勾勒与对比。

一　佛教理论对于心理因果作用的认识

心（梵 citta，藏 sems），又称心法、心事。依派别或经论的不同，而各有不同的指谓或范畴。一般最常见的即具有缘虑作用的心王、心所等，是相对于色法（物质）而言的。如《华严经》："心如工画师，能画诸世间，五蕴悉从生，无法而不造。"① 心有心王、心所二种，六识或八识之识体自身称为心王，是心的主体；心所从属于心王，是与心王相应而同时存在的各种精神作用，再进一步的分类大小乘论典则各有差别。如《俱舍论》分心法一、心所四十六，《成实论》分心法一、心所四十九，《大乘百法明门论》则分心法八、心所五十一。

因果（梵 hetu - phala，藏 rgyu - 'bras）指原因与结果。佛教认为一切有为法皆依因果法则而历经成住灭坏的不同阶段而有。因是能生，果是所生。而且，有因必有果，有果必有因。由因生果，因果历然。如《缘起经》中："佛言：云何名缘起初？谓依此有故彼有，此生故彼生。所谓无明缘行，行缘识，识缘名色，名色缘六处，六处缘触，触缘受，受缘爱，爱缘取，取缘有，有缘生，生缘老死，起愁叹苦忧恼，是名为纯大苦蕴集。如是名为缘起初义。"② 《佛说初分说经》："若法因缘生，法亦因缘灭，是生灭因缘，佛大沙门说。"③ 《十住毗婆娑论》："常念果者从因有，事成名为果。"④

对于心的因果性，佛教理论认为心、心所法的生起是由前念引生后念，念念相续，无有间隔，"相续唯在等流心"⑤，并以六因（梵

① 实叉难陀译：《大方广佛华严经》卷十九《夜摩宫中偈赞品第二十》，《大正藏》第 10 册，第 102 页上。

② 玄奘译：《缘起经》卷一，《大正藏》第 2 册，第 547 页中。

③ 施护译：《佛说初分说经》卷下，《大正藏》第 14 册，第 768 页上。

④ 龙树造，鸠摩罗什译：《十住毗婆沙论》卷十二《譬喻品第二十六》，《大正藏》第 26 册，第 88 页下。

⑤ 遁伦集撰：《瑜伽论记》卷十三（之上）《论本第五十一》，《大正藏》第 42 册，第 601 页上。

ṣaḍhetavaḥ，藏 rgyu – drug ）、四缘（梵 catvāraḥpratyayāḥ，藏 rkyen – bshi）、五果（梵 pañca phalāni，藏 'bras – bu – lnga）加以详细论述[①]。六因是能作因（梵 kāraṇa – hetu，藏 byed – rgyu）、俱有因（saha – bhūto hetuḥ，藏 lhan – cig – byung – ba'i – rgyu）、同类因（梵 sabhāga – hetu，藏 skal – mnyam – gyi – rgyu）、相应因（梵 saṃprayukta – hetu，藏 mtshungs – ldan – gyi – rgyu）、遍行因（梵 sarvatraga – hetu，藏 kun – 'gro'i – rgyu）、异熟因（梵 vipāka – hetu ，藏 rnam – smin – gyi – rgyu）；四缘为因缘（梵 hetu – pratyaya，藏 rgyu'i – rkyen）、等无间缘（梵 samanantara – pratyaya，藏 de – ma – thag – rkyen）、所缘缘（梵 ālambana – pratyaya，藏 dmigs – rkyen）、增上缘（梵 adhipati – pratyaya，藏 bdag – rkyen）；五果即异熟果（梵 vipāka – phala，藏 rnam – smin – gyi – 'bras – bu）、等流果（梵语 niṣyandaphala，藏 rgyu – mthun – gyi – 'bras – bu）、离系果（梵 visaṃyoga – phala，藏 bral – ba'i – 'bras – bu）、士用果（梵 puruṣakāra – phala，藏 skyes – bu – byed – pa'i – 'bras – bu）、增上果（梵 adhipati – phala，藏 bdag – po'i – 'bras – bu）。其中心、心所法的产生与四缘都有关，而六因五果中同类因、遍行因及等流果与心的因果性关系较为密切。

四缘，如《大智度论》："一切有为法，皆从四缘生，所谓因缘、次第缘、缘缘[②]、增上缘。"[③]《中论》云："四缘生诸法，更无第五缘。因缘次第缘，缘缘增上缘。"[④]《十二门论》中进一步加以解释："因缘者，随所从生法，若已从生、今从生、当从生，是法名因缘。次第缘者，前法已灭次第生，是名次第缘。缘缘者，随所念法，若起身业，若起口业，若起心心数法，是名缘缘。增上缘者，以有此法故彼法得生，此法于彼法为增上缘。"[⑤] 色法的产生只需要因缘及增上缘，而心法的生起必须四缘具

① 出《俱舍论》，大乘唯识宗有时取六因说，也有十因说。

② 次第缘、缘缘分别是等无间缘、所缘缘的旧译。

③ 龙树造，鸠摩罗什译：《大智度论》卷三十二《释初品中四缘义第四十九》，载《大正藏》第 25 册，第 296 页中。

④ 龙树造，鸠摩罗什译：《中论》卷一《观因缘品第一》，《大正藏》第 30 册，第 2 页下。

⑤ 龙树造，鸠摩罗什译：《十二门论》一卷《观缘门第三》，《大正藏》第 30 册，第 162 页中。

足。《大毗婆沙论》从心法的角度解释四缘："谓一刹那心心所法引起次后刹那同类心心所故，立为因缘。即此开避，次后刹那心心所法令得生故，立为等无间缘。即此能为次后刹那心心所法所取境故，立为所缘缘。即此不障碍次后刹那心心所法令得生故，立为增上缘。此中因缘如种子法，等无间缘如开导法，所缘缘如任杖法，增上缘如不障法。如是等过去现在非最后心心所法具四缘性。"①

因缘是能产生自果的直接原因，是一个非常广的概念，包括六因中的五因，如《俱舍论颂》："于六因内除能作因，所余五因是因缘性。"②《大智度论》："因缘者，相应因、共生因③、自种因④、遍因⑤、报因⑥，是五因名为因缘。"⑦ 在因明摄类学体系中，对因缘给予了更为精确的定义，如《因明学入门》⑧ 中其性相（藏 mtshan - nyid）为："能作为自果产生的助伴的因。"对心、心所法言，如眼识，一切产生眼识的原因都是其因缘，即令眼识产生的眼根、它的所缘缘及等无间缘都是其因缘。⑨

等无间缘或次第缘可以说是心法因果链上咬合最为紧密的那一个环节。如《大智度论》："心心数法次第相续无间故，名为次第缘。"⑩《大乘义章》："次第缘者，藉前心法，次第生后，所生之心，次前后起，故

① 玄奘译：《阿毗达磨大毗婆沙论卷》卷二十一《杂蕴第一中智纳息第二之十三》，《大正藏》第 27 册，第 109 页上。

② 世亲造，玄奘译：《阿毗达磨俱舍论》卷七《分别根品第二之五》，《大正藏》第 29 册，第 36 页中。

③ 即俱有因。

④ 即同类因。

⑤ 即遍行因。

⑥ 即异熟因。

⑦ 龙树造，鸠摩罗什译：《大智度论》（卷三十二）《释初品中四缘义第四十九》，载《大正藏》第 25 册，第 296 页中。

⑧ 为了学习辩论的需要，在格鲁派藏传寺院不同札仓具有各自的摄类学教材，理路章法大致相同，本文选取其中流传较广的一部作为代表。

⑨ 毛尔盖三木旦等：《因明学入门》，罗劲松编译，西藏藏文古籍出版社 2015 年版，第 108 页。

⑩ 龙树造，鸠摩罗什译：《大智度论》卷三十二《释初品中四缘义第四十九》，《大正藏》第 25 册。

名为次，以后生故，说之为第，前心与后，次第为缘，名次第缘。”[①]《因明学入门》：“主要令自果识生为明了的缘。”[②] 等无间缘为心、心所法所独有，如《俱舍论颂疏论本》：“等无间缘，唯心心所。”[③]《大乘法苑义林章》：“等无间缘因果必是心心所法。”[④]

所缘缘也为心、心所法独有，是心、心所攀缘、认识的对象。如《瑜伽师地论》：“所缘缘者，谓诸心心所所缘境界。”[⑤]《因明学入门》：“主要能生具自相的自果识的缘[⑥]。”[⑦] 增上缘是指上述三缘以外一切有助于或无碍于现象发生之原因条件。《因明学入门》：“主要凭自力产生自果的缘。”[⑧] 主要从促成果的角度给以定义。

在心、心所之相续不断状态中，前后二念的所属种类是相互关联的，“同类因”“遍行因”及“等流果”即是对心因果关系的另一种界定方式。同类因，又作自分因、自种因，旧译作习因。《俱舍论》云：“同类因者，谓相似法与相似法为同类因，谓善五蕴与善五蕴展转相望为同类因，染污与染污，无记与无记；五蕴相望，应知亦尔。”[⑨] 遍行因，特指能遍行于一切染污法之烦恼而言，是同类因的一种，但同类因通于一切诸法，而遍行因则特指烦恼心所。等流果，又作依果、习果，即从等同之因所流出之果。如《俱舍论》：“同类遍行得等流果，此二因果皆似因故。”[⑩]

此外，在陈那法称所创的量论体系中，还有“近取因（nyer - len -

---

① 慧远：《大乘义章》卷三，《大正藏》第 44 册。

② 毛尔盖三木旦等：《 因明学入门》，罗劲松编译，西藏藏文古籍出版社 2015 年版，第 112 页。

③ 圆晖述：《俱舍论颂疏论本》本七，《大正藏》第 41 册，第 832 页上。

④ 窥基：《大乘法苑义林章》卷七，载《大正藏》第 45 册，第 366 页中。

⑤ 弥勒造，玄奘译：《瑜伽师地论》卷三《本地分中意地第二之三》，《大正藏》第 43 册，第 292 页上。

⑥ 在摄类学中，为了成立因果的前后性，有关于所缘缘的自相是某心的所缘不一定是其所缘缘等的讨论，与本文主旨关系较远，限于篇幅这里没有展开。

⑦ 毛尔盖三木旦等：《 因明学入门》，罗劲松编译，西藏藏文古籍出版社 2015 年版，第 108 页。

⑧ 同上书，第 111 页。

⑨ 世亲造，玄奘译：《阿毗达磨俱舍论》卷六《分别根品第二之四》，《大正藏》第 29 册，第 31 页上。

⑩ 同上书，第 35 页上。

gyi - rgyu)”及“俱有缘（lhan - cig - byed - rkyen）”的分类方法。所谓近取因，即“主要令自果在其质流上产生者”。[①]心法的近取因必须是心法或不相应行法，法称云“非识则非识，亲因故亦成。”[②] 虽然对于不相应行法是否能成为心法的近取因还有争议，但色法不能成为心法的近取因是佛教理论里的一个基本的共同认识。在《释量论》里，通过佛教因果理论的建立与对色法的身作为心法之因的破除而成立前后世，如法尊法师依僧成大师之大疏所译编的《释量论略解》中所说：

> 最初受生之时，其气呼吸及诸根、意觉等，非不待各自同类，唯从身生。若如是者，有太过失故。现见现在前念心具有与后念心结续之功能，彼有何增上事能续？又由无何因缘于后时无后心相结续？实不应理。立量式云：胎生无间之心，应有前心为先，是心识故，如此现在心。平常人之死心，应有后心结续，是有染心故，如此现在心。问：如何有太过之失耶？曰：地等一切，应皆成有情之种子体性，以地等无任一分不产生湿生等有情故。若根等不待前念，自类唯从大种生者，如有一大种转变为有情，则一切大种皆应转变为有情，以彼等之大种因无差别故。又若计身为意觉之殊胜所依者，为有根身，抑无根身？无根身，下文当破。若有根身者，有根身应非意觉之殊胜所依，以一一根受损害时，非意觉直接有损害故。然此意觉都是身之所依，以汝转变时，现见彼身等亦有转变故。是诸根从意觉生，以后觉安住之所依是前觉，有依前觉之业。是诸根之因故。临终时之根等，后亦当与如彼同类后根等相结续，以有如彼之能引业故。问：若身非意觉之殊胜所依，则与经说“身与心互相随逐”应成相违。曰：此不相违。由彼身识能饶益意觉之原因，经说意依身故。若谓根是意觉之所依，以无根时意觉不生故。反难曰：意觉应是身之所依，以无意觉彼身亦不生故。若许尔者，观待相续，亦应是身心互为因，身是心所依，心亦是身所依故。若许尔者，观待相续，身心应互为有因，以

① 毛尔盖三木旦等：《因明学入门》，罗劲松编译，西藏藏文古籍出版社 2015 年版，第 102 页。

② 法称著，法尊译：《释量论》，中国佛教协会印行，第 21 页。

互为因故。又若依身者，为依常身，抑依无常身？常且非理，应非从身次第生意觉，以身是常非次第故。若谓身虽是常，然观待诸缘能次第生意觉。曰：彼身亦不能待缘次第生意觉，以身是常，缘不能使有差别故。若谓观待前意觉，从身渐次生后意觉，曰：若尔，彼身亦显有次第。以从渐次生觉故。若许尔者，应一切时可见前念身心为后念身心之因，以身心前前刹那，是先无身心一一刹那之因故。以上成立初生之心有前因，临终之心有后因，故证有前后生。[①]

二　当代心灵哲学对于心理因果性的研究

心灵哲学（Philosophy of Mind）是在哲学的分化和有关学科的一体化过程中产生的以各种心理现象及其本质、心理与物理关系为对象的哲学分支学科；主要研究的是心理现象的形式、范围、本质、特征、心身关系、心理内容及其根源等，并对常识心理解释模式和心理学进行哲学反思。[②] 如当代西方心灵哲学家赖尔指出：“一个人的一生有两部并行的历史，一部历史由他的躯体内部发生的事件和他的躯体遇到的事件所构成，另一部历史由他的心灵内部发生的事件和他的心灵遇到的事件所构成。前一部历史是公开的，后一部历史是私密的。前一部历史中的事件是物理世界中的事件，后一部历史的事件是心理世界中的事件。”[③]《当代心灵哲学导论》写道：

这些思考中所隐含的世界图景以及我们在其中的位置的图景已经导致了实在的分裂。在它里面，一方面，存在着一个“外在的”物理世界，即树、森林和声波的世界；另一方面，又存在着一个“内在的”心理世界，即心灵和它的内容。心理世界中包含着被意识到的经验：被看到的对象的样子、触摸它们的方式、听到的声音、滋

① 法称著，法尊译：《释量论略解》卷三《明解脱道之成量品》，“中华佛典宝库”：http://www.fodian.net。

② 参见高新民《西方心灵哲学的问题，前沿争论与历史发展》，《广西社会科学》2000 年第 4 期。熊桂玉：《佛教心灵哲学的特殊理路、实质与动机》，《华中师范大学研究生学报》2013 年第 2 期。

③ ［英］吉尔玻特·赖尔：《心的概念》，徐大建译，商务印书馆 2005 年版，第 5 页。

味、气味。“外在的”世界包含着对象本身及其属性。这些属性又包括对象的体积和空间特征（它们的形状、大小、表面质地，如果考虑到时间中的对象的话，还有运动以及这些空间特征的转化）。①

虽然心灵哲学成为一门独立哲学分支的时间不过几十年，但外在的物理世界与内在精神世界的心（意识）二者及其相互关系从古至今一直就是哲学研究的主要内容。

回顾西方心灵哲学的历史发展②，早期古希腊哲学家将心（灵魂）当作实体的存在，朴素唯物主义者（如米利都学派）认为灵魂像其他事物一样是由物质性本原（气、火、水、原子等）构成。柏拉图等二元论者则认为灵魂是一种非物质的实体，类似于气。亚里士多德则认为灵魂不是一种实体，而是一组功能、能力或属性的组合，身体与灵魂的关系是质料与形式的关系，灵魂是身体的目的因。同时，亚里士多德把作为思辨过程的“心灵”与“灵魂”区别开来：

心灵是我们的一部分，它能理解数学与哲学；它的对象是没有时间性的，所以它本身也被看成是没有时间性的。灵魂是推动身体并知觉可感觉的东西；它以自我滋养、感觉、思维与动力为其特征；但是心灵则具有更高的思维功能，它与身体或感觉无关。③

笛卡尔是近代科学和哲学的创始人之一，提出了著名的“我思故我在”论点，从对自我意识的考察开启了对身心关系的思考。他主张

① ［美］约翰·海尔：《当代心灵哲学导论》，高新民、殷筱等译，中国人民大学出版社 2006 年版，第 3—4 页。

② 参见汤平《西方心灵哲学视野下的心身关系问题》，《武汉冶金管理干部学院学报》2008 年第 3 期。G. 希尔贝克、N. 伊耶：《西方哲学史：从古希腊到二十世纪》，童世骏、郁振华等译，上海译文出版社 2012 年版，第 1—18 页。张卫国：《当代唯物主义的心理因果性难题及其解答》，华中师范大学，博士学位论文，2013 年。高新民、刘占峰：《心理的反作用何以可能？——当代心灵哲学围绕心理因果性的争论及其思考》，《福建论坛》（人文社会科学版）2003 年第 2 期。

③ ［英］伯兰特·罗素：《西方哲学史》，何兆武、李约瑟译，商务印书馆 2006 年版，第 108 页。

心物二元论，灵魂或心灵、精神、自我是一种本质上能思而无广延的实体，物质包括人的躯体则是本质有广延性而不能思维的另外一种实体。心灵哲学的发展及分化受到其二元论思想的深远影响，也对之进行了责问与批评，如赖尔将之比喻成“机器中的幽灵”[①]，而《当代心灵哲学导论》中则说：

> 如果心灵与身体是两种不同的实体，那么就难以说明它们之间的相互作用是如何可能的。……那么这两种完全不同的实在又如何能够互相影响呢？一个非物质的心灵中的事件如何能够改变一个物质对象呢？一个物理事件如何能够在非物质的心灵中引起一个变化呢？笛卡尔放置在心灵与物质身体之间的形而上学的藩篱，阻隔了它们之间的因果互相作用。[②]

因此，18世纪以后，随着近现代自然科学突飞猛进的发展，从达尔文的进化论到现代生物学革命，从经典物理学到量子物理学，物理主义(physicalism)[③]、唯物主义（materialisin）成为当代西方心灵哲学的绝对主流，物理主义提出心理状态就是物理状态，它们的物理特征就是它们所具有的特征。物理主义心灵哲学认为：物理世界具有因果完备性原则(completeness)[④]，并发展出各种类型的理论来质疑并取消心灵在自然界中的地位：行为主义理论把心理状态视作行为及行为倾向；取消主义则认为心理现象的基本理论和本体论的最终结果将完全被神经科学所取代；解释主义认为心灵是一种解释性投身；同一论认为心灵状态就是大脑的物理

---

① ［英］吉尔玻特·赖尔：《心的概念》，徐大建译，商务印书馆2005年版，第15页。

② 约翰·海尔：《当代心灵哲学导论》，高新民、殷筱等译，中国人民大学出版社2006年版，第22—23页。

③ 唯物主义是一种与唯心主义相对的形而上学学说，其核心观点是：所有的东西都是物质的，不仅世界上所有的具体事物都是由物质构成的，所有的性质都是由物质性质决定的，而且所有的现象都可以根据自然规律加以解释。

④ 即每一个物理结果都有一个充分的物理原因，物理世界本身就包含了解释其成员的各种资源，因此没有必要诉诸非物理的事物。

状态。①

还原论的物理主义否认心理现象的存在，与我们能感受到的经验事实并不相符。为了解决常识心理观念的诘难，作为理论的一种纠正式发展，不仅有非还原论的物理主义，如随附性（supervenience）理论的出现，还有多达几十种的新二元论形式（谓词二元论、感受性质二元论、量子二元论、突现论二元论等），以及以前水火不相容的唯物主义（自然主义）与二元论结合在一起形成了所谓的融二者于一体的新二元论。不过，各种新二元论并不否认意识状态是由神经过程引起的，只是意识的部分内容——如感受性是属于非物质性的，但仍依附于物质世界②。

随附性的物理主义认为在自然世界中只存在物理学中基础的、物质的特性，而且是以一种基本的、独立的方式而存在，其他所有的特性，尤其是意识的特性，都是以被物理特性的存在所实现（being realized）的方式而存在。在本体论上意识的感受特性就是被其相应的物质世界中物理特性所必然地决定，这从某种意义上来说意识感受特性在本体论上就成了物理世界不可分割的一部分。③ 如果认为心理属性具有独立的因果效力，不能部分或完全地还原为物理属性，二者之间是一种伴随、依赖、共变关系，那么就偏向到属性二元论。但属性二元论也面临着自身的困境——“心理因果性现代难题”：要么回归随附性物理主义——心理变成没有因果效力的副现象，要么接受多因素决定论——心理现象或行为具有两个独立的原因，这个难题成为当代心灵哲学研究争论的焦点。

由于当代绝大多数英美心灵哲学家都声称是自然主义者，所以上述心灵哲学的派别都可归于自然主义（naturalistic），心灵哲学中的自然主义理论既包含各种物理主义形式的理论，也逻辑地相容于关于心灵的二元论理论。泛心论或二元论的自由自然主义虽然也承认只有自然科学研究所确立的存在是真实的自然存在，但主张多元的科学观，反对局限于当代科学

---

① 参见张卫国《心理因果性与心灵理论的嬗变》，《甘肃社会科学》2010 年第 6 期。严国红、高新民：《意识的“困难问题”与新二元论的阐释》，《福建论坛》（人文社会科学版）2009 年第 6 期。

② 高新民、胡松：《西方心灵哲学最新发展研究纲要》，《河南社会科学》2015 年第 3 期。

③ 赉益民：《当前心灵哲学中的核心课题》，《世界哲学》2006 年第 5 期。

作为科学的唯一合法性，认为科学发展的方向将有多种可能性，因此坚持意识问题构成了自然科学研究中的一个分部。①

稍微走远一点，谈一谈大热的人工智能，这是一门与心灵哲学相互影响的延伸性学科，它尝试设计建造出能模仿人类复杂思维过程的仪器。在前述物理主义的哲学基础上，借助脑科学、计算机工程等方面的技术发展，人工智能领域开展了探讨能否实现机器意识的研究，分为五种类别：面向感知意识实现的（MC－P），如视觉觉知人工神经系统；具有认知特性及其行为表现的（MC－C）；具有与人类意识相对应机制的（MC－A），通过采用仿脑构造策略来实现；面向自我意识实现的（MC－S），如模块神经网络；面向感受意识实现的（MC－Q），即实际具有意识体验的机器。人工智能哲学和脑科学的研究表明，前四类的机器意识研究具有切实的可行性，而MC－Q的研究则面临着许多争议。②

三　讨　论

由于篇幅所限，本文只能就佛教理论及心灵哲学对于心理因果作用的内容做一个蜻蜓点水式的简单介绍。不过已经可以看出，虽然同样把心（心理现象）作为重要的研究对象，但是由于思辨基础及工具的差异，这两个体系中所阐释的心理因果作用却呈现出完全不同的样貌。

当代心灵哲学处于不断吸收相关领域学科的研究成果进行理论改造的发展阶段中，也将其目光投向了东方哲学，其新倾向之一就是用西方心灵哲学的问题、视域和概念框架来反观中国、印度的心灵哲学，在重构中印心灵哲学的内容和体系的基础上，进行东西方心灵哲学的比较研究。如O. Flanagan的《菩萨的大脑——佛教的自然化》（*The Bodhisattva's Brain: Buddhism Naturalized*），承认佛教有丰富的求真性、价值性心灵哲学思想，

---

① 吴胜锋：《当代心灵哲学中的自然主义理论：融合还是冲突?》，《甘肃社会科学》2013年第1期。

② 周昌乐、刘江伟：《机器能否拥有意识——机器意识研究及其意向性分析》，《厦门大学学报》（哲学社会科学版）2011年第1期。

且强调这些思想与当今西方自然主义心灵哲学有一致之处。[①] 国内学者也尝试应用佛教理论，特别是唯识体系中的一些概念及认识——如五蕴、“识精”等来重构心灵哲学。但由于佛教理论的博大精深，目前所见的这些佛教心灵哲学的解读、对比、重构研究的尝试还存在着一定的误读错判。

佛教心灵哲学的研究还有不少值得进一步深入讨论之处，除了本文所初步探讨的六因、四缘、五果等涉及心理因果性的结构框架，还包括直接围绕意识所展开的五蕴、六识、八识等心、心所法的概念或内容；另外，从认识论的角度，佛教理论中观哲学的“唯名言安立”与现象学的对比；形而上学方面的比较研究，如心灵哲学关于身心关系的认识是一种基于本体论的认识方式，而中观哲学讲的是“无体”——缘起性空，是反本体论或超一元论/二元论的形而上思想，等等。

1. 分析哲学是一种试图从语言的本质着手来理解思维与存在的西方哲学流派。

2. 出《俱舍论》，大乘唯识宗有时取六因说，也有十因说。

3. 次第缘、缘缘分别是等无间缘、所缘缘的旧译。

4. 即俱有因。

5. 即同类因。

6. 即遍行因。

7. 即异熟因。

8. 为了学习辩论的需要，在格鲁派藏传寺院不同札仓具有各自的摄类学教材，理路章法大致相同，本文选取其中流传较广的一部作为代表。

9. 在摄类学中，为了成立因果的前后性，有关于所缘缘的自相是某心的所缘不一定是其所缘缘等的讨论，与本文主旨关系较远，限于篇幅这里没有展开。

10. 唯物主义是一种与唯心主义相对的形而上学学说，其核心观点是：所有的东西都是物质的，不仅世界上所有的具体事物都是由物质构成的，所有的性质都是由物质性质决定的，而且所有的现象都可以根据自然

① 参见高新民、胡松《西方心灵哲学最新发展研究纲要》，《河南社会科学》2015 年第 3 期。

规律加以解释。

11. 即每一个物理结果都有一个充分的物理原因，物理世界本身就包含了解释其成员的各种资源，因此没有必要诉诸非物理的事物。

藏传因明学中的因果关系限定性问题

云　丹

【提要】按照法称的思想，因果是前后相继的引起者和被引起者，二者之间“缘生系属”，即并非惯常理解的充分条件关系，而是必要条件关系。藏传佛教对这种必要条件关系做了更严格的限定，以保证“果正因”的有效性。

【关键词】因果　藏传因明学　法称　缘生系属

【作者简介】云丹，沈阳北塔护国法轮寺翻译组副主任，北京大学哲学博士。forforbbs@126. com

通常的哲学体系在描述因果的含义时，会说因是“能引起者”，果是“被引起者”。藏传因明学通常也是这样定义因果：前者为 skyed byed（*utpādana），通常被译成“能生”；后者为 bskyed bya（*utpādanīya／*utpādayitavya／*utpāditavya），通常被译为“所生”。[①] 实际由于这里的动词用的是他动形的 skyed，而不是自动形的 skye，二者对应的梵文词也都是致使动词语干的加强形，因此译为“能引起者”“被引起者”亦无不可。

但是，“能引起”和“被引起”又是什么意思？休谟认为：事实上，事物 a 与事物 b 之间的引起与被引起关系并不能被真正确认，人们至多只是反复观察到 a，b 二者先后出现，出于习惯，而做出了这般设定而已。自休谟以后，康德以及分析哲学家们对此做出了许多讨论，尤其是深入检

① 见杨化群译《因明学启蒙》、释宗澄译《赛仓摄类学》、罗劲松（宝僧法师）译《因明学入门》等。

讨了因果关系的普遍性与必然性，相关述评与研究汗牛充栋，此处不赘。但从他们的讨论至少可以看出：人们一般倾向于将因果理解为“前后相继”的一种关系。对此，藏传佛教因明学的理解也没有不同。通常说一切有部和唯识宗等体系也承认“同时因果”，例如有部安立“俱有因”，《成唯识论》描述“种子”的六种含义时提到“果俱有”[①]，但藏传因明学的主要背景宗义为经部，经部认为因果必异时、因在前果在后。例如亲因（dngos rgyu）被描述为slnga logs su byung ba（前产生者），亲果（dngos 'bras）被描述为phyi logs su byung ba（后产生者）。[②]

这里暂时忽略“引起”的其他含义，转而讨论一个非常单纯却极易被忽略的问题：这种前后相继的“能引起”和“被引起”关系，是充分条件关系，还是必要条件关系？

直观上看，既称“能引起”和“被引起”，前者推出后者，如“天下雨所以地湿”，“山上着火所以冒烟”，前者应当是后者的充分条件。但承继自法称的藏传因明学的理解并非如此。Gillon 与 Hayes 基本上认为：按照法称，前者是后者的充要条件。他们这样下定义：

> 定义1（因果关系：版本一）：当且仅当（1）C 出现时，e 出现；（2）C 不出现时，e 不出现的时候，我们说 C 是 e 的因。
>
> 定义2（因果关系：版本二）：当且仅当（1）如果 c1^……^cn 出现时，e 出现；（2）c1^……^cn 不出现时，e 不出现的时候（C 代表和

---

① 护法等菩萨造，（唐）玄奘译：《成唯识论》卷二：“二、果俱有。谓与所生现行果法，俱现和合，方成种子。此遮前后及定相离。现种异类互不相违，一身俱时有能生用。非如种子自类相生，前后相违，必不俱有。虽因与果有俱不俱，而现在时可有因用，未生、已灭无自体故。依生现果立种子名，不依引生自类名种。故但应说与果俱有。”《大正藏》第31册，第9页中。

② dngos po'i dnogs rgyu'i mtshan nyid yod de | dngos po'i dngos su skyed byed de yin pa'i phyir | mtshan gzhi yod de | dngos po'i snga logs su byung ba de yin pa'i phyir | dngos po'i brgyud rgyu'i mtshan nyid yod de | dngos po'i brgyud nas skyed byed de yin pa'i phyir | mtshan gzhi ni yod de | dngogs po'i snga logs su byung ba'i snga logs su byung ba de yin pa'i phyir | … | dngos po'i 'bras bu'i mtshan nyid yod de | dnogs po'i bskyed bya de yin pa'i phyir | mtshan gzhi ni yod de | dngos po'i phyir logs su byung ba de yin pa'i phyir |（Sudhipraśa dang bSe ngag dbang bkra shis, *bSe bsdus grwa*, Mi rigs dpe skrun khang, 2009, pp. 91 – 92）

汉传系统同样如此描述经部。（唐）窥基：《成唯识论述记》卷四：“因果异时，经部等义。”《大正藏》第43册，第379页中。

合因而 c1^……^cn 代表每一个构成 C 的因素)，我们说 c1^……^cn 是 e 的因。①

他们的依据是法称的《因滴论》(Hetubindu) 的 4. 10—11：

> tadbhāve bhāvas tadabhāve 'bhāvaśca kāryakāraṇabhāvaḥ.
>
> 此有则有，此无则无，是因果性。

并且他们指出：法称的这种理解，来源于佛经中常见的对缘起的“此有故彼有，此无故彼无”的描述。②

不过吊诡的是，Gillon 与 Hayes 同时指出，根据法称，因缘具足未必引起果，还需要不受其他条件阻碍：

> 然而，人们一般认为，对于全部因素的了解，也就是对于和合因的了解使得人们可以推论出相应的结果。但法称论师反对这种说法，他认为，即使人们所有的因素已了知，人们也无法就此推论出结果的生起，因为还可能会存在一些其他的障碍因素阻碍结果的产生。③

这正如《释量论 · 自义比量品》第 8 颂所示：

---

① Definition 1 (Causation: Version 1) *C* causes *e* if and only if (1) if *C* obtains, then *e* obtains and (2) if *C* does not obtain, then *e* does not obtain.

Definition 2 (Causation: Version 2) c_1^ … ^ c_n causes *e* if and only if (1) if c_1^ … ^ c_n obtains, then *e* obtains and (2) if c_1^ ⋯ ^ c_n does not obtain, then *e* does not obtain (where "*C*" denotes a causal totality and "c_1 ; … ; c_n" denotes each of the causal factors constituting *C*). *Gillon and Hayes*, Dharmakīrti on the Role of Causation in Inference, *in* Indian Philos , 2008, 36, p. 365.

② *Gillon and Hayes*, Dharmakīrti on the Role of Causation in Inference, *in* Indian Philos , 2008, 36, p. 364.

③ It is usually thought, however, that knowledge of all the causal factors, knowledge of the causal totality, permits one to infer the correlated effect. However, Dharmakīrti rejects this. His belief is that, even if all the causal factors are present, one cannot infer the arising of the effect, because some additional impeding factor may prevent the effect from coming about. *Gillon and Hayes*, Dharmakīrti on the Role of Causation in Inference, *in* Indian Philos , 2008, 36, p. 366.

sāmagrīphalaśaktīnāṃ pariṇāmânubandhini ｜
anaikāntikatā kārye pratibandhasya sambhavāt ｜｜8｜｜
因聚生果力，转变相系时，于果不决定，容有障碍故。①

如此，充分性便难以保证。于是 Gillon 与 Hayes 便得出结论：严格来说，这种说法与法称自己的定义并不一致。

笔者认为：并无必要设定这样的自相矛盾，直接把法称规定的因果关系理解为必要性关系即可。正如法称指出："正因"唯有自性正因、果正因、不可得正因三种；其中所谓的"果正因"，即由果推因，例如由"此山上有火，有烟故"中的"有烟"。法称明确说：

kāryaṃ svabhāvâir yāvadbhir avinābhāvi kāraṇe ｜
因法所有性，若无则不生，此果是正因。②

非常明显：这说的只是必要性关系。

像这样的"若无则不生"的必要性关系，在法称和藏传因明学中被称为"彼生系属"（de byung 'brel）或"缘生系属"（rten byung 'brel）。法称花了较大的篇幅说明这种关系的具体含义及其在保证果正因有效性中的作用，此处不赘。

这里要说明的是：藏传因明学中虽然在给因与果下定义的场合中只提到"能引起"和"被引起"，但在解释时，明确提到因果二者必须是缘生系属，并且把这种必要性限定到极致。兹仍举《赛仓摄类学》中的一个辩例③：

kha cig na re ｜ tsandan gyi me de du ba'i rgyu yin zer na ｜ tsandan gyi me chos can du ba'i rgyu yin par thal ｜ du ba khyod kyi 'bras bu ma

① "Pramāṇavārttikakārikā（Sanskrit and Tibetan）", edited by Yusho Miyasaka, in *Acta Indologica II*, Naritasan Shinsho Ji, 1971/72, p. 114. 取法尊法师译文。

② 同上。

③ 同样的辩例在其他摄类学教本中也很常见。

yin pa'i phyir | ma grub na | tsandan gyi me chos can | du ba khyod kyi 'bras bu ma yin par thal | du ba khyod dang rten byung 'brel ma yin pa'i phyir | ma grub na | tsandan gyi me chos can | du ba khyod dang rten byung 'bral ma yin par thal | khyod med na du ba med mi dgos pa'i phyir | ma grub na | tsandan med pa'i sa phyogs chos can | du ba med par thal | khyod med na du ba med mi dgos pa'i phyir | ma grub na | tsandan med pa'i sa phyogs chos can | du ba med par thal | tsandan gyi me med pa'i phyir | khyab pa khas | ma grub na | tsandan med pa'i sa phyogs chos can | tsandan gyi me med par thal | tsandan med pa'i phyir | ma grub na | tsandan med pa'i sa phyogs chos can | tsandan med par thal | tsandan gyi dgag gzhi yin pa'i phyir | gong du 'dod na | tsandan med pa'i sa phyogs chos can | du ba yod par thal | thug pa'i me'i du ba yod pa'i phyir | ma grub na | tsandan med pa'i sa phyogs der | shug pa'i me'i du ba yod par thal | tsandan med pa'i sa phyogs der | shug pa'i me yod pa'i phyir |

有云：旃檀之火，是烟之因。［破：］旃檀之火有法，应非烟之因，烟非汝之果故。若因不成，旃檀之火有法，烟应非汝之果，烟和汝非缘生系属故。若因不成，旃檀之火有法，烟和汝应非缘生系属，若无汝不须无烟故。若因不成，无旃檀之处有法，应无烟，无旃檀之火故。已许此遍；若因不成，无旃檀之处有法，应无旃檀之火，无旃檀故。若因不成，无旃檀之处有法，应无旃檀，是旃檀之遮处故。于前若许，无旃檀之处有法，应有烟，有柏树火之烟故。若因不成，无旃檀之处应有柏树火之烟，无旃檀之处有柏树之火故。①

一般会认为：既然点燃旃檀生烟，旃檀之火引起烟，那旃檀之火肯定是因，烟肯定是果。然而此处则指出：因与果之间必须维持“缘生系属”的必要性关系，既然如此，若“a 是因、b 是果”，则必“若无 a 则必无 b”。然而“旃檀之火”与“烟”之间并没有这种关系：不点燃旃檀也可

① Sudhipraśa dang bSe ngag dbang bkra shis, *bSe bsdus grwa*, Mi rigs dpe skrun khang, 2009, pp. 86—87. 取宗澄法师译文。

以冒烟，譬如点燃柏树。所以在藏传因明学中，“旃檀之火”并不是“烟”的果。这与普通人对因果的直观理解极为不同，因果必要性关系限定得十分严格：只能说“旃檀之火”与“旃檀之烟”是因果，“烟”与“火”是因果，而不能说“旃檀之火”与“烟”是因果。

那么，既然如此，前引《因滴论》及佛经都说“此有则彼有”，明确提到了因果关系有充分性，又如何解释？

笔者认为：经中的“此有则彼有”未必指充分性。通常佛经中说的“此有则彼有，此无则彼无”是就十二缘起序列而言。[①] 虽然“asmin satîdaṃ bhavati，asmin asatîdam nāsti”用了独立依格表达假定关系，但其细致描述中，前面的流转门被表达为“缘无明有行”（avijjāpaccayā saṅkhārā / avidyāpratyayāḥ saṃskārāḥ），“缘无明”用的是有财释复合词，同格修饰“行”，即“以无明为缘［而有］行”，“行是以无明为缘的”；后面的还灭门被表达为“无明灭则行灭”（avijjānirodhā saṅkhāranirodho / avidyānirodhāt saṃskāranirodhaḥ），“无明灭”用的是第五格的依主释，以连接“行”，即“因无明灭而有行”。二者在字面上都未体现出假定，即字面上看不出是充分条件关系还是必要条件关系。毋宁说“无明缘行”的含义是“只有有无明，才能有行”。因为正如法称所说“因聚生果力，转变相系时，于果不决定，容有障碍故”，十二缘起的因果序列能够顺转，还需要排除障碍。例如以说一切有部的“分位缘起”而论，缘起十二支在具体的生命现象上既可以圆满，也可以不圆满：比如某人少年夭折，爱、取、有等诸支就无法体现了。

在因明学意义上，之所以要做如此严格的必要性限定，是因为要保障“果正因”的推理有效性。假如承认“旃檀之火”与“烟”是因果，根据“果正因”的原理，便可以直接从“有烟”推“有旃檀之火”，这显然是不成立的。

若从更广阔的理论背景思考这个问题，在佛教的业果论当中，有

① （宋）求那跋陀罗译：《杂阿含经》卷十：“迦旃延！如来离于二边，说于中道，所谓此有故彼有，此生故彼生，谓缘无明有行，乃至生、老、病、死、忧、悲、苦、恼集；所谓此无故彼无，此灭故彼灭，谓无明灭则行灭，乃至生、老、病、死、忧、悲、恼、苦灭。”《大正藏》第2册，第67页上。

“业异熟不可思议”的说法：

> 佛告阿难陀：众生业报难可思议。[①]
>
> 如来、应、正等觉甚为希有，善说诸佛境界不可思议，如是禅定境界及诸龙境界不可思议，诸业果报不可思议。[②]

在法称和藏传因明学中，知识分为“现事”（mngon gyur）、“不现事”（lkog gyur）及“极不现事”（shin tu lkog gyur）三个层次。“施富戒安乐”等业果规则被归入“极不现事”，即常人即使通过事势比量（dnogs stobs rjes dpag）仍无法确证、只能通过信许比量（yid ches kyi rjes dpag）加以认定的存在，比空性更加难以了知。[③] 通常在藏传经院中，师长们会说：这个道理并不是如常人所说的造孽遭殃那样简单，因为这样的事实常人也可以经验到或推理出；它是说：“由推断心很难确立‘理应只从此因中产生此果，由此生彼则不应理’的界限。”[④] 也就是说，笼统地说造什么业感什么果，看似很简单；但要细致地指出来当前发生的事到底是以哪件过去的事为因，这并不容易。结合上面我们谈到的道理，粗言业果，很有可能并不能满足因果的严格的必要性限定；而要真正指出具体某事的业果限定性关系，在佛教的理解中似乎只有佛陀才能做到。

① （唐）义净译：《根本说一切有部毗奈耶杂事》卷三十，《大正藏》第 24 册，第 355 页下。

② （唐）菩提流志译：《大宝积经》卷十九，《大正藏》第 11 册，第 104 页上。

③ 空性通常被归于“不现事”。

④ 参见白玛占堆格西在本次会议上发表的论文《试析法称因明学中的正因与助缘》。

《业报差别经》汉藏版本对比及义理辨析

高婷　张子阳

【提要】 本文对《业报差别经》作汉藏版本考察，并对其内容、情节、思想进行义理辨析，最后简述此经对藏传、汉传佛教之影响及与《菩提道次第广论》关联比较。

【关键词】《业报差别经》　汉藏版本对比

【作者简介】 高婷，北京大学南亚学系硕士研究生，2545197537@qq. com；张子阳，沈阳北塔法轮寺翻译，850175349@ qq. com。

《业报差别经》讲述了众多造业受报的事例，对汉藏佛教均有较大影响。该经译本众多，内容不尽相同，兹全数列出，并略作对比。

一　汉译本总况

就所查找到的资料来看，共发现六种汉译本，其中一本出自《汉译南传大藏经》；六种译本经名、译者、朝代各有不同，现将其详细信息进行罗列，并分别对将其所藏于各版汉文大藏经的经号、部别列以细目，以便读者较清晰地了解，详见下表：

经号	经名	译者
T01n0026（170）	中阿含经·根本分别品·鹦鹉经	（东晋）瞿昙僧伽提婆
T01n0078	兜调经	失译
T01n0080	佛为首迦长者说业报差别经	（隋）瞿昙法智
T01n0081	分别善恶报应经	（宋）天息灾

续表

经号	经名	译者
T01n0079	鹦鹉经	（刘宋）求那跋陀罗
N12，no. 5 // PTS. M. 3	小业分别经	未标注

（一）《中阿含经·根本分别品·鹦鹉经》

01	【房山石经】No. 739《中阿含经》 千字文：夙—兰
02	【开宝藏】No. 644《中阿含经》 部别：小乘经 小乘经重单合译 千字文：履—清
03	【崇宁藏】No. 646《中阿含经》 千字文：薄（260）—似（265）
04	【毗卢藏】No. 647《中阿含经》 千字文：薄（260）—似（265）
05	【圆觉藏】No. 655《中阿含经》 千字文：薄（260）—似（265）
06	【赵城金藏】No. 649《中阿含经》 千字文：履—清
07	【资福藏】No. 660《中阿含经》 千字文：薄（260）—似（265）
08	【碛砂藏】No. 666《中阿含经》 部别：阿含部 千字文：薄 1（260）—似 10（265）
09	【高丽藏】No. 648《中阿含经》 部别：小乘经 阿含部 千字文：履—清
10	【普宁藏】No. 658《中阿含经》 千字文：薄（260）—似（265）

续表

11	【至元录】No. 888《中阿含经》 千字文：言（285）—初（290）
12	【洪武南藏】No. 586《中阿含经》 千字文：薄 1（260）—似 10（265）
13	【永乐南藏】No. 535《中阿含经》 部别：小乘经—阿含部 千字文：作（207）—立（212）
14	【永乐北藏】No. 568《中阿含经》 部别：小乘经阿含部 千字文：作—立
15	【嘉兴藏】No. 537《中阿含经》 部别：小乘经—阿含部 千字文／函号：［正藏］作（207）—立（212）
16	【乾隆藏】No. 538《中阿含经》 部别：小乘阿含部 千字文：作—立
17	【缩刻藏】No. 482《中阿含经》 部别：小乘经 千字文：昃 5（12）—昃 7（12）
18	【卍正藏】No. 545《中阿含经》 部别：小乘经 阿含部
19	【大正藏】No. 26《中阿含经》 部别：阿含部上
20	【佛教大藏经】No. 490《中阿含经》 部别：小乘经 阿含部一
21	【中华藏】No. 698《中阿含经》
22	【南条文雄编号】Nj. 0542
23	【蔡运辰《二十五种藏经目录对照考释》编号】　卷上：26

（二）《兜调经》

01	【开宝藏】No. 701《兜调经》 部别：小乘经 小乘经重单合译 千字文：止
02	【崇宁藏】No. 703《佛说兜调经》 千字文：若（283）
03	【毗卢藏】No. 704《佛说兜调经》 千字文：若（283）
04	【圆觉藏】No. 712《兜调经》 千字文：若（283）
05	【赵城金藏】No. 703《兜调经》 千字文：止
06	【资福藏】No. 717《兜调经》 千字文：若（283）
07	【碛砂藏】No. 723《佛说兜调经》 部别：阿含部 千字文：若 3（283）
08	【高丽藏】No. 701《兜调经》 部别：小乘经 阿含部 千字文：止
09	【普宁藏】No. 715《佛说兜调经》 千字文：若（283）
10	【至元录】No. 945《兜调经》 千字文：仕（308）
11	【洪武南藏】No. 643《佛说兜调经》 千字文：若 3（283）
12	【永乐南藏】No. 598《佛说兜调经》 部别：小乘经—阿含部 千字文：缘（230）

续表

13	【永乐北藏】No. 641《佛说兜调经》 部别：小乘经阿含部 千字文：善
14	【嘉兴藏】No. 606《佛说兜调经》 部别：小乘经—阿含部/ 法宝总目录经号：0606 千字文 / 函号：［正藏］善（231）
15	【乾隆藏】No. 607《佛说兜调经》 部别：小乘阿含部 千字文：善
16	【缩刻藏】No. 532《佛说兜调经》 部别：小乘经 千字文：昃 8（12）
17	【卍正藏】No. 614《佛说兜调经》 部别：小乘经 阿含部
18	【大正藏】No. 78《兜调经》 部别：阿含部上
19	【佛教大藏经】No. 540《佛说兜调经》 部别：小乘经 阿含部二
20	【中华藏】No. 763《佛说兜调经》
21	【南条文雄编号】Nj. 0611
22	【蔡运辰《二十五种藏经目录对照考释》编号】卷上：78

（三）《佛为首迦长者说业报差别经》

01	【开宝藏】No. 801《业报差别经》 部别：小乘经 小乘经单译 千字文：无
02	【崇宁藏】No. 803《佛说业报差别经》 千字文：甚（302）

续表

03	【毗卢藏】No. 804《佛说业报差别经》 千字文：甚（302）
04	【圆觉藏】No. 811《业报差别经》 千字文：甚（302）
05	【赵城金藏】No. 808《首迦长者业报差别经》 千字文：籍
06	【资福藏】No. 817《业报差别经》 千字文：甚（302）
07	【碛砂藏】No. 824《佛为首迦长者说业报差别经》 部别：小乘单译经 千字文：甚 10（302）
08	【高丽藏】No. 805《佛为首迦长者说业报差别经》 部别：小乘经 单译 千字文：籍
09	【普宁藏】No. 816《佛说业报差别经》 千字文：甚（302）
10	【至元录】No. 1044《业报差别经》 千字文：尊（327）
11	【洪武南藏】No. 733《业报差别经》 千字文：甚 10（302）
12	【永乐南藏】No. 692《佛说业报差别经》 部别：小乘经—单译经 千字文：与（247）
13	【永乐北藏】No. 771《佛说业报差别经》 部别：小乘经单译经 千字文：当
14	【嘉兴藏】No. 734《佛说业报差别经》 部别：小乘经—单译经 / 法宝总目录经号：0734 千字文 / 函号：［正藏］当（250）

续表

15	【乾隆藏】No. 735《佛说业报差别经》 部别：小乘单译经 千字文：当
16	【缩刻藏】No. 628《佛为首迦长者说业报差别经》 部别：小乘经 千字文：宿 6（14）
17	【卍正藏】No. 743《佛为首迦长者说业报差别经》 部别：小乘经 单译经
18	【大正藏】No. 80《佛为首迦长者说业报差别经》 部别：阿含部上
19	【佛教大藏经】No. 646《佛为首迦长者说业报差别经》 部别：小乘经 经集部二
20	【中华藏】No. 868《佛为首迦长者说业报差别经》
21	【南条文雄编号】Nj. 0739
22	【蔡运辰《二十五种藏经目录对照考释》编号】卷上：80

(四)《分别善恶报应经》

01	【崇宁藏】No. 1102《分别善恶报应经》 千字文：路（493）
02	【毗卢藏】No. 1101《分别善恶报应经》 千字文：路（493）
03	【圆觉藏】No. 1111《分别善恶报应经》 千字文：路（493）
04	【赵城金藏】No. 1099《分别善恶报应经》 千字文：钟
05	【资福藏】No. 1115《分别善恶报应经》 千字文：路（493）

续表

06	【碛砂藏】No. 1126《分别善恶报应经》 千字文：路 1（493）—路 2（493）
07	【高丽藏】No. 1098《分别善恶报应经》 部别：宋续入藏经 千字文：钟
08	【普宁藏】No. 1116《分别善恶报应经》 千字文：路（493）
09	【至元录】No. 1138《分别善恶报应经》 千字文：夫（333）
10	【洪武南藏】No. 981《分别善恶报应经》 千字文：路 1（493）—路 2（493）
11	【永乐南藏】No. 788《分别善恶报应经》 部别：宋元入藏诸大小乘经 千字文：力（252）
12	【永乐北藏】No. 814《分别善恶报应经》 部别：宋元入藏诸大小乘经 千字文：竭
13	【嘉兴藏】No. 777《分别善恶报应经》 部别：宋元入藏诸大小乘经 / 法宝总目录经号：0777 千字文 / 函号：［正藏］竭（251）
14	【乾隆藏】No. 778《分别善恶报应经》 部别：宋元入藏诸大小乘经 千字文：竭
15	【缩刻藏】No. 531《分别善恶报应经》 部别：小乘经 千字文：昃 8（12）
16	【卍正藏】No. 787《分别善恶报应经》 部别：宋元入藏诸大小乘经

续表

17	【大正藏】No. 81《分别善恶报应经》 部别：阿含部上
18	【佛教大藏经】No. 539《分别善恶报应经》 部别：小乘经 阿含部二
19	【中华藏】No. 1208《分别善恶报应经》
20	【南条文雄编号】Nj. 0783
21	【蔡运辰《二十五种藏经目录对照考释》编号】卷上：81

（五）《鹦鹉经》

01	【开宝藏】No. 700《鹦鹉经》 部别：小乘经 小乘经重单合译 千字文：止
02	【崇宁藏】No. 702《佛说鹦鹉经》 千字文：若（283）
03	【毗卢藏】No. 703《佛说鹦鹉经》 千字文：若（283）
04	【圆觉藏】No. 711《鹦鹉经》 千字文：若（283）
05	【赵城金藏】No. 697《鹦鹉经》 千字文：止
06	【资福藏】No. 716《鹦鹉经》 千字文：若（283）
07	【碛砂藏】No. 722《佛说鹦鹉经》 部别：阿含部 千字文：若 3（283）
08	【高丽藏】No. 695《鹦鹉经》 部别：小乘经 阿含部 千字文：止

续表

09	【普宁藏】No. 714《佛说鹦鹉经》 千字文：若（283）
10	【至元录】No. 944《鹦鹉经》 千字文：仕（308）
11	【洪武南藏】No. 642《佛说鹦鹉经》 千字文：若 3（283）
12	【永乐南藏】No. 597《佛说鹦鹉经》 部别：小乘经—阿含部 千字文：缘（230）
13	【永乐北藏】No. 640《佛说鹦鹉经》 部别：小乘经阿含部 千字文：善
14	【嘉兴藏】No. 605《佛说鹦鹉经》 部别：小乘经—阿含部 / 法宝总目录经号：0605 千字文 / 函号：［正藏］善（231）
15	【乾隆藏】No. 606《佛说鹦鹉经》 部别：小乘阿含部 千字文：善
16	【缩刻藏】No. 533《佛说鹦鹉经》 部别：小乘经 千字文：昃 8（12）
17	【卍正藏】No. 613《佛说鹦鹉经》 部别：小乘经 阿含部
18	【大正藏】No. 79《鹦鹉经》 部别：阿含部上
19	【佛教大藏经】No. 541《佛说鹦鹉经》 部别：小乘经 阿含部二
20	【中华藏】No. 747《佛说鹦鹉经》
21	【南条文雄编号】Nj. 0610
22	【蔡运辰《二十五种藏经目录对照考释》编号】 卷上：79

二　藏译本总况

通过查阅藏文大藏经，以《德格版藏文大藏经总目录》为辅助，共查到五种藏译本，列表如下：

<table>
<tr><th></th><th>经名</th><th>造译校者</th><th>对应其汉译本</th><th>见于何版</th><th>经　号</th></tr>
<tr><td rowspan="8">1</td><td rowspan="8">las rnam par'byed pa</td><td rowspan="8">西藏译师：Ye－śes sde
印度译师：Jinamitra，Dānaśīla，Munivarma</td><td rowspan="8">《佛为首迦长者说业报差别经》</td><td>德格版</td><td>D72 no. 338
Mdo－sde（sa）277a—298b</td></tr>
<tr><td>永乐版</td><td>Mdo（sa）287a—310b</td></tr>
<tr><td>理塘版</td><td>Mdo－sde（sa）214a—316b</td></tr>
<tr><td>北京版</td><td>Mdo（śu）287a—310b</td></tr>
<tr><td>纳塘版</td><td>Mdo（la）434a—464a</td></tr>
<tr><td>卓尼版</td><td>Mdo－mang（sa）331b—358a</td></tr>
<tr><td>库热版</td><td>Mdo－sde（sa）277a—298b</td></tr>
<tr><td>拉萨版</td><td>Mdo（la）455a—490b</td></tr>
<tr><td rowspan="3">2</td><td rowspan="3">las rnam par' byed pa</td><td rowspan="3">西藏译师：Ye－śes sde
印度译师：Jinamitra，Dānaśīla，Munivarma</td><td rowspan="3"></td><td>纳塘版</td><td>Kha－skong 130a—167b</td></tr>
<tr><td>库热版</td><td>Mdo－sde（sa）310b—336a</td></tr>
<tr><td>拉萨版</td><td>Mdo（la）425a—455b</td></tr>
<tr><td rowspan="8">3</td><td rowspan="8">las kyi rnam par' gyur ba zhes bya ba'i chos kyi gzhung</td><td rowspan="8">未标明</td><td rowspan="8">《分别善恶报应经》
《中阿含经·根本分别品·鹦鹉经》
《兜调经》
《鹦鹉经》</td><td>德格版</td><td>D72 no. 339
Mdo－sde（sa）298b—310a</td></tr>
<tr><td>永乐版</td><td>Mdo（sa）310a—322b</td></tr>
<tr><td>理塘版</td><td>Mdo－sde（sa）316b—328a</td></tr>
<tr><td>北京版</td><td>Mdo（śu）301b—322a</td></tr>
<tr><td>纳塘版</td><td>Mdo（la）464a—481a</td></tr>
<tr><td>卓尼版</td><td>Mdo－mang（sa）358a—371b</td></tr>
<tr><td>库热版</td><td>Mdo－sde（sa）298b—310a</td></tr>
<tr><td>拉萨版</td><td>Mdo（la）490b—510a</td></tr>
</table>

续表

	经名	造译校者	对应其汉译本	见于何版	经　号
4	las rnam par' byed pa zhes bya ba	造者：Mar－me－mdsad ye－śes 西藏译师：Tshul－khrims rgyal－ba 印度译师：Mar－me－mdsad ye－śes		德格版	D213 no. 3959
5	las rnam par' byed pa zhes bya ba	造者：Mar－me－mdsad ye－śes 西藏译师：Tshul－khrims rgyal－ba 印度译师：Mar－me－mdsad ye－śes		德格版	D72 no. 338

三　汉藏译本内容、情节对比及义理辨析

从篇幅来看，藏译《业报差别小经》和汉译《分别善恶报应经》最广；《佛为首迦长者说业报差别经》次之；《中阿含经·根本分别品·鹦鹉经》《兜调经》《鹦鹉经》《小业分别经》最略，内容也基本相同，现分别从经文序分、正宗分、流通分三部分进行内容、情节对比。

（一）序分

藏译《业报差别小经》和汉译《中阿含经·根本分别品·鹦鹉经》《兜调经》《分别善恶报应经》《鹦鹉经》在经文序分，皆讲述了佛为首迦长者说这部经的缘起，而汉译《佛为首迦长者说业报差别经》《小业分别经》则缺失此分，略述其内容：佛去舍卫城乞食，来到首迦长者家，长者家有条狗，看见佛就叫，被佛制止，狗怏怏趴在门口。长者回来问怎么回事，仆人说明原因，长者很生气就去找佛，再三问狗的来历。佛说狗前世就是长者之父，并让长者回家验证，果然如佛所说，长者对佛生起善心，又来问佛业报差别之事，于是佛就为首迦长者说了这部经。

（二）正宗分

藏译《业报差别小经》和汉译《佛为首迦长者说业报差别经》《分别善恶报应经》首先略说“有业能令众生得决定报或不定报”乃至“有众生习行十不善业、得外恶报，或习行十种善业、得外胜报”，汉译《佛为首迦长者说业报差别经》在此略说部分亦加有“若有众生礼佛塔庙乃至恭敬合掌，各得十种功德”，然后便广说诸业差别。以汉译《佛为首迦长者说业报差别经》为例，先总说一切众生系属于业，依止于业，随自业转，所以有上、中、下差别不同。

各有十种业能令众生得短命、长命报，多病、少病报，丑陋、端正报，小威势、大威势报，下族姓、上族姓报，少资生、多资生报，邪智、正智报，这些都属于满业。汉译《中阿含经·根本分别品·鹦鹉经》《兜调经》《鹦鹉经》《小业分别经》只讲到这里就结束了，而藏译《业报差别小经》和汉译《佛为首迦长者说业报差别经》《分别善恶报应经》讲得更多，如下：

各有十业能令众生得地狱、畜生、饿鬼、阿修罗、人趣、欲天、色天报，有四业得无色天报，这些都属于引业。

各有业能令众生得决定、不定报，前者是定业，后者是不定业。

各有业能令众生得边地、中国报，尽地狱寿，或堕于地狱，至半而夭，不尽其寿，或堕于地狱，暂入即出。

各有业作而不集、集而不作、亦作亦集、不作不集。

各有业初乐后苦、初苦后乐、初苦后苦、初乐后乐。

各有业贫而乐施、富而悭贪、富而能施、贫而悭贪。

各有业能令众生得身乐而心不乐、心乐而身不乐、身心俱乐、身心俱不乐。

各有业能令众生命尽而业不尽、业尽而命不尽、业命俱尽、业命俱不尽。

各有业能令众生生于恶道，形容殊妙、眼目端严、肤体光泽、人所乐见，或形容丑陋、肤体粗涩、人不喜见，或身口臭秽、诸根残缺，这些也属于满业。

各有十业得外恶、外胜报，这些属于增上果。

藏译《业报差别小经》和汉译《分别善恶报应经》又分别讲述杀生、不与取、欲邪行、妄语的十种过失和饮酒的三十六种过失，汉译《佛为首迦长者说业报差别经》则没有这些内容。

接下来，藏译《业报差别小经》和汉译《分别善恶报应经》《佛为首迦长者说业报差别经》中说若有众生礼佛塔庙，奉施宝盖、缯幡、钟铃、衣服、器皿、饮食、靴履、香花、灯明，恭敬合掌，各得十种功德。前两部经还讲了拂拭佛塔和以鬘、涂香、妙音乐布施如来之塔的十种功德，于如来塔欢喜赞叹的十八种胜妙功德，以床座、象马车乘、美饮汤药施佛及僧的十种功德，修严房室、屋宇、殿堂施佛及僧的众多功德，以及归佛出家、在林野中寂静而居、持钵乞食、远离十种黑暗（藏译略有不同，为无畏）的十种功德，汉译《分别善恶报应经》总结道："业因业生、业因业灭，业有前后、引满差别，报乃高低愚智悬隔。"至此经文正宗分结束。

（三）流通分

最后，流通分说首迦长者于如来所得净信心，欢喜受持，请佛去自己家。汉译《中阿含经·根本分别品·鹦鹉经》《兜调经》《鹦鹉经》《小业分别经》还说长者归依成为优婆塞，唯独《兜调经》单说如果后世有人讽诵、听闻此经，心中恻然、毛竖泪出，其人皆当为弥勒佛弟子。

经此一番对比，不难发现，藏译本无论从篇幅还是内容细节较汉译本更为完整、详细，通过汉藏译本对照，可以互通有无，能较好地还原当时佛陀为弟子宣讲教理的场景，对业果理论的理解也更为清晰透彻。

四　简述此经重要性

谈到佛教中的业果问题，这部佛经则不得不提，历代大德注疏、论著等对此经的引用程度，皆可见此经地位之重要。比如古代印度大乘佛教瑜伽行派创始人无著菩萨所造《瑜伽师地论》和《显扬圣教论》在谈到顺退分行者和染污行者时皆引用过此经，《瑜伽师地论》云："顺退分行者，谓所有行能障寿等诸升进事，与此相违，当知即是顺进分行，如《鹦鹉经》说。"[①]《显扬圣教论》云："染污行者，如《鹦鹉经》说：略有三种，谓业杂染、烦恼杂染、流转杂染。"[②] 其中《瑜伽师地论》虽未直接引用佛经原文，但在讲述顺退分行者的概念时，直接建议参考《鹦鹉经》，可见《鹦鹉经》对此部分教义的叙述有更广的说明，无著菩萨之所以选取《鹦鹉经》作为辅助参考，一定是考究了此经会对世人产生的受益程度而作出的决定，这样的指定参考足以说明此经的重要程度。

汉传佛教的各家论疏中也引用过此经，如唐代法相宗第三祖慧沼大师的重要著作《劝发菩提心集》中谈及短命报时直接引用此经："《业报差别经》云：'有十种业，能令众生得短命报：一自行杀生，二劝他令杀，三赞叹杀，四见杀随喜，五于怨憎所欲令丧灭，六见怨灭已心生欢喜，七者坏他胎藏，八者教人毁坏，九者建立天祀屠杀众生，十者教人斗战互相残害。'"[③] 在有关发菩提心之汉传典籍中，《劝发菩提心集》是祖述历代有关"发菩提心"之重要典籍，对汉传佛教影响之大不言而喻，此论著对其直接引用，说明了慧沼大师对此经之重视。

还有一部不得不提的汉传佛教典籍，就是享有佛教百科全书之名的《法苑珠林》，此书一向为中国僧、俗学者所重视，是一般佛教徒查检一切经资料的重要索引。通过查阅发现，《法苑珠林》更是多次引用此经：

---

① 弥勒菩萨说，（唐）玄奘译：《瑜伽师地论》卷八十一，《大正藏》第30册，第751页下—752页上。

② 弥勒菩萨说，（唐）玄奘译：《瑜伽师地论》，卷十二，《大正藏》第31册，第537页中。

③ （唐）慧沼：《劝发菩提心集》卷三，《大正藏》第45册，第407页上—中。

“若依《业报差别经》中，具说十善得生天趣具分定散三界差别。经云：‘复有十善能令众生得欲界天报，具修增上十善得生欲界天报，此则欲界散善业也。复有十业能令众生得色界天报，为修有漏十善与定相应，此则色界定善业也。’”① “依《业报差别经》中，作四句分别：一者有业得身乐报而心不乐，如有福凡夫；二者有业得心乐报而身不乐，如薄福罗汉；三者有业得身心俱乐，如有福罗汉；四者有业得身心俱不乐，如薄福凡夫，诸如此等，皆悉报得此苦乐也。”② 等等，引用次数达十多次，足以说明撰者在把握经文引用的问题上对此经的重视程度。不仅如此，像《净土指归集》《径中径又径》《归元直指集》等诸多论疏中也不同程度地引用过，可见此经影响之广。

对比宗喀巴大师所著《菩提道次第广论》中的“深信业果”章，可以探究二者之关系以更好理解业果。《业报差别经》是通过佛陀与首迦长者之间的对话，直观地为诸比丘阐述了业果理趣，详细地列出了各种业报的现象及其引发之因，以及造何等白业得何等功德，《广论》则是把业果之理进行理论总结，首先总说业果四定理：业决定、业增长广大、未作不遇、作已不失；然后别释十黑业道及其轻重之别、十黑业果、白业果总示及异熟果；最后阐述恶净之理及如何修习之理。《广论》里对于十黑业果比《业报差别经》分析得更加细致，分别从事、意乐、加行、究竟四方面来谈及所造业果之轻重，《广论》虽未直接引用此经，但其中之业报种类及其成因皆可在此经中找到。若能将二者细细结合学习，对于深刻体会业果理论绝对是受益匪浅的。

在此以十不善业道为例，结合《广论》相应内容简单比较二者之间的异同。《广论》是将十黑业道从事、意乐、加行、究竟四个方面来谈及，每一个不善业道皆由于这四方面程度之不同，感得的果报就有轻重之别，并将十黑业果从异熟果、等流果、增上果进行分析。例如，《业报差别经》里有一段叙述受地狱报者有三类不同程度的果报：“尽地狱寿”“堕于地狱，至半而夭，不尽其寿”“堕于地狱，暂入即出”。由于“无惭无愧而不厌离，心无怖畏，反生欢喜，又不忏悔，而复更造重增恶业”

① （唐）道世：《法苑珠林》卷二，《大正藏》第 53 册，第 283 页中。

② 同上书，第 306 页上。

而感得完整地狱果报；由于“积集成已，后生怖畏，惭愧厌离，忏悔弃舍，非增上心”，本应尽寿于地狱，然却减半其受报时间；由于“作已怖畏，起增上心，生惭愧心，厌恶弃舍，殷重忏悔，更不重造如阿阇世王杀父等罪”，虽感得地狱果报，然时间极短，暂入即出。由此可见，《业报差别经》虽未直接提出“事、意乐、加行、究竟”这样的概念，但其实已经间接地为我们展示了其中“意乐”对其所生果报的影响程度。又如《业报差别经》中“地狱报、畜生报、饿鬼报、阿修罗报、人趣报、欲天报、色天报、无色天报、边地报、中国报”等皆属于《广论》中所提的异熟果，而《广论》直接从异熟果的角度出发，叙述由于事及三毒的上中下品而得不同品类的果报，像“短命报、多病报、丑陋报、小威势报、下族姓报、少资生报”等属于等流果范畴，二者从内容上来说，皆可穿插归类，只是在谈及果报时的角度不同，其实在业报全面性的问题上并无太大差别，这样对我们理解业报却是个非常好的帮助。

总之，通过对佛经的汉藏版本的考察，以及对照二者内容情节的异同，可以细细研读佛经内在含义，而且汉藏译本之间的不同之处，正好互通了有无，更加完善、完整佛经，加之将佛经与历代大德注疏进行参考对比，学习历代大德对其教法合理的总结归纳，要比独自研读一本佛经所收获的更多。

中观应成派“业灭”理论辨析

格西贡秋诺布

【提要】 业果思想是佛教思想体系中极为重要且非常精细的理论，佛教各宗对业果之安立亦多有不同。本文在简要介绍佛教思想中安立业果之必要性、安立业果时面临的主要问题以及各宗宗义对业果的不同安立之基础上，对中观应成派业果思想中的“业灭”理论，进行简要的介绍和分析。

【关键词】 因果　业　坏灭

【作者简介】 格西贡秋诺布，甘孜州炉霍县慧远寺教师，拉然巴格西。

此次演讲的主题是有关于业果的，这里要谈的是中观应成派的业与果之间的关系。一般来说，细而又细的因果的安立在三所量分之中是极不现事[①]，故须主要依靠圣言而后由信心才能决定，除此以证成道理是不能获得决定的。因此，印度的大阿阇黎月称论师说：“亦遮思维诸业果。”所谓的“信心”，不能像必须毫无理由地坚持这样来理解，而应如印度的大阿阇梨法称论师在《释量论》中所说：“要义无欺故，余义亦比知。”应像这样来理解。然而业果或因果关系的安立仍须以证成道理来决定，故在此将对其略述一二。

对所谓的因果和业果二者，有各别理解，也有承许为一的。然而，“因果”是于为有为法所摄的一切法之上周遍，因相较“业果”的意义更广；业果必须主要从为情世间所摄的有情之上来理解，因此是因果的一种

---

① 极不现事，有译为“极隐蔽事”。

差别。“业”必须主要在事业之上来认识，业又有身语意三业，在它们之中又是由意业牵引而引发身语之业。像这样的业或事业是妙是劣，要从此业之果是妙是劣之上来说明，因此将妙劣果的因称为善业和恶业。虽然也有所谓的不动业，但在此处不提。

就像我们众生都同样希求安乐而不欲痛苦，若由此来看，无论是否承许［佛］法，一切有情都需要成办善的业或事业，而其中又须主要通过内在思维这一方面的业来实现，它就如同佛法修持的核心一般。就此，一切希求安乐、不欲痛苦者就落到了必须要修持的关键点上。那么我们所有人须主要思维的一点，就是此业与果之间关系的安立之理。

若说理由是什么，答：例如造作完杀业之后，并没有“必须无间感受苦果”的决定，由此佛说：业之果有顺现法受、顺生受、顺后受三种。因此在业与它的果成熟之间可以远隔上百年。那么，业从未变或未坏到果未成熟之间若存在，业应是常，如此则不容有“能生果”的安立；若在果未成熟之前业已灭，其果为历经长时到达之后才会感受痛苦，这是［为诸宗］所共许的。

对此的安立，诸说宗义者虽无不一致，但“在业已灭之后产生果的因果关系的接续之理是怎样的”这个问题的答案，是个难点。对此印度的诸说宗义者不一致之处有很多。例如：毗婆沙宗把不失坏之果的关系的安立处安立为“得”，以及一种像债契一样名为“不失法”的不相应行。随教唯识宗则安立名为“阿赖耶识”的业习或功能的所依之处，以及异于六识身、恒以无记体性而存的“末那识”。中观自续派不承许阿赖耶识，因此把所相识安立为业习所依的基础。中观应成派则把所谓的“心续”或“唯我”安立为业功能所依的基础。关于这些观点是否合理，它们内部互相之间有很多辩论，但今天没有时间在这里讨论。

若以我们格鲁派为例，则是以中观应成派的开辙大师月称论师的论典为主，与其中所宣说的一切安立，在所依、事、体性方面都是一致的。一个主要理由是，至尊文殊在宗喀巴大师亲见本尊的授记中这样说：“吉祥月称语无谬。”在这种情况下研习他的论典，最终，对了知“虽然全无自体成立，但业果系属极为合理”的吉祥月称的宗义，不仅为正理所引而如实通达，而且［明白了］它在一切宗义之中最极妙隽。但是，要把一切其他宗义视为如同趋入事物真实状况的阶梯，对其他的导师也应赋予极大的珍视。

因此，当前若要谈一些月称论师之宗关于业果关系［的观点］，则如《入中论》所说："由业非以自性灭，故无赖耶亦能生，有业虽灭经久时，当知犹能生自果。"

实事师语中观师："你若不许阿赖耶识，则业灭已历经长时之后不应真正生果。"作为对此诤论的答复，一般应成派也需要安立业习气熏习所依为"唯我"，但在这里并不直说"虽无阿赖耶识，但也可以有唯我作为业习气熏习所依"，而是说："由业非以自性灭之理而无阿赖耶识，然亦可善加安立业与果之联系。"我想：月称论师的这番话显示了一个极大的要点。

为什么呢？并不仅仅是承许阿赖耶识的实事师，连同中观自续派都在意义上对此加以否定。其理由是：除了应成派，一切其他宗义都安立一种自体可得或寻求假义而得者。这样安立之后，则必须成立为坚稳无观待，因此就无法安立业与果之间的续流。不仅如此，也显示出自己前世所造之果在后世并不一定领受等诸多过失，尤其是承认自体成立后，无法把"坏灭"（zhig pa）安立为"事"（dngos po，有为法）。此若不能，则无论任何与前后续流相关者都会没有安立之处，因此造业后所谓的"不失法"也唯成虚言。

其他宗义承许：如同苗芽一般的事（dngos po，有为法）若坏灭，一切苗芽部分之事便皆遮回，而苗芽之外不得瓶等其他诸事，因此所谓的"坏灭"仅仅是"此已尽"的无遮之分，绝不是事。毗婆沙师说"坏灭是事"，或是因为一种侧面的理解而如此承许。

要之，对于安立自己前世所造之业的果将于诸后世领受，就必须要能够善加安立与作者和受者相关的业习气的安置处以及它的续流等。因此，其他说宗义者也把作为补特伽罗的所相者称为阿赖耶识，这就落到了"在识的续流之上必须安立业习气所熏之事"这样一个关键点。月称论师等人决择而说"若立补特伽罗，则不由寻求假义而立，仅由假名之门，将世俗如幻补特伽罗作为量境，其中坏灭是事，其中全无尘许谛实有"的建立。

现在我们来观察与坏灭相关的道理。对此，与西藏其他佛法传承承许不相一致之处是有的，而宗喀巴大师的后学诸智者之间也产生过广大的辩论。首先说为什么“坏灭是事”这一点。

比如，以“苗芽之坏灭”为例，它并不是指“唯遮先有之苗芽体性”的无遮，而是以这种无遮作为施设的基础，唯以“苗芽的坏灭”这样一个事坏灭之名加以施设，由此得立；这些事是就“令苗芽灭的因缘所生”而立。因此说“坏灭并非无遮，而是非遮，遮后在心境上引发因缘”。像这样通过教理二者成立坏灭为事之理，在尊者之语中已作了非常清楚的宣说。

然而关于这方面又会出现下面的这些问题：

1. 若将坏灭承许为无事，则安立业果系属之理会有什么损害？

2. “坏灭”若是因所作，“坏灭的坏灭”也必须是因所作，那么“业坏灭的坏灭”将会持续至乃至果成熟，则在习气熏习所依处之上安立“唯我”目的何在？

3. “业坏灭”的续流是否在业的功能或习气之外单独存在？

4. 是否把善与不善业的坏灭安立为善与不善？

5. 又，宗喀巴大师明示“在殊胜有法中客尘穷尽”是灭谛，据此，它并不是事。

对此，依次略述一下自己的想法：

1. 若承许坏灭为无事，业的坏灭就必须在唯遮回前有自性的无遮之上加以认识，而其中不可安立“前灭、成以后者为体”，因此无法安立业的续流。此若不能，则补特伽罗的续流同样无法安立，因此不能安立前所作之业的果为后相续所领受，那么“所造业不失坏”的安立是否会破坏？

2. 同样，虽然堆砌了诸多“坏灭的坏灭”，但在所灭之事外并无单独之体。而由于它是事这个理由，在“唯令前后诸事相接”外，没有单独的续流可以认识吗？由此，若无业习气所熏之处，仅有前后续流，有何利益？

3. 由于落不到说“业的坏灭本身是习气”这一点，所以是否要认识为“能接续业和业习气之事”？

4. 善不善业的坏灭若安立为善不善，那么，比如虽然必须把“不善的坏灭的坏灭”等前后续流也安立为不善，但若如此，则摧毁不善续流的新生佛陀也应成有不善，因有不善坏灭的续流故！

5. 我想：与“由对治力断除所断的断”并不相同，它是就“同类续流断”而称为灭。总体而言，业的坏灭是从续流的角度来说的吗？

时间关系，就此结束，谢谢大家。

（朱雅雪译）

༄༅། །དབུ་མ་ཐལ་འགྱུར་བའི་ལུགས་ལ་ལས་རྒྱུ་འབྲས་ཀྱི་རྣམ་གཞག

དགེ་བཤེས་དཀོན་མཆོག་ནོར་བུ།

ད་ཐེངས་ངའི་གཏམ་བཤད་ཀྱི་བརྗོད་གཞི་ནི་གཙོ་བོ་ལས་འབྲས་ཀྱི་སྐོར་རེད། དེའི་ནང་ནས་ཀྱང་དབུ་མ་ཐལ་འགྱུར་བའི་ལུགས་ཀྱི་ལས་དང་འབྲས་བུའི་བར་གྱི་འབྲེལ་བའི་སྐོར་འཆད་རྒྱུ་ཡིན།

སྤྱིར་ན་ལས་འབྲས་ཀྱི་རྣམ་གཞག་ཟབ་ཞིང་ཟབ་པ་ནི་གཞལ་བྱའི་གནས་གསུམ་གྱི་ནང་ནས་ཤིན་ཏུ་ལྐོག་གྱུར་ཡིན་པས་གཙོ་བོ་ལུང་ལ་བརྟེན་ནས་ཡིད་ཆེས་ཀྱིས་ངེས་པ་ཐུབ་དགོས་པ་ལས། འཐད་སྒྲུབ་ཀྱི་རིགས་པས་ངེས་པ་རྙེད་མི་ཐུབ། དེས་ན་རྒྱ་གར་གྱི་སློབ་དཔོན་ཆེན་པོ་དཔལ་ལྡན་ཟླ་བ་གྲགས་པས། ལས་འབྲས་རྣམས་ལ་སེམས་པའང་དགག་པར་མཛད། །ཅེས་གསུངས་པ་རེད།

ཡིད་ཆེས་ཞེས་པའང་རྒྱུ་མཚན་མེད་པར་ཨུ་ཚུགས་བྱ་དགོས་པ་ལྟ་བུར་གོ་རྒྱུ་མ་ཡིན་པར་རྒྱ་གར་གྱི་སློབ་དཔོན་ཆེན་པོ་དཔལ་ཆོས་ཀྱི་གྲགས་པས་རྣམ་འགྲེལ་ལས། གཙོ་བོའི་དོན་ལ་མི་བསླུ་ཕྱིར། །གཞན་ལ་རྗེས་སུ་དཔག་པ་ཡིན། །ཞེས་པ་ལྟར་གོ་དགོས། འོན་ཀྱང་ལས་འབྲས་སམ་རྒྱུ་འབྲས་ཀྱི་འབྲེལ་བའི་རྣམ་གཞག་ནི་འཐད་སྒྲུབ་ཀྱི་རིགས་པས་གཏན་ལ་ཕབ་དགོས་པས་དེའི་སྐོར་འདིར་ཙུང་ཟད་འཆད་རྒྱུ་ཡིན། རྒྱུ་འབྲས་དང་ལས་འབྲས་ཞེས་པ་གཉིས་ལ་སྐབས་སྐབས་སུ་གོ་བ་གཅིག་ཏུ་ལེན་པའང་ཡོད། ཡིན་ནའང་རྒྱུ་འབྲས་ཞེས་པ་ནི་འདུས་བྱས་ཀྱིས་བསྡུས་པའི་ཆོས་ཐམས་ཅད་ཀྱི་སྟེང་དུ་ཁྱབ་ཡོད་ཅང་ལས་འབྲས་ཞེས་པའི་གོ་དོན་ལས་ཁྱབ་ཆེ་བ་ཡིན། ལས་འབྲས་ནི་གཙོ་བོ་བཙུད་ཀྱིས་བསྡུས་པའི་སེམས་ཅན་གྱི་སྟེང་ནས་གོ་བ་ལེན་དགོས་པས་རྒྱུ་འབྲས་ཀྱི་ཁྱད་པར་ལྟ་བུ་ཆགས་ཡོད། ལས་ཞེས་པ་ནི་གཙོ་བོ་བྱ་བ་ཞིག་ལ་ངོ་འཛིན་དགོས་ལ། དེ་ལ་ཡང་ལུས་ངག་ཡིད་གསུམ་གྱི་བྱ་བ་ཡོད། དེའི་ནང་ནས་ཀྱང་ཡིད་ཀྱི་བྱ་བས་སྔོ་བྲངས་ཏེ་ལུས་ངག་གི་བྱ་བ་འདྲེན་བཞིན་ཡོད། དེ་འདྲའི་ལས་སམ་བྱ་བ་བཟང་ངན་ནི་ལས་དེའི་འབྲས་བུ་བཟང་ངན་ཐོག་ནས་འགྲེལ་བཤད་རྒྱག་བཞིན་ཡོད་པས་འབྲས་བུ་བཟང་ངན་གྱི་རྒྱུ་ལ་དགེ་བ་དང་སྡིག་པ་ཞེས་ཟེར། མི་གཡོ་བའི་ལས་ཟེར་བ་ཞིག་ཡོད་ཀྱང་འདིར་མི་གླེང་། ང་ཚོ་འགྲོ་བ་ཀུན་བདེ་བ་འདོད་ཅིང་སྡུག་བསྔལ་མི་འདོད་པ་གཅིག་མཚུངས་ཡིན་པའི་སྒོ་ནས་བལྟས་ན་ཆོས་ལུགས་ལེན་རུང་མི་ལེན་རུང་ཐམས་ཅད་ཀྱིས་ལས་སམ་བྱ་བ་བཟང་པོ་སྒྲུབ་དགོས་པ་འདྲ་བ་རེད། དེའི་ནང་ནས་ཀྱང་གཙོ་བོ་ནང་བསམ་བློ་གཏོང་ཕྱོགས་ཀྱི་བྱ་བ་འདིའི་སྒོ་ནས་འགྱུར་བ་གཏོང་དགོས་པ་ནང་ཆོས་ཀྱི་ཉམས་ལེན་སྙིང་པོ་ལྟ་བུ་ཆགས་ཡོད་ལ། བདེ་བ་འདོད་ཅིང་སྡུག་བསྔལ་མི་འདོད་པ་ཐམས་ཅད་ཀྱིས་ཉམས་སུ་ལེན་དགོས་པའང་གནད་འདི་ལ་ཐུག་ཡོད། ད་ང་ཚོ་ཚང་མས་བསམ་བློ་གཏོང་དགོས་ས་གཙོ་བོ་

གཅིག་ནི། ལས་དང་འབྲས་བུའི་བར་གྱི་འབྲེལ་བ་འཛོག་སྟངས་འདི་རེད། རྒྱུ་མཚན་གང་ཡིན་ཞེ་ན། དཔེར་ན་སྲོག་གཅོད་པའི་ལས་ལྟ་བུ་བྱས་ཟིན་མ་ཐག་དེའི་འབྲས་བུ་སྡུག་བསྔལ་མྱོང་དགོས་པའི་ངེས་པ་མེད་པས་སངས་རྒྱས་ཀྱིས་ལས་ཀྱི་འབྲས་བུ་དེ་ལ་མཐོང་ཆོས་མྱོང་འགྱུར་དང་། སྐྱེ་གནས་མྱོང་བར་འགྱུར་བ། ལན་གྲངས་གཞན་ལ་མྱོང་འགྱུར་གསུམ་གསུངས་པ་རེད། དེས་ན་ལས་དང་དེའི་འབྲས་བུ་སྨིན་པའི་བར་དུ་ལོ་བརྒྱ་ཕྲག་གིས་ཆོད་པ་བཞག་ཆོག་པ་རེད། འོ་ན་ལས་འགྱུར་བ་མེད་པའམ་མ་ཞིག་ནས་འབྲས་བུ་མ་སྨིན་གྱི་བར་ཡོད་ན་ནི་ལས་རྟག་པར་ཐལ་བས་འབྲས་བུ་སྐྱེད་པའི་རྣམ་གཞག་མི་རུང་། འབྲས་བུ་མ་སྨིན་གོང་ནས་ལས་འགགས་སོང་ན་དེའི་འབྲས་བུ་དུས་ཡུན་རིང་པོ་ལོན་ནས་ད་གཟོད་སྡུག་བསྔལ་མྱོང་བ་ཡོད་པ་ཡོངས་སུ་གྲགས་པ་རེད། འདིའི་རྣམ་གཞག་ལ་གྲུབ་མཐའ་སྨྲ་བ་རྣམས་མི་མཐུན་པ་མེད་ཀྱང་ལས་འགགས་ཟིན་པའི་རྗེས་སུ་འབྲས་བུ་འབྱུང་བའི་རྒྱུ་འབྲས་ཀྱི་འབྲེལ་བ་མཐུད་ཚུལ་ཇི་ལྟར་ཡིན་ཞེས་པ་ནི་དྲི་བའི་ལན་དཀའ་ས་དེ་རེད། འདི་ལ་རྒྱ་གར་གྱི་གྲུབ་མཐའ་སྨྲ་བ་རྣམས་མི་མཐུན་ས་མང་པོ་བྱུང་ཡོད་པ་རེད། དཔེར་ན། བྱེ་བྲག་ཏུ་སྨྲ་བ་དག་གིས་དེ་ལྟར་འབྲས་བུ་ཆུད་མི་ཟ་བའི་འབྲེལ་བ་གཞག་ས་ལ་ཐུབ་པ་དང་ཆུད་མི་ཟ་བ་ཟེར་བའི་བུ་ལོན་གྱི་དཔང་རྒྱ་ལྟ་བུ་ལྡན་མིན་འདུས་བྱས་ཤིག་འཛོག་གི་ཡོད་པ་རེད། ལུང་གི་རྗེས་འབྲང་གི་སེམས་ཙམ་པས་ལས་ཀྱི་བག་ཆགས་སམ་ནུས་པ་བགོ་སའི་ཀུན་གཞི་རྣམ་ཤེས་ཞེས་པ་ཚོགས་དྲུག་ལས་ཐ་དད་པའི་རྟག་ཏུ་ལུང་མ་བསྟན་གྱི་ངོ་བོར་གནས་པའི་ཡིད་ཀྱི་རྣམ་ཤེས་ཟེར་བ་ཞིག་འཛོག་གིན་ཡོད་རེད། དབུ་མ་རང་རྒྱུད་པ་སོགས་ཀྱིས་ཀུན་གཞིའི་རྣམ་གཞག་མི་བཞེད་པས་མཚན་གཞི་རྣམ་ཤེས་ལས་ཀྱི་བག་ཆགས་བགོ་བའི་གཞིར་བཞག་པ་རེད། དབུ་མ་ཐལ་འགྱུར་བས་སེམས་ཀྱི་རྒྱུད་ཅེས་པའམ་ང་ཙམ་ལས་ཀྱི་ནུས་པ་བགོ་བའི་གཞིར་བཞག་པ་རེད། དེ་དག་ནང་ཕན་ཚུན་འཐད་མི་འཐད་ཀྱི་རྩོད་པ་མང་པོ་ཡོད་ཀྱང་ད་རེ་འདིར་གླེང་བའི་དུས་ཚོད་མི་འདུག ང་ཚོ་རི་བོ་དགེ་ལུགས་པ་ལ་ཆ་བཞག་ན་དབུ་མ་ཐལ་འགྱུར་བའི་གྲུབ་མཐའི་སྲོལ་འབྱེད་ཆེན་པོ་དཔལ་ལྡན་ཟླ་བ་གྲགས་པའི་གཞུང་ལུགས་ལ་གཙོ་བོར་བྱེད་ཅིང་དེ་ལས་གསུངས་པའི་རྣམ་གཞག་ཐམས་ཅད་གཞི་དངོས་པོ་གནས་ཚུལ་མཐུན་པར་བརྩི་བཞིན་ཡོད་པ་རེད། དེའི་རྒྱུ་མཚན་གཙོ་བོ་ཞིག་ནི། རྗེ་བཙུན་འཇམ་དཔལ་དབྱངས་ཀྱིས་རྗེ་བླ་མ་ཙོང་ཁ་པ་ལ་ཞལ་གཟིགས་ལུང་བསྟན་ནང་དཔལ་ལྡན་ཟླ་བ་གྲགས་པའི་གསུང་ལ་འཁྲུལ་བ་མེད་གསུངས་པ་ལྟར་དུ་དེའི་གཞུང་ལུགས་ལ་སློབ་གཉེར་མཛད་དེ་མཐར་རང་ངོས་ནས་གྲུབ་པ་རྡུལ་ཙམ་མེད་ཀྱང་ལས་འབྲས་ཀྱི་འབྲེལ་བ་ཆེས་འཐད་པའི་རྣམ་གཞག་ཐམས་ཅད་འཛོག་ཤེས་པའི་དཔལ་ལྡན་ཟླ་བའི་གྲུབ་མཐའ་འདི་རིགས་པའི་ལམ་ལས་དྲངས་ཏེ་ཇི་ལྟ་བ་བཞིན་ཐུགས་སུ་ཆུད་པ་ཙམ་དུ་མ་ཟད་གྲུབ་མཐའ་ཐམས་ཅད་ལས་ཆེས་ཐུགས་ཡིད་འཕྲོག་ཤོས་དེ་བྱུང་བ་རེད། ཡིན་ནའང་གྲུབ་མཐའ་གཞན་ཐམས་ཅད་ཡང་དོན་དངོས་པོ་གནས་ཚུལ་ལ་འཇུག་པའི་འབབ་སྟེགས་ལྟ་བུར་འཛིན་ཏེ། སློབ་དཔོན་གཞན་ལའང་བརྩི་མཐོང་ཏ་ཙང་ཆེན་པོ་གནང་གིན་ཡོད་རེད། དེས་ན་ད་རེ་སྐབས་སུ་བབས་པ་དཔལ་ལྡན་ཟླ་བའི་ལུགས་ཀྱི་ལས་འབྲས་

ཀྱི་འབྲེལ་བའི་སྐོར་ཅུང་ཟད་བཤད་ན། དེ་ཡང་དབུ་མ་འཇུག་པ་ལས། གང་ཕྱིར་རང་བཞིན་གྱིས་དེ་མི་འགག་པ། །དེ་ཕྱིར་ཀུན་གཞི་མེད་ཀྱང་འདི་ནུས་ཕྱིར། །ལ་ལར་ལས་འགགས་ཡུན་རིང་ལོན་ནས་ཀྱང་། །འབྲས་བུ་ཡང་དག་འབྱུང་བར་རིག་པར་གྱིས། །ཞེས་པ་འདི་ནི། དངོས་སྨྲ་བས་དབུ་མ་པ་ལ་ཁྱོད་ཀྱིས་ཀུན་གཞི་མི་འདོད་ན་ལས་འགགས་ནས་ཡུན་རིང་པོ་ལོན་པའི་རྗེས་སུ་འབྲས་བུ་ཡང་དག་པར་འབྱུང་བར་མི་རིགས་ཞེས་བརྩད་པའི་ལན་དུ་སྨྲས་པ་ཡིན་ལ། སྤྱིར་ན་ཐལ་འགྱུར་བའི་ལུགས་ལའང་ལས་ཀྱི་བག་ཆགས་བསྒོ་སའི་རྟེན་ང་ཙམ་འཛོག་དགོས་ནའང་འདིར་ཀུན་གཞི་མེད་ཀྱང་ང་ཙམ་ལས་ཀྱི་བག་ཆགས་བསྒོ་བའི་གཞི་རུང་ཞེས་ཁ་ཐུག་མ་གསུངས་པར་ལས་རང་བཞིན་གྱིས་མི་འགགས་པའི་རྒྱུ་མཚན་གྱིས་ཀུན་གཞི་མེད་ཀྱང་ལས་དང་འབྲས་བུའི་འབྲེལ་བ་ལེགས་པར་འཛོག་ཐུབ་གསུངས་པ་རེད། དཔལ་ལྡན་ཟླ་བའི་གསུང་འདིས་ཧ་ཅང་གནད་འགག་མང་པོ་ཞིག་སྟོན་ཡོད་རེད་བསམ་གྱིན་འདུག གང་ཡིན་ཞེ་ན། ཀུན་གཞི་འདོད་པའི་དངོས་པོ་སྨྲ་བ་ཙམ་དུ་མ་ཟད་དབུ་མ་རང་རྒྱུད་པ་དང་བཅས་པ་ཐམས་ཅད་ལ་དོན་གྱིས་དགག་པ་གནང་ཟིན་པ་རེད། རྒྱུ་མཚན་ནི། ཐལ་འགྱུར་བ་མ་གཏོགས་གྲུབ་མཐའ་གཞན་ཐམས་ཅད་ཀྱིས་རང་ངོས་ནས་སམ་བཏགས་དོན་བཙལ་ནས་རྙེད་རྒྱུ་ཡོད་པ་ཞིག་འཛོག་གིན་ཡོད་རེད། དེ་ལྟར་འཛོག་ཕྱིན་ཆད་ཚུགས་ཐུབ་ལྟོས་མེད་དུ་གྲུབ་དགོས་པས་ལས་དང་འབྲས་བུའི་བར་གྱི་རྒྱུན་འཛོག་མི་ཐུབ་པ་མ་ཟད། རང་གིས་ཚེ་སྔོན་བྱས་པའི་འབྲས་བུ་རང་གིས་ཚེ་ཕྱི་མར་སྤྱོད་པའི་ངེས་པ་མེད་པ་སོགས་གནོད་བྱེད་མང་པོ་སྟོན་པ་རེད། ལྷག་པར་དུ་རང་ངོས་ནས་གྲུབ་པ་ཁས་ལེན་ཕྱིན་ཆད་ཞིག་པ་དངོས་པོར་འཛོག་མི་ཐུབ་ཅིང་། དེ་མ་ཐུབ་ན་སྔ་ཕྱིའི་རྒྱུན་དང་འབྲེལ་བ་གང་ཡང་གཞག་ས་མེད་པས་ལས་བྱས་པ་ཆུད་མི་ཟ་བ་ཟེར་བ་ཡང་ཚིག་ཙམ་འགྱུར་སོང་བ་རེད། གྲུབ་མཐའ་གཞན་གྱིས་སྨྱུ་གུ་ལྟ་བུའི་དངོས་པོ་ཅིག་ཞིག་པ་ན། སྨྱུ་གུའི་ཆ་ཤས་ཀྱི་དངོས་པོ་ཐམས་ཅད་ནི་ལོག་ལ། སྨྱུ་གུ་ལས་གཞན་པ་ཐུམ་པ་ལ་སོགས་པའི་དངོས་པོ་གཞན་གང་ཡང་མ་ཐོབ་པས། ཞིག་པ་ཟེར་བ་དེ་ཟད་པའི་ཆ་མེད་དགག་ཞིག་ལས་དངོས་པོ་གཏན་མིན་པར་འདོད་པ་རེད། བྱེ་བྲག་སྨྲ་བས་ཞིག་པ་དངོས་པོ་ཡིན་ཟེར་བ་ནི་གོ་བ་ཟུར་པ་ཞིག་ཡིན་པས་དོན་ལ་འདི་ལྟར་ཁས་བླངས་པ་ཡིན་སྙམ། མདོར་བསྡུས་ནས་ཞུ་ན། རང་གིས་ཚེ་སྔོན་མ་བྱས་པའི་ལས་ཀྱི་འབྲས་བུ་ཚེ་རབས་ཕྱི་མ་རྣམས་སུ་སྤྱོད་བར་འཛོག་པ་ལ། བྱེད་མཁན་དང་སྤྱོད་མཁན་ཁོང་རང་དང་འབྲེལ་བའི་ལས་ཀྱི་བག་ཆགས་འཛོག་ས་ཞིག་དང་། དེའི་རྒྱུན་སོགས་ལེགས་པར་འཛོག་ཐུབ་པ་ཞིག་དགོས། དེ་འདྲ་སོང་ཙང་གྲུབ་མཐའ་སྨྲ་བ་གཞན་དག་གིས་ཀྱང་གང་ཟག་གི་མཚན་གཞི་ཁྱུར་པ་ཀུན་གཞི་ཟེར་བ་དང་རྣམ་ཤེས་ཀྱི་རྒྱུན་ལ་ལས་ཀྱི་བག་ཆགས་བསྒོ་སའི་གཞི་འཛོག་དགོས་པའི་གནད་ཡང་འདི་འདྲ་ལ་ཐུག་ཡོད་པ་རེད། དཔལ་ལྡན་ཟླ་བ་སོགས་ཀྱིས་གང་ཟག་འཛོག་པ་ན་བཏགས་དོན་བཙལ་ནས་མི་འཛོག་པར་ཐ་སྙད་བཏགས་པ་ཙམ་གྱི་སྒོ་ནས་ཀུན་རྫོབ་སྒྱུ་མ་ལྟ་བུའི་གང་ཟག་ཚད་མའི་ཡུལ་དུ་གྱུར་པ་ཞིག་དང་། དེ་ལ་ཞིག་པ་དངོས་པོ་ཡིན་པ། དེ་ལ་རང་ངོས་ནས་གྲུབ་པ་རྡུལ་ཙམ་ཡང་མེད་པའི་རྣམ་གཞག་གཏན་ལ་ཕབ་ནས

གསུངས་པ་རེད།

ད་ང་ཚོ་ཞིག་པ་དངོས་པོར་དང་འབྲེལ་བའི་ཚུལ་ལ་དཔྱད་པ་བྱ་རྒྱུ་ཡིན། འདི་ལ་བོད་ཀྱི་ཆོས་བརྒྱུད་གཞན་དང་འདོད་པ་མི་མཐུན་ས་ཡོད་ལ། རྗེ་བདག་ཉིད་ཆེན་པོའི་རྗེས་འབྲང་མཁས་པ་ནང་ཁུལ་ལའང་རྩོད་པ་ཆེན་པོ་བྱུང་ས་ཞིག་ཀྱང་རེད། དེས་ན་ཐོག་མར་ཞིག་པ་དངོས་པོ་ཡིན་ཟེར་ས་དེ་ཅི་འདྲ་ཞིག་རེད་ཅེ་ན།

དཔེར་ན་སྨྱུ་གུའི་ཞིག་པ་ལྟ་བུར་མཚོན་ན་སྨྱུ་གུའི་ངོ་བོ་སྔར་ཡོད་ལོག་ཙམ་གྱི་མེད་དགག་ལ་མི་བྱ་བར་མེད་དགག་དེ་ཉིད་གདགས་གཞིར་བྱས་ནས་སྨྱུ་གུའི་ཞིག་པ་ཞེས་པའི་དངོས་པོ་ཞིག་མིང་གིས་བར་བཏགས་ཙམ་གྱིས་བཞག་པ་དང་། དངོས་པོ་དེ་དག་ཀྱང་སྨྱུ་གུའི་འཇིག་རྒྱུར་གང་སོང་བའི་རྒྱུ་རྐྱེན་གྱིས་བསྐྱེད་པ་ཞིག་ལ་འཛོག དེ་འདྲ་སོང་ཙང་ཞིག་པ་མེད་དགག་ལ་མི་བྱ་བར་མ་ཡིན་དགག་དང་དགག་བྱ་བཀག་ཤུལ་དུ་ཆོ་ཡུལ་ལ་རྒྱུ་རྐྱེན་འཕེན་ནོ་གསུངས། དེ་ལྟར་ལུང་རིགས་གཉིས་ཀྱི་སྒོ་ནས་ཞིག་པ་དངོས་པོར་སྒྲུབ་ཚུལ་རྗེའི་གསུང་ལས་ཧ་ཅང་ཁ་གསལ་གནང་ཡོད། འོན་ཀྱང་འདིའི་སྐོར་ལ་སླར་ཡང་གཞམ་གྱི་དྲི་བ་དག་ཡོང་གིན་ཡོད། གལ་ཏེ་ཞིག་པ་དངོས་མེད་དུ་འདོད་ན་ལས་འབྲས་ཀྱི་འབྲེལ་བ་འཇོག་ཚུལ་ལ་གནོད་པ་ཅི་ཡོད། ཞིག་པ་རྒྱུས་བྱས་པ་ཡིན་ན་དེའི་ཞིག་པ་ཡང་དེ་ལྟར་དགོས་པས་ལས་ཀྱི་ཞིག་པའི་ཞིག་པ་རྒྱུན་མ་ཐུད་ནས་འབྲས་བུ་སྨིན་པའི་བར་འབྱུང་བས་བག་ཆགས་བགོ་སའི་གཞི་ལ་ང་ཙམ་བཞག་དགོས་དོན་གང་ཡིན། ལས་ཀྱི་ཞིག་པའི་རྒྱུན་ལས་ཀྱི་ནུས་པའམ་བག་ཆགས་ལས་ལོགས་སུ་ཡོད་དམ་མེད། དགེ་བ་དང་མི་དགེ་བའི་ལས་ཀྱི་ཞིག་པ་དགེ་མི་དགེ་འཇོག་གམ་མི་འཇོག ཡང་ཆོས་ཅན་ཁྱད་པར་ཅན་ལ་བློ་བུར་གྱི་དྲི་མ་ཟད་པ་འགོག་བདེན་ཡིན་པ་རྗེའི་གསུང་ལས་གསལ་བས་དེ་ཇི་ལྟར་དངོས་པོ་མ་ཡིན་ཞེས་པ་རྣམས་རེད། འདི་ལ་རིམ་པ་བཞིན་རང་གི་བསམ་ཚུལ་མདོར་ཙམ་ཞུ་ན།

༡༽ ཞིག་པ་དངོས་མེད་དུ་ཁས་ལེན་ན། ལས་ཀྱི་ཞིག་པ་དེ་སྔར་ཡོད་ངོ་བོ་ལོག་ཙམ་གྱི་མེད་དགག་ཅིག་ལ་ངོས་འཛིན་དགོས་ལ། དེ་ལ་ལས་སྔ་མ་འགགས་པ་ཕྱི་མའི་ངོ་བོར་སོང་བ་འཇོག་ཚུལ་མེད་པས་ལས་ཀྱི་རྒྱུན་འཇོག་མི་ཐུབ། དེ་མ་ཐུབ་ན་གང་ཟག་གི་རྒྱུན་ཡང་འཇོག་མི་ཐུབ་པ་མཚུངས་པས་སྔར་བྱས་པའི་ལས་ཀྱི་འབྲས་བུ་རྒྱུད་ཕྱི་མས་སྤྱོད་པ་འཇོག་མི་ཐུབ་པས་ལས་བྱས་པ་ཆུད་མི་ཟ་བའི་རྣམ་གཞག་འཇིག་པར་འགྱུར་རམ་སྙམ།

༢༽ དེ་བཞིན་དུ་ཞིག་པའི་ཞིག་པ་སོགས་མང་པོ་བརྩེགས་ཀྱང་གང་ཞིག་པའི་དངོས་པོ་དེ་ལས་ངོ་བོ་ལོགས་སུ་མེད་ལ། དེ་དངོས་པོ་ཡིན་པས་རྒྱུ་མཚན་གྱིས་དངོས་པོ་སྔ་ཕྱི་མཚམས་སྦྱོར་བྱེད་ཙམ་ལས་རྒྱུན་ལོགས་སུ་ངོས་འཛིན་ཚུལ་མེད་དམ་སྙམ། དེས་ན་ལས་ཀྱི་བག་ཆགས་བགོ་ས་མེད་ན་སྔ་ཕྱིའི་རྒྱུན་ཡོད་པ་ཙམ་གྱིས་ཅི་ལ་ཕན།

༣༽ ལས་ཀྱི་ཞིག་པ་ཁོང་རང་བག་ཆགས་ཡིན་ཟེར་ས་མི་འགྲོ་བས་ལས་དང་དེའི་བག་ཆགས་རྒྱུན་མ་ཐུད་བྱེད་ཀྱི་དངོས་པོ་ཞིག་ཏུ་ངོས་འཛིན་དགོས་སམ་སྙམ།

༤) དགེ་མི་དགེ་བའི་ལས་ཀྱི་ཞིག་པ་དེ་ལྟར་དུ་འཇོག་ན། དཔེར་ན་མི་དགེ་བའི་ཞིག་པའི་ཞིག་པ་སོགས་རྒྱུན་ཕྱི་མ་རྣམས་ཀྱང་མི་དགེ་བ་འཇོག་དགོས་སོད། དེ་ལྟར་ན་མི་དགེ་བའི་རྒྱུན་བཅོམ་པའི་སངས་རྒྱས་སར་ཡང་མི་དགེ་བ་ཡོད་པར་ཐལ་བར་འགྱུར་སྟེ། མི་དགེ་བའི་ཞིག་པའི་རྒྱུན་ཡོད་པའི་ཕྱིར་སྙམ་དུ་སེམས་སོ། །

༥) གཉེན་པོ་སྟོབས་ཀྱིས་སྤང་བྱ་སྤངས་པའི་འགགས་པ་དང་ནི་མི་འདྲ་སྙམ་སྟེ། དེ་ནི་རིགས་འདྲ་རྒྱུན་ཆད་པའི་སྒོ་ནས་འགགས་པ་ལ་བརྗོད། སྤྱིར་ལས་ཀྱི་ཞིག་པ་ནི་རྒྱུན་གྱི་དབང་དུ་བྱས་ནས་བཤད་པ་ཡིན་ནམ་སྙམ། དུས་ཚོད་ཀྱི་དབང་གིས་འདིར་མཚམས་འཇོག་རྒྱུ་ཡིན། ཐུགས་རྗེ་ཆེ།

应成派业因果·明镜

格西仁增多杰

【提要】中观应成派对于业果思想的安立，与中观自续派等其他宗派多有不同。本文首先通过引用和分析《八千颂·常啼品》《稻芊经》《入中论》等诸多经论，阐述佛教业果、因果思想建立的合理性及其主要内容。之后，以此为基础，本文通过对“业灭”这一业果思想所涉之主要问题的论述，简要地分析中观自续派业果思想的主要内容和特征。

【关键词】因果　业果　缘　无遮

【作者简介】格西仁增多杰，巴塘县却丹寺教师，拉然巴格西。

顺众信界诸吉祥，稀有本圆三密幻，常施有情六正理，顶礼胜师释迦子！

无余胜者深意趣，法之本性究竟胜，殊胜善缘诸所化，普施解脱寂清凉。

施等六度行如理，无余有情安乐语，语之心要作巧便，普皆开显龙猛王。

无云虚空见宽广，百光坛城照十方，浊世无知极黑暗，文殊熙怡面端严。

佛教精要虚空苑，十二善说主威光，皓月开敷众心莲，语王亲友即是汝。

总法别为曼殊轨，圆具新译之智者，京华学府论坛中，华翰顶戴缀此文。

发言前，先以此赞颂与圣贤们行持一致的殊胜对境。本文分二：一、提问以承启，二、对应的回答。

一、提问以承启。此处关于主题的提问是：就“中观应成派关于因果和业果名言有的道理”撰写一篇论文。

二、与主题相关的回答。我们的无等大师释迦王为了把有缘的所化安置于成熟解脱之道，宣说了八万四千法蕴，一切佛语摄为三藏。为了决择所诠无我义，转了三次法轮：为了摄受说实事二宗（毗婆沙师和经部师），初转法轮；为了摄受中观自续和应成的所化，二转无相法轮；为了摄受唯识宗的所化，三转善辩法轮。这里把包含它的佛经和注释中在名言上安立因果和业果的道理，略说如下：

《八千颂·常啼品》云：“善男子！譬如箜篌，依止种种因缘和合而有声生。是声因缘，所谓槽、颈、绳、棍、弦等人功作意，如是一一不能生声，要和合时其声方起，是声生位无所从来，于息灭时无所至去。善男子！诸如来身亦复如是，依止种种因缘而生。是身因缘，所谓无量福德智慧，及诸有情所修见佛善根成熟，如是一一不能生身，要和合时其身方起。”① 果依靠与自己一致的因缘而生，因缘决定；这样的决定成立，并非境有自相而后成立，应知：唯是由因缘具足，而施设果的建立。对此，中观应成和自续派安立因缘道理的细微差别，不混淆地区别、了知很重要。

《稻芊经》亦云：“此中何者是外因缘法因相应？所谓从种生芽，从芽生叶，从叶生茎，从茎生节，从节生穗，从穗生花，从花生实。若无有种，芽即不生；乃至若无有花，实亦不生。有种，芽生；如是有花，实亦得生。”② 又云：“应云何观外因缘法缘相应义？谓六界和合故。以何六界和合？所谓地、水、火、风、空、时界等和合，外因缘法而得生起。应如是观外因缘法缘相应义。”③ 明说外缘起法如芽，与因缘相关所生的道理。同样，此经云：“如是，内因缘法亦以二种而得生起。”④ 等等，明说内缘起法行和思等也像外缘起法，从因缘所生的道理。

又，《缘起藏经》有偈颂云：“诸法从因生，如来说为因，因中有灭者，大沙门说此。”《日藏经》亦云：“佛言：造作何等业，感得何等果，

① （唐）玄奘译：《大般若波罗蜜多经》卷四百，《大正藏》第6册，第1069页中。

② 《佛说大乘稻芊经》，《大正藏》第16册，第824页上。

③ 同上。

④ 同上书，第824页中。

行善则善妙，作恶有罪愆。”如此等等，不管什么样的果，都具有缘，都具有三种特点，所以不受许无因生。同样，也不受许世界由造作者的心动为先而成，从常因生果不合理，因和果须是同类，从因的各种差别产生果的各种差别，是法性之理，除此之外都不成立。同样，因果关系也是自然就有的，各种因缘产生果等，许因果通过缘起或者是非自在有的因。这样的因果缘起的道理通常具有一切说佛教宗义者共许的缘起的含义，缘起义和观待义比因果的观待道理更微细些，观待和比它更微细的缘起的含义——不仅名言互相观待，含义也互相观待，这个道理仅是应成派的特点，文殊怙主师长不止一次地宣说。

又，因果、业果等能所的所有建立需要通过互相关联或者通过互相依靠或观待来安立，如果通过不观待和安稳或自在来成立，建立就全都不成，龙猛怙主多次宣说“果因与作者，能作与所作，于生灭与果，亦能作妨难”等。

现在业果的建立就很合理了，对于龙猛怙主和吉祥月称的无上意趣，文殊怙主法王东方宗喀巴大师的善说中非常明确，如果总结略说，《入中论》云：“由业非以自性灭，故无赖耶亦能生，有业虽灭经久时，当知犹能生自果。”《入中论自释》云：“从已灭业如何生果？为答此问，如有一类欲安立已灭业之功能故，或计阿赖耶识，或计余不失法如同债券，或计得法，或计业习气所熏内识相续。若如中观，业自性不生，故亦无灭，从不灭生果，非不可有。故诸业不坏，业果关系，极为应理。”《入中论·善显密意疏》云：“依此密意故《中论》云：‘有无是有为。’《六十正理论》云：‘由因尽而灭，说彼名曰尽。’前说苗等有事，与苗灭等无事，俱是有为。后说油等因尽是烛等果尽之因。故定应许此是龙猛菩萨之意趣。”承许业灭和业灭的灭是事，安立灭是事的这个道理，不寻求施设义，由遮返前事的自体而无遮，所以依靠施设所依，名言和分别由施设来安立非遮的事，譬如发愿“业灭”是指身语业，以念诵的业为例，如果成办那些身语的善业后已灭，此灭是身语业灭，身语业灭的灭等所说的一切灭被教理二者明确成立为事，这仅是应成派的特点。

自续派等许灭是无为，业灭是无遮，所灭如身语业已灭，灭时全无所有，所以说无遮是无为。应成派认为，所灭身语意三业不管是什么，灭时都有生果的事法，所以是事，这样的业灭的灭之上，十二缘起的第十

"有"的缘起的业，也以前业为例，业灭后，此业的灭由爱、取增补，生果的能力成熟有力时，《中观缘起藏》云"第二由第十"，虽然对第十"有"施设了业的名，但有事，除了业灭之外，则难以安立，所以这个无上殊胜的宗派的业因果等在名言上也不承许有自相，如果了知安立此缘的缘起道理，对于和它类似的许多难点无疑就容易解决了。

洁白明亮作何事，广大无边母有情，

一庄严饰永乐地，愿由净信而安置！

（张子阳译）

༄༅། །ཐལ་འགྱུར་བའི་ལས་རྒྱུ་འབྲས་གསལ་བའི་མེ་ལོང་།

དགེ་བཤེས་རིག་འཛིན་རྡོ་རྗེ།

ཇི་སྙེད་འགྲོ་བའི་མོས་ཁམས་རྗེ་འགྲོའི་དཔལ། །
ངོ་མཚར་ལྷུན་གྱི་རྫོགས་པའི་གསང་གསུམ་འཕྲུལ། །
རིགས་དྲུག་འགྲོ་ལ་རྟག་ཏུ་ཡོངས་བཀྱེ་བ། །
སྟོན་མཆོག་ཤཱཀྱའི་སྲས་པོ་གཙུག་ཏུ་བཀུར། །
མ་ལུས་རྒྱལ་བའི་དགོངས་ཟབ་ཟབ་མོ་ཆོས་ཀྱི་གནས་ལུགས་མཐར་ཐུག་མཆོག །
མཆོག་གྱུར་སྐལ་བཟང་གདུལ་བྱ་ཀུན་ལ་ཀུན་ནས་གྲོལ་བའི་ཞི་བསིལ་སྦྱིན། །
སྦྱིན་སོགས་དྲུག་གི་སྤྱོད་ཚུལ་ཚུལ་བཞིན་མ་ལུས་འགྲོ་ཀུན་བདེ་བའི་གཏམ། །
གཏམ་གྱི་སྙིང་པོ་ཐབས་མཁས་མཛད་ཀུན་ཀུན་ནས་གསལ་མཛད་ཀླུ་སྒྲུབ་རྒྱལ། །
སྤྲིན་གྱི་དག་པའི་ཀུན་གསལ་མཐོང་ཡངས་སུ། །
སྣང་བརྒྱའི་དཀྱིལ་འཁོར་ཕྱོགས་བཅུར་འཚེར་བ་ལྟར། །
ཆེར་སྒྲིགས་དུས་ཀྱི་མི་ཤེས་མུན་པའི་སྐབ། །
འཛམ་མགོན་སྣང་བའི་འཛུམ་དཀར་བཞད་པའི་མཚར། །
ཐུབ་བསྟན་ཡང་སྙིང་ཀུན་གསལ་དོ་དྲུ་ནས། །
ལེགས་བཤད་བཅུ་གཉིས་བདག་པོའི་གཞི་འོད་ཀྱིས། །
བསིལ་ལྡན་འགྲོ་བློའི་འདབ་བརྒྱ་ཞལ་འབྱེད་པ། །
སྨྲ་བའི་དབང་པོ་བཤེས་གཉེན་ཁྱེད་ཉིད་དོ། །
ཐུབ་བསྟན་སྤྱི་དང་ཡང་སྙིང་འཛམ་མགོན་བསྟན། །
རྫོགས་ལྡན་གསར་པའི་དཔལ་དུ་སྒྱུར་མཁས་པ། །
པེ་ཅིང་མཐོ་སློབ་བགྲོ་གླེང་ཚོགས་ཚུང་གི།
བཀའ་མཆིད་སྤྱི་བོར་བཀུར་ཏེ་ལས་འདི་བྱ། །

ཞེས་དམ་པའི་སྐྱེ་བུ་རྣམས་ཀྱི་སྤྱོད་པ་དང་མཐུན་པ་ཡུལ་ཁྱད་པར་ཅན་ལ་བསྟོད་པ་དང་བཤད་པ་དམ་བཅའ་བ

སྔོན་དུ་བཏང་སྟེ་ད་ལམ་པེ་ཅིང་མི་མང་སློབ་ཆེན་དུ་བསྟན་པའི་མཛེས་རྒྱན་ལི་ཐང་བཞུགས་པ་རིན་པོ་ཆེ་མཆོག་གི་གོ་སྒྲིག་འོག་ལས་རྒྱུ་འབྲས་སྐོར་གྱི་མཁས་པའི་བགྲོ་གླེང་དུ་ཞུགས་པའི་སྐལ་བཟང་ཐོབ་པ་ལགས་ན། དེས་ན་འདི་ལ་གཉིས་ཏེ། དྲི་བས་མཚམས་སྦྱར་བ་དང་། སྐབས་ཀྱི་ལན་གཉིས་ལས། དང་པོ་ནི།（དབུ་མ་ཐལ་འགྱུར་བའི་ལུགས་ལ་རྒྱུ་འབྲས་དང་ལས་འབྲས་ཐ་སྙད་དུ་གྲུབ་ཚུལ་སྐོར་ལ་རྩོམ་ཡིག་སྤེལ་དགོས་ཞེས་པ་ནི་སྐབས་འདིའི་བརྗོད་གཞིའི་དྲི་བའོ།།）

གཉིས་པ་བརྗོད་གཞི་དེ་དང་འབྲེལ་བའི་ལན་ནི། དེ་ཡང་བདག་ཅག་གི་སྟོན་པ་མཉམ་མེད་ཤཱཀྱའི་རྒྱལ་པོ་འདི་ཉིད་ཀྱིས་སྐལ་བ་དང་ལྡན་པའི་གདུལ་བྱ་སྨིན་གྲོལ་གྱི་ལམ་ལ་འགོད་པའི་སླད་དུ་ཆོས་ཀྱི་ཕུང་པོ་བརྒྱད་ཁྲི་བཞི་སྟོང་གསུངས་པ་ཐམས་ཅད་བཀའ་སྡེ་སྣོད་གསུམ་དུ་འདུ་བ་དང་དེ་ཡང་བརྗོད་བྱ་བདག་མེད་པའི་དོན་གཏན་ལ་དབབ་པའི་ཆེད་དུ་ཆོས་ཀྱི་འཁོར་ལོ་རིམ་པ་གསུམ་དུ་སྐོར་བས་དོན་སྨྲ་སྡེ་གཉིས་རྗེས་སུ་བཟུང་བའི་ཆེད་དུ་ཆོས་ཀྱི་འཁོར་ལོ་དང་པོ་སྐོར་བར་མཛད། གདུལ་བྱ་རྣམ་རིག་པ་རྗེས་སུ་འཛིན་པའི་ཆེད་དུ་ལེགས་པར་རྣམ་པར་ཕྱེ་བའི་ཆོས་ཀྱི་འཁོར་ལོ་གསུམ་པ་སྐོར་བར་མཛད། དབུ་མ་ཐལ་རང་གི་གདུལ་གི་གདུལ་བྱ་རྣམས་རྗེས་སུ་བཟུང་ཆེད་བཀའ་བར་པ་མཚན་ཉིད་མེད་པའི་ཆོས་ཀྱི་འཁོར་ལོ་སྐོར་བར་མཛད་པས་འདིར་ཡང་དེ་དང་དེའི་སྟེང་གཏོགས་ཀྱི་མདོ་སྡེ་དགོངས་འགྲེལ་དག་ལས་རྒྱུ་འབྲས་ལས་འབྲས་ཐ་སྙད་ཙམ་དུ་འཇོག་ཚུལ་ཅུང་ཟད་སྤྲོ་ན་འདི་ལྟར་ཏེ།

བརྒྱད་སྟོང་པ་ཏིག་ཏུ་ཏུའི་ལེའི་ལས། རིགས་ཀྱི་བུ་འདི་ལྟ་སྟེ་དཔེར་ན། པི་ཝང་གི་སྒྲ་བྱུང་བ་ཡང་གང་ནས་ཀྱང་མ་འོངས་འགགས་པ་ཡང་གང་དུ་ཡང་མི་འགྲོ་གང་དུ་ཡང་མི་འཕོ་སྟེ། རྒྱུ་དང་རྐྱེན་ཚོགས་པ་ལ་བརྟེན་ནས་བྱུང་བ་རྒྱུ་ལ་རག་ལས་པ་རྐྱེན་ལ་རག་ལས་པ། འདི་ལྟ་སྟེ། པི་ཝང་གི་ཁོག་པ་ལ་བརྟེན་པགས་པ་ལ་བརྟེན་རྒྱུད་ལ་བརྟེན་ཡུ་བ་ལ་བརྟེན།ཤིང་བུ་ལ་བརྟེན་རྒྱུད་རྟེན་ལ་བརྟེན་མི་དེ་ལས་སྐྱེས་པའི་རྩོལ་བ་ལ་བརྟེན་ནས་འདི་ལྟར་པི་ཝང་དེ་ལས་སྒྲ་འབྱུང་སྟེ། ཞེས་པ་ནས། དེ་བཞིན་དུ་རིགས་ཀྱི་བུ་སངས་རྒྱས་བཅོམ་ལྡན་འདས་རྣམས་ཀྱི་སྐུ་ཡོངས་སུ་འགྲུབ་པ་ཡང་རྒྱུ་ལ་རག་ལས་པ་རྐྱེན་ལ་རག་ལས་པ་དགེ་བའི་རྩ་བའི་སྦྱོར་བ་དུ་མས་ཡོངས་སུ་གྲུབ་པ་ཡིན་ཏེ།རྒྱུ་གཅིག་གིས་མ་ཡིན་རྐྱེན་གཅིག་གིས་མ་ཡིན་དགེ་བའི་རྩ་བ་གཅིག་གིས་སངས་རྒྱས་ཀྱི་སྐུ་རབ་ཏུ་དབྱེ་བ་མ་ཡིན་ཏེ་རྒྱུ་མེད་པ་ཡང་མ་ཡིན་ནོ། །རྒྱུ་དང་རྐྱེན་མང་པོ་ཚོགས་པ་ལས་བྱུང་བ་ཡིན་ཏེ། ཞེས་འབྱུང་། ཞེས་འབྲས་བུ་ཞིག་ཡིན་ཕྱིན་རང་དང་མཐུན་པའི་རྒྱུ་དང་རྐྱེན་ལ་བརྟེན་ནས་སྐྱེ་ཞིང་རྒྱུ་རྐྱེན་ངེས་པ་ཅན་ཡིན་པ་དང་། དེ་ལྟར་ངེས་པ་ཅན་དུ་གྲུབ་པ་དེ་དོན་གྱི་རང་མཚན་ཞིག་ཡོད་ནས་ངེས་པ་ཅན་དུ་གྲུབ་པ་མིན་པར་རྒྱུ་རྐྱེན་ཚང་བ་ཙམ་གྱིས་འབྲས་བུའི་རྣམ་གཞག་པར་བཏགས་ཙམ་དུ་འཇོག་ཤེས་པར་དབུ་མ་ཐལ་རང་གི་རྒྱུ་རྐྱེན་འཇོག་ཚུལ་ཁྱད་པར་བློ་མོ་དག་མ་འདྲེས་པར་ཕྱེ་ཤེས་པར་གལ། སཱ་ལུའི་ལྗང་པའི་མདོ་ལས་ཀྱང་། དེ་ལ་ཕྱི་རོལ་གྱི་རྟེན་ཅིང་འབྲེལ་པར་འབྱུང་བའི་རྒྱུ་དང་འབྲེལ་བ་གང་ཞེ་ན། འདི་ལྟ་སྟེ། ས་

བོན་ལས་སྨྱུ་གུ། སྨྱུ་གུ་ལས་འདབ་མ། འདབ་མ་ལས་སྡོང་བུ། སྡོང་བུ་ལས་སྦུ་གུ། སྦུ་གུ་ལས་སྙིང་པོ། སྙིང་པོ་ལས་མེ་ཏོག མེ་ཏོག་ལས་འབྲས་བུའོ། །ས་བོན་མེད་ན་སྨྱུ་གུ་མི་འབྱུང་སྟེ། མེ་ཏོག་མེད་ན་འབྲས་བུའི་བར་དུ་ཡང་མི་འབྱུང་ངོ་། །ས་བོན་ཡོད་ན་སྨྱུ་གུ་མངོན་པར་འགྲུབ་པར་འགྱུར་ཏེ། དེ་བཞིན་དུ་མེ་ཏོག་ཡོད་ན་འབྲས་བུའི་བར་དུ་མངོན་པར་འགྲུབ་པར་འགྱུར་རོ། །ཞེས་དང་། ཡང་མདོ་དེ་ཉིད་ལས། ཕྱི་རོལ་གྱི་རྟེན་ཅིང་འབྲེལ་བར་འབྱུང་བ་རྐྱེན་དང་འབྲེལ་བ་ཇི་ལྟར་བལྟ་ཞེ་ན། ཁམས་དྲུག་འདུས་པའི་ཕྱིར་ཏེ། ཁམས་དྲུག་པོ་གང་དག་འདུས་པའི་ཕྱིར་ཞེ་ན།འདི་ལྟ་སྟེ། ས་དང་། ཆུ་དང་། མེ་དང་། རླུང་དང་། ནམ་མཁའ་དང་། དུས་ཀྱི་ཁམས་རྣམས་འདུས་པ་ལས། ཕྱི་རོལ་གྱི་རྟེན་ཅིང་འབྲེལ་བར་འབྱུང་བ་རྐྱེན་དང་འབྲེལ་བར་འལྟའོ། །ཞེས་ཕྱིའི་རྟེན་འབྲེལ་གྱི་ཆོས་སྨྱུ་གུ་ལྟ་བུ་རྒྱུ་དང་རྐྱེན་དང་འབྲེལ་བར་འབྱུང་བའི་ཚུལ་དང་།དེ་བཞིན་དུ་མདོ་དེ་ཉིད་ལས། དེ་བཞིན་དུ་ནང་གི་རྟེན་ཅིང་འབྲེལ་བར་འབྱུང་བ་ཡང་གཉིས་ཀྱི་ཕྱིར་འབྱུང་སྟེ། ཞེས་སོགས་ཀྱིས་ནང་གི་རྟེན་འབྲེལ་གྱི་ཆོས་འདུ་བྱེད་དང་སེམས་པ་སོགས་ཀྱང་ཕྱིའི་རྟེན་འབྲེལ་བཞིན་དུ་རྒྱུ་དང་རྐྱེན་ལས་འབྱུང་བའི་ཚུལ་གསལ་བར་གསུངས་སོ། །གཞན་ཡང་། ཆོས་རྣམས་ཐམས་ཅད་རྒྱུ་ལས་བྱུང་། དེ་རྒྱུ་དེ་བཞིན་གཤེགས་པས་གསུངས། ། རྒྱུ་ལ་འགོག་པ་གང་ཡིན་པ། དགེ་སྦྱོང་ཆེན་པོས་དེ་སྐད་གསུངས། ཞེས་པའི་རྟེན་འབྲེལ་སྙིང་པོའི་མདོའི་ཚིགས་སུ་བཅད་པ་དང་། ཤིན་ཏུ་རྒྱས་པའི་མདོ་སྡེ་ཉི་མའི་སྙིང་པོ་ལས་ཀྱང་། བཅོམ་ལྡན་འདས་ཀྱིས་བཀའ་སྩལ་པ། ཅི་འདྲ་བ་ཡི་ལས་བྱས་པ། དེ་འདྲ་བ་ཡི་འབྲས་བུ་འཐོབ། དགེ་བ་ཡིན་ན་བཟང་པོ་སྟེ། སྡིག་པ་བྱེད་པའང་སྡིག་ཏོའོ། །ཞེས་སོགས་ཀྱིས་འབྲས་བུ་ཅི་འདྲ་བ་ཞིག་ཡིན་ཀྱང་རྐྱེན་ཁྱད་པར་གསུམ་ལྡན་ཡིན་པས་རྒྱུ་མེད་ལས་སྐྱེ་བ་ཁས་མི་ལེན་པ་དང་། དེ་བཞིན་དུ་འཇིག་རྟེན་བྱེད་པ་པོའི་བློའི་གཡོ་བ་སྔོན་དུ་སོང་བ་ལས་གྲུབ་པའང་ཁས་མི་ལེན་པ་དང་། རྒྱུ་རྟག་པ་ལས་འབྲས་བུ་འབྱུང་བ་རིགས་པ་དང་མི་ལྡན་པ་དང་། རྒྱུ་དང་འབྲས་བུ་རིགས་མཐུན་པ་དགོས་པ་དང་། རྒྱུའི་ཁྱད་པར་སྣ་ཚོགས་པ་ལས་བྲས་བུའི་ཁྱད་པར་སྣ་ཚོགས་པ་འབྱུང་བ་ནི་ཆོས་ཉིད་ཀྱི་སྲོལ་ཡིན་གྱི་དེ་ལས་གཞན་དུ་མི་འཐད་པ་དང་།དེ་བཞིན་དུ་རྒྱུ་དང་འབྲས་བུའི་འབྲེལ་བའང་རང་ཆས་སུ་གྲུབ་པའི་གཤིས་ཡིན་པ་དང་། རྒྱུ་དང་རྐྱེན་སྣ་ཚོགས་པ་ལས་འབྲས་བུ་འབྱུང་བ་སོགས་ནི། རྒྱུ་འབྲས་རྟེན་འབྲེལ་གྱི་དབང་གིས་སམ་རང་དབང་དུ་མ་གྲུབ་པའི་རྟགས་ཡིན་པར་འདོད་དོ། །དེ་ལྟ་བུའི་རྒྱུ་འབྲས་རྟེན་འབྲེལ་གྱི་ཚུལ་འདི་ནི་ཕྱི་ནང་པའི་གྲུབ་མཐའ་སྨྲ་བ་ཐམས་ཅད་ཀྱིས་ཐུན་མོང་དུ་ཁས་ལེན་པའི་རྟེན་འབྲེལ་གྱི་གོ་དོན་ལྡན་པ་ཙམ་ཞིག་ཡིན་ལ། རྟེན་འབྲེལ་གྱི་དོན་དང་ལྟོས་པའི་དོན་ལ། རྒྱུ་འབྲས་ཀྱི་ལྟོས་ཚུལ་ལས་ཕྲ་བ་ཆ་ཤས་ལ་ལྟོས་པ་དང་། དེ་ལས་ཀྱང་ཕྲ་བའི་རྟེན་འབྲེལ་གྱི་གོ་དོན་ཐ་སྙད་པན་ཚུན་ལྟོས་པ་ཙམ་དུ་མ་ཟད་དོན་ཡང་པན་ཚུན་ལྟོས་གྲུབ་ཀྱི་ཚུལ་འདི་ནི་ཐལ་འགྱུར་བ་ཁོ་ནའི་ཁྱད་ཆོས་སུ་འཇམ་མགོན་བླ་མ་མཆོག་གིས་ལན་གཅིག་མིན་པར་གསུངས་སོ།།

གཞན་ཡང་རྒྱུ་འབྲས་ལས་འབྲས་སོགས་བྱ་བྱེད་ཀྱི་རྣམ་གཞག་མཐའ་དག་པ་རྣམས་པན་ཚུན་འབྲེལ་བའི་སྒོ་

ནས་སམ། ཕན་ཚུན་བརྟེན་པའམ། བསྐྱོས་པའི་སྒོ་ནས་འཇོག་དགོས་པ་ཡིན་པས་བསྐྱོས་པ་མེད་པ་དང་ཚུགས་ཐུབ་པའམ། རང་དབང་གི་སྒོ་ནས་གྲུབ་པ་ཡིན་ན་རྣམ་གཞག་ཀུན་མི་འཐད་པར་མགོན་པོ་ཀླུ་སྒྲུབ་ཀྱིས། འབྲས་བུ་དང་ནི་རྒྱུ་ཉིད་དང་། བྱེད་པ་པོ་དང་བྱ། སྐྱེ་བ་དང་ནི་འགག་པ་དང་། འབྲས་བུ་ལ་ཡང་གནོད་པ་བྱེད། ཞེས་སོགས་མང་དུ་གསུངས་སོ། །ད་ནི་ལས་འབྲས་ཀྱི་རྣམ་གཞག་ཆེས་འཐད་པ་འདི་མགོན་པོ་ཀླུ་སྒྲུབ་དང་དཔལ་ལྡན་ཟླ་བའི་དགོངས་པ་ཟླ་ན་མེད་པར་འཇམ་མགོན་ཆོས་ཀྱི་རྒྱལ་པོ་ཤར་ཙོང་ཁ་པ་ཆེན་པོའི་ལེགས་བཤད་དག་ལས་ཆེས་གསལ་བ་ལྟར་དོན་བསྡུས་ཏེ་ཙམ་ཟད་སྨྲོ་ན། དབུ་མ་འཇུག་པ་ལས། གང་ཕྱིར་རང་བཞིན་གྱིས་དེ་མི་འགག་པ། །དེ་ཕྱིར་ཀུན་གཞི་མེད་ཀྱང་འདི་ནུས་ཕྱིར། ། ལ་ལར་ལས་འགགས་ཡུན་རིང་ལོན་ལས་ཀྱང་། །འབྲས་བུ་ཡང་དག་འབྱུང་བར་རིག་པར་གྱིས། ཞེས་དང་། འཇུག་འགྲེལ་ལས། གང་གི་ལྟར་ན་ལས་འགགས་པ་དེ་ནི་འགགས་ཟིན་པའི་ལས་དེ་ལས་འབྲས་བུ་ཇི་ལྟར་འབྱུང་བར་འགྱུར་ཞེས་བརྗོད་པའི་ལན་དུ། འགགས་ཟིན་པའི་ལས་ཀྱི་ནུས་པ་གཞག་པར་བྱ་བའི་ཕྱིར་ཀུན་གཞིའི་རྣམ་པར་ཤེསཔའམ། བྱ་ལོན་གྱི་དཔང་རྒྱ་དང་འདྲ་བའི་ཆོས་གཞན་ཆུད་མི་ཟ་བའམ། ཐོབ་པའམ། ལས་ཀྱི་བག་ཆགས་ཀྱི་བསྒོས་པའི་རྣམ་པར་ཤེས་པའི་རྒྱུན་རྟོགས་པར་བྱེད་དོ། ། གང་གི་ལྟར་ན་ལས་རང་གི་བདག་ཉིད་ཀྱིས་མ་སྐྱེས་པ་དེའི་ལྟར་ན་ནི་དེ་འགག་པ་ཡོད་པ་མ་ཡིན་ཞིང་། མ་ཞིག་པ་ལས་འབྲས་བུ་འབྱུང་བ་མི་སྲིད་པ་ཡང་མ་ཡིན་པས། ལས་རྣམས་མི་འཇིགས་པས་ལས་དང་འབྲས་བུའི་འབྲེལ་བ་ཆེས་ཤིན་ཏུ་འཐད་པར་འགྱུར་རོ། །

ཞེས་འབྱུང་། འཇུག་པའི་ཊཱི་ཀ་ཆེན་ལས། འདི་ལ་དགོངས་ནས་རྩ་ཤེ་ལས། དངོས་དང་དངོས་མེད་འདུས་བྱས་ཡིན། ཞེས་དང་། རིགས་པ་དྲུག་ཅུ་པ་ལས་ཀྱང་། རྒྱུ་ཟད་ཉིད་ལས་ཞི་བ་ནི། ཟད་ཅེས་བྱ་བར་དམིགས་པ་སྟེ། ཞེས་སྨྱུ་གུ་སོགས་ཀྱི་དངོས་པོ་དང་། དེ་ཞིག་པ་དེའི་དངོས་པོར་མེད་པ་གཉིས་ཀ་འདུས་བྱས་དང་། སྦྲུམ་ལྟ་བུའི་རྒྱུ་ཟད་པ་ནི་མར་མེ་ལྟ་བུའི་འབྲས་བུ་ཟད་པའི་རྒྱུར་གསུངས་པས། འཕགས་པའི་བཞེད་པར་གནོད་མི་ཟ་བར་འདོད་པར་བྱའོ། །ཞེས་ལས་ཞིག་པ་དང་། ལས་ཞིག་པའི་ཞིག་པ་རྣམས་དངོས་པོར་བཞེད་པ་དང་། ཞིག་པ་དངོས་པོར་འཇོག་ཚུལ་འདིས་བཏགས་དོན་མ་བཙལ་བར་དངོས་པོ་སྔར་ཡོད་རང་གི་ངོ་བོ་ལོག་ཙམ་གྱིས་མེད་དགག་ཅིག་གིས་བདགས་གཞི་ལ་བརྟེན་ནས་མིང་དང་རྟོག་པས་པར་བཏགས་ཙམ་གྱིས་མ་ཡིན་དགག་གི་དངོས་པོ་ཞིག་ལ་འཇོག་པ་དང་། དེ་ཡང་དཔེར་ན། ལས་ཞིག་པ་ཞེས་པ་ལུས་ངག་གི་ལས་སྨོན་ལམ་རྒྱག་པ་དང་། འདོན་པ་འདོན་པའི་ལས་ལྟ་བུར་མཚོན་ན། ལུས་ངག་གི་དགེ་བའི་ལས་དེ་དག་གྲུབ་ནས་འགགས་ཟིན་པ་ན། འགག་པ་དེ་ཉིད་ལུས་ངག་གི་ལས་ཞིག་པ་ཡིན་ཅིང་། ལུས་ངག་གི་ལས་ཞིག་པའི་ཞིག་པ་སོགས་ཞིག་པ་ཇི་ཙམ་བཤད་པ་ཐམས་ཅད་དངོས་པོ་ཡིན་པར་ལུང་རིགས་གཉིས་ཀྱིས་གསལ་བར་བསྒྲུབས་པ་ནི་ཐལ་འགྱུར་བའི་ཁྱད་ཆོས་གཅིག་བུ་ཡིན་ནོ། །

རང་རྒྱུད་པ་སོགས་ཀྱིས་ཞིག་པ་འདུས་མ་བྱས་སུ་འདོད་དེ། ལས་ཞིག་པ་མེད་དགག་དང་། དེ་ཡང་འགག་བྱ་

ལུས་ངག་གི་ལས་ལྔ་བུ་འགགས་པ་དེ་འགགས་ཟིན་ཅིང་། དེ་འགགས་པའི་ཤུལ་ལ་གང་ཡང་མེད་པས་མེད་དགག་འདུས་མ་བྱས་ཡིན་པར་བཤད་དོ། །ཐལ་འགྱུར་བས་ནི། འགག་བྱ་ལུས་ངག་ཡིད་གསུམ་གྱི་ལས་གང་དང་གང་ཡིན་ཡང་དེ་འགགས་པའི་ཤུལ་དེ་ར་འབྲས་བུ་སྐྱེ་བའི་དངོས་པོའི་ཆོས་ཤིག་ཡོད་པས་དངོས་པོ་ཡིན་པ་དང་། དེ་འདྲའི་ལས་ཞིག་པའི་ཞིག་པའི་སྙེང་ནས་ཡན་ལག་བཅུ་གཉིས་ཀྱི་བཅུ་པ་སྲིད་པའི་རྟེན་འབྲེལ་གྱི་ལས་ཞེས་པ་དེ་ཡང་སྔར་གྱི་ལས་ལྔ་བུར་མཚོན་ན། ལས་འགགས་ཟིན་པའི་རྗེས་སུ་ལས་དེའི་ཞིག་པ་ལ་སྲིད་ལེན་གྱིས་གསོས་བཏབ་ནས་འབྲས་བུ་སྐྱེ་བའི་ནུས་པ་མཐུ་ཅན་དུ་སྨིན་པའི་སྐབས་དེ་ཉིད་ལ། དབུ་མ་རྟེན་འབྲེལ་སྙིང་པོ་ལས། གཉིས་པ་བཅུ་པ་ལས་ཡིན་ཏེ། ཞེས་བཅུ་པ་སྲིད་པ་ལ་ལས་ཀྱི་མིང་བཏགས་ཀྱང་དངོས་ཡོད་དུ་ལས་ཞིག་པ་ལས་གཞན་འཛོག་པ་དཀའ་བས་ལུགས་མཆོག་ཟླ་ན་མེད་པ་འདིའི་ལས་རྒྱུ་འབྲས་སོགས་ཐ་སྙད་དུ་ཡང་རང་མཚན་ཞལ་གྱིས་མི་འཞེད་པར་རྐྱེན་ཉིད་འདི་པ་ཙམ་གྱི་རྟེན་འབྲེལ་འཇོག་ཚུལ་ཤེས་ན་འདི་དང་འདི་འདྲ་བའི་དཀའ་གནད་མང་པོ་ལས་བདེ་བླག་ཏུ་གྲོལ་བ་གདོན་མི་ཟའོ། །

རབ་དཀར་དཀར་གསལ་འདུ་བྱས་གང་བགྱིས་པ། །
རབ་འབྱམས་འབྱམས་ཀླས་མ་རྒན་འགྲོ་བ་རྣམས། །
རབ་མཛེས་མཛེས་པའི་རྒྱན་གཅིག་གཏན་བདེའི་སར། །
རབ་དང་དང་བས་འགོད་པར་ཤིས་གྱུར་ཅིག །

试析法称因明学中的亲因和疏因

扎琼·洛桑索巴南杰

【提要】亲因与疏因属于佛教因明理论中的基本概念，许多经论中都有对此二者之论述，且各宗之理解亦不尽相同。本文首先通过引用诸多经论，引出“因果”这一话题；继而结合宗喀巴大师之《因明七论入门》，简要说明“亲因”与“疏因”的概念；最后，在此等之基础上，以逻辑推演的方式，说明自身对“亲因”与“疏因”的理解并加以论证。

【关键词】因果　事　亲因　疏因

【作者简介】扎琼·洛桑索巴南杰，阿坝安曲查理寺教师。

一般来说，因、果、事、亲因、疏因这五者同义，互为周遍平等。引据为：

《释说经》中说：

> 此有故彼有，此生故彼生，谓无明缘行……而得生起。[①]

《佛说大乘稻芉经》中说：

> 外因缘法何故以此二中而得生起？云何其因相应？如种生芽，从芽生叶，从叶生茎，从茎生穗，从穗生花，从花生果。若无有种，芽

---

① （唐）玄奘译：《大宝积经》卷三十六：“所谓此有故彼有，此生故彼生。无明缘行，行缘识，识缘名色，名色缘六处，六处缘触，触缘受，受缘爱，爱缘取，取缘有，有缘生。”《大正藏》第11册，第207页中。

即不生……而能成就。[1]

对于这段经义的解释，圣龙树在《稻芊经广疏》中说：

何以故？因缘无有不断，因果相续无有间断。

然后说：

非是无因，非是无缘。

另外，《缘起经释》中说：

“此生故彼生”，由“此生”，故彼生，如是应知是第五啭声。譬如，由火等类而煮熟，由击手等而发声。

《宝鬘论》中说：

此生故彼生，如由灯有光。

又说：

如无有灯故，光亦不能生。

遍智世亲论师在《缘起经释》中说：

此中，“此有”则彼有，“此生”则彼生。如是应知是第七啭声。

① 《佛说大乘稻芊经》：“此中何者是外因缘法因相应？所谓从种生芽，从芽生叶，从叶生茎，从茎生节，从节生穗，从穗生花，从花生实。若无有种，芽即不生，乃至若无有花，实亦不生，有种芽生，如是有花实亦得生。彼种亦不作是念：我能生芽。芽亦不作是念。我从种生。乃至花亦不作是念。我能生实。实亦不作是念。我从花生。虽然。有种故而芽得生。如是有花故。实即而能成就。”《大正藏》第16册，第824页上。

譬如，天若降雨，则生庄稼，天若降雹，则毁庄稼。

在莲花戒论师的经释中说：

何故名因缘生？

回答说：

有因有缘，故名因缘，非无因无缘故。

又说：

为破一切外道恶见故，此中安立五相。

另外，《四谛法轮经》中说：

此是苦圣谛，此应知。此是集圣谛，此当断。

至尊弥勒在《宝性论》中说：

知病除病因，病愈应依药，知苦断苦因，证灭应修道。[①]

《现观庄严论》中说：

于因道及苦，灭中如次第。

以此开示二种因果，即生死流转次第的杂染因果，及生死还灭次第的清净因果。

---

① （后魏）勒那摩提译：《究竟一乘宝性论》卷一："知病离病因，取无病修药，苦因彼灭道，知离触修等。"《大正藏》第31册，第819页上。

尤其，《释量论》中说：

> 烟是火之果，果法随转故。若无彼有此，越出具因理。

如果以此配合外之因果与内之道次第，则可配合为："受用是施果，果法随转故。"诸如此类还有很多，不作一一列举。

就一个别的事来说，对于亲因与疏因的含义，至尊宗喀巴在《因明七论入门》中开示说道：

> 因，约自性，分为：亲因与疏因。
>
> "亲因"之相：是彼法之因，且无俱是"彼法之因"与"此因之果"者。
>
> "疏因"之相：是彼法之因，且有俱是"彼法之因"与"此因之果"者。
>
> 因，约主次，分为：正因、助缘。
>
> "正因"之相：观待此法助缘能生此法者。
>
> "助缘"之相：作为"由彼法之正因生起彼法"之助伴者。
>
> 缘，总分为所缘缘、增上缘、等无间缘三种。
>
> "所缘缘"之相：能带境行相亲生此法之外境。
>
> "增上缘"之相：能令彼法自在生起者 。
>
> "等无间缘"之相：作为显明之体，主要能亲生彼法者 。

比如说苗芽，能够直接生出苗芽，是苗芽亲因的定义；能够间接生出苗芽，是苗芽疏因的定义。藏地的摄类学家一致认为：亲因与疏因的含义也就是在因与果之间，是否被其余刹那和其他的因所间断。

苗芽的亲因分为近取因与俱有缘两种，它们的差别在于：是苗芽的亲因、主要生起自果质流部分，是苗芽近取因的定义，即苗芽生起之前的种子；是苗芽的亲因、主要生起自果非质流部分，是苗芽俱有缘的定义，即苗芽生起之前的水肥、田地、农民等。

对此有颇多辨析，这里仅略微介绍一下。

苗芽和它的亲因种子要以怎样合适的量来安立；是青稞苗芽的因，并不需要是苗芽的因；青稞芽与麦芽有无共同的田地因；对既有东边水又有西边水的圆形青稞地，西边水不是这块田的因，如果是的话，《释量论》说“无不生定故”[①]，对此如何解释；果中无因则不生，与佛的经续论典相违，如何以他们原先所立来破除常及无因生果等所许，如果无则不生，犯前所说过失；又与《释量论》所说“因法所有性”[②] 的“所有”义相违，应成立阿妈拉姆不从阿妈出生；有无从与自己是同一体性的因中出生……尚有很多。

另外，经部和唯识宗共许识的等无间缘应是此识的亲因，因此，应该没有从灭尽定中刚起定的第一刹那识的等无间缘，因为即将入定的相续中不安立它，即将从定中起定的相续不安立它的缘故。

如果是前者，中间长时被其他因所间断必不应理；如果是后者，唯识宗也承许灭尽定中暂时无心，因此难以成立。

另外，由无色界立即投生欲界时，如何安立眼识的近取亲因？如果安立为未被相续所摄，是后来生起，那么《释量论》第二品中“最初受生时……太过故”[③] 所说的太过就无法避免。

如果安立为无色界相续所摄，那么是安立为色、识，还是不相应行？如果安立为色，那么就有无色地所摄的色；如果安立为识，那么就要有同一质流的色识。因此，《释量论》根本颂中为什么要说“非识则非识，亲因故亦成”？所以，我无论怎样观察，无色界者即将临终时的心上，必然有一前身遗留的习气。《释量论》中又说：“有依于觉性，是诸根之因，故是根从觉。”它的意思就无须多说了。因此，克主曲杰认为这是诸大车轨理路所共通的。

另外，《俱舍论》中说：“俱有互为果。”[④] 认为因果同时，而自宗，如《宗义本颂》“教理诸理路，因果不同时”所说，唯许因果前后。

---

① 法称论师造，法尊法师译：《释量论·自义比量品第一》：“宗法彼分遍，是因彼唯三，无不生定故，似因谓所余。”

② 法称论师造，法尊法师译：《释量论·自义比量品第一》：“因法所有性，若无则不生，此果是正因。”

③ 法称论师造，法尊法师译：《释量论·成量品第二》：“最初受生时，呼吸根觉等，非不待自类，唯从于身生，太过故现见。”

④ 世亲论师造，（唐）玄奘译：《阿毗达磨俱舍论》卷六，《大正藏》第 29 册，第 30 页中。

总之，一切痛苦、一切衰损都是从自因——身语意三门不善恶业之中出生，而这些恶业的因就是烦恼，烦恼当中主要以贪、嗔、痴三毒为主，贪、嗔二者又是无明所生。

至尊宗喀巴大师说：

世所有衰损，其根为无明，见何能还灭，是故说缘起。

同样，一切善妙安乐都是从自因——纯白善业之中出生，善业观待于增上缘智慧法身，法身又是发心与二种资粮之果，而这些又是观待于依止善知识进行修学。

（邵华译）

༄༅། །དངོས་རྒྱུ་དང་བརྒྱུད་ལ་ཅུང་ཟད་དཔྱད་པ།

བྲ་ཁྱིམ་ཚང་བློ་བཟང་བཟོད་པ་རྣམ་རྒྱལ།

སྤྱིར་རྒྱུ་དང་འབྲས་བུ་དང་དངོས་པོ་དང་དངོས་རྒྱུ་དང་བརྒྱུད་རྒྱུ་ལྟ་བ་དོན་གཅིག་ཡིན་ཁྱབ་མཉམ་ཡིན། དེ་དག་གང་ལས་འཕྲོས་པའི་ཁུངས་ནི། རྣམ་པར་བཤད་པའི་མདོ་ལས། འདི་ཡོད་པས་འདི་འབྱུང་། འདི་སྐྱེས་པའི་ཕྱིར་འདི་སྐྱེས་པ་སྟེ། འདི་ལྟ་སྟེ། མ་རིག་པའི་རྐྱེན་གྱིས་འདུ་བྱེད། ཅེས་པ་ནས། འདི་འབྱུང་བར་འགྱུར་རོ། །ཞེས་པའི་བར་དང་།ཡང་ས་ལུ་ལྗང་བའི་མདོ་ལས། ཕྱི་རོལ་གྱི་རྟེན་ཅིང་འབྲེལ་བར་འབྱུང་བ་འདི་གཉིས་ཅིའི་ཕྱིར་འབྱུང་སྟེ། རྒྱུ་དང་འབྲེལ་བ་གང་ཞེན་ན། ས་བོན་ལས་མྱུ་གུ། མྱུ་གུ་ལས་འདབ་མ། འདབ་ལས་སྡོང་བུ། སྡོང་བུ་ལས་སྦུ་གུ། སྦུ་གུ་ལས་སྙིང་པོ། སྙིང་པོ་ལས་མེ་ཏོག། མེ་ཏོག་ལས་འབྲས་བུའོ། །ས་བོན་མེད་ན་མྱུ་གུ་མི་འབྱུང་སྟེ། ཞེས་ནས། འགྲུབ་པར་འགྱུར་རོ། །ཞེས་སོགས་བྱུང་། མདོ་དོན་འགྲེལ་བ་ལ། ཀླུ་སྒྲུབ་ཀྱི་ས་ལུ་ལྗང་པའི་མདོའི་འགྲེལ་བ་ལས། གང་གི་ཕྱིར་རྒྱུ་དང་རྐྱེན་དག་གི་རྒྱུན་མི་ཆད་ཅིང་། རྒྱུ་དང་འབྲས་བུ་རྒྱུན་མི་ཆད་པར་གཅིག་ནས་གཅིག་ཏུ་འཇུག་གི་ཞེས་པ་ནས། རྒྱུ་མེད་པར་མ་ཡིན་རྐྱེན་མེད་པར་མ་ཡིན་ཞེས་སོགས་དང་། ཡང་རྟེན་འབྲེལ་མདོ་འགྲེལ་ལས། འདི་སྐྱེ་བས་ཞེས་བྱ་བ་ནི་བྱུང་བའི་ཕྱིར་ཞེས་བྱ་བ་ཡིན་ནོ། །འདི་སྐྱེ་བ་སྟེ་ཞེས་བྱ་བ་ནི་འབྱུང་བ་སྟེ་ཞེས་བྱ་བ་ཡིན་ནོ། །དེ་ལྟར་ན་ལྟ་བ་རྒྱུའི་དོན་ཡིན་པར་རིགས་པར་བྱའོ། །དཔེར་ན། མེ་དང་འབྲེལ་བ་ལས་ཚོས་པར་འགྱུར་བ་དང་། ལག་པ་སོགས་བརྡབ་པ་ལས་སྒྲ་འབྱུང་བ་བཞིན་ནོ། །ཞེས་སོགས་དང་། རིན་ཆེན་འཕྲེང་བ་ལས། འདི་སྐྱེས་པས་ན་འདི་སྐྱེ་དཔེར། །མར་མེ་བྱུང་བས་འོད་བཞིན་ནོ། །ཞེས་དང་། རིན་ཆེན་འཕྲེང་བ་ལས། མར་མེ་འབྱུང་བ་མེད་པའི་ཕྱིར། །འོད་ཀྱང་འབྱུང་བ་མེད་པ་བཞིན། །ཞེས་སོགས་དང་། ཀུན་མཁྱེན་དབྱིག་གཉེན་གྱི་རྟེན་འབྲེལ་མདོ་འགྲེལ་ལས། འདིར་འདི་ཡོད་ན་ཞེས་བྱ་བ་ནི་ཡོད་པར་གྱུར་ནའོ། །འདི་བྱུང་བ་ནི་སྐྱེ་བའོ། །དེ་ལྟར་ན་བདུན་པ་རྒྱུའི་དོན་དུ་རིགས་པར་བྱའོ། །དཔེར་ན་ཆར་བབས་ན་ལོ་ཏོག་སྐྱེའོ། །སད་བབས་ན་ལོ་ཐོག་འཇིག་གོ །ཞེས་སོགས་དང་། ཀཱ་མ་ལ་ཤཱི་ལའི་མདོ་འགྲེལ་ལས། ཅིའི་ཕྱིར་རྟེན་ཅིང་འབྲེལ་བར་འབྱུང་བ་ཞེས་བྱ་བ་གསུངས་ཏེ། འདིར་ལན་དུ་རྒྱུ་དང་རྐྱེན་དང་བཅས་པ་ལ་བྱའོ། རྒྱུ་མེད་རྐྱེན་མེད་པ་ལ་མིན་ཏེ་ཞེས་བྱ་བ་གསུངས་སོ། །ཞེས་དང་། མུ་སྟེགས་ཅན་གྱི་ལྟ་བ་མ་ལུས་པ་དགག་པའི་ཕྱིར་འདི་ལ་མཚན་ཉིད་རྣམ་པ་ལྔར་བཞག་སྟེ། ཞེས་སོགས་ལས་འཕྲོས། གཞན་ཡང་བདེན་བཞིའི་ཆོས་འཁོར་གྱི་མདོ་ལས། འདི་ནི་སྡུག་བསྔལ་འཕགས་པའི་བདེན་པའོ། །ཤེས་པར་བྱ། འདི་ནི་ཀུན་འབྱུང་འཕགས་པའི་བདེན་པའོ། །སྤང་བར་བྱ་ཞེས་སོགས་ཀྱི་དོན། རྗེ་བཙུན་བྱམས་པའི་རྒྱུད་བླར། ནད་ནི་ཤེས་བྱ་ནད་ཀྱི་རྒྱུ་ནི་སྤང་བྱ་ལ། །བདེར་གནས་འཐོབ་བྱ་སྨན་ནི་བསྟེན

པར་བྱ་བ་ལྟར། །སྡུག་བསྔལ་རྒྱུ་དང་དེ་འགོག་པ་དང་དེ་བཞིན་ལམ། །ཤེས་བྱ་སྤང་བྱ་རེག་པར་བྱ་ཞིང་བསྟེན་པར་བྱ། །ཞེས་དང་། མངོན་རྟོག་རྒྱན་ལས། རྒྱུ་དང་ལམ་དང་སྡུག་བསྔལ་དང་། །འགོག་པ་ལ་ནི་གོ་རིམ་བཞིན། །ཞེས་སོགས་ཀྱིས་འཁོར་བར་འཇུག་རིམ་ཀུན་ཉོན་རྒྱུ་འབྲས་དང་། འཁོར་བ་ལས་ལྡོག་པའི་རིམ་པར་རྣམ་བྱང་རྒྱུ་འབྲས་གཉིས་གསུངས་སོ། །ལྷག་པར་དུ། ཚད་མ་རྣམ་འགྲེལ་ལས། མེ་ཡི་འབྲས་བུ་དུ་བ་སྟེ། །འབྲས་བུ་ཆོས་ཀྱི་རྗེས་འཇུག་ཕྱིར། །དེ་མེད་པར་ནི་དེ་ཡོད་ན། །རྒྱུ་དང་ལྡན་པ་ལས་འདས་འགྱུར། །ཞེས་སོགས་ཀྱིས་ཕྱིའི་རྒྱུ་འབྲས་དང་ནང་གི་ལམ་རིམ་ལ་སྦྱར་ན། སྨིན་པའི་འབྲས་བུ་ཡོངས་སྤྱོད་དེ། །འབྲས་བུ་ཆོས་ཀྱི་རྗེས་འཇུག་ཕྱིར། །སོགས་སུ་སྦྱར་ནས་བསམ་པར་བྱ་བ་མང་ཡང་མང་དོགས་ནས་མ་བྲིས་སོ། །

།བྱེ་བྲག་གཞི་གཅིག་ལ་སྦྱར་ནས་དངོས་རྒྱུ་དང་བརྒྱུད་རྒྱུའི་དོན་ནི། རྗེ་བླ་མའི་སྡེ་བདུན་འཇུག་སྒོ་ལས། རྒྱུ་ལ་ངོ་བོའི་སྒོ་ནས་དབྱེ་ན། དངོས་རྒྱུ་དང་། བརྒྱུད་རྒྱུ་གཉིས་ཡོད། མཚན་ཉིད་རིམ་པ་བཞིན། ཆོས་དེའི་རྒྱུ་གང་ཞིག ཆོས་དེའི་རྒྱུ་དང་ཁྱོད་ཀྱི་འབྲས་བུ་གཉིས་ཀ་ཡིན་པ་མེད་པ། གང་ཞིག་ཆོས་དེའི་རྒྱུ་དང་འབྲས་བུ་གཉིས་ཀ་ཡིན་པ་ཡོད་པ། རྒྱུ་ལ་དབྱེ་ན་གཙོ་ཕལ་གཉིས་ཡོད། ཉེར་ལེན་དང་ལྷན་ཅིག་བྱེད་རྐྱེན་གཉིས། མཚན་ཉིད་རིམ་པ་བཞིན། ཆོས་དེའི་ལྷན་ཅིག་བྱེད་རྐྱེན་ལ་བལྟོས་ནས་ཆོས་དེ་སྐྱེད་པ། ཆོས་དེའི་ཉེར་ལེན་གྱི་ཆོས་དེ་སྐྱེད་པ། སྤྱིར་རྒྱུ་རྐྱེན་ལ་དབྱེ་ན། བདག་རྐྱེན། དམིགས་རྐྱེན། དེ་མ་ཐག་རྐྱེན་དང་གསུམ་ཡོད། མཚན་ཉིད་རིམ་པ་བཞིན། ཆོས་དེ་ཡུལ་གྱི་རྣམ་ལྡན་དུ་དངོས་སུ་སྐྱེད་བྱེད་ཀྱི་ཕྱི་དོན། ཆོས་དེ་རང་དབང་དུ་སྐྱེད་བྱེད། ཆོས་དེ་གསལ་རིག་གི་ངོ་བོར་གཙོ་བོར་དངོས་སུ་སྐྱེད་བྱེད། ཞེས་གསུངས་པ་འདིས་མིག་ཕྱེ་འདུག་པས། གཞི་སྨྱུ་གུ་ལ་སྦྱར་ན། སྨྱུ་གུ་དངོས་སུ་སྐྱེད་བྱེད་དེ། སྨྱུ་གུའི་དངོས་རྒྱུའི་མཚན་ལྟ་ཉིད་དང་། སྨྱུ་གུ་བརྒྱུད་ནས་སྐྱེད་བྱེད་དེ། དེའི་བརྒྱུད་རྒྱུའི་མཚན་ཉིད་དུ་བོད་ཀྱི་བསྡུས་གྲྭ་མཁན་པོ་དག་ཞལ་མཐུན་ལ། དངོས་བརྒྱུད་ཀྱི་གོ་དོན་ཡང་། རྒྱུ་འབྲས་དེ་གཉིས་ཀྱི་བར་སྐད་ཅིག་གཞན་དང་རྒྱུ་གཞན་གྱིས་མ་ཆོད་པ་དང་ཆོད་པ་ལ་བྱའོ། །དངོས་པོ་དེའི་དངོས་རྒྱུ་ལ་དབྱེ་ན་རང་ཡིན་གྱི་ཉེར་ལེན་དང་ལྷན་ཅིག་བྱེད་རྐྱེན་གཉིས་ཡོད་ལ། དེ་གཉིས་ཀྱི་ཁྱད་པར་ནི། ཁྱོད་དེའི་དངོས་རྒྱུ་གང་ཞིག་རང་གི་རྫས་རྒྱུན་དུ་རྫས་སུ་གཙོ་བོར་སྐྱེད་བྱེད་དེ། སྦ་མའི་དོན་དང་། དེའི་རྫས་རྒྱུན་མ་ཡིན་པར་རྫས་སུ་གཙོ་བོར་དངོས་སུ་སྐྱེད་བྱེད་དེ། དེའི་ལྷན་ཅིག་བྱེད་རྐྱེན་གྱི་མཚན་ཉིད། མཚན་གཞི་རིམ་བཞིན།སྨྱུ་གུའི་སྤུ་ལོགས་སུ་བྱུང་བའི་ས་བོན་དང་། ཕྱི་མ་སྨྱུ་གུའི་སྤུ་ལོགས་སུ་བྱུང་བའི་ཆུ་ལུད་དང་། ཞིང་ས་དང་། ཞིང་བ་ལྟ་བུ། འདི་ལ་དཔྱད་པར་བྱ་བ་མང་ཡང་མཚོན་ཙམ་ཞིག་སྨྲོས་ན། སྨྱུ་གུ་དང་དེའི་དངོས་རྒྱུ་ས་བོན་གཉིས་ཀྱི་འཚམས་ཚད་མ་གང་གིས་འཛིན་དང་། ནས་སྨྱུག་གི་རྒྱུ་ཡིན་ན་སྨྱུ་གུའི་རྒྱུ་ཡིན་དགོས་མིན་དང་། ནས་སྨྱུག་དང་གྲོ་སྨྱུག་གཉིས་ཀྱི་ཐུན་མོང་གི་རྒྱུར་གྱུར་པའི་ཞིང་ཡོད་མེད་དང་། ཤར་ནུབ་ཀྱི་ཡུལ་ཆུ་གཉིས་ལྡན་གྱི་ནས་ཞིང་སྔོན་མོའི་ནུབ་ཆུ་དེ། ཞིང་དེའི་རྒྱུ་ཡིན་མིན། ཡིན་ན་རྣམ་འགྲེལ་རྩ་བར། མེད་ན་མི་འབྱུང་ངེས་ཕྱིར་རོ། །ཞེས་པའི་དོན

ཇི་ལྟར་འགྲེལ་དང་། རྒྱུ་འབྲས་ལ་མེད་ན་མི་འབྱུང་དགོས་པར་སྟོན་པའི་མདོ་རྒྱུད་བསྟན་བཅོས་དག་དང་འགལ་ཞིང་། དེ་དག་གི་ཕྱོགས་སྔ་སྨྲ་བ་དག་གིས་རྟག་པ་དང་རྒྱུ་མེད་ལས་འབྲས་བུ་སྐྱེ་བར་འདོད་པ་སོགས་ཇི་ལྟར་འགོག གལ་ཏེ་མེད་ན་མི་འབྱུང་དགོས་ན་གོང་དུ་བཤད་པའི་སྐྱོན་དང་། ཡང་རྣམ་འགྲེལ་ལས། རྒྱུ་ལ་རང་བཞིན་ཇི་སྙེད་ཅིག །ཅེས་པའི་ཇི་སྙེད་ཀྱི་དོན་དང་འགལ་ལ། ཨ་མ་ལྷ་མོ་ཨ་མ་ལས་མ་སྐྱེས་པར་ཐལ་བ་དང་། རང་དང་བདག་ཉིད་གཅིག་པའི་རྒྱུ་ལས་སྐྱེས་པ་ཡོད་མེད་སོགས་ཀློར་ཤོར་དཀའ་བ་མང་ངོ་། །གཞན་ཡང་། ཤེས་པ་དེའི་དེ་མ་ཐག་རྐྱེན་ལ་ཤེས་པ་དེའི་དངོས་རྒྱུ་དགོས་པར་འདོད་པ་མདོ་སེམས་གཉིས་མཐུན་ལ། དེས་ན་འགོག་སྙོམས་ལས་ལངས་མ་ཐག་པའི་ཤེས་པ་སྐད་ཅིག་དང་པོའི་དེ་མ་ཐག་རྐྱེན་མེད་པར་ཐལ། དེ་སྙོམས་པར་འཇུག་ཁམའི་རྒྱུད་ལ་མི་འཇོག སྙོམས་འཇུག་ལས་ལངས་ཁམའི་རྒྱུད་ལ་མི་འཇོག་པའི་ཕྱིར། དང་པོ་ལྟར་ན་དེའི་བར་དུས་རིང་པོ་དང་རྒྱུ་གཞན་དག་གིས་ཆོད་པས་གཏན་མི་འཐད་ལ། ཕྱི་མ་ལྟར་ན་ཡང་སེམས་ཙམ་ལུགས་ལ་འགོག་སྙོམས་སེམས་མེད་གནས་སྐབས་ལ་འདོད་པས་འཐད་དཀའ། གཞན་ཡང་གཟུགས་མེད་ནས་འདོད་པར་སྐྱེས་མ་ཐག་པའི་མིག་དབང་གི་དངོས་ཀྱི་ཉེར་ལེན་ལ་གང་འཇོག གལ་ཏེ་རྒྱུད་ཀྱིས་མ་བསྡུས་པའི་ཕྱིའི་འབྱུང་བ་ཞིག་འཇོག་ན། ལེའུ་གཉིས་པར། སྐྱེ་བ་ཡོངས་སུ་ལེན་པ་ན། །ཞེས་པ་ནས་ཧ་ཅང་ཐལ་ཕྱིར་ཞེས་པའི་ཐལ་བ་བཟློག་ཏུ་མེད་ལ། གཟུགས་མེད་པའི་རྒྱུད་ལ་འཇོག་ན་གཟུགས་ཤེས་ལྡན་མིན་གང་འཇོག དང་པོ་ལྟར་ན་གཟུགས་མེད་སས་བསྡུས་ཀྱི་གཟུགས་ཡོད་པར་འགྱུར་ལ། གཉིས་པ་ལྟར་ན་གཟུགས་ཤེས་རྫས་རྒྱུན་གཅིག་པ་ཡོད་དགོས་ལ། དེས་ན། ཙ་བར། རྣམ་ཤེས་མིན་པའི་རྣམ་ཤེས་ཀྱི། །ཉེར་ལེན་མིན་པའི་ཕྱིར་ཡང་འགྲུབ། །ཅེས་པའི་དོན་ཅི། དེས་ན་བདག་གིས་ཅི་ཙམ་དཔྱད་ཀྱང་། འཆི་འཕོ་ཁ་མའི་གཟུགས་མེད་པའི་སེམས་ཀྱི་སྙིང་གི་སྔོན་ལུས་ཀྱིས་བཞག་པའི་བག་ཆགས་ཤིག་ལས་འོས་མེད་ལ། དེ་ཡང་། རྣམ་འགྲེལ་ལས། །བློ་ཉིད་ལ་ནི་བརྟེན་པ་འགའ། །དབང་པོ་རྣམས་ཀྱི་རྒྱུ་ཡིན་པས། །དེ་ཕྱིར་བློ་ལས་དབང་པོ་ཡིན། །ཞེས་པའི་དགོངས་པ་སྨྲ་མེད་པའོ། །དེའི་ཕྱིར་མཁས་གྲུབ་ཆོས་རྗེས་འདི་ནི་ཤིང་རྟ་ཆེན་པོ་དག་གི་གཞུང་ལུགས་ཤལ་ཆེ་བ་མ་ཐུན་ཞེས་གསུངས་སོ། །

གཞན་ཡང་མཛོད་ལས། ལྷན་ཅིག་འབྱུང་གང་ཕན་ཚུན་འབྲས། །ཞེས་རྒྱུ་འབྲས་དུས་མཉམ་འདོད་པ་དང་། རང་ལུགས་ནི་གྲུབ་མཐའ་ཙ་བར། ལུང་རིགས་སྡེའི་ལུགས་རྒྱུ་འབྲས་དུས་མི་མཉམ། །ཞེས་པ་ལྟར་སྔ་ཕྱི་ཁོ་ནར་འདོད་དོ། མདོར་བསྡུ་ན། སྡུག་བསྔལ་དང་རྒུད་པ་ཡང་རང་རྒྱུ་ལུས་ངག་ཡིད་གསུམ་གྱི་མི་དགེ་དག་ལས་བྱུང་ཞིང་། དེ་དག་ཀྱང་རྒྱུ་ཉོན་མོངས་དང་། དེ་ལས་ཀྱང་ཆགས་སྡང་རྨོངས་གསུམ་གཙོ་ལ། ཆགས་སྡང་གཉིས་ཀྱང་མ་རིག་པ་ལས་བྱུང་བ་ཡིན་ཏེ། རྗེ་བཙུན་ཙོང་ཁ་བ་ཆེན་པོས། འཇིག་རྟེན་རྒུད་པ་ཇི་སྙེད་པ། །དེ་ཡི་ཙ་བ་མ་རིག་སྟེ། །གང་ཞིག་མཐོང་བས་དེ་ལྡོག་པ། །རྟེན་ཅིང་འབྲེལ་བར་འབྱུང་བར་གསུངས། །དེ་བཞིན་དུ། བདེ་དགེ་ལེགས་ཚོགས་ཐམས་ཅད་ཀྱང་རང་རྒྱུ་རྣམ་དཀར་དགེ་བ་ལས་བྱུང་ཞིང་། དེ་བདག་རྐྱེན་ཡེ་ཤེས་ཆོས་སྐུ་ལ་ལྟོས། དེ་ཡང་སེམས་བསྐྱེད་དང་ཚོགས་གཉིས་ཀྱི་ལག་

རྗེས་ཡིན་ལ། དེ་དག་ཀྱང་བཤེས་གཉེན་བསྟེན་ནས་སློབ་སྦྱོང་བྱེད་པ་ལ་རག་ལས་སོ། །
བྲ་ཁྱིམ་ཚང་བློ་བཟང་བཟོད་པ་རྣམ་རྒྱལ་ནས་ཐུན་གསེང་ལ་བྲིས་ཏེ་སྤྲིང་། །

试析法称因明学中的正因与助缘[①]

白玛战堆

【提要】无论从形而上学的角度而言，还是从现实生活的方面来看，认识因果都极为必要，是故，世界各大宗教和哲学体系基本都存在关于因果的论述，而佛教因果思想的不共特征，便在于“缘起”，而佛教因明思想中有关“因”与“缘”的论述对于我们理解佛教因果思想，又有着十分重要的意义，因此，对于因明学中关于此二者的论述进行分析，十分必要。本文主要从“正因”与“助缘”这两个方面着眼，通过论述二者的基本含义、二者的联系与差别以及二者所涉之主要相关问题，简要地分析法称论师因明思想中体现的“因果”理论。

【关键词】正因　助缘　业

【作者简介】白玛战堆，扎什伦布寺教师。baima5228@ qq. com

一　导　言

具足空悲之心要，建立圣教之命脉，

以善深稳智护教，众生依怙我敬礼。

先行尔许礼赞后，此处将说者，即是“因果与缘起”。

总的来说，当今世界有以三大宗教为主的多种宗教。虽然各教教主开创自己的教轨以来，对信仰自教者，因境、因时、因场合，或暂时、或久远，带来了很大的饶益，但各个宗教仍有许多共与不共的特点。佛教不共的特点是缘起论。缘起又有三种，即“因果缘起”“分位缘起”以及“唯

① 本文原标题为“缘生因果”，据内容改。

分别假立之缘起”。

在21世纪，无论是否信仰宗教，人数总共有70亿之多。所有人都不欲痛苦、希求安乐，并且无法仅满足于身体的安乐，而更希求真实的内心寂静安乐。所以，不依靠如实决择心与心所运作状况的佛学，而仅仅通过外在科技手段发展经济，是无法获得真实的寂静安乐的。依靠外在手段，仅有间接通过五根知受用可爱色、悦意声、妙香、甘味、滑触等的暂时安乐，就像是在粗糙的冰上建立城堡一样无法长久；反之，若能思维因果，在自相续中引发慈悲等心态，从而成办自他的利乐，便会真正出现具相的心之寂乐。这个道理可说是决定毋庸置疑，以我们所有人的经验也可以成立。比如，某人否认业因果的存在，或者某人虽然承认业因果存在，但并不通过修持来如理取舍，反之，对人类彼此、动物和公共环境造成了极大的伤害，末了落入法网，使自己终日深陷于忧恼与恐惧的状态。这些都是由迷茫于因果差别所致。

若无因果，就无法对世间的一切事物进行解释。比如，以我为例，民族是藏族，生于雪域藏区，是男性，是出家人，是比丘，这些状况，意义何在？那么，坐在这里的人大多不是出生在此地彼地，原因何在？再比如，今天我们聚集在这所大学进行研讨，而我们周围其他人今日没有到这里，而是在其他大学、其他地方聚集，不做研讨，又是为何？因此，若不承许因果与缘起的道理，对于许多以上述情况为代表的亲眼所见的事实，就没有办法解释。所以，必须从因果关系上来对此作答。

若欲在此生之中对因果善恶进行如理取舍而获得真实的心之寂乐，作为前提，很重要的一点是必须要了知因果的建立。因此，对于讲述因果缘起之理的建立，经中说：“因缘不或缺，故现有业果。”《十法经》中说：“由烟而知火，由沤而知水，菩萨具慧者，种姓由相知。”① 《释量论·自义比量品》中说：“因法所有性，若无则不生，此果是正因。”② 又说：

① （元魏）佛陀扇多译：《大宝积经》卷二十八：“相烟即知火，见鸳鸯知水，异相知菩萨，菩萨大智慧。”《大正藏》第11册，第152页上。

② 僧成大师造，法尊法师译：《释量论略解》：“问：若以烟从火生故不错乱者，则灰渣亦应成能了因，从火生故。曰：因火上所有自性若无者，则定不生之果烟，是于有烟山成立有火之正因，以是成立彼之三相故。”

“所有从因聚，比知能生果。”又说：“由因性决定，果性则决定。”又在《成量品》中说：“正因无变异，则诸有因者，不能使变异，如泥无变者，则瓶等无异。”[①]《现量品》中说：“种等与芽等，现见有功能。”[②]《他义比量品》中说：“诸果性各异，从诸因生故。无彼从余生，岂是彼生性？”[③] 等等。这些论典广泛宣说了因果缘起的道理，此外，在经典中也有无边的宣说。

据此，因分二：一、正因，二、助缘。[④] 这里首先略释二者的含义，然后进行辨析。

二　正因与助缘的基本含义

“因”根据主次分为两种：“在随一事[⑤]的自性和分位的实物二者中，主要对自性的实物作饶益者”安立为正因，“主要对它的分位的实物作饶益者”安立为助缘。简言之，若从便于理解的角度来说，事的主因，安立为正因；作为主因生自果的助伴、支分或方便者，或次因，安立为助缘。

事的正因必须“主要能生此事的实物相续”[⑥]，其支持依据为：《释量

① 僧成大师造，法尊法师译：《释量论略解》：“如亲因无所变异，则亦不能使有亲因之果有所变异，如泥团无变异，则瓶等亦不异。”此处“亲因”在本文中译作“正因”。

② 僧成大师造，法尊法师译：《释量论略解》：“若谓‘以胜义能作义为自相之相，不应道理，以一切法皆无胜义能作义故’，曰：其因不成，现见种子等有生芽等之功能故。”

③ 僧成大师造，法尊法师译：《释量论略解》：“又彼命如何是彼我所生自性？不应道理。以无彼我从余因生故。以诸果性各异，是从诸异因生故。”

④ “正因”（upādāna - hetu）与“助缘”（sahabhu - ［pratyaya］）的译法，取自法尊法师译《菩提道次第广论》：又自相续中若无能生道之顺缘积集资粮及除逆缘净治业障二助缘者，唯励力修所缘行相之正因，亦难生起。时下多有当代译者，将前者译为“近取因”，将后者译为“俱生缘”。按古译例，upādāna 一词，从未有任何人将前缀 upa 生硬译为“近”，而作“近取”者。若开此例，“五取蕴”当成“五近取蕴”，“爱缘取”当成“爱缘近取”，混乱无穷。“正因”“助缘”的意译法清晰易懂，故此处采用。又，《释量论略解》中前词译作“亲因”，但因易与 dngos rgyu 混淆，故本文未采用。

⑤ 事：在法称因明学中，事、无常者、有为法、胜义谛是同义词。

⑥ 实物相续：也有译为“质流”者。此处译法是为与下文《入中论善显密意疏》的译法配合。

论》中说："同依一聚者，由味知色等。"[①] 又说："非识则非识，正因故亦成。"[②] 前二颂所说的意思是：因为成立糖的味与色二者依赖于同一聚集亲因，由于这个关系成立，所以之前的糖味能作之后糖味的正因，以及之后糖色的助缘；之前的糖色能作之后糖色的正因，以及之后糖味的助缘。后两颂说的是：以识（vijñāna）为代表的知（jñāna）[③]，自身必须是从作为自己正因的知中产生，没有作为知的正因的色。其主要理由为：因色不会成为或归于知。

若从所谓的"实物相续"（*dravyasaṃtāna）发散开来理解"相续"（saṃtāna / prabandha），一般来说，对于"相续"，若通过字面来诠释则分二：实物相续与种类相续。经部、唯识和中观宗皆说相续的自遮回是分别施设的无事[④]，而若是它，则周遍是事。相续的意思，正如至尊宗喀巴大师在《入中论善显密意疏》中所说：

> ［相续之字界[⑤]云"达努"（√tan），谓增广。施以字缘（sam）[⑥]，成辗转义，名曰相续。犹如河流相续不断。因果相续转时，］由于生死辗转无间无断，是三世诸行刹那之能取。此说是诸刹那分之有分，非仅说前后无间也。由此遍于诸相续分刹那中有，故相续支分之诸刹那，名有相续。中诸支分，是有分相续之支分，故说相续是彼之能取。如瓶是瓶嘴瓶项等之能取也。比前后诸刹那，更互相异为自相之他。是敌者所许。

具有作为某事的相续"有相续者"，有前后诸刹那，这些刹那无有间

① 僧成大师造，法尊法师译：《释量论略解》："问：若谓正因决定唯有果法、自性、不可得三种者，则由现在味为因，引生了知现在色等之比量智不应理。曰：彼无不应理。以由现在味为因，而了知口内糖球上之现在色等者，是从比知因法之果因而生故。譬如由烟，了知有烟山上由火烧柴发生变化之力，即时比知柴之变化也。"

② 僧成大师造，法尊法师译：《释量论略解》："生死无始亦得成立，以识有亲因，而非识法非识之亲因故。"

③ 在藏传佛教术语体系中，"识"仅指心王，"知"涵盖心王心所。

④ 无事：在法称因明学中，无事、常者、无为法、世俗谛是同义词。

⑤ 字界：即词根（dhātu，root）。

⑥ 字缘：即词缀（pratyaya，suffix）。

隙地产生，从这个角度称“此事的相续”。由此成立：“相续”与“种类相续”同义。

三　辨　析

一些教材（果芒教材）中承许“正因”周遍“有相续之事”，然而若按照我自己的（克主根敦洛桑）教材和理解的话，则承许“事”和“正因”同义。

一般来说，佛教徒不承许如一般外教所说的从无因无缘中出生的果，并且与之相反，认为：有为法都是观待自己的因缘而成立；有为法是从聚合因、相顺因中产生，而不是从无因、未聚合因、不顺因中产生。

对此，有能立的正理与能立的清净教证。比如：种下毒，则药不生；种下药，则毒不生。同样，从谷种只会生谷，不会生大米；从大米的种子只会生大米，不会产生燕麦。如果谷种产生大米，则谷具足的一切功用大米也必须具足，如此便会有“谷与米二者应成为一”的过失。药与毒二者也是这样。此外，若从张三的正因出生了李四，则也会有“此二补特伽罗的相续应成为一”的过失。关于能立（的教证），《释量论》中说：“由因性决定，果性则决定”[①] 等。另外《俱舍论》中说：“种果无倒故。”[②] 多文可证。

（列他宗）对此，有人引［无性］对《摄大乘论》所说“外或无熏习，非内种应知”的注释：

> 如从其炭、牛粪、毛等，随其次第生彼苣胜、青莲华根，及以蒲等，非苣胜等，与彼炭等俱生俱灭，互相熏习而从彼生。[③]

---

① 僧成大师造，法尊法师译：《释量论略解》：“果法离无常性无异体性，以离无常，无生异体之因故。以从因性决定而果性决定故。”

② 世亲论师造，（唐）玄奘译：《阿毗达磨俱舍论》卷十八：“现见田中种果无倒：从末度迦种末度迦果生，其味极美；从赁婆种赁婆果生，其味极苦。非由田力种果有倒。如是施主虽于恶田而益他心殖诸施种，但招爱果，不招非爱。然由田过，令所殖种或生果少，或果全无。”《大正藏》第 29 册，第 97 页中。

③ 无性菩萨造，（唐）玄奘译：《摄大乘论释》卷二，《大正藏》第 31 册，第 390 页上。

又引［清辩］《思择焰》所说：

于此，外曰："从无情大种，而生有知者，有生故譬如，从力镜火生。"此谓从诸无情大种生有觉知者。何以故？是有生者故。何以为喻？譬如从酒生醉力，从火晶生火，从水晶生水，从黄牛及绵羊之毛生百节草，从山羊毛生竹，从木生灰，从奶生酪等，从因出生诸极不符顺之果。

又引［宗喀巴］《五次第明炬论》所说：

又如香象食格达迦花，转成麝香，余象食之，即成粪秽。①

又引《定量论》所说：

现见从不论几许不净异类出生青莲等，于此亦如是说。然唯自外，从有生者定生异体，因之自性异故，如从种及茎出生之芭蕉。

如此等等，以这些作为根据，说：若是果，不必是从与自同种类的因中产生，也不必是从自种和正因中产生，因为吉祥月称能从壁画中取牛乳②，从黄牛之毛及绵羊之毛生百节草，从山羊毛生竹，香象食格达迦花而生麝香，从黄牛之粪秽生青莲花，有此诸多从不同种类因所生不同种类果。

（破）像这样说的人都没有善加理解因果安立，并且，由于未准确理解上述经论，仅通过相似的外相就说青莲为真，此等唯是心智错乱之语。因为《释量论·现量品》中说："彼非彼自性，彼非彼因生。"③ 又，《他

① 引自法尊法师译《胜集密教王五次第教授善显炬论》。

② 月称论师造，法尊法师译：《入中论自释》："此《入中论》，是能光显深广理趣，安住大乘，成就不可夺之智悲，能于壁画乳牛构取牛乳，破除实执之月称阿阇黎所造。"

③ 僧成大师造，法尊法师译：《释量论略解》："彼乐等由何非识？应是识。以彼等从识因非余之三缘生故。以有俱义堪能根及如自体之心，则见乐等生起，意亦与彼根识相同故。又有说为意亦与彼乐等相同故（同从三缘生）。前因决定，以彼同类及非彼同类自性诸果，是由彼同类及非彼同类之亲因所生故。若谓根本因不定，虽从三缘生，然要从我之功德行，乃生根识及乐等物。（外计乐等是物质，非精神，即非心识。）"

义比量品》中说："诸果性各异，从诸因生故。无彼从余生，岂是彼生性?"[①] 如此，以"此相似、非此相似"为自性的果，必从"此相似、非此相似"的亲因中产生；果自性相似、不相似差别，也必从因种类相似、不相似差别中产生。

而贡塘降贝央·丹贝准美说："内外二者之中，外种容有如是，然因内种胜，故不容有如是。"《密义》中说："若无种，不论何事亦不生故。"又，《释量论》中说："转依虽转依，如道过复起，非尔无能故。"[②] 以及"由因性决定，果性则决定。"[③] 又《量理宝藏论》中说："若非因所生，彼非彼之果。似相致错乱，唯立以彼名。"它的注释中说："故虽假立'山之烟'及'不净之青莲'等名称，然若分辨显色、功用及味等，由不同故，确非青莲之属，诸分明之果于因之上无错乱故。"内外一切事皆是如此，所以《密义》和《量理宝藏论》中所说是非常正确的。

虽然一般来说，事的因有各种同种类者、不同种类者，但它的正因或种子，只有同种类的正因或种子，没有不同种类的正因或种子；"彼彼事的种子、功用，可以成为以彼彼果为体者"或"能够转为以彼果为体性、为实物者"，被理解为"种类相似的正因或种子"，然而正因和正果二者不必同种类。这就像火与烟、取色根现知与取色意现知一样。同样，分别(tarka)与根知(＊indriyajñāna)虽然并非同种类，但分别可做根知的正因，根知可作分别的正因。如[僧成]《量理庄严论》中所说："分别能作根知之等无间缘，根知能作分别之等无间缘，取白眼知能作取黄眼知之等无间缘故。"

---

① 僧成大师造，法尊法师译：《释量论略解》："彼命非由汝能了知活身中有余义我，以有汝而有我无定故。若先有我然后有命、或无我已则当无命，此应非有。以彼我是常实、常有，彼无非有故。又彼命如何是彼我所生自性？不应道理。以无彼我从余因生故。以诸果性各异，是从诸异因生故。其原因谓诸有事是种种体性，以从种种因缘功能，生为体性各异故。若谓非由异因缘生，安立彼异体者，则此一切有事行应成一体性也。"

② 僧成大师造，法尊法师译：《释量论略解》："问：若一次转依，如从有漏生道，如是过失应复起。曰：断德究竟之士夫，过不复生，以无生过失之功能故。此之原因，谓心性光明，诸垢是客尘故。如缘色根识，是如色所有而缘，以如境色所有而缘，是彼识之法或自性故。色引生缘色识，则是色之自性，以如自所有体性，亦是缘自体性，缘色识之能生故。"

③ 僧成大师造，法尊法师译：《释量论略解》："外曰：如具生法，有者是有碍，有者是无碍，如是有具生事是有坏性，有非具生事是非坏性。故非有事皆可坏灭。曰：果法离无常性无异体性，以离无常，无生异体之因故。以从因性决定而果性决定故。"

问：那么，譬如无漏法的第一刹那，是否有种类相同的因及正因？

答：毗婆沙师说：它虽有种类相同的因及正因，但没有自己的同类前刹那；然而，对于上部宗义来说，或应［承许无漏第一刹那］是从等流及同类因中产生，因为克主一切智在《显明难解疏》中说："谓：无始辗转传来种姓，作圣道第一刹那之正因。盖彼若无，则成无漏第一刹那无有同类因故。"

不过，若细致观察，《俱舍论》中也说"欲界善生九"[①] 等，又说"善等于善等"[②]。这些文句说的是善的果有不善、不善的果有善等。因为因果轮转的道理，也可以成立：有作为我执之果的通达无我慧，也有作为通达无我慧之果的我执。因此，若是"此果之因"，并不周遍"与此果同种类"。

此外，如有色根——有形色和显色者——它的功能和习气以种子为体，从以种子等为体者［生］有色根，因此，于无色界乃至欲界受生无间的补特伽罗，其相续中有色根的亲正因并不可安立为色，而必须安立为无色界中存在的能生色的功能。所以，这样的能生有色根的功能，虽然是有色根的同种类正因，但并不相似于它的种类，如前。

因此，总因果和别业果的缘生系属[③]法性极深且难解，所以，由推断心很难确立"理应只从此因中产生此果，由此生彼则不应理"的界限。

---

① 世亲论师造，（唐）玄奘译：《阿毗达磨俱舍论》卷七："欲界善心无间生九，谓：1—4. 自界四（＝善、不善、有覆无记、无覆无记）。5—6. 色界二心（＝善、染），于入定时及续生位，如其次第生善、染心。7. 无色界一，于续生位，欲善无间生彼染心。不生彼善，以极远故。无色于欲四远故远：一所依远，二行相远，三所缘远，四对治远。8—9. 及学无学，谓入观时。"《大正藏》第 29 册，第 38 页下。

② 世亲论师造，（唐）玄奘译：《阿毗达磨俱舍论》卷十七："颂曰：善等于善等，初有四二三，中有二三四，后二三三果。论曰：最后所说皆如次言，显随所应遍前门义。且善不善无记三业一一为因，如其次第对善不善无记三法辩有果数。后例应知。谓初善业以善法为四果，除异熟。以不善为二果，谓士用及增上。以无记为三果，除等流及离系。中不善业以善法为二果，谓士用及增上。以不善为三果，除异熟及离系。以无记为四果，除离系。等流云何？谓遍行不善及见苦所断余不善业，以有身见、边执见品诸无记法为等流故。后无记业以善法为二果，谓士用及增上；以不善为三果，除异熟及离系。等流云何？谓有身见、边执见品诸无记业，以诸不善为等流故。以无记为三果，除异熟及离系。"《大正藏》第 29 册，第 91 页中。

③ 缘生系属：亦称彼生系属，指二法间"此无则彼不生"的关系。

正如《律杂事》中世尊说："阿难！诸有情相续及业果异熟不可思议。"①吉祥月称在《入中论》中说："亦遮思维诸业果。"对此宗大师在《入中论善显密意疏》中说："佛恐凡夫乐以理智审细观察由如是如是差别业感如是如是差别果之理由，毁谤业果、坏世俗谛。故曰：'诸业异熟，不可思议。'遮止于诸业果而起思择。"

四 结 语

我就讨论这么多。总而言之，因果的建立，不应该理解为佛陀或三宝所安立的规定；它并不依赖于宗教信仰，我们所有人通过自己的观察力加以探究和闻思，便能很好地断除增益，从而对内心知识范畴的缘生因果之正理获得很好地理解。仅依靠科技与经济发展，通过五门知感受暂时的福乐，是无法令我们满足的。在日常生活中，当我们遇到困苦和种种好坏的情况时，思考"依靠这样那样的因缘，而有这样那样的果产生"，通晓"对于这个情况，先要这样做"，都是依靠缘生因果的道理。了解这个道理，直接便能给人生带来内心欢喜、身体健康。简言之，无论是什么情况都能够清楚地分析；无论在何处、何时、什么场合、与谁结交，福乐何时也不会从它的墙外绕道而去。

于共外明诸典之林中，因缘理之日光若未曜，
如何寻求亦如蜂振翅，悦意蜜之受用不能获。

（朱雅雪译，云丹校）

① （唐）义净译：《根本说一切有部毗奈耶杂事》卷三十："佛告阿难陀：众生业报难可思议，由心造作一切世间，皆因业生依业而住，凡自作业当受其报。"《大正藏》第24册，第355页下。

༄། །རྒྱུ་འབྲས་རྟེན་འབྱུང་།

བགྲེས་ལྷུན་པདྨ་དགྲ་འདུལ།

སྟོང་ཉིད་སྙིང་རྗེའི་སྙིང་པོ་ཅན། །
ཐུབ་བསྟན་སྒོ་གི་ཀ་བ་བཙུགས། །
མཁས་མཛངས་ཟབ་བརྙིང་མཁྱེན་དཔྱོད་ཀྱིས། །
བསྟན་འགྲོ་སྐྱོང་བའི་མགོན་ལ་འདུད། །

ཅེས་མཆོད་པར་བརྗོད་པ་དེ་ཙམ་ཞིག་སྔོན་དུ་བཏང་ནས་འདིར་གང་གླེང་བར་བྱ་བ་ནི་རྒྱུ་འབྲས་རྟེན་འབྱུང་ཞེས་པ་འདི་ཡིན། སྤྱིར་ན་དེང་སྐབས་འཛམ་གླིང་ཐོག་ཆོས་ལུགས་ཆེན་པོ་གསུམ་གྱི་གཙོས་ཆོས་ལུགས་འདྲ་མིན་མང་པོ་ཡོད། ཆོས་ལུགས་ཁག་གི་སྟོན་པ་སོ་སོར་རང་གི་ཆོས་ལུགས་སྤེལ་བྱེ་བ་ནས་བཟུང་རང་རང་གི་ཆོས་ལུགས་ལ་དད་མོས་མཁན་ཚོར་ཡུལ་དུས་གནས་སྐབས་དེ་དང་ཐྲལ་ཕུགས་ཅི་རིགས་སུ་ཕན་འདོགས་ཆེན་པོ་ཡོང་གི་ཡོད་ལ་ཆོས་ལུགས་སོ་སོར་ཡང་ཐུན་མིན་གྱི་ཁྱད་ཆོས་ཡང་མང་པོ་ཡོད། དེད་ཅག་ནང་བསྟན་གྱི་ཐུན་མོང་མ་ཡིན་པའི་ཁྱད་ཆོས་ཟླ་ན་མེད་པ་ནི་ལྟ་བ་རྟེན་འབྱུང་དུ་སྨྲ་བ་འདི་ཡིན།

རྟེན་འབྱུང་འདི་ལ་ཡང་། རྒྱུ་འབྲས་རྟེན་འབྱུང་དང་། ཆ་ཤས་རྟེན་འབྱུང་། རྟོག་པས་བཏགས་ཙམ་གྱི་རྟེན་འབྱུང་བཅས་གསུམ་ཡོད། དུས་རབས་ཉེར་གཅིག་པ་འདིར་ཆོས་ལུགས་ལ་དད་པ་ཡོད་མེད་བསྡོམས་མི་དུང་ཕྱུར་བདུན་བཅུ་ཙམ་ཡོད། ཚང་མ་སྡུག་བསྔལ་མི་འདོད་ཅིང་བདེ་བ་འདོད་པ་ཤ་སྟག་ཡིན་ཞིང་དེ་ཡང་ལུས་ཀྱི་བདེ་བ་ཙམ་གྱིས་མི་ཚོགས་པར་སེམས་ཀྱི་ཞི་བདེ་ངོ་མ་ཞིག་འདོད་པས་ནང་གསལ་རིག་ཆོས་སེམས་དང་སེམས་བྱུང་གི་གནས་སྟངས་རྗེ་བཞིན་གཏན་ལ་འབེབ་པའི་རིག་གཞུང་ཞིག་ལ་མ་བརྟེན་པར་ཕྱི་ཚན་རིག་གི་ཐབས་ལམ་ལ་བརྟེན་ནས་དཔལ་འབྱོར་གོང་དུ་སྤེལ་བ་ཙམ་གྱིས་སེམས་ཀྱི་ཞི་བདེ་མཚན་ཉིད་པ་ཞིག་ཐོབ་མི་སྲིད་ཅིང་། དེ་དག་ལ་བརྟེན་ནས་དབང་ཤེས་ལྔ་བརྒྱུད་ནས་གཟུགས་ཡིད་དུ་འོང་བ་དང་། སྒྲ་སྙན་པ། དྲི་ཞིམ་པ། རོ་མངར་བ། རེག་བྱ་འཇམ་པ་སོགས་ལ་ལོངས་སྤྱོད་དེ་གནས་སྐབས་ཀྱི་བདེ་བ་ཙམ་ཡོད་ཀྱང་དེ་ནི་འཁྲུགས་རྫོང་ཚུབ་པོའི་སྟེང་དུ་མཁར་བརྩིགས་པ་དང་འདྲ་བས་ཐུགས་མི་ཐུབ། དེས་ན་རྒྱུ་འབྲས་ལ་ཡིད་ཆེས་བྱས་ཏེ་བྱམས་པ་དང་བརྩེ་བ་སོགས་རང་རྒྱུད་ལ་སྐྱེད་པར་བྱས་ནས་རང་གཞན་ལ་ཕན་བདེ་སྒྲུབ་ཐུབ་ན་ངོ་མ་སེམས་ཀྱི་ཞི་བདེ་མཚན་ཉིད་པ་དེ་ཡོང་བར་ཐེ་ཚོམ་མེད་ཅེས་ཐག་གཅད་དེ་བཤད་ན་ཆོག ང་ཚོ་ཚང་མའི་མྱོང་བས་ཀྱང་འགྲུབ། དཔེར་མཚོན་ན། མི་ག་གེ་མོ་ཞིག་གིས་ལས་རྒྱུ་འབྲས་ཟེར་བ་གཏན་ནས་མེད་ཅེས་

སྨྲ་བ་དང་། ཡང་ལ་ལས་རྒྱུ་འབྲས་ཡོད་པར་འདོད་ཀྱང་ཉམས་སུ་བླངས་ནས་བླང་དོར་གྱི་བྱ་བ་ལ་ཚུལ་བཞིན་དུ་མི་འཇུག་པར་དེ་ལས་ལྡོག་སྟེ་མི་ཕན་ཚུན་དང་སྡོག་ཆགས། སྐྱེ་བའི་འཁོར་ཡུག་སོགས་ལ་ཡང་གནོད་ཆེ་ཚབས་ཆེན་བཟོས་ཏེ་ཐ་མ་ཁྲིམས་ཀྱི་དྲ་བར་ཚུད་དེ་ཉིན་མཚན་ཀུན་ཏུ་རང་ཉིད་སྡུག་བསྔལ་དང་འཇིགས་སྐྲག་གི་གནས་སུ་ལྷུང་བ་དེ་རྣམས་ཀྱང་རྒྱུ་འབྲས་ཀྱི་རྣམ་དབྱེ་ལ་རྨོངས་པས་ཡིན་ནོ། །རྒྱུ་འབྲས་མེད་ན་འཇིག་རྟེན་གྱི་བྱ་དངོས་མཐའ་དག་ལ་འགྲེལ་བཤད་བྱ་མི་ཐུབ་སྟེ། དཔེར་ན། ང་ལྟ་བུ་ལ་མཚོན་ན། རིགས་བོད་རིགས། ཡུལ་གངས་ལྗོངས་སུ་སྐྱེད་པ། སྐྱེས་པ་ཡིན་པ། རབ་ཏུ་བྱུང་བ། དགེ་སློང་ཞིག་ཆགས་དགོས་དོན་གང་ཡིན། འོ་ན་འདིར་བཞུགས་པའི་ཆེ་བ་གནས་དེ་དང་དེར་མ་སྐྱེ་བ་སོགས་ཀྱི་རྒྱུ་མཚན་གང་ཡིན་ནམ། ཡང་དཔེ་གཅིག་གཞག་ན། ང་ཚོ་དེ་རིང་སློབ་ཆེན་འདིར་འཛོམས་ནས་བགྲོ་གླེང་བྱེད་པ་དང་། ང་ཚོའི་མཐའ་སྐོར་གྱི་མི་གཞན་དེ་རིང་འདིར་མ་སླེབས་པ་དང་། སློབ་ཆེན་གཞན་དང་། ས་ཆ་གཞན་དུ་འཛོམས་ཏེ་བགྲོ་གླེང་མི་བྱེད་པ་གང་ཡིན་ནམ། དེས་ན་རྒྱུ་འབྲས་རྟེན་འབྱུང་གི་རིགས་པ་ཁས་མི་ལེན་ན་གོང་གི་གནས་ཚུལ་དེ་རྣམས་ཀྱིས་མཚོན་པའི་མིག་མཐོང་ལག་ཟིན་གྱི་བྱ་དངོས་མང་པོ་ཞིག་ལ་འགྲེལ་བཤད་བྱ་ཐབས་མེད་པས་དེ་རྣམས་ལ་རྒྱུ་འབྲས་ཀྱི་འབྲེལ་བའི་སྟེང་ནས་ལན་འདེབས་དགོས། མི་ཚེ་འདིར་རྒྱུ་འབྲས་དགེ་སྡིག་གི་བླང་དོར་ལ་ཚུལ་བཞིན་དུ་འཇུག་སྟེ་དོན་དེ་མའི་སེམས་ཀྱི་ཞི་བདེ་ཞིག་ཐོབ་འདོད་ན། རྒྱུ་འབྲས་ཀྱི་རྣམ་གཞག་ཤེས་པ་སྔོན་དུ་འགྲོ་དགོས་པ་ཏ་ཅང་གལ་ཆེ་བས་རྒྱུ་འབྲས་རྟེན་འབྱུང་གི་རིགས་པའི་རྣམ་གཞག་འདི་ཉིད་འཆད་པ་ལ་མདོ་ལས། རྒྱུ་དང་རྐྱེན་མ་ཚང་བ་མེད་པའི་ཕྱིར། ལས་ཀྱི་འབྲས་བུ་མངོན་པ་ཡང་ཡོད་དོ། །ཞེས་དང་། ཆོས་བཅུ་པའི་མདོ་ལས། དུ་བ་ལས་ནི་མེར་ཤེས་དང་། །ཆུ་སྐྱལ་ལས་ནི་ཆུ་ཤེས་ལྟར། །བྱང་ཆུབ་སེམས་དཔའ་བློ་ལྡན་གྱི། །རིགས་ནི་མཚན་མ་དག་ལས་ཤེས། །ཞེས་དང་། རྣམ་འགྲེལ་རང་དོན་ལེའུ་ལས། རྒྱུ་ལ་རང་བཞིན་ཇི་སྙེད་ཅིག །མེད་ན་མི་འབྱུང་འབྲས་བུ་ནི། །གཏན་ཚིགས། ཞེས་དང་། རྒྱུ་ཚོགས་པ་ལས་འབྲས་སྐྱེ་བར། །རྗེས་སུ་དཔོག་པ་གང་ཡིན་པ། །ཞེས་དང་། རྒྱུ་ཡི་རང་བཞིན་ངེས་པ་ལས། །འབྲས་བུའི་རང་བཞིན་ངེས་པ་སྟེ། །ཞེས་དང་། ཚད་མ་གྲུབ་པའི་ལེའུ་ལས། ཉེར་ལེན་འགྱུར་བ་མེད་པ་ནི། །ཉེར་ལེན་ཅན་དག་འགྱུར་བར་ནི། །བྱེད་པར་མི་ནུས་དཔེར་འཛི་མ་པ། །འགྱུར་བ་མེད་པ་བུམ་སོགས་བཞིན། །ཞེས་དང་། མངོན་སུམ་ལེའུ་ལས། ས་བོན་སོགས་ནི་མྱུག་སོགས་ལ། །ནུས་མཐོང་། །ཞེས་དང་། གཞན་དོན་ལེའུ་ལས། འབྲས་བུའི་རང་བཞིན་ཐ་དད་རྣམས། །རྒྱུ་རྣམས་ལས་ནི་བྱུང་བའི་ཕྱིར། །དེ་དག་མེད་པར་གཞན་ལས་བྱུང་། །ཅི་ལྟར་དེས་བསྐྱེད་རང་བཞིན་ཡིན། །ཞེས་སོགས་གཞུང་འདི་རྣམས་ཀྱིས་རྒྱུ་འབྲས་རྟེན་འབྱུང་གི་རིགས་པ་འདི་རྒྱས་པར་བསྟན་པ་ཡིན། གཞན་ཡང་། གསུང་རབ་ལས་མཐའ་ཡས་སོ། །

དེས་ན་རྒྱུ་ལ་དབྱེ་ན་ཉེར་ལེན་དང་ལྷན་ཅིག་བྱེད་རྐྱེན་གཉིས་ཡོད་པས་དེ་གཉིས་ཀྱི་དོན་མདོར་བསྡུས་ཏེ་བཤད་པ་དང་། མཐའ་དཔྱད་པ་གཉིས།

དང་པོ་ནི། དེ་ཡང་དངོས་པོ་གང་དང་གང་ཡིན་རུང་དེའི་རང་བཞིན་དང་གནས་སྐབས་ཀྱི་རྫས་གཉིས་ལས་རང་བཞིན་གྱི་རྫས་ལ་གཙོ་བོར་སྦྱིན་འདོགས་བྱེད་ཉེར་ལེན་དང་། དེའི་གནས་སྐབས་ཀྱི་རྫས་ལ་གཙོ་བོར་སྦྱིན་འདོགས་བྱེད་ལྷན་ཅིག་བྱེད་རྐྱེན་ཏུ་འཇོག་གི་ཡོད། རྒྱུ་ལ་གཙོ་ཕལ་གྱི་སྒོ་ནས་དེ་གཉིས་སུ་དབྱེ་བ་ཡིན། མདོར་ན་གོ་བ་སླ་བས་བདེ་ཞིག་གི་སྟེང་ནས་བཤད་ན་དངོས་པོ་དེའི་རྒྱུའི་གཙོ་བོ་དེ་ཉེར་ལེན་དང་། རྒྱུའི་གཙོ་བོ་དེས་རང་འབྲས་སྐྱེད་པའི་གྲོགས་སམ་ཡན་ལག་གམ་ཐབས་སུ་གྱུར་པའམ་རྒྱུ་ཕལ་པ་རྣམས་ལྷན་ཅིག་བྱེད་རྐྱེན་དུ་འཇོག

དེ་ཡང་དངོས་པོ་དེའི་ཉེར་ལེན་ལ་དངོས་པོ་དེའི་རྫས་རྒྱུན་གཙོ་བོར་སྐྱེད་བྱེད་ཅིག་དགོས་པའི་ཤེས་བྱེད་ཀྱི་ལུང་ཁུངས་ནི། རྣམ་འགྲེལ་ལས། ཚོགས་པ་གཅིག་ལ་རག་ལས་པའི། །གཟུགས་ལ་སོགས་པ་རོ་ས་རྟོགས་པ། །ཞེས་དང་། རྣམ་ཤེས་མིན་པ་རྣམ་ཤེས་ཀྱི། །ཉེར་ལེན་མིན་པའི་ཕྱིར་འགྱུབ། །ཅེས་སོགས་ཡིན། ཚིག་རྐང་པོ་གཉིས་ཀྱིས་དོན་ནི། བུ་རམ་གྱི་རོ་གཟུགས་གཉིས་དངོས་རྒྱུ་ཚོགས་པ་གཅིག་ལ་རག་ལས་ཀྱི་འབྲེལ་པ་གྲུབ་པས་བུ་རོ་སྔ་མས་བུ་རོ་ཕྱི་མའི་ཉེར་ལེན་དང་། བུར་གཟུགས་ཕྱི་མའི་ལྷན་ཅིག་བྱེད་རྐྱེན་དང་། བུར་གཟུགས་སྔ་མས་བུར་གཟུགས་ཕྱི་མའི་ཉེར་ལེན་དང་། བུ་རོ་ཕྱི་མའི་ལྷན་ཅིག་བྱེད་རྐྱེན་བྱེད་པར་བསྟན་པ་དང་། ཚིག་རྐང་ཕྱི་མ་གཉིས་ཀྱིས་རྣམ་ཤེས་ཀྱིས་མཚོན་པའི་ཤེས་པ་རྣམས་རང་རང་གི་ཉེར་ལེན་དུ་གྱུར་པའི་ཤེས་པ་ལས་སྐྱེ་དགོས་པ་དང་། ཤེས་པའི་ཉེར་ལེན་དུ་གྱུར་པའི་གཟུགས་མེད་པར་བསྟན་པས་དེའི་རྒྱུ་མཚན་གཙོ་བོ་ནི་གཟུགས་ཤེས་པར་འགྱུར་བའམ་འགྲོ་བ་མེད་པས་ཡིན་ནོ། །

རྫས་རྒྱུན་ཞེས་པ་ལས་འཕྲོས་ཏེ་རྒྱུན་ལ་གོ་བ་ཞིག་ལེན་ན་སྤྱིར་རྒྱུན་ལ་སྒྲས་བརྗོད་རིགས་ཀྱི་དབྱེ་ན། རྫས་རྒྱུན་དང་། རིགས་རྒྱུན་གཉིས་ཡོད། རྒྱུན་རང་ལྡོག་དེ་མདོ་སེམས་དབུ་མ་པ་ཀུན་གྱིས་རྟོག་བཏགས་དངོས་མེད་དང་། དེ་ཡིན་ན་དངོས་པོ་ཡིན་པས་ཁྱབ་པར་སྨྲའོ། །རྒྱུན་གྱི་གོ་དོན་ཡང་། རྗེ་བདག་ཉིད་པོས་འཇུག་པའི་རྣམ་བཤད་ལས། སྐྱེ་འཆི་བརྒྱུད་པས་བར་སྟོང་མེད་པར་རྣམ་པར་མ་ཆད་པར་གནས་པ། འདུ་བྱེད་ཀྱི་སྐད་ཅིག་དུས་གསུམ་པའི་ཉེ་བར་ལེན་པ་ཅན་ལ་བྱ་སྟེ། སྐད་ཅིག་མ་རྣམས་གང་གི་ཆ་ཤས་ཡིན་པའི་ཆ་ཅན་ཡིན་གྱི་སྔ་ཕྱི་བར་མ་ཆད་པ་ཙམ་མིན་ནོ། །དེ་ནི་རྒྱུན་གྱི་ཆ་ཤས་རྫས་ཀྱི་སྐད་ཅིག་མ་རྣམས་ལ་ཡོད་པས་ན། རྒྱུན་གྱི་ཡན་ལག་རྫས་ཀྱི་སྐད་ཅིག་མ་རྣམས་ལ་རྒྱུན་ཅན་ཞེས་བརྗོད་དེ། རྒྱུན་གྱི་ཆ་ཤས་དང་ཡན་ལག་རྣམས་ཆ་ཅན་གྱི་རྒྱུན་དེའི་ཡིན་པས་རྒྱུན་ལ་དེའི་ཉེ་བར་ལེན་པ་ཞེས་བརྗོད་དེ། དཔེར་ན་བུམ་པ་ནི་བུམ་པའི་མཆུ་དང་མགྲིན་པ་ལ་སོགས་པའི་ཉེ་བར་ལེན་པ་ཡིན་པ་བཞིན་ནོ།། ཞེས་གསུངས་པ་ལྟར། དངོས་པོ་གང་གི་རྒྱུན་དུ་སོང་བའི་རྒྱུན་ཅན་གྱི་སྐད་ཅིག་སྔ་ཕྱི་དུ་མ་དང་ལྡན་ཞིང་སྐད་ཅིག་དེ་དག་བར་མཚམས་མེད་པར་སྐྱེ་བའི་ཆ་ནས་དངོས་པོ་དེ་དག་གི་རྒྱུན་ཞེས་བྱའོ། །དེས་ན་རྒྱུན་དང་རིགས་རྒྱུན་དོན་གཅིག་ཏུ་གྲུབ་བོ། །

མཐའ་དཔྱད་པ། ཡིག་ཆ་《སློ་མང་ཡིག་ཆ།》འགའ་ཞིག་ནང་ཉེར་ལེན་ལ་རྒྱུན་བཅས་ཀྱི་དངོས་པོས་ཁྱབ་པ་འདོད་ཀྱང་། ང་རང་གི་《མཁས་གྲུབ་དགེ་འདུན་བློ་བཟང་།》 ཡིག་ཆ་དང་གོ་བ་ལྟར་ན་དངོས་པོ་དང་ཉེར་ལེན་དོན་གཅིག་ཏུ་ཁས་ལེན་བྱེད་ཀྱི་ཡོད། ཕྱིར་བཏང་ཡོངས་གྲགས་ལ་ཕྱི་རོལ་པ་འགའ་ཞིག་ལྟར་རྒྱུ་མེད་རྐྱེན་མེད་ལས་བྱུང་བའི་འབྲས་བུ་ནི་ང་ཚོ་ནང་བསྟན་པས་ཁས་མི་ལེན་ཞིང་དེ་ལས་ལྡོག་ཏེ་འདུས་བྱས་རྣམས་རང་གི་རྒྱུ་རྐྱེན་ལ་ལྟོས་ནས་གྲུབ་པ་དང་། དེ་ཡང་རྒྱུ་ཚོགས་པ་དང་མཐུན་པའི་རྒྱུ་ལས་འབྱུང་གི་རྒྱུ་མེད་དང་རྒྱུ་མ་ཚོགས་པ་དང་མི་མཐུན་པའི་རྒྱུ་ལས་འབྱུང་བར་མི་འདོད་དོ། །

དེ་ལ་ཡང་སྒྲུབ་བྱེད་ཀྱི་རིགས་པ་ཡང་དག་དང་། ཤེས་བྱེད་ཀྱི་ལུང་རྣམ་དག་ཡོད་པ་དཔེར་མཚོན་ན། དུག་བཏབ་པས་སྨན་མི་འབྱུང་བ་དང་། སྨན་བཏབ་པས་དུག་མི་འབྱུང་བ། དེ་བཞིན་འབྲུའི་ས་བོན་ལས་འབྲུ་མ་གཏོགས་འབྲས་མི་འབྱུང་བ་དང་། འབྲས་ཀྱི་ས་བོན་ལས་འབྲས་མ་གཏོགས་པད་ཁ་མི་འབྱུང་བཞིན་ནོ། །གལ་སྲིད་འབྲུའི་ས་བོན་ལས་འབྲས་བྱུང་ན་འབྲུ་ལ་ཡོད་པའི་ནུས་པ་ཐམས་ཅད་འབྲས་ལ་ཡང་ཡོད་དགོས་པས་འབྲུ་དང་འབྲས་གཉིས་གཅིག་ཏུ་ཐལ་བའི་ཉེས་པ་ཡོད་ལ་སྨན་དུག་གཉིས་ལའང་དེ་བཞིན་ནོ། །དེར་མ་ཟད། ལྷས་སྦྱིན་གྱི་ཉེར་ལེན་ལས་མཆོད་སྦྱིན་བྱུང་ན་གང་ཟག་དེ་གཉིས་རྒྱུད་གཅིག་ཏུ་ཐལ་བའི་ཉེས་པའང་ཡོད་དོ། །ཤེས་བྱེད་ནི། རྣམ་འགྲེལ་ལས། རྒྱུ་ཡི་རང་བཞིན་ངེས་པ་ལས། །འབྲས་བུའི་རང་བཞིན་ངེས་པ་སྟེ། །ཞེས་སོགས་དང་། མཛོད་ལས། རྒྱུ་ལས་འབྲས་བུ་མི་འཁྲུལ་ཕྱིར། །ཞེས་སོགས་དུ་མས་གྲུབ།

འདི་ལ་ཁ་ཅིག་གིས་ཐེག་བསྡུས་ལས། ཕྱི་རོལ་ས་བོན་མ་བརྟན་པའམ། །རང་གི་འདོད་པ་མ་ཡིན་ཏེ། །ཞེས་པའི་འགྲེལ་པར། དཔེར་ན། སོལ་བ་དང་བ་གླང་གི་ལྕི་བ་དང་། བལ་ལ་སོགས་པ་ནི་ཉིལ་དང་། ཨུཏྤལ་ལའི་རྩ་བ་དང་། རྩ་དུར་བ་སོགས་ལ་གོ་རིམ་བཞིན་ཏེ། ཉིལ་ལ་སོགས་པ་སོལ་བ་ལ་སོགས་པ་མ་བཏབ་མོད་ཀྱང་། འོན་ཀྱང་དེ་དག་ལས་སྐྱེའོ། །ཞེས་དང་། རྟོག་གེ་འབར་བ་ལས། འདིར་ཕ་རོལ་པོ་དག་གིས་སྨྲས་པ། འབྱུང་བ་སེམས་མེད་རྣམས་ལས་ནི། །ཤེས་པ་ཡོད་པ་ཉིད་སྐྱེ་སྟེ། ། སྐྱེ་ཅན་ཡིན་ཕྱིར་ནུས་མཐུ་དང་། ། མེ་ཤེལ་ལས་ནི་མེ་བཞིན་ནོ། །ཞེས་བྱ་བ་ནི་འབྱུང་བ་ཆེན་པོ་སེམས་མེད་པ་རྣམས་ལས་བློ་ཤེས་པ་ཡོད་པ་ཉིད་སྐྱེ་སྟེ། ཅིའི་ཕྱིར་ཞེ་ན། སྐྱེ་བ་ཅན་ཡིན་པའི་ཕྱིར་རོ། །དཔེ་ཇི་ལྟ་བུ་ཞེ་ན། ཆང་ལས་མྱོས་པའི་མཐུ་འབྱུང་བ་དང་། མེ་ཤེལ་ལས་མེ་འབྱུང་བ་དང་། ཆུ་ཤེལ་ལས་ཆུ་འབྱུང་བ་དང་། བ་ལང་གི་སྤུ་དང་། ལུག་གི་བལ་ལས་རྩ་དུར་བ་དང་། ར་ལས་སྨྱིག་མ་འབྱུང་བ་དང་། ཤིང་ལས་ཐལ་བ་འབྱུང་བ་དང་། འོ་མ་ལས་ཞོ་འབྱུང་བ་ལ་སོགས་རྒྱུ་ལས་འབྲས་བུ་མཚན་ཉིད་ཤིན་ཏུ་མི་མཐུན་པ་དག་འབྱུང་བ་བཞིན་ནོ། །ཞེས་པའི་གཞུང་འདི་རྣམས་དང་། རིམ་ལྔ་གསལ་སྒྲོན་ལས། ཀེ་ཏ་ཀའི་མེ་ཏོག་སྔོན་ཀྱི་གླང་པོས་ཟོས་པའི་བྲུན་ལྟ

ཏྲེ་ལ་སོགས་པར་འགྱུར་ལ། གླང་པོ་ཕལ་པས་ཟོས་པའི་བྲུན་ལྕི་བར་འགྱུར་བ་བཞིན་དུ། ཅེས་དང་། རྣམ་ངེས་ལས། གང་ཡང་ཅུང་ཟད་ལྕི་བ་ལ་སོགས་པའི་རིགས་མི་མཐུན་པ་ལས་ཨུཏྤལ་ལ་སོགས་པ་འབྱུང་བར་མཐོང་བ་དེ་ལ་ཡང་དེ་སྐད་དུ་བརྗོད་ཀྱང་རང་རང་གིས་ཁོ་ན་ལས་སྐྱེ་བ་ཅན་ལས་རང་གི་ངོ་བོ་ཐ་དད་པ་ཡོད་པ་ཁོ་ན་སྟེ། རྒྱུའི་རང་བཞིན་ཐ་དད་པའི་ཕྱིར་དཔེར་ན། ས་བོན་དང་སྡོང་པོ་ལས་སྐྱེ་བའི་ཆུ་ཤིང་ལྟ་བུའོ། །ཞེས་སོགས་ཁུངས་སུ་བྱས་ནས་འབྲས་བུ་ཡིན་ན་རང་དང་རིགས་མཐུན་པའི་རྒྱུ་ལས་འབྱུང་མི་དགོས་པ་དང་། རང་གི་ས་བོན་དང་ཉེར་ལེན་ལས་བྱུང་མི་དགོས་ཏེ། དཔལ་ལྡན་ཟླ་གྲགས་ཀྱིས་རི་མོར་བྲིས་པའི་བ་དུས་མ་ལས་འོ་མ་བཞོ་བ་དང་། བ་ལང་གི་སྤུ་དང་ལུག་གི་བལ་ལས་རྩ་དུར་བ་དང་། ར་ལས་སྨྱུག་མ། སྤོས་ཀྱི་གླང་པོས་ཀེ་ཏ་ཀའི་མེ་ཏོག་ཟོས་པ་ལས་ཀུང་ལྷ་ཙེ་འབྱུང་བ་དང་། བ་ལང་གི་ལྕི་བ་ལས་ཨུཏྤལའི་མེ་ཏོག་འབྱུང་བ་སོགས་རིགས་མི་མཐུན་པའི་རྒྱུ་ལས་རིགས་མི་མཐུན་པའི་འབྲས་བུ་བྱུང་བ་དུ་མ་ཡོད་དོ་ཞེས་དེ་སྐད་སྨྲ་བ་པོ་ཡང་རྒྱུ་འབྲས་ཀྱི་རྣམ་གཞག་ལེགས་པར་མ་ཤེས་ཤིང་གོང་གི་གཞུང་ལུགས་དེ་དག་ལ་གོ་བ་ལེགས་པར་མ་ཆགས་པའི་དབང་གིས་ཕྱིའི་རྣམ་པ་འདྲ་བ་ཙམ་གྱིས་ཨུཏྤལ་དངོས་ཡིན་པ་སོགས་སུ་བློ་གྲོས་འཁྲུལ་པའི་གཏམ་ཙམ་དུ་ཟད་དེ། རྣམ་འགྲེལ་མངོན་སུམ་ལེའུ་ལས། དེ་དང་དེ་མིན་རང་བཞིན་ཅན། །དེ་དང་དེ་མིན་དངོས་རྒྱུས་བསྐྱེད། །ཅེས་དང་། གཞན་དོན་ལེའུ་ལས། འབྲས་བུའི་རང་བཞིན་ཐ་དད་རྣམས། །རྒྱུ་རྣམས་ལས་ནི་བྱུང་བའི་ཕྱིར། །དེ་དག་མེད་པར་གཞན་ལས་བྱུང་། །ཅི་ལྟར་ངེས་བསྐྱེད་རང་བཞིན་ཡིན། །ཞེས་པས་བསྟན་པ་ལྟར་འདྲ་བ་དེ་དང་འདྲ་བ་དེ་མིན་པའི་རང་བཞིན་ཅན་གྱི་འབྲས་བུ་ནི་དངོས་རྒྱུ་འདྲ་བ་དེ་དང་འདྲ་བ་དེ་མིན་པ་ལས་བསྐྱེད་དགོས་པ་དང་། འབྲས་བུའི་རང་བཞིན་འདྲ་མི་འདྲ་ཐ་དད་རྣམས་རྒྱུ་རིགས་འདྲ་མི་འདྲ་ཐ་དད་པ་རྣམས་ལས་བྱུང་དགོས་པའི་ཕྱིར། འོན་ཏེ་གུང་ཐང་འཇམ་དཔའི་དབྱངས་བསྟན་པའི་སྒྲོན་མེས་ཕྱི་ནང་གཉིས་ལས་ཕྱིའི་ས་བོན་ལ་དེ་ལྟར་སྲིད་ཀྱང་ནང་གི་ས་བོན་གཙོ་ཆེ་བས་དེ་འདྲ་མི་སྲིད་གསུངས་ཀྱང་། དོན་གསང་ལས། ས་བོན་མེད་ན་དངོས་པོ་འགའ་ཡང་སྐྱེ་བ་མི་རུང་བའི་ཕྱིར་རོ། །ཞེས་དང་། རྣམ་འགྲེལ་ལས། གནས་འགྱུར་གལ་ཏེ་གནས་འགྱུར་ཀྱང་། །ལམ་བཞིན་སྔོན་ནི་བྱུང་ཞེ་ན། །མ་ཡིན་ནུས་པ་མེད་ཕྱིར་རོ། །ཞེས་དང་། རྒྱུ་ཡི་རང་བཞིན་ངེས་པས་ལས། །འབྲས་བུའི་རང་བཞིན་ངེས་པ་སྟེ། །ཞེས་དང་། རིགས་གཏེར་ལས། གང་དག་རྒྱུ་མིན་ལས་སྐྱེས་པ། །དེ་ནི་དེ་ཡི་འབྲས་བུ་མིན། །རྣམ་པ་འདྲ་བས་འཁྲུལ་པ་ལ། །དེ་ཡི་མིང་གིས་བཏགས་པར་ཟད། །ཅེས་དང་། དེའི་འགྲེལ་པ་ལས། དེས་ན་གྲོགས་མཁར་གྱི་དུ་བ་དང་། ལྕི་བའི་ཨུཏྤལ་ལ་སོགས་པ་མིང་དེར་བཏགས་ཀྱང་ཁ་དོག་དང་ནུས་པ་དང་རོ་ལ་སོགས་པ་སོ་སོར་ཕྱེ་ན་མི་འདྲ་བས་ཨུཏྤལ་ལ་སོགས་པ་ཉིད་མ་ཡིན་ཏེ། ཤིན་ཏུ་རྣམ་པར་ཕྱེ་བའི་འབྲས་བུ་རྣམས་ནི་རྒྱུ་ལ་འཁྲུལ་པ་མེད་དོ། །ཞེས་གསུངས་པ་ལྟར་ཕྱི་ནང་གི་དངོས་པོ་མཐའ་དག་ལ་མཚུངས་པས་དོན་གསང་དང་རིག་གཏེར་སོགས་ལས་གསུངས་པ་འདི་ཤིན་ཏུ་མང་དོ། །

སྤྱིར་བཏང་དངོས་པོ་དེའི་རྒྱུ་ལ་རིགས་མཐུན་མི་མཐུན་སྣ་ཚོགས་ཡོད་ཀྱང་དེའི་ཉེར་ལེན་ནམ་ས་བོན་ལ་རིགས་མཐུན་གྱི་ཉེར་ལེན་དང་ས་བོན་མ་གཏོགས་རིགས་མི་མཐུན་པའི་ཉེར་ལེན་དང་ས་བོན་མེད་དེ། དངོས་པོ་དེའམ་དེའི་ས་བོན་ནམ་ནུས་པ་དེ་འབྲས་བུ་དེ་དག་གི་ངོ་བོར་འགྱུར་རུང་ངམ་འབྲས་བུ་དེའི་ངོ་བོའམ་རྣམ་སུ་འཕོ་ཐུབ་པའམ་ནུས་པ་ཞིག་ལ་རིགས་མཐུན་གྱི་ཉེར་ལེན་ནམ་ས་བོན་དུ་གོ་བ་ལས་ཉེར་ལེན་དེ་དང་ཉེར་འབྲས་དེ་གཉིས་རིགས་མཐུན་པ་ཞིག་མི་དགོས་ཏེ། མེ་དང་དུ་བ། གཟུགས་འཛིན་དབང་མངོན་དང་གཟུགས་འཛིན་ཡིད་མངོན་ལྟ་བུའོ། །

དེ་བཞིན་རྟོག་པ་དང་དབང་ཤེས་གཉིས་རིགས་མི་མཐུན་ཀྱང་རྟོག་པས་དབང་ཤེས་ཀྱི་ཉེར་ལེན་བྱེད་པ་ཡོད་པ་དང་། དབང་ཤེས་ཀྱི་རྟོག་པའི་ཉེར་ལེན་བྱེད་པ་ཡོད་པ། རིགས་རྒྱན་ལས། རྟོག་པས་དབང་ཤེས་དང་། དབང་ཤེས་ཀྱིས་རྟོག་པ་དང་། དཀར་འཛིན་དབང་ཤེས་ཀྱིས་སེར་འཛིན་དབང་ཤེས་ཀྱི་དེ་མ་ཐག་རྐྱེན་བྱེད་པའང་ཡོད་པའི་ཕྱིར་རོ། །ཞེས་གསུངས་པ་ལྟར་རོ། ། འོ་ན། ཟག་མེད་སྐད་ཅིག་དང་པོ་ལྟ་བུ་ལ་རིགས་མཐུན་གྱི་རྒྱུ་དང་ཉེར་ལེན་ཡོད་དམ་ཞེ་ན། དེ་ལ་རིགས་མཐུན་གྱི་རྒྱུ་དང་ཉེར་ལེན་ཡོད་མོད་རང་གི་རིགས་འདྲ་སྐད་ཅིག་སྔ་མ་མེད་པ་བྱེ་སྨྲའི་ལུགས་ཙམ་ཡིན་གྱི། གྲུབ་མཐའ་གོང་མའི་ལུགས་ལ་རྒྱུ་མཐུན་དང་སྐལ་མཉམ་གྱི་རྒྱུ་ལས་བྱུང་བ་ཡིན་ཏེ། མཁས་གྲུབ་ཐམས་ཅད་མཁྱེན་པའི་རྟོགས་སྟོང་ལས། ཐོག་མ་མེད་ནས་རིགས་བརྒྱུད་དེ་འོངས་པ་འཕགས་ལམ་སྐད་ཅིག་དང་པོའི་ཉེར་ལེན་བྱེད་པ་ཞིག་སྟེ། གལ་ཏེ་འདི་མེད་ན་ཟག་མེད་སྐད་ཅིག་དང་པོ་ལ་སྐལ་མཉམ་གྱི་རྒྱུ་མེད་པར་འགྱུར་རོ། །ཞེས་ཟེར་རོ། །ཞེས་གསུངས་པའི་ཕྱིར་རོ་སྙམ་སྟེ་འོན་ཏང་ཞིབ་ཏུ་དཔྱོད། ད་དུང་མཛོད་ལས། འདོད་སེམས་དགེ་བ་ལས་སེམས་དགུ། །ཞེས་སོགས་དང་། དགེ་བའི་དགེ་ལ་སོགས་པ་ནི། །ཞེས་སོགས་ཀྱིས་དགེ་བའི་འབྲས་བུ་མི་དགེ་བ། མི་དགེ་བའི་འབྲས་བུ་དགེ་བ་སོགས་གསུངས་པ་དང་། རྒྱུ་འབྲས་འཁོར་ལོ་མའི་རིགས་པས་བདག་འཛིན་གྱི་འབྲས་བུར་གྱུར་པའི་བདག་མེད་རྟོགས་པའི་ཤེས་རབ་དང་། བདག་མེད་རྟོགས་པའི་ཤེས་རབ་ཀྱི་འབྲས་བུར་གྱུར་པའི་བདག་འཛིན་ཡོད་པར་སྒྲུབ་ནུས་པས་འབྲས་བུ་དེའི་རྒྱུ་ཡིན་ན་འབྲས་བུ་དེ་དང་རིགས་མཐུན་ཡིན་པས་ཁྱབ་པ་མེད་དོ། །

གཞན་ཡང་། དབང་པོ་གཟུགས་ཅན་པ་ལྟ་བུ་དབྱིབས་དང་ཁ་དོག་ཡོད་པ་ནུས་པ་དང་བག་ཆགས་ས་བོན་གྱི་ངོ་བོར་འགྲོ་བ་དང་། ས་བོན་ལ་སོགས་པའི་ངོ་བོ་ནས་དབང་པོ་གཟུགས་ཅན་པར་གྱུར་བ་ཡོད་པས་གཟུགས་མེད་ནས་འདོད་པའི་བར་སྲིད་དུ་སྐྱེ་མ་ཐག་པའི་གང་ཟག་གི་རྒྱུད་ཀྱི་དབང་པོ་གཟུགས་ཅན་པའི་དངོས་ཀྱི་ཉེར་ལེན་ལ་གཟུགས་འཛོག་རྒྱུ་མེད་པས་གཟུགས་མེད་དུ་ཡོད་པའི་གཟུགས་སྐྱེ་བྱེད་ཀྱི་ནུས་པ་དེ་འཛོག་དགོས་པས་དེ་ལྟ་བུའི་དབང་པོ་གཟུགས་ཅན་པ་དེ་སྐྱེ་བྱེད་ཀྱི་ནུས་པ་དེ་དབང་པོ་གཟུགས་ཅན་པ་དེའི་རིགས་མཐུན་གྱི་ཉེར་ལེན་ཡིན་ཀྱང་དེའི་རིགས་འདྲ་སྔ་མ་མ་ཡིན་པ་བཞིན་ནོ།། དེས་ན་རྒྱུ་འབྲས་སྤྱི་དང་ཁྱད་པར་ནང་གི་ལས་འབྲས་ཀྱི་ཚུལ་རྟེན་འབྲེལ་གྱི་ཆོས་ཉིད་ཆེས་ཟབ་ཅིང་དཀའ་བས་རྟོག་གེའི་བློས་རྒྱུ་འདི་ལས་འབྲས་བུ་འདི་ཙམ་འབྱུང་རིགས་ལ། འདི་ལས་གཞན་འབྱུང་མི་

རིགས་ཞེས་པའི་མཚམས་ཁ་ཚོན་ཚོད་ཤིན་ཏུ་དཀའ་སྟེ། འདུལ་བ་ཐྲན་ཚེགས་ལས། བཅོམ་ལྡན་འདས་ཀྱིས་བཀའ་སྩལ་པ། ཀུན་དགའ་བོ་སེམས་ཅན་རྣམས་ཀྱི་རྒྱུད་དང་ལས་ཀྱི་རྣམ་པར་སྨིན་པ་ནི་བསམ་གྱིས་མི་ཁྱབ་བོ།། ཞེས་དང་། དཔལ་ལྡན་ཟླ་བའི་ཞབས་ཀྱིས་དབུ་མ་འཇུག་པ་ལས། ལས་འབྲས་རྣམས་ལ་སེམས་པའང་དགག་པ་མཛད། །ཅེས་དང་། དེའི་ཐད་དུ་རྗེ་ཉིད་ཀྱིས་འཇུག་པའི་རྣམ་བཤད་ཆེན་མོ་ལས། དེའི་ཕྱིར་རྒྱལ་བས་སོ་སོའི་སྐྱེ་བོ་ལས་ཀྱི་ཁྱད་པར་འདི་དང་འདི་ལས་འབྲས་བུའི་ཁྱད་འདི་དང་འདི་འབྱུང་བའི་རྒྱུ་མཚན་འཐད་སྒྲུབ་ཀྱི་རིགས་པས་ཞིབ་པར་ངེས་པར་དཔྱོད་པར་བྱེད་པ་རྣམས་ལ་ལས་དང་འབྲས་བུ་ལ་སྐུར་བ་བཏབ་པ་ལས་ཀུན་རྫོབ་འཇིག་པར་འགྱུར་ཏེ་འོང་སྙམ་སྟེ། ལས་རྣམས་ཀྱི་འབྲས་བུ་རྣམ་པར་སྨིན་པ་ནི་བསམ་གྱིས་མི་ཁྱབ་བོ། ། ཞེས་ལས་དང་འབྲས་བུ་རྣམས་ལ་བརྟེན་པའི་སེམས་པ་སྟེ་དཔྱད་པའང་དགག་པར་མཛད་དོ། །ཞེས་གསུངས་པའི་ཕྱིར། དེ་ལྟར་རེ་ཞིག་བགྲོ་གླེང་བྱེད་མཚམས་འདི་རུ་འཇོག་རྒྱུ་ཡིན། མདོར་ན་རྒྱུ་འབྲས་ཀྱི་རྣམ་གཞག་འདི་སྟོན་པ་དང་དཀོན་མཆོག་གིས་གཞག་པའི་ཁྲིམས་ལྟ་བུར་ངོས་མི་འཛིན་པར་ཆོས་ལུགས་ལ་དད་པ་ཡོད་མེད་ལ་མ་ལྟོས་པར་ང་ཚོ་ཚང་མས་རང་གི་རྣམ་དཔྱོད་ཀྱི་ནུས་པས་ཞིབ་འཇུག་དང་ཐོས་བསམ་གྱིས་སྒྲོ་འདོགས་ལེགས་པར་གཅད་ནས་ནང་སེམས་ཁམས་རིག་པའི་རྒྱུ་འབྲས་རྟེན་འབྱུང་གི་རིགས་པ་ཡང་དག་ལ་གོ་བ་ལེགས་པར་བླངས་ཏེ་ཚན་རིག་དང་དཔལ་འབྱོར་ཡར་རྒྱས་ཅམ་ལ་བརྟེན་ནས་སློ་ལྡུའི་ཤེས་པ་བརྒྱུད་དེ་གནས་སྐབས་ཀྱི་བདེ་སྐྱིད་ཙམ་གྱིས་མི་ཚོག་པར་རྒྱུན་གཏན་འཚོ་བའི་ཁྲོད་དུ་ཚོར་དགའ་སྡུག་དང་། གནས་ཚུལ་བཟང་ངན་སྣ་ཚོགས་ཐྲད་པའི་སྐབས་རྐྱེན་འདི་དང་རྒྱུ་འདི་ལ་བརྟེན་ནས་འབྲས་བུ་འདི་དང་འདི་བྱུང་སྙམ་པ་དང་། ཚུལ་འདི་ལ་གནོད་ལེན་འདི་ལྟར་བྱ་ཞེས་ཁོང་དུ་ཆུད་པ་རྒྱུ་འབྲས་རྟེན་འབྱུང་གི་རིགས་པ་ལ་རག་ལས་པས་འདི་ཤེས་ན་རང་གི་མི་ཚེ་སྐྱེལ་བའི་འཚོ་བ་དངོས་ཀྱི་ནང་སེམས་དགའ་ཞིང་སྐྱིད་པ་ལུས་ཁམས་བདེ་བ་སོགས་མདོར་ན་གནས་ཚུལ་གང་ཡིན་རུང་དབྱེ་ཞིབ་གསལ་པོ་ཐུབ་པ། ཡུལ་དུས་གནས་སྐབས་གང་དུ་སྔུ་དང་འགྲོགས་ནའང་བདེ་སྐྱིད་ཀྱི་ལྷུགས་རིའི་ཕྱི་རོལ་དུ་ནམ་ཡང་ཐོལ་མི་སྲིད་དོ། །

ཕྱི་རིག་ཚན་རྩལ་ཐུན་མོང་རིག་གཞུང་གི་ཚལ་དུ། །
དོན་གཉེར་རྐང་དྲུག་བརྩོན་པའི་འདབ་གཤོག་གིས་བསྐྱོད་ཀྱང་། །
རྒྱུ་འབྲས་རྟེན་འབྱུང་རིགས་པའི་ཉིན་བྱེད་ཀྱི་གཟི་འོད། །
མ་སོག་སེམས་བདེ་སྐྱིད་ཕྱིའི་ལོངས་སྤྱོད་ཀྱིས་དབེན་སོང་། །

简析等流果

格西周扎

【提要】 等流果是佛教因果分类中的一个重要概念。本文在总说认识因果的重要性之后，通过具体辨析等流果的分类，以及与等流果密切相关的二种因——同类因与遍行因，对等流果这一概念的含义、分类等进行简要的论述。

【关键词】 等流果　同类因　遍行因

【作者简介】 格西周扎，玉树拉布寺教师，拉然巴格西。

十力遍知处非处，微细难思业果理，

如实见已如实显，二足人师我归敬。

书首礼赞以后，开始进入讨论的议题。去年，讲了二种种姓，“一切众生本来心的自性皆具如来藏”，即自性住种姓；“究竟证悟的根本因，无漏心的种子”，即习所成种姓，对此二者善加抉择以后，依于这样的如来藏，能够现证究竟果位。

有云：“一切安乐的根本是于业果发深忍信。”了知业果的安立，由此对取舍如理进退，为了知这些，今年考虑安排了讨论业果这个主题。

此处分二：一、总说当知的业果；二、别说业果。

一　总说当知的业果

总说当知的业果。《集法句》云：“如鸟在虚空，其影随俱形，作妙行恶行，随彼众生转。”是说造作善恶的苦乐领受等流果、造作等流果，如影随形，随行造业者，这两者中，先讲领受等流果。

二　别说业果

分二：（一）领受等流果，（二）造作等流果，（三）同类因和遍行因。

（一）领受等流果

《集法句》亦云："如诸少路粮，入路苦恼行，如是无善业，有情往恶趣。"是说若不作善业，会往恶趣，由受生恶趣，将领受诸苦。

（二）造作等流果

《本生论》云："由修善不善诸业，诸人即成惯习性，如是虽不特策励，他世现行犹如梦。"是说由惯习力而无须励力，犹如梦境自然而生的一切善恶业即是造作等流果。

（三）同类因和遍行因

分二：1. 同类因，2. 遍行因。

若尔，何为"等流似自因"① 中所说的相似因？《俱舍论》云："等流果谓似同类遍行二因。"②

1. 同类因

经云："善根不断故，由此善根生他善根，与下品共，由此，士夫补特伽罗后成为清净有法。"此是说，串习前善根不仅是后善根的同类因，由于串习力之故，亦是得到清净安乐的同类因，因此，后面善根自然生起，成办造作等流果，并能得清净安乐，成办领受等流果。

2. 遍行因

经中说："具有邪见的士夫补特伽罗，他的身业、语业，意业、所发愿，及随顺此等的诸行，一切会成为不欲，不可爱，不乐，不悦意。"由

① 世亲论师造，（唐）玄奘译：《阿毗达磨俱舍论》卷六，《大正藏》第 29 册，第 35 页中。

② 同上。

邪见所生三门的业，作遍行因，由此，颜色丑陋，身形不悦意，身体羸弱等苦痛，于此等有漏业，成似同类因的果，是故，此是“同类因相似”[①]中所说的相似的理趣。

《俱舍释·对法庄严》云：“有漏善有漏，无漏生无漏，染污生染污，无记生无记，彼彼应一类。”此中的意趣，是说此等随其所应相似故。因此说“同类因相似”，虽然具有相似法，但非是具有一切相似法，说短寿多病等不善业的领受等流果，应不应理。

“同类因相似”，在《俱舍释庄严》中说：“于有漏，体性、种、地相似；于无漏，体性相似，即说为同类。”意趣是说无漏非三界所摄，亦非以修所断等的所断支分做简别，而非究竟不许施设无漏的种类。

因此，已造业复又欲造，是作用等流，依善恶业，在自相续中领受悦意不悦意的异熟果，是领受等流果。对于整个地球的所有家庭，由于战斗、争斗、饥荒、瘟疫等原因而有的痛苦，和由于团结一致如理思维，正直真诚等原因而有的安乐幸福等，是黑白二业的领受等流果，利益和伤害的作用者自会领受。由于贪着故，有大的欲望，不知满足，做恐吓威胁的那些恶意图谋者和与此相反者，是造作等流果，通过了知两种果的功德和过患而了知。

如至尊宗喀巴说：“闻已了知，所有须要，即是行持。故于闻义，应随能力，而起行持，是极扼要。”对于经论所说的取舍安立，一定要进行实修，而不要做无义的讨论。如《律经》说：“设月星处皆堕落，具山聚落地坏散，虚空变余大海涸，然尊不说非谛语。”导师所说的业果安立，以教理二者量成故。

世间一切皆由心所掌控，是现实可以感受到的，仅仅发展物质，不会有心满意足的安乐幸福，这也是经验已经成立的。

现在，对于整个地球和我们具有多民族和多人口的中国的未来来说，和平、安乐、团结幸福的生活，都依靠年轻一代的思想。如无比释迦狮子的教言，应断除极大欲望和极度苦行二边而住于中间。

物质和思想两个方面都要发展，依此方便，实现“和平、发展、团

---

① 世亲论师造，（唐）玄奘译：《阿毗达磨俱舍论》卷六，《大正藏》第29册，第31页上。

结一致的中国梦”这样的蓝图，为此培养了知实现方法的年轻一代，因此，各个民族宗派应互相团结，如理思维，正直真诚，遵纪守法等，在没有伤害、和平的道路上走下去。

愿予众生乐善源，利乐盈满虚空界，

愿能执取一切苦，悉令苦海尽干涸。

（刘晓丹、多杰巴姆译）

རྒྱུ་མཐུན་གྱི་འབྲས་བུ་ཀྱི་སྐབས་ཀྱི་དཔྱད།

དགེ་བཤེས་བསོད་ནམས་འབྲུག་གྲྭ།

གནས་དང་གནས་མིན་སྟོབས་བཅུའི་མཁྱེན་རྒྱལ་གྱིས། །ཕྲ་ཞིབ་བསམ་མི་ཁྱབ་པའི་ལས་ཚུལ་ཀུན། །

ཇི་བཞིན་གཟིགས་ཤིང་དོན་བཞིན་སྟོན་མཛད་པའི། །རྐང་གཉིས་མི་ཡི་སེང་གེས་བདག་ཡིད་སྐྱོངས། །

ཞེས་མཆོད་པ་བརྗོད་པ་སྔོན་དུ་བཏང་ནས་བསྒྲོ་གླེང་རྩོམ་ཐུང་གི་ལས་འདུག་པ་ནི་ལོ་སྔ་མར་སྐྱེ་དགུ་རྣམས་ཀྱི་གཅིག་མའི་སེམས་ཀྱི་རང་གཤིས་དང་ཆས་སུ་གྲུབ་པ་བདེ་བར་གཤེགས་པའི་སྙིང་པོ་ཞེས་བྱ་བ་རང་བཞིན་དུ་གནས་པའི་རིགས་དང་རྟོགས་པ་མཐར་ཕྱུག་གི་ཇ་བའི་རྒྱུ་ཐག་མེད་སེམས་ཀྱི་ས་བོན་ཞེས་བྱ་བ་རྒྱས་པར་འགྱུར་བའི་རིགས་རྣམ་པ་གཉིས་ཀྱི་རང་བཞིན་ལེགས་པར་གཏན་ལ་ཕབ་ནས་དེ་ལྟ་བུའི་བདེ་གཤེགས་སྙིང་པོ་ལ་བརྟེན་པའི་འབྲས་བུ་མཐར་ཕྱུག་མངོན་དུ་བྱེད་པ་ལ།

ཇི་སྐད་དུ། བདེ་ལེགས་ཐམས་ཅད་ཀྱི་རྩ་བ་ལས་འབྲས་ལ་ཡིད་ཆེས་ཀྱི་དད་པ་བསྐྱེད་པ་དང་། ཞེས་གསུངས་པ་ལྟར་ལས་འབྲས་ཀྱི་རྣམ་བཞག་ཤེས་ནས་བླང་དོར་འཇུག་ལྡོག་ཚུལ་བཞིན་དུ་སྤྱོད་པ་ལ་རག་ལས་པར་ཤེས་པའི་ཆེད་དུ་ད་ལོ་ལས་འབྲས་བསྒྲོ་གླེང་གི་བགོད་སྒྲིག་འདི་གནང་བ་ཡིན་པར་སེམས་སོ།

བཤད་པར་བྱ་བའི་ལས་འབྲས་སྤྱིར་སྟོན་པ། ལས་འབྲས་སོ་སོར་བཤད་གཉིས།

ཀ༡ བཤད་པར་བྱ་བའི་ལས་འབྲས་སྤྱིར་སྟོན་པ།

དེས་ན་བཤད་པར་བྱ་བའི་ལས་འབྲས་སྤྱིར་སྟོན་པ་ན། ཇི་སྐད་དུ། ཚོམས་ལས། མཁའ་ལ་བྱ་དག་གནས་པ་དེའི། །གྲིབ་མ་ལྷན་ཅིག་འགྲོ་བ་བཞིན། །ལེགས་པར་བྱས་དང་ཉེས་པར་བྱས། །དེ་དག་འགྲོ་བའི་རྗེས་སུ་འབྲང་། །ཞེས་ལེགས་པར་བྱས་པ་དང་ཉེས་པར་བྱས་པའི་སྤྱོད་པ་དང་རྒྱུ་མཐུན་གྱི་འབྲས་བུ་བདེ་སྡུག་དང་གོམས་འདྲིས་ལང་ཤོར་ལུས་དང་གྲིབ་མ་བཞིན་དུ་ལས་བྱེད་པ་པོའི་རྗེས་སུ་འབྲང་བར་གསུངས་ཤིང་དེ་གཉིས་ཀྱི་ནང་ནས་སྤྱོད་པ་རྒྱུ་མཐུན་གྱི་འབྲས་བུ་ཡང་།

ཀ༢ ལས་འབྲས་སོ་སོར་བཤད་

གཉིས་པ་ལ། སྤྱོད་པ་རྒྱུ་མཐུན་གྱི་འབྲས་བུ་ཡང་། བྱེད་པ་རྒྱུ་མཐུན་གྱི་འབྲས་བུ་སྟོན་པ། སྐལ་མཉམ་དང་ཀུན་དུ་འགྲོ་བའི་རྒྱུ།

ཁ༡ སྤྱོད་པ་རྒྱུ་མཐུན་གྱི་འབྲས་བུ་ཡང་།

དེ་ཉིད་ལས། ཇི་ལྟར་ལམ་བརྒྱགས་ཚུང་བ་དག །ལམ་ཞུགས་སྡུག་བསྔལ་འགྲོ་བ་ལྟར། །དེ་བཞིན་ལས་བཟང་མ་བྱས་པའི། །སེམས་ཅན་དག་ནི་ངན་འགྲོར་འགྲོ ཞེས་ལས་བཟང་པོ་མ་བྱས་པར་ངན་པར་བྱས་ན་ངན་འགྲོར་སྐྱེས་ནས་སྡུག་བསྔལ་སྤྱོད་པར་བསྟན་ཅིང་།

ཁ༢ བྱེད་པ་རྒྱུ་མཐུན་གྱི་འབྲས་བུ་སྟོན་པ་ན།

སྐྱེས་རབས་ལས། དགེ་དང་མི་དགེའི་ལས་རྣམས་གོམས་བྱས་པས། །མི་རྣམས་ལ་ནི་འདྲིས་པ་ཉིད་དུ་འགྱུར། །དེ་ལྟ་བུ་དག་ཆེད་དུ་མ་བསྒྲིམས་ཀྱང་། །ཚེ་རབས་གཞན་ལ་རྨི་ལམ་བཞིན་དུ་སྤྱོད། ཞེས་གོམས་ཤིང་འདྲིས་པའི་དབང་གི་འབད་མི་དགོས་པར་རྨི་ལམ་བཞིན་དུ་ངང་གིས་འབྱུང་བའི་དགེ་སྡིག་གི་ལས་ཐམས་ཅད་བྱེད་པ་རྒྱུ་མཐུན་གྱི་འབྲས་བུར་གསུངས་སོ།

ཁ༣ སྐལ་མཉམ་དང་ཀུན་དུ་འགྲོ་བའི་རྒྱུ།

གསུམ་པ་ལ་སྐལ་མཉམ་དང་ཀུན་དུ་འགྲོ་བའི་རྒྱུ།

འོ་ན། རྒྱུ་མཐུན་རྒྱུ་དང་འདྲ་བའོ། ཞེས་པའི་འདྲ་སའི་རྒྱུ་དེ་གང་ཡིན་ཞེ་ན། མཛོད་འགྲེལ་མངོན་པའི་རྒྱན་ལས། རྒྱུ་མཐུན་གྱི་འབྲས་བུ་ནི་སྐལ་མཉམ་དང་ཀུན་དུ་འགྲོ་བའི་རྒྱུ་གཉིས་ཀྱི་ཡིན་ནོ། ཞེས་གསུངས་པ་ལྟར་སྐལ་མཉམ་གྱི་རྒྱུ་དེ་སྟོན་པ་ན།

ག༡ སྐལ་མཉམ་གྱི་རྒྱུ།

མདོ་ལས། འདི་ལ་དགེ་བའི་རྩ་བ་ཀུན་དུ་མ་ཆད་པ་གང་ལས་འདིའི་དགེ་བའི་རྩ་བ་ལས་དགེ་བའི་རྩ་བ་གཞན་སྐྱེ་བར་འགྱུར་བ་ཚུང་ངུ་དང་ལྡན་ཅིག་པ་མངོན། དེ་ལྟར་ན་སྐྱེས་བུ་གང་ཟག་འདི་ཕྱིས་རྣམ་པར་དག་པའི་ཆོས་ཅན་འགྱུར་རོ། ཞེས་གསུངས་པ་འདིས་དགེ་རྩ་སྔ་མ་གོམས་པ་ཕྱི་མའི་སྐལ་མཉམ་གྱི་རྒྱུ་ཡིན་པ་མ་ཟད་གོམས་སྟོབས་ཀྱིས་རྣམ་པར་དག་པའི་བདེ་བ་ཐོབ་པའི་སྐལ་མཉམ་གྱི་རྒྱུ་ཡང་ཡིན་པར་གསུངས་པས་དགེ་རྩ་ཕྱི་མ་དང་གིས་འབྱུང་བ་བྱེད་པ་རྒྱུ་མཐུན་དང་རྣམ་པར་དག་པའི་བདེ་བ་ཐོབ་པ་སྤྱོད་པ་རྒྱུ་མཐུན་གྱི་འབྲས་བུ་ཡིན་པར་གྲུབ་ཅིང་།

ག༢ ཀུན་འགྲོའི་རྒྱུ།

མདོ་ལས། སྐྱེས་བུ་གང་ཟག་ལོག་པར་ལྟ་བ་ཅན་གྱི་ལུས་ཀྱི་ལས་གང་ཡིན་པ་དང་། ངག་གི་ལས་གང་ཡིན་པ་

དང་། སེམས་པ་གང་ཡིན་པ་དང་། སྨོན་པ་གང་ཡིན་པ་དང་། དེ་དག་དང་རྗེས་སུ་མཐུན་པའི་འདུ་བྱེད་གང་ཡིན་པ་དེ་ཐམས་ཅད་མི་འདོད་པར་འགྱུར་བར་མི་སྡུག་འགྱུར་བ་དང་། མི་དགའ་ཉིད་དུ་འགྱུར་བ་དང་། ཡིད་དུ་མི་འོང་བ་ཉིད་དུ་འགྱུར་བར་བྱེད་པའོ། ཞེས་ལོག་ལྟས་སྐྱེད་པའི་སྒོ་གསུམ་གྱི་ལས་ཀྱིས་ཀུན་འགྲོའི་རྒྱུ་བྱས་ནས་མདོག་མི་སྡུག་པ་དང་དབྱིབས་མི་ལེགས་དང་ཉམས་མི་དགའ་བའི་ཚོར་བ་སྡུག་བསྔལ་ལ་སོགས་པ་ལས་དེ་དག་དང་ཟག་བཅས་སུ་འདྲ་བའི་རྒྱུ་མཐུན་གྱི་འབྲས་བུར་གྲུབ་པའི་ཕྱིར་རོ། དེས་ན། སྐལ་མཉམ་རྒྱུ་ནི་འདྲ་བོ། ཞེས་པའི་འདྲ་ཚུལ་ལ།

མངོན་པའི་རྒྱན་ལས། དེས་ན་དགེ་བ་ཟག་བཅས་ཟག་བཅས་དུ་དང་། ཟག་མེད་ཟག་མེད་དུ་དང་། ཉོན་མོངས་ཅན་ཉོན་མོངས་ཅན་དུ་དང་། མ་བསྒྲིབས་ལུང་མ་བསྟན་མ་བསྒྲིབས་ལུང་མ་བསྟན་དུ་རིས་གཅིག་པ་གཅིག་དགོས་སོ། ཞེས་གསུངས་པའི་དགོངས་པ་ནི་དེ་དག་ཅི་རིགས་ཀྱི་ཆ་ནས་འདྲ་བས་སྐལ་མཉམ་རྒྱུ་ནི་འདྲ་བའོ་ཞེས་པའི་འདྲ་ཆོས་ཚང་བ་ཡིན་གྱི་འདྲ་ཆོས་མཐའ་དག་ཚང་དགོས་ན་ཚེ་ཐུང་བ་དང་ནད་མང་བ་སོགས་མི་དགེ་བའི་ལས་ཀྱི་སྤྱོད་པ་རྒྱུ་མཐུན་དུ་གསུངས་པ་མི་འཐད་པར་འགྱུར་བའི་ཕྱིར་རོ།

རྒྱུ་མཐུན་རྒྱུ་དང་འདྲ་བའོ། ཞེས་པའི་ཐད་ཀྱི་མངོན་པའི་རྒྱན་ལས། དེ་ཡང་ཟག་བཅས་ལ་ནི་ངོ་བོ་དང་རིས་དང་ས་འདྲ་བ་ཡིན་ལ། ཟག་མེད་ལ་ནི་ངོ་བོ་འདྲ་བ་ཡིན་ཏེ་སྐལ་པ་མཉམ་པར་བཤད་པ་བཞིན་ནོ། ཞེས་གསུངས་པ་ཡང་ཟག་མེད་ཁམས་གང་གི་ཡང་ས་མ་བསྡུས་པ་དང་སྒོམ་སྤྱོང་ལ་སོགས་པའི་སྤྱོད་བྱའི་ཆ་ནས་རིས་སོ་སོར་འབྱེད་རྒྱུ་མེད་པ་ལ་དགོངས་པ་ཡིན་གྱི་ཟག་མེད་ཀྱི་རིས་སུ་གཏོགས་པ་གཏན་ནས་མི་བཞེད་པ་ནི་མིན་ནོ།

དེས་ན་བྱས་ཟིན་གྱི་ལས་རྣམས་སླར་ཡང་བྱེད་པར་འདོད་པ་ནི་བྱེད་པ་རྒྱུ་མཐུན་དང་ལས་བཟང་ངན་གྱི་དབང་གིས་ཡིད་དུ་འོང་མི་འོང་གི་རྣམ་པར་སྨིན་པའི་འབྲས་བུ་རང་རྒྱུད་ལ་བླངས་པ་ནི་མྱོང་བ་རྒྱུ་མཐུན་གྱི་འབྲས་བུ་ཡིན་པས་འཛམ་གླིང་གོ་ལའི་ཁྱིམ་ཚང་འདི་ལ་དམག་འཁྲུག་ཤུག་གེ་དང་ནད་ཡམས་སོགས་ལ་བརྟེན་པའི་སྡུག་བསྔལ་དང་མཐུན་བསྒྲིལ་བསམ་ཤེས་དྲང་བདེན་ལ་བརྟེན་པའི་བདེ་སྐྱིད་སོགས་ལས་དཀར་ནག་གཉིས་ཀྱི་མྱོང་བ་རྒྱུ་མཐུན་གྱི་འབྲས་བུ་དང་ཕན་གནོད་ཀྱི་བྱེད་པ་པོ་རང་ངོས་ནས་ཚུར་ཡོད་པ་ལྟ་བུར་སྣང་ཞིང་ཞེན་པ་དང་དེའི་དབང་གིས་འདོད་པ་ཆེ་ཞིང་ཆོག་མི་ཤེས་པ་དང་འཇིགས་སྐྲག་དྲག་སྤྱོད་ཀྱི་བསམ་སྦྱོར་ངན་པ་རྣམས་དང་དེ་ལས་ལྡོག་པ་དག་ནི་བྱེད་པ་རྒྱུ་མཐུན་གྱི་འབྲས་བུར་ཡིན་པས་འབྲས་བུ་གཉིས་ཀྱི་ཕན་ཡོན་དང་ཉེས་དམིགས་ཤེས་པའི་སྒོ་ནས།

ཇི་སྐད་དུ། ཡབ་རྗེ་བླ་མའི་ཞལ་ནས། ཐོས་ནས་ཤེས་པར་བྱས་པའི་དགོས་པ་ཡང་བྱེད་པ་ཡིན་པས་རང་གི་ནུས་པ་ལ་ལྟོས་པའི་ལག་ལེན་རེ་གནད་དུ་ཆེའོ། ཞེས་གསུངས་པ་ལྟར་བླང་དོར་གྱི་རྣམ་བཞག་གཞུང་ནས་བཤད་པ་བཞིན་དུ་ངེས་པར་ལག་ལེན་ལ་འདེབས་དགོས་ཏེ། གཞན་དུ་བསྒྲོ་གླེང་བྱས་པ་དོན་མེད་དུ་འགྱུར་བའི་ཕྱིར་དང་། ཇི་སྐད་དུ།

འདུལ་བ་ལུང་ལས། ཟླ་བ་སྐར་མ་བཅས་པ་ས་ལ་ལྷུང་ཡང་སྲིད། །ས་འདི་ནགས་ཚལ་བཅས་པ་མཁའ་ལ་འགྲོ་ཡང་སྲིད། །རྒྱ་མཚོ་ཆེན་པོའི་ཆུ་ནི་བསྐམ་པར་འགྱུར་སྲིད་ཀྱི། །དྲང་སྲོང་ཆེན་པོས་རྫུན་གསུང་འགྱུར་བ་སྲིད་མ་ཡིན། ཞེས་སྟོན་པས་ལས་འབྲས་ཀྱི་རྣམ་བཞག་གསུངས་པ་ལུང་རིགས་གཉིས་གས་ཚད་མར་གྲུབ་པའི་ཕྱིར་རོ།

འཇིག་རྟེན་ཐམས་ཅད་སེམས་ཀྱིས་ཁ་ལོ་སྒྱུར་བ་ནི་སྤྱོད་བ་མངོན་སུམ་ཡིན་ལ་དངོས་པོ་ཡར་རྒྱས་གཅིག་པུས་ཀྱང་བློ་ཡིད་ཚིམས་པའི་བདེ་སྐྱིད་མེད་པ་དེ་བས་ཀྱང་སྤྱོད་བས་གྲུབ་ཟིན།

དེ་ནས་སྤྱིར་འཛམ་གླིང་དང་ཡང་དགོས་མི་རིགས་མང་ཞིང་མི་གྲངས་ཤིན་དུ་མང་བའི་ང་ཚོ་ཀྲུང་གོའི་རྒྱལ་ཁབ་ཀྱི་མ་འོང་པའི་ཞི་བདེ་འཆམ་མཐུན་གྱི་བདེ་སྐྱིད་ཀྱི་འཚོ་བ་གཞོན་སྐྱེས་རྣམས་ཀྱི་བསམ་བློའི་ཁ་ཕྱོགས་ལ་ལྟོས་པས། ཇི་སྐད་དུ་མཉམ་མེད་ཤཱཀྱ་སེང་གེས་འདོད་པ་བསོད་སྙོམས་ཀྱི་མཐའ་དང་ངལ་ཞིང་དུབ་པའི་མཐའ་གཉིས་སྤངས་ནས་འཚོ་གནས་བྱ་དགོས། ཞེས་བཀའ་གནང་བ་ལྟར་

དངོས་པོ་དང་བསམ་བློའི་ཡར་རྒྱས་གཉིས་མཉམ་འགྲོག་གི་ཐབས་ལ་བརྟེན་ནས་འཛམ་གླིང་ཞི་བདེ་དང་འཆམ་མཐུན་མཉམ་གནས་ཀྱི་ཀྲུང་གོའི་ཕྱུག་འདུན་ཞེས་པའི་ཁ་དབྱངས་སྣན་མོ་མངོན་འགྱུར་བྱེད་པའི་ཐབས་ཚུལ་ལ་མཁས་པའི་གཞོན་ནུ་མང་པོ་སྐྱེད་སྲིད་ཀྱིས་མི་རིགས་དང་ཆོས་ལུགས་ཚོགས་པ་ཕན་ཚུན་བར་གྱི་མཐུན་སྒྲིལ་དང་བསམ་ཤེས་དང་དྲང་ས་བདེན་ཁྲིམས་མཐུན་སོགས་ཀྱི་སྒོ་ནས་འཚེ་མེད་ཞི་བའི་ལམ་དུ་ཤར་སྐྱོད་བྱེད་དགོས་པའི་ཕྱིར་རོ། །

སྐྱིད་ན་དགེ་བ་ཚོགས་སུ་སྔོ། །
ཕན་བདེས་ནམ་མཁའ་གང་བར་ཤོག །
སྡུག་ན་ཀུན་གྱི་སྡུག་བསྔལ་ལེན། །
སྡུག་བསྔལ་རྒྱ་མཚོ་བསྐམ་པར་ཤོག །

略辨定不定受业差别

格西觉弘尼玛

【提要】 定不定受业之差别，是佛教业果思想中的一个重要问题。本文首先通过引用《百业经》《法轮经》《缘起经》等经典，略说业的种类，继而在综述佛教各宗对定不定受业问题的不同论述的基础上，简要地梳理和总结了定不定受业思想的内涵，最后，本文通过引用佛经中有关的譬喻故事，以顺现法受业为例，论述了了知定不定受业差别的现实意义。

【关键词】 顺受业　定业　不定业

【作者简介】 格西觉弘尼玛，阿坝安曲查理寺教师。

于诸取舍轮涅果，如理进退随行者，

善逝佛子前顶礼，愿祈明晰之慧眼。

分二：甲一、略说业；甲二、说定不定业的支分。

甲一　略说业

分二：乙一、总业的数量经典所说的理趣；乙二、论典所说的理趣。

乙一　总业的数量经典所说的理趣

《百业经》《法轮经》《缘起经》等很多经典，其中有云：说曲秽浊业，三恶行清净，牟尼身福非，善逝作开显，三界之所摄，尤意语三者，三业涅槃善，有学见欲色，于现法乐住，意乐及与苦，微所断邪见，悭及与无悭，贪及与无贪，集以作正说。依此中所说的内容，有以下的分类：

分三种业；受业；黑白四业；牟尼清净业；善行恶行业；十善十不善

业；具业果业；如理非理引发业；引业圆满业；三障业；五无间业；五近五无间业；三福德所依业；三种业；由明置业等十五种说法。

乙二　论典所说的理趣

《俱舍》云："世别由业生。"①《入中论》云："有情世间器世间，种种差别由心立，经说众生由业生。"如此等等，众多无边。

甲二　别说定不定业

分三：乙一、三顺受业；乙二、五顺受业；乙三、定不定业的差别。

乙一　三顺受业

《俱舍》云："乐等顺三受。"② 其中说苦受、乐受、不苦不乐受三种。

欲界乃至三禅的善业是乐受；三禅以上乃至有顶的善业是不苦不乐受；欲界不善业是苦受。

《俱舍》云："顺乐苦非二，善至三顺乐。"③

《俱舍》云："诸不善顺苦。"④

《俱舍》云："上善顺非二。"⑤

乙二　五顺受业

有五顺受业，自性是受故，名为顺受；触与受相应故，名（相应）顺受；由缘色故，名（所缘）顺受；由善不善业异熟故，名（异熟）顺受；由受正现行故，名（现前）顺受。

---

① 世亲论师造，（唐）玄奘译：《阿毗达磨俱舍论》卷十三，《大正藏》第 29 册，第 67 页中。

② 世亲论师造，（唐）玄奘译：《阿毗达磨俱舍论》卷十，《大正藏》第 29 册，第 52 页下。

③ 世亲论师造，（唐）玄奘译：《阿毗达磨俱舍论》卷十五，《大正藏》第 29 册，第 81 页上。

④ 同上。

⑤ 同上。

乙三 定不定业的差别

分二：丙一、略说；丙二、广说。

丙一、略说

顺乐受等三业有法，别别分二，有定业不定业二种故。《俱舍》云："此有定不定。"[1]

丙二、广说

分三：丁一、总说差别；丁二、别说差别法；丁三、别说顺定受。

丁一、总说差别

分四：戊一、事部承许的理趣；戊二、他宗承许的理趣；戊三、略析；戊四、与此系属的往昔口传等所述。

戊一、事部承许的理趣

受业有法，有四，顺此生现法异熟上受业（顺现法受业）；顺第二生异熟上受业（顺次生法受业）；顺第三生等异熟的初始数次受业（顺后法受业），如是三定业，及不定业，共有四。

《俱舍》云："定三顺现等。"[2]

《自释》云："有余师说，顺现法受业，余生亦得熟，随初熟位建立业名为顺现等。"[3]

《俱舍满增疏》[4] 云："随初熟位"是说此受生中异熟初始的意思。

戊二、他宗承许的理趣

昔时有论师说，业有五种，定业三种，不定业分二，时不定异熟定业；时异熟二者皆不定业，共五种。

《俱舍》："或说业有五。"[5]

有譬喻师，即经部宗见者说，业有四句：时定而异熟不定业；异熟定

---

① 世亲论师造，（唐）玄奘译：《阿毗达磨俱舍论》卷十五，《大正藏》第29册，第81页下。

② 同上。

③ 同上。

④ 世亲论师弟子满增尊者所著《俱舍论》注释。此书约成于佛灭后一千年时。

⑤ 世亲论师造，（唐）玄奘译：《阿毗达磨俱舍论》卷十五，《大正藏》第29册，第81页下。

而时不定业；时异熟皆定业；时异熟皆不定业。

《俱舍》云："余师说四句。"①

安立四句的理趣，第一句，顺现法等三受业随一，时定异熟不定业；第二句，顺现法受业，顺次生法受业，顺后生受业随一，时不定，异熟定业；第三句，顺现法等受业时异熟皆决定；第四句，受业为时不定异熟亦不定业。

如是，此中有八，定业有四句，不定业有四句的原因，《自释》云："'余师说四句'，彼说诸业总成八种。"②

戊三、略析

应当了知，五顺受业品在《俱舍论》《显明解脱道》中，对于安立受体性的顺受业，及由受现前而安立的顺受业，应由总别的差别各个安立。

《自释》云："彼所诸业总成八种。"③ 八种业安立的理趣。《俱舍论》云："谓顺现受有定不定。"④ 不定顺受业，亦有定不定，如是共八种。三种顺受业和不定业四种，顺异熟受业定不定各有二，如萨迦派的《俱舍论释》中的前六者和不定业中的异熟不定业和时不定业二者，共为八。在一切智《俱舍明析》中，定业有时决定，异熟不定等四句，不定业亦有如是四句，共八句。这些即是《自释》意趣中的如何安立的理趣，是以有部和经部宗来安立的，可以探讨。

戊四、与此系属的往昔口传等所述

何谓顺现法受业？于殊胜田和殊胜意造业的例子，在许多大论的传记中都有记载，这里说些例子。

昔时，导师佛无能胜生为富贵人家的儿子，发无上菩提心而出家，成为三藏比丘。尔时，僧团中出现诤讼，此三藏比丘又令诤讼加剧，一位持经比丘驱逐了三藏比丘，从而令诤讼止息。三藏比丘由于怒气而说了"女人平息了女人的争端"这样的恶语，立时变为女人，从此又五百世生为女人。后来于宝髻如来前生起净信的原因，方能生为男人身。

① 世亲论师造，（唐）玄奘译：《阿毗达磨俱舍论》卷十五，《大正藏》第 29 册，第 81 页下。

② 同上。

③ 同上。

④ 同上。

此中，由于恶语的异熟，一个业或多个业引发五百世没有生为男子而生为女人，此中，以有部和经部宗简别，有能引业和圆满业等很多应观察的地方。

这些细微的业在许多佛的传记中有，佛无能胜昔时成为三藏比丘，由于僧团中的诤讼，说了比丘是女人这样的恶语，由于犯了恶语的原因，立时变为女人，又由于生起净信心，复又成为正士夫。

于殊胜意造业的例子，昔时卡尼卡国王的一个叫隆瓦的太监，看见一个人赶着五百头牛赶路，就问他做什么，回答说："骟牛。"他念想，昔时因为自己做了这样的事，现在还在受苦，这个人由于造了这样的业，也会在多生中像自己一样受苦。这样念想了以后，他用钱买下了这些牛。由于生起了强烈的大悲心的原因，他脱离了阉割的业，在现法中就生起了男根。

其他譬喻在佛甘珠尔的种种契经当中都有，如《贤愚经》第八品波斯匿王女金刚品，依于具殊胜的田和意，由此而生的业的异熟不可思议，通过往昔传记和现实生活中的故事等来理解教授以后，对于取舍黑白业果的关要，要如理进退，应知没有比这更为重要的事了。

信解诸多业果理，能生净信具智者，

如理励力白善业，趣向解脱胜菩提。

（刘晓丹译）

༄༅། །ངེས་པའི་ལས་དང་མ་ངེས་ལས་ཀྱི་སྐབས་ཀྱི་དཔྱད་པ།

སྒྲོར་དཔོན་ཉི་མ།

སྲིད་ཞིའི་འབྱོར་རྒྱུད་ལས་འབྲས་སྣང་དོར་ལ། །
འཇུག་ལྡོག་ཚུལ་བཞིན་བྱེད་པའི་རྗེས་འགྲོ་བར། །
འདོམས་མཛད་བདེ་གཤེགས་རྒྱལ་བ་སྲས་བཅས་ལ། །
འདུད་དོ་སྣང་དོར་གསལ་བའི་བློ་མིག་སྩོལ།

ལས་མདོར་བསྟན་པ་དང་། ངེས་མ་ངེས་ཀྱི་ལས་ཀྱི་བྱེ་བྲག་ཏུ་བཤད་པ་གཉིས།

དང་པོ་ནི་སྤྱིར་ལས་ཀྱི་རྣམས་གྲངས་མདོ་ལས་གསུངས་ཚུལ་དང་། བསྟན་བཅོས་ལས་གསུངས་ཚུལ་ལོ། །

དང་པོ་ནི། མདོ་སྡེ་ལས་བརྒྱ་པ་དང་། ཆོས་འཁོར་གྱི་མདོ། རྟེན་འབྲེལ་གྱི་མདོ་སོགས་མང་ཡང་། འདིར་མདོ་ལས། ཡོན་སྦྱིན་སྡིགས་མ་སྡིགས་མ་ཅན། །ཉེས་པར་སྤྱད་པ་རྣམ་ག སུམ་དང་། ། གཅང་ཐུབ་ལུས་བསོད་བསོད་མིན་དང་། །འདས་སོགས་བདེ་གཤེགས་གསལ་བར་མཛད། གནས་གསུམ་གྱིས་ནི་བསྡུས་པ་དང་། །ཚེད་དུ་བསམ་བརྗོད་གསུམ་དག་དང་། །ལས་རྣམས་ག སུམ་དང་འདས་དང་དགེ །སློབ་དང་མཐོང་དང་འདོད་དང་གཟུགས། །མཐོང་བའི་ཆོས་ལ་བདེ་བ་དང་། །ཡིད་བདེ་བ་དང་སྡུག་བསྔལ་དང་། །ལོག་ལྟ་སྤང་བྱ་ཆུང་ངུ་དང་། །སེར་སྣ་དང་ནི་སེར་སྣ་མེད། །བསྟན་སེམས་བསྟན་སེམས་མེད་པ་དག །ཚོམས་སུ་ཡང་དག་བསྡེབས་པ་ཡིན། །ཞེས་གསུངས་པ་རྣམས་ཀྱི་དོན་སྟོན་པ་ཡིན་པས་དེ་ལ། ༡ ལས་སུམ་ཅན་དུ་དབྱེ་བ་དང་། ༢ སྤྱོད་འགྱུར་གྱི་དབྱེ་དང་། ༣ དཀར་ནག་ལ་སོགས་པ་བཞིར་དབྱེ་བ་དང་། ༤ ཐུབ་པ་དང་གཙང་བྱེད་ཀྱི་དབྱེ་བ་དང་། ༥ ལེགས་སྤྱད་ཉེས་སྤྱད་ཀྱི་དབྱེ་བ་དང་། ༦ དགེ་བཅུ་མི་དགེ་བཅུར་དབྱེ་བ་དང་། ༧ ལས་འབྲས་བུ་དང་བཅས་པར་དབྱེ་བ་དང་། ༨ རིགས་པ་དང་རིགས་པ་མ་ཡིན་པས་བསྐྱེད་པའི་དབྱེ་བ་དང་། ༩ འཕེན་བྱེད་དང་རྫོགས་བྱེད་ཀྱི་དབྱེ་བ་དང་། ༡༠ སྒྲིབ་པ་གསུམ་བཤད་པ་དང་། ༡༡ མཚམས་མེད་ལྔ་བཤད་པ་དང་། ༡༢ དེ་དང་ཉེ་བ་ལྔ་བཤད་པ་དང་། ༡༣ བསོད་ནམས་བྱ་བའི་གཞི་གསུམ་བཤད་པ་དང་། ༡༤ ཆ་མཐུན་གསུམ་བཤད་པ་དང་། ༡༥ རིག་པས་རབ་ཏུ་བཅུག་པའི་ལས་གསུམ་བཤད་པ་བཅོ་ལྔ་ཡོད་གསུངས་སོ། །

གཉིས་པ་ནི། མཛོད་ལས། ལས་ལས་འཇིག་རྟེན་སྣ་ཚོགས་སྐྱེས། །ཞེས་དང་། དབུ་མ་འཇུག་པ་ལས། སེམས་ཉིད་ཀྱིས་ནི་སེམས་ཅན་འཇིག་རྟེན་དང་། །སྣོད་ཀྱི་འཇིག་རྟེན་ཤིན་ཏུ་སྣ་ཚོགས་འགོད། །འགྲོ་བ་མ་ལུས་ལས་ལས་སྐྱེས་པར་གསུངས། །ཞེས་པ་སོགས་མཐའ་ཡས་སོ། །

གཉིས་པ་ལ། མྱོང་འགྱུར་གསུམ་དུ་དབྱེ་བ་དང་། མྱོང་འགྱུར་ལྔར་དབྱེ་བ་དང་། ལས་ངེས་མ་ངེས་ཀྱི་ཁྱད་པར་བཤད་པ་གསུམ།

དང་པོ་ནི། མཛོད་རྩ་བ་ལས། བདེ་བ་མྱོང་འགྱུར་ལ་སོགས་གསུམ། ཞེས་པའི་བདེ་སྡུག་བཏང་སྙོམས་གསུམ་མྱོང་འགྱུར་གྱི་དེ་གསུམ་ཡོད་དེ། འདོད་པ་ནས་བསམ་གཏན་གསུམ་པའི་བར་གྱི་དགེ་དེ་བདེ་བ་མྱོང་འགྱུར་དང་། གསུམ་པ་དེ་ཡན་ཆད་བཞི་པ་ནས་སྲིད་རྩེའི་བར་གྱི་དགེ་བ་དེ་སྡུག་མིན་བདེ་མིན་མྱོང་འགྱུར་དང་། འདོད་ཁམས་འདིའི་མི་དགེ་བའི་ལས་ནི་སྡུག་བསྔལ་མྱོང་འགྱུར་གྱི་དེ་ཡིན་པའི་ཕྱིར། དང་པོ་གྲུབ་སྟེ། རྩ་བར། བསམ་གཏན་གསུམ་པའི་བར་དགེ་བ། །བདེ་བ་མྱོང་འགྱུར། ཞེས་སོ། །གཉིས་པ་གྲུབ་སྟེ། རྩ་བར། དེ་ཡན་ཆད། སྡུག་མིན་བདེ་མིན་མྱོང་འགྱུར་བ། །ཞེས་སོ། གསུམ་པ་གྲུབ་སྟེ། རྩ་བར། སྡུག་བསྔལ་མྱོང་འགྱུར་འདིའི་མི་དགེ ། ཞེས་སོ། །

གཉིས་པ་ནི། མྱོང་འགྱུར་གྱི་ལས་རྣམ་པ་ལྔ་ཡོད་དེ། ཚོར་བ་ངོ་བོ་ཉིད་ཀྱིས་མྱོང་བར་འགྱུར་བ་དང་། རེག་པ་མཚུངས་ལྡན་གྱིས་མྱོང་བར་འགྱུར་བ་དང་། གཟུགས་དམིགས་པས་མྱོང་བར་འགྱུར་བ་དང་། དགེ་མི་དགེ་ལས་རྣམ་སྨིན་གྱིས་མྱོང་བར་འགྱུར་བ་དང་། ཚོར་བ་ལྟ་བུ་མངོན་སུམ་གྱིས་མྱོང་བ་ལས་མྱོང་འགྱུར་གྱི་ལས་ལྔ་ཡོད་པའི་ཕྱིར།

གསུམ་པ་ངེས་མ་ངེས་ཀྱི་ཁྱད་པར་བཤད་པ་ལ། མདོར་བསྟན་རྒྱས་བཤད་གཉིས། དང་པོ་ནི། བདེ་བ་མྱོང་འགྱུར་སོགས་ཀྱི་ལས་གསུམ་དེ་ཡང་ཆོས་ཅན། ཁྱོད་རེ་རེ་ལ་གཉིས་སུ་ཡོད་དེ། ངེས་པའི་ལས་དང་མ་ངེས་པའི་ལས་གཉིས་སུ་ཡོད་པའི་ཕྱིར།ཞེས་འཆད་པ་ལ། མཛོད་ལས། དེ་ཡང་ངེས་དང་མངེས་དང་། །ཞེས་བྱུང་།

གཉིས་པ་ལ། དབྱེ་བ་སྤྱིར་བསྟན། ཁྱད་ཆོས་སོ་སོར་བཤད་པ། མྱོང་ངེས་བྱེ་བྲག་ཏུ་བཤད་པ་དང་གསུམ། དང་པོ་ལ་དངོས་དང་། སྐྱེ་བ་གཞན་གྱིས་འདོད་ཚུལ། ཅུང་ཟད་དཔྱད་པདང་། དེ་དང་འབྲེལ་བའི་སྔོན་བྱུང་གཏམ་རྒྱུད་སོགས་ཀྱིས་བརྒྱན་"པའོ། དང་པོ་ནི། མངོན་སུམ་དུ་མྱོང་བར་འགྱུར་བའི་ལས་ཆོས་ཅན། ཁྱོད་ལ་བཞི་ཡོད་དེ། ཚེ་འདིར་མཐོང་ཆོས་ལ་རྣམ་སྨིན་གྱི་མགོ་མྱོང་བར་འགྱུར་བའི་ལས་དང་། ལ་སོགས་པ་སྐྱེ་བ་ཕྱི་མར་རྣམ་སྨིན་གྱི་མགོ་མྱོང་བ་སྐྱེས་ནས་མྱོར་བར་འགྱུར་བའི་ལས་དང་ཚེ་གསུམ་པ་སོགས་ལ་ནི་རྣམ་སྨིན་གྱི་མགོ་རྫོམ་པ་ལན་གྲངས་གཞན་ལ་མྱོང་འགྱུར་གྱི་ལས་ཏེ་ངེས་པའི་གསུམ་མ་ངེས་པ་དང་བཞི་ཡོད་པའི་ཕྱིར། ཞེས་འཆད་པ་ལ། མཛོད་ལས། མཐོང་བའི་ཆོས་ལ་སོགས་པ་ལ། །མྱོང་འགྱུར་ཕྱིར་ན་ངེས་རྣམ་གསུམ། །ཞེས་བྱུང་། རང་འགྲེལ་ལས། མཐོང་བའི་ཆོས་ལ་མྱོང་བར་འགྱུར་བའི་ལས་ཀྱི་རྣམ་པར་སྨིན་པ་ཚེ་རབས་གཞན་དག་ན་ཡང་ཡོད་མོད་ཀྱི་རྫོམ་པའི་དབང་གིས་མིང་དེ་ལྟར་རྣམ་པར་བཞག་གོ །ཞེས་དང་། གང་སྤེལ་ལས། རྫོམ་པའི་དབང་གིས་ཞེས་བྱ་བ་ནི་གང་དུ་བྱས་པའི་སྐྱེ་བ་དེ་ཉིད་ལ་རྣམ་པར་སྨིན་པའི་མགོ་ཟུག་ཅེས་བྱ་བའི་དོན་ཏོ། །ཞེས་གསུངས་པའི་ཕྱིར།

གཉིས་པ་སྐྱེ་བ་གཞན་གྱིས་འདོད་ཚུལ་ནི། སྔོན་གྱི་སློབ་དཔོན་ཁ་ཅིག་ན་རེ། ལས་དེ་ལ་རྣམ་པ་ལྔ་ཡོད་དེ། ངེས་

པའི་ལས་གསུམདང་། མ་ངེས་པའི་ལས་ལ། གནས་སྐབས་མ་ངེས་ལ་རྣམ་སྨིན་ངེས་པ་དང་། གནས་སྐབས་དང་རྣམ་སྨིན་གཉིས་ཀ་མ་ངེས་པའི་ལས་གཉིས་དང་ལྔ་ཡོད་པའི་ཕྱིར་ཏེ། མཛོད་རྩ་བར། ཁ་ཅིག་ལས་རྣམ་ལྔ་ཞེས་ཟེར། ཞེས་བྱུང་།

དགེ་སློན་སྡེ་པ་སྡེ་མདོ་སྡེ་པ་ན་རེ། ལས་ལ་མུ་བཞི་ཡོད་དེ། གནས་སྐབས་ངེས་ལ་རྣམ་སྨིན་མ་ངེས་པའི་ལས་ཀྱང་ཡོད། རྣམ་སྨིན་ངེས་ལ་གནས་སྐབས་མ་ངེས་པའི་ལས་ཀྱང་ཡོད། གནས་སྐབས་དང་རྣམ་སྨིན་གཉིས་ཀ་ངེས་པའི་ལས་ཀྱང་ཡོད། གནས་སྐབས་དང་རྣམ་སྨིན་གཉིས་ཀ་མ་ངེས་པའི་ལས་ཀྱང་ཡོད་པའི་ཕྱིར། ཞེས་འཆད་པ་ལ། མཛོད་ལས།གཞན་དག་མུ་ནི་བཞི་ཞེས་ཟེར། །ཞེས་བྱུང་།

མུ་བཞི་འཇོག་ཚུལ་ནི། དང་པོ་ཡོད་དེ། མཐོང་ཆོས་སོགས་གསུམ་གང་རུང་ལ་མྱོང་བར་འགྱུར་ལ་རྣམ་པར་སྨིན་པ་མ་ངེས་པའི་ལས་དེ་དེ་ཡིན་པའི་ཕྱིར། གཉིས་པ་ཡོད་དེ། མཐོང་ཆོས་དང་། སྐྱེས་ནས་དང་ལན་གྲངས་དང་གང་ཡིན་མ་ངེས་ལ་རྣམ་སྨིན་འབྱིན་པར་ངེས་པའི་ལས་དེ་དེ་ཡིན་པའི་ཕྱིར། གསུམ་པ་ཡོད་དེ། མཐོང་བའི་ཆོས་སོགས་ལ་མྱོང་བར་ངེས་ཤིང་རྣམ་པར་སྨིན་པ་ངེས་པར་འབྱིན་པ་དེ་དེ་ཡིན་པའི་ཕྱིར། བཞི་པ་ཡོད་དེ། མྱོང་བར་ཡང་མ་ངེས་རྣམ་པར་སྨིན་པར་ཡང་མ་ངེས་པའི་ལས་དེ་དེ་ཡིན་པའི་ཕྱིར། དེ་ལྟར་ན་བརྒྱད་ཡང་ཡོད་དེ། ངེས་པ་ལ་དེ་ལྟར་མུ་བཞི། མ་ངེས་པ་ལའང་མུ་བཞི་ཡོད་པའི་ཕྱིར་ཏེ། རང་འགྲེལ་ལས། ཞེས་བྱ་བ་མུ་བཞིར་བྱེད་དེ། དེ་དག་གི་ལྟར་ན་ལས་རྣམ་པ་བརྒྱད་དེ། ཞེས་གསུངས་པའི་ཕྱིར་རོ། །

གསུམ་པ་ནི། མྱོང་འགྱུར་ལྟར་དབྱེ་བའི་སྐབས་སུ་མཛོད་ཊཱི་ཀ་ཐར་ལམ་གསལ་བྱེད་སོགས་ལས། ཚོར་བ་ངོ་བོ་ཉིད་ཀྱི་མྱོང་འགྱུར་དང་། ཡང་ཚོར་བ་ལྟ་བུ་མངོན་སུམ་གྱིས་མྱོང་འགྱུར་དུ་བཞག་པ་ལ་སྐྱི་དང་བྱེ་བྲག་གི་ཁྱད་པར་གྱིས་སོ་སོར་འཇོག་དགོས་པ་ཤེས་པར་བྱའོ།

དེ་དག་གི་ལྟར་ན་ལས་རྣམ་པ་བརྒྱད་དེ། ཞེས་པའི་ལས་བརྒྱད་འཇོག་ཚུལ་ལ། མཛོད་འགྲེལ་རྒྱལ་སྲས་མ་ལས། མཐོང་བའི་ཆོས་ལ་མྱོང་བར་འགྱུར་བར་ངེས་པ་དང་མ་ངེས་པའོ། །ཞེས་པ་ནས། མྱོང་བར་འགྱུར་བར་མ་ངེས་པ་གང་ཡིན་པ་དེ་ཡང་ངེས་པ་དང་མ་ངེས་སྟེ་རྣམ་པ་བརྒྱད་ཡིན་ནོ། ཞེས་མྱོང་འགྱུར་གསུམ་དང་མ་ངེས་པའི་ལས་དང་བཞི་ལ་རྣམ་སྨིན་མྱོང་བར་ངེས་པ་དང་མ་ངེས་པ་གཉིས་གཉིས་བྱས་ལ། མཆིམས་མཛོད་དུ་དང་པོ་དྲུག་དེ་ལྟར་དང་། མ་ངེས་པ་ལ་རྣམ་སྨིན་མ་ངེས་པ་དང་གནས་སྐབས་མ་ངེས་པ་གཉིས་ཏེ་བརྒྱད་བྱས་ཤིང་། ཀུན་མཁྱེན་མཛོད་མཐའ་དཔྱོད་དུ་ངེས་པ་ལ་གནས་སྐབས་ངེས་ལ་རྣམ་སྨིན་མ་ངེས་པ་སོགས་མུ་བཞི་དང་། མ་ངེས་པ་ལའང་དེ་ལྟར་མུ་བཞི་སྟེ་བརྒྱད་གསུངས་པ་འདི་དག་རང་འགྲེལ་གྱི་དགོངས་པར་ཇི་ལྟར་འགྲོ་ཚུལ་དང་། འདི་ལྟར་བརྩེ་བ་བྱེ་མདོ་གང་གི་ལུགས་སུ་བྱས་ནས་ཡིན་དཔྱད་རྒྱུ་ཡོད།

མཐོང་ཆོས་མྱོང་འགྱུར་གྱི་ལས་ནི་ཅི་འདྲ་བ་ཞིག་ལ་ཟེར་ཞེ་ན།

ཞིང་གི་ཁྱད་པར་ལས་བྱུང་བ་དང་། བསམ་པའི་ཁྱད་པར་ལས་བྱུང་བ་གཉིས་གྱི་མཚན་གཞིར། གཞུང་ཆེན་མོ་རྣམ་ལས་སྔོན་གྱི་བྱུང་བ་རེ་བཀོད་པ་འདིར་ཡང་དཔེ་མཚོན་དུ་འགོད་དོ། སྔོན་འདས་པའི་དུས་ན་སངས་རྒྱས་མ་ཕམ་པ་ཞེས་བྱ་བའི་བསྟན་པ་ལ་སྟོན་པ་འདི་ཉིད་སྐྱུག་པོའི་ བུར་གྱུར་པ་ན་ལྷན་མེད་པའི་བྱང་ཆུ བ་ཏུ་སེམས་བ སྐྱེད་ཅིང་རབ་ཏུ་བྱུང་ནས་སྡེ་སྣོད་གགསུམ་པར་གྱུར་ཏོ། །དེའི་ཚེ་དགེ་འདུན་ལ་ཇོད་པ་བྱུང་བ་ལ་སྡེ་སྣོད་གསུམ་པ་དེས་ཇོད་པ་དེ་སླར་འཐེལ་བར་བྱས་པ་དང་། དགེ་སློང་མདོ་སྡེ་འཛིན་པ་ཞིག་གིས་སྡེ་སྣོད་གསུམ་པ་བཏོན་ནས་ཇོད་པ་ཞི་བར་བྱས་པ་དང་། སྡེ་སྣོད་གསུམ་པ་ཁྲོས་ཏེ་བུད་མེད་ཀྱིས་བུད་མེད་རྣམས་ཀྱི་ཇོད་པ་ཞི་བར་བྱས་སོ་ཞེས་ཚིག་རྩུབ་པོ་སྨྲས་པས་དེ་མ་ཐག་ཏུ་བུད་མེད་དུ་གྱུར་ཅིང་སླར་ཡང་སྐྱེ་བ་ལྔ་བརྒྱར་བུད་མེད་དུ་སྐྱེས་སོ། ། ཕྱིས་སངས་རྒྱས་རིན་ཆེན་གཙུག་ཏོར་ཅན་ཞེས་བྱ་བ་ལ་དད་པར་བྱས་པས་སྐྱེས་པའི་ལུས་ཐོབ་པར་འགྱུར་ཏོ། །

འདི་ལ་ཚིག་རྩུབ་ཀྱི་རྣམ་སྨིན་ལ་མིའི་སྐྱེ་བ་ཡོད་མེད་དང་། བུད་མེད་ཀྱི་སྐྱེ་བ་ལྔ་བརྒྱ་པོ་ལས་གཅིག་གམ་མང་པོས་འཕང་བ་གང་ཡིན། དེ་ལ་ཡང་བྱེ་མདོ་སོགས་གྲུབ་མཐས་ཁྱད་པར། འཕེན་བྱེད་དང་རྫོགས་བྱེད་གང་གིས་འགྲུབ་སོགས་དཔྱད་པར་བྱ་བའི་གནས་མང་ངོ་། །

འདི་ཉིད་ཐུན་ཚིགས་ལས་སངས་རྒྱས་མང་པོའི་རྟོགས་པ་བརྗོད་པར། དེ་ནས་སངས་རྒྱས་མ་ཕམ་པའི། །སྔོན་བྱང་སྡེ་སྣོད་གསུམ་པར་གྱུར། །དགེ་སློང་དགེ་འདུན་ཇོད་པ་ན། །དགེ་འདུན་བུད་མེད་ཅེས་བརྗོད་པའི། །ངག་གི་ཉེས་པར་སྨྲ་བྱས་པས། །བུད་མེད་ཉིད་དུ་ཉེ་བར་སོང་། ། སླར་ཡང་སེམས་རབ་དང་བ་ཡིས། །སྐྱེས་པའི་དངོས་པོ་ཉིད་དུ་གྱུར། །ཅེས་གསུངས་པ་ལྟ་བུའོ། །

བསམ་པའི་ཁྱད་པར་ལས་འགྱུར་བ་ནི། སྔོན་རྒྱལ་པོ་ཀ་ནི་ཀའི་ཚུག་རྡུམ་ལོང་བ་ཞེས་བྱ་བ་ཞིག་གིས་མི་ཞིག་གིས་གླང་ལྔ་བརྒྱ་དེད་ནས་འགྲོ་བ་མཐོང་ནས་ཅི་བྱེད་དྲིས་པས་འབྲས་བུ་འབྱིན་ཏོ་ཞེས་ཟེར་བ་ན་དེ་བདག་གིས་ཀྱང་སྔོན་འདི་ལྟ་བུ་བྱས་པས་ད་ལྟར་སྡུག་བསྔལ་འདི་ལྟ་བུ་མྱོང་ངམ། མི་འདིས་ཀྱང་ལས་འདི་བྱས་པས་སྐྱེ་བ་མང་པོར་བདག་ལྟ་བུར་སྡུག་བསྔལ་མྱོང་བར་འགྱུར་རོ་སྙམ་ནས་གླང་དེ་རྣམས་ནོར་གྱིས་ཉོས་ཏེ་སྙིང་རྗེའི་བསམ་པ་དྲག་པོས་འབྲས་བུ་འབྱིན་པ་ལས་བཏང་བ་དང་དེ་ལ་མཐོང་བའི་ཆོས་དེ་ཁོ་ན་ལ་སྐྱེས་པའི་དབང་པོ་བྱུང་ངོ་ཞེས་གྲགས་པ་ལྟ་བུའོ། །

གཞན་དཔེ་མཚོན་ཙམ་དུ་རྒྱལ་བའི་བཀའ་འགྱུར་དུ་བཞུགས་པའི་མདོ་སྡེ་སྣ་ཚོགས་ལས་ (ཨ) ཏུམ་དུ་བཞུགས་པའི་མདོ་མཛངས་བླུན་གྱི་ལེའུ་བདུན་པ་རྒྱལ་པོ་གསལ་རྒྱལ་གྱི་བ་མོ་རྡོ་རྗེ་མའི་བྱུང་བ་ལྟ་བུ། ཞིང་དང་ཁྱད་པར་ཅན་དང་། བསམ་པ་ཁྱད་པར་ཅན་ལ་བརྟེན་ནས་བྱུང་བའི་ལས་ཀྱི་རྣམ་པར་སྨིན་པ་བསམ་གྱིས་མི་ཁྱབ་འབྱུང་ནི་

སྔོན་བྱུང་ལོ་རྒྱུས་དང་། དངོས་བྱུང་གི་འཚོ་བའི་ཁྲོད་ཀྱི་གཏམ་རྒྱུད་སོགས་ལས་གདམས་ངག་ཏུ་གོ་ནས་དཀར་ནག་ལས་འབྲས་བླངས་དོར་གནད་ལ་ཚུལ་བཞིན་དུ་འཇུག་ལྡོག་བྱེད་པ་ལས་གལ་ཆེ་བའི་བྱ་བ་གང་ཡང་མེད་པ་ཞེས་པར་བྱའོ།། །།

སྨྲས་པ།

རྣམ་མང་ལས་འབྲས་ཚུལ་ལ་ཡིད་ཆེས་པའི། །
རྣམ་དག་དད་པ་ཐོབ་པའི་ཤེས་ལྡན་དག །
རྣམ་དཀར་ལས་ལ་ཚུལ་བཞིན་འབད་པ་ཡིས། །
རྣམ་གྲོལ་བྱང་ཆུབ་མཆོག་ལ་བགྲོད་གྱུར་ཅིག །

轻重业差别辨析

格西益西加措

【提要】在佛教业果思想体系中，作业轻重的不同会导致所感果报的不同，因此对业轻重之差别进行辨析十分必要。本文主要以《瑜伽师地论·本地分》中的相关论述为基础，概述了佛教业果思想中的业轻重之差别及其相应之果。

【关键词】异熟果　等流果　增上果　业果

【作者简介】格西益西加措，甘孜寺教师，拉然巴格西。

圆满善妙广衮洋，妙相重级显明端，
顶髻日光照十方，除世暗主我敬礼。
持教师长观音尊，灌顶口传教授师，
亲得法缘诸善士，三门无垢极清净。

先略行供赞，又为令自他积福增善，试对胜者论义当中业果轻重品类略作辨析。

经云："造何等业得何等果。"《宝鬘论》云："恶趣及诸苦，悉从不善生。"《俱舍论》云："世别由业生。"

业果虽有无数粗细轻重等差别，现略取主要及《瑜伽师地论·本地分》所说"轻重差别"之义归纳为六，此外《亲友书》云："若恒修对治，德胜愍众生，此五行为善。"试由六差别说轻重业差别。

总的来说，我们所有造集不善罪业，纯系上依佛陀、下依有情而造，故应依于忏悔或行善而行。

一、由体性门而重。十不善中，身语七业杀生等前前业重，后后则轻；意三业则后后更重。身三业轻重，邪淫比劫财更痛苦，杀生则较此痛苦尤甚，由其因相故说为重。

现详为阐释，以对方在这些时候承受痛苦的大小程度而有轻重：譬如，我等自他都一样，不会像珍爱生命一样爱惜财物，故杀生与不予取二者给对方造成的痛苦有大小。

又，十不善中邪见最重。杀生与邪见二者，由体性门，杀生更重，由作用门，则邪见更重。

十善内分力大力小，亦可由此了知。

二、由意乐而有［轻］重。《宝蕴论》云："三千［世界］一切有情各造佛塔量等须弥，俱胝劫中勤修供养，菩萨不舍一切智心施一妙花其福尤甚。"

如是缘所得胜劣、缘自他义利等意乐差别，又恶行亦尔，瞋力最猛，《入行论》云："百千劫中所积集，布施妙供供如来，所有一切诸善行，一念瞋心能摧毁。"

意乐由猛厉三毒烦恼而作，以杀生为例，意乐故重，生起猛厉三毒。如粗恶语，由体性门再以极大瞋恚说"老狗"为重。因此，善恶业轻重亦观待善恶意乐力大力小。

三、由加行而有［轻］重。杀的方式以种种痛苦折磨而杀，譬如有些人于旁生有情没死就活剥皮等剧烈长时痛苦折磨而杀，长时而行等罪重，即便不是这样业亦极重。于生怖畏者置之不理而杀、出哀愍声亦无慈心而杀、自作杀生、亦教他作、见杀随喜，皆说为重。

如是，由欺凌轻蔑财主而劫掠不予取则重，余等依此类推。所行布施、供养等善，加行掌握要领则力大。

又，正如杀象较杀虫罪重，杀身形大畜生罪大，体力大则苦大，故由加行说其重。有些地方，以火烧鱼、蛙、鸡、虫等而杀，体性与加行皆重。

四、由事而重。于师长、阿遮利耶、菩萨、僧伽、父母、有德者等，杀害、劫盗财物，下至斜眼观视等所集罪业，依摄益与功德田故罪极深重。思度五无间与近五无间异熟亦可了知。又，于师长三宝、父母老师等，纵无猛厉意乐而行小损益，善恶罪亦极大故。

又，《正法念处经》云："三宝之物，微少偷盗，是则为上。若复归还，依于佛、法犹可清净，劫盗僧财未尝领受不得清净。福田重故。若盗众僧现食用物，堕大地狱，头面在下；若取属僧所常食物，则堕无间阿鼻地狱，宽广暗等。”[①]

又，不应舍借僧伽之物，《正法念处经》云：“彼则以利刀，自赡断其身首。”[②] 僧食受用不应施予在家人。

较彼尤甚是菩萨僧，《寂照神变三摩地经》云：“断赡部洲一切有情命或劫夺一切有情所得，较菩萨一抟食，生无数重罪。”应极慎重。

五、恒时造作故重。譬如绮语，常说亦重。

六、无对治故重。一类善不行，不遇贤善时，不于三宝前，礼供及忏悔，无忏亦无愧。简言之，大概说来十不善业重，事、意乐、加行、究竟悉皆齐备则杀生业极重。余九亦尔。善品亦如是而有力大力小。

因此，造何等因得何等果，业果极为微细甚深，故有情业力、瑜伽行者修三摩地力、佛菩萨神通力不可思议，超越世间言说事道故。

现今，世界各地难以阻挡的［地水火风］四大怖畏、饥荒战争等大怖畏时常发生，此等一切皆是因位未慎行，惟行杀生等十不善恶业与五无间罪等共业之果。

示此等之果，可分为：异熟果、等流果、增上果三种。造十不善皆有三种果报，若讲其中等流果分二：受用等流果与造作等流果，则须领纳四果。又，1. 异熟果谓，大不善生地狱，中不善生饿鬼，小不善生旁生。

《本地分》云：“《十地经》云，小中二果相反[③]而说。”

2. 等流果分二。2.1 受用等流果：“若虽生人中，杀生故短寿，由盗致乏财，侵他境多怨，妄语遭诽谤，两舌亲爱离，恶口闻不爱，绮语言不威，由贪害所求，瞋恚受惊怖，邪见生僻执。”[④]

2.2 造作等流果：喜造作杀生等，自然而然地杀生。

3. 增上果：由杀生得器世间饮食果实等势小、傲慢、能力下劣、难于消化、生病、多非寿终正寝。

---

① （元魏）般若流支译：《正法念处经》卷一：“何者为上？佛、法、僧物，微少偷盗，是则为上。彼佛、法、僧，若盗僧物，佛、法能净；盗佛、法物，僧不能净。若盗众僧现食用物，堕大地狱，头面在下；若取属僧所常食物，则堕无间阿鼻地狱，宽广暗等，以重福田，微少偷盗。”《大正藏》第 17 册，第 4 页下。

② （元魏）般若流支译：《正法念处经》卷二十二：“彼则以利刀，自断其身首。”《大正藏》第 17 册，第 126 页下。

③ 中不善生旁生，小不善生饿鬼。

④ 龙树菩萨造，（陈）真谛译：《宝行王正论》卷一，《大正藏》第 32 册，第 493 页下。

不予取，得果实小、不滋长、盲瞽、无雨或暴雨、果干枯或无果。

邪淫，处便溺、淤泥、粪秽不净、恶香等中。

妄语，农业、船业不能完成，多有欺诳、败坏、可怖之因。

离间语，所处地方有悬崖峭壁、险阻难行等诸多怖畏与可怖因。

恶口，地方多粗糙瓦砾、荆棘、砂石。

绮语，枯槁、瀑布、罪恶地、多怖畏因。

贪心，一切圆满于年年岁岁、月月日日衰减无增。

瞋心，多瘟疫、疾疠、恼乱、恶兽、魍魉、毒蛇、螃蟹、药叉、盗贼等。

邪见，器世间最胜最要来源亦当隐没，物皆不净而苦，无有最胜清净安乐显现，亦无房舍、无有救护。

思惟白业果分二：业、果。

十业：由断杀生而护生，如是断余九种不善，当行布施、梵行、正直语、和合语、美语、有义语、知足、修习大悲、敬信三宝。

此等事、意乐、加行、究竟亦随类配合，以断除杀生之业道为例，事即有情；意乐为见过患而欲断除；加行谓止息杀害之行；究竟者善护圆满之业。

由此理亦当推知余九。果分三：异熟果由小善业生人、中等善业生欲界天、大善业生上二界天。等流果与增上果，与不善业相反。

《十地经》云："此十善业道心狭劣故，怖三界故，阙大悲故，从他闻声而解了故，随声闻行故，成声闻乘。又从此上修治清净十善业道，非他所引自觉悟故，阙大悲方便故，悟解甚深缘起性故，成独觉乘。复从此上修治清净十善业道，由心广大无限量故，具悲愍故，方便善巧之所摄故，发大愿故，不舍一切诸有情故，现观如来无量智故，能成菩萨诸地清净到彼岸净广大正行。"①

愿福善增长！

（马艳译）

① （唐）尸罗达摩译：《佛说十地经》卷二，《大正藏》第10册，第543页上。

༄༅། །ལས་ལྕི་ཡང་གི་ཁྱད་པར་བཞུགས་སོ། །

དགེ་བཤེས་ཡེ་ཤེས་རྒྱ་མཚོ།

ཕུན་ཚོགས་དགེ་ལེགས་ཆུ་གཏེར་རྒྱས་པའི་དབུས། །
རབ་མཛེས་མཚན་དཔེའི་བང་རིམ་གསལ་བའི་སྟེར། །
གཙུག་ཏོར་ཉི་འོད་ཕྱོགས་བཅུར་འགྲོས་པ་ཡིས། །
འཇིག་རྟེན་སྨུན་སེལ་ཐུབ་པའི་དབང་པོར་འདུད། །
དེ་ཡིས་བསྟན་འཛིན་བླ་མ་སྐྱུན་རེས་གཙོས། །
དབང་ལུང་མན་ངག་སྨྱུལ་བས་བླ་མ་དང་། །
ཆོས་འབྲེལ་དངོས་ཐོབ་བཤེས་གཉེན་མཆོག་རྣམས་ལ། །
སྒོ་གསུམ་དྲི་མེད་དང་བ་ཆེན་པོས་འདུད། །

ཞེས་མཆོད་པ་ཅུང་ཟད་བརྗོད་པ་སྔོན་དུ་བཏང་ནས། དེ་ཡང་རང་གཞན་བསོད་ནམས་བསགས་པ་དང་དགེ་བ་འཕེལ་བའི་ཆེད་དུ། རྒྱལ་བའི་གཞུང་དོན་ལས་འབྲས་སོགས་ལྕི་ཡང་གི་སྐབས་ལ་མཐའ་ཅུང་ཟད་དཔྱད་པས་དབང་དུ་བཏང་ན། །མདོ་ལས་ཅི་འདྲ་བ་ཡི་ལས་བྱེད་པ། འབྲས་བུ་དེ་འདྲ་ཉིད་དུ་འགྱུར། ཞེས་དང་། རིན་ཆེན་ཕྲེང་བ་ལས། མི་དགེ་བ་ལས་སྡུག་བསྔལ་ཀུན། དེ་བཞིན་ངན་འགྲོ་ཐམས་ཅད་དོ། །ཞེས་སོགས་དང་། མཛོད་ལས། འཇིག་རྟེན་སྣ་ཚོགས་ལས་ལས་སྐྱེས། ཞེས་གསུངས་པར་བཞིན། ལས་འབྲས་ལ་ཁྲ་རག་དང་ལྕི་ཡང་སོགས་ཀྱི་ཁྱད་པར་གྲངས་མེད་པ་ཞིག་ཡོད་ཀྱང་། ད་རེ་འདི་གཙོ་བོ་ཆེ་བ་བསྡུ་བ་དང་སའི་དངོས་གཞི་རྣམས་སུ་ལྕི་ཡང་གི་ཁྱད་པར་གསུངས་པའི་དགོངས་པ་གཅིག་ཏུ་དྲིལ་ན་དྲུག་ལས། དེ་མ་ཐག བཤེས་སྤྲིངས་ལས། རྟག་པར་མངོན་པར་ཞེན་དང་གཉེན་པོ་མེད། །ཡོན་ཏན་གཙོར་ལྡན་གཞི་ལས་བྱུང་བའི་ལས། །དགེ་དང་མི་དགེ་རྣམ་ལྔ་ཆེན་པོ་སྟེ། ཞེས་གསུངས། དབྱེ་བ་དྲུག་གི་སྒོ་ནས་ལས་ལྕི་ཡང་གི་ཁྱད་པར་བཤད་པའི་དབང་དུ་བཏང་ན། སྤྱིར་ང་རང་ཚོ་སྡིག་པ་མི་དགེ་བ་བཅུའི་ལས་བསགས་པ་ཐམས་ཅད་ཡར་སངས་རྒྱས་དང་མར་སེམས་ཅན་ལ་རྟེན་ནས་བྱུང་བ་ཤ་སྟག་ཡིན་པས། བཤགས་པའམ་དགེ་བ་ཡང་དེ་གཉིས་ལ་བརྟེན་ནས་ཡོང་དགོས་པ་ཞིག་ཡིན།

དང་པོ་ངོ་བོའི་སྒོ་ནས་ལྕི་བ་ནི། མི་དགེ་བཅུ་བའི་ནང་ནས་ལུས་ངག་གི་བདུན་ལས་སྲོག་གཅོད་སོགས་ཕྱ་མ་ཕྱ་མ་ལྕི་ལ། ཕྲེ་མ་ཕྲེ་མ་ཡང་བ་དང་། ཡིད་ཀྱི་གསུམ་ཕྲེ་མ་ཕྲེ་མ་ཕྱ་མ་ཕྱ་མ་ལས་ལྕི་བ་ཡིན། ལུས་ཀྱི་གསུམ་གྱི་ལྕི་ཡང་

ནི། བུད་མེད་གྲོགས་པ་ལས་ནོར་རྫས་ཡོ་བྱད་རྣམས་དང་སྡུག་བསྔལ་ཆེ་བ་དང་། དེ་ལས་ཀྱང་གྲོག་འདོར་བའི་སྡུག་བསྔལ་ལྷག་པར་ཆེ་བའི་རྒྱུ་མཚན་གྱིས་ཡིན་པར་གསུངས་། ད་དུང་ཞིབ་ཏུ་བཤད་ན། དེ་དག་གི་ཚེ་ཕ་རོལ་པོ་ལ་སྡུག་བསྔལ་ཆེ་ཆུང་ཇི་ཙམ་ཡོད་པའི་རིམ་པས་ལྷི་ཡང་བྱུང་བ་སྟེ། དཔེར་ན་ང་ཚོ་རང་གཞན་སུ་འདྲ་ཞིག་ཡིན་ཡང་གྲོག་ལ་གཅེས་ཤིང་བརླས་པ་ཇི་འདྲ་བྱེད་པ་དེ་ཙམ་ཡོ་བྱད་ལ་སོགས་པའི་རྒྱུ་ནོར་མི་བྱེད་པས། གྲོག་གཅོད་དང་མ་བྱིན་ལེན་གཉིས་ལ་ཕ་རོལ་པོ་ལ་སྡུག་བསྔལ་ཆེ་ཆུང་འབྱུང་བ་ལྟར་ཡིན། དེ་ཡང་མི་དགེ་བཅུའི་ནང་ནས་ལོག་ལྟ་ལྗི་བ་ཡིན། གྲོག་གཅོད་པ་དང་ལོག་ལྟ་གཉིས་ངོ་བོ་སྒོ་ནས་གྲོག་གཅོད་པ་ལྗི་བ་དང་བྱེད་ལས་སྒོ་ནས་ལོག་ལྟ་ལྗི་བ་ཡིན་པ་འདྲ། ལོག་ལྟ་རང་རྒྱུད་ལ་སྐྱེས་པ་ཙམ་གྱིས་དགེ་རྩ་ཐམས་ཅད་མེད་པ་བྱེད་འགྲོ་བ་ཡིན་པས། མི་དགེ་བཅུའི་ནང་ནས་ལོག་ལྟ་ལྗི་བ་ཡིན་པར་བཤད། དགེ་བ་བཅུའི་ནང་གསེས་ཀྱི་སྟོབས་ཆེ་ཆུང་ཡང་དེས་མཚོན་ནས་ཤེས་པར་ནུས།

བསམ་པའི་སྒོ་ནས་ལྗི་བ་ནི། རིན་པོ་ཆེ་ཕུང་པོ་ལས། སྟོང་གསུམ་གྱི་སེམས་ཅན་ཐམས་ཅད་སོ་སོ་ནས་སངས་རྒྱས་ཀྱི་མཆོད་རྟེན་རི་རབ་ཙམ་བྱ་སྟེ། དེ་དག་ལ་བསྐལ་པ་བྱེ་བ་ཏི་སྙེད་དུ་མཆོད་པ་བྱས་པ་བས། བྱང་སེམས་ཀྱིས་ཐམས་ཅད་མཁྱེན་པའི་སེམས་དང་མ་བྲལ་བར་མེ་ཏོག་གཅིག་ཙམ་ཕུལ་ན་བསོད་ནམས་མང་བར་གསུངས་སོ། དེ་བཞིན་དུ་ཐོབ་བྱ་མཆོག་དམན་ལ་དམིགས་པ་དང་། རང་གཞན་གྱི་དོན་ལ་དམིགས་པ་ལ་སོགས་པའི་བསམ་པའི་ཁྱད་པར་དང་། དེ་ཡང་ཉེས་སྤྱོད་རྣམས་ལའང་དེ་དང་འདྲ་ཞིང་། ཁོང་ཁྲོ་ནི་ཤིན་ཏུ་སྟོབས་ཆེ་སྟེ། སྤྱོད་འཇུག་ལས། བསྐལ་པ་སྟོང་དུ་བསགས་པ་ཡི། སྦྱིན་དང་བདེ་གཤེགས་མཆོད་ལ་སོགས། ལེགས་བྱས་གང་བྱས་དེ་ཀུན་ཡང་། ཁོང་ཁྲོ་གཅིག་གིས་འཇོམས་པར་བྱེད། ཅེས་སོ། །བསམ་པ་ཉོན་མོངས་དུག་གསུམ་ཤིན་ཏུ་དྲག་པོས་བྱས་པ་སྟེ། གྲོག་གཅོད་པ་ལ་མཚོན་ན། བསམ་པས་ལྗི་བ་ནི་དུག་གསུམ་དྲག་པོ་བསྐྱེད་པའོ། །ཚིག་རྩུབ་ལྟ་བུ་ངོ་བོའི་སྒོ་ནས་ཡང་ཡང་ཁོང་ཁྲོ་ཤིན་ཏུ་ཆེན་པོས་ཁྲི་ཀན་ཞེས་བརྗོད་པ་ལྟ་བུ་ནི་ལྗི་བའོ། །དེ་སོང་ཙང་། ལས་དགེ་སྡིག་ལྗི་ཡང་ལ་ཡང་བསམ་པ་བཟང་ངན་སྟོབས་ཆེ་ཆུང་ལ་ཡང་རག་ལས་པའོ། །

སྦྱོར་བའི་སྒོ་ནས་ལྗི་བ་ནི། སྦྱོར་བར་གསོད་སྟངས་ངན་པ་སྡུག་ལས་སྣ་ཚོགས་བཏང་ནས་བསད་པ། དཔེར་ན། འགའ་ཞིག་སེམས་ཅན་དུད་འགྲོ་མ་ཤི་གསོན་པོར་པགས་པ་བཤུ་བ་སོགས་སྡུག་ལས་ཤུགས་དྲག་རྒྱུན་རིང་བཏང་ནས་གསོད་པ་དེ། དུས་རྟག་པར་བྱས་པ་སོགས་ལྗི་བ་གཞན་མིན་ཡང་ཤིན་ཏུ་ལྗི་བའི་ལས་སུ་འགྱུར། འཇིགས་པ་བསྐྱེད་ནས་བྱ་བ་མིན་པ་བྱེད་དུ་བཅུག་སྟེ་གསོད་པ་དང་། སྙིང་རྗེ་བར་སྐྱེ་སྡུགས་འདོན་བཞིན་པ་ལ་བརྩེ་སེམས་མེད་པར་"གསོད་པ་དང་། རང་ཡང་གྲོག་གཅོད་བྱེད་ལ་གཞན་དེ་འཛིན་དུ་འཇུག་ཅིང་དེ་ལ་བསྔགས་པ་བརྗོད་པ་སོགས་ཀྱང་ཆེར་ལྗི་བར་གསུངས། དེ་བཞིན་དུ་ནོར་བདག་ལ་བརྐུས་ཐབས་དང་ཁྲུད་གསོད་ཀྱི་སྒོ་ནས་འཕྲོག་པ་མ་བྱིན་ལེན་ལྗི་བར་འཇོག་པ་སོགས་གཞན་ལའང་རིགས་འགྲེ་ཞིང་། སྦྱིན་པ་དང་མཆོད་པ་སོགས་དགེ་བར་གང་བྱེད་ཀྱང་སྦྱོར་བ་གནད་འགྲོ་རེ་བྱུང་

ན་སྟོབས་ཆེ་བར་འགྱུར་བ་ཡིན། ཡང་འབུ་བསད་པ་བས་གླང་པོ་ཆེ་བསད་པ་སྡིག་པ་ལྕི་བ་ལྟ་བུ་དུད་འགྲོ་གཟུགས་བོངས་ཆེ་བ་དག་གསོད་པ་སྡིག་པ་ཆེ་བའང་ལུས་སྟོབས་ཆེ་བའི་ཚོད་ཀྱི་སྡུག་བསྔལ་ཆེ་བས་སྦྱོར་བའི་སྒོ་ནས་ལྕི་བར་འགྲོ། ཡུལ་འགའ་ཤས་ན། ཉ་དང་། སྦལ་པ་དང་། ཁྱིམ་བྱ། འབུ་སོགས་མེར་བསྲེགས་ནས་གསོད་པ་ལྟ་བུར་ནི། ངོ་བོ་དང་སྦྱོར་བའི་ལྕི་བ་ལུགས་གཉིས་ཀ་ཚང་།

གཞིའི་སྒོ་ནས་ལྕི་བ་ནི། བླ་མ་སློབ་དཔོན་བྱང་སེམས་དགེ་འདུན་ཕ་མ་དང་མི་ཡོན་ཏན་ཅན་སོགས་གསོད་པ་དང་རྫས་འགྲོག་པ་དང་མཐའ་ན་མིག་ལོག་བལྟ་ བ་རྒྱུར་ཆད་སོགས་སྡིག་པ་བསགས་པ་ནི། ཕན་འདོགས་པ་དང་ཡོན་ཏན་གྱི་ཞིང་ལ་བརྟེན་པ་ཡིན་པས་ཆེས་ཤིན་ཏུ་ལྕི་བར་འགྱུར་བ། མཚམས་མེད་དང་ཉེ་བའི་མཚམས་མེད་སོགས་ཀྱི་རྣམ་སྨིན་ལ་དཔགས་ནའང་ཤེས། དེ་ཡང་བླ་མ་དང་དཀོན་མཆོག་གསུམ། ཕ་མ་དང་དགེ་རྒན་སོགས་འདི་དག་ལ་ནི། བསམ་པ་ཤུགས་དྲག་པོ་མེད་ཀྱང་ཕན་གནོད་ཆུང་ངུ་ཞིག་བྱས་ནའང་དགེ་སྡིག་ཁ་ན་མ་ཐོ་བ་ཆེ་བའི་ཕྱིར་རོ། །དེ་ཡང་མདོ་དྲན་པ་ཉེར་གཞག་ལས། ཇི་སྐད་དུ། དཀོན་མཆོག་གསུམ་གྱི་རྫས་ནི། ཆུང་ངུ་ཆུང་ངུ་ཞིག་བླངས་ན་ཡང་ཆེན་པོར་འགྱུར་ཏེ། སླར་ཕྱིར་ཡང་སངས་རྒྱས་དང་ཆོས་ཀྱི་"ནི་དག་པར་འགྱུར་གྱི། དགེ་འདུན་བརྐུས་པ་ནི་ཚོར་བ་མ་མྱོང་གི་བར་དུ་དག་པར་མི་འགྱུར་ཏེ། ཞིང་ལྕི་བའི་ཕྱིར་རོ། གལ་ཏེ་ཞལ་དུ་འདུ་བའི་སྒོ་ཞིག་ཡིན་ན་ནི་སེམས་ཅན་དམྱལ་བ་ཆེན་པོར་ལྟུང་ངོ་། །གལ་ཏེ་ཞལ་དུ་འདུ་བའི་སྒོ་མིན་ན་ནི། དེའི་ནང་གི་བར་མཐར་མེད་པའི་འཁོར། མུན་ནག་ཆེན་པོ་ལ་སོགས་པར་སྐྱེ་བར་འགྱུར་རོ། །ཞེས་གསུངས་སོ། གཞན་ཡང་དགེ་འདུན་གྱི་རྫས་སྟེར་བ་དང་། བསྐྱི་བ་སོགས་ཀྱང་བྱར་མི་བཏུབ་སྟེ། མདོ་དྲན་པ་ཉེར་གཞག་ལས། སྤྱི་གྲི་རྣོན་པོ་དག་གིས་སྤུ། རང་གི་ཡན་ལག་གཏུབ་པ་དང་། ཞེས་པ་ནས་དགེ་འདུན་ཟས་དང་ལོངས་སྤྱོད་ནི། ཁྱིམ་པ་རྣམས་ལ་སྦྱིན་མི་བྱ། ཞེས་གསུངས་ཤིང་། དེ་བས་ཀྱང་བྱང་ཆུབ་སེམས་དཔའི་དགེ་འདུན་ལྟ་སྟེ། རབ་ཏུ་ཞི་"བ་རྣམ་པར་ངེས་པའི་ཆོ་འཕྲུལ་གྱི་མདོ་ལས། འཛམ་བུ་གླིང་གི་སེམས་ཅན་ཐམས་ཅད་ཀྱི་སྲོག་བཅད་དམ། བདོག་པ་ཐམས་ཅད་འཕྲོགས་པ་ལས། བྱང་སེམས་ཀྱི་རྫས་ཟན་ཚངས་གཅིག་གམ། དགེ་བ་ལ་བར་ཆད་བྱས་ན་སྡིག་ཆེར་གྲངས་མེད་པ་བསྐྱེད་པར་གསུངས་པས་ཤིན་ཏུ་གཟབ་པར་བྱའོ། །

དུས་རྟག་ཏུ་བྱེད་པས་ལྕི་བ་ནི། ངག་འཁྱལ་ལྟ་བུ་དུས་རྟག་ཏུ་འབྱུང་བ་དེ་ལྕི་བའོ། །

གཉེན་པོ་མེད་པས་ལྕི་བ་ནི། དགེ་བ་སྣ་གཅིག་ཀྱང་མི་བྱེད་པ་དང་། དུས་བཟང་པོ་ལ་མི་འཛེམ་པ་དང་། དཀོན་མཆོག་ལ་ཕྱག་མཆོད་དང་བཤགས་པ་མི་བྱེད་པ་དང་། ངོ་ཚ་དང་ཁྲེལ་མེད་པ་དང་། མདོར་ན། མི་དགེ་བཅུ་ལ་སོགས་པའི་ལས་ལྕི་བ་བཤད་པ་ནི་གཙོ་ཆེ་བ་ནི། གཞི། བསམ་པ། སྦྱོར་བ། དངོས་གཞི། མཐར་ཐུག་རྣམས་ཚང་བས་སྲོག་གཅོད་ཀྱི་ལས་ལྟ་བུ་ནི་ཤིན་ཏུ་ནི་ལྕི་བ་ཡིན། ཕྱི་མ་དགུ་ལ་དེ་དང་མཚུངས་པ་ཡིན་ནོ། །དགེ་བའི་ཕྱོགས་ལའང་སྟོབས་ཆེ་ཆུང་དེ་དང་འདྲའོ། །དེས་ན་རྒྱུ་གང་འདྲ་ཞིག་བསགས་ན་འབྲས་བུ་དེ་འདྲ་བ་ཞིག་འབྱུང་བས། ལས་འབྲས་ནི་ཤིན་ཏུ

ཐ་བའམ་ཐབ་པ་ཡིན་པས། སེམས་ཅན་གྱི་ལས་ཀྱི་ནུས་པ་དང་། རྣལ་འབྱོར་པའི་ཏིང་ངེ་འཛིན་བསྒོམས་པའི་མཐུ་དང་། སངས་རྒྱས་བྱང་སེམས་ཀྱི་རྫུ་འཕྲུལ་བསམ་གྱིས་མི་ཁྱབ་པ་རྣམས་འཇིག་རྟེན་པའི་ཐ་སྙད་པའི་ལམ་ལས་འདས་པའི་ཕྱིར། དེང་སང་འཛམ་གླིང་ཕྱོགས་གང་དང་གང་ལ་ཤིན་དུ་རློག་དཀའ་བས་འབྱུང་བ་ཆེན་པོ་བཞི་དང་། ཤུག་གེ་དམག་འཁྲུག་སོགས་ཀྱི་འཇིགས་པ་ཆེན་པོ་ཡོང་དང་ཡོང་བཞིན་པ་དེ་དག་ཐམས་ཅད། རྒྱུའི་སྐབས་སུ་གཟབ་གཟབ་མ་བྱས་པར་སྲོག་གཅོད་ལ་སོགས་སྡིག་པ་མི་དགེ་བཅུ་དང་མཚམས་མེད་ལྔ་ལ་སོགས་པ་ལོ་ན་བྱས་པས་སྤྱི་མཐུན་གྱི་ལས་ཀྱི་འབྲས་བུ་རེད་བསམ་ཡོད། དེ་དག་གི་འབྲས་བུ་བསྟན་པ་ལ། རྣམ་སྨིན་གྱི་འབྲས་བུ། རྒྱུ་མཐུན་གྱི་འབྲས་བུ། བདག་འབྲས་གསུམ་ལས། མི་དགེ་བ་བཅུ་པོ་དེ་དག་གང་བྱས་ཀྱང་འབྲས་བུ་གསུམ་པོ་དེ་ནས་རྒྱུ་མཐུན་ལ་སྤྱོད་པ་རྒྱུ་མཐུན་དང་། བྱེད་པ་རྒྱུ་མཐུན་གཉིས་སུ་ཕྱེ་བའི་འབྲས་བུ་བཞི་བཞི་སྤྱོད་དགོས། དེ་ཡང་རྣམ་སྨིན་གྱི་འབྲས་བུ་ནི། མི་དགེ་བ་ཆེན་པོས་དམྱལ་བ་དང་། འབྲིང་གི་ཡི་དྭགས། ཆུང་ངུས་དུད་འགྲོར་སྐྱེ་བར (སའི་དངོས་གཞིར་གསུངས་ལ། ས་བཅུའི་མདོ་ལས་ནི། ཆུང་འབྲིང་གཉིས་ཀྱི་འབྲས་བུ་བཟློག་སྟེ་གསུངས་སོ། གཉིས་པ་རྒྱུ་མཐུན་ལ་གཉིས། སྤྱོད་པ་རྒྱུ་མཐུན་ནི། གལ་ཏེ་མིར་སྐྱེས་སྲིད་ཀྱང་། གསོད་པ་ཡིས་ནི་ཚེ་ཐུང་འགྱུར། རྐུ་བས་ལོངས་སྤྱོད་ལོངས་ཞིང་དབུལ། བྱི་བོ་བྱེད་པ་དགྲ་ཟླར་བཅས། རྫུན་དུ་སྨྲ་བས་སྐུར་བ་འབྱུང་། ཕྲ་མ་ཡིས་ནི་བཤེས་དང་འབྱེད། ཚིག་རྩུབ་ཀྱི་ནི་མི་སྙན་ཐོས། ངག་འཁྱལ་གྱིས་ནི་ཚིག་མི་བཙུན། བརྣབ་སེམས་ཡིད་ལ་རེ་བ་འཇོམས། གནོད་སེམས་མི་འདོད་ཐོག་ཏུ་འབབ། ལོག་པར་ལྟ་བས་ལྟ་ངན་ཉིད།ཅེས་པ་རྣམས་སོ། གཉིས་པ་བྱེད་པ་རྒྱུ་མཐུན་ནི། སྲོག་གཅོད་པ་སོགས་དེ་དག་ལ་དགའ་ཞིང་བྱེད་ལ། དེ་དག་ལ་རང་ངང་ཤུགས་ཀྱིས་འཇུག་གོ།

གསུམ་པ་པ་བདག་པོའང་དབང་གི་འབྲས་བུ་ནི།

སྲོག་བཅད་པ་ལས་སྣོད་ཀྱི་འཇིག་རྟེན་གྱི་བཟའ་བཏུང་དང་འབྲས་བུ་ལ་སོགས་པ་མཐུ་ཆུང་བ་དང་། སྨས་པ་དང་། ནུས་པ་དང་སྟོབས་ཆུང་བ་དང་། འཇུ་དཀའ་ཞིང་ནད་བསྐྱེད་པ་དང་། ཕལ་ཆེར་ཚེ་མ་ཟད་པར་འཆི་བར་འགྱུར་རོ། །

མ་བྱིན་ལེན་ལ། འབྲས་བུ་ཉུང་བ་དང་། མི་ཕྱུར་བ་དང་ལོན་བ་དང་། ཐན་པ་དང་ཆར་ཆེ་བ་དང་། འབྲས་བུ་རྐམ་པ་དང་། མེད་པ་འགྱུར་རོ། །

ལོག་གཡེམ་ལ། གཡང་གཅི་དང་འདམ་རྫབ། ལྷུན་ལྡིན་མི་གཙང་བ་དང་། དྲི་ང་བ་སོགས།

རྫུན་ལ། ཞིང་ལས་དང་། གྲུ་སྤྱོད་ཀྱི་ལས་མཐའ་རྒྱས་པར་མི་འགྱུར་བ་དང་། ཕལ་ཆེར་སླུ་བ་དང་། འཇིགས་པ་དང་། འཇིགས་སུ་རུང་བའི་རྒྱུ་མང་པོ་དང་ལྡན་པའོ། །

ཕྲ་མ་ལ། ས་ཕྱོགས་འབར་འབར་ཅན་དང་། ལྷུང་ལྷོངས་དང་། མཐོ་དམན་དང་། བགྲོད་

དཀའ་བ་དང་། འཇིགས་པ་དང་། འཇིགས་སུ་རུང་བའི་རྒྱུ་མང་པོ་དང་ལྡན་པའོ། །

ཚིག་རྩུབ། ས་གྲོགས་སྡོམ་དུམ་དང་། ཚེར་མ་དང་། རྡོ་དང་། གསེག་མ་དང་། གྱོ་མོ་དང་། རྩུབ་པའོ། །

ངག་འཁྱལ་ལ། མི་སྨུམ་པ་དང་། འབབ་ཆུ་དང་། སྡིག་པ་ཅན་གྱི་ས་གཞི་དང་། འཇིགས་པའི་རྒྱུ་མང་པོ་དང་ལྡན་པའོ། །

བརྣབ་སེམས་ཀྱིས་ནི། ཕུན་སུམ་ཚོགས་པ་ཐམས་ཅད། ལོ་རེ་རེ་དང་། དུས་ཚིགས་དང་། ཟླ་བ་དང་། ཞག་རེ་རེར་ཡང་ཉམས་ཤིང་འགྲི་ལ། མི་འཕེལ་བ་དང་།

གནོད་སེམས་ལ། ཡམས་དང་གནོད་པ་དང་། ནད་འགོ་བ་དང་། འཁྲུག་པ་དང་། གཅན་གཟན་གདུག་པ་དང་། སྦྲུལ་གདུག་པ་དང་། སྡིག་སྲིན་དང་། གནོད་སྦྱིན་གདུག་པ་དང་། ཆོམ་རྐུན་ལ་སོགས་པ་མང་བའོ། །

ལོག་ལྟ་ལ་ནི། སྣོད་ཀྱི་འཇིག་རྟེན་ན་འབྱུང་ཁུངས་མཆོག་དང་གཙོ་བོ་དག་ནུབ་པར་འགྱུར་བ་དང་། དངོས་པོ་མི་གཙང་བ་དང་། སྡུག་བསྔལ་བ་དང་། མཆོག་ཏུ་གཙང་བ་དང་བདེ་བར་སྣང་བ་དང་། གནས་དང་། སྐྱོབ་པ་དང་། སྐྱབས་མེད་པར་འགྱུར་རོ། །

དཀར་པོའི་ལས་འབྲས་བསམ་པ་གཉིས། ལས་དང་འབྲས་བུའོ། །

ལས་བཅུ་ནི། སྲོག་གཅོད་སྤངས་ནས་སྲོག་འདོན་དང་། དེ་བཞིན་དུ་མི་དགེ་བ་དགུ་སྤངས་ལ། སྦྱིན་པ་གཏོང་བ་དང་། ཚངས་སྤྱོད་དང་། དྲང་པོར་སྨྲ་བ་དང་། འཁོན་བསྡུམ་པ་དང་། གསོང་པོ་སྨྲ་བ་དང་། དོན་ལྡན་སྨྲ་བ་དང་། ཆོག་ཤེས་པ་དང་། སྙིང་རྗེ་སྒོམ་པ་དང་། དཀོན་མཆོག་གསུམ་ལ་དད་ཅིང་གུས་པར་བྱ་བ་རྣམས་སོ། །

དེ་རྣམས་ལ། གཞི། བསམ་པ། སྦྱོར་བ། མཐར་ཐུག་རྣམས་ཅི་རིགས་པར་སྦྱར་ཏེ། སྲོག་གཅོད་སྤོང་བའི་ལས་ལམ་ལ་མཚོན་ཏེ། གཞི་སེམས་ཅན་ནོ། །

བསམ་པ་ནི་ཉེས་དམིགས་མཐོང་ནས་སྤོང་བར་འདོད་པའོ། སྦྱོར་བ་ནི་གསོད་པ་ཡང་དག་པར་སྡོམ་པའི་འདུ་བྱེད་དོ། མཐར་ཐུག་ནི་ཡང་དག་པར་བསྡམས་པ་རྫོགས་པའི་ལས་སོ། ཚུལ་དེས་གཞན་དགུ་ལ་ཡང་ཤེས་པ་བྱའོ། འབྲས་བུ་ལ་གསུམ་ལས། རྣམ་སྨིན་ནི། དགེ་བའི་ལས་ཆུང་ངུ་དང་། འབྲིང་དང་། ཆེན་པོས། མི་དང་། འདོད་པའི་ལྷ་དང་། ཁམས་གོང་གཉིས་ཀྱི་ལྷར་སྐྱེའོ། །

རྒྱུ་མཐུན་དང་བདག་འབྲས་ནི། མི་དགེ་བ་ལས་བཟློག་སྟེ་སྦྱར་རོ། །ས་བཅུ་པ་ལས་ནི། བཅུ་པོ་འདི་དག་འཁོར་བས་སྐྲག་ནས་སྙིང་རྗེ་དང་བྲལ་བར་གཞན་གྱི་རྗེས་སུ་འབྲངས་ནས་སྒོམ་པས་ནི་ཉན་ཐོས་ཀྱི་འབྲས་བུ་འགྲུབ་བོ། །ཡང་སྙིང་རྗེ་མེད་པར་གཞན་གྱི་དྲིང་མི་འཇོག་པར། རང་ཉིད་འཚང་རྒྱ་བར་འདོད་ནས་རྟེན་ཅིང་འབྲེལ་བར་ཤེས་པས་སྦྱངས་ན་ནི་རང་རྒྱལ་འགྲུབ་བོ། །སེམས་རྒྱ་ཆེ་བས་སྙིང་རྗེ་དང་། ཐབས་མཁས་པ་དང་། སྨོན་ལམ་ཆེན་པོ་དང་། སེམས

ཅན་ཡོངས་སུ་མི་གཏོང་བ་དང་། སངས་རྒྱས་ཀྱི་ཡེ་ཤེས་ཤིན་དུ་རྒྱས་པ་ལ་དམིགས་པ་སྤྱངས་ན། བྱང་ཆུབ་སེམས་དཔའི་ས་དང་། ཕ་རོལ་དུ་ཕྱིན་པ་ཐམས་ཅད་འགྲུབ་བོ།། །།

དགེ་ལེགས་འཕེལ། །སེར་བྱེས་དགེ་བཤེས་ཡེ་ཤེས་རྒྱ་མཚོ་ནས།

因果信仰与前后世信仰的关系

格西罗颂央吉

【提要】因果思想既是佛教思想体系中的一个重要理论，也是论证其他佛教思想的关键工具，比如，佛教的因果思想对于论证佛教世界观中前际与后世的存在，就起到了十分重要的作用。本文即在论述正因因果的三种分类的基础上，从三个角度分别来论述佛教对于前际与后世的安立。

【关键词】色法正因因果　知法正因因果　不相应行法正因因果

【作者简介】格西罗颂央吉，石渠色须寺教师，拉然巴格西。

因果缘起无欺藏，以理善取其心要，

无边诸佛所行道，如意满愿此为要。

事道果之道次要，度越轮回大宝舟，

为利众生我心喜，发净意乐力述此。

因果有许多不同种类，主要有色法、知。[①] 法、不相应行法三种正因因果。[②] 如论中说：

非由一知二，根心决定故。

一　色法正因因果

（一）色处因果：红黄二色与红黄二色调和而成的橙黄色，是色处正

① 知（jñāna）：含心与心所。

② 正因、助缘：常被译成“近取因”“俱有缘”。

因因果；调和红黄二色的画匠，是它的助缘因果。

（二）香处因果：各种天然香与调配它们所成的和合香，是香处正因因果；调香师是助缘因果。

（三）味处因果：青稞或稻等种子，与它所生的青稞或稻子等的苗芽，是味处正因因果；耕种的农夫是味处助缘因果。

（四）触处因果：木棉及羊毛等，与它所织成的棉布及氆氇衣等，是触处正因因果；织布工人是触处助缘因果。

这些能否作为因果，主要是看前者未生，是否后者不起，对于这个道理，无论是内道教徒、外道教徒，还是没有任何宗派观点的普通凡夫，大家都一致共许。这是现量就可见知的一种因果安立，如果不播种青稞和稻谷的种子，那么一定不会长出青稞和稻谷的苗芽，这一点大家皆无异议。同样，不会生出错乱因果的果也是大家所共许的，播下青稞的种子一定不会长出稻谷的苗芽，播下稻谷的种子一定不会长出青稞的苗芽，这都是大家日常生活中有目共睹的。

我们所有的众生，乃至一只微不起眼的虫子，大家欲求离苦得乐的心都一样，但是只有对于乐因、苦因毫不愚昧，而且能够善作观察辨析的人，才能真正了知下面这个极为关键的道理：如果奉行善法，就能得到安乐而不会遭遇痛苦；如果造作恶业，就会遭遇痛苦而不会得到安乐；如果一无所作，那就一无所得。所以，对于取舍之处要善作取舍、要善知进退，这一点最为重要。

如《稻芊经》中说：

> 此有故彼有。[①]

意思是说情器世间所有一切，并不是自在天等随心变化而创造，而是从成为自因的“不动缘”中所产生。

又说：

> 此生故彼生。

① 《佛说大乘稻芊经》，《大正藏》第 16 册，第 823 页下。

意思是说这一切并不是由于自在天是常、痛苦是常等所导致，而是从成为自因的“无常缘”中所生。

又说：

> 无明缘行。

意思是说这一切不但是从成为自因的前二缘中所生，而且通过破除“所有是因非因中是否生出一切是非之果”这样的邪分别，而成立一切有为法是从“能力缘”中生起，即所有的果都是从能生自己的同类因中产生。

这段经文阐述一切法是从不动缘、无常缘、能力缘这三缘之中生起，这是经文的要点，要好好理解。

那么，先说这些因果的粗分安立，目的是为了除去声处以外，以其他有色处为基础来安立粗分因果，由此来了达声处因果。在声处中，助缘因果很容易明白，而正因因果较难通达，因为声没有同类续流，如至尊宗喀巴说：“声无同类续流，故不安立。”打个比方，就像一串百八念珠不分前后体性一样，或者就像串起念珠的串绳。

声音除了前时勤勇所起之外，并没有前后体性这种方式的同类续流，但把前后声串成续流的是气息或者风，这些气风有前后体性，所以说前声主要生起后声的质流，从而成立普通人在无间初生时的呼吸，是依靠前自同类而生起，这样也就妥善成立了必有前生。

吉祥法称在《释量论》中也说：

> 最初受生时，呼吸根觉等，非不待自类。

在《显明解脱道》中，“普通人无间初生时呼吸有法，受生之时非不观待自前同类，是呼吸故”，以这样的方式安立各自的因。

普通人在无间初生时的呼吸粗风，是它的前同类，在显密二宗中，认为普通人向外呼出的气，不能向内吸进，而成为世间界中所住风的体性，对此打了个比喻说：“如同滴水入大海。”世间界中所住风的体性，在投生的时候就成为今生呼吸的体性。同样，成为三现分和光明分的前后风的体性，它们结合的道理要由关联微细识结合之理来了知，成就色身之理是不共的，也要由此来了知。

二 知法正因因果

知中，通达依靠五处的所缘缘而生起的五根知是从俱有因中所生，及通达唯依增上缘而生的道理。如执青眼知主要生起能明了领受的体性，这是等无间缘；譬如执青眼知是先前无间而生青色作为境之根知，意知是随类而有，通达初者是正因因果，通达后者是助缘因果。

依靠前者成立前生而安立正理的时候，觉了为先、领受为先、串习为先三者中，主要是初者觉了，如果它是知的话，就要有等无间缘的正因。同样，普通人无间初生时的觉了，也要在自己前无间中有自己正因的觉了，所以成立这个觉了有前生。正理自在吉祥法称说："最初受生时，呼吸根觉等。"普通人在无间初生时的觉了有法，应是以自正因先前觉了为先，因为是觉了显明的缘故，如现在自己长大时的觉了。是以这样的正理来证成的。

三 不相应行法正因因果

对于有生命的不相应行，譬如子从母生，很容易明白是助缘因果。而正因因果，以及无生命的不相应行的助缘因果与正因因果等，要依靠前面的正理来了知。这里担心文字过广，所以略而不述。

了知因果之后，苦乐的因果也就很容易明白。因此，对于成办暂时与究竟安乐的前生后世的信解，必须要达到非常坚固的程度。不论哪个国家、哪个地区，有这样信解的人越多，就越会形成孝养父母、恭敬师长、尊老爱幼、遵法守纪的良好社会风气，无论做什么事都不会出现尔虞我诈的现象，热心利他、乐于助人、奉爱社会的人就会越来越多。因此，家庭和睦、民族友好、社会安宁、人民幸福、世界和平。今生离世之后也能在来世得到增上生的善妙人天之身，乃至究竟获得解脱与一切相智的果位。这一切从根本上来说，都要依靠这样的信解才能获得。因此，希求获得善妙安乐的人，一定要深信因果，努力获得坚固的定解，这一点尤为重要。

净除恶浊谛实语，甚深缘起真实相，
清净正理细剖析，尽我心慧所说此，
愿开解脱智慧眼！

2016 年 10 月 28 日，于中国人民大学国际佛学研究中心第六届“因果”主题研讨会，色拉寺拉然巴格西洛桑雅杰撰

（曹先顺译）

༄། །རྒྱུ་འབྲས་ལ་ཡིད་ཆེས་རྙེད་པས་སྐྱེ་བ་སྔ་ཕྱི་ལ་ཡིད་ཆེས་རྙེད་པ།

དགེ་བཤེས་བློ་བཟང་ཡར་རྒྱས།

རྒྱུ་འབྲས་རྟེན་འབྲེལ་བསླུ་མེད་ནོར་བུ་མཛོད། །
རྟེན་འབྱུང་རིགས་པས་བླངས་པའི་སྙིང་པོ་ནི། །
བགྲང་ཡས་རྒྱལ་བ་མ་ལུས་བགྲོད་པའི་ལམ། །
དགོས་འདོད་ཀུན་སྟེར་གཏན་ཞིག་འདི་ན་མཆིས། །
གཞི་ལམ་འབྲས་བུའི་ལམ་གྱི་རིམ་པའི་གནད། །
འཁོར་བའི་ཕ་རོལ་བགྲོད་པའི་གྲུ་བོ་ཆེ། །
འགྲོ་ལ་ཕན་ཕྱིར་ཡང་དག་ཀུན་སློང་གིས། །
གང་ནུས་འཆད་ལ་བདག་ཡིད་སྤྲོ་བ་འཕེལ། །

དང་པོ་རྒྱུ་འབྲས་ལ་ཡང་རིགས་མི་འདྲ་བ་དུ་མ་ཡོད་པ་ནི། གཟུགས་དང་ཤེས་པ་ལྡན་མིན་འདུ་བྱེད་ཀྱི་ཉེར་ལེན་རྒྱུ་འབྲས་གསུམ་ལས། ཇི་སྐད་དུ། གཅིག་གིས་གཉིས་ཤེས་མ་ཡིན་སྟེ། དབང་པོའི་ཡུལ་དུ་ངེས་ཕྱིར་རོ། །ཞེས་གསུང་པ་ལྟར། དང་པོ་གཟུགས་ཀྱི་སྐྱེ་མཆེད་ཀྱི་དབང་དུ་བྱེད་པའི་རྒྱུ་འབྲས་ནི། དམར་སེར་གཉིས་དང་དམར་སེར་འདྲེས་པ་ལས་ལི་ཁྲི་འབྱུང་བ་ཉེར་ལེན་གྱི་རྒྱུ་འབྲས་དང་། དམར་སེར་འདྲེས་པར་བྱེད་པ་པོ་ལྷ་བཟོ་ལྟ་བུ་ནི་དེའི་ལྷན་ཅིག་བྱེད་རྐྱེན་གྱི་རྒྱུ་འབྲས་ཡིན།

གཉིས་པ་དྲིའི་སྐྱེ་མཆེད་ཀྱི་རྒྱུ་འབྲས་ནི། ལྷན་སྐྱེས་ཀྱི་དྲི་དུ་མ་དང་དེ་དག་སྦྱོར་བ་བྱེད་པ་ལས་བྱུང་བའི་སྦྱར་བྱུང་གི་དྲི་ནི། དྲིའི་སྐྱེ་མཆེད་ཀྱི་ཉེར་ལེན་གྱི་རྒྱུ་འབྲས་དང་། དེ་དག་སྦྱོར་བྱེད་པ་པོས་སྦྱོར་བའི་སྤོས་ལྟ་བུ་ནི་ལྷན་ཅིག་བྱེད་རྐྱེན་གྱི་རྒྱུ་འབྲས་ཡིན།

གསུམ་པ་རོའི་སྐྱེ་མཆེད་ཀྱི་རྒྱུ་འབྲས་ནི། ནས་དང་འབྲས་སོགས་ཀྱི་ས་བོན་དང་། དེ་ལས་བྱུང་བའི་ནས་འབྲས་ཀྱི་སྨྱུ་གུ་སོགས་ནི་རོའི་སྐྱེ་མཆེད་ཀྱི་ཉེར་ལེན་གྱི་རྒྱུ་འབྲས་དང་། ཞོ་འདེབས་བྱེད་པ་པོ་ཞིང་པ་ལྟ་བུ་ནི་རོའི་སྐྱེ་མཆེད་ཀྱི་ལྷན་ཅིག་བྱེད་རྐྱེན་གྱི་རྒྱུ་འབྲས་ཡིན།

བཞི་པ་རེག་བྱའི་སྐྱེ་མཆེད་ཀྱི་རྒྱུ་འབྲས་ནི། ཤིང་དང་བལ་སོགས་དང་དེ་ལས་བྱུང་བའི་རས་དང་སྣམ་བུའི་གོས་སོགས་ནི་རེག་བྱའི་སྐྱེ་མཆེད་ཀྱི་ཉེར་ལེན་གྱི་རྒྱུ་འབྲས་དང་། རས་དང་སྣམ་བུ་བཟོ་བའི་བཟོ་བ་ལྟ་བུ་ནི་རེག

བྱའི་སྐྱེ་མཆེད་ཀྱི་ལྡན་གཅིག་བྱེད་རྐྱེན་གྱི་རྒྱུ་འབྲས་ཡིན། འདི་དག་ལ་རྒྱུ་འབྲས་ཀྱི་ཐ་སྙད་སྦྱར་རུང་མ་སྦྱར་རུང་སྔ་མ་སྔ་མ་སྔོན་དུ་མ་སོང་བར་ཕྱི་མ་ཕྱི་མ་མི་འབྱུང་བའི་ཚུལ་ནི་ཕྱི་ནང་གཉིས་ཀ་དང་། གྲུབ་མཐའ་ལ་བློ་ཁ་མ་ཕྱོགས་པའི་སོ་སྐྱེས་ཡན་ཆད་ཀྱི་འདོད་པ་ཐུན་མོང་བ་མངོན་སུམ་གྱིས་སྤྱོད་ཡུལ་དུ་གྱུར་པའི་རྒྱུ་འབྲས་ཀྱི་རྣམ་བཞག་ཞིག་སྟེ། ནས་དང་འབྲས་ཀྱི་ས་བོན་གང་ཡང་མ་བཏབ་པར་ནས་དང་འབྲས་ཀྱི་མྱུ་གུ་གང་ཡང་མི་སྐྱེ་བར་ཀུན་གྱིས་འདོད་ལ། རྒྱུ་འབྲས་འཚོལ་བའི་འབྲས་བུ་མི་སྐྱེ་བའང་ཀུན་གྱིས་འདོད་དེ། ནས་ཀྱི་ས་བོན་བཏབ་ནས་འབྲས་ཀྱི་མྱུ་གུ་དང་། འབྲས་ཀྱི་ས་བོན་བཏབ་ནས་ནས་ཀྱི་མྱུ་གུ་མི་སྐྱེ་བར་ཀུན་གྱིས་རྒྱུན་དུ་འཚོ་བའི་ཁྲོད་ནས་མྱོང་བས་གྲུབ་བོ།

འདིའི་མཚོན་པའི་འབུ་སྲིན་བྱ་མོ་ཚུད་ཆད་ང་ཚོ་ཚང་མ་བདེ་བ་འདོད་ཅིང་སྡུག་བསྔལ་མི་འདོད་པ་གཅིག་མཚུངས་ཡིན་ཀྱང་བདེ་སྡུག་གི་རྒྱུ་ལ་མ་རྨོངས་པའི་རྣམ་དཔྱོད་དང་ལྡན་པ་དག་གིས་དགེ་བ་སྒྲུབ་པས་བདེ་བ་འབྱུང་གི་སྡུག་བསྔལ་མི་འབྱུང་བ་དང་། མི་དགེ་བ་སྒྲུབ་པས་སྡུག་བསྔལ་འབྱུང་གི་བདེ་བ་མི་འབྱུང་བ་དང་། གང་ཡང་མི་སྒྲུབ་པས་གང་ཡང་མེད་པའི་གནད་ཀྱི་ཚུལ་མཁྱེན་པས་བླངས་དོར་ལ་འདོར་ལེན་དང་ལྡོག་འཇུག་བྱ་རྒྱུར་གལ་ཆེ་བར་ངེས་སོ།

དེ་ཡང་ས་ལུ་ལྗང་པའི་མདོ་ལས། དཔེར་ན་འདི་ཡོད་པས་ཕྱིར་འདི་འབྱུང་། གསུངས་པ་ལྟར། སྣོད་བཅུད་ཀྱི་འཇིག་རྟེན་རྣམས་དབང་ཕྱུག་སོགས་གཞན་གྱི་བློའི་གཡོ་བ་སྔོན་དུ་བཏང་ནས་བྱས་པ་མ་ཡིན་པར་དེ་དག་རང་གི་རྒྱུ་གྱུར་པའི་གཡོ་བ་མེད་པའི་རྐྱེན་ལས་བྱུང་བས་གཡོ་བ་མེད་པའི་རྐྱེན་དང་།

འདི་སྐྱེས་པའི་ཕྱིར་འདི་སྐྱེ་སྟེ་ཞེས། དེ་རྣམས་དབང་ཕྱུག་རྟག་པ་དང་། སྡུག་བསྔལ་རྟག་པ་སོགས་ཀྱི་བྱས་པ་མ་ཡིན་པར་དེ་རྣམས་རང་གི་རྒྱུར་གྱུར་པའི་མི་རྟག་པའི་རྐྱེན་ལས་བྱུང་བས་མི་རྟག་པའི་རྐྱེན་དང་།

འདི་ལྟ་སྟེ། མ་རིག་པའི་རྐྱེན་གྱིས་འདུ་བྱེད་ཞེས། དེ་རྣམས་རང་གི་རྒྱུར་གྱུར་པའི་རྐྱེན་དང་པོ་གཉིས་ལས་འབྱུང་བ་མ་ཟད་རྒྱུ་ཡིན་མིན་ཐམས་ཅད་ལས་འབྲས་བུ་ཡིན་མིན་ཐམས་ཅད་འབྱུང་ངམ་སྙམ་པའི་ལོག་རྟོག་བཀག་ནས་འདུས་བྱས་ཀྱི་རྟེན་འབྲེལ་རྣམས་རང་སྐྱེད་པར་ནུས་པའི་རང་དང་རིགས་མཐུན་པའི་རྒྱུ་ལས་བྱུང་བས་ནུས་པའི་རྐྱེན་ཏེ་རྐྱེན་གསུམ་ལས་སྐྱེ་བར་གསུངས་པ་ཡང་གནད་འདི་ལ་ཐུག་གོ །རྒྱུ་འབྲས་ཀྱི་རྣམ་བཞག་རགས་པ་འདི་དག་སྔོན་དུ་བཤད་དགོས་པ་ནི།

སྣ་ཡི་སྐྱེ་མཆེད་མ་གཏོགས་པར་གཟུགས་ཅན་གྱི་སྐྱེ་མཆེད་གཞན་གཞིར་བཞག་གི་རྒྱུ་འབྲས་རགས་པའི་རྣམ་བཞག་ལས་སྣ་ཡི་སྐྱེ་མཆེད་ཀྱི་རྒྱུ་འབྲས་རྟོགས་པ་དང་། སྣ་ཡི་སྐྱེ་མཆེད་ལ་ཡང་ལྡན་གཅིག་བྱེད་པའི་རྒྱུ་འབྲས་རྟོགས་སླ་ཡང་དེའི་ཉེར་ལེན་གྱི་རྒྱུ་འབྲས་རྟོགས་དཀའ་བ་ནི་སྣ་ལ་རིགས་འདྲའི་རྒྱུན་མེད་པས་ཡིན་ཏེ། དེ་ཡང་བླ་མ་རྗེ་བཙུན་པས། སྣ་ལ་རིགས་འདྲའི་རྒྱུན་མེད་པས་མ་བཞག་པའི་ཕྱིར། ཞེས་གསུངས་པའི་ཕྱིར་རོ། དེ་ཡང་དཔེར་ན། ཐིང་རྡོག

བརྒྱའི་ལྟ་མ་ཕྱི་མའི་ངོ་བོ་མ་སོང་བ་བཞིན་ནོ། དེ་ལྟར་མ་སོང་ཡང་རྒྱུན་སྤེལ་བྱེད་མཁན་ཕྱིང་ཐག་ཡོད་པ་ལྟར།

སྔ་ནི་ལྟ་མའི་རྩོལ་བ་ལས་བྱུང་བ་མ་གཏོགས། ལྟ་མ་ཕྱི་མའི་ངོ་བོར་སོང་ཚུལ་གྱི་རིགས་འདྲའི་རྒྱུན་མེད་ན་ཡང་སྔ་ལྟ་ཕྱི་དེ་དག་རྒྱུན་འབྲེལ་བྱེད་མཁན་གྱི་དབུགས་སམ་རླུང་ལྟ་མ་རླུང་ཕྱི་མའི་ངོ་བོ་སོང་བས་ན་སྔ་ལྟ་མ་དེ་སྔ་ཕྱི་མའི་རྫས་རྒྱུན་དུ་རྫས་སུ་གཙོ་བོར་སྐྱེད་བྱེད་དུ་སོང་བ་དེའི་ཕྱིར་ཐ་མལ་བ་སྐྱེས་མ་ཐག་པའི་དབུགས་འབྱུང་རྔུབ་ཡང་རིགས་འདྲ་ལྟ་མ་ལ་བརྟེན་ནས་འབྱུང་བ་གྲུབ་པས་སྐྱེ་བ་ལྟ་མ་ཡོད་པ་ལེགས་པར་གྲུབ་བོ།

དེ་ལྟར་ཡང་དཔལ་ཆོས་ཀྱི་གྲགས་པས། ཚད་མ་རྣམ་འགྲེལ་ལས། སྐྱེ་བ་ཡོངས་སུ་ལེན་པ་ན། །འབྱུང་རྔུབ་དབང་པོ་བློ་དག་ནི། །རང་གི་རིགས་ལ་ལྟོས་མེད་ཅན། ཞེས་དང་། ཐར་ལམ་གསལ་བྱེད་ལས། ཐ་མལ་བ་སྐྱེས་མ་ཐག་གི་དབུགས་འབྱུང་རྔུབ་ཆོས་ཅན། སྐྱེ་བ་ཡོངས་སུ་ལེན་པ་ན། རང་གི་རིགས་འདྲ་ལྟ་མ་ལ་བལྟོས་པ་མེད་པ་ཅན་མ་ཡིན་ཏེ། དབུགས་འབྱུང་རྔུབ་ཡིན་པའི་ཕྱིར། རྟགས་ཁ་ཁར་འགོད་ཚུལ་གསུངས་ཡོད། ཐལ་མ་བ་སྐྱེས་མ་ཐག་པའི་དབུགས་འབྱུང་རྔུབ་ཀྱི་རླུང་རགས་པ་དེའི་རིགས་འདྲ་ལྟ་མ་མདོ་སྔགས་གཉིས་ཀའི་ལུགས་ལ་ཐལ་མ་བའི་དབུགས་ཕྱི་རོལ་དུ་རྒྱུ་བ་དེ། ཚུར་རྔུབ་མ་ཐུབ་པར་ནམ་མཁའི་ཁམས་སུ་རླུང་གི་ངོ་བོར་འགྱུར་ཚུལ་ནི།

ཇི་སྐད་དུ། ཇི་ལྟར་རྒྱ་མཚོ་ཆེ་ནང་ཆུ་ཐིག་ལྷུང་། ཞེས་པའི་དཔེ་ལྟར། འཇིག་རྟེན་གྱི་ཁམས་སུ་རླུང་གི་ངོ་བོར་གནས་པ་དེ། སྐྱེ་བ་ལེན་པ་ན་ཚེ་འདིའི་དབུགས་འབྱུང་རྔུབ་ཀྱི་ངོ་བོ་གྱུར་པ་དེ་བཞིན་དུ་སྣང་བ་གསུམ་དང་འོད་གསལ་གྱི་བཞོན་པར་གྱུར་པའི་རླུང་ལྟ་མ་ཕྱི་མའི་ངོ་བོར་མཚམས་སྦྱོར་ཚུལ་ནི་རྣམ་ཤེས་ཕྲ་མོ་མཚམས་སྦྱོར་ཚུལ་དང་འབྲེལ་ནས་ཤེས་དགོས་ལ་གཟུགས་སྐུ་འགྲུབ་ཚུལ་ཐུན་མོང་མ་ཡིན་པ་ཚུལ་ཡང་དེ་ལས་ཤེས་དགོས་སོ།

གཉིས་པ། ཤེས་པ་ལ་སྐྱེ་མཆེད་ལྔའི་དམིགས་རྐྱེན་བྱེད་པ་ལ་བརྟེན་ནས་སྐྱེ་བའི་དབང་ཤེས་ལྔ་ལྟ་བུ་ལྷན་ཅིག་བྱེད་པའི་རྒྱུ་ལས་སྐྱེ་བ་རྟོགས་པ་དང་བདག་རྐྱེན་ཙམ་ལ་བརྟེན་ནས་སྐྱེ་བ་རྟོགས་ཚུལ་དང་། སྔོ་འཛིན་མིག་ཤེས་ལྟ་བུ་སྔོན་བ་གསལ་རིག་གི་ངོ་བོ་གཙོ་བོར་བསྐྱེད་བྱེད་དེ་དེ་མ་ཐག་རྐྱེན་དང་། དཔེར་ན་སྔོ་འཛིན་མིག་ཤེས་སྔ་ལོགས་དེ་མ་ཐག་ཏུ་བྱུང་བའི་སྔོན་པོ་ཡུལ་དུ་བྱེད་པའི་དབང་ཤེས་དང་། ཡིད་ཀྱི་ཤེས་པ་ཅི་རིགས་ཡོད་པའི་དང་པོ་དེ་དང་ཉེར་ལེན་རྒྱུ་འབྲས་དང་། ཕྱི་མ་དང་ལྷན་ཅིག་བྱེད་པའི་རྒྱུ་འབྲས་ཡིན་པར་རྟོགས་པས།

དང་པོ་དེ་ལ་བརྟེན་ནས་སྐྱེ་བ་ལྟ་མ་སྒྲུབ་པའི་རིགས་པའི་སྐབས་སུ། རིག་པ་སྔོན་སོང་། སྦྱོང་བ་སྔོན་སོང་། གོམས་པ་སྔོན་སོང་གསུམ་ལས། གཙོ་ཆེ་བ་རིག་པ་དང་པོ་འདི་ཤེས་པ་ཡིན་ན་དེ་མ་ཐག་རྐྱེན་གྱི་ཉེར་ལེན་ཡོད་དགོས་པ་དང་། དེ་ཡང་ཐལ་མལ་བ་སྐྱེ་མ་ཐག་པའི་རིག་པ་ཡང་རང་གི་སྔ་རོལ་དེ་མ་ཐག་ཏུ་རང་གི་ཉེར་དུ་གྱུར་པའི་རིག་པ་ཡོད་དགོས་པས་རིག་པ་འདིའི་སྐྱེ་བ་ལྟ་མ་གྲུབ་པའི་ཕྱིར་ཏེ། རིག་པའི་དབང་ཕྱུག་དཔལ་ཆོས་ཀྱི་གྲགས་པས། སྐྱེ་བ་ཡོངས་སུ་ལེན་པ་ན། །འབྱུང་རྔུབ་དབང་པོ་བློ་དག་ནི། །ཞེས་ཐལ་མ་བ་སྐྱེས་མ་ཐག་པའི་རིག་པ་ཆོས་ཅན། རང་གི་

ཉེར་དུ་གྱུར་པའི་རིག་པ་སྔ་མ་སྔོན་དུ་སོང་ངེ། གསལ་ཞིང་རིག་པ་ཡིན་པའི་ཕྱིར། དཔེར་ན་ད་ལྟ་ནར་སོན་དུས་ཀྱི་རིག་པ་བཞིན། ཞེས་པའི་རིགས་པས་སྒྲུབ་པའི་ཕྱིར།

གསུམ་པ། ལྡན་མིན་འདུ་བྱེད་ནི་སྲོག་དང་ལྡན་པའི་ལྡན་མིན་འདུ་བྱེད་མ་ལས་བུ་སྐྱེ་བ་ལྟ་བུ་ལྟན་ཅིག་བྱེད་པའི་རྒྱུ་འབྲས་རྟོགས་སླ་ཡང་ཉེར་ལེན་གྱི་རྒྱུ་འབྲས་དང་སྲོག་དང་མི་ལྡན་པའི་ལྡན་མིན་འདུ་ཤེས་ཀྱི་ལྷན་ཅིག་བྱེད་འབྲས་དང་ཉེར་ལེན་རྒྱུ་འབྲས་སོགས་གོང་གི་རིགས་པ་ལ་བརྟེན་ནས་ཤེས་པར་འགྱུར་བས་ཚིག་མང་དུ་དོགས་ནས་མ་བྲིས་སོ།

རྒྱུ་འབྲས་ཤེས་པའི་ལས་བདེ་སྡུག་གི་རྒྱུ་འབྲས་ལ་གོ་བ་བདེ་བླག་ཏུ་ཤེས་པས། དེ་ལས་གནས་སྐབས་དང་མཐར་ཐུག་གི་བདེ་སྐྱིད་བསྒྲུབ་པའི་སྐྱེ་བ་སྔ་ཕྱི་ལ་ཡིད་ཆེས་བརྟན་པོ་ཡོང་བ་འདི་ལ་ཐུག་ཡོད། ཡུལ་ལུང་ས་ཕྱོགས་གང་ལ་ཡང་དེ་འདྲ་ཡིད་ཆེས་བྱེད་མཁན་མང་བས་ཕ་མ་དང་དགེ་རྒན་སོགས་དང་། རྒན་གཞོན་བར་གྱི་བརྩེ་འཛོག །ཡུལ་ཁྲིམས་ལ་བརྩི་སྲུང་དང་། ལས་དོན་གང་ལ་ཡང་རྒྱབ་མདུན་མེད་པ། གཞན་ཕན་དང་ལྷག་བསམ་ཅན་གྱི་མི་སྣ་ཇེ་མང་སོང་ནས་ཁྲིམ་ཚང་མི་རིགས་མཐུན་འབྲེལ་སྤྱི་ཚོགས་བདེ་འཇགས་ཡུལ་ལུང་ཚང་མ་དོན་དམ་པའི་བདེ་སྐྱིད་དང་འཛམ་གླིང་ཞི་བདེ་ཡོང་བ་དང་། ཚེ་འདོས་ཀྱང་མངོན་མཐོ་ལྷ་མིའི་རྟེན་བཟང་ཐོབ་པ་དང་མཐར་ཐར་པ་དང་ཐམས་ཅད་མཁྱེན་པའི་གོ་འཕང་ཡང་གཞི་རྩ་འདི་ཉིད་ལ་བརྟེན་ནས་ཐོབ་དགོས་པ་ཡིན་པས། བདག་བདེ་ལེགས་སུ་འདོད་པ་རྣམས་ཀྱིས་རྒྱུ་འབྲས་ལ་ཡིད་ཆེས་བརྟན་པོ་སྐྱེད་པ་ལ་འབད་རྒྱུ་ཏ་ཅང་གལ་ཆེའོ། །

འཕྲུལ་པའི་རྟོག་མ་བསལ་མཛད་བདེན་པའི་ཚིག །
རྟེན་འབྲེལ་གནས་ལུགས་ཟབ་མོར་རིགས་ལམ་གྱིས། །
དཔྱད་ཞིབ་བློ་ཡིས་གང་ནུས་འཆད་པ་འདིས། །
ཀུན་ཀྱང་ཐར་པའི་བློ་མིག་ཕྱེ་བར་ཤོག །

༢༠༡༨/༡༠/༢༥/ཉིན་ད་བུ་འཛུགས་གནང་བའི་ཀྲུང་གོ་མི་དམངས་སློབ་ཆེན་རྒྱལ་སྤྱིའི་ནང་ཆོས་ཞིབ་འཇུག་ལྟེ་གནས་ཀྱི་སྐབས་དྲུག་པའི་ལས་རྒྱུ་འབྲས་བགྲོ་གླེང་ཚོགས་འདུ་ཆེན་མོར།

སེར་བྱེས་ལྷ་རམས་མིང་འཛིན་པ་དགེ་བཤེས་བློ་བཟང་ཡར་རྒྱས་ནས།༢༠༡༨/༡༠/༢༢/ཉིན་ཕུལ།

六因建立辨析·启明慧论

格西雅玛索南

【提要】“六因”是佛教因果思想中对“因”的基本分类。本文首先通过考察“六因”思想在经典中的依据，以对“六因”思想的来源进行论述。进而，通过综述不同宗派对“六因”的不同认识，以及对比《俱舍论》和《集论》中关于“六因”的不同论述，来对佛教因果思想中的“六因”概念进行说明与辨析。

【关键词】六因　随理行

【作者简介】格西雅玛索南，甘孜寺教师，拉然巴格西。

专所造作自然生，郁蓝遍虚空界时，
具谛实辉日光耀，圣勇菩萨我敬礼！
唯物科学堪辨下，余法如星宿隐没，
世尊统御三有际，胜世间眼业随念！

在此次第六届国际佛学论坛“因果思想研究”会议上，本文所要讨论的是：总体上，毗婆沙师和经部宗的六因建立；特别是与《俱舍论》一致的经部宗和随理行经部宗的六因差别。

一　六因建立有无经典依据

在此若略述六因建立，［藏传文献中］最初提到“能作因”等六因概念的文献，是《阿毗达磨俱舍论》和《大乘阿毗达磨集论》。其他藏译经论中，并未完整而明显地出现“六因”的名词。世亲论师造《俱舍论》

的时代，印度所存的佛经中全无明显的六因建立。由于这个原因，世亲论师在《俱舍论颂》中只说："许（iṣyate，'dod）因唯六种"，而没有说"说(bhāṣyate，gsungs）因唯六种"[①]。

那么，六因建立的说法，是毗婆沙师臆造的吗?

答：如果说"六因"的名言是新造的，那是可以的；但并不能用"臆造"这个词。如果根据毗婆沙师自己的观点，六因每一个都有经典依据，但将六因合集而开示的经典，在世亲论师的时代已佚。譬如《增一阿含》中虽然提到了"百异门"，但十异门以外的内容已佚。

这是就各别开示六因的经典而言的。此外就部分开示六因的经典而言，他们认为今亦存世。[②] 如王子论师（称友，Yaśomitra)的《俱舍释》中所举：

1. "依眼及色，出生眼识。"开示能作因。[③]

2. "此三道支，正见随逐。俱生受、想、思。"开示俱有因。[④]

3. "此士夫补特伽罗亦成就善、亦成就不善"，乃至"此中，善根未断者，从彼善根能生余善根，若俱下品，此士夫补特伽罗后当得清净

---

① 《俱舍论》2.49：

kāraṇaṃ sahabhūścaiva sabhāgaḥsamprayuktakaḥ ।

sarvatrago vipākākhyaḥṣaḍvidho hetur iṣyate ॥

【真】随造及俱有，同类并相应，遍行与果报，立因有六种。

【玄】能作及俱有，同类与相应，遍行并异熟，许因唯六种。在藏文中 gsungs 一词是敬语形。这种根据此颂的用词判定佛经中并无六因完整建立的思路，首见于钦·降贝央（mChims 'jam dpal dbyangs）的《俱舍释·对法庄严》(mDzod 'grel mngon pa'i rgyan)。

② 众贤尊者造，(唐）玄奘译：《阿毗达磨顺正理论》卷十五："此六因义，说在《增一》《增六经》中，时经久远，其文隐没。尊者迦多衍尼子等于诸法相无间思求，冥感天仙现来授与。如《天授与筏第遮经》，其理必然。如四缘义，虽具列在此部经中，而余部中有不诵者，由时淹久，多隐没故。既见余经有少隐没，故知此处亦非具在。又见经中处处散说。故六因义定应实有。"《大正藏》第29册，第416页中。

③ 众贤尊者造，(唐）玄奘译：《阿毗达磨顺正理论》卷十五："谓如经说：眼及色为缘，生于眼识。又如经说：二因二缘能生正见。诸如是等，即能作因。诸法于他有能作义，由生无障，故立此因。"《大正藏》第29册，第416页中一下。

④ 众贤尊者造，(唐）玄奘译：《阿毗达磨顺正理论》卷十五："如契经说：有三道支正见随转。又如经说：三和合触俱起受想思。诸如是等，即俱有因。诸行俱时同作一事，由互随转，故立此因。"《大正藏》第29册，第416页下。

法”。开示同类因。[①] 此由能成过去现在法相似果之义而立。

4. “此证智相应者，是以见为所依之信。见为根信，证智相应。”“若有了别，即有了知。”开示相应因。[②] 此由同一所缘、同一事之义而立。

5. “有邪见士夫补特伽罗所有身业、所有语业、所有意业、所有愿求，所有随顺诸行之法，一切皆招非欣爱乐不可意果。所以者何？有邪见者即是使恶人。”开示遍行因。[③]

6. “若所作业，是善有漏，是修所成，于彼处生，受诸异熟。”“诸故思业作及增长，定招异熟。”开示异熟因。[④]

如果以经部宗作为基础来说，《集量论》及其注释“七部量论”，释迦慧、大婆罗门、日藏等所著量论释，寂护论师所造《量真实论》，以及莲花戒论师所造注释中，六因的全部名言虽不明显，但如果以随教行经部宗作为基础，则不仅有阿毗达磨中所说的全部六因的名言，而且在包含以上内容的《热摄类》中也以共许的方式加以列举。因此，作为其来源的经典大致应如前毗婆沙宗所许。

---

① （东晋）僧伽提婆译：《中阿含经》卷二十七：“阿难！如来以他心智观他人心，知此人成就善法，亦成就不善法。如来后时以他心智复观此人心，知此人灭善法，生不善法。此人善法已灭，不善法已生，余有善根而不断绝，从是善根当复更生善，如是此人得清净法。”《大正藏》第1册，第601页中。众贤尊者造，（唐）玄奘译：《阿毗达磨顺正理论》卷十五：“如说：如是补特伽罗成就善法及不善法，应知如是补特伽罗善法隐没、恶法出现，有随俱行，善根未断以未断故，从此善根犹有可起余善根义。又说：苾刍，若于彼彼多随寻伺，即于彼彼心多趣入，无明为因起诸染着，明为因故离诸染着。诸如是等即同类因。过去现在同类诸法由牵自果，故立此因。”《大正藏》第29册，第416页下。

② 众贤尊者造，（唐）玄奘译：《阿毗达磨顺正理论》卷十五：“如契经说：见为根信，证智相应。又如经言：若有了别，即有了知，在定了知乃为如实，非不在定。诸如是等，即相应因。心心所相应，同作一事，由共取一境，故立此因。”《大正藏》第29册，第416页下。

③ 众贤尊者造，（唐）玄奘译：《阿毗达磨顺正理论》卷十五：“如契经言：诸邪见者，所有身业、语业、意业、诸有愿求，皆如所见，所有诸行皆是彼类。如是诸法，皆悉能招非欣爱乐不可意果。又经说：一切见趣生时，皆以有身见为其根本。若此见生，不忍一切。此见能生贪欲、瞋恚。诸如是等，即遍行因。过去现在见苦集所断疑见无明及相应俱有，于同异类诸染污法，由能引起，故立此因。一部为因生五部果，故同类外立遍行。”《大正藏》第29册，第416页下。

④ 众贤尊者造，（唐）玄奘译：《阿毗达磨顺正理论》卷十五：“如契经言：若所作业，是善有漏，是修所成，于彼处生，受诸异熟。又如经言：诸故思业作及增长，定招异熟。诸如是等，即异熟因。一切不善善有漏法由招异类，故立此因。”《大正藏》第29册，第416页下。

同样，正如《集量论》有广说六因的安立，唯识宗也明显承许六因的安立。因此，有些著作中说“六因的说法是毗婆沙宗的不共宗义”，这是极大的误解。

总之，世亲论师住世之时并无显说六因名言的经典，上文虽引一一开示六因的经文，但是否可以作为“佛陀连同‘六因’的名言一起开示”的依据，尚待观察。

二 随理行经部等佛教余部是否受许六因建立

总体而言，六因名言出自上下二部对法，随理行经部等佛教余派自部教典中不仅没有概说六因，甚至遍行因的名言都未提及，不过《量善说论》等论中清楚地提及了前五因的名言。

未说遍行因的关键仅是不合时宜，别无特殊原因。那么，若问：如何说前五因？

一，能作因：释迦慧论师的《释量论疏》说：“言‘亦以他何故’等，如何不可由和合［因］比度果，此有二观察：由无碍能力之因比度果，或由能作因比度果。初宗不然，于彼时不住故，果起唯应现前。于后者亦说不决定故。

“言‘和合果之能力’等者，此等既是和合果，又是能力故，是和合果之能力：由前和合，后能力相生，此之本性殊胜，又是能力故，是和合果之能力，此等后后续流起，以‘与彼系属且观待彼’之果比度因，唯是决定。若谓：何故？‘容有障碍故。’”

若立无碍能力之因为因，宗法不成，若唯立能作因为因，非有周遍，作答时，明说能作因。

不仅如此，亦显说了能作因的含义，前疏说：“某一和合，某虽非有，不待于彼若有则有若无则无，此即能作因，譬如稻苗，虽无麦种，若有稻种，则有，若无则无故。虽无斑纹，若有总，则有总觉，若无则无故，应成自性因过。”稻苗随有无稻种转为要故，有说稻种为其稻苗之能作因，说有无随此而转，应知是约余缘俱全而言。

又，前疏云：“佛世尊说痴是众过之因，说痴是能作因。若谓：何故？愚蒙非有，系属无知，众过生故，余宗中说萨迦耶见为过失因。”说痴、无明为众过之能作因，能作因出典所见尚多。

二，俱有因：《释量论》说：“触是色因故，于见是因由。”是说俱有因，如《开显解脱道》说：“若尔，独一和合之触应成见色根知之因，若谓：若无此则无故。所起之触有法，虽未于见色根知亲作饶益，亦唯是其因相，色是彼之同类或俱有因故，此是于同时独一和合施设为俱有因。”

三，同类因：遮大种为贪等之因。《释量论》说：“离同类因故，贪等应无定。”若立大种为贪等之因，贪等应成无同类因，故于路人应无贪等之过，于此出过时，明说同类因。

四，相应因：日护论师疏说：“若谓：然凡于无明现起之所取是虚妄故，此非有。若尔，所取相之显现云何非有？若如是，若谓：若尔，凡颠倒知所现之所取若有，如何成无明？非从了达为常等之知，现起颠倒所取，然凡所显现皆是明。于此非不决定，梵天亦应成不决定故。因此，无明以知为体，是烦恼因故，此语是施设名言。云何明亦待于错乱施设名言？非由自体。”心所亦缘外义，无明是颠倒而缘。有云：“所依、所缘、行相、事、时相同故，相应故，名相应因。”经云：“异慧行相，颠倒通达为体是无明。”若谓：云何与不知此系属？如何增益诸法而与此系属者？亦说“如是凡世间施设之明，此等一切皆著为我，异此非与著我系属”，故倒缘外义是无知。

又，前疏说：“如是，若谓：‘若明唯是见，尔时无明与见相应’应非相应之义，相应者是相异之因故。于此［《释量论》］云‘相违此当说，空见违彼故，与彼性诸过。相违善成立。’”相应非是观察总别为异，譬如林栖者有肉，直接唯于病人说肉之自性。

又《释量论》说：“邪智及彼生，爱思增上力，生趣下贱处。”是说相应因。《开显解脱道》云：“今初，认苦为乐之颠倒知，及由此所成之欲得乐之爱，与此相应之心有法，其相续由其对治力截断，此复不行于后有，此增上故，众生受生下贱处故。”

五，异熟因：释迦慧论师《释量论疏》说：“若谓：是由某因发起热恼，非由先业感苦。言‘是欲增上转故’是欲增上转者，非业异熟，譬如善业。”此是正说：若是异熟果，应非此生之欲增上所迫故生，间接亦可导出：“此外另有一异熟因。”

像这样，笔者认为：佛教余派亦受许如《集论》所说六因建立之义。

全无不许之理由。

三 依《俱舍》宗安立六因

六因者,《俱舍》说:“能作及俱有,同类与相应,遍行并异熟,许因唯六种。”[①]

其中第一能作因,如《俱舍论》云:“除自余能作。”除自己以外的一切法,都是自己的能作因。毗婆沙宗承许这里所谓的“能作因”有“能引发此之能作因”(de skyed kyi byed rgyu)和“不障自生的能作因”(rang skye ba la gegs mi byed pa'i byed rgyu)二种。由此而许虚空无为也是能作因。

依此理由,上部宗义建立能作因的方式与此宗二者并不相同。此处,各种《摄类学》教材中安立“有能力能作因”(byed rgyu nus ldan)与“无能力能作因”(byed rgyu nus med)之名,意思上虽然没错,但如果依据《俱舍自释》明文所立,称“胜能作因”(byed rgyu gtso bo)与“通说能作因”(byed rgyu phal ba)[②] 更好。为什么呢?因为《自释》说:“此即通说诸能作因。”[③] 虽然并没有直接立名“通说能作因”,但对有为法能作因立名为“胜能作因”。

此中,诸智者做一些断疑,如:日光障见星为第一,刽子手障他命为第二,热障冷触为第三,伤风药障伤风病为第四,日光障昏暗为第五,食物障饥饿为第六,从世间及佛经的角度,它们前前能障碍后后,绝无可能不障碍,因此说“除自余能作”略有定义范围太广的过失。[然而,]若以毗婆沙自宗为基础,日光障见星虽是能障,但不障其自体生起,所以并没有过失,故须审慎。

问:日光是或不是见星的能作因?若不是,与“除自余能作”相违;若是,由于不应是能生的能作因,则必是不障生起的能作因,这也不合

① 世亲论师造,(唐)玄奘译:《阿毗达磨俱舍论》卷六,《大正藏》第29册,第30页上。

② 藏文字面含义即“主要能作因”与“次要能作因”。

③ 世亲论师造,(唐)玄奘译:《阿毗达磨俱舍论》卷六:“此即通说诸能作因。就胜为言非无生力。如眼色等于眼识等生,饮食于身,种等于牙等。”《大正藏》第29册,第30页中。

理，因为它障碍见星。

答：这里，如前，应当区分“虽然能障见星，但并不障碍见的体性生起”这一细节。或者，应区分“［所谓］不见星，是就‘能见之因不全’而言，而不是就‘日光能障’而言”这一细节。应观察此并不为正理所害。所有法，其已经成就的自体，谁都无法障碍。这个要点导致此宗受许一切法实有。所谓的“实有”，胜论师说是自主的“总”，胜论师说是某种从因位即固有的法，藏地以前有人认为是从事位起便具足相好的天真佛。这些说法，就像是母女辗转相传一样。而不会导致这类错误的说法，应寻智者论师之语而知。

［问：］那么，《自释》说：“若于此生彼能为障而不为障，可立为因。譬如国人以其国主不为损害，咸作是言：我因国主而得安乐。”[①] 这难道与说“能障生起”不矛盾吗？

答：这是把“罪犯能障碍自己的命的住”配以“能障生起”的名言。《自释》等印度经论中字面意义必须做详细分辨，这种情况很多，要点之一是翻译的缺陷。

简言之，自身以外的法，是就“自身法的体性的角度，不障碍自己”立为能作因的。譬如刽子手害所杀的人，但是由别的场合机缘而害，并不是本来为害；同样，太阳升起，并不是作为自体就能消灭黑暗者而生起；即使不升起，它自身就以明亮为体，是由这个理由而成为消灭者的。瑜伽师若为解脱而修行，间接能消灭妨碍解脱的垢染，道理是一样的。关于这种细节的目的，如《自释》密义说：“但由无障许一切法为能作因，非由于生有亲作力。”

然而，此宗中，未来不生之事是毕竟无生的有为法。安立各自的能作因时，它们虽然不生起，但属于生起的种类，从这方面也可以安立“不障生起”。《俱舍》众释中把它们安立为有为法时，并不是就有为之相“生”而言，而是就“是其种类”这方面而［说它］具足有为相。区分这一要点，与此一致。

一些有名的《俱舍释》中把“日光障碍作为不生法的黑暗”，但与此

---

① 世亲论师造，（唐）玄奘译：《阿毗达磨俱舍论》卷六，《大正藏》第 29 册，第 30 页上。

宗“对不生法之事既不障碍也不饶益”相违，不仅如此，还与“除自余能作”自相矛盾。

总体而言，因有多种区分方式，但此处决定六因后而说，理由是：就一切果的共同因而言，立能作因；各别因中，就总因而言，立俱有因；就别因而言，立相应因；时有差别之因中，引发相似者之因，少同类因；纯粹引发相似染污法之因，立遍行因；引发不相似者之因，立异熟因。

第二俱有因，如《俱舍》说“俱有互为果”，由同一聚合之力，而有利于与自俱有的助伴者，为“俱有因”。例如，三杖一一相靠向上竖立时，一个倒了的话，其余两个不可能竖立。同样，同一聚合的四大种、与一心相伴的心所之间、心随转无漏静虑律仪、有为四相等，内在相互一一能作助伴，从这个角度立彼此为俱有因。

第三同类因，在遮大种为贪等之因处，《释量论》说：“离同类因故，贪等应无定。”若立大种为贪等之因，贪等应成无同类因，故于路人应无贪等之过，于此出过时，明说同类因。

第四相应因，如《俱舍》说：“相应因决定，心心所同依。”增上缘所依相同、所缘境相同、境之上首行相同、成时相同、一一事相同，具有这种系属的一切知，内部互为相应因。有根知、意知两个方面。

日护论师疏说：“若谓：然凡于无明现起之所取是虚妄故，此非有。若尔，所取相之显现云何非有？若如是，若谓：若尔，凡颠倒知所现之所取若有，如何成无明？非从了达为常等之知，现起颠倒所取，然凡所显现皆是明。于此非不决定，梵天亦应成不决定故。因此，无明以知为体，是烦恼因故，此语是施设名言。云何明亦待于错乱施设名言？非由自体”。心所亦缘外义，无明是颠倒而缘。有云：“所依、所缘、行相、事、时相同故，相应故，名相应因。”经云：“异慧行相，颠倒通达为体是无明。”若谓：云何与不知此系属？如何增益诸法而与此系属者。亦说“如是凡世间施设之明，此等一切皆著为我，异此非与著我系属”，故倒缘外义是无知。

又，前疏说：“如是，若谓：‘若明唯是见，尔时无明与见相应’应非相应之义，相应者是相异之因故。于此［《释量论》］云‘相违此当说，空见违彼故，与彼性诸过。相违善成立。’”相应非是观察总别为异，譬如林栖者有肉，直接唯于病人说肉之自性。

又《释量论》说："邪智及彼生，爱思增上力，生趣下贱处。"是说相应因。《开显解脱道》云："今初，认苦为乐之颠倒知，及由此所成之欲得乐之爱，与此相应之心有法，其相续由其对治力截断，此复不行于后有，此增上故，众生受生下贱处故。"

第五遍行因，如《俱舍》说："遍行谓前遍，为同地染因。（遍行谓染污。）"总体而言，与自己同地的、一切后染污法之前必定先行的、见苦所断或见集所断随一的烦恼，一切有共相者，是遍行因。若是此烦恼的遍行因，虽然必定与它同地，但不必与它是同部。譬如见苦所断，由同一所断部，作见苦所断到修所断一共五部［烦恼］的遍行因。因此，由此要点亦可了知"若是此事的遍行因，不必是此事的同类因"。

在《俱舍论》宗中，承许：遍行因在五部当中只有见苦所断、见集所断两种，不立其他，也不立此二者的一切皆是［同类因］。见苦所断、见集所断的五见、疑及无明七者，见集所断的见取、邪见、疑、无明四者，共十一，其中贪、慢二者只趣入是能领纳乐的境的自相烦恼，瞋只趣入能领纳苦的境的自相烦恼，所以，不在一切烦恼之前先行，或非其种类，遍行之义并不完满；圣位中虽然遍行断尽，但他的相续中的修所断烦恼是从过去的遍行所生。阿罗汉断证有退这个要点，也与"阿罗汉相续中过去烦恼实有成立"的说法同一所本。

第六异熟因，许一切有漏善不善为异熟因。无记，由于自己势力微弱，就像烂了的种子那样，无法引发苦果。无漏道虽然有势力，但没有爱缘，就像由于缺水而脱离水分的好种子一样，并无引发乐的能力。从时间角度说，遍行因与同类因二者，过去、现在二时有；俱有因、相应因、异熟因三者，三世皆有。

四　依《集论》安立六因

六因的计数方式与前面《俱舍论》的方式相似，并且除了能作因之外，其余五因体性的安立方式等大多数也与有部一致。不同之处，若对能作因略作阐述，此宗建立所依时，能作因须是标准的因缘。如《集论》云："自性者，谓能作因。自性差别者，谓能作因差别。略有二十种：一生能作，谓识和合望识；二住能作，谓食望已生及求生有情；三持能作，谓大地望有情；四照能作，谓灯等望诸色；五变坏能作，谓火望薪；六分离能作，谓镰等望所断；七转变能作，谓工巧智等望金银等物；八信解能作，谓烟望火；九显了能作，谓宗因喻望所成义；十等至能作，谓圣道望涅槃；十一随说能作，谓名想见；十二观待能作，谓观待此故于彼求欲生，如待饥渴追求饮食；十三牵引能作，谓悬远缘，如无明望老死；十四生起能作，谓邻近缘，如无明望行；十五摄受能作，谓所余缘，如田水粪等望谷生等；十六引发能作，谓随顺缘，如正事王令王悦豫；十七定别能作，谓差别缘，如五趣缘望五趣果；十八同事能作，谓和合缘，如根不坏境界现前，作意正起望所生识；十九相违能作，谓障碍缘，如雹望谷；二十不相违能作，谓无障碍缘，如谷无障。”①

第二，俱有因等其余五因中，对于遍行因，最胜子论师所著的《阿毗达磨集论释》说：“此遍行因，非唯令相似烦恼增长。所以者何？若有随习贪等烦恼，皆令瞋等一切烦恼相续增长坚固，由此深重缚故障解脱得，是故建立遍行因。”② 各寺院的《摄类学》中观待能生与自己同地的后面染污的烦恼，立为遍行因，经部和唯识宗安立遍行因的方式和有部的安立方式稍微不同，须区分其差别，通过宗义，其余因的差别虽有不同之处，但仅就体性而言，与有部相同。

这篇《六因建立辨析·启明慧论》是第六届国际佛学论坛“因果思想研究”的论文，色拉杰格西雅玛索南著。

（土登达瓦等译）

① 无著菩萨造，（唐）玄奘译：《大乘阿毗达磨集论》卷三，《大正藏》第31册，第671页中—下。

② 无著菩萨造，（唐）玄奘译：《大乘阿毗达磨集论》卷四，《大正藏》第31册，第713页下。

༄༅། །རྒྱུ་དྲུག་གི་རྣམ་གཞག་ལ་དཔྱད་པ་བློ་གསལ་དགྱེས་པའི་གཏམ་ཞེས་བྱ་བ་བཞུགས་སོ། །

དགེ་བཤེས་ཡ་མ་བསོད་ནམས།

ཆེད་དུ་བརྩོས་དང་དང་གིས་བྱུང་བ་ཡི། །
མཁའ་དབྱིངས་སྔོན་པོ་སྐུག་གིས་ཁྱབ་པའི་དུས། །
བདེན་པའི་འོད་མདངས་ཅན་གྱི་ཉི་ཟེར་ཏེ། །
རྒྱལ་སྲས་དཔའ་བོ་དེ་ལ་བདག་ཕྱག་འཚལ། །
དངོས་གཙོར་ཚན་རིག་མཁན་པོས་བདར་ཤའི་འོག །
ཆོས་གཞན་རྒྱུ་སྐར་བག་ལ་ཞ་བཞིན་ཡང་། །
སྲིད་པའི་ཕྲེན་ལ་དབང་བསྒྱུར་བཙོམ་ལྡན་འདས། །
རྒྱལ་བ་འཇིག་རྟེན་མིག་དེའི་མཛད་པ་དྲན། །

（སྐབས་དྲུག་པའི་རྒྱལ་སྤྱིའི་ནང་རིག་པའི་བགྲོ་གླེང་རྒྱ་འབྲས་ལྷ་བའི་ཞིབ་འཇུག་ཐོག་གི་བརྗོད་གཞི། སྤྱིར་བཏང་ཐག་སླ་བ་དང་མདོ་སྡེ་པའི་ལུགས་ཀྱི་རྒྱུ་དྲུག་གི་རྣམ་གཞག་དང་། བྱེ་བྲག་ཏུ་མངོན་པ་མཛོད་དང་མཐུན་པའི་མདོ་སྡེ་པའི་ལུགས་དང་རིགས་པའི་རྗེས་འབྲང་གི་མདོ་སྡེའི་ལུགས་ཀྱི་རྒྱུ་དྲུག་གི་ཁྱད་པར།）

༡ དང་པོ་རྒྱུ་དྲུག་གི་རྣམ་གཞག་འདི་ལ་མདོ་ཁུངས་ཡོད་མེད་སྐོར།

འདིར་རྒྱུ་དྲུག་གི་རྣམ་གཞག་རོབ་ཙམ་ཞུ་ན། བྱེད་རྒྱུ་སོགས་རྒྱུ་དྲུག་གི་སྐད་ཆ་ཐོག་མར་བཤད་ས་དེ་མངོན་པ་མཛོད་དང་མངོན་པ་ཀུན་བཏུས་གཉིས་ཡིན། དེ་ལས་གཞན་བོད་དུ་འགྱུར་བའི་མདོ་བསྟན་བཅོས་རྣམས་སུ་རྒྱུ་དྲུག་ཆ་ཚང་བའི་ཐ་སྙད་གསལ་ཁ་མེད་པར་མ་ཟད། སློབ་དཔོན་དབྱིག་གཉེན་གྱིས་མངོན་པ་མཛོད་བརྩམས་པའི་དུས་སུ་རྒྱ་གར་འཕགས་པའི་ཡུལ་དུ་བཞུགས་པའི་མདོ་སྡེ་རྣམས་སུའང་རྒྱུ་དྲུག་གི་རྣམ་གཞག་འདི་གསལ་ཁ་གཏན་ནས་མེད་པ་རེད། རྒྱུ་མཚན་དེ་ལ་བརྟེན་ནས། སློབ་དཔོན་གྱིས་མངོན་པ་མཛོད་ཀྱི་ནང་དུ། རྒྱུ་ནི་རྣམ་པ་དྲུག་ཏུ་འདོད། །ཅེས་འདོད་ཚིག་སྦྱར་བ་ལས། རྒྱུ་ནི་རྣམ་པ་དྲུག་ཏུ་གསུངས། །ཞེས་གསུངས་ཞེས་པའི་ཚིག་འདི་བེད་སྤྱོད་མ་གནང་བ་ཡིན།

འོ་ན་རྒྱུ་དྲུག་གི་རྣམ་གཞག་གསུངས་པ་འདི་བྱེ་བྲག་སྨྲ་བ་སོགས་ཀྱིས་རང་བཟོ་བྱས་པ་ཡིན་ནམ་ཟེར་ན།

རྒྱུ་དྲུག་གི་ཐ་སྙད་ཙམ་གསར་བཟོ་ཡིན་ཟེར་ན་ཆོག་རྒྱུ་རེད། འོན་ཀྱང་དེ་ལ་རང་བཟོ་ཞེས་པའི་ཐ་སྙད་མི་ཐོབ་པ་ཙམ་དུ་མ་ཟད་བྱེ་བྲག་སྨྲ་བ་ཁོང་རང་ཚོས་འདོད་ལུགས་ལྟར་བྱས་ན། དེ་དག་རེ་རེ་ལ་ཁུངས་ལུང་རེ་ཡོད་པ་ཡིན། རེད་དེ་རྒྱུ་དྲུག་ཕྱོགས་གཅིག་ཏུ་བསྟན་པའི་མདོ་སྡེ་རྣམས་སློབ་དཔོན་དབྱིག་གཉེན་གྱི་དུས་སུ་ནུབ་ཚར་བ་རེད། དཔེར་ན། གཅིག་ལས་འཕྲོས་པའི་ལུང་གི་ནང་དུ་ཆོས་ཀྱི་རྣམ་གྲངས་བརྒྱའི་བར་དུ་བསྟན་པར་ཡོད་ཀྱང་ད་ལྟར་ཆོས་ཀྱི་རྣམ་གྲངས་བཅུ་ཙམ་ལས་གཞན་ནུབ་པ་ལྟ་བུ་ཡིན། དེ་ཡང་རྒྱུ་དྲུག་སོ་སོར་བསྟན་པའི་མདོའི་དབང་དུ་བྱས་པ་རེད་མ་གཏོགས། རྒྱུ་དྲུག་ཕྱོགས་རེ་བ་བསྟན་པའི་མདོ་སྡེའི་དབང་བྱས་ན་ད་ལྟར་ཡང་བཞུགས་ཡོད་པར་ཁས་ལེན་གྱི་ཡོད། དེ་ཡང་སློབ་དཔོན་རྒྱལ་སྲས་སོགས་ཀྱིས་མཛོད་འགྲེལ་དུ་དྲངས་པ་ལྟར་འགོད་ན། ༡) མིག་དང་གཟུགས་རྣམས་ལ་བརྟེན་ནས་མིག་གི་རྣམ་པར་ཤེས་པ་སྐྱེའོ། །ཞེས་པས་བྱེད་རྒྱུ་དང་། ༢) ལམ་གྱི་ཡན་ལག་གསུམ་པོ་འདི་དག་ནི་ཡང་དག་པའི་ལྟ་བའི་རྗེས་སུ་འབྲང་བ་ཡིན་ཏེ། ལྡན་ཅིག་སྐྱེ་བའི་ཚོར་བ་དང་འདུ་ཤེས་དང་སེམས་པའོ། །ཞེས་པས་ལྡན་ཅིག་འབྱུང་བའི་རྒྱུ་དང་། ༣) སྐྱེས་བུ་གང་ཟག་འདི་ནི་ཆོས་དགེ་བ་རྣམས་དང་ཡང་ལྡན་ལ་མི་དགེ་བ་རྣམས་དང་ཡང་ལྡན་ཞེས་བྱ་བ་ནས་འདི་ལ་དགེ་བའི་རྩ་བ་ཀུན་དུ་མ་ཆད་པ་གང་ལས་འདིའི་དགེ་བའི་རྩ་བ་ལས་དགེ་བའི་རྩ་བ་གཞན་སྐྱེ་བར་འགྱུར་བ་ཆུང་ངུ་དང་ལྡན་ཅིག་གྱུར་པ་ཡོད་ན། དེ་ལྟ་ན་སྐྱེས་བུ་གང་ཟག་འདི་ཕྱིས་རྣམ་པར་དག་པའི་ཆོས་ཅན་དུ་འགྱུར་རོ། །ཞེས་པས་སྐལ་བ་མཉམ་པའི་རྒྱུ་དང་། ༤) འདིར་ནི་འདས་པ་དང་ད་ལྟར་བྱུང་བའི་ཆོས་རྣམས་ཀྱི་འབྲས་བུ་འདྲ་བ་འགྲུབ་པའི་དོན་གྱིས་རྣམ་པར་གཞག་གོ །རྟོགས་ནས་ཤེས་པ་དང་མཚུངས་པར་ལྡན་པ་འདི་ནི་མཐོང་བའི་གཞི་ཅན་གྱི་དང་པོའོ། །གང་རྣམ་པར་ཤེས་པ་དེ་ནི་རབ་ཏུ་ཤེས་སོ། །ཞེས་གསུངས་པས་མཚུངས་ལྡན་གྱི་རྒྱུ་དང་། ༥) འདི་ནི་དམིགས་པ་གཅིག་དང་བྱ་བ་གཅིག་པའི་དོན་གྱིས་རྣམ་པར་གཞག་གོ །སྐྱེས་བུ་གང་ཟག་ལོག་པར་ལྟ་བ་ཅན་གྱི་ལུས་ཀྱི་ལས་གང་ཡིན་པ་དང་། དེའི་ལྟ་བ་ཅན་གྱི་ངག་གི་ལས་གང་ཡིན་པ་དང་། སེམས་པ་གང་ཡིན་པ་དང་། སྨོན་པ་གང་ཡིན་པ་དེ་དག་དང་རྗེས་སུ་མཐུན་པའི་འདུ་བྱེད་གང་ཡིན་པའི་ཆོས་དེ་དག་ཐམས་ཅད་ཀྱང་མི་འདོད་པར་འགྱུར་བ་དང་མི་སྡུག་པར་འགྱུར་བ་དང་། མི་དགའ་བ་ཉིད་དུ་འགྱུར་བ་དང་། ཡིད་དུ་མི་འོང་བ་ཉིད་དུ་འགྱུར་བར་བྱེད་པ་ཡིན་ནོ། །དེ་ཅིའི་ཕྱིར་ཞེ་ན། འདིའི་ལྟ་བ་འདི་ལྟ་སྟེ་ལོག་པར་ལྟ་བ་ནི་སྡིག་པ་ཅན་ཡིན་ནོ། །ཞེས་པས་ཀུན་འགྲོའི་རྒྱུ་དང་། ༦) འདི་ནི་སྐལ་བ་མཉམ་པ་དང་སྐལ་བ་མི་མཉམ་པའི་ཉོན་མོངས་པ་ཅན་གྱི་ཆོས་ཀྱི་རྒྱུན་སྐྱེད་པར་བྱེད་པའི་དོན་གྱིས་རྣམ་པར་གཞག་གོ། །འདི་ནི་ལས་མི་དགེ་བ་དང་དགེ་བ་ཟག་པ་དང་བཅས་པ་དང་བསྒོམས་པ་ལས་བྱུང་བའི་རྣམ་པར་སྨིན་པ་དེར་སྐྱེས་པ་རྣམས་ཀྱིས་སོ་སོར་ཡང་དག་པར་སྤྱོད་པར་འགྱུར་

རོ། །ཚེད་དུ་བསམས་པའི་ལས་བྱས་ཤིང་བསགས་པའི་རྣམ་པར་སྨིན་པ། ཞེས་པས་རྣམ་སྨིན་གྱི་རྒྱུ་བསྟན་པ་ཡིན་ཞེས་བཞེད།

མདོ་སྡེ་པའི་ལུགས་གཞིར་གཞག་བྱས་ཏེ་བཤད་ན། ཚད་མ་ཀུན་བཏུས་དང་དེའི་འགྲེལ་པ་ཚད་མ་སྡེ་བདུན། ཤཱཀྱ་བློ་དང་བྲམ་ཟེ་ཆེན་པོ་དང་ཉི་སྦས་སོགས་ཀྱི་ཚད་མའི་འགྲེལ་པ་རྣམས་དང་། དེ་བཞིན་སློབ་དཔོན་ཞི་བ་འཚོས་མཛད་པའི་ཚད་མའི་དེ་ཁོ་ཉིད་དང་། དེའི་འགྲེལ་པ་སློབ་དཔོན་ཀ་མ་ལ་ཤཱི་ལས་མཛད་པ་རྣམས་སུ་རྒྱུ་དྲུག་ཆ་ཚང་གི་ཐ་སྙད་གསལ་ཁ་མེད་ཀྱང་། ལུང་གི་རྗེས་འབྲང་མདོ་སྡེ་པའི་ལུགས་གཞིར་གཞག་བྱས་ན་རྒྱུ་དྲུག་ཆ་ཚང་བའི་ཐ་སྙད་མངོན་པ་མཛོད་ལས་གསུངས་པ་ལྟར་བྱ་རྒྱུར་མ་ཟད། དེ་དག་གི་གོ་དོན་དང་བཅས་པ་རང་རེ་བསྡུས་གྲྭ་རྣམས་སུ་ཡོངས་གྲགས་ཀྱི་ཚུལ་དུ་བཀོད་ཡོད་པ་དེ་རེད། དེས་ན་ཁུངས་གཏུགས་སའི་མདོ་ཡང་ཕལ་ཆེར་སྔར་བྱེ་བྲག་སྨྲ་བའི་འདོད་པ་བཞིན་དུ་བྱ་དགོས་རྒྱུ་རེད། དེ་བཞིན་མངོན་པ་ཀུན་བཏུས་ལས་རྒྱུ་དྲུག་གི་རྣམ་གཞག་རྒྱས་པར་གསུངས་ཡོད་པ་ཡིན་དུས། སེམས་ཙམ་པས་ཀྱང་རྒྱུ་དྲུག་གི་རྣམ་གཞག་ཁས་ལེན་པ་ཤིན་ཏུ་གསལ་པོར་ཆགས་པ་རེད། དེས་ན་དཔེ་ཆ་གསར་རྩོམ་འགའ་ཞིག་གི་ནང་དུ་རྒྱུ་དྲུག་གི་སྐད་ཆ་འདི་བྱེ་བྲག་སྨྲ་བའི་ཐུན་མོང་མ་ཡིན་པའི་གྲུབ་མཐའ་ཡིན་ཞེས་བཤད་པ་ནི་ནོར་འཁྲུལ་ཆེན་པོ་རེད། མདོར་ན་སློབ་དཔོན་དབྱིག་གཉེན་ཐེབས་པའི་སྐབས་ནས་རྒྱུ་དྲུག་གི་ཐ་སྙད་གསལ་བར་གསུངས་པའི་མདོ་མེད་པ་དང་། རྒྱུ་དྲུག་སོ་སོར་བསྟན་པའི་མདོ་ལུང་གོང་དུ་དྲངས་པ་རྣམས་ཀྱང་རྒྱུ་དྲུག་གི་ཐ་སྙད་དང་བཅས་པ་སངས་རྒྱས་ཀྱིས་གསུངས་པའི་ཁུངས་སུ་འགྲོ་མིན་དཔྱད་གཞིར་འགྱུར་བ་འདི་མཁྱེན་དགོས།

༢ གཉིས་པ་རིགས་པའི་རྗེས་འབྲང་མདོ་སྡེ་པ་སོགས་ནང་སྡེ་ལྷག་མ་རྣམས་ཀྱིས་རྒྱུ་དྲུག་གི་རྣམ་གཞག་ཁས་ལེན་མིན་སྐོར།

སྤྱིར་རྒྱུ་དྲུག་གི་ཐ་སྙད་ཙམ་ནི་མངོན་པ་གོང་འོག་གཉིས་སུ་བྱུང་བ་ཙམ་ལས་རིགས་པའི་རྗེས་འབྲངས་མདོ་སྡེ་པ་སོགས་ནང་སྡེ་ལྷག་མ་རྣམས་ཀྱི་རང་གཞུང་ཁག་ཏུ་རྒྱུ་དྲུག་ཕྱོགས་གཅིག་ཏུ་བསྡུས་ནས་གསུངས་མེད་པར་མ་ཟད། ཀུན་འགྲོའི་རྒྱུའི་ཐ་སྙད་ཙམ་ཡང་གསལ་ཁ་གཏན་ནས་མེད་པ་རེད། འོན་ཀྱང་ཚད་མའི་ལེགས་བཤད་རྣམས་སུ་རྒྱུ་དང་པོ་ལྔའི་ཐ་སྙད་བཅས་ནི་ཆེས་གསལ་བར་གསུངས་ཡོད། ཀུན་འགྲོའི་རྒྱུ་མ་གསུངས་པའི་གནད་དོན་ཡང་གསུངས་པའི་སྐབས་སུ་མ་བབ་པ་ཙམ་ཞིག་ཡིན་པ་ལས་རྒྱུ་མཚན་གཞན་མེད། འོ་ན་རྒྱུ་དང་པོ་ལྔ་ཇི་ལྟར་བསྟན་སྙམ་ན། དང་པོ་བྱེད་རྒྱུ་བསྟན་ཚུལ་ནི། སློབ་དཔོན་ཤཱཀྱ་བློའི་ཚད་མའི་འགྲེལ་པ་ལས། གཞན་གྱིས་ཀྱང་ཅིའི་ཕྱིར་ཞེས་བྱ་བ་ལ་སོགས་པ་སྨྲས་ཏེ། ཚོགས་པ་ལས་འབྲས་བུ་ཁོ་ན་ཇི་སྟེ་རྗེས་སུ་དཔོག་པར་མི

བྱེད། འདི་ལ་ནི་བརྟག་པ་གཉིས་ཡོད་དེ། ནུས་པ་ཐོགས་པ་མེད་པའི་རྒྱུ་ལས་འབྲས་བུ་རྗེས་སུ་དཔག་གམ། བྱེད་རྒྱུའི་རྒྱུ་ལས་རྗེས་སུ་དཔག །རེ་ཞིག་ཕྱོགས་དང་པོ་ནི་མ་ཡིན་ཏེ། དེ་ལ་ནི་དུས་སུ་སྡོད་པ་མེད་པའི་ཕྱིར་འབྲས་བུ་བྱུང་བ་མངོན་སུམ་ཁོ་ནར་འགྱུར་རོ། །གཉིས་པ་ལ་ཡང་འཁྲུལ་པར་བསྟན་པའི་ཕྱིར། ཚོགས་པའི་འབྲས་བུའི་ནུས་པ་རྣམས་ཞེས་བྱ་བ་ལ་སོགས་པ་སྨོས་ཏེ། དེ་དག་ནི་ཚོགས་པའི་འབྲས་བུ་ཡང་ཡིན་ལ་ནུས་པ་ཡང་ཡིན་པས། ཚོགས་པའི་འབྲས་བུའི་ནུས་པ་རྣམས་སོ། །འདི་ལྟར་ཚོགས་པ་སྔ་མ་ལས་ཕྱི་མ་ནུས་པའི་མཚན་ཉིད་སྐྱེ་ལ་དེའི་བདག་ཉིད་ཡུལ་དུ་བྱུང་བ་ཡང་ནུས་པ་ཡིན་པས་ཚོགས་པའི་འབྲས་བུ་ནུས་པ་ཡིན་ནོ། །དེ་རྣམས་འགྱུར་བ་ནི་ཕྱི་མ་ཕྱི་མ་རྒྱུན་གྱི་འབྱུང་བ་སྟེ། དེ་དང་འབྲེལ་ཅིང་དེ་ལ་ལྟོས་པའི་འབྲས་བུ་རྒྱུ་རྗེས་སུ་དཔག་པར་བྱ་བ་ནི་ངེས་པ་ཉིད་ཡིན་ནོ། །ཅིའི་ཕྱིར་ཞེ་ན། གེགས་བྱེད་པ་དག་སྲིད་པའི་ཕྱིར་རོ། །ཞེས་རྒྱུ་ནུས་པ་ཐོགས་མེད་རྟགས་སུ་འགོད་ན་ཕྱོགས་ཆོས་མ་གྲུབ་པ་དང་། བྱེད་རྒྱུ་ཙམ་རྟགས་སུ་འགོད་ན་ཁྱབ་མེད་ཀྱི་ལན་འདེབས་པའི་སྐབས་སུ་བྱེད་རྒྱུ་གསལ་བར་གསུངས་ཡོད་པ་ལྟ་བུ་ཡིན།

དེར་མ་ཟད་བྱེད་རྒྱུའི་གོ་དོན་ཡང་གསལ་བར་གསུངས་པ་ཡོད་པ་ནི། འགྲེལ་པ་དེ་ཉིད་ལས། སྦྱོར་བ་ནི་གང་ཞིག་གང་མེད་ཀྱང་ཡོད་ན་ཡོད་ལ་མེད་ན་མེད་པ་དེ་ལ་མི་ལྟོས་པར་དེ་ཙམ་གྱི་བྱེད་རྒྱུ་ཅན་ཡིན་ཏེ། དཔེར་ན་ནས་ཀྱི་ས་བོན་མེད་ཀྱང་སཱ་ལུའི་ས་བོན་ཡོད་ན་ཡོད་ལ་མེད་ན་མེད་པས་སཱ་ལུའི་སྨྱུ་གུ་ལྟ་བུའོ། །ཁྲ་བོ་མེད་ཀྱང་སྤྱི་ཡོད་ན་སྤྱིའི་བློ་ཡོད་ལ། མེད་ན་ཡང་མེད་པས་རང་བཞིན་གྱི་གཏན་ཚིགས་སུ་ཐལ་བར་འགྱུར་བ་ཡིན་ནོ། །ཞེས་སཱ་ལུའི་སྨྱུ་གུ་སཱ་ལུའི་ས་བོན་ཡོད་མེད་ཀྱི་རྗེས་སུ་འགྲོ་བའི་གནད་ཀྱིས་སཱ་ལུའི་ས་བོན་དེའི་སྨྱུ་གུའི་བྱེད་རྒྱུར་གསུངས་ཡོད། འདིར་ཡོད་མེད་རྗེས་འགྲོར་གསུངས་པ་ནི་རྐྱེན་གཞན་ཚང་གི་དབང་དུ་བྱས་པ་ཤེས་དགོས།

ཡང་དེ་ཉིད་ལས། སངས་རྒྱས་བཅོམ་ལྡན་འདས་ཀྱིས་གཏི་མུག་དེ་ནི་ཉེས་པའི་རྒྱུ་སྟེ། ཉེས་པའི་བྱེད་རྒྱུར་གསུངས་སོ། །ཅིའི་ཕྱིར་ཞེ་ན། རྨོངས་པ་མེད་པ་སྟེ། མི་ཤེས་པ་དང་བྲལ་བ་ལ་ཉེས་པ་དག་ནི་སྐྱེ་བའི་ཕྱིར་རོ། །ཕྱོགས་གཞན་དག་ཏུ་ནི་འཇིག་ཚོགས་སུ་ལྟ་བ་ཉེས་པའི་རྒྱུར་གསུངས་པ་ཡིན་ནོ། །ཞེས་གཏི་མུག་མ་རིག་པ་ཉེས་པའི་བྱེད་རྒྱུར་གསུངས་པ་ལྟ་བུ་བྱེད་རྒྱུ་གསུངས་པའི་གཞུང་ཁུངས་མང་བ་ཞིག་མཇལ་རྒྱུ་འདུག །

གཉིས་པ་སྐད་ཅིག་འབྱུང་བའི་རྒྱུ་གསུངས་ཚུལ་ནི། རྣམ་འགྲེལ་ལས། རེག་པ་གཟུགས་རྒྱུ་ཉིད་ཡིན་ཕྱིར། །མཐོང་བ་ལ་ནི་རྒྱུ་མཚན་ཡིན། །ཞེས་པས་སྐད་ཅིག་འབྱུང་བའི་རྒྱུ་བསྟན་པ་ཡིན་ཏེ། ཐར་ལམ་གསལ་བྱེད་ལས། འོ་ན་ཚོགས་པ་གཅིག་པའི་རེག་པ་གཟུགས་མཐོང་བའི་དབང་ཤེས་ཀྱི་རྒྱུ་ཡིན་པར་ཐལ། དེ་མེད་ན་མེད་

པའི་ཕྱིར་ཅེ་ན། འབྱུང་བའི་རིག་པ་ཆོས་ཅན། གཟུགས་མཐོང་བའི་དབང་ཤེས་ལ་དངོས་སུ་མི་ཕན་ཡང་དེའི་རྒྱུ་མཚན་ཙམ་ཡིན་ཏེ། གཟུགས་དེའི་སྐལ་མཉམ་མམ་ལྷན་ཅིག་འབྱུང་བའི་རྒྱུ་ཉིད་ཡིན་པའི་ཕྱིར། འདི་ནི་དུས་མཉམ་ཚོགས་པ་གཅིག་པ་ལ་ལྷན་ཅིག་འབྱུང་བ་ཙམ་རྒྱུར་བཏགས་པའོ། །ཞེས་གསུངས།

གསུམ་པ་སྐལ་མཉམ་རྒྱུ་གསུངས་ཚུལ་ནི། འབྱུང་བ་ཆགས་སོགས་ཀྱི་རྒྱུ་དགག་པའི་སྐབས་སུ། ཚད་མ་རྣམ་འགྲེལ་ལས། །སྐལ་མཉམ་རྒྱུ་དང་བྲལ་བའི་ཕྱིར། །ཆགས་སོགས་ངེས་པ་མེད་པའམ། །ཞེས་འབྱུང་བ་ཆགས་སོགས་ཀྱི་རྒྱུར་འཛིན་ན་ཆགས་སོགས་ལ་སྐལ་མཉམ་གྱི་རྒྱུ་མེད་པར་འགྱུར་བས་ཐལ་མ་པ་རྣམས་ལ་ཆགས་སོགས་ཡེ་མེད་དུ་ཐལ་བའི་སྐྱོན་གཏོང་བའི་སྐབས་སུ་སྐལ་མཉམ་གྱི་རྒྱུ་གསལ་བར་བསྟན་ཡོད།

བཞི་པ་མཚུངས་ལྡན་གྱི་རྒྱུ་གསུངས་ཚུལ་ནི། སློབ་དཔོན་ཉི་མ་སྦས་པའི་རྣམ་འགྲེལ་ལས། འོན་ཏེ་མ་རིག་པ་ལ་སྣང་བ་གང་ཡིན་པའི་གཟུང་བ་དེ་ནི་བརྟན་པའི་ཕྱིར་དེ་མེད་པའོ་ཞེ་ན། འོ་ན་གཟུང་བའི་རྣམ་པར་སྣང་བ་ཇི་ལྟར་མེད་པ་ཡིན། དེ་ལྟར་ན་འོ་ན་ནི་ལོག་པའི་ཤེས་པ་སྣང་བ་གང་ཡིན་པའི་གཟུང་བ་དེ་ཡོད་ན་ཇི་ལྟར་མ་རིག་པར་འགྱུར་ཞེ་ན། རྟག་པ་ལ་སོགས་པར་རྟོགས་པ་ཤེས་པ་ལས་ལོག་པ་གཟུང་བར་སྣང་བ་མ་ཡིན་ཏེ། འོན་ཀྱང་གང་སྣང་བ་དེ་ཐམས་ཅད་དང་རིག་པའོ། །དེ་ལ་འཁྲུལ་པ་ནི་མ་ཡིན་ཏེ། ཚངས་པ་ཡང་འཁྲུལ་པ་ཉིད་དུ་ཐལ་བར་འགྱུར་བའི་ཕྱིར་རོ། །དེ་བས་ན་མ་རིག་པ་ཤེས་པའི་ངོ་བོ་ཉིད་དེ། ཉོན་མོངས་པའི་རྒྱུ་ཡིན་པའི་ཕྱིར་དེ་སྐད་ཅེས་ཐ་སྙད་བཏགས་སོ། །ཇི་ལྟར་ཡང་རིག་པ་འཁྲུལ་པར་ཐ་སྙད་འདོགས་པ་ལ་ལྟོས་ནས་ཡིན་གྱི། རང་གི་ངོ་བོ་ཉིད་ཀྱིས་ནི་མ་ཡིན་ནོ་ཞེས་བསྟན་ཏོ། །སེམས་ལས་བྱུང་བ་ཉིད་ཀྱི་ཡང་ཕྱིར་དམིགས་པ་སྟེ། མ་རིག་པ་ནི་ལོག་པར་དམིགས་པ་དག་ཡིན་ནོ། །རྟེན་དང་དམིགས་པ་དང་། རྣམ་པ་དང་། རྫས་དང་། དུས་རྣམས་མཚུངས་པས་མཚུངས་པར་ལྡན་པའི་ཕྱིར་མཚུངས་པར་ལྡན་པའོ་ཞེས་གསུངས་པའི་ཕྱིར་དང་། ཤེས་རབ་ཀྱི་རྣམ་པ་ལས་ཕྱིན་ཅི་ལོག་ཏུ་རྟོགས་པའི་ངོ་བོ་ཉིད་ནི་མ་རིག་པའོ། །ཞེས་མདོ་ལས་གསུངས་པའི་ཕྱིར་དང་། དེ་ལ་མི་ཤེས་པ་དང་བྲལ་བ་གང་ཞེ་ན། ཇི་ལྟར་གྱུར་པའི་ཆོས་རྣམས་ལ་སྒྲོ་འདོགས་པ་དང་བྲལ་བ་གང་ཡིན་པའོ། །དེ་བཞིན་དུ་གང་སུ་དག་འཇིག་རྟེན་པས་ཉེ་བར་བཏགས་པའི་རིག་པ་དེ་དག་ཐམས་ཅད་བདག་ཏུ་མངོན་པར་ཞེན་པ་ལས་འགྱུར་ཏེ། བདག་ཏུ་མངོན་པར་ཞེན་པ་དང་བྲལ་བ་ནི་མ་ཡིན་ནོ་ཞེས་ཀྱང་གསུངས་པའི་ཕྱིར་ལོག་པར་དམིགས་པ་ནི་མི་ཤེས་པའོ།།

ཡང་དེ་ཉིད་ལས། དེ་བཞིན་དུ་གལ་ཏེ་མ་རིག་པ་ལྟ་བ་ཉིད་ཡིན་ན། དེའི་ཚེ་མ་རིག་པ་ནི་ལྟ་བ་དང་མཚུངས་པ་དང་ལྡན་པའོ་ཞེས་བྱ་བ་མཚུངས་པར་ལྡན་པའི་དོན་དུ་མི་འགྱུར་ཏེ། ལྡན་པ་ནི་ཐ་དད་པའི་རྒྱུ་ཡིན་

པའི་ཕྱིར་རོ་ཞེ་ན། འདིར་སྨྲས་པ་ནི། འགལ་བ་གང་ཡིན་འདིར་བཤད་བྱ། །སྟོང་ཉིད་མཐོང་དང་དེ་འགལ་ཕྱིར། །དེ་ཡི་བདག་ཉིད་སྒྲོན་ཀུན་དང་། །འགལ་བར་རབ་ཏུ་གྲུབ་པ་ཡིན། །ཞེས་བྱ་བ་ཡིན་ཏེ། མཚུངས་པར་ལྡན་པ་ཉིད་ནི་སྔ་དང་ཕྱད་པར་ཐ་དད་པར་བརྟགས་པ་མ་ཡིན་ཏེ། དཔེར་ན་ནགས་པ་ལ་ཤ་དང་ལྡན་པ་བཞིན་ཏེ། དངོས་སུ་ན་པ་ལ་ཤའི་ངོ་བོ་ཉིད་ཁོ་ནར་བརྗོད་དོ། །

ཡང་རྣམ་འགྲེལ་ལས། །ལོག་ཤེས་དང་ནི་དེ་ལས་བྱུང་། །སྲིད་པ་སེམས་པའི་དབང་དག་གིས། །དམན་གནས་འགྲོ་བ་སྐྱེ་བ་ཡིན། ཞེས་པས་མཚུངས་ལྡན་གྱི་རྒྱུ་བསྟན་པ་ཡིན་ཏེ། ཐར་ལམ་གསལ་བྱེད་ལས། དང་པོ་ནི། སྡུག་བསྔལ་ལ་བདེ་བར་འཛིན་པའི་ལོག་ཤེས་དང་། དེ་ལས་བྱུང་བའི་བདེ་བ་ཐོབ་འདོད་ཀྱི་སྲིད་པ་དང་མཚུངས་པར་ལྡན་པའི་སེམས་པ་ཆོས་ཅན། གང་གི་རྒྱུད་ལ་ཁྱོད་གཉེན་པོའི་སྟོབས་ཀྱིས་བཅད་པ་དེ་ཡང་སྲིད་ཕྱིར་འགྲོ་བར་མི་འགྱུར་ཏེ ཁྱོད་ཀྱི་དབང་དག་གིས་དམན་པའི་གནས་སུ་འགྲོ་བ་རྣམས་སྐྱེ་བ་འཛིན་པར་བྱེད་པ་ཡིན་པ་དེའི་ཕྱིར།

ལྷ་པ་རྣམ་སྨིན་གྱི་རྒྱུ་གསུངས་ཚུལ་ནི། སློབ་དཔོན་ཤཱཀྱ་བློའི་ཚད་མའི་འགྲེལ་པ་ལས། གལ་ཏེ་རྒྱུ་གང་གིས་དེའི་གདུང་བ་རྩོམ་པ་ལས་སྐྱེས་པའི་སྡུག་བསྔལ་སྤོང་གྱི་ལས་ཀྱིས་བྱས་པ་མ་ཡིན་ནོ་ཞེ་ན། འདོད་པའི་དབང་གིས་འཇུག་པ་ཡིན་པའི་ཕྱིར་རོ་ཞེས་བྱ་བ་སྨོས་ཏེ། འདོད་པའི་དབང་གིས་འཇུག་པ་གང་ཡིན་པ་དེ་ནི་ལས་ཀྱི་རྣམ་པར་སྨིན་པ་མ་ཡིན་ཏེ། དཔེར་ན་དགེ་བའི་ལས་ལྟ་བུའོ། །ཞེས་རྣམ་སྨིན་གྱི་འབྲས་བུ་ཡིན་ན་ཚེ་འདིའི་འདོད་པ་དབང་བཙན་སྟོབས་ཀྱིས་བྱུང་བ་མ་ཡིན་པ་ཞིག་དགོས་པར་དངོས་སུ་གསུངས་པའི་ཤུགས་ཀྱིས། རྣམ་སྨིན་གྱི་རྒྱུ་ནི་དེ་ལས་གཞན་ཞིག་ཡོད་པ་ཤུགས་ལ་འཕངས་ཡོད།

དེ་བཞིན་ནང་སྡེ་ལྔག་མ་རྣམས་ཀྱིས་ཀྱང་མངོན་པ་ཀུན་བཏུས་ལ་གསུངས་པ་ལྟར་གྱི་རྒྱུ་དྲུག་གི་རྣམ་གཞག་འདི་དོན་ལ་ཁས་ལེན་པས་ཁས་མི་ལེན་པའི་རྒྱུ་མཚན་ཅི་ཡང་མེད་སྙམ།

༣ གསུམ་པ་མངོན་པ་མཛོད་ལུགས་ལྟར་རྒྱུ་དྲུག་གི་རྣམ་གཞག་སྐོར།

རྒྱུ་དྲུག་ནི། མཛོད་ལས། བྱེད་རྒྱུ་ལྷན་ཅིག་འབྱུང་བ་དང་། །སྐལ་མཉམ་མཚུངས་པར་ལྡན་པ་དང་། །ཀུན་ཏུ་འགྲོ་དང་རྣམ་སྨིན་དང་། །རྒྱུ་ནི་རྣམ་པ་དྲུག་ཏུ་འདོད། །ཅེས་གསུངས་པ་ལྟར་ཡིན། དེ་ལས་དང་པོ་བྱེད་རྒྱུ་ནི། མཛོད་རང་འགྲེལ་ལས། རང་ལས་གཞན་པ་བྱེད་རྒྱུའི་རྒྱུ། ཞེས་གསུངས་པ་ལྟར་རང་ཉིད་མ་གཏོགས་པའི་ཆོས་གཞན་ཐམས་ཅད་རང་གི་བྱེད་རྒྱུ་ཡིན། བྱེ་བྲག་སྨྲ་བའི་ལུགས་འདི་ལ་བྱེད་རྒྱུ་ཟེར་བ་དེ་སྐྱེད་བྱེད་ཀྱི་བྱེད་རྒྱུ་

དང་། རང་ཉིད་སྐྱེ་བ་ལ་གེགས་མི་བྱེད་པའི་བྱེད་རྒྱུ་དང་གཉིས་ཁས་ལེན་པ་ཡིན། དེས་ན་འདུས་མ་བྱས་ནམ་མཁའ་ཡང་བྱེད་རྒྱུ་ཡིན་ཞེས་ཁས་ལེན་པ་རེད། དེའི་རྒྱུ་མཚན་གྱིས་གྲུབ་མཐའ་གོང་མ་རྣམས་ཀྱིས་བྱེད་རྒྱུ་འཛོག་ལུགས་དང་འདི་གཉིས་མི་འདྲ། འདི་ལ་བསྡུས་གྲྭ་རྣམས་སུ་བྱེད་རྒྱུ་ནུས་ལྡན་དང་ནུས་མེད་ཅེས་མིང་བཏགས་པ་དོན་ལ་གནས་ཀྱང་། མཛོད་རང་འགྲེལ་ཚིག་ཟིན་གཞི་གཞག་བྱས་ན། བྱེད་རྒྱུ་གཙོ་བོ་དང་ཕལ་བ་གཉིས་ཞེས་ཐ་སྙད་བྱེད་ན་བདེ་བ་ཡིན། གང་ཡིན་ཟེར་ན། རང་འགྲེལ་ལས་བྱེད་རྒྱུ་ཕལ་བ་ཞེས་ཐ་སྙད་དངོས་སུ་མ་མཛད་ཀྱང་བྱེད་རྒྱུ་འདུས་བྱས་ཡིན་པ་རྣམས་ལ་བྱེད་རྒྱུ་གཙོ་བོ་ཞེས་ཐ་སྙད་མཛད་ཡོད། འདི་ལ་མཁས་པ་རྣམས་ཀྱིས་འདི་འདྲ་རྟོགས་གཅོད་མཛད་སྲོལ་མཆིས་ཏེ། དཔེར་ན། ཉི་འོད་ཀྱིས་སྐར་མ་མཐོང་བ་ལ་གེགས་བྱེད་པ་དང་གཅིག །གཤེད་མས་གཞན་གྱི་སྲོག་ལ་གེགས་བྱེད་པ་དང་གཉིས། ཚ་རྫོད་ཀྱིས་གྲང་རེག་ལ་གེགས་བྱེད་པ་དང་གསུམ། ཆམ་པའི་སྨན་གྱིས་ཆམ་ནད་ལ་གེགས་བྱེད་པ་དང་བཞི། ཉི་འོད་ཀྱིས་མུན་པ་ལ་གེགས་བྱེད་པ་དང་ལྔ། ཟས་རིགས་ཀྱིས་བཀྲེས་པ་ལ་གེགས་བྱེད་པ་དང་དྲུག་པོ་དེ། འཇིག་རྟེན་དང་གསུང་རབ་གང་གི་དབང་དུ་བྱས་ཀྱང་། དེ་དག་སྔ་མ་སྔ་མས་ཕྱི་མ་ཕྱི་མ་ལ་གནོད་ཅིང་གེགས་བྱེད་པ་མ་གཏོགས་གེགས་མི་བྱེད་ལུགས་གཏན་ནས་མེད་པས། རང་ལས་གཞན་པ་བྱེད་རྒྱུའི་རྒྱུར། གསུངས་པ་དེ་ཙུང་ཟད་མཚན་ཉིད་ཁྱབ་ཆེ་བའི་སྐྱོན་ཡོད་པ་འདྲ་འདུག་ཟེར་ན། བྱེ་བྲག་སྨྲ་བ་རང་གི་ལུགས་གཞིར་བྱས་ན། ཉི་འོད་ཀྱིས་སྐར་མ་མཐོང་བ་ལ་གེགས་བྱེད་ཀྱང་དེའི་ངོ་བོ་སྐྱེ་བ་ལ་གེགས་མི་བྱེད་པས་སྐྱོན་མེད་ཅེས་ཞིབ་ཆ་མཛད་དགོས། གལ་ཏེ་ཉི་འོད་དེ་སྐར་མ་མཐོང་བའི་བྱེད་རྒྱུ་ཡིན་ནམ་མིན། མིན་ན་རང་ལས་གཞན་པ་བྱེད་རྒྱུའི་རྒྱུ་གསུངས་པ་དང་འགལ། ཡིན་ན་སྐྱེད་བྱེད་ཀྱི་བྱེད་རྒྱུ་མི་འཐད་པས་སྐྱེ་བ་ལ་གེགས་མི་བྱེད་པའི་བྱེད་རྒྱུ་ཡིན་དགོས། དེའང་མི་འཐད་དེ། དེས་མཐོང་བ་ལ་གེགས་བྱེད་པའི་ཕྱིར་རོ་ཞེ་ན། དེ་ལའང་སྔར་བཞིན་མཐོང་བ་ལ་གེགས་བྱེད་ཀྱང་མཐོང་བའི་ངོ་བོ་སྐྱེ་བ་ལ་གེགས་མི་བྱེད་ཅེས་ཞིབ་ཆ་འབྱེད་དགོས། ཡང་ན་སྐར་མ་མ་མཐོང་བ་ནི་མཐོང་བྱེད་ཀྱི་རྒྱུ་མ་ཚང་བའི་དབང་གིས་ཡིན་གྱི་ཉི་མས་གེགས་བྱེད་པའི་དབང་གིས་མིན་ཞེས་ཞིབ་ཆ་འབྱེད་པར་སྣང་ཡང་རིགས་པས་གནོད་མིན་བརྟག་དགོས། ཆོས་གང་འདྲ་ཞིག་ཡིན་ཡང་རང་གི་རང་གི་ངོ་བོ་གྲུབ་པ་ལ་སུས་ཀྱང་གནོད་པ་དང་གེགས་བྱེད་མི་ནུས་པའི་གནད་གཅིག་ནི། ལུགས་འདིས་ཆོས་ཐམས་ཅད་རྫས་གྲུབ་ཏུ་ཁས་ལེན་པ་ལ་ཐུག་ཡོད། རྫས་གྲུབ་ཅེས་པ་འདི་བྱེ་བྲག་པས་སྐྱི་རང་རྒྱུད་པ་ཟེར་བ་དང་། གྲངས་ཅན་པས་ཆོས་གང་འདྲ་ཞིག་ཡིན་ཡང་རྒྱུ་དུས་ནས་རང་ཆས་སུ་ཡོད་ཟེར་བ་དང་། བོད་སྨ་མ་འགའ་ཞིག་གིས་གཞི་དུས་ནས་མཚན་བཟང་དང་སངས་རྒྱས་རང་ཆས་སུ་ཡོད་ཟེར་བ་རྣམས་མ་དང་བུ་མོ་དང་བུ་མོའི་བུ་མོ་བཞིན་དུ་བརྒྱུད་པའི་ཁ་གྲོགས་འདྲ་བ་ཡིན། འོན་

ཀྱང་དེ་ཙམ་གྱིས་ནོར་འབྲུམས་སུ་མི་འགྱུར་བའི་ཚུལ་སོགས་སློབ་དཔོན་མཁས་པའི་ངག་ལས་ཤེས་དགོས།

འོ་ན་རང་འགྲེལ་ལས། རེ་ཞིག་སྐྱེ་བ་ལ་བགེགས་བྱེད་ནུས་པ་རྣམས་ནི་བགེགས་མི་བྱེད་པའི་ཕྱིར་རྒྱུ་ཉིད་དུ་ཡང་འགྱུར་ཏེ། དཔེར་ན་སྤྱོད་པར་བྱེད་པའི་མི་འཚེ་བའི་དབང་དུ་བྱས་ནས་གྲོང་མི་རྣམས་བདག་ཅག་ནི་ཇོ་བོས་བདེ་བར་བྱས་སོ་ཞེས་འཛེར་བ་ལྟ་བུ་ཡིན་ན། ཞེས་སྐྱེ་བ་ལ་གེགས་བྱེད་ནུས་པ་ཞིག་ཡོད་པར་གསུངས་པ་དང་མི་འགལ་ལམ་ཞེ་ན། དེ་ནི་ཉེས་ཅན་གྱི་སྐྱེས་བུ་རང་ཉིད་ཀྱི་སྲོག་གནས་པ་ལྟ་བུ་ལ་གེགས་བྱེད་ནུས་པའམ་གནོད་པ་བྱེད་ནུས་པ་ལ་སྐྱེ་བ་ལ་གེགས་བྱེད་ཅེས་ཐ་སྙད་རགས་པ་སྦྱར་བ་ཙམ་རེད། རང་འགྲེལ་སོགས་རྒྱ་གཞུང་ཁག་ཏུ་ཚིག་ཟིན་ལ་ཞིབ་ཆ་དགོས་པ་འདི་འདྲ་ཤིན་ཏུ་མང་བ་ཡོད་པའི་གནད་དོན་གཅིག་ནི་ལོ་ཙཱའི་སྐྱོན་ཆ་ཡིན། མདོར་ན་རང་ལས་གཞན་པའི་ཆོས་གང་འདྲ་ཞིག་ཡིན་ཡང་ཆོས་རང་གི་ངོ་བོའི་ཆ་ནས་རང་ལ་གེགས་བྱེད་མིན་པའི་གནད་ཀྱིས་བྱེད་རྒྱུར་འཛོག་པ་སྟེ། དཔེར་ན། གཤེད་མས་གསད་བྱའི་སེམས་ཅན་ལ་གནོད་ཀྱང་གནས་སྐབས་རྐྱེན་གཞན་གྱིས་གནོད་བྱེད་དུ་འགྱུར་སོང་བ་ལས་གདོན་མ་ནས་རང་ཆས་སུ་གནོད་བྱེད་མིན་པ་བཞིན་ཡིན། དེ་བཞིན་ཉི་མ་ཤར་བ་དེ་ངོ་བོ་ཉིད་ཀྱིས་སྨན་པ་ལ་གནོད་བྱེད་དུ་ཤར་བ་མིན་ཡང་རང་གི་ངོ་བོ་གསལ་བའི་བདག་ཉིད་ཡིན་པ་རྒྱུ་མཚན་གྱིས་གནོད་བྱེད་དུ་འགྱུར་སོང་བ་ཡིན། རྣལ་འབྱོར་པས་ཐར་པའི་དོན་དུ་ལམ་བསྒོམས་པ་ན་ཐར་པ་ལ་བར་དུ་གཅོད་པའི་དྲི་མ་རྣམས་ལ་ཤུགས་ཀྱིས་གནོད་བྱེད་དུ་འགྱུར་བ་སོགས་རིགས་འདྲ། ཞིབ་ཆ་འདི་བཞིན་དགོས་པ་ཡང་རང་འགྲེལ་ལས། འདི་ལྟར་མི་སྒྲིབ་པའི་ངོ་བོས་ཆོས་ཐམས་ཅད་རྒྱུ་ཡིན་པར་དམ་འཆའི། བྱེད་པ་པོའི་ངོ་བོ་ནི་མ་ཡིན་པའི་ཕྱིར་རོ། །ཞེས་གསུངས་པའི་དགོངས་པ་ཡིན།

འོན་ཀྱང་ལུགས་འདི་ལ་མ་འོངས་མི་སྐྱེ་བའི་དངོས་པོ་ལྟ་བུ་སྐྱེ་རྒྱུ་གཏན་ནས་མེད་པའི་འདུས་བྱས་རྣམས་ནི། རང་རང་གི་བྱེད་རྒྱུ་འཇོག་པའི་ཚེ་དེ་དག་མི་སྐྱེ་ཡང་སྐྱེ་བའི་རིགས་ཡིན་པའི་ཆ་ནས་སྐྱེ་བ་ལ་གེགས་མི་བྱེད་ཅེས་འཇོག་ཆོག་པ་རེད། མཛོད་འགྲེལ་རྣམས་སུ་དེ་དག་འདུས་བྱས་སུ་འཇོག་པའི་ཚེ་འདུས་བྱས་ཀྱི་མཚན་ཉིད་སྐྱེ་བ་དངོས་མིན་ཡང་དེའི་རིགས་ཡིན་པའི་ཆ་ནས་འདུས་བྱས་ཀྱི་མཚན་ཉིད་ཚང་བའི་ཞིབ་ཆ་འབྱེད་པ་དང་གཅིག་མཚུངས་ཡིན། མཛོད་འགྲེལ་གྲགས་ཆེ་བ་འགའ་ཞིག་གི་ནང་དུ་ཉེ་འོད་ཀྱིས་མི་སྐྱེ་བའི་ཆོས་ཅན་དུ་བྱུར་པའི་སྐྱོན་པ་སྐྱེ་བ་ལ་གནོད་པར་གསུངས་ཀྱང་། མི་སྐྱེ་བའི་ཆོས་ཅན་གྱི་དངོས་པོ་རྣམས་ལ་གནོད་ནུས་མཁན་དང་ཕན་འདོགས་ནུས་མཁན་སུ་ཡང་མེད་པ་ལུགས་འདིའི་གྲུབ་མཐའ་ཡིན། དེ་དང་འགལ་བར་མ་ཟད་རང་ལས་གཞན་པ་བྱེད་རྒྱུའི་རྒྱུར་གསུངས་པ་དང་ཡང་ནང་འགལ་དུ་འགྱུར་བ་རེད། ཕྱིར་རྒྱུ་ལ་དབྱེ་

སྔོ་མི་འདྲ་བ་མང་ཡང་འདིར་རྒྱུ་དྲུག་ཏུ་གྲངས་ངེས་པར་བྱས་ནས་གསུངས་པའི་རྒྱུ་མཚན་ནི། འབྲས་བུ་ཐམས་ཅད་ཀྱི་ཐུན་མོང་གི་རྒྱུའི་དབང་དུ་བྱས་ནས་བྱེད་རྒྱུ་དང་། སོ་སོའི་རྒྱུ་ལ་རྒྱུ་སྤྱིའི་དབང་དུ་བྱས་ནས་ལྷན་ཅིག་འབྱུང་རྒྱུ་དང་། བྱེ་བྲག་གི་རྒྱུའི་དབང་དུ་བྱས་ནས་མཚུངས་ལྡན་རྒྱུ་དང་། དུས་ཐ་དད་པ་ལ་འདྲ་བར་སྐྱེད་པ་སྐལ་མཉམ་གྱི་རྒྱུ་དང་། ཉོན་མོངས་ཅན་ཁོ་ན་འདྲ་བར་སྐྱེད་པ་ལ་ཀུན་འགྲོའི་རྒྱུ་དང་། མི་འདྲ་བར་སྐྱེད་པའི་དབང་དུ་བྱས་ནས་རྣམ་སྨིན་གྱི་རྒྱུར་འཇོག་པ་ཡིན།

གཉིས་པ་ལྷན་ཅིག་འབྱུང་བའི་རྒྱུ་ནི། མཛོད་ལས། ལྷན་ཅིག་འབྱུང་གང་ཕན་ཚུན་འབྲས། །ཞེས་གསུངས་པ་ལྟར། ཚོགས་པ་གཅིག་པའི་སྟོབས་ཀྱིས་རང་དང་ལྷན་ཅིག་པའི་གྲོགས་ལ་ཕན་འདོགས་པ་རྣམས་ལ་ལྷན་ཅིག་འབྱུང་བའི་རྒྱུ་ཟེར། དཔེར་ན། དབྱུག་པ་གསུམ་གཅིག་གཅིག་ལ་བརྟེན་ནས་གྱེན་དུ་འགྲེང་བའི་ཚེ་གཅིག་རིལ་བ་ན་གཞན་གཉིས་ཀྱང་འགྲེངས་ཏེ་གནས་མི་ནུས་པ་བཞིན་དུ། ཚོགས་པ་གཅིག་གི་འབྱུང་བཞི་དང་། གཙོ་སེམས་གཅིག་གི་འཁོར་དུ་གནས་པའི་སེམས་བྱུང་ནང་ཕན་ཚུན་དང་། སེམས་ཀྱི་རྗེས་འཇུག་བསམ་གཏན་ཟག་མེད་ཀྱི་སྡོམ་པ་རྣམས་དང་། འདུས་བྱས་ཀྱི་མཚན་ཉིད་བཞི་སོགས་ནང་ཕན་ཚུན་གཅིག་གིས་གཅིག་ལ་གྲོགས་བྱེད་པའི་ཆ་ནས་ནང་ཕན་ཚུན་ལྷན་ཅིག་འབྱུང་བའི་རྒྱུ་ཡིན་པར་བཞེད་པ་རེད།

བཞི་པ་མཚུངས་ལྡན་གྱི་རྒྱུ་ནི། མཛོད་ལས། མཚུངས་ལྡན་རྒྱུ་ནི་སེམས་དག་དང་། །སེམས་བྱུང་རྣམས་ཅན་རྣམས་སོ། །ཞེས་གསུངས་པ་ལྟར། བདག་རྐྱེན་རྟེན་གཅིག་པ། དམིགས་པ་ཡུལ་གཅིག་པ། ཡུལ་གྱི་གཙོ་བོ་རྣམ་པ་གཅིག་པ། གྲུབ་པའི་དུས་གཅིག་པ། རྫས་རེ་རེ་བ་གཅིག་པའི་འབྲེལ་བ་དང་ལྡན་པའི་ཤེས་པ་ཐམས་ཅད་ནང་ཕན་ཚུན་མཚུངས་ལྡན་གྱི་རྒྱུ་ཡིན། འདི་ལ་དབང་ཤེས་དང་ཡིད་ཤེས་གཉིས་ཀྱི་ཆ་ཡོད།

ལྔ་པ་ཀུན་འགྲོའི་རྒྱུ་ནི། ཀུན་འགྲོ་ཞེས་བྱ་ཉོན་མོངས་ཅན། ཞེས་གསུངས་པ་བཞིན་དུ། སྤྱིའི་ཆ་ནས་རང་དང་ས་གཅིག་པའི་ཉོན་མོངས་ཅན་ཕྱི་མ་ཀུན་གྱི་སྔོན་དུ་འགྲོ་དགོས་པའི་སྡུག་ཀུན་གང་རུང་གི་མཐོང་སྤང་ཉོན་མོངས་པ་སྤྱིའི་མཚན་ཉིད་ཅན་ཐམས་ཅད་ཀུན་འགྲོའི་རྒྱུ་ཡིན། ཉོན་མོངས་དེའི་ཀུན་འགྲོའི་རྒྱུ་ཡིན་ན་དེ་དང་ས་གཅིག་པ་ཡིན་དགོས་ཀྱང་སྤང་བྱ་རིས་གཅིག་པ་ཡིན་མི་དགོས། དཔེར་ན་སྡུག་བསྔལ་མཐོང་སྤང་ལྟ་བུ་སྤང་བྱ་རིས་གཅིག་གིས་སྡུག་བསྔལ་མཐོང་སྤང་ནས་སྒོམ་སྤང་བར་སྤང་བྱ་རིས་ལྔའི་ཀུན་འགྲོའི་རྒྱུར་བྱེད་པ་ཡོད། དེས་ན་གཞི་དེའི་ཀུན་འགྲོའི་རྒྱུ་ཡིན་ན་གཞི་དེའི་སྐལ་མཉམ་གྱི་རྒྱུ་ཡིན་མི་དགོས་པ་ཡང་གནད་དེ་ལ་བརྟེན་ནས་ཤེས་དགོས། མཛོད་ལུགས་འདི་ལ་ཀུན་འགྲོའི་རྒྱུ་འདི་སྤང་བྱ་རིས་ལྔའི་ནང་ནས་སྡུག་ཀུན་མཐོང་སྤང་གཉིས་ལ་མ་གཏོགས་མི་འཇོག །དེ་གཉིས་ཀྱི་ཉོན་མོངས་ཐམས་ཅད་ཀྱང་འཇོག་རྒྱུ་མེད། སྡུག་བསྔལ་མཐོང་སྤང་གི་ལྟ་བ

ལྷ་དང་ཟེ་ཚོམ་དང་མ་རིག་པ་སྟེ་བདུན་དང་། ཀུན་འབྱུང་མཐོང་སྤང་གི་ལྟ་བ་མཆོག་འཛིན་དང་། ལོག་ལྟ་དང་། ཟེ་ཚོམ་དང་། མ་རིག་པ་དང་བཞི་སྟེ་བཅུ་གཅིག་རྣམས་འཛོག་པ་ལས། འདོད་ཆགས་དང་ང་རྒྱལ་གཉིས་བདེ་བ་སྐྱོང་འགྱུར་གྱི་ཡུལ་ཁོ་ན་དང་། ཁོང་ཁྲོ་ནི་སྡུག་བསྔལ་སྐྱོང་འགྱུར་ཡུལ་ཁོ་ན་ལ་འཇུག་པའི་ཉོན་མོངས་པ་རང་མཚན་པ་ཡིན་པས་ཉོན་མོངས་ཅན་ཐམས་ཅད་ཀྱི་ཕྱོགས་སུ་མི་འགྲོ་བའམ་དེའི་རིགས་མ་ཡིན་པས་ཀུན་འགྲོའི་དོན་ཚང་མེད། འཕགས་པའི་གནས་སྐབས་སུ་ཀུན་འགྲོ་སྤངས་ཟིན་ཀྱང་དེའི་རྒྱུད་ཀྱི་སྒོམ་སྤང་ཉོན་མོངས་རྣམས་ཀུན་འགྲོ་འདས་པ་ལས་སྐྱེས་པ་ཡིན་ཞེས་བཞེད་པ་དང་། དགྲ་བཅོམ་སྤངས་རྟོགས་ལས་ཉམས་པ་ཡོད་པའི་གནད་ཀྱང་དགྲ་བཅོམ་པའི་རྒྱུད་ལ་འདས་པའི་ཉོན་མོངས་རྗེས་སུ་གྲུབ་པས་ཡིན་ཟེར་བ་གཉིས་ཁུངས་གཅིག་པ་རེད།

དྲུག་པ་རྣམ་པར་སྨིན་པའི་རྒྱུ་ནི། མི་དགེ་བ་དང་དགེ་བ་ཟག་བཅས་ཐམས་ཅད་རྣམ་སྨིན་གྱི་རྒྱུར་འདོད། ལུང་མ་བསྟན་རྣམས་ནི་རང་གི་ངོ་བོ་སྟོབས་ཆུང་བས་ས་བོན་རུལ་བ་བཞིན་དུ་འབྲས་བུ་སྡུག་བསྔལ་འབྱིན་མི་ནུས་པ་དང་། ལས་ཟག་མེད་སྟོབས་དང་ལྡན་ཡང་རྐྱེན་སྲེད་པའི་རླན་མེད་པས་རླན་དང་བྲལ་བའི་ས་བོན་བྲུང་པོ་བཞིན་དུ་འབྲས་བུ་བདེ་བ་འབྱིན་པའི་ནུས་པ་མེད་ཅེས་བཞེད། དུས་ཀྱི་དབང་དུ་བྱས་ན་ཀུན་འགྲོ་དང་སྐལ་མཉམ་གྱི་རྒྱུ་གཉིས་ལ་འདས་པ་དང་ད་ལྟ་བའི་དུས་གཉིས་ཡོད། ལྷན་ཅིག་འབྱུང་བ་དང་། མཚུངས་ལྡན་དང་། རྣམ་སྨིན་གྱི་རྒྱུ་གསུམ་ལ་དུས་གསུམ་ཀ་ཡོད།

༤ བཞི་པ་མངོན་པ་ཀུན་བཏུས་ལྟར་རྒྱུ་དྲུག་གི་རྣམ་གཞག་སྐོར།

རྒྱུ་དྲུག་གི་གྲངས་འཛིན་ལུགས་སྔར་མཛོད་ལུགས་དང་འདྲ་བར་མ་ཟད་བྱེད་རྒྱུ་ལས་གཞན་རྒྱུ་ལྔག་མ་ལྔའི་ངོ་བོ་འཛོག་སྟངས་སོགས་ཀྱང་ཕལ་ཆེར་བྱེ་སྨྲ་དང་གཅིག་པ་རེད། མི་འདྲ་ས་ནི་བྱེད་རྒྱུ་ཡིན་པས་དེ་ཙུང་ཟད་རྣམ་པ་སྤྲོས་ཏེ་བཤད་ན། ལུགས་འདི་གཞི་གཞག་བྱས་ཚེ་བྱེད་རྒྱུ་ལ་རྒྱུ་རྐྱེན་མཚན་ཉིད་པ་ཡིན་དགོས། ཀུན་བཏུས་ལས། བྱེད་རྒྱུ་སྟེ་རྒྱུའི་ངོ་བོ་ཉིད་དེ་གསུངས་ཡོད། དེས་ན་འབྲས་བུ་སྐྱེད་པའི་བྱ་བ་བྱེད་པ་ཐམས་ཅད་ལ་བྱེད་རྒྱུ་ཟེར། །འདི་ལ་དབྱེ་ན་འབྱུང་བའི་བྱེད་རྒྱུ་ལ་སོགས་པ་ཉི་ཤུ་ཡོད། དང་པོ་འབྱུང་བའི་བྱེད་རྒྱུ་ནི། རྣམ་ཤེས་སྔ་མ་རྣམ་ཤེས་ཕྱི་མ་འབྱུང་བར་བྱེད་པའི་བྱེད་རྒྱུ་ཡིན་པ་ལྟ་བུ་ལ་ཟེར། གཉིས་པ་གནས་པའི་བྱེད་རྒྱུ་ནི། འཇིག་རྟེན་ཐོག་གི་ཟས་རིགས་རྣམས་སེམས་ཅན་གནས་པར་བྱེད་པའི་བྱེད་རྒྱུ་ཡིན་པ་ལྟ་བུ། གསུམ་པ་རྟེན་པའི་བྱེད་རྒྱུ་ནི། འབྱུང་བཞིའི་ནང་གི་ས་དེ་སེམས་ཅན་རྣམས་ཀྱི་རྟེན་པའི་བྱེད་རྒྱུ་ཡིན་ལྟ་བུ། བཞི་པ་གསལ་བའི་

བྱེད་རྒྱུ་ནི། སྒྲོན་མེ་དེ་གཟུགས་གསལ་བར་བྱེད་པའི་བྱེད་རྒྱུ་ཡིན་པ་ལྟ་བུ། ལྔ་པ་འགྱུར་བའི་བྱེད་རྒྱུ་ནི། མེ་དེ་ཤིང་གི་འགྱུར་བའི་བྱེད་རྒྱུ་ཡིན་པ་ལྟ་བུ། དྲུག་པ་འབྲལ་བའི་བྱེད་རྒྱུ་ནི། ཐོར་བ་དེ་ཟ་བར་བྱེད་པའི་བྱེད་རྒྱུ་ཡིན་པ་ལྟ་བུའོ། །བདུན་པ་བསྒྱུར་བའི་བྱེད་རྒྱུ་ནི། བཟོའི་གནས་རྣམས་གསེར་ལ་སོགས་པ་བསྒྱུར་བའི་བྱེད་རྒྱུ་ཡིན་པ་ལྟ་བུ། བརྒྱད་པ་ཡིད་ཆེས་པའི་བྱེད་རྒྱུ་ནི། དུ་བ་མེ་ཡོད་པ་ཡིད་ཆེས་པར་བྱེད་པའི་རྒྱུ་ཡིན་པ་ལྟ་བུ། དགུ་པ་ཡིད་ཆེས་པར་བྱེད་པའི་བྱེད་རྒྱུ་ནི། གཏན་ཚིགས་དང་དཔེ་རྣམས་བསྒྲུབ་བྱ་ཡིད་ཆེས་པར་བྱེད་པའི་བྱེད་རྒྱུ་ཡིན་པ་ལྟ་བུ། བཅུ་པ་འཐོབ་པའི་བྱེད་རྒྱུ་ནི། ལམ་དེ་མྱང་འདས་འཐོབ་པར་བྱེད་པའི་བྱེད་རྒྱུ་ཡིན་པ་ལྟ་བུ། བཅུ་གཅིག་པ་ཐ་སྙད་ཀྱི་བྱེད་རྒྱུ་ནི། མཐོང་བ་དེ་མིང་དང་མཚན་མའི་བྱེད་རྒྱུ་ཡིན་པ་ལྟ་བུ། བཅུ་གཉིས་པ་ལྟོས་པའི་བྱེད་རྒྱུ་ནི། གང་ལ་ལྟོས་ནས་གང་དོན་དུ་གཉེར་བ་འབྱུང་བ་སྟེ། བཀྲེས་པ་དེ་ཟས་དོན་གཉེར་འབྱུང་བའི་བྱེད་རྒྱུ་ཡིན་པ་ལྟ་བུ། བཅུ་གསུམ་པ་འཕེན་པའི་བྱེད་རྒྱུ་ནི། མ་རིག་པ་དེ་རྒ་ཤིའི་འཕེན་པའི་བྱེད་རྒྱུ་ཡིན་པ་ལྟ་བུ། བཅུ་བཞི་པ་མངོན་པར་འགྲུབ་པའི་བྱེད་རྒྱུ་ནི། ཐོག་མའི་མ་རིག་པ་དེ་གཉིས་པ་འདུ་བྱེད་ཀྱི་མངོན་པར་འགྲུབ་པའི་བྱེད་རྒྱུ་ཡིན་པ་ལྟ་བུ། བཅོ་ལྔ་པ་ཡོངས་སུ་འཛིན་པའི་བྱེད་རྒྱུ་ནི། ཞིང་དང་ཆར་དང་ལུད་ལ་སོགས་པ་ལོ་ཏོག་གི་ཡོངས་སུ་འཛིན་པའི་བྱེད་རྒྱུ་ཡིན་པ་ལྟ་བུ། བཅུ་དྲུག་པ་ཕ་རོལ་གྱི་ཡིད་དུ་རུང་བར་བྱེད་པའི་བྱེད་རྒྱུ་ནི། རྒྱལ་པོ་མཉེས་པར་བྱ་བའི་ཆེད་དུ་ལུས་ངག་གི་སྒོ་ཞུ་བསྐྱེད་ནས་ལེགས་པར་བརྟེན་པ་དེ་ཕ་རོལ་པོ་ཡིད་དུ་རུང་བར་བྱེད་པའི་བྱེད་རྒྱུ་ཡིན་པ་ལྟ་བུ། བཅུ་བདུན་པ་སོ་སོར་ངེས་པའི་བྱེད་རྒྱུ་ནི། འགྲོ་བ་སོ་སོའི་ལས་མི་འདྲ་བ་ལྔ་པོ་དེ་འགྲོ་བ་ལྔ་པོ་ལུས་སོ་སོར་སྐྱེས་པའི་བྱེད་རྒྱུ་ཡིན་པ་ལྟ་བུ། བཅོ་བརྒྱད་པ་ལྷན་ཅིག་བྱེད་པའི་བྱེད་རྒྱུ་ནི། རྐྱེན་བཞི་ལྷན་ཅིག་ཚོགས་སྟོབས་ཀྱིས་འབྲས་བུ་རྣམ་ཤེས་གཅིག་སྐྱེས་པ་ལྟ་བུ་ཡིན། བཅུ་དགུ་པ་མི་མཐུན་པའི་བྱེད་རྒྱུ་ནི། སེར་བ་དེ་ལོ་ཏོག་འཇིག་པའི་བྱེད་རྒྱུ་ཡིན་པ་ལྟ་བུ། ཉི་ཤུ་པ་མི་མཐུན་པ་མ་ཡིན་པའི་བྱེད་རྒྱུ་ནི། འབྲས་བུ་ལ་བར་ཆད་མི་བྱེད་ཅིང་གྲོགས་བྱེད་པ་ལྟ་བུ་ཡིན།

གཉིས་པ་ལྷན་ཅིག་འབྱུང་བའི་རྒྱུ་སོགས་རྒྱུ་ལྷག་མ་ལྔ་ལས་ཀུན་འགྲོའི་རྒྱུ་ནི། མངོན་པ་ཀུན་བཏུས་འགྲེལ་པ་སློབ་དཔོན་རྒྱལ་སྲས་ཀྱིས་མཛད་པ་ལས། ཀུན་དུ་འགྲོ་བའི་རྒྱུ་ནི་འདྲ་བར་བྱེད་པ་འབའ་ཞིག་ཏུ་མ་ཟད་ཀྱི། འོན་ཀྱང་འདོད་ཆགས་ལ་སོགས་པའི་ཉོན་མོངས་པ་གང་ཡང་རུང་བ་གོམས་པས་ཞེ་སྡང་ལ་སོགས་པའི་རྒྱུན་ཀྱང་རྒྱས་པར་བསྟན་པར་བྱེད་པར་འགྱུར་ཏེ། དེའི་ཕྱིར་དམ་དུ་འཆིང་བར་བྱེད་པས་ན་ཐར་པ་ཐོབ་པའི་བར་དུ་གཅོད་པའི་ཕྱིར། རྣམ་པར་གཞག་པར་རིག་པར་བྱའོ། །ཞེས་གསུངས་པ་དང་། གྲྭ་ས་ཁག་གི་བསྡུས་གྲྭ་རྣམས་སུ་རང་དང་ས་གཅིག་པའི་ཉོན་མོངས་ཅན་ཕྱི་མ་སྐྱེད་བྱེད་ཀྱི་ཉོན་མོངས་ལ་རྣམས་ལ་ཀུན་འགྲོའི་རྒྱུར་བཞག་པ

ལ་བལྟོས་ན། མདོ་སྡེ་པ་དང་སེམས་ཙམ་པ་ལུགས་ཀྱིས་ཀུན་འགྲོའི་རྒྱུ་འཇོག་སྟངས་དང་བྱེ་བྲག་སྨྲ་བས་འཇོག་སྟངས་ཅུང་མི་འདྲ་བའི་ཁྱད་པར་ཕྱེ་དགོས། གྲུབ་མཐའི་དབང་གིས་རྒྱུ་ལྷག་མ་རྣམས་ཀྱི་ཁྱད་པ་མི་འདྲ་ས་ཡོད་ཀྱང་ངོ་བོ་ཙམ་ནི་བྱེ་བྲག་སྨྲ་བ་དང་མཚུངས་པ་ཡིན།

ཞེས་རྒྱུ་དྲུག་གི་རྣམ་གཞག་ལ་དཔྱད་པ་བློ་གསལ་དགྱེས་པའི་གཏམ་ཞེས་བྱ་བ་འདི་ནི་སྐབས་དྲུག་པའི་རྒྱལ་སྤྱིའི་ནང་རིག་པའི་བགྲོ་གླེང་རྒྱ་འབྲས་ལྡན་པའི་ཞིབ་འཇུག་ཅེས་པའི་བགྲོ་གླེང་གི་དཔྱད་རྩོམ་དུ་སེར་བྱེས་དགེ་བཤེས་ཡ་མ་བསོད་ནམས་ཀྱིས་བྲིས།

经验主义因果观的再检视
——基于佛教哲学的思考

土登德勒

【提要】 休谟对因果关系提出了质疑，康德对形而上学提出了质疑，量子力学用不确定性原理否定决定论……近现代西方的哲学、科学思想，不断地挑战着传统的因果性概念。而从东方发展起来的中观学派，可以站在完全不同的视角，用逻辑来成立因果；即便对于现代的近现代的哲学、科学思想，也有启示意义。

【关键词】 佛教、因果、经验主义、康德、量子力学。

【作者简介】 土登德勒（张楠），大庆正洁寺教师。271292237@qq.com

一　经验主义对因果问题的讨论

休谟对因果关系的普遍性、必然性进行反思所提出的问题被康德称为“休谟问题”。休谟认为：人们关于因果关系的知识，在任何情况下都不是由推论得来的，而是凭借经验得来的，因果关系只不过是思想中的习惯性联想。休谟说：“我们可以说‘因果之被人发现不是凭借于理性，乃是凭借于经验’。”①

休谟对归纳的质疑，按照波普尔的阐释，可分为逻辑问题和心理学问题两个层面。逻辑问题是：“从我们经历过的事例推出我们没有经历过的其他事例，这种推理我们证明过吗？休谟的回答是没有证明过的。不管重复多少次。”心理学的问题是：“为什么所有能推理的人都期望并相信他

---

① ［英］休谟：《人类理解研究》，关文运译，商务印书馆 1981 年版，第 28 页。

们没有经历过的事例同经过的事例相一致呢？也就是说，为什么我们有极为自信的期望呢？休谟的回答是，由于习惯或习性，也就是说，由于我受重复和联想的机制所限。”例如，由于我们过去反反复复地看到太阳于每天清晨升起，已成习惯，所以我们由此联想，推测明天早晨太阳也会升起。

二　站在佛教缘起论的角度如何看待休谟问题

在分析休谟的问题之前，我们首先要明确一下概念。我们现在讨论的分别是“因果”和“因果的规律”。我们不能将因果规律等同于因果本身，就好像“人与人之间的关系”和“人”完全不同。这个差别在后面的讨论中将鲜明地突显出来。

所以，让我们先准确地理解因果的定义。

（一）佛教如何解释物

佛教对物的理解与其他哲学大不相同。以康德为例，他认为存在一种不可知的“自在之物”，即脱离其影响意识的方式而本然的事物。康德认为它是在心外的，是一切现象的基础，是引起人的感觉的实在的原因，是客观现实。人们无法了知“自在之物”，但可以思维它，并由此产生理性。

佛教对物的定义是：能够发挥功用。只要是物，就既是因也是果。所谓功用，正是通过因果表现出来的。物范围则包括了物质、心识和不相应行，也就是一切有为法。我们可以这样理解：凡是有为法，周遍都是因果。这与康德理解的心外“自在之物”在范围上要大很多。

佛教认为人有分别心和无分别心，前者如意识，后者如眼识。无错乱的眼识所现量的颜色和形状，就是一种已经被认识的物。分别心在颜色和形状的自相上安立了义总。“义总”的定义是：分别心上显现的类似事物但不是事物本身的影像。义总是常法，不是物。当分别心思考物的时候，义总虽然不是物的自相，但反映了物的自相。所以，人们可以用“义总”进行理性思考从而产生比量。正是站在这个角度上，我们承许比量虽然是分别心，但也是对自相的正确认识。所以，现量和比量都可以正确地认识

“自在之物”。佛教认为“自在之物”并非不可知。

而且，佛教所说的物必须是缘起的。如同清辨菩萨在《般若灯论释》中所说：“缘起者，种种因缘和合得起。”[①] 在我们讨论物和因果的过程中，必须考虑各种因缘的和合。

我们接下来讨论因果时，要考虑外境的因缘和合与我们心识对其所作的名言安立二者。所以，我们在说某一存在时，说的是大家都共许是它的那个因缘和合的法。这是中观自续派所认许的世俗谛。其他佛教宗派的观点暂时不予考虑。

（二）佛教如何解释因果

我们对因的定义是：对于某法来说，彼存在，某法就可以随之产生；彼不存在，某法随之不能产生，则彼是某法的因。我们也可以简单地说：因的定义是能生。对果的定义是：因之后所生的，与因相异的法。我们也可以简单地说：果的定义是所生。因、果、物三者是同义的。甲乙同义的定义是：是甲就是乙，是乙就是甲。

前苏联科学院院士舍尔巴茨基曾说过：“按佛教徒的观点，实在是能动的而不是静止的，而逻辑则假想了一种凝固于名言概念中的实在。”[②] 可以说，在佛教徒眼中，物就是能生，而生就是灭的因。任何物都不能存在一刹那以上的时间。所以，一切物都随生随灭、刹那不住，处在一种像水流一样的、动态的相似相续之中。也正是因为物具有刹那性，所以才可以产生各种变化，产生各种功用。如果物不能刹那变化，世间的各种现象都不会发生。我们不能将物看作静止的，或者恒常的。这也是缘起论的必然结果。

由此可见，佛教对因果的理解不仅建立在缘起论上，还具有刹那性。在中观宗看来，时间是无限可分的。只要这个时间段有长度就可以分，如果没有长度也就不存在。所以，只要存在就可分。

在讲某个具体因果时，我们在世俗的意义上，安立前一刹那的缘起的

---

① 清辩造，（唐）波罗颇蜜多罗译：《般若灯论释》卷一：“缘起者，种种因缘和合得起。”（《大正藏》第30册，第51页下）

② ［俄］舍尔巴茨基：《佛教逻辑》，宋立道译，商务印书馆1997年版，第7页。

因，产生了后一刹那的缘起的果。如《大乘广百论释论》中说："世间共许：功能所依种子等法，必舍前位而取后位，体相转变方为芽等所生果因。"[①] 我们所说的"刹那"只是指发生这个因果所需要的最短的时间段。真正意义上的时间点是找不到的。

因可以分为亲因和疏因，正因和助缘。亲因的定义为：物的直接能生，举例为：物的前刹那能生者。疏因的定义为：物的间接能生，举例为：物的前刹那能生的前刹那能生者。正因的定义为：主要在自身质流上的能生"物"者，举例为：作为瓶的因的泥土。助缘的定义为：主要在不是自身质流上的真实能生"物"者，举例为：作为瓶的因的工匠。

我们之后的讨论都是在这些定义和分类上进行的。诸如："为何如此定义和分类"、"如此定义和分类是否合理"……之类的问题，涉及佛教理论的整体建立，由于内容太广，在此不做过多展开。

首先，我们需要讨论几个问题：从有无的角度来看，是无因生还是有因生？如果是有因生，是谛实生还是无谛实生？如果因果存在，因果的关系是自生还是他生？因中有果还是因中无果？是因果同时还是因果不同时？因果是一还是因果是异？

（1）无因生是否可能？无因如果可以生法，那"无"也可以有作用，"无"就不再是"无"。所以无因生不成立。

（2）谛实生是否可能？如果生是谛实的，"生"就不需要观待因缘，没有和合、观待、依赖的特点。这样的谛实生没有前后刹那的改变，必然是恒常不变的。不变的常法无法发挥任何作用，也就不可能成为"生"，因为"生"必须要有从"没产生"到"产生"的变化。

（3）自生或他生是否可能？如果因果是自己生自己，那生之前与生之后都是自己，相当于没有变化，不应该被称为"生"。中观自续派在世俗谛上承认他生；在胜义谛上不承认谛实的他生，因为谛实存在无法发挥任何功用。

（4）因中有果是否可能？如果因中有果，那么此时果已经存在，不需要再由因来产生。因也就不再是因了。所以因中不可能有果。

---

① 护法造，（唐）玄奘译《大乘广百论释论》卷一："世间共许：功能所依种子等法，必舍前位而取后位，体相转变方为芽等所生果因。"（《大正藏》第30册，第189页下）

（5）因果同时是否可能？如果因生果时，因果需要同时存在，那么果出生时，因仍然存在。这样的因不是刹那性变化的，所以是常法。如果是常法，必然不能发挥功用，因为功用是由刹那变化组成的。所以，这种因已经不是因了。

那么不同时的因果是如何产生作用的呢？观待前一刹那的物，产生后一刹那的物。这是物的特性。物的前后刹那互相观待、相续不断，由此组成了作用。并非离开前后刹那的变化，单独还有一个"作用"存在。在前后刹那之间寻找一个真实存在的"作用"是没有意义的。正因如此，我们能够在世俗谛上安立因果的作用。

（6）因果是一是否可能？如果因果是一，相当于前后刹那没有变化，也就没必要安立因果的名言。所以，因果是异。

综上所述，无因生、谛实生、自生、因中有果、因果同时和因果是一都是不可能的。我们对因果的定义并没有受到这些说法的影响。

那么如此定义的因果，是否存在呢？

（三）因果是否存在

在佛教的理论中，物的存在就是因果存在的证明，因为物本身就是因果。如果物不是由前后相续的刹那因果组成的，物就不可能产生变化、发挥作用，因为显著的变化和作用，都是由微细的变化和作用累积而成的，也就是由刹那的能生、所生组成的。即便是在普通人看来好像没有变化的物，其实也在发生着极其微细的刹那变化。这一点通过现代科技，已经能够非常清晰地观测到了。而这些微细的变化，理应由更微细的变化组成。

所以，我们可以安立论式：物有法，应是因果，物有前后刹那的相续故。宗法成立，即：物应有前后刹那的相续，能变化、能起作用故。变化和作用必须由不同的前后刹那组成故。周遍成立，物有前后刹那的相续周遍因果存在，其中前刹是因、后刹那是果故，符合因、果的定义故。

（四）因果是否决定

因果决定是指因与因是一，果与果是一。这里所讨论的"决定"，只是针对因果——也就是物，本身是否具有确定性，并不涉及什么因生什么果的问题。

因果应是决定的，因为前一刹那的因缘都是确定的，后一刹那的果也都是确定的。对此我们可以安立论式：因果有法，是决定的，前刹那因缘没有变化，后刹那因缘也没有变化故。宗法成立：前刹那因缘应没有变化，因为同一刹那中变化无法产生，因为变化是由前后刹那组成。同理，后刹那因缘也没有变化。周遍成立：如果前后刹那的因缘决定，因果就周遍决定，因果依自支分假立，或依自支分成立，且因缘无变化等同于自支分无变化故。

我们也可以换一种说法，因果的“决定”在佛教逻辑学中的表述为：尔与尔是一。在此，我们需要讨论是否有一个存在的物，不与该物是一；或既与该物是一，又不与该物是一；或既非与该物是一，又非不与该物是一。

(1) 某物不与某物是一是否可能？正如我们前面讨论的一样，某物是由因缘和合而安立的，需依自支分假立，或依自支分成立。如果某物不与某物是一，那么这个物的自支分就必然产生了变化，而同一刹那中不可能产生变化。就算有变化产生，那么它也已经是一个新的物，而不是原先的物了。而原先的物依然与原先的物是一。新产生的物也必然与新产生的物是一。所以，“尔与尔是一”依然成立。而自支分不变化，就不存在不与自身是一的情况。所以，某物不与该物是一是不可能的。

(2) 某物既与该物是一，又不与该物是一是否可能？在前面的讨论中，我们已经确定某物与该物是一。如果不与该物是一，就是另一物，与原物是异，而不是一。所以某物不可能既与该物是一，又不与该物是一。在西方逻辑学中，排中律的说法与此异曲同工。

(3) 某物既非与该物是一，又非不与该物是一是否可能？与前同理，在已经确定某物与该物是一时，某物不可能非与该物是一，自然也就不可能既非与该物是一，又非不与该物是一。

综上所述，这些说法都是违背逻辑的错乱安立，并没有实际的意义，所以对因果决定没有影响。

（五）因果规律是否存在

在这里，我们先要明确因果规律是什么。我对因果规律的定义是：同因生同果。也就是说，如果甲因能生乙果，那么在任何因缘相同的情况下，甲因周遍生乙果。

在本文中，“因果规律是否决定”与“因果是否决定”不是一个问题。前面所论述的因果决定，只是指作为缘起的物的因果本身，在前后刹那中有确定性。由此证明的是物的存在方式。但在因相同的条件下果是否相同，则是我们现在要考虑的因果规律的问题。

要讨论因果规律是否存在，我们就必须讨论休谟问题。因果关系究竟是偶然的，还是必然的？如果是偶然的，也就不存在什么因果规律了。有没有可能前后刹那的能生、所生虽然成立，但相同的因每次所产生的果却是随机的、不确定的呢？让我们先假设：在因相同的条件下，果也是相同的。这会有什么过失呢？我们说过失有三种：现量相违、比量相违、自语相违。

1. 因果规律是否与现量相违？

在我们日常生活中，有许多能证明同因生同果的例子。而相反的例子是否存在呢？比如，我们扔起的一枚硬币落在地上，正面和反面的概率都是 50% 。此时是否因果规律已经不存在了呢？

其实并不是。在混沌理论中，人们探讨了某些时候初始状态的某些细微差别，会导致结果的完全不同。比如一个台球撞向两个并列的台球。理想状态下，这个台球会与两个台球同时接触，将动量各传 50% 给两个台球。但此时，哪怕有一丁点的偏差，台球也会先与其中之一接触，再与另一个接触，从而导致两个台球的动量完全不同。类似的情况还有很多。人们经常谈论的蝴蝶效应也是如此。

同样的道理，我们扔硬币时，硬币的初始状态与中间过程共同决定了结果。我们虽然假设每一次的初始状态都相同，但其实每一次都会有所不同。过程的影响较小，但也并非完全没有。而结果则产生了巨大的变化。我们无法完全控制这种微小的偏差，但我们知道所有可能的结果，并能算出概率。

由此可见，因果规律在概率论所讨论的范围内，依然是存在的。只是由于受到某些量的变化的影响，导致了结果或大或小的不同。我们不能仅凭初始状态差异小，中间过程受到的影响小，而结果差异大来否定因果规律的决定性。毕竟差异再小也不是同因。因既然不同，结果自然也可以不同。

有人可能会提出量子力学的实验作为反例。但量子现象有没有因？有因的话什么是因？这些问题我将在下文中单独讨论。

总而言之，我们观察到的所有事物的变化，都可以用因果规律来解释。但仅是在现量当中没见到相违，并不能确定因果规律一定存在。我们还需要在比量上进行观察。

2. 因果规律是否与比量相违？

（1）如何用因果解释日出必然性的问题？

休谟的问题能否在比量推理上证明因果规律不存在呢？我们是否能由过去反反复复地看到太阳在每天清晨升起，就推测明天早晨太阳也会升起呢？我的回答是：不能。因为在此期间有可能会产生障缘，阻碍太阳在明天早晨升起。那这能证明因果关系是偶然的吗？我的回答依然是：不能。因为太阳能升起，必然有太阳能升起的因存在。而如果太阳没有升起，并不代表这个因是偶然的，而是说明这个因产生了改变，或者有其他因导致了结果不能产生。简单地说，结果的改变必然是由因缘的改变引起的。

由于凡夫人不能现量了知刹那变化和所有的因缘，所以经验中的因有可能在产生过程中遇到障缘，或被我们没注意到的因缘影响，导致果无法产生。但我们可以由物的粗分变化，推断出刹那相续的能生所生存在，因为粗分变化是由刹那变化组成的。同理，粗分因果的改变，也意味着刹那因果上产生了改变。所以，人们在经验中发现的某个果没有在相应的因之后产生，其实是对因果的认识不够细致，以致于没能发现在这个过程中的微细因果变化。

或者我们换个角度看，某种改变的产生，必然也有一个“因上的变化”作为“产生这个改变的因”。当“产生这个改变的因”出现时，改变就可以产生。如果“产生这个改变的因”没有出现，改变则不会产生。所以，当我们观察到物之间的“从生相属”时，我们可以依此确定因产生后，果有能力产生。如果果没有产生，那一定是因为有一个之前一直没出现的变化作为因，导致了“果不产生”这一改变。在这个过程当中，因果规律一直是存在的。所谓的“偶然”，归根到底还是一种因果。

反之，如果不是这样，我们面对的就不再是太阳明天会不会升起的问题，而是连太阳的存在都是完全随机的。经验主义者既然承认经验，就必须承认：完全随机的世界在经验中是不存在的。而部分看上去随机的事件，也可以在因果论中得到合理的解释。

（2）经验主义的内在逻辑是否合理？

尽管如此，经验主义者仍然可以说：因果规律来自于归纳，而归纳是不可靠的，所以因果规律也是不可靠的。这在逻辑上确实是正确的。但是，佛教所承许的因果并非来自于归纳，而是来自于相属关系。我们对这个逻辑的大前提不能承许。

对于为什么要依靠相属关系来判断因果规律的问题，法称菩萨在《释量论》第一品中有详细的论述。我在此只简单地做一个推理。因果规律要么存在，要么不存在，不会有第三种情况。

<1>如果不存在会有什么结果？

由于事物刹那生灭的特性，我们已经在前文中排除了无因生等可能性。那么事物还需要讨论两种情况：偶因生和不顺因生。除此之外再无其他可能。

a. 偶因生是否可能？

所谓偶因生，也就是同样的因有时生果、有时不生果，有时生此果、有时生彼果，纯属偶然。当我们对刹那因果做严格地观察时，这种情况不仅找不到，还与客观事实相违。

如同我们前面已经分析过的，当前一刹那的物消灭后，必然有后一刹那的物产生。这是物的基本性质。不产生物是不可能的。但如果这里的因只是正因，而不包括助缘，那结果可能与之前不同。但这并不代表着因果律的失效，而代表着因的改变。如果这里的因是指前一刹那所有的因缘，那果必然是相同的，而且没有办法不生出来。所以，考虑前一刹那的所有因缘时，偶因生是不可能的。

b. 不顺因生是否可能？

所谓不顺因，是指正因与果性质相违，如：心作为正因产生色，或色作为正因产生心，或造物主作为正因产生一切物……物的正因与果之间是质流的关系，两者的性质不能相违。

心可以作为助缘，帮助下一刹那的色产生，比如人在愤怒是心跳会加速。同样，色也可以作为助缘，帮助下一刹那的心产生，比如颜色的存在是视觉产生的因缘之一。但心变不成色，色也变不成心。心的特性是能明能知，也就是可以了别对境。色的特性是变碍，也就是刹那变化并占据空间，对其他色法产生阻碍的作用。作为性质相违的两种不同的物，色和心无法成为对方的正因。

如果心可以变成色，那我们的思想也会变得有质碍性。这意味着在物质层面的凭空产生。如果色可以变成心，那色不再有质碍性，这意味着在物质层面的凭空消失。但在我们观察物质的过程中，没有物质可以凭空产生或消失。同理，心也不会凭空产生或消失。所以，心的质流必然来自上一刹那的心，色的质流也来自上一刹那的色。唯一的例外是不相应行有可能成为色或心的因。不过对此的讨论与因果关系不大，所以不做深入分析。

另外，对于造物主来说，如果其恒常不变就不能产生作用，也就不能产生一切物。如果造物主能产生一切物，那造物主也是有作用的，而作用必然从变化中产生。那造物主也就不是永恒的存在了。总之，造物主的属性本身就自相矛盾，等同于无。之前我们已经证明过没有无因生，所以恒常不变的造物主不可能是一切物的因。

宏观上来说，木头无法变成金属、金属无法变成水……这也是没有不顺因的证明。从微观的角度说，虽然可以直接从原子结构改变物质，不过此时前后刹那都是物质，性质并不相违，仍然不是不顺因生。在客观世界里，不顺因生是完全违背事实的说法，根本不可能。

通过以上分析，我们可以得知：如果因果规律不存在，无论哪种情况都是与事实相违的。而排除了不存在的情况后，就只剩下一种可能性：因果规律存在。

<2>如果因果规律存在，应当通过什么来判断？

经验主义者依然可以说：以上结论只是建立在已经观察过的事物上，对于没有观察过的事物，我们并不能了知其是否具备因果规律。所以，因果规律存在只是一种假设。

康德或许很乐意承认这种说法。因为他设定的先天综合条件，就是这样的一种假设。但佛教有必要提出一个质疑：一个假设要么符合事实，要么不符合事实，不存在第三种情况。如果假设符合事实，那么它就是真的，而不是假设。如果它不符合事实，那么它就是假的，可以排除。

归根到底，问题的关键还是在于：能否通过经验中的结论，推出先验的结果。如果能推出，我们就可以判断因果规律为真。

以归纳来判断因果规律，肯定是不可靠的。我们需要依靠相属关系。虽然法称菩萨已经证明了，依靠相属关系进行推理是可以成立的。但依然有人质疑：如何才能知道相属关系呢？

相属是常法，只有通过意识的分析才能了知。而意识进行分析的依据，又是五根识所观察到的色、声、香、味、触。如此一来，难道相属就不是归纳的产物了吗？并不是。如果因果规律存在，那么相属关系也真实存在。哪怕仅在一次观察之中，相属关系也已经包含其中。如果对这一次观察进行正确的分析，我们也能了知相属关系。要了知相属关系并不依赖于归纳。

之所以有人质疑这一点，主要是因为观察者未必一次就能发现这个因果所对应的正确相属关系。这需要对事物的关系进行缜密的思考，才能做出正确的判断。所以有时候，我们有可能得出错误的结论。科学史上无数失败的理论研究都是例证。虽然这种情况确实存在，但一次就成功的例子也不是没有。所以，发现相属关系虽然依赖许多条件，但只要找出了它，我们的推理就是具有决定性的。

休谟其实是通过否认人们发现正确相属关系的确定性，来否认客观因果规律的确定性。但这并非是同一种确定性。所以，休谟问题并不能在比量上证明因果规律不存在。

3. 因果规律是否自语相违？

有人可能会说：先有因后生果是不可能的，因就是果故。对此应该回答：不周遍。就好比父亲本人也是一个儿子，但这并不妨碍先有父亲后有儿子。这在严格的因明语言下是没有矛盾的。某些人认为这有矛盾，只是因为他们的表达方式不够严谨。同因生同果与因果论、缘起性空……互不相违、互相成立，并没有自相矛盾之处。

由此，因果规律存在就成为了一个与现量不相违、比量不相违、也没有自语相违的理论，也就是佛教所说的“三观察清净”。除了现量、比量、及其自语相违三种损害之外，我们找不到其他如理的过失。所以，凡是符合“三观察清净”的，都是没有过失的真理。如果不是真理，我们就一定能从这三个方面找出过失。

相反，休谟的观点不符合“三观察清净”。对此我将在下文详细论述。在此先对因果规律存在进行简单的逻辑证明。

对于因果规律，我们可以安立论式：物有法，是存在因果规律的，同因缘生同果故。宗法成立：凡是物，同样的因缘产生同样的果，无有“令果产生变化的因”故。此应成立，因缘相同没有变化，且无因则无作用故。周遍成立：如果同样的因缘能产生同样的果，那因果规律就周遍是存在的，是因果规律的定义故。

如果要否认这个论式，否认周遍是不可能的，只能否认存在因缘相同，或者否认无因则无作用。

（1）因缘能否相同？物理学家 E·马赫认为，“自然界根本就没有原因和结果，因为自然界是不可重复的；我们在谈到原因时，也不过是借此表达一种连接关系。”[①] 对此，我们需要在严谨的定义下进行思考。首先，在佛教逻辑学中，“是一”与“是”两者的含义是截然不同的。比如金瓶与瓶不是一，但金瓶是瓶。同样，前一刹那的水与后一刹那的水不是一，但两者都是水。如果马赫想表达的是：自然界有法，应没有因果规律，找不到两个是一的存在故。那我们只要简单地回答不周遍就可以了。这个论式的因是成立的。一切存在只与其自身是一，两个存在之间不可能是一。但这并不周遍没有因果规律，因为这与有因果规律并不相违。当我们说同样的因时，并不是说两者是一，而是说两者性质相同。如今天的水和明天的水都具有水的性质。两者都是水，但不是一。我们根据不同的自相的水，而安立出了共相的水的概念。只要是符合这个共相的水的定义的自相的水，都是水。作为因时，我们承许其是相同的因。如果对方说两个不同的自相的水不可能完全相同，两者必然有微细的差别，如温度、所含杂质、所承受的压力……对此，如果我们将水作为正因，那仍然是相同的因，但助缘不同。如果直接以温度高的水做有法，那讨论的对象已经发生了变化，此时不应再同水做对比，而应该与另一个“温度高的水”做对比，并承认其是相同的因。对此可以有更多辨析，姑且不做展开。

（2）能否否认无因则无作用？如果对方根本就不承认有因存在，认为作用的产生不需要观待于因，完全是随机的，那么对方就会否认“无因则无作用”。但我们前文就已经解释过：根据我们在前文所下的定义，有作用者周遍是物，物与果同义，果周遍有因。如果一个法能够发挥作

① 洪谦：《论逻辑经验主义》，商务印书馆 2010 年版，第 6 页。

用，就必然是刹那变化的，那么其前刹那者就是它的因。前刹那不存在，后刹那不可能产生，除非承认物可以无因生，但这也已经在前文破斥过了。所以，不可能否认无因则无作用。

如果承认相同的因缘本身就是“令果产生变化的因”，就又回到休谟问题了。对此仍需要依靠“三观察清净”来抉择。对此将在后文详述。

（六）因果规律是否决定

在我们已经认定因果规律存在的情况下，为何还要再讨论因果规律是否决定呢？首先，因果规律是否决定，讨论的是因果规律是否有必然性。休谟问题的提出，是质疑如何认识、如何证明：某个特定的果必然由相应的因产生。所以当我们正确地观察到某个确实存在的从生相属时，我们如何能确定这个因果规律任何情况下必然是决定的呢？这需要我们从实践的角度对因果规律是否决定提出标准。

在这里有两点非常重要，（1）因果之间只有世俗意义上最短的时间间隔，也就是前后刹那的相续，（2）前一刹那所有的因缘都已经确定。

（1）如果两者之间有时间间隔，由于可能会有障缘产生阻碍，作为果的某件事是否会产生就变得不一定。比如火能产生烟。所以我们能确定烟的前一刹那有火。但我们不能确定烟的前刹那的前刹那仍然有火。由此我们可以认为，对于某个特定的果来说，亲因决定生果，但疏因不一定能生果。

（2）如果我们只考虑某部分因缘，或因缘的个别状况，那在其他因缘或因缘的其他状况产生了不可忽略的作用时，后一刹那的结果也会产生相应的变化。比如牛顿的力学在宏观、低速的情况下是成立的。但当速度接近或达到光速时，就必须借助相对论的方法来计算。由此我们可以认为，对于某个特定的果来说，正因决定时，果不一定能产生；但正因和助缘都确定时，果就一定能产生。需要说明的是，这里的助缘包括需要的因缘全都具备，和能作阻碍的因缘全都不具备两个方面。

综上所述，如果我们能确定作为亲因的正因和助缘，我们就能确定因果关系，前刹那因缘能够确定故。反过来说，如果某果存在，其前刹那的不共因则一定存在。这一点在实际观察事物时更容易掌握。佛教也是因此而安立了“果因”。

三 休谟问题是否符合“三观察清净”

前文虽然简单概述了佛教的因果观。但对休谟问题还有很多细节需要讨论。休谟的观点之所以不能成立，根本原因是不符合“三观察清净”。第一，没有因果关系是与现量相违的。对此有人可能会提出：因果不是经验命题，所以没有现量依据；而量子力学中的不确定性，则是没有因果与现量不相违的例证。第二，没有因果与比量相违。对此，有人根本就不承认逻辑推理，自然也就不承认与比量相违。第三，休谟的观点自语相违。有人可能会提出“二律背反”，作为承认因果时依然自语相违的例证，并认为自语相违根本不是过失。关于这些问题，让我们来一一分析。

（一）没有因果是否与现量相违

在约定论者看来，因果规律就像是下棋的规则一样，可以随意约定，并非是由物本身决定的。洪谦先生也认为：因果是个重言式命题，不是经验命题，不能在经验中被证真或证伪。然而佛教的因果论真是如此吗？我们可以尝试在经验中论证佛教的因果理论。

1. 因果存在能否被经验证明

我们是否能由现量，在经验中找到因果存在的证明呢？

首先，宏观的变化是由微观的变化组成的。由于时间、空间都无限可分，我们找不到在一个谛实的时间、谛实的处所，有个谛实的物产生了某个谛实的变化。但物的性质就是能生，所以缘起的物在刹那的相续中可以累积变化。这种累积而成的粗大变化能够被我们直接由经验感知。所以，我们能够由经验感知物存在以及物的变化，就是因果存在的经验证明。

经验主义者或许会说：这只能证伪“因果完全不存在”，但不能完全证明因果存在，因为没有排除可能存在但自己没看到的例子。这就涉及到因果规律是否成立，用果因进行推理是否成立的问题。我们在此只讨论已有的经验中是否能成立因果，由此产生的推理能否成立，将在“没有因果与比量相违”章节中进行证明。类似的问题在此章节都不做展开。

如果无因生存在，任何东西都可以凭空产生，一切都没有任何规律可循。种瓜得豆或种豆得瓜也将成为可能，世间的一切都可以错乱。但我们看到的世界并非如此。这就是没有无因生的经验证明。

如果谛实生存在，由于谛实没有变易，世上的因将可以一直生果、无穷无尽；或者由于没有变化而无法产生作用，永远不能生果。但我们在经验中实际看到的并非如此，没有任何经验中存在的因可以不依赖因缘无穷生果，或者在因缘具足时不能生果。这就是没有谛实生的经验证明。

关于因果不同时、因中无果、因果相异的问题，因为涉及到凡夫在现量中无法了知的刹那变化，所以无法直接由经验证明。只有在推理的可信性被证明的情况下，这些才能成立。所以，在本章中不做更多讨论。

关于粒子产生和湮灭的问题，在质能守恒定律下已经能够完美地解释，不能成为无因生或彻底断灭的例证。但是有些人将能量解释成空性则是完全错误的。能量、波、场、弦……都是对物质的称呼，跟空性的概念完全无关。

2. 因果决定能否被经验证明

形式逻辑的三条定律在物上成立，就是因果决定在经验当中的证明。对于这个问题，爱因斯坦曾与波尔产生过数次论战，并将问题归结为物理量的实在性和定域性。在此，我在世俗谛上认同物理量的实在性，但完全不认同定域性或胜义实有。下面让我们逐个分析。

（1）相对论是否违背因果决定？

有人因为相对论中空间坐标系和时间都与速度和引力有关，所以认为确定性已经不复存在。但这证明的只是物之间的相互观待性，也就是缘起性。相互观待并不代表没有确定性。事实上，在相对论中，我们可以确定地计算出每一个数值。所以，相对论与因果决定并不相违。这也是爱因斯坦坚持物理量实在性的必然结果。

有人可能会提出：相对论给出了时间倒流的可能性，以至于能够由果决定因。对此，我们有必要讨论下空间和时间的性质。空间和时间在佛教理论中是不相应行，也就是依色、心的某些部分或特点而安立的法，不是实有法。所以，空间和时间的安立要符合色、心的规律。离开了色、心，空间和时间也就无从谈起。那么，色、心上能否先有果再有因呢？这显然是不可能的。色、心刹那不住、当生当灭。期望这个过程停下来、甚至倒回去，就是期望已经灭的法重新再生出来。那与无因生没有差别。如果认为前一刹那已灭的法是由现证这一刹那的法生出来的，那这个果就不是前一刹那，而是后一刹那。时间倒流也就不成立了。事实上，时间倒流只存在于科幻之中，相对论并不承认其存在，在经验中更是从未发生过。而时间倒流导致的“祖父佯谬”，则是该理论自语相违的证明。在逻辑上，自语相违的理论周遍是错的。

（2）波粒二象性是否违背因果决定？

有人可能认为物质又是粒子又是波，肯定是不确定的。但事实果真如此吗？曾谨言老师以电子为例，说：“电子所呈现出来的粒子性，是经典例子概念中的‘原子性’和‘颗粒性’，即总是以具有一定的质量、电荷等属性的客体出现在自然界；而电子呈现出的波动性，是波的‘相干叠加性’。”[①] “电子呈现出来的波动性反映了微观客体运动的一种统计规律性，所以称为概率波。”[②]

可见，波粒二象性中，粒子性是就物质本体的基本属性而说的，波动性则是就物质的运动规律来说的。这是物质的两种不同特性，并不存在同一种特性即是甲又不是乙的情况。就好比盲人摸象时，两个人摸的是不同的部分，形状可以完全不同，但大象还是大象。波尔称其为“互补原理”。所以波粒二象性与因果决定并不相违。

（3）薛定谔的猫是否违背因果决定？

“薛定谔的猫”其实是个态叠加的问题。因为在预测粒子的运动轨迹、动量等运动概念时，只能推测出概率，而不能确定具体的量；而且这个概率的变化还符合波的特性，所以波尔提出了“概率波”的概念。这种波的波函数又称为态函数。如果两个概率波叠加，就会有态的叠加。但这种叠加并不是令叠加后的运动概念的量变成了新的值，而是各种态都有一部分。我们可以知道观测到某种态的概率，但观测结果具体是什么态是不确定的。

这个问题看上去好似能证明物质可以同时处在完全相违的态中，但其实并非如此。答案就在量子力学的理论当中：波函数是可以归一化的。“根据波函数的统计诠释，很自然要求该粒子（不产生，不湮没）在空间

---

① 曾谨言：《量子力学》，科学出版社2016年版，第30页。

② 同上书，第32页。

各点的概率之总和为 1”。[1] 如果某个具体粒子可以同时有不同的位置，既在此处又在彼处，那两处的概率同时为一，波函数的和就变成了二。然而，如果粒子在某处的概率是一，那其他处的概率之和必须是零。这是由波函数能够归一化所带来的必然结论。所以两处的概率同时为一是不可能。对于动量也可以同理了知。

所以，态叠加时，物质依然有确定的位置和动量，也就是“叠加态时的位置和动量”。某个具体粒子要么处于这个态，要么不处于这个态，没有既处于又不处于的情况。只是从预测的角度，我们无法以现在的科学技术水平确定粒子究竟处在哪种态当中，但并非粒子本身没有确定性。

（4）测不准原理是否违背因果决定？

海森堡提出的测不准原理，又称为测量误差 - 干扰关系。如海森堡所说：“电子的位置和动量不能同时准确地被测定。要测定电子的位置，就必须照亮电子。这就假定了一个光电效应，所以也可以这么加以解释：光量子撞击电子，并被电子反射回来或改变方向。因此，在这个瞬间，电子肯定要不连续地改变其动量。对位置的测定越准确，也就是说，所用的光线的波长也就越短，动量的改变就越大，因此，位置被测定得越准确，动量就越不准确。人们也能够通过高速粒子的撞击实验来测定电子的位置，但这又意味着动量的不连续的改变；另一方面，粒子的动量可以通过测定其速度而得到任何预期的精确测量，但这就必须假定光波是长的，因此，反冲可以忽略不计。但在这时，位置却相应地不再能得到准确的测定。”[2]

我们可以通过海森堡的描述看出来，这是一个测量手段的问题。由于我们是通过光来测量的，所以我们不可能将粒子的位置确定到比光的两个波峰之间距离更小的程度，而光子的动量又足以对粒子的动量产生较大的影响，由此导致了海森堡所说的问题。

然而，2012 年的诺贝尔物理学奖获得者——塞尔日 · 阿罗什和大卫 · 维因兰德先生，发明出了能够保持个体粒子的量子力学属性，并对其进行测量和操控的方法。虽然此时的粒子仍然处于叠加态，我们仍然不能同时知道其确定的位置和动量。但是，我们已经不会因为测量而改变粒子的量

---

① 曾谨言：《量子力学》，科学出版社 2016 年版，第 33 页。

② W. 海森堡：《物理学杂志》（Zeitschr. f. Physik），第 43 卷，第 172—179 页。

子力学属性了。原本的“测不准”原理，是建立在破坏性测量基础上的。而随着技术的发展，他们发明出了非破坏性测量的手段。

由此可见，目前的很多科学理论，只是建立在当今的技术条件下。随着以后的技术发展，这些理论也会有所改变。但我认为，这个原理在人们的测量能力有限时，都是成立的。

总之，这只是一个测量手段的问题，而且还是一个能够被解决的问题。所以，这并不代表物质本身没有确定的位置和动量。

（5）不确定原理是否违背因果决定？

首先，不确定性原理和测不准原理是不一样的。“不确定度关系并不涉及一个测量的精度与干扰，而是给定的量子态 $|\psi>$ 本身的不确定度所固有的。”①

曾谨言老师说：“波长是描述波在空间变化快慢的一个量，是与整个波动相联系的量。”② 波长代表着动量，因此“‘微观粒子在空间某点 x 的动量’的提法也同样没有意义，因而微观粒子运动轨道的概念也没有意义。”③

David J. Griffiths 在 Introduction to Quantum Mechanics 一书中，巧妙的运用了波动的绳子，从波的角度出发来形象的讨论波粒二象性的不确定性。对于连续波动的绳子，我们能很容易的读出波长，根据德布罗意关系式从而得到动量，但却很难读出位置，换句话说就是对于确定波长的波讨论位置是没有意义的；对于孤立波的情形，我们能很容易读出位置，但却很难读出波长，也就是说位置和动量是不能同时确定的。

也正是由于这个原因，“一个量子态不能像经典力学中那样用相空间中的一个点来描述，而是用希尔伯特空间中的一个矢量来描述。”④

以上所说的内容是已经被实验证明的事实，但如何解释这种现象，却有众多说法。

---

① 曾谨言：《量子力学》，科学出版社 2016 年版，第 40 页。

② 同上书，第 38 页。

③ 同上。

④ 同上书，第 40 页。

根据唐先一先生和张志林先生合著的《量子力学诠释综论》[①] 一文中统计，现有八大类量子诠释理论：哥本哈根解释、退相干解释、客观坍缩模型、模态解释、语义重构类解释、多世界解释、相容历史观解释、隐变量解释。我在本文中将其按照佛教的分类方式，分为：断见派、常见派和暂时未见过失三类。

<1>对断见派解释的讨论

断见派是指将本来存在的法说成不存在的学说。这里所指的都是非决定论的解释。他们不承认因果，所以被称为断见派。

其中，哥本哈根的解释被认为是最正统的解释。按照哥本哈根的解释，当我们没有观测时，波函数按照薛定谔方程演化。而当我们通过观测得知物质处于什么态时，已经由于观测而对系统产生了干扰。此时得到的结果不代表态叠加时的结果。也就是说，在观测的同时，波函数产生了"坍缩"，变回了经典状态。而且，处于量子纠缠的粒子还会"瞬间"产生相互作用。测量其中的一部分，会立即影响到另一部分。这也就是量子力学中的"非定域性"原理。

这种解释认为粒子的行为具有内禀的随机性，但对什么是观测没有明确的解释。退相干理论对测量问题提出了自己的解释，虽然取得了一定成就，可如今的学界认为，单凭退相干解释不足以解决测量问题。客观坍缩模型则在薛定谔方程上增加了随机坍缩项，但这与实验事实不符。模态解释则认为人观察实验仪器，导致了实验仪器和被测客体的耦合态投影到其中之一的本征态上。

总之，哥本哈根解释引出了"观测者"这一特殊概念，其他几种解释试图对观测和坍缩做出更精确的解释，但都没能从根本上解决问题。符合什么条件能够被称为观测者？观测者是物质还是心识？

如果观测者是物质，那以单电子双缝干涉实验为例。实验中，双缝导致了干涉产生，而光子导致了干涉消失——即使此时电子已经通过了双缝。既然双缝和光子都在没接触电子的情况下对其产生了作用，那双缝为何不能成为观测者，并导致干涉无法产生？而光子为何能成为观测者，并

① 唐先一、张志林：《量子力学诠释综论》，《自然辩证法通讯》2016 年第 6 期，第 29—40 页。

导致干涉消失？两者的区别在哪里？如果观测者是心识，那不同的人观测结果是否会不同，因为每个人的心识都是有差别的。

显然，“观测者”这一概念导致了更多的疑问。正如费曼所说：“我可以很明确地告诉大家，没有人真正了解量子力学。”为何没人真正了解呢？并不是因为量子力学太难懂，而是因为断见派的解释根本就讲不通。虽然大多数人不敢承认这一点，但这是最直接、最合理的解释。人们对此就像是对皇帝的新衣一样，没人愿意说出来。

即便不讨论概念模糊的观测者，单纯看这些解释共同承许的随机性，也有很大的问题。

粒子如果具有内禀的随机性，就意味着粒子在没有受到力的作用的情况下，也可以改变动量和方向。那这种改变为何会产生？既然排除了外力的作用，那就只能是内部结构导致的，或者承认无因而生。我们几乎可以肯定：内部结构的作用不能产生量子力学中的结果。那就只能是无因而生。但不存在如何能产生作用？如果能够产生作用，就必然是存在。对此问题已经在前文中反复破斥过了。

最后一种语义重构类解释分为：关系量子学诠释、量子力学的系综诠释、量子逻辑……

关系量子学认为“量子波描述的并不是体系，而是体系与观测者之间的某种关系”。[①] 观测会改变体系与观测者之间的关系，从而改变量子波。熟悉波函数起源的都知道，波函数是描述粒子运动特征的概率波的函数。将其解释成关系，则完全改变了其物理含义。这种解释虽然绕过了观测，但对粒子的运动特征又将如何解释？

系综诠释认为，量子波描述的是系综的状态，单个粒子仍然是经典的。但在单电子双缝干涉试验中，单个电子仍然产生了干涉。所以这种说法是不正确的。

量子逻辑诠释则认为哥本哈根的解释之所以不符合逻辑，不是因为哥本哈根的解释有错误，错的是逻辑。这种说法几乎要推翻世界上所有的学说，包括数学、几何……等基本学科，因为我们以前的逻辑都是错的。但

① 唐先一、张志林：《量子力学诠释综论》，《自然辩证法通讯》2016 年第 6 期，第 29—40 页。

承认随机性必将从根本上否定逻辑。关于这一点将在后文中说明。

综上所述，几种属于断见的解释都有着各种各样的问题。它们只会令人们越来越困惑，并将科学变成神秘主义或玄学。

<2>对常见派解释的讨论

常见派是指将本来不存在的法说成存在的学说。这里指多世界解释和相容历史观解释。

多世界解释认为每次观察都会使世界分裂，每个不同的结果对应一个不同的世界。那么，这些世界与我们的世界有没有关联？如果有，每刹那都会增加无数倍的分页世界，必将造成越来越大的、不可忽略的影响。但这种影响在哪？如果没有关联，那如何证明这些世界与“不存在”有差别？

而且，时间和空间都是根据色、心的某些部分或特点而安立的法。不存在没有物质单独谈时间、空间的情况。那这些分页世界必然是有物质的。而这些物质是从何而来？无因生已经被否定过了。如果是由我们的时空产生，那根据质能守恒定律，我们的时空应该有物质减少。如此多的量子现象累积下来，这个减少速度一定是可以观测到的。然而事实上并没有。如果这个平行空间本身就存在，不需要我们的世界来产生它，那它与这个波函数又有什么关系？

波函数描述的是物质运动状态的概率变化，本身也是不相应行法。离开了物质，波函数也无从谈起。但在波函数坍缩前后，物质并没有增减。为了保证某些状态的概率函数保持不变，而要求物质本身做出改变，这是完全颠倒的。如果多世界理论拿不出更有力的证据，那它就好像在一个跑步的人停下脚步后，询问他的“跑”哪里去了一样，只是没有意义的幻想而已。

相容历史观解释则试图建立一种方法来构建经典性。但按照这种方法挑选出来的历史，很多都是非经典的。而且多个历史如果存在，那就相当于承认在没有观测时，粒子可以既在 A 位置，也在 B 位置。但关于这一点前文已经证明过，是违背归一化原理的。

相比断见派故弄玄虚的解释，常见派的解释则属于天马行空的幻想，对解决问题基本没有帮助。

<3>暂时未见过失的隐变量理论

而隐变量理论则认为“波函数 ψ 代表一个客观真实的场，而不只是一个数学符号”。[①] 这个场会产生一个“量子势”作用在粒子上。而这个场本身“处于非常急速的无规和混沌的涨落状态之中，使得量子理论所用到的 ψ 值是对特定时间间隔 τ 的一种平均。（这个时间间隔必须远远大于上述涨落的平均周期，但小于量子力学的平均周期。）可以认为 ψ 场的涨落来自一个更深的亚量子力学层次。”[②] 在这样的假设下，“上述理论所预测的物理结果与量子理论的通常解释所预测的物理结果完全相同。”[③]

可以说，隐变量理论是唯一一个直面问题，努力寻找不确定性产生原因的理论。在戴维·玻姆之前，德布罗意、爱因斯坦……等人，都曾为此努力过。但爱因斯坦因为承认非定域性，而没能建立起正确的隐变量理论。但隐变量理论并未停止发展。如今戴维·玻姆的隐变量理论，已经是非定域性的隐变量理论。不可能由贝尔不等式的实验来否定。但对该理论，人们仍然有很多质疑。让我们来一一分析。

a. 非定域性是否破坏因果的时序性

有人认为非定域性会导致果决定因，或者因果同时，从而破坏因果的先后时序性。

在单电子双缝干涉的实验中，观测会导致干涉条纹完全消失，哪怕电子已经通过了狭缝。有人认为这是干涉后的果被观测，决定了双缝处作为因的干涉不再产生。由此判断果决定了因。但波场 ψ 与亚量子涨落，完全可以先受到观测的干扰，而后才不在双缝处产生干涉。我们对亚量子领域的了解还不够多，但仅凭这个实验并不能否认隐变量理论下的因果时序性。

而在验证贝尔不等式的试验中，处于量子纠缠的两个粒子可以“瞬间”产生相互作用。这被认为是非定域性等于因果同时的证明。但这种同时只是一种近似的假设而已。就好像牛顿的引力公式中不包括时间，引力是“瞬间”产生作用的。但现在我们已经在实验中证实了引力波的存

① 玻姆（Bohm. D.）：《整体性与隐缠序：卷展中的宇宙与意识》，上海科技教育出版社 2004 年版，第 89 页。

② 同上书，第 90 页。

③ 同上书，第 91 页。

在。引力的传播也是需要时间来完成的。同理，我们现在看待量子纠缠时，将这种现象定义为同时。但在玻姆的隐变量理论中，这个作用是通过“亚量子力学层次上传递的隐相互作用”① 产生的。玻姆还利用该现象设计了有可能验证亚量子理论的实验。

有人可能会说：如果这种作用存在，将违背相对论中不存在超光速作用的假设。对此问题，我们应当以事实为准。量子纠缠中的相互作用远超光速，是已经被实验证明的事实。中国甚至已经能够应用该原理进行量子通信。我们不能因为相对论无法解释该现象而否认其存在。不存在超光速作用只是一个假设。这个假设在什么范围内成立，还需要以后的科学来揭示，在此不做更多讨论。

总之，对于以上实验，戴维·玻姆先生都已经做了严谨的思考，详细论述应当参看其相关著作。在其理论中，非定域性与因果时序性并不相违，所以没有过失。

b. 奥卡姆剃刀原理是否成立

奥卡姆剃刀原理，是指“如无必要，勿增实体”，即“简单有效原理”。有人认为隐变量理论违背了奥卡姆剃刀原理，所以是无必要的。正如，玻姆本人所说，其理论“所预测的物理结果与量子理论的通常解释所预测的物理结果完全相同。”② 所以看上去这个理论好像确实无必要。但玻姆先生尝试应用该理论去处理一些量子力学遇到困难的问题，并取得了不少成果。所以，认为该理论无必要并不正确。

对于奥卡姆剃刀原理，我必须指出其在科学上不是周遍的。我举一个例子：当甲车以 3 米/秒的速度行驶，另一辆与其方向相同的乙车以 1 米/秒的速度行驶。对于这两辆车的关系，我们可以认为乙车没有速度，而甲车以 2 米/秒的速度远离乙车；也可以在乙车上增加一个 1 米/秒的速度，而甲车则以 3 米/秒的速度行驶，此时甲车仍然是以 2 米/秒的速度远离乙车。这两种解读中，后者增加了一个速度，但结论与前者没有差别。所以这个增加的速度，只是增加了计算难度，没起到任何帮助作用，是完全无

① 玻姆（Bohm. D.）：《整体性与隐缠序：卷展中的宇宙与意识》，洪定国、张桂权、查有梁译，上海科技教育出版社 2004 年版，第 122 页。

② 同上书，第 91 页。

必要的。但后者的解释却并没有任何错误。

其实，佛教在针对常见派进行破斥的时候，也说过类似于奥卡姆剃刀原理的话。但如果将这当做一个周遍的原理，就有很大的问题了。尤其在对方是断见派的时候，再将这个原理当作真理来看待，只会令更多本来存在的东西被否定掉。

在佛教理论中，针对常见派，需要将其增加的部分去掉；针对断见派，需要将其删减的部分补充；针对如理正见，则不应再做增减，直接承许。而判断对方究竟属于哪一类，需要按照“三观察清净”，也就是“现量不相违、比量不相违、自语不相违”来判断。这就好比琴弦不能太松，也不能太紧，只有适度才是正好的。如果只考虑物质，我认为这样一种原理才是正确的：如有作用，勿减实体；如无作用，勿增实体。这里的实体也是就世俗谛而言的，并非胜义实有。这个原理的范围也仅限于有作用的有为法，不包括常法。我称这个原理为：琴弦原理。

某些情况下，我们有多种理论都能够解释观测到的事实，也就是符合现量不相违。此时，我们需要观察是否有比量相违及自语相违。而西方人则会观察是否简洁以及能否证伪。其中，关于“能否证伪”这种提法，以及比量是否成立的问题，我将在后文中进一步讨论。

针对量子力学的通常解释与玻姆的理论来说，前者着重解释如何计算相应的概率，而后者着重解释不确定性产生的原因，两者的角度本来就不同。就好比我们扔一枚硬币时，我们可以直接根据可能结果的数量为2，计算出正反面的概率都是50%；也可以根据经典力学的原理，计算硬币的受力和运行轨迹，然后再推算出正反面的概率都是50%。单就概率计算来说，后者麻烦很多，但并没有任何错误。所以，此时以不符合简洁性证明后者错误是完全讲不通的。

但如果该理论是错的，我们可以通过观察其是否有比量相违和自语相违来判断。有人可能觉得这和“能否证伪”没有差别。但“能否证伪”这个提法本身包含着我无法认许的内涵，故而我不能同意这和“能否证伪”没有差别。

另外，“简洁性”本身也是一个模糊的概念。比如理查德·斯温伯恩就认为“有神论是一种非常简单的假设。这是所有可能的假设中最简单的、能够提供一种最终解释的假设”。[1] 但这种说法已经与放弃理性没有区别了。

有人为了表达奥卡姆剃刀原理的权威性，还特意用拉丁文来书写该原理。但书写的文字是拉丁文，并不能证明其周遍。就算是用梵文来书写，这个原理仍然是不周遍的。

总之，我们应该依“三观察清净”来判断一个理论是否成立，而不是依照其是否简洁来判断。奥卡姆剃刀原理只在某些特定情况下才成立，并非周遍的原理。

c. 如何解释自由意志与宿命论

隐变量解释是一种决定论的解释。对于一个决定论的解释，大家通常有几种质疑：自由意志是否存在？宿命是否存在？是否有某种外在的神秘力量主宰着我们？在此我们需要先确定自由意志、宿命、外在神秘力量的定义，再做详细的分析。

（1）自由意志指的是：在我们的身体受控制的范围内，没有障缘的情况下，我们前一刹那想动，后一刹那就可以动；前一刹那不想动，后一刹那就可以不动。在我们的心识能够集中的范围内，没有障缘的情况下，我们前一刹那想思考，后一刹那就可以思考；前一刹那不想思考，后一刹那就可以不思考。在这些情况下，我们的意识可以称为自由意志。

对于这种说法，休谟先生肯定是不同意的。如《人性论》中说：“我们感觉到，在多数场合下，我们的行动受我们意志的支配，并想像自己感觉到意志自身不受任何事物支配；因为当人们否认这点、因而我们被挑激起来亲自试验时，我们就感觉到意志容易地在每一方面活动，甚至在它原来不曾定下来的那一面产生了自己的意象。我们自己相信，这个意象或微弱的运动，原来可以成为事实自身；因为如果否认这一点，则我们在第二次试验时会发现它能够如此。但是所有这些努力都是无效的；不论我们所能完成的行为是怎样任意和不规则，由于证明我们自由的欲望是我们行动的惟一动机，所以我们就永远不能摆脱必然的束缚。我们可以想像自己感觉到自己心内有一种自由；但是一个旁观者通常能够从我们的动机和性格

① ［英］理查德·斯温伯恩：《上帝是否存在》，胡自信译，北京大学出版社 2007 年版，第 44 页。

推断我们的行动；即使在他推断不出来的时候，他也一般地断言说，假如他完全熟悉了我们的处境和性情的每个情节，以及我们的天性和心情的最秘密的动力，他就可以作出这样的推断。而依照前面的学说来说，这正是必然的本质。"①

休谟先生认为我所定义的那种自由意志确实存在，但那并非真正的自由，因为其中仍然具有必然性——用我的话说就是：完全符合因果，也符合缘起。但这种自由是我们能够切身感受到，并被我们认许的自由。当我们说自己的意志自由时，想到的就是这种自由。

相反，不依赖因缘的自由是不存在的。意志只要是存在的，就必然依赖因缘。比如一个普通人在将死时希望不死，或希望在睡梦中计算复杂的数学问题，都是不可能做到的。更进一步来说，如果某一意识与前一刹那的各种心识完全没有任何关系，那这个意识是否还有记忆？是否还有过去所学的知识？是否还有我们的习气、爱好？如果这些问题的答案是有，那它就不是与前刹那的心识无关。如果没有，我们应该能够突然凭空产生记忆、知识、性格……但这是不可能的。如果谁突然产生了这些，那也一定与过去的心识有关，只是在某种因缘下暂时隐藏下去，又在因缘具备时表露出来。

所以说，心识也是前刹那生后刹那。而心识的正因则是前一刹那的心识。比如我们的身识感到了饥饿，引起我们想吃饭的欲，再引起我们思考吃什么的寻伺……这些心识都是刹那刹那相续不断的，并由此组成了我们的心理变化。所以心识中因果成立、因果决定，与我们之前的论证是一样的。

那作为因的想法相同时，是否能引发同样的作为果的想法呢？大家的第一反应肯定是：不一定。

但是，在佛教理论中，心识是物，必然由前刹那的因产生，而且正因只能是心识或不相应行。其中，不相应行是针对见道等特殊情况而安立的。除此之外的情况下，心识的正因只能是心识。那我们今生最初的心识，必然是由之前的心识产生，由此成立中有身，再进一步成立前世、成立轮回、成立时间无始。

---

① ［英］休谟：《人性论》，关文运译，商务印书馆 1996 年版，第 446—447 页。

由于轮回的存在，我们在无始的时间中积累了无量的习气。这些习气究竟哪一个会产生作用，需要根据习气的强弱、我们的烦恼、心识的对境……种种因缘来判断。由于涉及到的因缘非常多，除了能够了知一切的佛陀，凡夫人无法根据自己所观察到的少量因缘来准确判断。在凡夫观察者的眼中，我们的意识体现出了“随机性”。但这种“随机性”只是由于观察者不能了知所有因缘导致的，并非没有因果规律。如同前文所述，休谟对于这一点也是承许的。

如果我们考虑禅定，此时心识集中在一处，受到的干扰非常少。在这种情况下，心识与实验室中的物质一样，表现出了明显的因果规律。在禅定中，人们通过特定的观想方法，使心识具备了相应的特征。这种规律性已经被历代修行者所验证，是心识存在因果规律，且因果规律决定的直接证据。

（2）宿命指的是：某件事情无论我们如何做，结果都已经确定、无法改变。这是我们最常谈论的宿命观。但在缘起论和因果论中，人如何做也发挥着作用，会与其他因缘一同产生结果。人的行为必然会对结果产生影响，或使结果彻底改变。所以，在佛教的因果论中，宿命是绝对不存在的。相反，佛教因果论彻底地否定宿命论。

（3）有人认为，在决定论中，我们可以从某一刻的状态，推论出过去和未来的所有状态。所以人们就像是傀儡一样毫无自由，完全被决定了。这种说法假定了一种神秘的力量。它会控制我们的想法，并强迫我们按着某种轨迹行动。但这种力量在因果论中并不存在。除了见道等特殊情况，心识的正因只可能是前刹那的心识，其他任何法都不可能变成我们的心识。这就已经决定了没有什么神秘力量能够控制我们的心识。

但心识会受到外缘的影响。比如某个地区的人们会有类似的观念，某个民族的人们会有类似的想法，某些场景容易让人放松……这些因素会影响我们的心识。指望心识不受这些影响而独立存在是不可能的。所以，我们的所作所为都是由我们自己的心识和外缘共同决定的，并没有什么万能的主宰或神秘的力量强迫我们。由于心识也是因缘之一，所以心识并非被外缘完全控制。

有人可能会认为佛教所说的业果就是那种控制了我们心识的神秘力量。它强迫我们去做自己不想做的事情。其实，业的正因是我们的心识，准确来说是思心所。但业却不是我们的心识的正因。也就是说，业无法变成心识。所以，业果对我们的作用，与我们看到的颜色、听到的声音、闻到的味道等一样，都是影响心识的外缘，不能完全控制心识，更不可能强迫我们按照某种方式去思考。

综上所述，违背缘起和因果的自由是不存在的。但这不代表人没有自由意志。同理，因果规律的决定也不等于宿命决定或心识被神秘力量控制。所以，佛教的因果论并不会导致人没有自由意志。相反，佛教的因果论证明了人有自由意志、没有宿命且不受神秘力量的控制。

我们可以安立论式：自由意志有法，是存在的，符合缘起和因果故。宿命论有法，是不存在的，不符合因果故。控制心识的神秘力量有法，是不存在的，只有心识是心识的正因故。具体论证上文已经阐明。

由此可见，批评隐变量理论破坏因果时序、不具有简洁性、否定自由意志、是宿命论……都是不成立的。所以，我暂时承认玻姆的隐变量理论。但对其细节，以我的学识不足以完全了知，还有待将来的科学家们继续发展。

3. 因果规律存在能否被经验证明

因果规律虽然是常法，不能被根识了知。但我们可以通过观察一些事实，间接了知其存在。亚里士多德到牛顿再到相对论、量子力学，科学能够存在，本身就彰显了因果规律的存在。过去，科学家们考虑的因缘比较少，所以会在遇到一些特殊的因缘时无法做出解释。但在考虑了更多的因缘后，又会建立起新的理论，解释更多的情况。所以，将来也必将有新的理论取代相对论和量子力学。甚至只要科学发展，就一直会有新的理论产生。我们可以将这种现象，看作是能够被观察到的因果规律存在的经验证明。

另外，实验的可重复性是正因存在的经验证明，而每次实验所产生的误差则是助缘存在的经验证明。两者共同发挥作用，决定了实验的结果，就是偶因生不存在的经验证明。种瓜得瓜、种豆得豆，就是不顺因生不存在的经验证明。其周遍性则只能通过比量了知。

经验主义虽然质疑这些规律的确定性，但他们所期待的因果不确定，反而是在经验中找不到的。

4. 因果规律决定能否被经验证明

我们所知道的物理定律，在其适用的范围内，并没有随着时间而改变，就是因果规律决定的经验证明。经验主义者的怀疑对此毫无影响。

综上所述，没有因果是与现量相违的理论，因为现量中因果是存在的。

（二）没有因果是否与比量相违

前文已经反复提及，有些问题必须在比量推理成立的情况下才能解决。而且，佛教对存在的定义，限定于现量和比量的对境，也就是所知或法。所以比量推理对于佛教理论的建立起着根本性的作用。完整地讨论该问题，涉及的范围太广。在此，我们只讨论果因的问题。

我们之前已经论证过：如果果存在，其前刹那的不共因必然存在。对此，我们可以安立论式：内外诸物有法，果因是存在的，从生相属存在故。宗法成立，即：从生相属在内外诸物上存在，因果规律存在故。此因前文已经通过归谬法证明成立。周遍成立，即：从生相属成立，周遍果因存在，可以由观察从生相属确定因果，从而由果存在推知因存在故。请注意，这里说的是由果推知因。类似“太阳每天都升起，所以明天也会升起”这样的推理，是由因推断果，本身就不符合果因的定义，所以在佛教看来根本就不成立。

但就算我们知道有果因，我们是否真地能找到谁是正因、谁是果，并确定从生相属呢？对此，古印度曾经有人提出疑问：因缘无穷无尽，没有种相智的凡夫如何能了知所有的因缘？不能了知所有的因缘，那我们所归纳的因果规律是否在所有的同品上成立，异品上不成立？如果不能，因果就不是确定的。所以，用果因进行推理是不可能的。按照他们的说法，如果没见过所有的烟都是由火产生的，就不能根据烟存在，推断出前一刹那有火存在。但是没有凡夫能看遍所有的烟，所以这个推理根本就不可能存在。

对此，法称菩萨强调：我们是由能决定因法之间存在的相属关系而能决定其周遍关系，而并不是必须在一切同品法和异品法上分别获得周遍决定。可以说，法称菩萨已经在《释量论》中严格地证明了：如果必须在一切同品法和异品法上分别获得周遍决定才能产生推理，那由于我们所见有限，我们所作的推理也会变得不确定。也就是说，如果要了知一切同品、异品才能推理，就不可能有任何理性；仅凭见到同品、没见到异品进行推理，相当于不确定的猜测。我们所学习的知识都会没有意义。我们甚至永远也无法了知瓶子不是桌子，因为我们没见过所有的桌子。

然而理性真地不存在吗？对于这个问题，我想以洪谦先生曾进行过的一个思想实验①为例：在一个没有任何一件事重复发生的世界里，我们能否认识规律？在经验主义者看来是不可能的。因为他们对规律的认识是建立在归纳的基础上。没有重复的事件，就没有办法归纳，自然也就没有规律了。但在佛教徒看来，即便是单独发生一次的事件，其中也是有因果规律的。如果有人能细心分析，并找出前后刹那间的质流，分清其中的正因是谁，助缘是谁，果是谁，就可以确定正因与果两个法之间从生相属的关系。只是他在这个世界没有机会在实验中验证他的理论。但他的理论是正确的。

事实上，历史当中也确实有很多重大的科学发现，是因为一次偶然被观察到的现象而发现的。比如约翰·罗素（Russell, John Scott 1808 ~ 1882）正好看到河中出现一个稳定前行数公里的波浪，而发现了孤波现象。再比如亚历山大·弗莱明（Alexander Fleming1881 ~ 1955）因为一次意外而发现了青霉素……

这也是符合人们认识事物的规律的。人们并不是因为对某件事见多了而归纳出因果关系。这样确定的因果关系未必是对的。人们是因为对物进行分析，并发现其中的从生相属，所以才确定了因果关系。但这种因果关系还是观待其他因缘的。如果遇到障缘，果可能不会产生。所以这并非经验主义者所驳斥的那种任何因缘下永恒成立的因果关系。

历史上，亚里士多德根据见到的现象，推论出力使物体产生速度。但是牛顿在仔细分析之后，判断出物体的速度是由惯性导致的，力能改变速度。这才真正发现了因果关系。这就是从生相属决定因果关系的最有力的证明。

总之，经验主义者将发现因果的方法单纯地限定在归纳以内，所以认为因果不存在。这与古印度时法称论师遇到的问题是相似的。但这种观点

① 洪谦：《论逻辑经验主义》，商务印书馆 2010 年版，第 12 页。

并不符合事实。归纳并不是判断因果规律决定的真正依据，从生相属才是。依照从生相属来判断时，不需要了知所有的同品和异品，而是需要仔细判别出谁是因，谁是果。我们平常在做逻辑思考时，正是在发现从生相属上下功夫。这才是符合事实的解释。

人们在相属关系的基础上建立起来比量推理，并成立理性。科学也因此成为合理的学说。可以说，这是一切合理学说成立的前提和基础。而我们在前文中多次将比量作为评定对错的标准也成为合理。

对于如何安立果因以及如何决定其周遍的问题，是《释量论》及其相关著作中详细讨论的内容。在此不作太多讨论。但我们需要注意一点，果因成立的一个前提条件，就是不同的和合因，不能产生相同的果。

有些人认为这并不合理。比如有贪的人也能说话，无贪的人也能说话。不同的因似乎产生了相同的结果。但这一方面是语言表达的问题，一方面是没有仔细观察造成的。如果我们仔细观察就会发现：两者都是由于有说话的欲，所以才会说话的。

对于一个特定的果，在前一刹那能产生它的和合因是唯一的，只不过由于各种因缘混杂在一起，有时不容易分辨那个唯一的和合因。如果这个因不是唯一的，那世间的众多规律都将失效，科学也不再有发展的必要。事实上，正是由于科学的发展，才让我们认识到许多看似不同的现象，其实是有共同性的。比如没有明火的时候也可能冒烟，但此时燃烧的化学反应已经开始了，只不过我们没有见到明火而已。

果因存在，那么没有因果就与比量是相违的，因为没有因果与有果因是不并存相违的关系。

（三）休谟的理论是否自语相违

在休谟看来，“人类理性（或研究）的一切对象可以自然分为两种，就是观念的关系和实际的事情。属于第一类的，有几何、代数、三角诸科学；总而言之，任何断言，凡有直觉的确定性或解证的确定性的，都属于前一种。“直角三角形弦之方等于两边之方”这个命题，乃是表示这些形象间关系的一种命题。又如“三乘五等于三十之一半”，也是表示这些数目间的一种关系。这类命题，我们只凭思想作用，就可以把它们发现出来，并不必依据于在宇宙中任何地方存在的任何东西。自然中纵然没有一个圆形或三角形，而欧几里得所解证出的真理也会永久保持其确实性和明白性。”①

在这段话中，休谟区分了“观念的关系”和“实际的事情”，并承认了几何、数学……中的很多推论，是具有“确实性和明白性”的。

首先，“观念的关系”和“实际的事情”两者之间存不存在关系？如果有关系，那在实际的事情上也具有了确定性，这与休谟的自宗相违。如果没有关系，那在一个存在的三角形上，其内角和是否可以不是一百八十度？如果可以，请举出实例。

第二，得到这种确实性和明白性的方法是什么？我们是否在观念中考虑了所有的三角形，然后得出三角形的内角和是一百八十度的结论？如果是，那欧几里得得到任何一个结论都需要用无穷无尽的时间。如果不是，那为什么在实际的事情上就需要观察到每一个个例，然后才能得到确实性的结论？难道这两者之间还有什么待遇上的差别吗？

另外，按照经验主义者的说法，“因果不存在”也是一个无法在经验中被证明的命题，因为他们没有观察过所有的现象，所以无法归纳出“因果不存在”的结论。所以，他们根本就不可能知道因果到底存不存在，也不可能知道自己的理论到底对还是不对。就算他们在观念当中说：“因果不存在、我说得没错。”那也跟“实际的事情”无关。其实他们在“实际的事情”上还是不知道。如果他们能够在“实际的事情”上也确定因果不存在，他们就必须在经验中确定没有因果，那经验中也有了确定性。这就与他们的自宗相违了。所以休谟论证了那么多，其实什么都不能证明。

归根结底，这只是一种不如理的、无根据的怀疑而已。他们除了盲目的怀疑，心中没有任何定解。而且根据法称论师的论证，在这种理论下也不可能产生任何的理性。某些人将休谟与能用理性破斥一切常断边、心中没有任何怀疑的龙树菩萨相提并论，实在是对龙树菩萨极大的侮辱，也是对佛教极大的无知。

总之，休谟的理论是自相矛盾的，也就是满足自语相违的不清净。

但是，有些人可能会认为自语相违不是过失，因为形而上学的问题无

① ［英］休谟：《人类理解研究》，关文运译，商务印书馆1981年版，第26页。

法证真或证伪。因为这些命题都是同语反复的，没有意义的。而人的知性所能认识的命题都是可以证伪的。这当中尤其以康德的观点最具有代表性。也正是因为这种观点，所以我在前文中拒绝使用“证伪”这一概念。

在康德看来，形而上学中有关于超感性的东西的知识。而人的知性只能认识为人所经验的东西。所以形而上学是不可能的。此时所说的经验显然没有包括止观。不过就算不考虑止观，这种说法是否成立呢？佛教的因果论是否也不能用来思考形而上学的知识呢？

首先，佛教的因果与物同义，描述的是一切物的性质。而只有物才能产生作用。所以在这种情况下，我们是可以探讨形而上学的问题的。就如同经过播种和辛勤的耕耘后，我们终于可以收获成果一样，在前文众多讨论的基础上，我们可以推出很多结论。

以康德所探讨的“二律背反”为例。我们可以做出如下推论：

（1）时间没有起始。由于物必然从前刹那产生，且不能无因生，所以物要么存在并相续不断、没有起始，要么永远也不能存在。而我们可以现量了知物存在，这就证明了世界在时间上没有起始。而这又是在缘起论上确立起来的，所以世界并非永恒，而是无谛实的。

康德从不能完全观察所有的无限时间，就不能证明时间无始的角度，来否认时间无始。但我们在讨论推理是否成立时已经解释过，归纳只是了知事物的方法之一。果因只需要发现从生相属就可以成立。所以我们根本就不需要完全观察所有的无限时间，只需要根据因果的规律进行推理，就可以证明时间无始。

有人可能会认为宇宙大爆炸理论证明了时间有起始。宇宙大爆炸理论究竟是否正确我不得而知。但就算假设其成立，也无法证明时间有起始。宇宙大爆炸理论来自几个基本的物理事实：宇宙在加速膨胀，能量可以产生粒子。所以，宇宙学中推断宇宙最初是个能量极高，空间极小的点，然后由爆炸产生了现在我们所见的宇宙。那么，这个点又是从哪里来的呢？作为物，这个点必然也有因。那它就不是最初。向前寻找，永远也不会有起点。

而且，没有任何理由可以证明只有这一个点。在广大无边的宇宙中，完全可以有无数个这样的点。有的即将爆炸，有的正在产生粒子，有的在膨胀，有的比较稳定，有的已经扩散开，有的扩散开的星体在向新的方向聚集，有的已经聚集成巨大的能量并将产生新的爆炸。许多不同的点在各处爆炸、扩散、聚集、再爆炸，就好像天空中的烟花，此起彼伏地发出绚烂的光芒。我们在这样广大无边的宇宙中，永远没有起始或终结。

我并不认为宇宙一定就是这种“烟花型”的。但我们也不能证明不是如此。仅从目前了知的条件，我们还可以设想其他的可能性。所以，认为宇宙有大爆炸所以有起点是绝对不成立的，这是由物的特性决定的。

还有人认为向上追溯时间，物会在某个时刻停止所有的运动，从而确定有一个起点。但从熵的实验已经证明，就算物质运动逆转回去，物质的混乱程度还是在增加的。指望物在某一刻停下来，只是不愿承认客观事实的幻想而已。

（2）物质可以无限分。只要物质存在，就一定有一个量。不管这个量是用能量表示，还是用场、弦、粒子、波……来表示，它终究是有一个量的。只要有个量，就可以再分。而如果某个物质没有量，则等同于不存在，只是一种幻想。而存在之物必然有量，也必然可分。哪怕这个量极其微小，也依然如此。所以，物质也好、心识也好，分别从空间和时间的角度是无限可分的。

那么这些无限可分的微观物，如何组成宏观的物呢？正是因为物的存在永远都有一个量，所以才可以组成宏观的物。就好像数字可以无限小，如 0.1，0.01，0.001……，但就是这些数字组成了 100，1000，10000……乃至无穷。两者相辅相成，毫不相违。

康德的问题在于，认为“实体身上的复合只是实体的一种偶然的关系”。[①] 事实上，不管物如何分，“复合”也就是相互依存的缘起性，都是存在的。独立存在的物永远也找不到。如果独立存在的物真实存在，那它的量是否存在？没有量它就与不存在没有区别，等于就是不存在。如果有量，那就不是独立存在的，而是依存其各个组成其量的部分。所以，只要是存在，都相互依存、都有量、都可分。

（3）世界上没有由自由而来的因果性，而是完全按照因果规律运行的。这里的自由是指“有一种因果性，某物通过它发生，而无需对他的原因再通过别的先行的原因按照必然律来加以规定，也就是要假定原因的

① ［德］康德：《纯粹理性批判》，邓晓芒译，人民出版社 2004 年版，第 367 页。

一种绝对的自发性它使那个按照自然律进行的现象序列由自身开始，因而是先验的自由。”①

康德之所以提出这种自由，是因为他认为“没有先天地得到充分规定的原因就不会有任何东西发生”。而因也有因，向前去找则无穷无尽。所以永远也无法“得到充分规定”。

这是康德自身的理论体系造成的。如果物本身就是因，那就不需要先天地规定什么。如果物本身不是因，那就算有先天规定也只是自欺欺人。所以不管物是不是因，这个先天规定都是多余的，根本毫无意义。

康德假定一个先天规定，是为了解决休谟问题。但在佛教理论中，我们通过“三观察清净”来解释休谟问题。此时，先天规定就完全是多余的，用它来证明需要有自由的因果性更是不成立的。

（4）“无论是在世界之中，还是在世界之外作为世界的原因，都不实存有任何绝对必然的存在者。”②

物本身就是因，不需要谁来造它。物本身就有规律，不需要谁来规范它。在物上增加一个绝对必然的存在者，就如同“头上加头”一样多余，是完全没有意义的。所以，绝对必然的存在者肯定不在世界之中，也不是世界的原因。

康德的问题在于认为：“既然任何被给予的有条件者在其实存方面都以一个从诸条件直到绝对的无条件者的完整序列为前提，而这绝对的无条件者是惟一绝对必然的，所以某种绝对必然的东西如果有一个变化作为其后果而实存，那就必定是实存着的。”③

正如我们前面所分析的那样，物的变化根本不需要一个“绝对的无条件者”为前提。物的因就是前刹那的物。任何先天的规定都只是在物之上增加虚构的增益而已。其理同前。这种观点属于常见，可以适当应用奥卡姆剃刀原理。

总之，康德所提出的二律背反是由于其自身的理论缺陷造成的，并非形而上学的命题本身不能证真也不能证伪。站在佛教缘起论、因果论的角

① ［德］康德：《纯粹理性批判》，邓晓芒译，人民出版社 2004 年版，第 375 页。

② 同上书，第 380 页。

③ 同上书，第 380—381 页。

度来看，我们可以完美地解决形而上学中何者能证真，何者能证伪的问题。所以，佛教的因果论不仅是经验命题，也是形而上学的命题。而现代西方哲学中，将命题分为能否被证伪则是完全没有必要的。不管是不是经验命题，都可以被证真或证伪。

有人可能会说：你们佛教的中观应成派不就是不安立，唯用破斥来显示自身观点的吗？这难道不就是一种不能证真、只能证伪的理论吗？

这种说法是只知其一，未知其二。应成派虽然以破的方式来彰显自宗，但这个破是有范围的。常见、断见……一切不如理见都要破斥，但没有错误的名言安立就不会被破斥。比如你在唯名言上说：左手不是右手，应成派是不会破你的。而且名言安立本身就是缘起的，所以名言上的确定性也不违背空性。虽然此时应成派没有去刻意证明左手不是右手，但已经承许其在唯名言上为真。这就相当于有一个间接地证真。对于形而上学的命题也是同理。只要是并非常见、断见的合理命题，应成派在唯名言安立的角度都是可以承许的。所以，即便是中观应成派，也不会承许不能证真、只能证伪。只是应成派的证真是间接得来的。

由此可见，所谓自语相违不是过失的说法是错误的；形而上学的命题能够同时被证真、证伪的说法，更是根本就不成立。所以，自语相违是过失，而休谟的理论具足自语相违的过失。

综上所述，休谟的理论具备了现量相违、比量相违、自语相违三种过失。在此情况下，休谟的问题只可能是一种完全错误的说法。与休谟的理论相反，我们应该完全承认因果、承认理性。在缘起论的基础上，正确地理解科学、哲学的众多问题。虽然现在的主流思想并非如此，但真理迟早会被人们了知。

法称论“因果性在比度中的作用”

——以《释量论自释》11—38 颂为例[①]

Brendan S. Gillon & Richard P. Hayes

【提要】 在《释量论》的“自义比量品”中，佛教哲学家法称论师论证了他的一个观点，即：从有限的观测中推导出具有普遍性的结论常常伴随着一定的风险，而有效的比度若想避免这种风险，就必须依赖于一个形而上的基础。即使有人一再地观测到事件 x 伴随着事件 y 出现，并且从未见过脱离事件 x 单独存在的事件 y，也不能够仅基于这一观测结果就断定，人们以后也永远不会观测到脱离事件 x 单独存在的事件 y。对此，法称论师提出，人们若想得出诸如“不存在事件 y 脱离事件 x 出现的可能性”这样的论断，就必须要知道在事件 x 和事件 y 之间存在着一种因果关系。在论证这一个核心命题的过程中，法称论师考虑的问题是，对于诸如“所有的事件 y 都伴随着事件 x 出现”这样的命题，人们是如何知道其中存在着那种对于论证命题有效性而言十分必要的因果关系的？同时，他也对在他之前的因明学者——陈那论师的一种论述提出了异议，即：若从未观测到事件 y 脱离事件 x 而存在，便足以说明“事件 y 不会脱离事件 x 而出现”这一命题的有效性。本文包含了《释量论》中“自义比量品”的第 11—38 颂，以及法称论师本人的注释。同时，译者也对文本进行了阐释，详细地介绍了所译文本的核心议题，以及这些议题在法称论师之前的文本中的历史沿革。

【关键词】 比度　因果性　自性相属　相离　不可得因　演绎法　法

---

① 译自 Gillon & Hayes, “Dharmakīrti on the Role of Causation in Inference”, in *Indian Philos* (2008) 36, pp. 335 - 404.

称　陈那　自在军　角官

介　绍

《释量论》（下文简称“PV”）是法称论师的著作中颂文最多的一部，法称论师本人对这部论著中的一品以长行形式做出了注释，本文就是针对这部分内容所做翻译的第二部分。至于《释量论自释》（后文简称“PVSV”）的第一部分译文，以及笔者对其做出的阐释，则可以参见笔者于1991年发表的论文，那篇文章对于《释量论》及其在印度哲学中的重要性进行了介绍。

和《释量论自释》的第一部分译文一样，笔者对于法称论师所作之本颂和注释进行了自己的阐释。本文的整体结构如下：首先，第一部分是“法称论师所作本颂之译文”，内容为对《释量论》本颂中第11—38颂的翻译；其次，第二部分是“法称论师对‘自义比量品’所作自释之译文”，内容为法称论师对上述颂文的解释。“法称论师对‘自义比量品’所作自释之译文”这一部分的科判是按照颂文的顺序排列的，即PV 11直至PV 38。这些科判中颂文的序号与Gnoli梵文本相对应，而科判后括号中的页码则分别与《释量论自释》的两个不同梵文本及一个藏文本对应。举例来说，“PV 11（G 8. 16；P117. 13；D265a. 8）”表示的是：本颂第十一颂，Gnoli梵文本第8页第16行，Pandeya梵文本第117页第13行，德格版藏文本265页a面第8行。

最后一部分是“笔者对于法称论师‘自义比量品’自释之阐释”，内容包括笔者对法称论师自释的阐释。这一部分的科判以在我们看来非常明了的方式与“法称论师对‘自义比量品’所作自释之译文”部分的科判一一对应，即：所有会在第三部分中讨论到的文本，在译文部分里都以交叉引用的方式进行了标注，并且这些标注能够与第三部分讨论相关文本时所用的科判相对应。

释量论·自义比量品·11—38 颂[①]

由因未与合，比知其果者，有余、无能故，如由身比贪。11

唯异品未见，而见其总果，因智是似量，如语比贪等。12

唯异品不见，非即无错误，容有错误故，如比釜饭熟。13

若唯以不见，便说遮止者，此是疑因故，说彼名有余。14

于因三相中，为对治不成、违义与错乱，故说须决定。15

错乱对治中，所说异品法，若不见为果，不说亦能知。16

说无之语言，非显彼唯无，若说无应理，尔乃知为无。17

若不见能遮，岂是有余误。有遮亦成因，不成、合非说。18

差别成决断，正因不见故。若余量害者，非不见而无，19

如是于余因，容有余量害。不见故，所触　见不具，无误。20

由处等差别，物能力各异，见一而谓余，定有则非理。21

我、地有知等，非能立为无，岂唯不可得，是因无能立？22

故由彼系属，自性遮自性，或由其因法，于果无误故。23

不尔遮一法，云何余亦遮。如说人无马，岂亦非有牛。24

如是一近故，云何余亦近。如言人有牛，岂是亦有马。25

故定异法喻，不必许所依，由说彼等无，此无亦知故。26

喻彼性，因事，为不知者说，若对诸智者，但说因即足。27

故知系属者，说二相随一，义了余一相，能引生正念。28

故无因、自性，有遮亦是因。理应可得者，无所得亦是。29

如是无得因，此虽说三种，由于结构门，有多种差别，彼及彼违等，不通达、通达。30

由是因果事，或自性决定，若无定不生，非不见非见。31

否则余与余，如何有决定。若法有余因，则如衣染色。32

若法有余因，则应成他性。后生故非因，是果何能定？33

烟是火之果，果法随转故。若无彼有此，越出具因理。34

无因不待余，应常有或无。诸法暂时生，是由观待故。35

---

① 译者按：本文在此处附上法尊法师译出的《释量论》本颂。

若帝释顶上，是火性即火。若非火自性，如何彼生烟？36
烟因自性火，具彼能差别，若烟从非烟，因生，则无因。37
由随转随遮，见某随某转，彼性彼为因，故异因不生。38

释量论·自义比量品·自释11—38颂

（略）[①]

笔者对于法称论师“自义比量品”自释之阐释

背景知识

虽然印度经典中推理论式的使用和研究，在各种意义上都可以追溯到公元以前，但第一位给予量论一个正式界定的学者应该是佛教哲学家世亲菩萨（公元5世纪）。正如桂绍隆在其文章（1986b，p. 165）中提到的那样，世亲菩萨认为印度经典推理论式由三个部分构成：一个宗法（pakṣa）和两种因，两种因即所立法（sādhyadharma）和因（hetu）。更进一步，世亲菩萨的同修无著菩萨在其针对某个不确定的学派（但至少有一位学者认为这个学派是数论派）所著之《顺中论》里，提出了一个观点：当且仅当一个量的因符合三个条件时，这个因才是有效的。这三个条件被称作“因三相”，或者可以称之为因的三个特征。第一个特征为“遍是宗法性”，第二个特征为“同品定有性”，第三个特征为“异品遍无性”。

世亲菩萨在他的著作《轮轨》当中，明确提出：相关性作为研究量论不可或缺的知识，不是指那些混杂在一起的客观联系，而是指一种形式上的关系。世亲菩萨在一些经论中将其表述为“不相离性”（*avinābhāva*），如其字面含义一样，所谓“不相离性”就是指不脱离某物而存在（拉丁语表述为 sine qua non）。有时在另一些经论中，世亲菩萨也将其表述为“无间性”（nāntarīyakatva），亦如其字面含义一样，所谓

① 译者按：法称论师的《自释》留待进一步从梵本直接译出后发表。法尊法师原本译有僧成《释量论略解》，今在本文之后发布克珠杰·格雷贝桑《释量论广释·正理海》这一部分的译文，以供参考。

“无间性”就是不被间隔（桂绍隆，1986b，p. 5）。

接着，陈那论师（公元 5 世纪末至 6 世纪初）在其师长世亲菩萨洞见的基础上，彻底剔除了量论中作为印度推理方法基础的形式结构（Steinkeller，1993 年）。首先，陈那论师对量论中的自义比量（svārthānumāna）与他义比量（parārthānumāna）进行了区分，从而使过去含糊不清的概念变得清晰明了。也就是说，人们用来增长知识的认识过程——也就是所谓的“量”，和用来说服别人的工具——也就是所谓的“论”，其实是一体之两面。事实上，在陈那论师看来[①]，“论”1 其实就是对于“量”的表述，正因如此，听闻“论”的人才能够得出与论述者相同的结论。其次，陈那论师变更了陈述论证时所用的范式以使其逻辑特征更为明显。特别是，如同桂绍隆在其文章（1986a，pp. 11—12；2004，p. 148）中提到的那样，陈那论师将涉及因和所立法的特称命题都转化为了全称命题。

现在，我们来对这一发展背景进行一些考察。在一些对于“转”（anvaya）（与所立法的因一致）和“遮”（vyatireka）（与所立法的因背离）的论述中，起初陈那论师似乎遵从了语法学家对于这两个词汇的用法。[②]

> “转”和“遮”的方法被用来构建各组合的意义，以及说明每个部分单独的含义……其方法包括观察同时出现（转）的某种含义和某个单词，以及同时消失的某种含义和某个单词。（Cardona，1968，p. 337）

如果有人如同 Oetke 那样，遵从语法学家对这两个词汇的用法，那么

---

① *Nyāyamukha*（集量论）v. 13；*Pramaṇasamuccaya*（因明正理门论）ch. 4，v. 5，both cited in Katsura（2004，pp. 137 - 138）。

② Hayes 1980 年发表的文章和 Oetke 1994 年发表的文章都就陈那论师进行了讨论，他们认为，只有陈述“遮”的命题才是全称命题，而陈述“转”的命题则是特称命题。后来 Hayes 在 1988 年改变了他的立场，并转而认同桂绍隆的立场，后者的立场在其许多著作中都有所表达。举例来说，桂绍隆在 2000 年发表的文章中就反驳了 Hayes 当年的观点和 Oetke 的立场，但本文无暇对此展开详细的论述。不过在下文的讨论中，会对涉及 Oetke 以及桂绍隆观点的地方做出标注。

他就会得出这样的结论：一个对“转”的陈述形式为，“存在包含因的同时，也包含所立法之法”；而一个对“遮”的陈述形式为，“不存在一个包含因的同时，却不包含所立法的法”[①]。由于我们无法从使用“转”的陈述中推导出“遮”，并且也无法从使用“遮”的陈述中推导出“转”[②]，所以一个论点的陈述就必须既包含“转”，也包含“遮”。一个“转”的陈述确保了所举的因在事实上不会与所欲得出的结论相违背，而一个“遮”的陈述则确保了否定给定的因在事实上是不确定的，因为此因在某些情况下具备证明它所需要的性质，而在某些情况下则不具备。关于这一似因究竟如何缺乏有效性的详细论述，将在下文第3.4.2小节中给出。而一个法称论师非常关切，并在《释量论自释》12.4节中提出的问题是，人们不能仅基于对整体的部分观测就确认一个全称命题的有效性。在有限的范围内不能观测到“有所立法而无因”的情况，并不能论证“有所立法而无因”的情况在任何条件下都不存在。法称论师认为，要想得出这样的全称命题，就要求在因与所立法之间必须存在一种自性相属（svabhāvapratibandha）的关系。

桂绍隆（2004）对陈那论师在有关“他义比量”的因的文本中所举的例子进行了非常有益的分析。桂绍隆在这篇文章中提出，陈那论师创造了一种全称命题，该全称命题所起到的作用与亚里士多德三段论式中的Barbara式中的大前提相同。这个大前提是由在“喻言”（dṛṣṭāntavacana）之前加上限定词“仅”（eva）构成的。因此，一个对于被观测物的观测，例如：观测到在有烟产生的地方（如厨房）有火，便可以通过将其表达为“仅在有火的地方有烟产生”，进而将其转化为一个大前提。但是，这种解释会产生两个非常严重的问题。第一，仅凭观测到在某些地方烟和火

① 更详细的论述可参见Hayes（1988，pp. 118－119）。

② 这就是说，人们无法从“所有非A都是非B”中推导出“有些A是B”，除非人们假设这些词汇不是无意义的，也就是说，人们假设确实至少存在着一个A和一个B。举例来说，人们不能够从“堪萨斯州之外没有独角兽”这一命题中推导出“在堪萨斯州内有一些东西是独角兽”，除非人们确定至少有一头独角兽存在。如果事实证明确实有一头独角兽存在于世上，那么显而易见，如果“堪萨斯州之外没有独角兽”，那么堪萨斯州内至少有一样东西是独角兽。在Hayes（1980）以及Oetke关于陈那论师的文章中，他们认为一个“转”的陈述的目的在于，确定在全称否定命题中涉及的事物不是无意义的。

同时出现，就得出“仅在有火的地方有烟产生”这样的全称肯定命题，就归纳法而言是不严谨的。换句话说，使用“仅”这样的字眼并不具备有效性。其次，这样的论述并没有体现出喻和异法喻之间的区别。在论述“自义比量”时，陈那论师清楚地表明，一个喻是指因和所立法同时出现的情况。在上文所述之例子中，厨房这个喻就表示在火出现的同时能观测到烟的地方。

因和所立法同时出现的情况被称作“转”。而一个异法喻则是指代因和所立法都不存在的情况。也就是说，在某处既没能观测到火，也没能观测到烟的例子。这种因和所立法都不存在的情况就被叫作“遮”。那么，如果现在将喻和异法喻都表达为全称命题，我们就会发现“遮”和“转”不再是对于两种相互独立的、在一个归纳领域①中被观测到的关系的表达，而是变成了由于互为逆否命题，所以在逻辑上等同的两个命题。在这种新的范式中，一个“转”的关系意味着在事实上，每一个含有因的法都同时含有所立法，而“遮”的关系则意味着在事实上，不存在一个没有因却含有所立法的法。进而，如果“遮”和“转”所表达的关系在逻辑上是相同的，那么我们就不需要同时运用这两种陈述方式了。然而，根据桂绍隆的考察：

> 陈那论师认为在论述一个因时使用喻和异法喻两种例证是必要的，我认为这个态度反映了陈那论师逻辑体系的归纳本质。他想要在我们的经验世界（或者是归纳领域）中既使用喻，也使用异法喻，从而推导出一个遍充的特称命题。（桂绍隆，2004，p. 169）

桂绍隆的这篇论文之前也提到了陈那论师量论范式的“归纳本质”：

> 我们不应当忽视一个事实，即“见”（dṛṣṭa）这个字限定了陈述一个喻时涉及的明显的全域关系……陈那论师所做的遍充陈述并不一定指代一种全称的原则，反而可能预设的是一种从观测或经验中得出的特称原则。换句话说，它是一个通过归纳得出的假设命题。为了论

① 所谓的“归纳领域”，是指量论中除“宗”以外的所有法。

> 证这一归纳过程的有效性，陈那论师需要在一套证明中同时给出喻和异法喻。因此，我认为，陈那论师对于喻的表述显然表明了其逻辑的归纳本质。（桂绍隆，2004，p. 145）

遵从桂绍隆的意见，我们似乎可以认为自义比量在本质上天然就是归纳式的，而给其他人讲述道理则在本质上天然就是推理式的。陈那论师究竟如何将一个不可靠的归纳结论转化为能够作为推理依据的全称命题，是一个尚待解决的问题。另一个尚未解决的问题是，为何陈那论师坚持使用两种在逻辑上作用相同的喻，从而使得其中的一个显得非常多余，这同样也是法称论师所面对的遗留问题。

法称论师似乎继承了陈那论师对"转"和"遮"这两个概念的重新定义，即将它们作为全称命题使用。"转言"（anvayavacana）成为一种全称肯定命题，其表达形式为："所有含有因的法都含有所立法"，这个命题与"遮言"（vyatirekavacana）相等同。所谓"遮言"，就是一个全称否定命题，其表达形式为："没有任何一个法含有因却没有所立法"。针对为何陈那论师坚持使用两种在逻辑上等同的命题这一问题，法称论师引用陈那论师的言论说："首先，规矩就是，应该同时使用二者（即'转'和'遮'）来解决喻存在的不严谨以及不确定问题。"此外，法称论师也意识到了陈述一个命题的逆否命题并没有陈述任何新的事物（《释量论》第28颂及其自释）。那么，为什么陈那论师要求使用一个多余的命题？对此，法称论师在其《释量论自释》16.4节中提出了一种可能的解释，即"若谓：不可得时，唯由此非可谓无，故说"。

为了弄清这个问题，将佛教外的哲学家筏蹉衍那（Vātsyāyana，公元5世纪）和陈那论师用来进行论证的标准范式进行对比，是很有帮助的。首先，我们来考察筏蹉衍那在《正理经疏》1.1.34中提出的这个论证：

1. 宗：声无常（pratijñā：anityaḥ śabdaḥ）
2. 因：可生法性故
3. 喻：可生法无常，如陶罐
4. 合：如是，声是可生法
5. 结：因此，声无常，可生法性故

在这段论证中，筏蹉衍那使用了这样一个特称命题："可生法无常，如陶罐。”而在另一方面，陈那论师则采用如下论证（桂绍隆，1986a，pp. 11 –12）：

1. 宗：声无常

2. 因：勤勇所生故

3. 喻：所见勤勇所生皆无常，如瓶

在这段论证中，陈那论师使用了这样一个全称命题：“所见勤勇所生皆无常，如瓶。”或者，我们可以对下面《正理经疏》1. 1. 35 中的这段论证进行考察：

1. 宗：声无常

2. 因：可生法性

3. 喻：不可生法是常，如我

4. 合：如是，声非不可生法

5. 结：因此，声无常，可生法性故

在这段论述中，筏蹉衍那使用了这样一个特称命题：“不可生法是常，如我。”而与此相反的，陈那论师采用如下的论证：

1. 宗：声无常

2. 因：勤勇所生故

3. 喻：所见非勤勇所生皆是常，如虚空

在这段论证中，陈那论师使用了这样一个全称命题：“所见非勤勇所生皆是常，如虚空。”上文提到的陈那论师的两个推理论式分别具备如下所述的形式：

（一）

1. 大前提：因都是所立法，就如同喻一样。（所谓喻就是举一个既是因又是所立法的例子）

2. 小前提：宗是因

3. 结论：宗是所立法

（二）

1. 大前提：因都不是所立法，就如同喻一样。（所谓喻就是举一个既不是因又不是所立法的例子）

2. 小前提：宗是因

3. 结论：宗是所立法

就如同上述检视清楚地展现的那样，这两种形式都是有效的。

因此，在确认了印度经典推理论式中的有效形式之后，陈那论师通过使用梵文单词“仅”（eva）来保证一个论证具备因三相——即世亲菩萨确立的一个量成立所需的三个真值条件，准确地使其三段论形式具备了有效性（桂绍隆 1986a，pp. 6—10；1986b，p. 163；2000；2004，pp. 148—149）。

最后，也是最为引人注目的是，陈那论师给出了一个替代因三相但能够起到相同作用的、确保其推理论式有效性的真值条件，他称之为“九句因轮”（hetucakra）。这个所谓的“九句因轮”是一个 3 × 3 模型，它将正因与不正因区分开来，其作用等同于因三相中的后两相。“九句因轮”与“因三相”之间的相似性表明陈那论师完全意识到了被他给予真值条件的推理论式的形式特征。“九句因轮”模型在一方面包括了以所立法存在的情况为基准时，有些因存在、没有因存在以及因一定存在这三种情况；另一方面则包括了以所立法不存在的情况为基准时，有些因存在、没有因存在以及因一定存在这三种情况。当所立法存在时以所立法为基准，而当所立法不存在时则以所立法的逆否命题为基准，这样人们就得出了下表，他辨认出此表中列的第一行和最后一行，这些情况是一个确定真实的陈述。[①]

因存在于：	所有的所立法存在	所有的所立法存在	所有的所立法存在
	所有所立法的逆否命题存在	没有所立法的逆否命题存在	有些所立的逆否命题存在
因存在于：	没有所立法存在	没有所立法存在	没有所立法存在
	所有所立法的逆否命题存在	没有所立法的逆否命题存在	有些所立的逆否命题存在
因存在于：	有些所立法存在	有些所立法存在	有些所立法存在
	所有所立法的逆否命题存在	没有所立法的逆否命题存在	有些所立的逆否命题存在

① 如果“因三相”和“九句因轮”完全等同，那么中列中行所对应的量就是有效的。陈那论师并不认为它是有效的。若欲了解这些成问题的议题以及它们引发的争论，请参见 Tillemans（1990，2004）。

陈那论师对于印度经典推理论式的这种处理，造成了一个重大的问题。通过被认为是“量”的推理论式，人们应该在知道正确的前提的情况下，也能够得出正确的结论。当然，推理论式的小前提是通过观测或者另外的“量”来确认的，但是，其大前提是如何得以确认的呢？它不可能是通过一个“量”来得出的，因为大前提是一个全称命题，而推理论式的结论则是一个特称命题。然而，如果想要通过观测来得出一个大前提，就首先要知道是否所有的因都是所立法。但是，如果有人知道这个问题的答案的话，他就已经通过观测得出了推理论式的结论。其导致的结果便是，量论成为一个完全不必要的认知工具。与此同时，纵然有人观测到某些事物既是因也是所立法，他也不能够仅凭如此便合理地推论出：所有的该事物都既是因也是所立法，因为他无法确知在尚未被观测到的该事物中是否存在是因而不是所立法的情况。

最早承认在印度经典推理论式中存在这个有关如何得出大前提的问题的印度古典哲学家，是陈那论师的弟子自在军论师（Steinkeller 1997, p. 638）。他认为人们是基于所谓的“不可得因”（anupalabdhi），从而知道推理论式大前提是正确的。也就是说，根据自在军论师的观点，对于所有的某一事物而言，“有因就一定有所立法”这一结论，仅仅凭借无法观测到该事物存在“有因却没有所立法”的情况就可以得出。正如 Steinkeller 解释的那样：

> 根据自在军论师的观点，缺少异品（vipakṣa）的因（hetu）能够被第三种量证明，这种量叫作“不可得因”，也就是“一无所得”（upalabdhyabhāvamātram）。这个新理论导致的结果就是，自在军论师重新考虑了有关因的决定（avyabhicāra）和因三相的整套理论，并认为该理论对于所立法来说是无错谬的。自在军论师的这一概念使得他不再像他的老师陈那论师那样，仅仅凭借因三相来确定一个因的正确性，而是凭借至少四相来确定因是正确的。其中，第四相即所立必须未被现觉所妨难（abādhitaviṣayatvam）。（Steinkeller 1996, p. 84）

这个仅仅使用“异品未见”（adarśanamātra）来确定大前提的有效性的方法可以追溯到陈那论师。如同桂绍隆（1992, pp. 226 - 227）所展示的那样，陈那论师使用这种方法来建立一个词语和它所表达的意思之间的关系。这个方法被自在军论师用来确定（*niścaya*）一个有效的印度经典推理论式中的大前提是正确的。

然而，这种方法并不能解决这个问题。正如法称论师著作中的许多地方（G12.04；PV 13 和 G13.01；PV 21 和 PV21.01）指出的那样，仅仅是不能观测到某物是因但不是所立法，根本不能够保证某物是因就一定是所立法。毕竟，虽然人们从未遇到过某物是因但不是所立法的情况，可是谁又能保证某物是因但不是所立法的这种情况只是尚未被人观测到而已呢？举例来说，人们有时会从蒸锅中夹出一点米饭来确定饭是否已经煮熟，但正如每一个厨师都知道的那样，锅里有一些米饭没被煮熟的可能总是存在的。

为了论述这个构成了我们所翻译的文本主要内容的问题，法称论师详细地论述了他已经在《释量论》前 6 颂及其对应的注释中阐释过的问题。在这里，他对“量”进行了定义，并且主张在一个有效的论证中的全称命题，应该以因和所立法之间的自性相属关系为根据。自性相属关系只有两种：从彼生（tadutpatti）的关系，也被叫作因性（hetu - bhāva）与能作所作（kārya - kāraṇa - bhāva）的关系；以及其自性（tādātmya）的关系，也被叫作彼性（tadbhāva）的关系。在这两种自性相属关系的基础上，法称论师将有效的比度分为三类：依自性的比度、依彼生的比度以及依不可得的比度。所谓依自性的比度，概言之，其周遍关系是因的属性和所立法的属性之间的系属。而所谓从彼生的量，其周遍关系是作为果的某事的一组处所和作为因的某事的一组处所间的系属。

回到我们上文提到的问题，法称论师坚持认为，对于限定了全称命题大前提的关系的了解，是对大前提真实性了解的充要条件。确保大前提普遍性的关系及对其的了解，确保了人们对于大前提正确性的了解。

在《释量论》中的 7—12 颂及其自释中，法称论师认为两种量是不可靠的：一种是从因推导出果的量（《释量论》第 7—11 颂），一种是从果推出某些因的量（《释量论》第 12 颂）。在所译文本的其余部分内容中，法称论师论述了关于大前提的两种形式的情况的问题，特别是有关它们如何被确定为真、它们之间如何相互关联以及它们在一个论证中起到什么作用等问题。在《释量论》的 13—32 颂中，他批判了那种认为仅仅通过“不得可因”或者“异品未见”就可以确定大前提有效的观点，并在可能的情况下引用陈那论师的说法来支撑自己的观点。接着，在第 23 颂中，法称论师转而论述自有其性和从彼生这两种他认为能够确定大前提真实的自性相属关系。正如他在第 26 颂和第 27 颂及其自释中阐释的那样，陈述大前提的目的是表达保证其真实性的自性相属关系。他在与接下去的两颂相关联的文本中进一步解释道，这两种大前提的形式其实是相同的，每种形式其实都能够从另一种形式中通过推论（arthāpatti）而得出。他在第 29 颂和第 30 颂及其注释中详细论述了有关最初在第 4 颂里提到的不可得因的量的问题，即各种不可得因的量是如何基本上以一种不可得因的量，以及对于两种大前提形式的了解为基础的。接着，法称论师转而论述有关自性相属关系如何被确认的问题。他并没有直接讨论自有其性的关系总的来说是如何被确认的问题，取而代之的是，他专注于在佛陀广为人知的诸行无常的教导之下，对自有其性的关系的确认，这体现在《释量论》的第 33 颂及其注释中。而与此相反的是，从第 34 颂开始，法称论师确实从总体上论述了从彼生的关系是如何被确定的问题，虽然这种论述并不成功。在我们所翻译的文本的最后一段，法称论师对因果关系及其确认进行了详细的讨论。

有鉴于从彼生的关系或者说因果关系的重要性，法称论师认为，我们应当用一个简短的论述总结一下有关这种关系的论述。正如读者们所周知的那样，因果关系在佛教思想中占有核心的地位。在佛教经典中，人们可以多次发现下述内容的对应巴利文：

1. 如果 c 存在，那么 e 存在；2. 如果 c 不存在，e 也不存在。

> 在法称论师诸多著作的许多段落中都可以清楚地看出，他将上文所陈述的属性看作因果关系的最典型特征。他对于这一作用的最清楚的陈述是在《因滴论》（4. 10—11）中

因果性包括：1. 如果因存在，果就存在；2. 如果因不存在，果就不存在。

类似的段落还可以在前文（《释量论自释》19. 06—8）以及法称论师的其他著作[①]中找到。

---

① 见 Inami（1999，p. 134）和 Lasic（1999）的引文。

梵文词汇“*karaṇa*”和它所对应的英文单词“因”一样，经常被用来指出一个因的要素。设想一个人走进一间充满沼气的房间并划燃一根火柴，从而引发了一次爆炸。如果有人被问及引发这次爆炸的原因，合乎道理的回答应该是：有人划燃了一根火柴。然而，如果房间里没有任何沼气，那么爆炸就不会发生。划燃火柴仅仅是众多条件中的一个而已，其他条件还包括：可燃性气体的存在、氧气的存在等，这些条件合在一起导致了爆炸的发生。

因此，正如法称论师和其他印度思想家所做的那样，将总的原因或者说和合因（karaṇasāmagrī），与那些能够被区分为主要因素和辅助因素的单独的原因，或者说具有因（sahakārin）区分开来是十分有必要的。

> 定义 1（因果关系：版本一）：当且仅当（1）C 出现时，e 出现；（2）C 不出现时，e 不出现的时候，我们说 C 是 e 的因。
>
> 定义 2（因果关系：版本二）：当且仅当（1）如果 c1^……^cn 出现时，e 出现；（2）c1^……^cn 不出现时，e 不出现的时候（C 代表和合因而 c1^……^cn 代表每一个构成 C 的因素），我们说 c1^……^cn 是 e 的因。

无论是使用和合因的概念还是因素的概念，人们都可以将法称论师对因果关系的定义分成如下两类：

虽然这两个定义在逻辑上是等同的，但是这两个定义的从句是不同的。从句（1）和从句（2）彼此对立①，而一般而言，反命题在逻辑上并不等同。

从句（1）和从句（2）通常被西方思想家陈述为：

原则一（同类因）：同类因导致同类果

原则二（异类因）：异类因导致异类果

接下来，我们应该确定第二个逻辑起点。逆否命题在逻辑上是等同的。② 上述第一个定义的从句（2）的逆否命题为：如果 e 出现，那么 C

---

① 从命题逻辑的角度来说，α—β 和非 α—非 β 彼此对立。然而从真言命题的角度而言，所有的 A 都是 B 与所有的非 A 都是非 B 相对立。

② 从命题逻辑的角度来说，α—β 和非 α—非 β 互为逆否命题。然而从真言命题的角度而言，所有的 A 都是 B 与所有的非 A 都是非 B 互为逆否命题。

出现；上述第二个定义的从句（2）的逆否命题为：如果e出现，那么c1^……^cn出现。而原则二的逆否命题为：同类因有同类果。

综上，我们从因的角度定义了因果关系。当然，同样，我们也可以从果的角度来定义因果关系。毕竟，当且仅当e是C的结果时，我们说C是e的因。相似的，当且仅当e是c1^……^cn的结果时，我们说c1^……^cn是e的因。

就像许多其他印度或欧洲、古代或近代的思想家们一样，法称论师承认，人们不能够仅仅凭借某个结果的影响因素之一就有效地推论出这个结果。假设某人划燃了一根火柴并且导致一个房间被引爆，但没有人可以仅凭划燃火柴这件事就能有效地推论出“划燃火柴会导致房间爆炸”。这是因为，划燃火柴这件事仅仅是产生这一结果的众多因素之一。在不确定其他因素到底是否存在的情况下，人们不能够做出任何推断。

然而，人们一般认为，对于全部因素的了解，也就是对于和合因的了解使得人们可以推论出相应的结果。但法称论师反对这种说法，他认为，即使人们所有的因素已了知，人们也无法就此推论出结果的生起，因为还可能会存在一些其他的障碍因素阻碍结果的产生。

那么，如果从因到果的推论是无效的，从果到因的推论又如何呢？一些从果到因的推论看起来是不容置疑的。假设一个护林员看到有一缕烟在山间升起，那么他可以很合理地推论出那里着火了；但是，仅仅凭借看到有烟升起，并不能合理地推论出着火的是杜松还是黄松。进而，如果护林员闻到了烟的味道并且推论出着火的是什么树种，他也无法合理地推论出火情到底是由雷击引发的，还是由粗心的宿营者留下的余烬引起的，还是有人故意纵火。但是，之后去起火现场进行进一步的调查，则能够使他分辨出上述几种情况哪一种是真实情况。

不论上文所述那些问题到底有没有产生，人们总是可以通过对某一事件结果的谨慎调查，得出一个确定无疑的、唯一的和合因。换句话说，一个结果是否有可能是由两个和合因造成的？并且人们是否有可能无论如何推理也不能确定到底哪一个和合因导致了这个结果的产生？承认这种可能性就相当于承认了 John Stuart Mill 提出的有关多重原因的原则，此观点体现在其著作《一个逻辑系统》（*A System of Logic*，第三册“归纳法”）第十章中（关于多重原因与混合结果，Of Plurality of Causes and the Intermixture of Effects)，但这一章节或许叫作“关于多重和合因的情况”(Plurality of Totalities of Causal Conditions)，或者干脆叫作“关于多重和合因”(Plurality of Causal Totalities) 更好一些。

定义3（多重因果）：当且仅当对于部分 C1，……，Cm 来说：(1) 如果 C1 v ……v Cm 出现，那么 e 出现；(2) 如果 e 出现，那么 C1 v ……v Cm 出现时（m 大于等于 2 并且每一个 Ci 都和其他的 Cjs 不同），我们说 e 有多个和合因。

正如我们将在下文“关于《释量论》34.3”中看到的那样，法称论师驳斥了一个事件有多个和合因的可能性。

关于《释量论自释》11.1—38.2 颂的评论

对《释量论自释》11.1 节的解释

在《释量论》第7颂中，法称论师论述了有关从和合因中能够推论出什么的问题。他指出，人们最多只能从其中推论出结果有可能产生，因为一个障碍因素总是可能阻碍结果的生起。他说，这个有效的比度属于自性比度，因为产生一个结果的可能性恰恰就是它的合和因。法称论师认为不能根据和合因的存在推导出其结果的产生，他的这种观点直接导致的结论就是，人们不能根据和合因之中某个因素的存在就推论出其结果会产生。毕竟，如果人们不能根据和合因的存在推导出其结果的产生，人们显然也无法根据和合因之中某个因素的存在推论出其结果会产生。法称论师通过以一个“量”为例阐明了这个通用的观点，在这个例子中，如果这个“量”有效的话，它就会导出一个违背佛陀教理的结论。这个“量”基于一个用全称命题来表达的流行观点：

(1) 凡有身者就有贪

他指出，贪不仅仅需要有身体，还需要有识和智。我们知道，身体、意根和智力都是属于能引发贪的和合因的因素。然而，仅凭某人有身体就推论出他有贪是一个无效的推论。其之所以无效，是因为我们没有考虑到引发贪的所有原因。根据佛陀的教诲，还有一个和合因中的因素必须被考虑进来，它就是“我、我所执”（*ātmātmīyābhiniveśa*），一种由于非理作意（*ayoniśomanasikāra*）而产生的有漏法。根据标准的佛教思想，阿罗汉和佛因为断除了非理作意所以没有能引发贪的“我、我所执”。

对《释量论》12.1颂的解释

在之前的讨论中，法称论师否认人们可以通过一个因推论出它的结果。但正如我们在前文所述的那样，他坚持认为人们可以通过一个果推论出它的因。然而，他将从果推出因的量限制在推出果的直接原因的范围内。这种限制是他在驳斥一个结论违背佛陀教导的无效的量时提出的。这个“量”就是：

（2）a. 凡是人说话都是出于贪

b. 佛说话

c. 因此佛说话是出于贪

这个论证很显然在逻辑上是有效的。况且，佛陀会说话这一点是不容否认的。因此，想要驳斥（2）c这个明显违背佛陀教诲的结论，就必须先否定（2）a这个大前提。因此，法称论师说：贪不是单独由说话引起的，它还由想要说的欲望引起。

对《释量论自释》12.2节的解释

同时，法称论师立即就提出了对上述论证的反驳，即想要说的欲望本身就是贪。接着，他通过区分两种思维状态来回应这一驳斥：那些受到一个或全部四颠倒见影响的人和那些不受四颠倒见影响的人。所谓的四颠倒见是指：倒执无常为常、苦为乐、无我为我、非我所有为我所有。受颠倒见的影响就会导致非理作意，对治非理作意的办法就是培养对逻辑和认识论原则的正确理解。欲望是一种精神状态，因此，它可以在非理作意的影响下成为不合正理的，也可以解脱非理作意的影响从而成为合乎正理的。事实上，正如法称论师所说的定义那样“贪（rāga）是心中猛利的贪爱，它受人们对常、乐、我及我所的信心的驱动，并且它的所缘境是有漏法（sāsrava - dharma）”。然而，并不是所有的欲望都受到四颠倒见的影响。对于能够如理作意的人来说，欲望也会产生，但这些欲望却不是邪恶的。这种心所法可能是由慈悲心，也就是救助他人脱离苦海的心产生的。最后，法称论师保证道：“展示慈悲心等并不像其他的欲望那样”，也就是说它没有被颠倒的见解所污染，“因为它们的产生也是完全不同的”。

法称论师接着说道：

> 人们不可能仅仅凭借说话这一行为就知道这些，因为一个无贪的人说话，一个有贪的人也说话；人们也不可能从说话的某个特殊行为中知道这些，因为说话的人的意图是很难判断的，并且所有说话的行为都是不可靠的，因为行为是复杂的。

没有任何“量”是可靠的，除非它的因贯串从其所推出的事物的始终。说话的行为贯串于想说的欲望中。换句话说，没有人会说话，除非他们自己想说。然而，不善的欲望却并不贯串于说话的行为之中。根据阿毗达磨的理论，欲本身既不是善的（kuśala）也不是不善的（akuśala）；如果一个欲念是由非理作意生起的，那么它就是不善的。如果它不是由非理作意生起的，那么它就是无记的或者是善的。虽然人们可以知道自己的心所法是善的还是不善的，但人们却无法确定别人的心所法的性质，其原因在于：有贪的人和无贪的人一样能说话。事实上，根据法称论师的观点来看，他们都能够说完全相同的语句。但是并没有什么要素是仅仅出现在有贪的人所说的话中，却不出现在无贪的人所说的话中的。简而言之，法称论师虽然承认人们可以通过某人在说话这一行为，准确地推论出他有说话的欲望，但他坚持认为人们不能确定这个欲望到底是善的、不善的还是无记的。这是一种在上文中，法称论师已经驳斥过了的、认为一个结果可能由多重原因引发的观点（《释量论》第33—38颂都有提及）。

暂且将这些内容记在脑中，让我们回过头来看看法称论师在这一节最初提到的，对于“欲望本身就是贪”的这种反驳的回应。让我们来回想一下，法称论师反对前文所述的大前提2a，亦即“凡是人说话都是出于贪”。他给出的理由是：说话这一行为不仅仅是由贪引起，还由想说的欲望引起。并且他之后解释道：这种想说的欲望可能是不善的，但也可能是善的。针对这一观点产生的反对意见认为想说的欲望本身就是贪。法称论师用一个有些费解的句子回应了这一反对意见，他说：“由于被承许，所以不会有任何事情是矛盾的。”（iṣṭatvat na kiṃcit bādhitam）但问题是，当法称论师说“由于被承许”时，他承许的什么？

表达法称论师所承许的内容的最自然的语法形式就是先行从句，也就是对那个反对意见的陈述。因此，法称论师看起来似乎承认了想说的欲望是一种贪。但是，如果真的是这样的话，那么法称论师就相当于承许了那个他费尽心力想要驳斥的命题，也就是“凡是人说话都是出于贪”。①

角官明确地承认了这一问题，因为他认为表达了法称论师所承许的内容的语法单位，就是第二个从句中那个第五格（从格）名词所表达的内容，也就是，“*vacanasya vaktukāmatāsāmānyahetutvāt*”。这在他对于存有争议的那个句子的注释中表达得非常清楚。他说：“*vaktukāmatākāryasya vacanasya iṣṭatvāt*”（由于说话这一行为被承许为想说的欲望的结果），“*na kiṃcit aniṣṭam*”（没什么是不被承许的）。

然而不幸的是，角官的解释完全没有道理。原因就是法称论师的这一回应，以及反对者关于想说的欲望就是贪的说法，都承许了“凡是人说话都是出于贪”这一命题，而这恰恰是法称论师试图驳斥的。

那么，法称论师在这里是自相矛盾了吗？我们二人（本文的两个作者，译者注）都不这么认为。那么，应该如何论证他没有自相矛盾呢？我们二人对此持不同的答案。

一种说法认为，表达法称论师所承许的内容的语法单位就是那个对于反对意见的陈述，但是这一陈述是有歧义的，所以反对者表达的是一种意见，而法称论师承许的是另一种意见。根据这种被 Hayes 认同的观点，法称论师对“贪”有多重理解，他有时使用这一词汇泛泛地表达广义上的欲望；而有时他又使用这一词汇专门地表达负面的欲望，即贪瞋痴三毒等。② 如果某人认为“贪”这个词汇的意义是没有歧义的，那么法称论师就自相矛盾了。然而，如果这个词汇在不同的语境下有不同的含义，那么这种看似自相矛盾的句子就可以解释得通了，但这样就会使得文本中的关键词就文义而言，存在疏忽大意、模棱两可的问题。但根据已有资料，我

---

① 这种解释被 Dunne（1996）所采纳。这种解释导致的令人遗憾的后果就是，法称论师在承许一个有效的量的大前提和结论的情况下，仍对这个量予以驳斥并认为它是无效的。

② 这种语义上的歧义在英语中也有体现，比如“喝的”（drink）既可以指普通的饮料，也可以指含酒精的饮料。

们可以看出法称论师自己似乎也主张理解他人的想法是非常困难的，所以我们很难说清法称论师使用这种令人费解的说法，到底是因为他处在混乱的状态，还是因为他想要使用一个巧妙的表达方式。

而另一种被 Gillon 认同的观点是找出一个不同的表达法称论师所承许的内容的语法单位。这个语法单位是什么呢？一个可能的答案就是下面的这句话。让我们回忆一下，在说“凡是人说话都是出于想说的欲望”这句话时，法称论师避免了得出“凡是人说话都是出于贪”这一结论，正如我们所见的那样，他采用的办法是坚持认为说话的欲望既可能由贪引起，也可能由慈悲心引起，他认为这二者是完全不同的。换句话说，法称论师认为想说的欲望，以及因此而说的行为，是由多重原因引起的。正是这种对于慈悲心和贪心产生的欲望不同的观点的承许，使得法称论师避免了得出他的论敌得出的结论。虽然这一说法在他之前论述“想说的欲望不只由贪引起”时也略有提及，但只在后面的句子中他才正式地予以陈述。这种解释的关键之处就在于对“贪”的定义，这个定义在后面的句子中被立即给出了。

这就产生了一些问题：“由于被承许”（iṣṭatvāt）这种表达可以被理解为是与后面的句子，而非前面的句子相联系吗？法称论师有说过“由于那被承许的”（iṣṭāt），那么这一表述是有可能与后面的句子相联系的。但是这种说法并没有文本依据。“由于被承许”真的可以这样理解吗？没有任何已知的古典梵文语法否认这种可能。并且，如果认为它不可以被理解为与后面的句子相联系，就会使法称论师陷入不合常理的自相矛盾之中。

对《释量论自释》12.3 节的解释

在这一小节中，法称论师提出了另外三种宣称“凡是人说话都是出于贪”的论述，并且一一予以驳斥。这些论述以及法称论师对它们的反驳，其实也就是整个小节，都已经在 Gillon（2007）中论述过了。尽管如此，我们仍然想要特别关注其中两个令人费解的句子，以及法称论师针对三种论述中的一种的反驳。

首先，我们来讨论一下两个令人费解的句子。第一个句子是关于“*iṣṭam aviparyāsasamudbhavāt na doṣaḥ*”（G9.11—12）的表述，根据注释传统以及藏文译本，我们将它翻译为：“许。从无颠倒起故，无过。”

角官（K52. 19）和其他的西藏译师一样，将“iṣṭam”（承许）当作只有一个单词的句子。因此，“iṣṭam”必须是一个逻辑主语的谓语。那么，这个逻辑主语是什么呢？唯一可能的答案就是它之前的那个句子，也就是“*saiva ragaḥ*”（这就是贪），在这句话中，前面的那个词汇“sā”（这）是指“karuṇā”（悲心）。然而，如果法称论师承许悲心也是贪，那么根据佛教教义，佛是有悲心的，所以佛一定有贪。但这恰恰是法称论师试图驳斥的观点。

另一种解释是认为“*iṣṭam*”是句子的主语。他说，被承许的事物（iṣṭam，也就是悲心），并没有过失，因为它不是由颠倒错乱所生。而这，才是法称论师的立场。

第二个令人费解的句子是对于“*tadanyena doṣavattvasādhane na kiṃcit aniṣṭam*”［全无不许由异此（贪）者成立具过失］的表述（G9. 19—20）。根据角官的观点（K53. 24—54. 01），这句话应该这样理解：无贪之人也可能有除了贪之外的有漏法，比如想说的欲望等，对于这个论述，没有什么是我们不承许的（*tadanyena rāgādibhyo 'nyena vaktukamatādinā vītarāgasya doṣavattvasādhane na kiṃcit aniṣṭam*）。但这种解释似乎不符合法称论师之前的论述：“一切种未增益非真实故，无过。” （*sarvathā 'bhūtāsamāropān nirdoṣaḥ*）人们预想法称论师想要说的应该是：无贪之人没有想说的欲望等与贪不同的法，对于这个论述，没有什么使我们不承许的。

现在我们转而讨论法称论师驳斥的一种论证（G9. 20—10. 01）。正如所说的公式那样，说话是出于贪，所以其他说话的人也是出于贪。因此，凡是人说话都是出于贪。

正如法称论师指出的那样，由于这个论述在论述其他的法时都不能成立，为什么当它论述贪时就能够成立了呢？因此，正如角官（K54. 04）所阐释的那样，特定的法比如黑色或沉重，在被说话的人观测到的时候并不总是被其他人观测到。所以，为什么在论述贪的时候，事情就变得不同了呢？

值得注意的是，这个被法称论师驳斥的论述并不只是在他的另一部著作《成他相续论》（*Santānāntarasiddhi*）中被提到，在《释量论》的其他部分中也被提到（*Pratyakṣa*, v. 475cd—476c）。正如桂绍隆（1996）指出的那样，这一论述的提出要早于 J. S. Miller（1865. Chap. 12）提出的、用来论证其他思想存在的论述。下面是一段《释量论》中的论述。

> 故由觉成义，非由义成彼。彼未成则义，无自成立故。现觉及从彼，见言及动等。（桂绍隆，1996）

对《释量论自释》12.4 节的解释

让我们回想一下，法称论师一直在做的事情就是论证他关于印度经典量论看法的合理性。在这之前的颂文及其注释中，法称论师否认：一般而言，人们可以有效地从一个原因推导出它的结果。然而，正如前文详细的讨论所展示的那样，事实也并不总是这样的，因为法称论师承认至少在两种情况下，两个不同的和合因会导致完全相同的结果。但是，正如我们所说的那样，法称论师认为，人们可以根据事物的结果，有效地推导出那些与上述不同的和合因相同的、能产生一个结果的原因。但是，这样就会产生一个问题：人们如何判断哪一个原因是与整个和合因相同的，而哪一个原因又是与和合因中的一个或者一些相同的？这个问题，正如我们上文所提到的那样，如果法称论师不想削弱他针对自在军论师所遗留问题的解决方案的有效性，那么这个问题就是非常要紧的。让我们回想一下，法称论师希望将所有有效的量都限定在两种关系之中，即：有其自性的量和从彼生的量。如果人们既不能从因推导出果，也不能从果推导出因，那么对于包括众所周知的“由烟知火”推论在内的、法称论师认为被限定在因果性当中的量而言，他的解决方案是失败的。

显然，法称论师必须同意原因可以有效地从结果中推导出来。并且，在这一段文本中，他确实也是这样做的。这一段文本中的关键词是“*nāntarīyaka*”（无间的）。角官（K55.04）用“*avinābhāvin*”（不离的）这个词汇来注释它，藏文一般将“*avinābhāvin*”翻译为“*med na mi 'byung ba'i*”（若无则不生）。Hayes 和角官一样，将这个限定词理解为：它将可推论的因限定为那些恒常不变地与结果相关联的因。Gillon 认为，“*nāntarīyakam*”一词字面上以及派生的意思就是“没有间隙”，因此也就是“立即”。他认为法称论师试图对直接原因和异熟因做出区分，并且法称论师认为在因果关系的基础上，只有直接原因才是可推导的，而异熟因则不可以。因此，人们可以合理地从说话这一行为中推导出它的直接原因，也就是唇齿相碰和想说的欲望，但人们不能推论出它的异熟因，也就是说话者有贪还是无贪。

但无论如何，法称论师都没有解决他的问题。因为正如西藏译师和角官所解释的那样，根据法称论师用“*nāntarīyaka*”和“*avinābhāvin*”（无间的）表达的意思，他陷入了一个循环论证之中。而根据他使用“*nāntarīyaka*”以及“直接原因”表达的意思，他陷入了一种不连贯的状况之中。在《释量论》第 31 颂（PV 31）中，法称论师借助从彼生的关系来解释无间性（*avinābhāva*），他说：对于无间性的限定既不是从观测中产生的，也不是不经观测而产生的，而是由从彼生的关系和有其自性的关系这二者产生的。这在解释上很显然是循环的，一方面，无间性经由从彼生的关系产生，而另一方面，又借助无间性来区别因和非因。但是，根据他使用“*nāntarīyaka*”和“直接原因”表达的意思，他陷入了一种不连贯的状况之中。原因就是，一旦人们承认了一个结果可以由多重和合因产生，人们就必须承认一个结果可以由多重直接和合因产生。通过下面的论证我们可以很容易地看出这一点来：如果两种和合因 C1 和 C2 产生了一个相同的结果 e，那么 C1 和 C2 就都是结果 e 的和合因；或者，在某一点上，C1 的子因 D1 和 C2 的子因 D2，这两种作为结果 d 的直接原因的不同种类的子因，本身也是导致 e 的原因。换句话说，不同的和合因必须在某一点上融合，而当它们融合的时候，这些不同的和合因就成了同一结果的直接原因。在这种情况下，要想根据一个结果推导出它的任何一个直接原因，都是不可能的。

对《释量论自释》12.5 节的解释

法称论师在这里提及了一个归纳法上的问题，这也是他将在下一颂（PV 13）、第 22 颂（PV 22）及其自释中讨论的问题。正如读者们能够回想起的那样，关于量论的一个关键问题，就是如何能够推知大前提是正确的。因为如果做出推论的人仅仅是观测到了某些案例，那么他将面临其他案例可能与此相反的风险。毕竟，正如法称论师所说的，仅仅凭借在某一时间、某一地点观测到事情向着某个方向发展，并不能保证在另外的时间、另外的地点事情也会如此。

对《释量论》13 颂的解释

从第 13 颂至第 25 颂，法称论师论述了人们如何认识印度经典量论中的大前提的问题。一方面，他举出数个论证来说明仅凭“异品遍无性”不足以使人知道大前提是正确的；另一方面，他坚持认为对于说明这一问题而言，因和所立法之间的自性相属关系才是充分的。在这一颂及其自释中，法称论师指出，虽然锅中的一部分米饭被观测到是煮熟了的，但锅中仍然有可能有一部分米饭没有煮熟。接着，他说一个仅仅以观测为基础就知道大前提正确的量，是有缺陷的。

对《释量论》14 颂的解释

上述内容使得法称论师得出了这样的结论：单纯地基于没能找到反例就得出有关大前提正确的认识，是有余的（śeṣavat），这里反例是指发现某物有因却没有所立法，因为这种方法不能消除不确定性。显然，在法称论师看来，认识需要确定性，而确定一个论述的结论是正确的，需要确定它的前提是正确的。没能观测到反例只会导致关于究竟是否会观测到反例的不确定性。因此，这种方法不能引导人们认识到大前提是正确的。换句话说，要想认识到大前提是正确的，就需要先认识一个量所属的因之间的自性相属关系。

对《释量论》15.1 颂的解释

法称论师借助了陈那论师的权威来证明他的观点是可信的。应当注意的是，法称论师在这里并没有像他在提出自己的观点时那样谨慎，他说：“当没有关系的时候，不能确定有转和遮。”然而，他在这里想要表达的是，当不存在自性相属关系时，既不能确定有转——也就是第二相，也不能确定有遮——也就是第三相。因为很显然，自性相属关系的存在不足以确定它所支撑的转和遮的存在。

Steinkeller（1988）在讨论第 15 颂的时候指出，虽然法称论师和陈那论师都有使用“决定”（niścaya）这一概念，但这一概念在陈那论师的因明理论中发挥的作用，与其在法称论师因明理论中发挥的作用并不相同。

事实上，在角官（K57.21）所提到的颂文中，“决定”（niścita）这一观念甚至没有出现过。[①] Steinkeller 继续评论了其他的文本，这些文本不只包括 *Nyāyamukha*（《因明正理门论》），还包括 *Pramaṇasamuccaya*（《集量论》）。在这些文本中，陈那论师确实使用了“决定”（niścaya）这一概念，但他的用法是辩证的，就如同 prasiddha（承许）和 asiddha（不承许）一样，指的是对争论各部分的决定。但是，在法称论师那里，“决定”这一概念的用法是认识论的，是指对于一个量的行为的遍充的确定认识。

法称论师在这里提出了一个他本人以及陈那论师都认同的、关于量论的评论。只有当满足三个条件时，一个被观测到的法才能够充当所立法的因。三个条件是：（1）遍是宗法性（*pakṣadharmatā*）；（2）同品定有性；（3）异品遍无性。每一个条件都排除了一种无效的因。下述的几种因都是不可靠的：

1. 宗法不被承许——比如，如果并没有观测到山上有烟，却说“山中有火，以有烟故”，那么这就是一个无效的因。

2. 它表明了与想要得出的结论相反的情况——比如，说“是人已死，以有呼吸故”就是一个无效的因，因为呼吸恰恰是活着而非死亡的标志。

3. 对于得出的结论的某些方面来说，它是不稳定的。也就是说，它既在宗法有所立法的情况下出现，也在宗法没有所立法的情况下出现——比如，说“矮松于冬日落叶，以其是树故”就是一个无效的因，因为树既是落叶性植物的因，也是常绿植物的因。

这段关于因具备因三相的重要性的讨论，为第 16 颂及其自释提出的观点打下了基础。

对《释量论》16.1 颂的解释

法称论师继续强调，形成一个有效的量不能够仅仅凭借异品遍无性。他说，因为如果仅仅根据异品遍无就能够保证人们对于大前提正确的认识有效的话，那么陈那论师提出的关于遮的陈述就变得毫无意义了。

---

① 参见 Steinkeller（198，p. 8），他纠正了角官将 prasiddha（承许）误读为 asiddha（不承许）的错误。同时，也可参见 Gnoli p. 11，n. 2。

对《释量论自释》16.2 节的解释

法称论师给出了一个支持他的观点的论述。这个论述有一点难以理解，因此需要一些解释。这个论述是这样论证的：所有人都不能够理解有一种橡树不是树。也就是说，所有人都不能理解如下陈述：有一些特别的橡树不是树。如果这种否定的结果就是这个遮的表述的内容，那么一个为了引起这种心理状态的陈述就毫无意义，因为人们已经具备了这种心理状态。

对《释量论自释》16.3 节的解释

法称论师持有两个回应。首先，一个遮的陈述能够使人们回想起他们没能找到一个有关大前提为真的反例。在承认这一点时，人们往往没有意识到他们没能观测到某些事情，法称论师回应道（G12.04—04），他的论敌的观点虽然是正确的，但却是不相干的，因为根据那些论敌的观点，作为人们确定大前提为真的基础的认识，仅仅是反例的不存在。在法称论师看来，这种情况据推论是遍充的。因此，不需要一个关于遮的陈述。

对《释量论自释》16.4 节的解释

第二个回应（G12.04）是这样的。观测不到有关大前提为真的反例，并不需要使人们陷入确知他们没有观测到反例的心理状态之中。因此，对于法称论师的论敌而言，做出一个遮的陈述只是为了提醒谈话的对象，他并没有观测到反例这一事实而已。法称论师在下一颂及其注释中讨论了这一问题。

对《释量论》17.1 颂的解释

再一次，法称论师反驳说论敌的说法是不相干的，因为真正关键的问题是论述的对象到底是不是大前提为真的反例，而不是人们谈话的对象有没有观测到一个反例。换句话说，没有观测到一个大前提为真的反例，并不能保证论述的对象本身不是一个反例。因此，一个关于没能观测到大前提为真的反例的提示，并不能在事实上保证论述的对象本身不恰好是一个反例。

对《释量论》17.2 颂的解释

根据法称论师的观点，需要被传递的信息不是人们没有见过任何反例，而是一个能够保证眼下的案例不可能有反例的规则。正如法称论师所说：那些承许宗法的因不存在没有所立法可能性的人，必须给出能够说明“不可能”的原因的规则。

对《释量论自释》18.1 节的解释

法称论师转而讨论可能被认为有效的五种无效的量中的第一种，也就是仅仅包含异品遍无的遮的表述。第一种量是一种明显的无效的量。思考一下下面这种有效的量：

（3） a. 这根树枝上所有的果子都是甜的

b. 这些果子来自这个树枝

c. 因此，这些果子是甜的

设想一个样本，在这个样本中只有一个果子而它恰好是甜的。但是假设所有其他的果子都不是甜的。由于没有任何从这棵树上取下的果子样本不是甜的，所以根据异品遍无性，可以说这根树枝上所有的果子都是甜的。将所有剩下的果子视为宗，那么一个合理的推论就是，这根树枝上所有剩下的果子也都是甜的，但是，根据推论，这是假的。

对《释量论自释》18.2 节的解释

根据角官的说法（K61.10ff），自在军论师认为，关于所立法的某些方面的因的无谬性，应该这样定义：

> 当且仅当人们怀疑是否存在没有所立法的因的时候，对于所立法的某些方面而言，因是有误的。

让我们更加谨慎地考虑一下这个定义。想要这样做的话，根据这段定义中的每一个命题的反命题公式化地进行考虑，是很有帮助的。

> 当且仅当不存在没有所立法的因是毫无疑问的时候，所立法使因

遍充。

这就产生了一个问题：毫无疑问是否遍充的充要条件？它显然不是必要的，因为有可能所立法使因遍充，但人们质疑不存在没有所立法的因这种说法。它同时也不是充分的，因为人们可能既不相信也不怀疑到底存不存在没有所立法的因，但所立法使因遍充。或者人们可能错误地认为存在一个没有所立法的因，但所立法仍然使因遍充。

然而，法称论师提出了一个不同的问题。他指出，这个定义在根本上不符合一个广为人知的量论观点，也就是说，它造成了一种不确定性，这种不确定性是关于到底有因的量的对象有没有所立法的。如果人们承许这是一个正确的量的特征，那么根据上述的定义，没有任何所立法使因遍充，因为，在所有量的案例中，人们都无法确定所立法到底是不是一个量的对象。

对《释量论自释》18.3 节的解释

法称论师思考并且驳斥了一个对于自在军论师有关错谬的定义的修正。

修正 1：“当且仅当人们怀疑是否存在区别于量的对象即宗的、没有所立法的因的时候，对于所立法的某些方面而言，因是有误的。”

正如法称论师展示的那样，这个修正并没有什么作用，因为它依赖于完全相同的对象。因为考虑一个像之前那个一样的量，排除了区别于量的对象即宗的、没有所立法的因的例子，而这个例子恰恰就是宗。

法称论师总结道，错谬不在于对相关的遍充到底有没有反例的毫无怀疑。相反，人们必须建立一个有效的量所需要的转的陈述，并且这也需要人们确定不存在任何反例。

对《释量论自释》18.4 节的解释

法称论师转而论述他之前在第 14 颂（PV 14）的注释中提出的观点，也就是说，一个假的量的错谬就在于它没能消除关于大前提的反例是否存在的不确定性，并且只有对于遮（也就是说，对于大前提为真的认识，在这里被以逆否命题的形式确定下来）的认识才能够消除这种不确定性。

并且这个对于遮的认识，需要以对自性相属关系的认识为前提。

对《释量论自释》18.5 节的解释

法称论师转而讨论可能被认为有效的五种无效的量中的第二种，也就是仅仅根据异品遍无就确立一个量的大前提为真。其结果就是，一个被乌底耶塔加罗（Uddyotakara）提出的（附于 Nyāyāsūtra［正理经］1.1.5 和 1.1.35 中）、违背佛教教义的量，会成为可被承许的。这个量的表述如下：

（4）a. 身有命而无呼吸是荒谬的

b. 这个身有命也有呼吸

c. 因此，这个有命的身体不可能无我（ātman）

这个论证是有效的并且其小前提是真的。因此，法称论师从驳斥其大前提为真入手，他反驳道，因为人们不能够确立某个无法被观测到的事物不存在——在这个论述中，就是“我”。

对《释量论自释》18.6 节的解释

法称论师接着提出了一个回应。佛教认为“我”不存在。因此，他们必须持一个强有力的观点，即所有没有生命的都“无我”。因此，这个必不可少的、对于没有所立法的宗法中的因的遮的表述，保证了大前提为真。

佛教徒可以轻松地承认这一点，并且仍然不会得出例（4）中的结论。因为对于佛教徒而言，这个论述中必须要承认的前提是：

（5）凡是无我的都没有生命

当然，这一观点不被佛教徒承许。他们对于“我”不存在的信仰与这个前提不一致，因为他们认为所有的动物都无我，但他们不会认为动物没有生命。

然而，法称论师在他的回应中谈到了其他的缺陷。首先，正如法称论师正确地指出的那样，一旦他的论敌承许了佛教徒关于“无我”的信仰，那么为什么佛教徒的信仰仅仅对于那些没有呼吸的事物是有效的呢？其次，正如法称论师补充的那样，如果他的论敌坚持对有我的事物和“无我”的事物进行区分，他就是在预设他自己的基础学说。[①]

对《释量论自释》18.7 节的解释

法称论师之前两次强调，没能观测到大前提为真的反例这一情况，只会导致人们对于到底有没有这样的反例产生疑虑。现在，法称论师试图通过找出一段陈那论师所著《因明正理门论》中的段落（第 3 颂及其注释）来证明自己的说法。在这段文本中，陈那论师论述道：论辩的双方都必须在有关一个有效的量的因三相这一方面做出同样的规定。在将因三相中的第一相——即遍是宗法性——详细地展示出来时，陈那论师扼要地陈述了应用于其他两个因相上的相似的考虑。法称论师所引用的正是这个陈述。然而，正如法称论师再一次重复的那样，仅仅基于异品遍无是不可能做出这样的规定的。

对《释量论自释》19.1 节的解释

在颂文中，法称论师转而论述了第三种应被视作无效的论证。他所想到的这一种论证，是陈那论师作为不共因（asādhāraṇahetu）而提出的。法称论师在其《因轮抉择论》（*Hetucakraḍamaru*）中举了一个这种论证的例子，这个论证的表述如下[②]：

（6）a. 凡所闻皆是常

b. 声是所闻

c. 因此，声是常

正如法称论师在其《因轮抉择论》中指出的，以及在其对《集量论》的注释中讨论的（PS 3.21，Ono 1999 p.302 n.5，亦见于 PS 2.6cd 及 PS 2.7 之间，Ono 1999，p.303 n.8）那样，陈那论师认为这种论证是无效的，他将之称为“不定因”（anaikāntika）。正如 Ono（1999，1.3 节）和桂绍隆（2004，4 节）在他们对于这段文本的讨论之中展示的那样，陈那论师要求一个有效的论证既要有遮的表述，也要有转的表述，其中，遮的

① 法称论师进一步地讨论过这一问题，见 G154.21ff；PV 4.194，PV 4.205—10（Ono 1999，Sect. 2.2.2）。

② 若想理解这个论证是如何被更广泛的佛教传统看待的，请参见 Tillemans（1990，2004）。

表述是为了否认这种论述。

法称论师不承认这种论述，但他驳斥的方式与陈那论师不同。他认为这样的论证是无效的，是因为使得其大前提为真的遣除指定之法是不确定的。[①] 法称论师在如何表述这一观点上（G14. 01—05），显得有些模糊不清。他说："这其中没有断，因为仅仅排除某法没有任何确定性可言。因为一个被确定不在某处、但存在之法，如何没能使其的不存在被了知呢?"

在理解这个句子时存在许多障碍。正如我们前面看到的那样，法称论师有时使用本体的术语来代替认识论的术语。这里，他这样做了两次：正如角官（K65. 01）所解释的那样，实在的词汇"排除"（vyāvṛtti）发挥了认识上的词汇"未见"（adarśana）的作用；本体的词汇"断"（vyavaccheda）发挥了认识上的词汇"决定"（niścaya）的作用。第二，法称论师也并没有表明这些关联词所指示的关联对象。因此，当他说"没有断"的时候，他想要说的是"在某些宗的所有喻里，都不能确定任何一个因的断"。而当他说"仅仅排除某法"时，他想要说的是"由于没能观察到某些宗的任何一个因"。

换句话说，法称论师认为，仅凭没能观测到某些能被听到的事物以及某些恒常的事物，不能够论证"凡所闻皆是常"这一论述的有效性；同样，仅凭没能观测到某些不能被听到的事物和某些无常的事物，也不能够论证"反无常皆非所闻"这一命题的有效性。当然，这是对其之前多次论述过的一个观点的重复，也就是人们不能够通过观测大前提的例子来确定一个论证的大前提为真。对于我们手头的这个例子而言，法称论师认为人们既不能从中推出"凡所闻皆是常"，也不能从中推出"凡所闻皆无常"。

对《释量论自释》19. 2 节的解释

论证（6）所引发的状况的一个显著层面就是，能被听到的事物被发现既不存在于恒常之中，也不存在于无常之中。而且，认为某物是常的看法会排斥认为某物是无常的看法，反之亦然。有的人可能会认为这种排他性会挽救这个论证。但正如法称论师所宣称的那样，情况恰恰相反。角官

① 正如 Ono 指出的那样，法称论师在《释量论》4. 218—221 中又回顾了这一论述。

解释道：

> 在那个时候，可闻性必须与常区分开来，因为可闻性排斥恒常的事物，它必须承认无常。并且与此同时，它也必须与无常区分开来，因为它排斥恒常的事物，并且它承认恒常的事物。所以，这就必须在同一时间既肯定又否定同一个事物，而这是不可能的。（K65.11—13）

换句话说，可闻性应该既排斥常又排斥无常，这样的话，根据前者，人们得出的结论是“凡所闻皆无常”，而根据后者，人们得出的结论是“凡所闻皆是常”。因为声音是所闻，人们就会陷入声音既是常又是无常的矛盾之中。

对《释量论自释》20.1 节的解释

在第 20 颂的前半段，法称论师用他一如既往的简明风格宣称其他的量也面临着违反某种认识的风险，从而结束了对论证（6）的讨论。当然，其他的量是指那些有不共因的量。

这一行颂文看起来与围绕它的两句评论并不相应。第一句话再次重复了他一再重复的一般观点；第二句话展示了对于他的一般观点的否认不符合因三相的第三相。正如角官对他的读者说的那样（K65.21），“相”说明了“异品中未见因是遮之所依”。

法称论师所想到的论证是下面的这个。异品遍无不能够作为获得大前提为真的认识的工具，因为，如果他可以的话，就会承许大前提的反例存在的可能性。而如果人们承许大前提存在反例，那么量的因相就被驳倒了。放弃一个有效的量的因三相等同于放弃推理的知识。

对《释量论自释》20.2 节的解释

法称论师考虑了一个反驳，这种反驳认为有些“量”的结论会与观测结果以及其他的量都矛盾。特别是，反对者可能认为，人们通过有效的量来限定它时，它缺少某些因；而通过观测来限定它时，它又缺少其他的因。比如，正如角官（K66.4—6）指出的那样，人们可以通过有效的推论来消去声音是常的可能性，人们也可以通过观测声音的可闻性来消去声音不可闻的可能性。①

当然，法称论师的回应是：否认有些“量”的结论会与观测结果以及其他的量都矛盾。因为这样的量不符合一个有效的量的定义特征。角官（K66.08—10）详细地论述了这一点，他说在基于没能观测到结果和自性的量中，没有什么是与观测以及量不相容的。②

对《释量论自释》20.3 节的解释

法称论师又举出了另外一种说法，这种说法也是试图论证“仅凭异品遍无就足以确定大前提为真”这一论述的合理性。这种说法宣称，如果异品遍无不足以确定大前提为真，那么陈那论师就不会提到从不相容之中产生的错误的谬论了。对此，法称论师回应道，虽然陈那论师确实提到了这种谬论，但是他并不是在处理对量的定义时这样做的。

对《释量论自释》20.4 节的解释

现在，法称论师论述到，如果仅凭异品遍无就足以确定大前提为真，那么人们就不得不承认，一个陈那论师在《集量论》中明确驳斥为无效的论述是有效的（Chap. 2，第 3 颂及相应注释；见 Hayes 的译文，1980，pp. 249—250）。角官（K66.14—15）告诉我们，这个论述是人们在《胜论经》（*vaiśeṣika sūtra*，VS2.1.9—10）中发现的，在这段论述之后的文本写道：

> 进而，这里有触，但触不是可见的事物。因此，空气并不具有可见之相。

这一论述需要一些阐释。我们首先来看一下角官给出的很有帮助的、

---

① 西方哲学家倾向于通过定义来说明声音是可闻的，并且“声音是可闻的”是一种先验的认识，而不是我们通过观测得来的认识。法称论师似乎没有对先验和后天认识进行区分。

② 在《正理滴论》中，法称论师举了一个基于“自性不得”（*svabhāvānupalabdhi*）的量的例子：“这里没有烟，因为没能获得任何具备可得之相的事物。”他还举了一个“果不得”（*kāryānupalabdhi*）的例子：“这里没有任何事物有能力产生烟，因为这里没有烟。”

更为全面的公式：

> 每一种性质都以一个实体为基础，比如颜色等。温触作为一种性质，并不是由热产生的。因此，必须存在一个作为温触基础的实体。但是这种性质并不像“地”一样属于可观测的事物，因为作为性质的温触不是由于热产生的。因此，有这种性质的实体必须是空气。因此我们说“胜论”（*vaiśeṣika*）。（K66. 16—19）

为了理解角官对这段论述的阐释，我们必须牢记下述内容。第一，梵文词汇“*sparśa*”的意思是触或者接触。这个词汇不仅仅指触这种感受，还指代任何通过触感知到的事物，包括热、冷、滑、软等。没有任何一个单独的英文单词能准确地表达后一种意思。最接近的词汇是英语形容词“tactual”（触觉的），它表达的意思是“属于或与触的器官相关，源于或者能产生触这种感觉”（参见 *Webster's Third International Unabridged*），一般我们将这个词汇用作名词，以表达一种能产生触这种感觉的性质。它更像是一种性质，也就是说感受到温，或者更直白一点，一种被接触到的既不是热也不是冷（anuṣṇāśita）的性质。

此外，人们相信大地本来就是冷的，只有通过加热才能够产生温的感触。相反，空气则被认为本来就能产生温的感触。那么，这个论述就变成如下这样：每一种属性都本来就处于一个实体之中。感受到的温是一种性质，它并不会自然地在大地中产生。但它确实自然而然地产生了，因此，它必然是在其他的实体中产生的。空气就被认为是它自然产生所依凭的实体。

这就是一个被法称论师斥为无效的论述；而根据法称论师的说法，如果认为仅凭异品遍无就可以确立一个论述的大前提为真，那么这里所说的这个无效论述则应该被承许。

对《释量论自释》20.5 节的解释

人们可能会想知道为什么这个“胜论”的论述是无效的。毕竟，难道感触到温热不符合“可得”这个条件吗？虽然感触到温热确实符合“可得”这个条件，但法称论师拒绝承认这一论述有效，是因为这个论述的一个重要的前提没有被确立起来。法称论师认为，我们无法确立温热的感触是完全与大地分离的。正如法称论师所解释的那样，所有的触都是在诸如棉铃、石头和泥这样的与土地相关的事物中观测到的。那么，我们如何确定没有任何与土地相关的事物天然地能够引发温热的感触？如果不能消除这种不确定性，我们就不能说温热的感触与全部的土地分离。

对《释量论自释》20.6 节的解释

法称论师在这里结束了对自在军论师观点的批判性评论，所谓自在军论师的观点，就是认为仅凭异品遍无就足以获得关于大前提为真的认识。

对《释量论自释》21.1 节的解释

法称论师对于自在军论师观点的反驳，是认为自在军论师的观点会导致一个量的大前提有可能是假的，而这又会相应地导致一个量的结论存在为假的可能性。换句话说，只要大前提存在一个归纳上的风险，并因此可能为假，那么这个量的结论就也有可能是假的。

在之前的讨论中，法称论师已经从不能观测到异品的角度，考察了这个关于归纳的风险的问题。现在，他从能观察到异品的角度来考察这一问题。因此，他说：即使在某个限定区域内的所有植物都具备某一特点，也并不意味着所有地方的这种植物都具备这一特点。（G15. 09—16）

对《释量论自释》21.2 节的解释

法称论师利用这一归纳风险方面的问题，来反对“弥曼差派”所说的吠陀不由任何人创作的观点。他的论述是这样的：由于没有任何特别的原因，人们必须根据一致性来推理。因此，人们会推论一个一致的句子是人们发音的努力的结果。

做出这一陈述之后，法称论师希望预先阻止对于不一致性的责难。一方面，他认为至少有一个人，也就是佛，具备特殊的精神特质，比如智慧和无贪。但是，他否认人们可以通过现量或者比量来认识这些特质，就现量而言，人们没有直接观测他人精神状态的途径，而就比量而言，在人们包括说话在内的种种行为和人们的精神状态之间，不存在一种单纯的联系。另一方面，法称论师否认存在任何不是以人为来源的陈述。或者说，他认为所有的句子本质上都是相同的，也就是说，是由发音的努力产生的。

这两种情况看起来都一样。没有人的精神状态是可见的，也没有任何行为——甚至说话，能使人把有智慧而无贪的人和与此相反的人区分开来。相似的，不生也不是一个能被观测到的性质，并且也没有任何陈述能使人将据说不生的陈述和生成的陈述区分开来。但是，法称论师认为，在第一个例子中，我们可以知道有一些人，也就是佛，拥有特殊的、无法观测到的特质，但在第二个例子中，没有任何陈述拥有特殊的、无法观测到的特质。

> 因为法称论师的推理是非常简练的，所以我们对其进行详细的解释，他首先断言：
>
> 与此相反，并不是说人类不存在特殊的、能够从仅存于某些方面的相似性推论出的因，比如说话，而是说在所有其他给出的方面存在这样一种相似性。（G15. 19 =21）

他给出了三个主要的理由。第一个理由就是，不同的和合因产生不同的果，特别是，不同的训练产生不同的精神状态。[①]

> ［1. 1］因为在所有的精神特质中都可以观测到差异，并且由于人们都承认精神状态的差异是由不同的习惯产生的，［1. 2］并且因为存在与那些习惯相似的精神状态。（G15. 21—23）

第二个理由是，我们没有理由认为任何既有的精神状态是不生的。比如，我们没有理由认为无贪不生起。毕竟，我们无论是通过现量还是比量都不能排除它。因为它无法观测，所以不能被现量排除；它也不被认为与任何已观测到的事物相容。与此同时，也没有任何果总是与贪相关联。因此，它不能被比量排除。

① 注意，法称论师否认多重因的原则。

> ［2］因为没有任何证据反驳这些量的出现，［2.1.1］因为没有任何对于无贪的观测并且［2.1.2］因为不能通过没被观测到，就在反驳的方法和被反驳的事物之间建立一种联系，并且［2.1.3］，因为诸如贪这种事物没有一个不变的结果。（G15.23—25）

第三个理由是，像无贪这样的特殊性质是不可见的，因此也是无法否认的。

> ［3］因为即使当特殊的性质存在的时候，因为不可能观测到它们，所以对它们不予考虑是不合适的。（G15.25—16.1）

现在，一个问题产生了：那些观察者能否使用一个类似的陈述，来确立他们有关吠陀的文句不存在人类作者的观点呢？特别是，那些观察者可能宣称：正如人们不能否认人与人之间的精神状态存在差异一样，人们也不能否认那些和他们不同的文句。换句话说，那些观察者认为正如人们没有理由否认有些人无贪一样，人们也没有理由否认有些文句不是由人类创作的。法称论师反对这种论点，他认为虽然人类有许多特性，也就是精神状态，不能被其他人观测到，但文句只拥有人们能够观测到的特性。

法称论师进一步地用四个论点论证了他的反对观点。首先，他先取了一个相反的说法，来反对观察者关于吠陀的文句拥有不可见的特性并因此与普通的文句有别的说法。法称论师认为，一个不可见的特性将吠陀的文句与其他非吠陀的文句区分开来的说法，是自相矛盾的。毕竟，基于不可见的、有区别的特性来区分两种文句到底是什么意思？其次，法称论师认为，所有吠陀文句中可见的特点，也都可以在非吠陀文句中找到。再次，他认为文句作为一种声音，是可以被观测到的，并且因此，文句没有一个不可观测的本质。最后，他先取了一个观察者的反例，就是说有一个人没能观测到吠陀文句的特殊性质，因为他受到迷惑无法观测到它们。或者说，法称论师认为，没有理由认为这里存在一种迷惑，因为如果没有一种关于克服迷惑的认识，我们不可能确立迷惑的概念。

对《释量论》第 22 颂的解释

在这里，法称论师提出了第五种可能被承许为有效的无效的量，即存在于异品未见中的遮的认识。正如在颂文中表达的那样，法称论师的立场是不能得“我”和不能得地中的知，并不能说明我不存在或者地没有知，更何况它不能确立全称命题的反例不存在。法称论师也提到了“胜论派”承许有我存在的观点，和“顺世派”（lokāyatta）承许地有知的观点。在注释中，他提出了一个也被数论派引用过的论述，即乳中有酪的论述。

对《释量论自释》22.1 节的解释

法称论师首先讨论了胜论派承许有我存在的观点。他认为这种一方面认为异品未见是认识的工具，一方面又承许有我的观点，在他看来是不一致的。毕竟，“我”是无法观测的。

对《释量论自释》22.2 节的解释

法称论师考虑到了一种反驳：也就是，他对于胜论派关于有我存在的论述的反驳，和他对于佛教关于有意根存在的论述的承许，是不一致的。根据胜论派的说法，人们能体验到许多种精神状态，比如快乐等。而这些精神状态是从属于某种东西的，这个东西只能是“我”。而根据佛教的观点，意识等流相续，因此它是依赖而并非从属于某种东西的，这个东西只能是意根。

法称论师回应道，在这之间没有任何不一致性，因为这两个论述所要确立的东西是非常不同的。前一个论述不仅想要确立有某个东西是精神状态的所依，它还想要说明这些精神状态——比如快乐——所依存的那个对象是与某种被先验承许的事物相同的，而这个事物就是“我”。而后一个论述仅仅试图确立意识依赖于某种事物，而并不试图说明意识依存的对象与某种被先验承许的实体相同。

法称论师强调了他对于胜论派承许有我的观点的反驳。他指出，对于胜论派所反对的“由于‘我’无法观测，所以‘我’不存在”的观点，他必须要承认“不能观测到‘我’”不能证明“我”不存在。更何况，这种承许使得关于我的任何一个方面都不能确立一个遮的表述，也就意味着没有任何一个能够得出“有我存在”这一结论的、有效的量能被确立。

对《释量论自释》22.3 节的解释

法称论师转而论述颂文中提到的第二种情况。根据法称论师的观点，“属世间者”依赖异品未见作为一种认识方式的观点，是不具有一致性的。一方面，他认为言说这一行为排斥上帝的存在，即使上帝是不能被观测到的。但另一方面，他又认为土地不排斥意识，即使在土地中无法观测到意识的存在。

最后，法称论师转而论述了颂文中没有提到的第三种情况。数论派认为和合的事物是为了其他事物的，即使许多和合物都并不表现为这样，然而他们又认为牛奶并不排斥酪，即使在牛奶中并不能观测到酪的存在。

对《释量论自释》22.4 节的解释

在之前的两个段落中，法称论师指出了三个学派的思想都存在一些命题，是基于异品未见产生的不一致性的。而现在，毫无征兆地，他开始更为详细地论述数论派的两个命题。一方面，他驳斥了数论派关于和合物都是为了其他事物的观点，指出，为了其他的事物并不会对事物是和合而成的这一命题造成任何限制。另一方面，他从胜论派的理论中，提出了他关于牛奶中观测不到酪的论断。根据后一种观点，牛奶中有酪的命题源于一般的理论，正如角官（K74.08—09）解释的那样：没有任何事物能从不具备产生它的潜能的事物中产生。

法称论师通过一个“成反质难”（prasaṅga）的论证反驳了这种陈述。他宣称，首先，具备产生酪的可能性的事物，要么与酪相同，要么与酪不同。一方面，如果能产生酪的事物与酪相同，那么，就如同酪是可见的一样，产生酪的事物也应该是可见的。但是，这种产生酪的潜能并不是可见的。另一方面，如果产生酪的事物与酪不同，那么为什么当这种潜能存在的时候，酪也存在？法称论师最后总结道，关于牛奶中存在酪的陈述，是基于牛奶能够产生酪的潜能的一种迂回的比喻。

对《释量论自释》23.1 节的解释

在详细地论述了异品未见如何没能建立印度经典推理论式所需要的、确立大前提为真的遮的表述之后，法称论师转而论述他自己的观点。整个

23—25颂及其注释，都是对此进行的讨论。

根据法称论师的观点，遮存在于：当能遍的属性被排除的时候，所遍的属性也被排除了。这就要求所立法限制（ni√yam）确立的因。法称论师认为有两种关系构成了这种限制，即有其自性的关系和从彼生的关系。法称论师就这两种关系如何成为遮的基础，展开了相对详细的论述。

为了理解法称论师所说的内容，我们应该从关注他在注释里提到的例子（G17.01）入手。让我们思考一下这句话："心沙巴树是一种树"（śiṃśapā）。在这句话中，"心沙巴树"指出了某个事物，而"树"指出了它的本质，并且这个句子将本质归因于事物。现在，如果它的本质不存在的话，这个心沙巴树也不可能存在。因此，总的来说，法称论师在理论上怀疑：在本质不存在的情况下事物是如何存在的？

这句话就是法称论师对于《释量论》第23颂前半部分的注释。即使参照这个注释，这个偈颂中的这句话的表述仍然不是很清楚。首先，假设为了韵律的缘故，法称论师省略了用来修饰"自性"这个词的限定词，即"被排除"（nivartamānaḥ）。此外，他引用的限定修饰词"tanmātrasambandhaḥ"（唯相属），在某种程度上很难理解。问题在于"sambandhaḥ"（相属）一词的形式和含义。有时，比如在G18.15中，法称论师把它用作"pratibandhaḥ"的同义词，该词本身是"svabhāvapratibandhaḥ"（自性相属关系）的缩写。但是这个词语在这里不可能是指一种关系，否则就会成为一种循环论证，因为法称论师在这里试图解释的正是：两种"自性相属关系"如何成为对于一个有效的量的必要限制的基础。对于"sambandhaḥ"这一词语含义的更好解释可能是"依赖"，法称论师常常用这一词汇的同根词"anubandhaḥ"（依赖、随转）来表达这个意思。事实上，他确实会使用"tanmātrānubandhaḥ"（不依赖于任何除此之外的事物）的简略形式来修饰"自性"（G18.19）。[①]

但即使接受了这种解释，我们仍然很难理解"sambandhaḥ"这个名

① 在G4.01中，法称论师也使用了"bhāvamātrānurodhin"一词来修饰"自性"，他同时也使用这个词汇来作为"sambandhaḥ"的解释。

词。然而，需要注意的是，它的同义表述词“tanmātrānubandhī”有着同词根的形容词形式“anubandhī”。我们也应当注意到，角官（K74. 19—20）使用了一个完成被动分词“sambadda”来注释“sambandhaḥ”，而“sambadda”本身是一个形容词形式。事实上，如意喜（Manorathānandin）很显然是像西藏译师那样理解“sambadda”的。

对《释量论自释》23. 2 节的解释

法称论师接着断言：缘起关系也会造成相同的限制。因为两种自性相属关系造成对确立的因或者因的限制，通过可确立的因，他总结道，通过确定其他的因不存在来排除一种因的不存在，凭借的是一种或全部两种自性相属关系（G17. 07）。

对《释量论自释》25. 1 节的解释

法称论师在总结他关于两种自性相属关系保证了遮的陈述的讨论时，说：“只有通过自性相属关系，因才能够表达一个可建立的事物。”（G17. 12）当然，他想要借此表达的是，关于自性相属关系的认识，和关于可确立的因的认识一起，可以产生关于可确立的因存在的认识。

一个古怪的情况需要被注意。当法称论师第一次提出两种自性相属关系的时候，他使用了“tadutpatti”（从彼生）和“tādātmya”（有其自性）这样的表述。但是，在这里他使用了“tadutpatti”（从彼生）和“tadbhāva”（有其性）这样的表述。那么，这就产生了一个问题：“tādātmya”和“tadbhāva”是如何联系在一起的？

让我们首先考虑一下“tadbhāva”这个词汇在语法上的来源。回想一下那个句子：“心沙巴树是一种树”，它的名词化表述是“这个心沙巴树的存在是一种树”。这个句子的形式是“这个东西的存在是某物”。因此，对于法称论师来说，提出作为一个简单的判断句的真实性基础的关系的一种方式，就是使用梵文的名词化复合词“tadbhāva”，而这个词汇表达的是作为某物的一种关系。

接着，让我们考察一下“tādātmya”这一表述的来源。我们再次回到这个句子：“心沙巴树是一种树。”通过使用“自性”（ātman，svabhāva）这一词汇，可将这句话重新表述为：“心沙巴树以树为自性。”这样的句子具有“这个东西以某物为自性”的形式。如果人们将这样的句子名词化，就会得到这样的句子：“这个东西以某物为其自性”或“这个东西有某种自性”。因此，对于法称论师来说，提出作为一个简单的判断句的真实性基础的关系的另一种方式，就是使用梵文的名词化复合词“*tādātmya*”，而这个词汇表达的是以某物为自性的关系。

我们有必要指出梵文的表述“tatsvabhāva”（彼自性）在词义上是模棱两可的。因此，人们既可以说树是心沙巴树的自性；也可以说心沙巴树以树为自性。因此，“tatsvabhāva”作为一个简单的持业释复合词，表示的是“某物的自性”。而作为有财释复合词，它表达的是“以某物为自性”。后者所表达的意思与“tādātmya”表达的意思相同，在这里，“ātman”的意思和“svabhāva”的意思相同，都表达“自性”的含义。最后，我们说“tadbhāva”这一表述的意思是作为某物，也就是说，是其所是。[①]

对《释量论自释》26—27节的解释

法称论师从解释两种自性相属关系如何成为遮的基础，转向讨论喻言的目的。为了影响这种转变，法称论师先前在一个三段论中的陈述，展示了一个可确立的因是不可缺少的。当然，这种不可缺少性依赖于两种自性相属关系。

在第26颂和第27颂及其注释中，法称论师转而论述喻言（*dṛṣṭāntavacana*）。[②] 在关注他的讨论之前，我们必须先了解一些法称论师遵守的但却没有告知读者的传统。正如同我们在背景知识那一节（4.1）中提到的那样，一个喻言包含一个全称命题或者说大前提，并且会提及一个有关全称命题的例子。追随着陈那论师已经完成了的实践（桂绍隆，2004）法称论师提到喻言对于喻的转喻（dṛṣṭānta），并且他提到全称命题的例子是一个所依（āśraya）。

---

① 角官（K76.03—04）在G17.13中将“tadbhāva”解释为“sādhyasvabhāva”（所立自性），也就是一个有财释复合词。

② 关于这段文本的另一版英文翻译，可参见Steinkeller（2004）的附录。

法称论师仅仅暗示了在他对喻言的讨论之下的基本假设。这个假设指向可观察到的喻的陈述的目的。也就是说，经典印度三段论的大前提，是为了让听闻三段论的人把握住自性相属关系（关于这种暗示，参见 G17.13 和 G18.12）。[①] 因为一个三段论中的喻言的意义就在于使人知道相关的自性相属关系，所以只有尽可能多地、如其所需地传递这种关系。对于那些头脑中没有自性相属关系的概念的人来说，陈述一个喻言的大前提部分就足够了（颂文 26—27ab）。[②] 对于那些头脑中有自性相属关系的概念的专家而言，对于可见的喻的陈述可以被省略（颂文 27cd）。

在传达这些内容时值得注意的一点是，为何法称论师要在这里提及，为帮助听闻者理解一个含义而所应讲说的内容？人们一般会认为，对于一个论述中需要被说出来的事物的思考，应该属于他义比量而与自义比量毫无关系。为什么陈那论师和法称论师要谨慎地区分这两种量，并且没能观测到这种区别呢？

对《释量论自释》第 28.1 节的解释

前文已经说过，两种形式的大前提互为逆否命题。逆否命题在逻辑上是相等的。在这里，法称论师着手论述这两种形式是相等的，也就是说，如果知道其中的一个为真，那么根据事实本身，就可以知道另一个为真。这也是一个被法称论师归于陈那论师的观点（G18.17）。

因为法称论师认为它们的这种相等是以自性相属关系为基础的，所以他通过先论述有其自性的关系（G18.19—19.01），再论述从彼生的关系来展示它们的相等（G19.01—12）。在这两种情况中，法称论师提出每一种大前提的形式都是由另一种产生的；毕竟，这两种形式的大前提意味着，或者说指出了完全相同的“义”（artha）。

---

① 正如 Steinkeller（2004，p. 229）适当地指出的那样，通过使用“saivāvinābhāva”（就是这个不可离性）这样的表述，法称论师“没费什么功夫就通过‘svabhāvapratibandha’（自性遮）确定了‘*avinābhāva*’（不可离）”。

② 根据角官的观点，看起来这些人是指那些曾经听说过自性相属关系，但却遗忘了的、听闻所说的论述的人（K76.16）。相关章节曾被 Steinkeller（2004，p. 223 n. 18）引用。

对《释量论自释》第28.2节的解释

法称论师以广为人知的佛教理论——凡是和合物都是无常为例，解释了人们如何获得一个遍充性基于有其自性的关系的、全称命题的逆否命题。法称论师似乎认为人们理解了事物的自性。因此，举例来说，当一个人看到心沙巴树时，他看到它的自性是一棵树。因为没有事物能脱离其自性而存在，所以我们可以得出这样的结论：如果没有树，那么就不可能有心沙巴树。

对《释量论自释》28.4节的解释

法称论师（G19.12—15）提出了一种反对意见，这种反对意见的准确内容有些模糊不清。在这里我们给出这段文本的主旨，以及角官的阐述。在《因轮抉择论》（*Hetucakranirṇaya*）中，陈那论师提出可闻性只是声音的因。这造成的情况就是，在除了声以外的所有宗法中都不存在可闻性——无论是那些有常的因的，还是那些有无常的因的。因此，我们无法知道可闻性到底是与常相关联，还是与无常相关联；我们也无法知道耳识是一种常的因的结果，还是无常的因的结果，因此，可闻性必然既不存在于常的因的缺乏中，也不存在于无常的因的缺乏中。但是法称论师说，确定无疑的是，这并不意味着耳识不存在。耳识当然存在，只不过人们无法确定它作为结果是由常的因产生的，还是由无常的因产生的，因为我们不能确定可闻性被限定的范围。因此，借助因来推理对于宗法来说是很独特的，因为人们试图在不确定性中确立另外的因。

法称论师刚刚论证了从结果得出的量的逆否命题。那么，一方面他将面临一个问题，这个问题是由他将遮与转看作相等的观点造成的。一种可能性就是，虽然他持有这种二者相等的观点，但他将不得不承许一个他认为无效的量。现在，我们知道陈那论师希望排除那些因对宗法而言是特别的并且因与宗法范围相同的量。一种这样的情况就是可闻性。没有任何与声音有关的事物可以从可闻性中推出。陈那论师给出的理由是，它不符合在一个宗法（sapakṣa）的因和所立法之间存在转的条件。

对《释量论》第 29—30 颂的注释

到此为止，法称论师讨论了基于有其自性的关系和从彼生的关系的量。在他讨论的过程中，他清楚地表明两种大前提是相等的，其中的一个是另一个的逆否命题。因此，他也就很清楚地表明了当可确立的因存在时，所立法就存在；而当所立法不存在时，可确立的因也就不存在。这表明了关于两种自性相属关系的认识，是如何充当结论为否定的量的基础的，也就是说，产生对于那些不符合情况的事物的认识。

接着，法称论师回到了“不可得”的话题，这一话题他在前面曾有所触及（vv. 3. 6 及其相应的注释）。最基本的不可得的形式就是：在某物存在的地方，可感知的事物没有被感知到，法称论师提出，这是一种量的形式；也就是说，如果一个可感知的事物没有被感知到，人们就可以推论它不存在。他接着展示了这种形式的量是如何被扩展为包括不存在在内的其他形式的量的。特别是，当不可得的事物是一个因或者一个遍充的法时，人们可以由此总结出它的结果或者周遍的事物不存在。通过考虑排除，也可以得出更深入的量。

对《释量论》第 31—32 颂的解释

正如法称论师在他对这两句颂文的注释中所说的那样，它们为之前的讨论转向新的话题提供了一种过渡。第一句颂文总结了之前从第 23 颂开始的讨论，包括确保一个有效的量的大前提为真的限定，是基于有其自性的关系和从彼生的关系的，而不是仅仅依靠观测以及异品未见。第二句颂文通过反证法的论证支持了第一句颂文，也就是如果没有这两种关系，那么大前提所指出的内容将是不受约束的，两种形式的大前提都是如此。正如角官（88. 25—89. 02）详细论述的那样，如果没有生起的关系，那么这其中将包含某法存在由另一法决定。或者，在其中将包含一个有属性之法对于其属性，这个属性的因与它的所有者的因有所不同吗？正如我们在衣服的染料这个案例中所发现的那样，染料的因在什么地方不同于衣服的因呢？

对《释量论自释》33.1 节的解释

在这一节中，法称论师转而论述自性及其所有者之间的关系问题。在第 33 颂的前半部分，法称论师提出了紧随其后的第二个荒谬结果，即：一个有效的论证的大前提所表示的内容，既不与从彼生的关系相关，也不与有其自性的关系相关，也就是说，自性及其所有者完全区别开来，因为它们有着不同的原因。

在紧接其后的评论中，法称论师试图展示第二个荒谬的结果是如何随之而来的。法称论师举出了两个作为论据的形而上学命题。第一个命题是，当自性产生时，它的所有者也跟着产生。虽然他在这里并没有这样说，但他同样认为当自性消失的时候，其所有者也跟着消失。所以，事实上，他的理论是自性及其所有者是同时性的。第二个命题是，自性及其所有者并没有不同的原因，也就是说，自性及其所有者有着完全相同的原因。

（7） a. 自性及其所有者是同时性的。（G20.20）

b. 自性及其所有者有着完全相同的原因。（G20.20—21）

第二句话介绍了两个更为常识性的形而上学原则，这两个原则显然是为了支持上一句话所提出的两个命题。[①] 第一个原则是，事物之间的差异是由于它们有着不相容的因。这个原则可以被细分为两个：如果 a 和 b 有着不相容的因（同时地），那么它们（在数值上）是不同的；并且，如果 a 和 b 没有不相容的因，那么它们（在数值上）是相同的。前者产生于异品未见法则的本体论表述；而后者似乎和莱布尼茨关于难以识别的一致性的原则相同，也就是认为当且仅当某个事物含有其他事物没有的因的时候，它才与其他事物区分开来。[②] 第二个常识性的形而上学原则是，如果事物的原因不同，那么这些事物也就不同。正如角官（89.11—12）指出

① 这句话含有小品词“*khalu*”（当然），它表达的是这句话为前一句话提供支持。事实上，角官（89.09）在对第二句话的解释中增加了“*yasmāt*”（因为）一词。

② 但是，角官（89.10）将一个更为严格的原则归于法称论师名下，也就是只有生的因和不生的因才是不相容的。

的那样，不同的原因意味着不同的和合因。①

（8）a. 当且仅当有相同的因的时候，a 和 b 在数值上是相等的。（G20. 21）

b. 每一种原因上的不同都意味着结果上的差异。（G20. 21—2）

但是，法称论师并没有解释论述（7）中的原则是如何从论述（8）中产生的。事实上，人们并不能够明显地看出这一点来。取而代之的是，他试图通过一个归谬法的论述来论证后两个原则。

法称论师似乎认为，否认上述的后两个原则，会造成如下四个荒谬的结果：

（9）a. 任何事物都无法与其他事物区分。（G20. 23）

b. 世上只会存在一种事物。（G20. 23）

c. 所有的事物都会在同一时间产生，并且在同一时间消失。（G20. 24）

d. 每种事物都需要其他事物才能存在。

人们可以合理地推论（9a）中的命题是由对（8a）的否认产生的；毕竟，如果因的不相容性不能够区分那些作为因的事物，那么还有什么可以呢？并且非常明显的是，命题（9b）产生于命题（9a）。当然，如果它们是一回事，那么只有一个事物能够产生，也只有一个事物能够消亡。况且，如果只有一个事物存在，当它产生的时候所有的事情都产生了，并且当它消亡的时候，所有的事物也就都同时消亡了。但是，一个很难理解的事情就是，为什么法称论师进而推论道：所有的事物都需要其他事物才能存在？因为，根据他的推理链条，他已经得出了只有一个事物的结论。

这一节的其他部分就更加清楚明白了。我们将这部分内容留给读者，以便他们得出自己的关于法称论师可能论述的内容的结论。

对《释量论自释》33. 2 节的解释

法称论师提出了一个对于他自己早先提出的观点（G18. 19）的反驳，他之前的观点是，凡是和合物都是无常的。让我们回想一下，就在前文之

① 当然，这是对存在多重原因的否定；也就是说，他否认可能有两个不同的和合因导致完全相同的结果。

中，法称论师用两个原则支持了他关于自性及其所有者相同的观点，也就是论述（7）：自性及其所有者是同时性的（8a），并且自性及其所有者有相同的因（8b）。法称论师提出的反驳是：无常不能作为某物的自性，因为即使某物和无常有着相同的因，它们也不是同时性的。因为一个事物比如陶罐的产生要先于无常的产生。

法称论师对此的回应是，事物的无常并不是紧随事物自身的产生之后才产生的，因为它们是相同的。如果它们是相同的，那么为什么完全相同的事物被看作因和具备因的事物呢？并且，为什么无常的因不与它的所有者同时出现？法称论师将他对于第一个问题的回答放在了后面的章节，而这部分内容本文并没有翻译。取而代之的是，他回答了第二个问题。

在回答第二个反对意见时，法称论师对无常进行了再解释，他认为无常的因（anityatā），就是暂时的因，也就是说，是刹那住的因（kṣaṇasthiti）。接着，他必须要解释何以许多事物看起来并不是暂时的。他认为，从事实来看，那些表面看起来不是暂时存在的事物，其实是暂时存在的，但这二者是如此相似以至于人们不能分辨它们。只有当一个暂时存在的事物和接续它的那个暂时存在的事物差别悬殊时，人们才能够推论出事物是无常的。

尽管事物表面看起来不是这样，但法称论师试图通过两种推理来确立所有的事物都是刹那住的观点。首先，正如我们在这里反复强调的那样，他认为一个原因的自性会产生相应的结果。但是，人们不必观测到结果就可以观测到原因。其次，他认为人们可以通过结果来推理出原因。但是同样，人们不必观测到原因就可以观测到结果。

然而，这两种推理都不十分具有说服力。在论述诸如陶罐的事物是刹那住的时候，法称论师必须通过解释消除人们的一种信念和看法，即陶罐在远超过一瞬间的时期内保持相同。但是人们对于因的层面及其结果的理解是不同的。当人们从观测到的结果来推理因的存在时，人们并没有由此观测到或者认识到因的存在。换句话说，我们对于因的存在的信念并不是如此，以至于它构建了一个有关因存在的认识上的幻觉。但这就是当人们观测到一系列刹那住的事情时，所应发生的事情：这种幻觉使得人们以为面对的是一个连续的、恒常的事物。相似的，当人们观察到一个因时，即使人们知道这个因所引起的结果是什么，也不会有任何有关结果的认识产生。

对《释量论自释》33.3 节的解释

在试图论述对于“事物刹那住与直接观测相违背”这一观点的反驳之后，法称论师通过归谬法提出了一个论证来支持他的结论，即无常与无常之物相一致。这个论证有些难以理解，并且不幸的是，角官对此的注释也遗失了。下文是我们为使其更加清楚而做的一个尝试。

假设无常与无常之物不相同。那么，根据自性及其所有者有着相同的因这一形而上学的原则（8b），它们就有着不同的因。假设无常之物至少有一个原因，那么无常要么有着不同的原因，要么压根就没有原因。而无论哪种情况，无常之物都不需要无常，因为有着不同的因，意味着它们是不同的。(G21.13—14)

在总结了无常与无常之物是相同的之后，法称论师接着论证了普遍的无常并不存在。毕竟，他认为，如果无常与无常之物是相同的，那么就无须用普遍的无常来区分无常之物了（G21.15—16）。加之，他认为，即使无常之物拥有普遍的无常，这种没有变化的普遍性，也不会随着无常之物的产生而产生（G21.16—17）。虽然法称论师并没有这样说，但是这种解释似乎意味着，普遍的无常与其所有者不是同时性的，所以不能作为无常之物的自性。

对《释量论自释》33.4—5 节的解释

再一次，读者们遇到了一段非常困难的文本。并且再一次，角官的注释遗失了。

这段文本所说的论述是一个通过归谬法得出的论证，法称论师似乎又回到了之前提出的那个反对意见，也就是无常的因和无常之物必须是不同的，因为事物先产生而无常之因只在之后才产生。虽然没有明说，但法称论师关注的结论似乎是，如果人们接受这一观点，那么基于所有和合物都是无常的这一命题产生的论证就会成为无效的。

让我们回想一下，事物的无常性只在事物产生之后产生的观点造成了下面的结果，似乎事物及其无常性是不同的。请记住，法称论师也承认只有两种关系能作为印度经典三段论中大前提为真的基础：从彼生的关系和有其自性的关系。如果人们接受基于所有和合物都是无常的论证是有效的，那么，因为根据假定，和合物和无常是不同的，这个论述的大前提的真实性将不得不基于一种因果关系。否则，根据法称论师的解释（G21.18—19），这二者之间没有任何关系，人们就不能从前者中推出后者。

现在，由于从彼生的关系只存在于那些作为大前提为真的基础的、不同的事物之间，所以一个和合物及其自性，也就是无常之间，必须要以因果关系为纽带。但是，无常性不能作为以它为自性的事物的因，因为论敌们认为无常性只在事物产生后才产生，而原因不会在结果之后产生（第33c 颂；G21.21—22）。同样，也不可能无常之物是因而无常性是果，因为，正如法称论师已经论述过的那样（在第 7 颂中），人们不能从因推理出果（G21.22—23）。因此，基于所有和合物都是无常的论述将不再有效。

对《释量论》34.1 颂的解释

在论述了作为不可得关系基础的是两种自性相属关系之一，也就是因果关系以及从彼生的关系或是有其自性的关系之后，法称论师提出了这样一个问题，即人们是如何知道对于烟来说火是不可得的？他在颂文前半部分中给出的回答，是非常难以理解的。他说：“因为按照结果的因来讲，烟是火的结果。”不幸的是，对于这句话，没有任何来自角官的解释能帮助我们理解，因为他的注释部分已经遗失了。

看起来，法称论师又一次使用了一个本体的词汇来发挥认识上的词汇的作用。如果事实如此的话，他所说的就是：人们知道对于烟来说火是不可得的，是因为人们知道烟是火的结果。并且人们知道烟是火的结果，是因为人们知道烟符合一个结果的定义。

为了理解法称论师所想的内容，让我们回顾一下我们在背景知识一节中陈述的因果性的第二种定义（4.1），这种定义是从果的角度得出的：

定义 4：当且仅当（1）如果 c1^……^cn 出现时，e 出现；（2）c1^……^cn 不出现时，e 不出现的时候，（作为一个结果的）事件 e 是c1^……^cn 的结果。

这一定义可以通过梵文或中文表达如下：

yeṣu satsu yad asti yeṣām ekasmin api asati na asti tad tasya kāryaṃ

当某物存在时它存在，而当某物的一个因素缺失时它都不存在，我们就说它是某物的结果。

通过“得”和由“得”能知道的事物，我们可以得出如下结论：

yeṣām upalambhe tad – lakṣaṇam anupalabdham yad upalabhyate. tatra ekābhāve api na upalabhyate. tad tasya kāryam niścitam.

它本来是不可得的，但当它的条件被获得时，它被获得了；但是当它的条件中的任何一个缺失时，它都不可得，我们就确定它是它们的结果。

除了“确定”（niścitam）一词以外，这些都是法称论师的原话。① 法称论师总结到，这种一致性符合烟与火的案例。当然，它与 Mill 结合一致与差异的方法十分相似②，Mill 陈述道：

如果在这种现象出现的地方，有两个及以上的例子是只有一个情况相同的，那么虽然这个现象没出现的地方有两个或以上的例子完全不同于这件事情，挽回了这种情况不存在带来的问题，伴随这两个例子的情况的区分是结果或者原因，一个因或现象的不必要部分。（John Stuart Mill 在 1843 年出版的著作的第三章 8.4 节）

对《释量论》34.2 颂的解释

在这段颂文的后半部分里，法称论师认为，任何在结果 e 出现时不存在的要素 c，都不是事件 e 的原因。换句话说，对于任何不能满足因果性定义的第二个从句的事件 c 和事件 e 来说，事件 c 都不是事件 e 的原因。

---

① Cp. PVS 22.02. 在其他地方的文本，见 Inami（1999）。

② Mill 的方法并不是 Mill 原创的。最晚到大阿尔伯特的时候，这种方法已经在欧洲出现了。在印度运用这种方法的历史则更早，只是我们无法确定到底有多早。

事实上，这个从句相当于否认了一个单独的事件存在多重原因的可能性。

由于否认了一个事件存在多重原因的可能性，法称论师看起来想要得出这样的结论：作为因的关系可以在一段叙述中理解。但是，正如大卫·休谟在《人类理解研究》的第六节和第七节中展示的那样，无论多少次观测都不能准确地确立一个因果关系的存在，更不要说仅仅凭借一次观测了：所有的观测能确立的都是相关联的事件。

在这一节的余下部分，法称论师似乎试图展示，对于他在这一段颂文的后半部分给出的命题的反驳，会导致事物无因无果的结论。但是，这种情况无法被展示。能够被展示的内容是，如果人们接受法称论师在颂文后半部分的论断，那么根据法称论师的观点，任何被认为有多重原因的事物，在事实上都是无因无果的。

为了理解事物何以如此，让我们思考一下莲花戒论师提到的一种情况，这种情况是他在对寂护论师所著《摄真实论》的第 1004 颂和第 1005 颂进行注释时提出的。根据莲花戒论师的观点，温度可以由于以下三种植物的吸收而降低，这三种植物是：abhayā、dhatrī 和 harītakī。当温度因这三种植物中的任何一种的吸收而降低时，都会产生温度在没被其他两种植物吸收的条件下而降低的情况。根据法称论师在这一句颂文的后半部分中所说的内容，这种情况导致的结果就是温度在无因的情况下降低了，因为当温度由于某种植物的吸收而降低时，比如温度被 abhayā 吸收了，人们面临的情况就是在其他两种植物不存在的情况下，温度降低了。因此，无论是 dhatrī 的吸收，还是 harītakī 的吸收都不是温度降低的原因。相似的，如果温度因 dhatrī 的吸收而降低了，那么 abhayā 和 harītakī 的吸收也就都不是温度降低的原因。

对《释量论》34.3 颂的解释

法称论师以一个关于他的观点的例证结束了前一个小节，他所持的观点就是结果不能没有原因，而所举的例证就是如果烟可以在没有火的情况下出现，那么火就不是烟的原因。这样的理由是非常清楚的：这种情况违背了他对因果性定义的第二个从句。在这一节中，法称论师思考了关于一个事件可能有多种原因的反驳。特别是，他提出了一种论述，即认为烟既可能由火产生，也可以由火以外的事物产生。法称论师通过论述他对因果性的定义的第二个从句，反驳了这种可能性。下面我们对他的论述进行详细的解释：假设有某种与火不同的原因，与除火以外的其他因素一起，产生了烟。那么，因为火是一个产生烟的原因，在那些火确实产生了烟的情况里，我们面临的情况就是烟在缺乏一个假设的、替代性的因素的情况下产生了。这违背了他关于因果性定义的第二个从句。

当然，法称论师的逻辑是不可信的。理由就是他的定义的第二个从句，相当于否定了多重和合因存在的可能性。法称论师对于多重和合因可能性的否认其实是一个循环论证。况且，他诉诸烟的特殊原因来解释这一问题，但在这里，仅凭常识就可以非常合理地发现，没有火以外的事物是烟产生的原因，并不能排除其他事物有多重原因的可能性。事实上，正如我们前面所看到的那样，即使佛教思想家也承认这样的情况。

对《释量论》34.4 颂的解释

法称论师再次回到了关于一个事物可能有多个和合因的讨论。它产生的反对意见就是相同的结果可能有不同种类的原因。并且法称论师再一次否认了这种情况的存在。这一次，他试图用他对因果性的定义的第一个从句，来证实自己对这种可能性的反驳。然而，正如我们之前所说的那样，他对因果性的定义中的从句是相互对立的，并且因此，它们在逻辑上是相互独立的。

在没有任何过渡句的情况下，法称论师回到了上一节举出的那个不太可信的论述，并用它来支持他对因果性的定义的第二个从句。这一版本的论述是这样的：如果同样的结果可以有不同的因，那么结果就无法被区分了，因为这样就无法限定什么能产生结果了。如果没有这种限定，那么对于任何随机产生的结果而言，要么它没有原因，要么一切事物都是它的原因。而法称论师认为，这显然是荒谬的。因此他总结道：结果上的相同或不同，是由原因上的相同或不同造成的。

这种论述同样是靠不住的。我们既不能根据一个事件有多个和合因产生这件事，推理出一个事件的产生没有原因，也不能推理出一个事件产生的原因是所有事物。不仅法称论师的论证是靠不住的，他得出的最终结论也违背他的前提。这个论述是对于同样的因会产生同样的果为假这一原则的归谬命题。但是，他通过这一论证得出的结论却是：同样的因产生同样的果这一原则，和同样的果有同样的因这一原则，都是成立的。

值得注意的是，这一小节最初提出的反对意见，并不意味着通常所说的“我们可能论述到……”（iti cet）。事实上，这整个小节看起来都是对于前一小节的修订，人们想要知道的是它是否有可能不是对于前一小节的修订。

对《释量论》35.1颂的解释

在颂文及相应的注释中，法称论师想要推出一个更进一步的谬论。让我们回忆一下《释量论自释》34.3节的内容，他采用他自己的论述来展示，如果否定他对因果性定义的第二个从句，也就是认为同样的结果可以有不同的原因，那么就会得出这个结果是无因的结论。在这里，法称论师的推理更进了一步。假设某物是没有原因的。那么，或者它就永远存在——因为它的产生不会造成任何事物的减损，或者它就永远不存在，因为所有的条件都是它不存在的条件。

法称论师想要用一个命题来论证这个逻辑，这一命题就是事情都是暂时存在的。在这里，他回到了他在第7颂中提到的概念，也就是，和合因所拥有的产生结果的能力。根据法称论师的观点，暂时存在的事物之所以会产生，是因为适合产生它们的条件存在，并且事物之所以不产生是因为其所处的条件不适合产生它们。如果事情不是这样的话，事物就或者在任何时间和地点都存在，或者就在任何时间和地点都不存在，而这显然是假的命题。

我们注意到最后一个小节似乎是对于前一个小节的修订。关于事情确实如此的进一步证明来自这一小节论述的事实，被引入的副词“如”（*tathā*），最好被视为对下一颂直至最后一颂所得出的非选言结论的延续，也就是说，一个有多重原因的事件是无因的，而不是被视为对最后一个偈颂的选言结论的延续，也就是说，一个有多重原因的事件要么是无因的，要么是由所有事物产生的。

对《释量论》35.2颂的解释

产生某种结果的能力是什么？根据法称论师的观点，这种能力就是和合因，也就是说，所有的因素和合在一起的时候，产生了它们的结果而不是别的。根据这一观点，法称论师再一次总结道，因果关系在一个认识阶段内是可得的。并且他又进一步总结道，不可能存在多重和合因。

对《释量论》35.3 颂的解释

在这一段中，法称论师又回到了他否认一个事件存在多重和合因的观点。这一次他的论证是基于他关于自性的观点。法称论师所做出的一个基本假设是，不同的事物有不同的自性。正如我们上文提到的那样，法称论师把自性归于和合因。那么，根据这一命题，不同的和合因就有不同的自性。因为和合因的自性是它产生结果的能力，所以不同的和合因就有产生不同结果的能力。如果一个包括火的和合因的自性有产生烟的能力，那么这个和合因的自性，在火以及其他的相关因素被替换的情况下，就会产生不同的和合因，从而也必然拥有产生不同结果的能力。

这是法称论师在否认一个事件可能有多个和合因的时候唯一的非循环论证。这个论证取决于一个关键过渡，也就是从不同的事物有不同的自性这一合理的形而上学原则，到一系列因缘有一个自性这一不太合理的形而上学原则的过渡。

对《释量论》37.2 颂的解释

在这里，法称论师对前一段的内容做出了详细的解释。也就是说，一个和合因中没有任何因素有因的自性，并且这个和合因是由其结果的存在推演出来的。并且因为它是产生结果的和合因，所以它其中所有的因素都必须出现。

对《释量论》37.3 颂的解释

再一次，法称论师回到了一个结果是否可以有多个和合因的问题。他提到了两个明显的反例：睡莲既在池塘中产生，也在牛粪中产生；以及芭蕉树既由种子产生也由球茎产生。法称论师认为，这只是语言上的修辞，因为虽然不同的睡莲和不同的芭蕉树由不同的和合因产生，但是这些和合因有着正常人都能辨别的不同表现。

对《释量论》37.4 颂的解释

再一次，法称论师否认了一个结果有多个和合因的可能性。正如我们之前提到的那样，法称论师必须否认这样一种可能性，即人们可以合理地从果推理出因。法称论师同时也必须否认这样一种可能性，即人们可以依赖感觉。如果对于感觉的两种反驳有完全相同的表现，那么感觉就不是一种认识工具。因此，他认为感觉的不同对象，必须有不同的表现。

对《释量论》第 38 颂的解释

在这个用来总结的颂文中，法称论师提出如果一件事情符合另一件事情，就如同遮和转要求的那样，那么第一件事情就是第二件事情的结果。在这一颂的最后一部分，他再一次否认了一个结果有多个原因的可能性。

对《释量论》38.2 颂的解释

法称论师结束了他关于如何确定印度经典三段论的大前提为真的讨论。人们必须确定大前提以自性相属关系为基础。正如上文所描述的那样，作为人们把握自性相属关系的结果，因果关系通过观测和无法观测被认识。并且知道这种关系存在，人们可以知道一个合适的全称命题为真。把握住全称命题下的因果关系是除了一一检验每种可能性以外的，确定全称命题为真的唯一方法。

引用版本

《释量论》及《释量论自释》的梵文版本

Dvārikadāsa śāstri, *Svāmī*：1968, ed. ācārya – śrī – Dharmakītti – viracitā Dharmakīrtti – nibandhavalih：（1）：*Pramāṇavārttikam ācārya – Manorathanandī – vṛttiyuttam*.（Varanasi：Bauddha – bharati.）

Gnoli, Raniero：1960, ed. *The Pramāṇavārttika* of *Dharmakīrti*：The First Chapter with the Autocommentary. Serie Orientale Roma 23.（Rome：Istituto Italiano per il Medio ed Estremo Oriente.）

Malvaniya, Dalsukh Bhai: 1959, ed. ācārya *Dharmakīrti kṛta Svārthānumāna - Pariccheda.* Hindū Viśvavidyālaya Nepāla Rājya Saṃskṛta Granthamālā 2. (Varanasi: Hindu Vishvavidyalaya Sanskrit Publications Board.)

Miyasaki Yushō: 1971, ed. *Pramāṇavārttika - kārikā* (Sanskrit and Tibetan), Acta Indologica (Indokōten - kenkyū) 2: 1—206.

Pandeya, Ram Chandra: 1989, ed. *Pramāṇavārttikam of Arya Dharmakīrti: With the commentaries Svopajñavṛtti of the author and Pramāṇavārttika vṛtti of Manorathanandin.* (Delhi: Motilal Banarsidass.)

Sāṃkṛtyāyana, Rāhula: 1943, ed. *ācārya - Dharmakīrteh: Pramāṇavārttikam (svārthānumānaparicchedaḥ) Svopajñavṛttyā Karṇakagomi - viracitayā taṭṭīikayā ca sahitam.* (Allahabad, India: Kitab Mahal.)

梵文著述的藏译本

D4210 Sde dge edition of *Dharmakīrti*'s *Pramāṇavārttika - kārikā*, translated into Tibetan by Subhutiśrīśānti and Dge ba'i blo gros as Tshad ma rnam 'grel gyi tshig le'ur byas pa.

D4216 Sde dge edition of *Dharmakīrti*'s *Pramāṇavārttika prathamaparicchedavṛtti*, translated into Tibetan by an unnamed translator as Tshad ma rnam ' grel gyi ' grel pa.

P5709 Peking edition of *Dharmakīrti*'s *Pramāṇavārttika - kārikā.* [Counterpart of D4210] Reprinted in The Peking Edition of the Tibetan Treipitaka kept at Otani University, Kyoto. Edited by Daisetz T. Suzuki. Vol. 130. (Tokyo and Kyoto: Tibetan Tripitaka Research Institute.)

P5717 Peking edition of *Dharmakīrti*'s *Pramāṇavārttika prathamaparicchedavṛtti* [Counterpart of D4216] Peking Edition at Otani University Vol. 130.

参考文献

Cardona, G. (1967—1968). Anvaya and vyatireka in Indian grammar. *Adyar Library*

Bulletin, 31—32; 313—352.

Dunne, J. (1996). Thoughtless Buddha, Passionate Buddha. *Journal of the American Academy of Religion*, 64, 525—556.

Dunne, J. D. (2004). *Foundations of Dharmakīrti's philosophy*, Studies in Indian and Tibetan Buddhism. Boston: Wisdom Publications.

Gillon, B. S. (2007). Dharmakīrti on inference from effect: A discussion of verse 12 and the svavṛtti of the *Svārthānumāna* chapter of the *Pramāṇavārttika. In Proceedings of the Fourth International Dharmakīrti Conference, Vienna, August* 23—27, 2005. Vienna, Verlag der Osterreichischen Akademie der Wissenschaften.

Hayes, R. P. (1980). Dinnāga's views on reasoning (*Svārthānumāna*). *Journal of Indian Philosophy*, 8, 219—277.

Hayes, R. P. (1988). Dignāga on the interpretation of signs. Dordrecht: Kluwer Academic Publishers.

Hayes, R. P., & Gillon, B. S. (1991). Introduction to Dharmakīrti's theory of inference as presented in *Pramāṇavārttika Svopajñavṛtti*1—10. *Journal of Indian Philosophy*, 19, 1—73.

Inami, M. (1999). On the determination of causality. In S. Katsura (Ed.), *Dharmakīrti's thought and its impact on Indian and Tibetan philosophy*, No. 32 in Beitrage zur Kultur - und Geistesgeschichte Asiens. Vienna: Verlag der Osterreichischen Akademie der Wissenschaften, pp. 131—154. Proceedings of the Third International Dharmakīrti Conference, Hiroshima, 4—6 November, 1997.

Katsura, S. (1986a). *Indo ronrigaku ni okeru henjū - gainen no seisei to hatten: Charakasanhitā kara Darumakīruti made*, Hiroshima Daigaku Bungaku - bu Kiyō, 45. Special edition 1. Hiroshima: Hiroshima Daigaku Bungaku - bu. The origin and development of the concept of Vyāpti in Indian logic: From the Carakasam: hitā up to Dharmakīrti. (in Japanese with English abstract pp. 120—122).

Katsura, S. (1986b). Trairūpya formulae. *In Buddhism and its relation to other religions: Essays in honour of Dr. Shozen Kumoi on his seventieth birthday.* [s. l: s. n], pp. 161—172.

Katsura, S. (1992). Dignāga and Dharmakīrti on *adarśanamātra* and *anupalabdhi. Asiatische Studien/Etudes Asiatiques*, 46 (1), 222—231.

Katsura, S. (1996). How did the Buddhists prove something? The nature of Buddhist logic. The Numata Yehan Lecture in Buddhism. Calgary: The University of Calgary.

Katsura, S. (2000). Dignāga on *trairūpya* reconsidered: A reply to Prof. Oetke. In A. Akamatsu (Ed.), *Indo no bunka to ronri. Tosaki Hiromasu hakase koki kinen ronbunshū* [*Culture and logic in India. A felicitation volume for Prof. H. Tosaki on his seventieth birthday*]. Fukuoka: Kyūshū Daigaku.

Katsura, S. (2004). The role of *dṛṣṭānta* in Dignāga's logic. In S. Katsura, & E. Steinkellner (Eds.), *The role of the example (dṛṣṭānta) in classical Indian logic*, Vol. 58 *of Wiener Studien zur Tibetologie und Buddhismuskunde* (pp. 135—173). Arbeitskreis fur tibetische und buddhistische Studien Universität Wien.

Lasic, H. (1999). Dharmakirti and his successors on the determination of causality. In S. Katsura (Ed.), *Dharmakīrti's thought and its impact on Indian and Tibetan philosophy*, Vol. 32 *of Beitrage zur Kultur – und Geistesgeschichte Asiens* (pp. 233—242). Vienna: Verlag der Osterreichischen Akademie der Wissenschaften. Proceedings of the Third International Dharmakīrti Conference (Hiroshima, 4—6 November, 1997).

Mill, J. S. (1843). *A system of logic, ratiocinative and inductive: Being a connected view of the principles of evidence, and the methods of scientific investigation.* London, England: J. W. Parker.

Mill, J. S. (1865). *An examination of Sir William Hamilton's philosophy and of the principal philosophical questions discussed in his writings.* Boston: W. V. Spencer.

Oetke, C. (1994). *Studies on the doctrine of Trairūpya*, Vol. 33 *of Wiener Studien zur Tibetologie und Buddhismuskunde.* Vienna: Arbeitskreis für tibetische und buddhistische Studien Universitat Wien.

Ono, M. (1999). Dharmakīrti on *asādhāraṇānaikāntika.* In S. Katsura (Ed.), *Dharmakīrti's thought and its impact on Indian and Tibetan philosophy*, No. 32 in Beitrage zur Kultur – und Geistesgeschichte Asiens. Vienna: Verlag der Osterreichischen Akademie der Wissenschaften. Proceedings of the Third International Dharmakīrti Conference (Hiroshima, 4—6 November, 1997).

Steinkellner, E. (1966). Bemerkungen zuīśvarasenas Lehre vom Grund. *Wiener Zeitschrift fur die Kunde Sudasiens*, 10, 73—85.

Steinkellner, E. (1988). Remarks on *niścitagrahaṇa.* In R. Gnoli, & L. Lanciotti (Eds.), *Orientalia Iosephi Tucci Memoriae Dicata*, Vol. 56 *of Serie Orientale Roma* (pp. 1427—1444). Rome: Istituto Italiano per il Medio ed Estremo Oriente.

Steinkellner, E. (1993). Buddhist logic: The search for certainty. In T. Yoshinori, J. V. Bragt, J. W. Seisig, J. S. O' Leary, & P. L. Swanson (Eds.), *Buddhist spirituality*:

Indian, Southeast Asian, Tibetan, and Early Chinese (pp. 312—318). New York, New York: Crossroad.

Steinkellner, E. (1997). Kumārila, Īśvarasenas, Dharmakīrti in Dialogue. A New Interpretation of *Pramāṇavārttika* I 33. In P. Kieffer - Pulz, & J. - U. Hartmann (Eds.), *Bauddhavidyāsudhākaraḥ: Studies in honour of Heinz Bechert on the occasion of his 65th birthday*, Monographien zu den Sprachen und Literaturen des indo - tibetischen Kulturraumes: v. 30. Swisttal - Odendorf, Austria: Indica et Tibetica Verlag, pp. 625—646.

Steinkellner, E. (2004). The early Dharmakīrti on the purpose of examples. In S. Katsura, & E. Steinkellner (Eds.), *The role of the example (dṛṣṭānta) in classical Indian logic*, Vol. 58 *of Wiener Studien zur Tibetologie und Buddhismuskunde* (pp. 225—250). Arbeitskreis fur tibetische und buddhistische Studien Universitat Wien.

Tillemans, T. J. F. (1990). On *sapakṣa*. *Journal of Indian Philosophy*, 18, 53—79.

Tillemans, T. J. F. (2004). Inductiveness, deductiveness and examples in Buddhist logic. In S. Katsura, & E. Steinkellner (Eds.), *The role of the example (dṛṣṭānta) in classical Indian logic*, Vol. 58 *of Wiener Studien zur Tibetologie und Buddhismuskunde* (pp. 251—275). Vienna: Arbeitskreis für tibetische und buddhistische Studien Universität Wien.

（刘丹枫译，土登达瓦校）

《释量论广释·正理海·自义比量品》比量与因果性论述节选

法称论师颂，克珠杰大师释

【作者简介】 法称论师颂，克珠杰大师释，北塔藏文班译，江波、土登达瓦校。

【版本说明】

《释量论》梵本据 *Pramāṇavārttikakārikā*（*Sanskrit and Tibetan*），edited by Yusho Miyasaka，in *Acta Indologica* II，Naritasan Shinsho Ji，1971/72.

《释量论》藏译本据《中华大藏经·丹珠尔（对勘本）》。底本为德格版。

《释量论广释》据扎什伦布寺版。

庚三　约略宣说三正因外所余似因

hetunā tv asamagreṇa yat kāryam anumīyate |

śeṣavat tad asāmarthyād dehād rāga – anumāna – vat ‖ 11 ‖

由因未与合，比知其果者，有余、无能故，如由身比贪。11

vipakṣe adṛṣṭi – mātreṇa kārya – sāmānya – darśanāt |

hetu – jñānaṃ pramāṇa – ābhaṃ vacanād rāgita – ādi – vat ‖ 12 ‖

唯异品未见，而见其总果，因智是似量，如语比贪等。12

na ca adarśana – mātreṇa vipakṣe avyabhicāritā |

sambhāvya – vyabhicāratvāt sthālī – taṇḍula – pāka – vat ‖ 13 ‖

唯异品不见，非即无错误，容有错误故，如比釜饭熟。13

yasya adarśana – mātreṇa vyatirekaḥpradarśyate ।

tasya saṃśaya – hetutvāc śeṣavat tad udāhṛtam ।। 14 ।।

若唯以不见，便说遮止者，此是疑因故，说彼名有余。14

若谓："若尔，'似因谓所余'无间已说之果因、自性因、不可得因三者外，余所施设之因皆非正因，而为似因。"此等云何？

如前所说，譬如从麦种与地、水、肥与合全备，推度堪生自果麦芽，理当是正因，然余所施设由因未与合比知其果，此等非是正因，盖周遍不决定不能证成所立故。

问：然则，此等若非正因，则是何耶？

答：是有余因，或谓是有余因故无能证成所立。

或曰："是有余因，盖由因未全备而无有生果之能故。"立宗以量析除时，就说叙彼成立之因定是有余因。

自释中"若［因］未与合，全无能故"，与我所说相同。

若问：余所施设由因未与合比知其果之有余因，此复云何？答：说其所相譬喻，如弥曼差派等，惟由体壮、根净、心明，比知贪果。

不惟如是，余等所施设之果因亦是错乱：见总果有法，且此因于成立彼之唯于异品不见，比知因差别，余知、许正因，此等皆是似量或似因，以是有余因故。

若问：此复云何？答：如弥曼差派由说话比知说者之他士夫有贪瞋等。

如是因不惟遍相错乱，其因于成立所立之唯于异品不见，成立逆遍全不错乱不应道理，盖语言有法，此于成立彼之唯于异品不见，应非成立彼之逆遍全不错乱，此于其中不见即是容有趣入彼之错乱故。譬如，余釜饭熟，盖同熟之饭、同釜所煮无有差别故。

若问：然则，汝谓"有余无能故"，有余因其义云何？

有正理师谓："以因推果有前，以果推因有余。"有余之义，由除邪分别而显示自宗之有余相，余等"因唯于异品不见成立逆遍"，说语言之因有法，应说"成立彼之有余因"，以是成立彼之宗法，此于成立彼之同品得见，然从异品遮回，是可疑因故。

庚四　“无则不生”系属广释

分二：辛一、释论摄义，辛二、正释论义。

辛一、释论摄义

第一，所说之文摄为此等三义：一、遮破此说，谓成立正因之逆遍中，因与法无则不生之系属不须决定，而于异品唯不见因即为足矣；二、释此之能立，谓因之随行、随返周遍决定，观待于因与法无则不生之系属决定；三、释正因之因与法无则不生之系属能决定之量。

初者，谓“于因三相中”等。次者，谓“故由彼系属”等。后者，谓“由是因果事”乃至“不得不能成”。

此复，“由是因果事”至“是果何能定”，开示因法无则不生之系属，亦须由彼能立之因与法因果决定，或自性与具自性决定之量决定来成立。

其后，谓“若尔，因果决定之量又复云何”，即以“烟是火之果”等开示果因无则不生之系属决定之量。

又谓“因与法自性与具自性决定之量又复云何”，即以“性亦无不生”乃至“余以由自性”明自性因系属决定之量，以“故有事为境，比量为二种，果、自性。由彼，定属所立故”。一颂总结果法自性二者系属决定之量，“觉为先转故”以下，引申释说不可得因系属决定之量。

辛二、正释论义

分三：壬一、逆遍决定无须观待因法无则不生之系属决定之破立，壬二、若无正因顺逆遍定解则不生之系属决定须观待成立，壬三、因法无则不生之系属决定之量。

壬一、逆遍决定无须观待因法无则不生之系属决定之破立

分三：癸一、因唯于所治品不见是逆遍之义，许为论师所受许之自部，与论师自教相违；癸二、其所许逆遍义之自部与他部二者共通，现识妨难；癸三、如是许之他教受许相违之妨难。

癸一、因唯于所治品不见是逆遍之义，许为论师所受许之自部，与论师自教相违

分二：子一、论师不受许其逆遍之义，子二、若如是许，则与论师自教相违。

子一、论师不受许其逆遍之义

“于因三相中”等，又，自在军等论师弟子有许：唯于异品不见其因，即是正因逆遍之义。胜论派及数论派等外道亦如是许。

其作如是思惟：为决定因逆遍，须决定异品无因，则一切所破事异品中若有此因，则有可现，由不可得之门，一切异品须决定无此因故，一切因遮返事异品之敌论须决定，或彼一切敌论中可见不周遍故，若须如是逆遍决定之理，则成太过。因此，唯于异品不见其因，即是于异品逆遍决定。

自宗决定因之逆遍须待系属之义亦如是。所作无常相属之义反体是：所作无常相异，遮无常时则遮所作。以领纳各别现起所作无常总义之分别心之自证现量，间接成立所作无常相异。遮无常时，遮所作者，常有法，所作空，次第与同时作用俱空故，依具妨难因之比量能决定。

以如是之量、决定所依所作之量，决定常无常正相违之量三者，能决定“以所作成立声是无常”之随遍。决定所作空之具妨难之量，由遮无常时定遮所作之门，决定所作于常上唯无，“以所作成立声是无常”逆遍之所相是所作，此在成立此之异品上决定唯无，是成立此之逆遍义。为决定此，须决定遮无常时则遮所作。“所作无常相异，遮无常时则遮所作”，是所作无常相属之义返体，是故，“决定随遍逆遍，观待相属决定”之相属，与周遍非同义，故不取“常定非所作”是“以所作成立声是无常”之逆遍等，其余三相建立我已于《量论除意暗》中说讫。

hetos triṣu api rūpeṣu niścayas tena varṇitaḥ |

asiddha – viparīta – artha – vyabhicāri – vipakṣataḥ ‖ 15 ‖

于因三相中，为对治不成、违义与错乱，故说须决定。15

今说文义。陈那论师有法，许决定逆遍须观待决定相属合理，彼说因三相各相分别决定故。彼说因三相各相分别决定，有其所为，如于“以所作成立声是无常”为断除不成、倒义相违及其同分，错乱不定是因，而说此等决定为彼等对治故。

余师虽说“为断不成等诸因是正因而说”，此等诸师，以所作为所相，表成立声是无常之逆遍，立“成立此之异品中决定唯无之因”时，以此“定”词，是断“所作于成立此之异品中不定为无”？还是断“所闻在成立此之异品中无”？唯是未善观察。

子二、示若如是许，则与论师自教相违

vyabhicāri – vipakṣeṇa vaidharmya – vacanaṃ ca yat ｜

yady adṛṣṭi – phalaṃ tac ca tad anukte api gamyate ‖ 16 ‖

错乱对治中，所说异品法，若不见为果，不说亦能知。16

第二，显示若如是许，与陈那论师自教相违，显示违教分六：

一、所知有法，错乱，《正理门论》所说，不定因之对治中，须说“说法异品”之能立语，应不成，盖唯于异品无所见，即能成立逆遍故

若谓：是能了知为唯于异品无所见为果，故无无义之过。

答：此亦不成，即便不说“法异品与合能立语”，亦能由唯于自之异品不见因，通达未见故。

na ca na asti iti vacanāt tan na asty eva yathā yadi ｜

na asti sa khyāpyate nyāyas tadā na asti iti gamyate ‖ 17 ‖

说无之语言，非显彼唯无，若说无应理，尔乃知为无。17

若谓：异品中不见因，以能立语说此，依此能令了之异品中无因。

答：“异品中不见因”之言，亦应成非唯决定此于异品中无，此言全未说异品中无因之正理故。

若谓：若如汝言，则如何以异法与合之能立语，了知因于异品定无之逆遍？

答：凡是常，定非所作。譬如，无为之虚空，声是所作，说如此法异品结合之能立语时，能够了知，所作唯于能立之异品上无，说所作唯于能立之异品上无之正理，若无无常，所作不起之系属。

yady adṛṣṭyā nivṛttiḥsyāc śeṣavad vyabhicāri kim ｜

vyatireky api hetuḥsyān na vācyā asiddhi – yojanā ‖ 18 ‖

若不见能遮，岂是有余误。有遮亦成因，不成、合非说。18

第二与教相违，“若逆品上不见故，应成立逆遍”，又引反方观点已，从此树生长之所有余下之水果有法，有甜味，与品尝过之甜果实是从一棵树上所生之故。此因怎能是周遍不定，应非是周遍不定，仅在异品上不见就可以成立故。

若许，与论师（陈那）说此为有余，成相违。则如何释，《集量论》中遮破正理派之有余不定时，色等相同故，味道等必定相同，应非成立。

viśeṣasya vyavaccheda – hetutā syād adarśanāt ｜

pramāṇa – antara – bādhā cen na idānīṃ nāstitā adṛśaḥ ‖ 19 ‖

差别成决断，正因不见故。若余量害者，非不见而无，19

第三与教相违，以因唯于异品上不见，余师承许有逆，或承许为某些逆遍之因故，名言假施设“有逆遍”，又命等有法，安立具生命之身体为有我之正因，应成。此能立之宗法，唯于逆品上不见故。若许，与论师在释九宗法差别品中关于逆遍不定之说法相违。

第四与教相违，论师言，宗法于正与反二者，持为定解，如是，于同品上有无等随其所应而有说法。宗法不成与逆遍以喻义之方式结合已，遮回而生疑问，说为逆遍之过失，或非是所诠，或不应理。于异品上有无产生怀疑，对此亦唯不见，由此逆遍决定故。

若谓：“随应”之义，产生怀疑虽是宗法之过，然非逆遍过失。答，否，论师观点，于正反方，说三相与不成立等时，唯成立，或破斥，而非是说随一成立，与产生怀疑。观待于能立之故，于此相违。

问：若尔，随其所应之义为何？答：立因之宗法有立敌双方不成、随一不成、疑豫与无有法四者，是宗法之过，逆遍有立敌双方不成、随一不成、疑豫不成与异喻不存在四者，于随其所应结合义喻，前三者结合义喻，末者不结合。彼因相为，于立因有法不存在是宗法之过，异喻不存在于成立逆遍不妨难故。

第五与教相违，尤其是所闻应成于声遮破常与无常二者之正因，宗法成立且于异品不见故。若许，与论师说“所闻绝非遮破因故”相违。

tathā anyatra api sambhāvyaṃ pramāṇa – antara – bādhanam ｜
dṛṣṭā ayuktir adṛṣṭeśca syāt sparśasya avirodhinī ‖ 20 ‖
如是于余因，容有余量害。不见故，所触 见不具，无误。20

若谓：若所闻仅于成立声常与无常二者之异品不见，不是成立彼之正因，彼中被决定常与无常正相违之他量所妨难。答：今舍根本宗趣，因仅于异品不见应不是成立彼中无有之逆遍，所闻虽于成立彼之异品不见，于成立逆遍由量妨难不是正因，同样，他因亦于异品不见，于决定逆遍容有他量妨难故，若于一具相妨难，于一切具彼理者不可保信故。

宣说第六与教相违，胜论师为成立“风之实体”，说：“无草木之荒漠有法，有风之实体，非寒非暖之舍触可得故。”此复这样之触是德，需依某物，不依他物，以破他边之正理成立后，成立依风之实体，成立不依他物时，若以何正理成立不依地水火三物，胜论派说：“地水火三者有色德，故地水火三者都是可见物。因此可见物有法，无非寒非暖之舍触，不可见故。”

以“如是不可见故”之因成立可见物不具舍触，应无周遍不决定，因唯于异品不可见故。若许，与论师说“若仅以不见破遮回，彼亦不应理”相违。问：此与《定量论》引用之“若唯以不见破不可见，彼亦不是正理”，二者差别是怎样之？答：无有差别，仅以未见破受许为可见物之地水火三者都有舍触，不应理，可见物地水火三者虽都有舍触，然于当前敌者不可见故，于有却不可见，不能以不可见了知为无有故，是二者之义。

因此，若破彼等可见，则“可见”者即为胜论师“所许可见物地水火三者于一切等”，而非当前敌者所许“彼等可见”，而“不可现见”是于当前敌者不可现见，如是不解其意者视此二教之义相异此处所说“不可现见”等引文是其决定不解《释量论》差别。此说显是其自身不解二教是何义，然常人仅于前宗之意亦不甚了解。

癸二 其所许逆遍义之自部与他部二者共通，现识妨难

deśa – ādi – bhedād dṛśyante bhinnā dravyeṣu śaktayaḥ ｜

tatra eka – dṛṣṭyā na anyatra yuktas tad – bhāva – niścayaḥ ‖ 21 ‖

由处等差别，物能力各异，见一而谓余，定有则非理。21

若见一枚酸果成熟、味力殊胜，则应成由与此酸果同因比知余酸果亦成熟、味力殊胜理。成立彼之宗法成立且因唯于异品不见成立之故。

虽许亦不应理，由处所等之差别于物酸果现前可见味、力各异多有不同之故。

问：此与“岂是有余误”正理差别有何不同?

答：此中由从此果树中所生一切余果取为有法，故非所诤事不决定全然未说，而若引为所诤事不决定，则其超越正理理趣，此中所诤事若同于酸果，则味力殊胜必同，虽于彼同为酸果，然非以成熟、味力殊胜共依现觉成立之排遣而有，故差别甚大。

癸三、显如是所许之他教自许相违之妨难

ātma – mṛc – cetanā – ādīnāṃ yo abhāvasya aprasādhakaḥ ।

sa eva anupalambhaḥkiṃ hetv – abhāvasya sādhakaḥ ‖ 22 ‖

我、地有知等，非能立为无，岂唯不可得，是因无能立? 22

于如是所许外道示其承许相违之妨难：因于异品不可得，唯此是否能成立于异品为无? 如说：活身有我，地中有知等故，乳中虽不可得酪，然彼等不能成立为无故。

此复，胜论师许：活身中我虽未见而有，成立此有命之异品中未见故，成立于异品中无。

顺世派许：四大种中识虽未见而有。

声明师许：成立他人非遍智之因于异品未见，故对成立此为无。

数论师许：乳中虽未见酪然有，及成立积聚眼等为我用，于异品未见，故对此成立无。此等皆是“相违”之义。

壬二、若无正因顺逆遍定解则不生之系属决定须观待成立

分三：癸一、成立二种表相周遍决定观待系属决定，癸二、逆遍决定

须观待因法无则不生之系属决定不成之断诤，癸三、表相周遍决定依系属决定为因，故遮相周遍亦观待系属。

癸一、成立二种能立因周遍决定观待系属决定

tasmāt tan – mātra – sambandhaḥsvabhāvo bhāvam eva vā ｜

nivartayet kāraṇaṃ vā kāryam avyabhicārataḥ ‖ 23 ‖

故由彼系属，自性遮自性，或由其因法，于果无误故。23

初，仅仅于异品不见，逆遍决定不成，是故唯有此因及自然系属之法自性是由遮之力，而成为遮因自性。自性无自性不决定故，“འམ”是引摄下文之词。

如是，由因遮回变成果遮回，果因共进退无有不决定故。

总而言之，义为：成立果因、自性因之遮回系属，因、果及自性、有自性二者，共进退无不决定之系属决定故。

anyathā eka – nivṛttyā anya – vinivṛttiḥkathaṃ bhavet ｜

na aśvavān iti martyena na bhāvyaṃ gamatā api kim ‖ 24 ‖

不尔遮一法，云何余亦遮。如说人无马，岂亦非有牛。24

如是，说果因、自性因之因法无则不生系属决定，由成立如是系属之因相，亦成立随逆遍。

成立是成立果因、自性因之因法无则不生系属。若不成立，则与无系属相异。由一方遮回，另一方不应成立遮因。此人无马，仅由此，便亦没有牛？怎能是无则不周遍。

saṃnidhānāt tathā ekasya katham anyasya saṃnidhiḥ ｜

gomān ity eva martyena bhāvyam aśvavatā api kim ‖ 25 ‖

如是一近故，云何余亦近。如言人有牛，岂是亦有马。25

如是，因法必定有故，余法必有，不成因由法周遍决定是，与无系属

相异故。譬如此人有牛，仅由此，便亦有马？怎能是有则不周遍。

癸二、逆遍决定须观待因法无则不生之系属决定不成之断诤

分二：子一、诤，子二、答。

若谓：假若因之逆遍决定，成立此宗之所有异品决定无因，成立此宗之所有异品若有因可现见，由不可得因成立此宗之所有异品决定无因。如是，当前敌者决定因之逆遍，当前敌者由何遮回之所依，于所有异品决定无因。

子二、答

分二：丑一、正说；丑二、衍义。

丑一、正说

tasmād vaidharmya – dṛṣṭānte na iṣṭo avaśyam iha āśrayaḥ |

tad – abhāve ca tan na iti vacanād api tad – gateḥ ‖ 26 ‖

故定异法喻，不必许所依，由说彼等无，此无亦知故。26

由因法相属决定随遍、逆遍故。

所知有法，于果、自性因二者成立逆遍时，成立此因之一切异法喻虽须决定无有，然不许须决定观待一切异品遮决定因之所依事，一切异品虽不决定，然言“若此等所立法无，则彼因亦无”之相属显示喻，于能立语所说中，由因法相属决定故，亦能了知一切异品决定无有此因之逆遍故。

凡此论中成立果、自性因之逆遍时，谓“许不须成立异品喻实有”，或言“不许须观待彼实有”，如是结合即尽论中缺乏承启关联，若因之逆遍决定中，须“因、法无则不生”之相属决定，则起“周遍成立异品喻实有乎”之疑虑，丝毫无有关联。

或曰“能立因之异品喻周遍不成立实有”，则由烟成立有因山上有火，于此安立水风异品喻应不合理。

或曰：“此”字特例能立因，后明自性、不可得因之异品喻周遍成立实有，许释迦慧亦说此义。此慧未达释迦慧所释之义，由我可不可得之因成立蕴无我时，不应以兔角为异品喻。

或曰：“此论关联者，于‘不成非言合’，由言‘如应’显示于返起

疑非逆遍过失。”曰：“如是能立二因，不成有法所依是宗法过失，不成异品喻所依非是逆遍过失，虽不成彼所依，然由说言‘彼等无，此无’，亦能了知逆遍故。”此说并非论义，若是，则是断相违此论，自释中于“不成非言合”时断相违当成无义，及成重复，有二过失故。

丑二、衍义

tad – bhāva – hetu – bhāvau hi dṛṣṭānte tad – avedinaḥ |

khyāpyete viduṣāṃ vācyo hetur eva hi kevalaḥ ‖ 27 ‖

喻彼性，因事，为不知者说，若对诸智者，但说因即足。27

“由说彼等无，此无亦知故。”① 因法无则不生之相属，由能立语开示喻，何等立者需此？何故开示？相属与喻上由能立语开示之时，有二因故开示：不知相属者，为令了知故；虽知相属，为忆念周遍故。

初者说者（不知此系属，为令了知而说），是对不知此当时所立法，即此因之自性，及因事之敌者，为令了知因法二者同体系属及彼生系属故，于喻上以能立语说此诸相属。对已知因法系属，而仅不知宗法之诸智者，为令了知未知之系属，不须说喻，说唯因即足，唯以说即足。

tena eva jñāta – sambandhe dvayor anyatara – uktitaḥ |

arthāpattyā dvitīye api smṛtiḥsamupajāyate ‖ 28 ‖

故知系属者，说二相随一，义了余一相，能引生正念。28

次说者（已知系属，为忆周遍而说），因法无则不生之系属为知令知，说能立语之系属故，依此了知系属时，虽不须因未知系属令了知故，而以能立语说此系属，然未忆遍相为令忆故，须以能立语于喻上说此周遍系属，此复顺逆二者中以能立语正说随一，于余一未说者，当生正念；正念其一，由其义势力，于余一未正说者亦能晓了、忆念故。

又，“未知随遍逆遍，令了知故，须以能立语说系属”是初论义，虽

① 《释量论·自义比量品第一》第 28 颂：“故定异法喻，不必许所依，由说彼等无，此无亦知故。”

已知随遍逆遍，于忆念支分，须以能立语说系属。“此复同法与合能立语、异法结合能立语，说随一即足”是后论所说。

癸三、立因周遍决定赖系属决定，故遮因周遍亦观待系属

hetu – svabhāva – abhāvo ataḥpratiṣedhe ca kasyacit |

hetur yukta – upalabhasya tasya ca anupalambhanam ‖ 29 ‖

故无因、自性，有遮亦是因。理应可得者，无所得亦是。29

由立无“因、能遍自性”为因，能知果及所遍可遮，亦由因法无则不生之系属决定随遍逆遍之门，须成为因，由系属成立果及自性之随遍逆遍故。

不仅如此，由若有瓶，理应可得，此不可得，亦是于成立自宗之法之所依处，能了解无瓶，依因法无则不生之系属成立，须以果及自性之因法系属成立周遍故。

因此，此等论义为：说依系属，决定果因逆遍，以此成立“因不可得之周遍亦须以系属成立”，如是，须以自性因之因法系属成立逆遍，此若成立，则可成立“能遍不可得及自性不可得，亦须由系属决定周遍系属”之义。

iti iyaṃ trividhā apy ukta – anupalabdhir anekadhā |

tat tad – viruddha – ādy – agati – gati – bheda – prayogataḥ ‖ 30 ‖

如是无得因，此虽说三种，由于结构门，有多种差别，彼及彼违等，不通达、通达。30

“如是不可得因虽摄为三种，此三及立因、能遍、自性相违可得为因三种，等字包括相违果可得、与因相违之果可得等，是由不通达系属之不可得，及通达相违之可得量式安立理之门，而成多种。

“如是说之所为者，以果及自性因法系属决定，成立周遍系属决定之因故；以成立因、能遍、自性不可得三者系属成立周遍不错乱时，即以一切不可得因系属成立周遍决定，分为相违可得、系属不可得等多种因，然

一切唯由结合安立理之门分类之外，尽摄为此三故”之义。

此中不可得因量式之分类，此等亦皆是以因法系属成立周遍决定，唯是前文说遮因如何分类之理故，与前说不重复。

壬三、因法无则不生之系属决定之量

分二：癸一、因法系属决定，观待决定因法是因果抑或自性与具自性者之量而总说；癸二、广说此等量各个差别。

癸一、决定因法系属，观待决定因法是因果抑或自性与具自性者之量而总说

kāryakāraṇabhāvād vā svabhāvād vā niyāmakāt ｜

avinābhāva – niyamo adarśanān na na darśanāt ‖ 31 ‖

由是因果事，或自性决定，若无定不生，非不见非见。31

因与法为因果之事，或自性与有自性，由此能决定之量，决定因与法无则不生之系属。非由于因唯于异品不见，决定因与法之系属，亦非由因唯于同品能见，决定因与法之系属。

avaśyaṃbhāva – niyamaḥkaḥparasya anyathā paraiḥ ｜

artha – antara – nimitte vā dharme vāsasi rāga – vat ‖ 32 ‖

否则余与余，如何有决定。若法有余因，则如衣染色。32

释此，果因之因与法，以决定为因果之事之量，决定因法无则不生之系属，此若不尔，因与法无有系属而成异物，故无有系属之异物，若有一，另一有，岂能决定？如此不应理，故成立有果故有因则不应理。

若自性因之因与法，决定为自性与有自性，由此无则不生不决定，无常是所作之因外，若有余因之法，则由唯成立所作，应是无常。如，布料之白色变为红色，须观待后来有之颜料。仅以自成就，非是红色。故，以是所作，成立是无常是周遍不定。

artha – a ntara – nimitto hi dharmaḥsyād anya eva saḥ ｜

paścād bhāvān na hetutvaṃ phale apy ekāntatā kutaḥ ‖ 33 ‖

若法有余因，则应成他性。后生故非因，是果何能定？33

又，若无常是所作因外之因缘法，应是有余因，为明其他妨难，又引对方内容，所作有法，与无常应是异物，其与因缘前后与合，由此而各别出生故。

若许，所作，若与无常无有系属，则无常不容成为能立之正因，故须有系属，若有系属而是异体，因果之外应无，故无常是所作之因或是果？

若谓：是因。

无常有法，应非是所作之因，成立所作后出现故。

若谓：因成，是果。

答：所作有法，以此成立声无常之周遍岂能决定，则应不决定。若以此成立彼之所立法，无常定是此之果故，宗法成立故。“若法有余因”等两句之自释，应成为一体。

因此，对于一切俱生与俱灭者，应定当与合。此若不尔，不应谓一，或名异，受许此义已作如是言。所说之义，有自称为智者之人说，若物与瓶是一物，瓶与柱亦应是一物，如是，柱瓶等一切物应成能俱生俱灭等。

此释，唯是文字亦未观察，未思考而随意胡说，如是，前后相异之因与合而生，若不成立为异，则一切成为一，引出过失。数论派认为一切物于最胜总中是同一体性。若一切物在无分常事之自性上是一，一切事应成为一，故生灭应成俱时，引出应成论式。故，在释迦慧之注释中，谓具三德之自性无有差别故承许。

因此数论师受许三德平等之最胜总无分唯一常事为一切事之自性，凡是瓶之自性也受许为柱之自性，若受许作为瓶自性之最胜总不是柱之自性等，最胜总则成有分。

此中自宗，事与瓶虽是一物，然不需受许作为瓶物之事是作为柱物之事等，事是有分故。因此不区分二者差别，若事与瓶是一物，认为事之物与瓶之物也应是一，即为错误。然对此等宗之广之破立，我于余处已说。

若把“由是因果事”等论文配作前述论文之总结，虽然对论之文义没有大之不合适，然非意趣，自释中说了从“由是因果事”到“则如衣染色”之中间颂故。否则，说为“摄颂”则应理。

癸二、广说此等量各个差别

分四：子一、决定果因因法系属之量，子二、决定自性因因法系属之量，子三、此二摄义，子四、决定不可得因因法系属之量。

子一、决定果因因法系属之量

kāryaṃ dhūmo hutabhujaḥ kārya – dharma – anuvṛttitaḥ |
sa bhavaṃs tad – abhāve tu hetumattāṃ vilaṅghayet ‖ 34 ‖
烟是火之果，果法随转故。若无彼有此，越出具因理。34

今初，问：若尔，若果因之因法无则不生之此等系属需由决定因果之量决定，此量又是何者？答：烟有法，是火之果，是火之果之法性之随转，法性于汝完备故。

此处“果法”谓果之相，此之成立，若非如是，火无能益，若有烟生，烟有法，汝应成越出具因，烟不从火生故。

nityaṃ sattvam asattvaṃ vā ahetor anya – anapekṣaṇāt |
apekṣāto hi bhāvānāṃ kādācitkatva – sambhavaḥ ‖ 35 ‖
无因不待余，应常有或无。诸法暂时生，是由观待故。35

若许，烟有法，汝应成境时常有或终无，不观待余因缘故。受许因，即受许为无因。有周遍，诸事暂时生，是由观待余因缘故。

此中受许烟为无因，“应常有或无”之责难应成常有，是无因而有之烟故。又，应成一次亦无，是无因而有之烟故。唯引应成随一，若烟无因而有，常有与一次亦无二者不是责难。

若是此，若烟无因而有，常有亦周遍，终无亦周遍，正相违成无周遍，则不成。若如是，此二周遍随一则有过失，说此于他妨难不应理故。此中应成所说不成，许随一引出妨难，于何有无周遍不决定，论师生疑，若立为不定，论师则更有过失。

因此，此中烟若无因而有，则常有与毕竟无二者互遍，故是责难此二者。若如是则“或”字应成是说也之引申，而“引申之也”不可随意选择。以烟无因而有之因责难其为常有之过失，不仅如此，还可引申毕竟无之过失，故是二者总摄之词。

若尔，二者皆有之因相云何？答：此二者皆有，若如是则受许正相违过失不成之理下文当说。

agni – svabhāvaḥśakrasya mūrddhā yady agnir eva saḥ ।
atha anagni – svabhāvo asau dhūmas tatra kathaṃ bhavet ‖ 36 ‖
若帝释顶上，是火性即火。若非火自性，如何彼生烟？36
dhūma – hetu – svabhāvo hi vahnis tacchakti – bhedavān ।
adhūma – hetor dhūmasya bhāve sa syād ahetukaḥ ‖ 37 ‖
烟因自性火，具彼能差别，若烟从非烟，因生，则无因。37

以“若无彼有此”等成立之义是：若帝释顶[①]无前烟新生近取之自性则其本身是火，然若非火之自性则如何由彼生烟？应成是烟之近取不应道理。

作为烟之近取因自性具其功能，故火有别于非火或具其差别之故。

帝释顶者：大婆罗门释其为王之灵塔顶。其他称其为海边蚁垤。

“若帝释顶上，是火性”是“火”词？还是声韵之势？此义除破烟之近取，前宗立论者受许蚁垤非火之自性，而不受许为是自性，故虽破此是火则不解其义。

此之摄义者：因此以其所说之理烟若由烟之非烟生则彼成无因，因此或烟由烟之非烟蚁垤等而生不应理，故烟若不从火生则成无因而生。

前“烟是火之果”等所说能决定因果量之总结者：凡除自身之外前余事能助若有，则随生而转；若无，则由不生之遮回可见凡其后余事皆随前余事而转，其自性为有因之果法。烟亦由如是之门，于火随转随遮非不决定；是故，由异品非火作为近取不生其烟，故需决定烟是火之果。

anvaya – vyatirekād yo yasya dṛṣṭo anuvartakaḥ ।

① 蚁垤之异名。

svabhāvas tasya tad - hetur ato bhinnān na sambhavaḥ ‖ 38 ‖

由随转随遮，见某随某转，彼性彼为因，故异因不生。38

此中，以“见”字说火烟之因果义，以有其火势而生烟，若能助火还灭故，则烟还灭之随转随遮以现量而成。

是故，以火烟因果之义现量成立而说，若如是“烟是火之果”等所说成立烟是火果之因者：于火烟上成立因果之名言是单指成立名言之因而说。

如是由见及非见成立如是因及果，此二者中果等词是为名言而安立。

因此，由这些论文说果因之因法之系属是能决定之现量，说能决定名言之量，由成立单独名言之因而有比量。

决定火烟为因果之现量等，如何决定之理，我于《七部量论庄严除暗》中已述。摄颂此语于自释中出现，本颂中则无。

༄༅། །རྣམ་འགྲེལ་རིགས་པའི་རྒྱ་མཚོ་ལས་མེད་ན་མི་འབྱུང་བའི་འབྲེལ་བ་རྒྱས་པར་བཤད་པ།

མཁས་གྲུབ་དགེ་ལེགས་དཔལ་བཟང་པོས་མཛད།

ཛ༣ གསུམ་པོ་ལས་གཞན་ལྟར་སྣང་ཕྱོགས་ཙམ་བཀྲད།

རྒྱུ་མ་ཚོགས་པས་འབྲས་བུ་ནི། །རྗེས་སུ་དཔོག་པ་གང་ཡིན་དེ[1]། །

ལྷག་མ་དང་ལྡན[2]་ནུས་མེད་ཕྱིར། །ལུས་ལས[3]་འདོད་ཆགས་རྗེས་དཔོག་བཞིན། །༡༡། །

མི་མཐུན་ཕྱོགས་ལ་མ་མཐོང་བ། །ཙམ་གྱིས[4]་འབྲས་སྐྱི་མཐོང་བ་ལས། །

གཏན་ཚིགས་ཤེས་པ་ཚད་ལྟར་སྣང་། །ཚིག་ལས་ཆགས་ཅན་ལ་སོགས་བཞིན། །༡༢། །

མི་མཐུན་ཕྱོགས་ལ་མ་མཐོང་བ། །ཙམ་གྱིས་འཁྲུལ་པ་མེད་པ་མིན། །

འཁྲུལ་པ་སྲིད་པ་ཅན་ཉིད་ཕྱིར། །སྦྲུ་བའི་འབྲས་ནི་ཚོས་པ་བཞིན། །༡༣། །

གང་ཞིག་མ་མཐོང་བ་ཙམ་གྱིས། །ལྡོག་པ་རབ་ཏུ་སྟོན་བྱེད་པ། །

དེ་ནི་ཐེ་ཚོམ་རྒྱུ་ཡིན་ཕྱིར། །དེ་ལ་ལྷག་མ་ལྡན་ཞེས་བརྗོད། །༡༤། །

གསུམ་པ་གསུམ་པོ་ལས་གཞན་ལྟར་སྣང་ཕྱོགས་ཙམ་བཤད་པ་ནི། གལ་ཏེ་ "གཏན་ཚིགས་ལྟར་སྣང་དེ་ལས་གཞན" ། ཞེས་བཤད་མ་ཐག་པའི་འབྲས་རང་མ་དམིགས་པ་གསུམ་པོ་ལས་གཞན་པ། གཞན་གྱིས་བཏགས་པའི་རྟགས་དག་ནི་རྟགས་ཡང་དག་མ་ཡིན་གྱི་ལྟར་སྣང་བ་ཡིན་ནོ། །ཞེས་སྨྲས་ན། དེ་དག་ཇི་ལྟ་བུ་ཞེ་ན།

ཇི་སྐད་བཤད་པ་ལྟར། ནས་དང་ས་ཆུ་ལུད་ཀྱི་ཚོགས་པ་ཚང་བ་ལས། རང་འབྲས་ནས་ཀྱི་སྨྱུ་གུ་སྐྱེ་རུང་བར་དཔོག་པ་ལྟ་བུ་རྟགས་ཡང་དག་ཏུ་འཐད་པ་ཡིན་གྱི། རྒྱུ་མ་ཚོགས་པས་འབྲས་བུ་ནི་རྗེས་སུ་དཔོག་པར་གཞན་གྱིས་བཏགས་པ་གང་ཡིན་པ་དེ་དག་རྟགས་ཡང་དག་མིན་ཏེ། ཁྱབ་པ་འཁྲུལ་བས་བསྒྲུབ་བྱ་སྒྲུབ་པའི་ནུས་པ་མེད་པའི་ཕྱིར།

འོ་ན། དེ་དག་གཏན་ཚིགས་ཡང་དག་མ་ཡིན་ན། གང་ཡིན་ཞེ་ན།

ལྷག་ལྡན་གྱི་རྟགས་ཡིན་ནོ་ཞེས་པའམ། ཡང་ན་ལྷག་ལྡན་ཡིན་པས་བསྒྲུབ་བྱ་སྒྲུབ་པའི་ནུས་པ་མེད་པའི་ཕྱིར།

[1] 《པེ་》《སྣར་》ཏེ།

[2] 《པེ་》《སྣར་》ལྷག

[3] 《པེ་》《སྣར་》ལ།

[4] 《 པེ་》《སྣར་》གྱི།

ཞེས་བྱའོ། །

ཁ་ཅིག་ལྷག་ལྡན་ཡིན་ཏེ། རྒྱུ་མ་ཚང་བ་ལས་འབྲས་བུ་སྐྱེད་པའི་ནུས་པ་མེད་པའི་ཕྱིར། ཞེས་སྨྲ་བས་ནི་དམ་བཅའ་ཚད་མས་བསལ་ན། དེ་སྒྲུབ་ཕྱིར་བཀོད་པའི་རྟགས་ལྷག་ལྡན་ཡིན་པས་ཁྱབ་པར་སྨྲས་པ་ཡིན་ནོ། །

རང་འགྲེལ་དུ་མ་ཚོགས་པ་ལ་ཤིན་ཏུ་ནུས་པ་མེད་པའི་ཕྱིར་ཞེས་གསུངས་པ་ནི། ཁོ་བོས་བཤད་པ་དང་མཐུན་ནོ། །

གཞན་གྱིས་བཏགས་པའི་རྒྱུ་མ་ཚོགས་པ་ལས་འབྲས་བུ་དཔོག་པའི་ལྷག་ལྡན་དེ་ཡང་ཇི་ལྟ་བུ་ཞེ་ན། དེ་ཉིད་ཀྱི་མཚན་གཞི་དཔེར་བརྗོད་པ་ནི། སྤྱོད་པ་བ་སོགས་གང་དག །ལུས་རྒྱས། དབང་པོ་དངས། བློ་གསལ་བ་ཙམ་ལས། འབྲས་བུ་འདོད་ཆགས་རྗེས་སུ་དཔོག་པ་བཞིན་ནོ། །

དེ་ར་མ་ཟད་གཞན་དག་གིས་བཏགས་པའི་འབྲས་བུའི་རྟགས་དག་ཀྱང་འཁྲུལ་བ་ཡིན་ཏེ། འདི་ལྟར། འབྲས་བུའི་སྤྱི་ཆོས་ཅན་ལ་མཐོང་ཞིང་། རྟགས་དེ་དེ་སྒྲུབ་ཀྱི་མི་མཐུན་ཕྱོགས་ལ་མ་མཐོང་བ་ཙམ་གྱིས་གཏན་ཚིགས་དེ་རྒྱུའི་ཁྱད་པར་དཔོག་པའི་གཏན་ཚིགས་ཡང་དག་ཏུ་གཞན་གྱིས་ཤེས་ཤིང་འདོད་པ་གང་ཡིན་པ་དེ་དག་ཀྱང་ཚད་མཐའ་གཏན་ཚིགས་ལྟར་སྣང་ཡིན་ཏེ། ལྷག་ལྡན་ཡིན་པའི་ཕྱིར་རོ། །

དེ་ཡང་ཇི་ལྟ་བུ་ཞེ་ན། སྤྱོད་པ་བ་གང་དག་ཚིག་སྨྲ་བ་ལས། སྨྲ་བ་པོའི་སྐྱེས་བུ་ཞ་རོལ་པོ་ཆགས་ཅན་དང་ཞེ་སྡང་ཅན་ལ་སོགས་པར་དཔོག་པ་བཞིན་ནོ། །

དེ་ལྟ་བུའི་རྟགས་དེ་ཁྱབ་པ་འཁྲུལ་བར་མ་ཟད། རྟགས་དེ་ཉིད། དེ་སྒྲུབ་ཀྱི་མི་མཐུན་ཕྱོགས་ལ་མ་མཐོང་བ་ཙམ་གྱིས་ལྡོག་ཁྱབ་མ་འཁྲུལ་བར་སྒྲུབ་པའང་མི་འཐད་དེ། ཚིག་ཆོས་ཅན། ཁྱོད་དེ་སྒྲུབ་ཀྱི་མི་མཐུན་ཕྱོགས་ལ་མ་མཐོང་བ་ཙམ་གྱིས་དེ་སྒྲུབ་ཀྱི་ལྡོག་ཁྱབ་འཁྲུལ་བ་མེད་པ་མིན་པར་ཐལ། ཁྱོད་དེ་ལ་མ་མཐོང་ཡང་དེ་ལ་འཇུག་པའི་འཁྲུལ་བ་སྲིད་པ་ཅན་ཉིད་ཡིན་པའི་ཕྱིར། དཔེར་ན། སྦྲ་བའི་འབྲས་ལྷག་མ་ཚོས་པ་ཡིན་ཏེ། ཚོས་པའི་འབྲས་འབྲུ་གཅིག་པོ་དེ་དང་སྦྲ་བ་གཅིག་གི་ནང་དུ་ཚུད་པར་ཁྱད་པར་མེད་པའི་ཕྱིར། ཞེས་པ་བཞིན་ནོ། །

འོ་ན་ཁྱོད་ཀྱིས། ལྷག་མ་དང་ལྡན་ནུས་མེད་ཕྱིར། ཞེས་སྨྲས་ན། ལྷག་ལྡན་གྱི་རྟགས་ཀྱི་དོན་ཅི་ཞེ་ན།

རིགས་པ་ཅན་པ་གང་དག་རྒྱུ་ལས་འབྲས་བུ་དཔོག་པ་སྔ་མ་དང་ལྡན་པ་དང་། འབྲས་བུ་ལས་རྒྱུ་དཔོག་པ་ལྷག་མ་དང་ལྡན་པའོ། །ཞེས་ལྷག་ལྡན་གྱི་དོན་ལ་ལོག་པར་རྟོག་པ་བསལ་ནས་རང་ལུགས་ཀྱི་ལྷག་ལྡན་གྱི་མཚན་ཉིད་བསྟན་པ་ནི། གཞན་དག་གིས་རྟགས་གང་ཞིག་མི་མཐུན་ཕྱོགས་ལ་མ་མཐོང་བ་ཙམ་གྱིས་ལྡོག་ཁྱབ་གྲུབ་པའོ། །ཞེས་རབ་ཏུ་སྟོན་པར་བྱེད་པའི་རྟགས་དག་སྨྲ་བ་དེ་ཆོས་ཅན། ཁྱོད་ལ་དེ་སྒྲུབ་ཀྱི་ལྷག་མ་དང་ལྡན་པའི་རྟགས་ཞེས་བརྗོད་རིགས་ཏེ། ཁྱོད་དེ་སྒྲུབ་ཀྱི་ཕྱོགས་ཆོས་གང་ཞིག །ཁྱོད་དེ་སྒྲུབ་ཀྱི་མཐུན་ཕྱོགས་ལ་མཐོང་ཡང་མི་མཐུན་ཕྱོགས་ལས་ལྡོག་པ་ལ་ཐེ་ཚོམ་

གྱི་རྒྱུ་ཡིན་པའི་ཕྱིར།

༣༤ མེད་ན་མི་འབྱུང་བའི་འབྲེལ་བ་རྒྱས་པར་བཤད་པ།

བཞི་པ་མེད་ན་མི་འབྱུང་བའི་འབྲེལ་བ་རྒྱས་པར་བཤད་པ་ལ། གཞུང་གི་བསྡུ་བ་བཤད་པ་དང་། གཞུང་དོན་བཤད་པ་དངོས་ལ་འཇུག་པ་གཉིས།

༡༡ གཞུང་གི་བསྡུ་བ་བཤད་པ།

དང་པོ་ནི་འཆད་པར་འགྱུར་བའི་གཞུང་འདི་དག་གི་དོན་ཚན་གསུམ་དུ་འདུས་པ་ཡིན་ཏེ། རྟགས་ཡང་དག་གི་ལྟོག་ཁྱབ་འགྲུབ་པ་ལ་རྟགས་ཆོས་མེད་ན་མི་འབྱུང་བའི་འབྲེལ་བ་ངེས་མི་དགོས་ཀྱི། རྟགས་མི་མཐུན་ཕྱོགས་ལ་མ་མཐོང་བ་ཙམ་གྱིས་ཆོག་གོ་ཞེས་སྨྲ་བ་འགོག་པ་དང་། རྟགས་ཀྱི་རྗེས་སུ་འགྲོ་ལྡོག་གི་ཁྱབ་པ་ངེས་པ་རྟགས་ཆོས་མེད་ན་མི་འབྱུང་བའི་འབྲེལ་བ་ངེས་པ་ལ་རག་ལས་པའི་སྒྲུབ་བྱེད་བཤད་པ་དང་། རྟགས་ཡང་དག་གི་རྟགས་ཆོས་མེད་ན་མི་འབྱུང་བའི་འབྲེལ་བ་དེ་ཉིད་ངེས་བྱེད་ཀྱི་ཚད་མ་བཤད་པའོ། །

དང་པོ་ནི། གཏན་ཚིགས་ཀྱི་ནི་ཚུལ་གསུམ་ལའང་། ཞེས་སོགས་སོ། །གཉིས་པ་ནི། དེ་ཕྱིར་དེ་ཙམ་དང་འབྲེལ་བའི། ཞེས་སོགས་སོ། །གསུམ་པ་ནི། རྒྱུ་དང་འབྲས་བུའི་དངོས་པོའམ། ཞེས་པ་མན་ཆད་ནས། མི་དམིགས་པས་ནི་མི་འགྲུབ་བོ། །ཞེས་པའི་བར་རོ། །

དེ་ཡང་། རྒྱུ་དང་འབྲས་བུའི་དངོས་པོའམ། ཞེས་པ་ནས། འབྲས་བུ་ན་ཡང་གཞ་ལ་ངེས། ཞེས་པའི་བར་གྱིས། རྟགས་ཆོས་མེད་ན་མི་འབྱུང་བའི་འབྲེལ་བ་དེ་ཡང་། དེ་སྐབས་ཀྱི་རྟགས་ཆོས་རྒྱུ་འབྲས་སུ་ངེས་བྱེད་དམ། རང་བཞིན་དང་རང་བཞིན་ཅན་དུ་ངེས་བྱེད་ཀྱི་ཚད་མས་ངེས་པའི་སྒོ་ནས་འགྲུབ་དགོས་སོ་ཞེས་བསྟན་ནས།

འོ་ན་རྒྱུ་འབྲས་ངེས་བྱེད་ཀྱི་ཚད་མ་དེ་ཡང་གང་ཡིན་ཞེས་པ་ལ། མེ་ཡི་འབྲས་བུ་དུ་བ་སྟེ། ཞེས་སོགས་ཀྱིས་འབྲས་རྟགས་ཀྱི་མེད་ན་མི་འབྱུང་བའི་འབྲེལ་བ་ངེས་བྱེད་ཀྱི་ཚད་མ་སྟོན་ལ།

རྟགས་ཆོས་རང་བཞིན་དང་རང་བཞིན་ཅན་དུ་ངེས་བྱེད་ཀྱི་ཚད་མ་དེ་ཡང་གང་ཞེས་པ་ལ། རང་བཞིན་ལ་ཡང་མེད་མི་འབྱུང་། ཞེས་པ་ནས། གཞན་ལའང་དོ་བོ་ཉིད་ཀྱིས་འགྱུར། ཞེས་པའི་བར་གྱིས་རང་བཞིན་རྟགས་ཀྱི་འབྲེལ་བ་ངེས་བྱེད་ཀྱི་ཚད་མ་འཆད་ཅིང་། དེས་ན་དངོས་པོའི་ཡུལ་ཅན་གྱི། ཞེས་པ་ལྡོག་པ་གཅིག་གིས་འབྲས་རང་གཉིས་ཀྱི་འབྲེལ་བ་ངེས་བྱེད་ཀྱི་ཚད་མ་བཤད་པ་དེ་དག་གི་མཇུག་བསྡུ་བར་བྱེད་དོ། །འཇུག་པ་བློ་ལྡོན་ཅན་ཉིད་ཕྱིར། ཞེས་པ་མན་ཆད་ཐམས་ཅད་ནི། མ་དམིགས་པའི་རྟགས་ཀྱི་འབྲེལ་བ་ངེས་བྱེད་ཀྱི་ཚད་མ་བཤད་པ་འཕྲོས་དང་བཅས་པའོ། །

༡༢ གཞུང་དོན་བཤད་པ་དངོས་ལ་འཇུག་པ།

གཉིས་པ་གཞུང་དོན་བཤད་པ་དངོས་ལ་འཇུག་པ་ལ། ལྡོག་ཁྱབ་ངེས་པ་རྟགས་ཆོས་མེད་ན་མི་འབྱུང་བའི་འབྲེལ་

བ་ངེས་པ་ལ་ལྟོས་མི་དགོས་པར་འདོད་པ་དགག་པ་དང་། རྟགས་ཡང་དག་གི་རྗེས་སུ་འགྲོ་ལྡོག་གི་ཁྱབ་པ་ངེས་པ་མེད་ན་མི་འབྱུང་བའི་འབྲེལ་བ་ངེས་པ་ལ་ལྟོས་དགོས་པར་སྒྲུབ་པ་དང་། རྟགས་ཆོས་མེད་ན་མི་འབྱུང་བའི་འབྲེལ་བ་ངེས་བྱེད་ཀྱི་ཚད་མ་བཤད་པའོ། །

ཏ༽ ལྡོག་ཁྱབ་ངེས་པ་རྟགས་ཆོས་མེད་ན་མི་འབྱུང་བའི་འབྲེལ་བ་ངེས་པ་ལ་ལྟོས་མི་དགོས་པར་འདོད་པ་དགག་པ།

དང་པོ་ལ། རྟགས་མི་མཐུན་ཕྱོགས་ལ་མ་མཐོང་ཙམ་ལྡོག་ཁྱབ་ཀྱི་དོན་ཡིན་པ་སློབ་དཔོན་གྱི་བཞེད་པར་འདོད་པའི་རང་སྡེ་ལ་སློབ་དཔོན་གྱི་ལུང་འགལ་བསྟན་པ། དེ་ཉིད་ཀྱི་ལྡོག་ཁྱབ་ཀྱི་དོན་དུ་འདོད་པའི་རང་སྡེ་དང་གཞན་སྡེ་གཉིས་ཀ་ལ་ཐུན་མོང་དུ་མངོན་སུམ་གྱིས་གནོད་པ་བསྟན་པ། དེ་ལྟར་འདོད་པའི་གཞན་སྡེ་ལ་ཁས་བླངས་ནང་འགལ་གྱི་གནོད་པ་བསྟན་པའོ། །

ཐ༽ རྟགས་མི་མཐུན་ཕྱོགས་ལ་མ་མཐོང་ཙམ་ལྡོག་ཁྱབ་ཀྱི་དོན་ཡིན་པ་སློབ་དཔོན་གྱི་བཞེད་པར་འདོད་པའི་རང་སྡེ་ལ་སློབ་དཔོན་གྱི་ལུང་འགལ་བསྟན་པ།

དང་པོ་ལ། དེ་ཉིད་ལྡོག་ཁྱབ་ཀྱི་དོན་དུ་སློབ་དཔོན་མི་བཞེད་པར་བསྟན་པ་དང་། བཞེད་ན་སློབ་དཔོན་རང་གི་ལུང་དང་འགལ་བ་བསྟན་པའོ། །

ད༽ དེ་ཉིད་ལྡོག་ཁྱབ་ཀྱི་དོན་དུ་སློབ་དཔོན་མི་བཞེད་པར་བསྟན་པ།

དང་པོ་ནི། གཏན་ཚིགས་ཞེས་སོགས་ཏེ། དེ་ཡང་དབང་ཕྱུག་སྡེ་ལ་སོགས་པའི་སློབ་དཔོན་གྱི་སློབ་མ་ཁ་ཅིག །རྟགས་མི་མཐུན་ཕྱོགས་ལ་མ་མཐོང་བ་ཙམ་རྟགས་ཀྱི་ལྡོག་ཁྱབ་ཀྱི་དོན་ཡིན་པར་འདོད་ཅིང་། བྱེ་བྲག་པ་དང་། གྲངས་ཅན་ལ་སོགས་པའི་ཕྱི་རོལ་པ་དག་ཀྱང་དེ་ལྟར་འདོད་དོ། །

དེའི་བསམ་པ་ཡང་འདི་ཡིན་ཏེ། གལ་ཏེ་རྟགས་ཀྱི་ལྡོག་ཁྱབ་ངེས་པ་ལ་རྟགས་མི་མཐུན་ཕྱོགས་ལ་མེད་པར་ངེས་དགོས་ན། དགག་གཞི་མི་མཐུན་ཕྱོགས་མཐའ་དག་ལ་རྟགས་དེ་ཡོད་ན་སྣང་རུང་ཡིན་པ་ལ་ཡོད་པར་མ་དམིགས་པའི་སྒོ་ནས། མི་མཐུན་ཕྱོགས་མཐའ་དག་ལ་རྟགས་དེ་མེད་པར་ངེས་དགོས་པས། རྟགས་ཀྱི་ལྡོག་གཞི་མི་མཐུན་ཕྱོགས་མཐའ་དག་སྐབས་ཀྱི་ཕྱི་རྒོལ་གྱིས་ངེས་དགོས་ནའང་། དེ་མཐའ་དག་སྐབས་ཀྱི་ཕྱི་རྒོལ་ལ་སྣང་རུང་ཡིན་པས་མ་ཁྱབ་པའི་ཕྱིར། དེ་ལྟ་བུའི་ལྡོག་ཁྱབ་ངེས་ཚུལ་དགོས་ན་ཧ་ཅང་ཐལ་ལོ། །དེ་བས་ན་རྟགས་མི་མཐུན་ཕྱོགས་ལ་མ་མཐོང་བ་ཙམ་གྱིས་མི་མཐུན་ཕྱོགས་ལས་ལྡོག་པའི་ཁྱབ་པ་ངེས་པ་ཡིན་ནོ། །ཞེས་བྱ་བ་ཡིན་ནོ། །

རང་ལུགས་རྟགས་ཀྱི་ལྡོག་ཁྱབ་ངེས་པ་འབྲེལ་བ་ལ་ལྟོས་དགོས་པའི་དོན་ཡང་འདི་ལྟར་ཡིན་ཏེ། བྱས་པ་མི་རྟག་པ་ལ་འབྲེལ་བའི་དོན་ལྡོག་ནི། བྱས་མི་རྟག་ཐ་དད་མི་རྟག་པ་བཀག་ན་བྱས་པ་ཁེགས་པ་ཡིན་ལ། བྱས་མི་རྟག་ཐ་དད་དུ

བྱས་མི་རྟག་གི་དོན་སྤྱི་སོ་སོར་ཤར་བའི་རྟོག་པ་ཉམས་སུ་མྱོང་བའི་རང་རིག་མངོན་སུམ་གྱིས་ཤུགས་ལ་འགྲུབ་ཅིང་། མི་རྟག་པ་བཀག་ན་བྱས་པ་ཁེགས་པ་ནི། རྟག་པ་ཆོས་ཅན། བྱས་པས་སྟོང་སྟེ། རིམ་དང་ཅིག་ཅར་གྱི་དོན་བྱེད་པས་སྟོང་བའི་ཕྱིར། ཞེས་པའི་གནོད་པ་ཅན་གྱི་རྟགས་ལ་བརྟེན་པའི་རྗེས་དཔག་ཚད་མས་ངེས་པར་བྱེད་དོ། །

དེ་ལྟ་བུའི་ཚད་མ་དང་། གཞི་བྱས་པ་ངེས་པའི་ཚད་མ་དང་། རྟག་མི་རྟག་དངོས་འགལ་དུ་ངེས་པའི་ཚད་མ་གསུམ་གྱིས་བྱས་པས་སྒྲ་མི་རྟག་པར་སྒྲུབ་པའི་རྗེས་ཁྱབ་ངེས་པར་བྱེད་པ་ཡིན་ཅིང་། རྟག་པ་བྱས་སྟོང་དུ་ངེས་པའི་གནོད་པ་ཅན་གྱི་ཚད་མ་དེས་མི་རྟག་པ་བཀག་ན་བྱས་པ་ཁེགས་པར་ངེས་པའི་སྒོ་ནས་བྱས་པ་རྟག་པ་ལ་མེད་པ་ཁོ་ནར་ངེས་པ་ཡིན་ལ། བྱས་པས་སྒྲ་མི་རྟག་པར་སྒྲུབ་པའི་ལྡོག་ཁྱབ་ཀྱི་མཚན་གཞི་ནི་བྱས་པ་ཉིད་ཡིན་ཅིང་། དེ་ཉིད་དེ་སྒྲུབ་ཀྱི་མི་མཐུན་ཕྱོགས་ལ་མེད་པ་ཁོ་ནར་ངེས་པ་དེ་སྒྲུབ་ཀྱི་ལྡོག་ཁྱབ་ཀྱི་དོན་ཡིན་ལ། དེ་ངེས་པ་ལ་བྱས་པ་མི་རྟག་པ་བཀག་ན་ཁེགས་པ་ངེས་དགོས་ཤིང་། བྱས་མི་རྟག་ཐ་དད་མི་རྟག་པ་བཀག་ན་བྱས་པ་ཁེགས་པ་བྱས་མི་རྟག་གི་འབྲེལ་བའི་དོན་ལྡོག་ཡིན་པས། དེའི་ཕྱིར་རྗེས་སུ་འགྲོ་ལྡོག་གི་ཁྱབ་པ་ངེས་པ་འབྲེལ་བ་ངེས་པ་ལ་ལྟོས་ཞེས་བྱའི། འབྲེལ་བ་དང་ཁྱབ་པ་དོན་གཅིག་མིན་པས། རྟག་པ་ལ་མ་བྱས་པས་ཁྱབ་པ་བྱས་པས་སྒྲ་མི་རྟག་པར་སྒྲུབ་པའི་ལྡོག་ཁྱབ་ཡིན་པ་སོགས་སུ་མི་བཟུང་ལ། ཚུལ་གསུམ་པོའི་རྣམ་པར་བཞག་པ་གཞན་དག་ནི་ཚད་མ་ཡིད་ཀྱི་མུན་སེལ་དུ་ཁོ་བོས་བཤད་ཟིན་ཏོ། །

གཏན་ཚིགས་ཀྱི་ནི་ཚུལ་གསུམ་ལ། །དེ་ཡིས་མ་གྲུབ་བཟློག་དོན་དང་། །
འབྲེལ་པ་ཅན་གྱི་གཉེན་པོར་ནི། །ངེས་པ་བརྗོད་པར་མཛད་པ་ཡིན། །༧༥། །

དེ་ནི་ཚིག་གི་དོན་བརྗོད་པར་བྱ་སྟེ། སློབ་དཔོན་ཕྱོགས་གླང་ཆོས་ཅན། ལྡོག་ཁྱབ་ངེས་པ་འབྲེལ་བ་ངེས་པ་ལ་ལྟོས་དགོས་པར་བཞེད་རིགས་ཏེ། ཁྱོད་ཀྱིས་གཏན་ཚིགས་ཀྱི་ནི་ཚུལ་གསུམ་པོ་སོ་སོའི་ཚན་ཉིད་ཀྱི་ཟུར་དུ་ངེས་པ་བརྗོད་པར་མཛད་པ་ཡིན་པའི་ཕྱིར། དེ་ཡིས་ཚུལ་གསུམ་སོ་སོའི་མཚན་ཉིད་ཀྱི་ཟུར་དུ་ངེས་པ་བརྗོད་པ་ལ་དགོས་པ་ཡོད་དེ། བྱས་པས་སྒྲ་མི་རྟག་པར་སྒྲུབ་པ་ལྟ་བུ་མ་གྲུབ་པ་དང་། ལྡོག་དོན་འགལ་བ་ཕྱོགས་མཐུན་དང་བཅས་པ་དང་། འབྲེལ་བ་ཅན་མ་ངེས་པའི་རྟགས་ཡིན་པ་གཅད་པའི་ཕྱིར་དུ་དེ་དག་གི་གཉེན་པོར་ནི་ངེས་པ་དེ་དག་སྨོས་པ་ཡིན་པའི་ཕྱིར།

གཞན་དག་མ་གྲུབ་པ་ལ་སོགས་པའི་རྟགས་རྣམས་རྟགས་ཡང་དག་ཡིན་པ་གཅད་པའི་ཕྱིར་སྨོས་ཞེས་འཆད་མོད་ཀྱི་དེ་དག་གིས་ནི། བྱས་པ་མཚན་གཞི། སྒྲ་མི་རྟག་པར་སྒྲུབ་པའི་ལྡོག་ཁྱབ་ཡིན་པར་མཚོན། དེ་སྒྲུབ་ཀྱི་མི་མཐུན་ཕྱོགས་ལ་མེད་པ་ཁོ་ནར་ངེས་པའི་གཏན་ཚིགས་ཞེས་བཀོད་པ་ན། ངེས་པའི་ཚིག་དེས། བྱས་པ་དེ་སྒྲུབ་ཀྱི་མི་མཐུན་ཕྱོགས་ལ་མེད་པར་མ་ངེས་པ་གཅོད་དམ། མཉན་བྱ་དེ་སྒྲུབ་ཀྱི་མི་མཐུན་ཕྱོགས་ལ་མེད་པར་ངེས་པ་གཅོད་རྣམ་པར་མ

བརྟགས་པར་བྱ་དོ། །

ད༡ བཞེད་ན་སློབ་དཔོན་རང་གི་ལུང་དང་འགལ་བ་བསྟན་པ།

འབྲེལ་པ་ཅན་གྱི་གཉེན་པོར་ནི། །མི་མཐུན་ཆོས་བརྗོད་གང་ཡིན་པ། །

གལ་ཏེ་མ་མཐོང་འབྲས་ཅན་དེ། །དེ་མ་སྨོས་ཀྱང་རྟོགས་པར་འགྱུར། །༡༨། །

གཉིས་པ་དེ་ལྟར་བཞེད་ན་སློབ་དཔོན་རང་གི་ལུང་དང་འགལ་བ་བསྟན་པ་ལ། ལུང་འགལ་བསྟན་པ་དྲུག་ལས།

དང་པོ་ནི། ཤེས་བྱ་ཆོས་ཅན། འབྲེལ་བ་ཅན། མ་ངེས་པའི་རྟགས་ཀྱི་གཉེན་པོར་ནི། མི་མཐུན་པའི་ཆོས་བརྗོད་པའི་སྒྲུབ་ངག་སྨོས་དགོས་པར་རིགས་སྨྲ་ལས་བཤད་པ་གང་ཡིན་པ་དེ་མི་འཐད་པར་ཐལ། རྟགས་མི་མཐུན་ཕྱོགས་ལ་མ་མཐོང་ཙམ་གྱིས་ལྡོག་ཁྱབ་ངེས་པའི་ཕྱིར།

གལ་ཏེ་རྟགས་མི་མཐུན་ཕྱོགས་ལ་མ་མཐོང་བ་ཙམ་དེ་གོ་བར་བྱེད་པའི་འབྲས་བུ་ཅན་ཡིན་པས་དོན་མེད་པའི་སྐྱོན་མེད་དོ་ཞེ་ན། དེ་ཡང་མི་འཐད་པར་ཐལ། ཆོས་མི་མཐུན་སྦྱོར་གྱི་སྒྲུབ་ངག་དེ་མ་སྨོས་ཀྱང་། རྟགས་རང་གི་མི་མཐུན་ཕྱོགས་ལ་མཐོང་བ་མེད་པ་ཙམ་གྱིས་མ་མཐོང་བ་རྟོགས་པར་འགྱུར་བའི་ཕྱིར།

མེད་ཅེས་བྱ་བའི་ཚིག་གིས་ཀྱང་། །དེ་མེད་ཁོ་ན་མིན་གལ་ཏེ། །

ཇི་ལྟར་མེད་རིགས་དེ་བརྗོད་ན། །དེ་ཚེ་མེད་ཅེས་བྱ་བར་རྟོགས། །༡༩། །

གལ་ཏེ་རྟགས་མི་མཐུན་ཕྱོགས་ལ་མཐོང་བ་མེད་པ་དེ་ཉིད་སྒྲུབ་ངག་གིས་བརྗོད་པའི་སྒོ་ནས། རྟགས་མི་མཐུན་ཕྱོགས་ལ་མེད་པ་གོ་བར་བྱེད་པ་ཡིན་ནོ་ཞེ་ན། རྟགས་མི་མཐུན་ཕྱོགས་ལ་མཐོང་བ་མེད་ཅེས་བྱ་བའི་ཚིག་གིས་ཀྱང་དེ་མི་མཐུན་ཕྱོགས་ལ་མེད་པ་ཁོ་ནར་ངེས་པ་མ་ཡིན་པར་ཐལ། དེས་རྟགས་མི་མཐུན་ཕྱོགས་ལ་མེད་པའི་རིགས་པ་གང་ཡང་མ་བརྗོད་པའི་ཕྱིར་རོ། །

གལ་ཏེ་ཁྱོད་ལྟར་ན། ཇི་ལྟར་ཆོས་མི་མཐུན་སྦྱོར་གྱི་སྒྲུབ་ངག་ལས་རྟགས་མི་མཐུན་ཕྱོགས་ལ་མེད་ངེས་ཀྱི་ལྡོག་ཁྱབ་རྟོགས་པར་འགྱུར་ཞེ་ན།

གང་རྟག་པ་དེ་མ་བྱས་པས་ཁྱབ། དཔེར་ན་འདུས་མ་བྱས་ཀྱི་ནམ་མཁའ་བཞིན། སྒྲ་ནི་བྱས་ཞེས་པའི་ཆོས་མི་མཐུན་སྦྱོར་གྱི་ངག་དེ་ཉིད་བརྗོད་པ་དེའི་ཚེ། བྱས་པ་དེ་སྒྲུབ་ཀྱི་མི་མཐུན་ཕྱོགས་ལ་མེད་པ་ཁོ་ན་ཞེས་བྱ་བར་རྟོགས་པར་བྱེད་ནུས་ཏེ། བྱས་པ་དེ་སྒྲུབ་ཀྱི་མི་མཐུན་ཕྱོགས་ལ་མེད་པ་ཁོ་ནའི་རིགས་པ་བྱས་མི་རྟག་མེད་ན་མི་འབྱུང་བའི་འབྲེལ་བ་དེ་བརྗོད་པས་སོ། །

གལ་ཏེ་མ་མཐོང་བས་ལྡོག་འགྱུར། །ཅི་སྟེ་ལྷག་[1]ལྡན་འབྲེལ་ཅན་ཡིན། །

[1] 《སྣར་》+ག།

ལྡོག་པ་ཅན་ཡང་གཏན་ཚིགས་འགྱུར། །མ་གྲུབ་སྦྱོར་[1]་བ་བརྗོད་བྱ་མིན། །༧༥། །

ལུང་འགལ་གཉིས་པ་བསྟན་པ་ནི། གལ་ཏེ་མི་མཐུན་ཕྱོགས་ལ་མ་མཐོང་བས་ལྡོག་ཁྱབ་འགྲུབ་པར་འགྱུར་ན། ཞེས་སྨྲར་ཡང་ཕྱོགས་སྔ་བྱར་དྲངས་ནས། ཤིང་ཕུང་འདི་ལས་སྐྱེས་པའི་ཤིང་ཏོག་ལྷག་མ་ཐམས་ཅད་ཆོས་ཅན། རོ་མངར་དང་ལྡན་ཏེ། ཟོས་པའི་ཤིང་ཏོག་རོ་མངར་ཅན་འདི་དང་ཤིང་ཕུང་གཅིག་ལས་སྐྱེས་པའི་ཕྱིར། ཞེས་པའི་རྟགས་འདི་ཅི་སྟེ་ཁྱབ་པ་འབྲེལ་བ་ཅན་ཡིན་ཏེ་མ་ཡིན་པར་ཐལ། མི་མཐུན་ཕྱོགས་ལ་མ་མཐོང་བ་ཙམ་གྲུབ་པའི་ཕྱིར།

འདོད་ན་དེ་ཉིད་སློབ་དཔོན་གྱིས་ལྷག་ལྡན་དུ་བཤད་པ་དང་ནང་འགལ་བར་འགྱུར་རོ། །ཇི་ལྟར་བཤད་ན། ཀུན་ལས་བཏུས་སུ། རིགས་པ་ཅན་གྱི་ལྷག་ལྡན་འགོག་པའི་སྐབས་སུ། གཟུགས་ལ་སོགས་པས་མཚུངས་པས་རོ་ལ་སོགས་པ་གཏོན་མི་ཟ་བར་མཚུངས་པར་འགྱུར་བ་ནི་མ་ཡིན་ནོ་ཞེས་པས་སོ། །

ཁྱད་པར་རྣམ་པར་གཅོད་པ་ཡི། །གཏན་ཚིགས་སུ་འགྱུར་མ་མཐོང་ཕྱིར། །

ཚད་མ་གཞན་གྱིས་གནོད་ཅེ་ན། །ད་ནི་མ་མཐོང་ལས་མེད་མིན། །༧༦། །

ལུང་འགལ་གསུམ་པ་ནི། རྟགས་མི་མཐུན་ཕྱོགས་ལ་མ་མཐོང་བ་ཡིན་པ་ཙམ་གྱིས། གཞན་དག་ལྡོག་པ་ཅན་དུ་འདོད་པའམ། ལྡོག་ཁྱབ་འགའ་ཞིག་པ་ཅན་གྱི་རྟགས་སུ་འདོད་པས་ལྡོག་པ་ཅན། ཞེས་ཐ་སྙད་བཏགས་པ་སྲོག་སོགས་ཡང་ཆོས་ཅན། གསོན་ལུས་བདག་བཅས་སུ་སྒྲུབ་པའི་གཏན་ཚིགས་ཡང་དག་ཏུ་འགྱུར་བར་ཐལ། དེ་སྒྲུབ་ཀྱི་ཕྱོགས་ཆོས་གང་ཞིག །མི་མཐུན་ཕྱོགས་ལ་མ་མཐོང་བ་ཙམ་ཡིན་པའི་ཕྱིར། འདོད་ན། སློབ་དཔོན་གྱིས་ཕྱོགས་ཆོས་ཅན་དགུའི་རབ་དབྱེ་འཆད་པའི་སྐབས་སུ་ལྡོག་ཁྱབ་འབྲེལ་བར་བཤད་པ་དང་ནང་འགལ།

ལུང་འགལ་བཞི་པ་ནི། སློབ་དཔོན་གྱིས། ཕྱོགས་ཀྱི་ཆོས་ནི། གྲོལ་བ་དང་ཕྱིར་གྲོལ་བ་གཉིས་ཀ་ལ་ངེས་པར་གཟུང་ངོ་། །དེ་བཞིན་དུ་མཐུན་པའི་ཕྱོགས་ལ་ཡོད་པ་དང་མེད་པ་ཞེས་བྱ་བ་ལ་སོགས་པ་དག་ལ་ཡང་ཅི་རིགས་པར་བརྗོད་པར་བྱའོ། །ཞེས་ཕྱོགས་ཆོས་མ་གྲུབ་པ་དང་ལྡོག་ཁྱབ་དགེ་དོན་དུ་སྨྲར་ནས་ལྡོག་པ་ལ་ཐེ་ཚོམ་ཟ་བ། ལྡོག་ཁྱབ་ཀྱི་སྐྱོན་དུ་བཤད་པའང་བརྗོད་བྱ་མིན་པའམ་མི་རིགས་པར་ཐལ། མི་མཐུན་ཕྱོགས་ལ་ཡོད་མེད་ཐེ་ཚོམ་ཟ་བ་ཡང་དེ་ལ་མ་མཐོང་བ་ཙམ་གྱིས་ལྡོག་ཁྱབ་ངེས་པའི་ཕྱིར།

ཅི་རིགས་པ་ཞེས་སྨོས་པའི་དོན་ཐེ་ཚོམ་ཟ་བ་ཕྱོགས་ཆོས་ཀྱི་སྐྱོན་ཡིན་ཀྱང་། ལྡོག་ཁྱབ་ཀྱི་སྐྱོན་མ་ཡིན་པར་སྟོན་པ་ཡིན་ནོ་ཞེ་ན། མ་ཡིན་ཏེ། སློབ་དཔོན་གྱི་གང་ཞིག །གཉིས་ཀ་ལ་ངེས་པའི་ཚུལ་གསུམ་དང་མ་གྲུབ་པ་ཉིད་ལ་སོགས་པ་བརྗོད་པ་དེ་ཁོ་ན་སྒྲུབ་པའམ་སུན་འབྱིན་པ་ཡིན་གྱི། གང་ཡང་རུང་བ་ལ་མ་གྲུབ་པ་དང་། ཐེ་ཚོམ་ཟ་བ་བརྗོད་པ་ནི་མ་ཡིན་ཏེ། ཡང་སྒྲུབ་པར་བྱེད་པ་ལ་ལྟོས་པ་ཉིད་ཀྱི་ཕྱིར་རོ། །ཞེས་གསུངས་པ་དང་འགལ་བས་སོ། །

[1] 《པེ་》《སྣར་》སྒྱུར།

འོ་ན་ཅི་རིགས་པའི་དོན་ཅི་ཞེ་ན། སྒྲུབ་རྟགས་ཀྱི་ཕྱོགས་ཆོས་སྤྱི་གྲོལ་བྱེ་གྲོལ་གཉིས་ག་ལ་མ་གྲུབ་པ་དང་། གང་རུང་ལ་མ་གྲུབ་པ་དང་། ཐེ་ཚོམ་ཟ་བ་དང་། ཆོས་ཅན་མེད་པ་བཞི་ཕྱོགས་ཆོས་ཀྱི་སྐྱོན་ཡིན་པ་དང་། ལྡོག་ཁྱབ་སྤྱི་གྲོལ་བྱེ་གྲོལ་གཉིས་ལ་མ་གྲུབ། གང་རུང་ལ་མ་གྲུབ། ཐེ་ཚོམ་ཟ་ནས་མ་གྲུབ། མི་མཐུན་དཔེ་གཞི་མ་གྲུབ་པ་བཞི་ཅི་རིགས་པར་དཔེ་དོན་དུ་སྦྱར་ཏེ། སྔ་མ་གསུམ་དཔེ་དོན་དུ་སྦྱར་ཞིང་ཕྱི་མ་ནི་མི་སྦྱར། ཞེས་པའི་དོན་ཏེ། དེའི་རྒྱུ་མཚན་ཡང་། སྒྲུབ་རྟགས་ལ་ཆོས་ཅན་གཞི་མ་གྲུབ་པ་ཕྱོགས་ཆོས་ཀྱི་སྐྱོན་ཡིན་ཅིང་། མི་མཐུན་དཔེ་གཞི་མ་གྲུབ་པས་ལྡོག་ཁྱབ་གྲུབ་པ་ལ་མི་གནོད་པའི་ཕྱིར་རོ། །

ལུང་འགལ་ལྔ་པ་ནི། ཁྱད་པར་མཉན་བྱ་དེ་སྒྲ་ལ་རྟག་པ་རྣམ་པར་གཅོད་པ་དང་། མི་རྟག་པ་རྣམ་པར་གཅོད་པ་གཉིས་ཀའི་གཏན་ཚིགས་ཡང་དག་ཏུ་འགྱུར་བར་ཐལ། ཕྱོགས་ཆོས་གྲུབ་ཅིང་མི་མཐུན་ཕྱོགས་ལ་མ་མཐོང་བའི་ཕྱིར། འདོད་ན། སློབ་དཔོན་གྱིས་མཉན་པར་བྱ་བ་ཉིད་ནི་ཅི་ལྟར་ཡང་རྣམ་པར་གཅོད་པའི་གཏན་ཚིགས་མ་ཡིན་པའི་ཕྱིར། ཞེས་གསུངས་པ་དང་ནང་འགལ་ལོ། །

དེ་བཞིན་དུ་ནི་གཞན་ལ་ཡང་། །ཚད་མ་གཞན་གྱིས་གནོད་པ་སྲིད། །
མ་མཐོང་ཕྱིར་རིག་མཐོང་བ་ལ། །མི་ལྡན་འབྲེལ་པ་མེད་པ་ཅན། །༢༠། །

གལ་ཏེ་མཉན་བྱ་སྒྲ་ལ་རྟག་པ་སྒྲུབ་པ་དང་། མི་རྟག་པ་སྒྲུབ་པ་གཉིས་ཀའི་མི་མཐུན་ཕྱོགས་ལ་མ་མཐོང་ཙམ་ཡིན་ཀྱང་། དེ་སྒྲུབ་ཀྱི་རྟགས་ཡང་དག་མ་ཡིན་ཏེ། དེ་ལ་རྟག་མི་རྟག་དངོས་འགལ་དུ་ངེས་པའི་ཚད་མ་གཞན་གྱིས་གནོད་པས་སོ་ཞེ་ན། དཔེར་ན་རྩ་བའི་གྲུབ་མཐའ་དོར་ནས། རྟགས་མི་མཐུན་ཕྱོགས་ལ་མ་མཐོང་ཙམ་གྱིས་དེ་ལ་མེད་པའི་ལྡོག་ཁྱབ་འགྲུབ་པ་མ་ཡིན་པར་ཐལ། མཉན་བྱ་དེ་སྒྲུབ་ཀྱི་མི་མཐུན་ཕྱོགས་ལ་མ་མཐོང་བ་ཙམ་ཡིན་ཀྱང་། ལྡོག་ཁྱབ་འགྲུབ་པ་ལ་ཚད་མས་གནོད་པས་རྟགས་ཡང་དག་མ་ཡིན་པ་དེ་བཞིན་དུ་ནི་རྟགས་གཞན་ལ་ཡང་མི་མཐུན་ཕྱོགས་ལ་མ་མཐོང་བས་ལྡོག་ཁྱབ་ངེས་པ་ལ་ཚད་མ་གཞན་གྱིས་གནོད་པ་སྲིད་པའི་ཕྱིར་ཏེ། མཚན་ཉིད་དང་ལྡན་པ་གཅིག་ལ་གནོད་ན། དེའི་རིགས་ཅན་ཐམས་ཅད་ལ་ཡིད་བརྟན་དུ་མེད་པའི་ཕྱིར་རོ། །

ལུང་འགལ་དྲུག་པ་བསྟན་པ་ནི། བྱེ་བྲག་པ་དག་རླུང་གི་རྫས་སྒྲུབ་པའི་ཕྱིར་དུ་རྡུ་དང་ཤིང་མེད་པའི་སྐྱ་ངམ་གྱི་ཐང་ན་ཆོས་ཅན། རླུང་གི་རྫས་ཡོད་དེ། གྲང་མིན་དྲོ་མིན་གྱི་རེག་བྱ་བཏང་སྙོམས་པ་དམིགས་པའི་ཕྱིར། ཞེས་ཟེར་རོ། །དེ་ཡང་། དེ་འདྲའི་རེག་བྱ་དེ་ཡོན་ཏན་ཡིན་པས་རྫས་འགའ་ཞིག་ལ་བརྟེན་དགོས་ཤིང་། རྫས་གཞན་ལ་མི་བརྟེན་པར་མཐའ་གཞན་འགོག་པའི་རིགས་པས་བསྒྲུབས་ནས་རླུང་གི་རྫས་ལ་བརྟེན་པར་སྒྲུབ་པ་ཡིན་ལ། རྫས་གཞན་ལ་མི་བརྟེན་པར་སྒྲུབ་པའི་ཚེ། ས་ཆུ་མེ་གསུམ་གྱི་རྫས་ལ་མི་བརྟེན་པར་རིགས་པ་གང་གིས་སྒྲུབ་ན། བྱེ་བྲག་པའི་ལུགས་ཀྱིས། ས་ཆུ་མེ་གསུམ་ནི་གཟུགས་ཀྱི་ཡོན་ཏན་དང་ལྡན་པས་ས་ཆུ་མེ་གསུམ་ཐམས་ཅད་ལ་མཐོང་བའི་རྫས་ཞེས་ཟེར་

ལ། དེས་ན་མཐོང་བའི་རྗེས་ལ་ཆོས་ཅན། གྲང་མིན་དྲོ་མིན་གྱི་རེག་བྱ་བཏང་སྙོམས་པ་མེད་དེ། མ་མཐོང་བའི་ཕྱིར། ཞེས་ཟེར་རོ། །

དེ་ལྟར་མ་མཐོང་བའི་ཕྱིར། ཞེས་པའི་རྟགས་ཀྱིས་རེག་བྱ་བཏང་སྙོམས་པ་མཐོང་བའི་རྗེས་ལ་མི་ལྡན་པར་སྒྲུབ་པ་དེ་ཁྱབ་པ་འཁྲུལ་བ་མེད་པ་ཅན་དུ་ཐལ། རྟགས་མི་མཐུན་ཕྱོགས་ལ་མ་མཐོང་བ་ཙམ་ཡིན་པའི་ཕྱིར། འདོད་ན། སློབ་དཔོན་གྱིས་མ་མཐོང་བ་ཙམ་གྱིས་ལྡོག་པ་དག་ལ་འགོག་པར་བྱེད་ན་དེ་ཡང་རིགས་པ་མ་ཡིན་ནོ་ཞེས་གསུངས་པ་དང་འགལ་ལོ། །དེ་དང་རྣམ་ངེས་སུ་དྲངས་པའི་མི་མཐོང་བ་ཙམ་གྱིས་མི་སྣང་བ་དག་ལ་འགོག་པར་བྱེད་ན། དེ་ཡང་རིགས་པ་མ་ཡིན་ནོ། །ཞེས་གསུངས་པ་གཉིས་ཀྱི་ཁྱད་པར་ཇི་ལྟར་ཡིན་ཞེ་ན། ཁྱད་པར་མེད་དེ། འདི་ལྟར་མ་མཐོང་བ་ཙམ་གྱིས་མཐོང་བའི་རྗེས་སུ་ཁས་བླངས་པའི་ས་ཆུ་མེ་གསུམ་ཐམས་ཅད་ལ་རེག་བྱ་བཏང་སྙོམས་པ་འགོག་པ་རིགས་པ་མ་ཡིན་ཏེ། མཐོང་བའི་རྗེས་ས་ཆུ་མེ་གསུམ་པོ་ཐམས་ཅད་ལ་རེག་བྱ་བཏང་སྙོམས་པ་ཡོད་ཀྱང་སྐབས་ཀྱི་ཕྱི་རྒོལ་ལ་སྣང་དུ་མི་རུང་བའི་ཕྱིར་དང་། ཡོད་ཀྱང་སྣང་མི་རུང་དག་ལ་མ་མཐོང་བས་མེད་པ་གོ་བར་བྱེད་མི་ནུས་པའི་ཕྱིར་ཞེས་པ་ཉིད་གཉིས་ཀའི་དོན་ཡིན་ནོ། །

དེས་ན་མཐོང་བ་དག་ལ་འགོག་པར་བྱེད་ན། ཞེས་པའི་མཐོང་བ་ནི། བྱེ་བྲག་པས་མཐོང་བའི་རྗེས་སུ་ཁས་བླངས་པའི་ས་ཆུ་མེ་གསུམ་ཐམས་ཅད་ལ་ཞེས་པ་ཡིན་གྱི། སྐབས་ཀྱི་ཕྱི་རྒོལ་བྱས་མཐོང་བ་དག་ལ་ཞེས་པ་མིན་ལ། མི་སྣང་བ་དག་ལ་ཞེས་པ་ནི་སྐབས་ཀྱི་ཕྱི་རྒོལ་ལ་སྣང་མི་རུང་དག་ལ། ཞེས་པ་ཡིན་པ་ལ། དེ་འདྲའི་དོན་མ་གོ་བར། ལུང་དེ་གཉིས་ཀྱི་དོན་ཐ་དད་དུ་བཟུང་ནས་སྐབས་འདིར། མི་སྣང་བ་དག་ལ་ཞེས་སོགས་ཀྱི་ལུང་འདྲེན་པ་རྣམ་འགྲེལ་ངེས་ཀྱི་ཁྱད་པར་མ་གོ་བ་ཡིན་ནོ། །ཞེས་ཟེར་བས་ནི། རང་ཉིད་ཀྱིས་ལུང་གཉིས་ཀའི་དོན་ཅི་ཡིན་གཏོལ་མ་བྱུང་བ་གསལ་བར་བྱས་པ་ཡིན་ལ། པལ་ཆེ་བས་ཕྱོགས་སྔ་མའི་དོན་འདི་ཙམ་གོ་བའང་མི་སྣང་ངོ་། །

ཐ༢ དེ་ཉིད་ཀྱི་ལྡོག་ཁྱབ་ཀྱི་དོན་དུ་འདོད་པའི་རང་སྡེ་དང་གཞན་སྡེ་གཉིས་ཀ་ལ་ཐུན་མོང་དུ་མངོན་སུམ་གྱིས་གནོད་པ་བསྟན་པ།

སྐྱུལ་ལ་སོགས་པའི་ཁྱད་པར་ལས། །རྗེས་ལ་ནུས་པ་ཐ་དད་སྣང་། །

དེ་ལ་གཅིག་མཐོང་གཞན་ལ་དེ། །ཡོད་པར་ངེས་པ་རིགས་མ་ཡིན། །༣༧། །

གཉིས་པ་དེ་ཉིད་ལྡོག་ཁྱབ་ཀྱི་དོན་དུ་འདོད་པའི་རང་སྡེ་དང་གཞན་སྡེ་གཉིས་ཀ་ལ་ཐུན་མོང་དུ་མངོན་སུམ་གྱིས་གནོད་པ་བསྟན་པ་ནི། སྐྱུ་རུ་ར་དེ་ལ་གཅིག་སྨིན་པ་དང་རོ་ནུས་ཁྱད་པར་ཅན་དུ་མཐོང་བ་ན། དེ་དང་སྐྱུ་རུ་ར་ཡིན་པར་མཚུངས་པའི་རྟགས་ཀྱིས་སྐྱུ་རུ་ར་གཞན་འགའ་ཞིག་ལའང་སྨིན་པ་དང་རོ་ནུས་ཁྱད་པར་ཅན་དེ་ཡོད་པར་དཔོག་རིགས་པར་ཐལ། དེ་སྒྲུབ་ཀྱི་ཕྱོགས་ཆོས་གྲུབ་ཅིང་། རྟགས་མི་མཐུན་ཕྱོགས་ལ་མ་མཐོང་ཙམ་གྲུབ་པའི་ཕྱིར།

འདོད་པ་ཡང་འཐད་པ་མ་ཡིན་ཏེ། ཕྱུལ་ལ་སོགས་པའི་ཁྱད་པར་བས་རྣམ་སྨྲ་དུ་ར་ལ། རོ་དང་ནུས་པ་ཐ་དད་མི་འདྲ་བ་དུ་མ་མངོན་སུམ་ལ་སྣང་བའི་ཕྱིར།

འདི་དང་། ཅི་སྟེ་ལྷག་ལྡན་འབྲུལ་ཅན་ཡིན། ཅེས་པ་ལ་རིགས་པ་མི་འདྲ་བའི་ཁྱད་པར་ཅི་ཡོད་ཅེ་ན།

དེར་ནི་ཤིང་ཞུང་དེ་ལས་སྐྱེས་པའི་ཤིང་ཏོག་ལྷག་མ་ཐམས་ཅད་ཆོས་ཅན་དུ་བཟུང་བས། རྟོད་གཞི་མ་ཡིན་པའི་མ་ངེས་པ་གང་ཡང་བསྟན་པ་མེད་ཅིང་། རྟོད་གཞི་མ་ངེས་པར་འཕངས་ན་རིགས་པའི་ཚུལ་ལས་འདས་ལ་འདིར་ནི་རྟོད་གཞི་དང་སྐྱུ་རུ་ར་ཡིན་པར་མཚུངས་ན། རོ་ནུས་ཁྱད་པར་ཅན་ཡིན་པར་མཚུངས་པས་ཁྱབ་པ་ལ། དེ་དང་སྐྱུ་རུ་ར་ཡིན་པར་མཚུངས་ཀྱང་། སྨིན་པ་དང་རོ་ནུས་ཁྱད་པར་ཅན་མ་ཡིན་པའི་གཞི་མཐུན་མངོན་སུམ་གྱིས་གྲུབ་པའི་བསལ་བ་བསྟན་པ་ཡོད་པས་ཤིན་ཏུ་མི་འདྲ་བའི་ཁྱད་པར་ཆེན་པོ་ཡོད་དོ། །

ཐ༢ དེ་ལྟར་འདོད་པའི་གཞན་སྡེ་ལ་ཁས་བླངས་ནང་འགལ་གྱི་གནོད་པ་བསྟན་པ།

བདག་དང་ས་ལ་ཞེས་[1]ཡོད་སོགས། །མེད་པར་རབ་སྒྲུབ་བྱེད་མིན་པའོ། །

མ་དམིགས་གང་ཡིན་དེ་ཁོ་ན། །གཏན་ཚིགས་མེད་སྒྲུབ་ཡིན་ནམ་ཅི། །༢༢། །

བཞི་པ་དེ་ལྟར་འདོད་པའི་གཞན་སྡེ་ལ་ཁས་བླངས་ནང་འགལ་གྱི་གནོད་པ་བསྟན་པ་ནི། གཏན་ཚིགས་མི་མཐུན་ཕྱོགས་ལ་མ་དམིགས་པ་གང་ཡིན་པ་དེ་ཁོ་ན་མི་མཐུན་ཕྱོགས་ལ་མེད་པར་སྒྲུབ་བྱེད་ཡིན་ནམ། ཅི་སྟེ་མ་ཡིན་པར་ཐལ། གསོན་ལུས་ལ། བདག་དང་ས་ལ་ཤེས་པ་ཡོད་པ་དང་སོགས་པས་རྒྱུ་འོ་མ་ལ་ཞོ་མ་དམིགས་ཀྱང་དེ་དག་མེད་པར་སྒྲུབ་མི་ནུས་པའི་ཕྱིར།

དེ་ཡང་བྱེ་བྲག་པ་གསོན་ལུས་ལ་བདག་མ་མཐོང་ཡང་ཡོད་པར་འདོད་ཅིང་། སྲོག་ལྡན་དེ་སྒྲུབ་ཀྱི་མི་མཐུན་ཕྱོགས་ལ་མ་མཐོང་བས་མི་མཐུན་ཕྱོགས་ལ་མེད་པ་གྲུབ་པར་འདོད་པ་དང་།

རྒྱང་པན། འབྱུང་བ་བཞི་ལ་ཤེས་པ་མ་མཐོང་ཡང་ཡོད་པར་འདོད་ཅིང་།

ཚིག་སྒྲ་བས། སྐྱེས་བུ་ཕ་རོལ་པོ་ཀུན་མཁྱེན་མིན་པར་སྒྲུབ་པའི་རྟགས་མི་མཐུན་ཕྱོགས་ལ་མ་མཐོང་བས་དེ་ལ་མེད་པར་གྲུབ་པར་འདོད་པ་དང་།

གྲངས་ཅན་འོ་མ་ལ་ཞོ་མ་མཐོང་ཡང་ཡོད་པར་འདོད་པ་དང་། འདུས་བསགས་མིག་སོགས་བདག་དོན་བྱེད་པར་སྒྲུབ་པའི་མི་མཐུན་ཕྱོགས་ལ་མ་མཐོང་བས་དེ་ལ་མེད་པ་གྲུབ་པར་འདོད་པ་རྣམས་ནང་འགལ་ཞེས་བྱ་བའི་དོན་ཏོ། །

[1] 《ཞེ་》《སྣར་》+བ།

ཏ༢ རྟགས་ཡང་དག་གི་རྗེས་སུ་འགྲོ་ལྡོག་གི་ཁྱབ་པ་ངེས་པ་མེད་ན་མི་འབྱུང་བའི་འབྲེལ་བ་ངེས་པ་ལ་ལྟོས་དགོས་པར་སྒྲུབ་པ།

གཉིས་པ་རྟགས་ཡང་དག་གི་རྗེས་སུ་འགྲོ་ལྡོག་གི་ཁྱབ་པ་ངེས་པ་རྟགས་ཆོས་མེད་ན་མི་འབྱུང་བའི་འབྲེལ་བ་ངེས་པ་ལ་ལྟོས་པར་སྒྲུབ་པ་ལ། སྒྲུབ་རྟགས་གཉིས་ཀྱི་ཁྱབ་པ་ངེས་པ་འབྲེལ་བ་ངེས་པ་ལ་ལྟོས་པར་སྒྲུབ། ལྡོག་ཁྱབ་ངེས་པ་རྟགས་ཆོས་མེད་ན་མི་འབྱུང་བའི་འབྲེལ་བ་ངེས་པ་ལ་ལྟོས་དགོས་པ་མི་འཐད་པའི་རྟོད་པ་སྤང་། སྒྲུབ་རྟགས་ཀྱི་ཁྱབ་པ་ངེས་པ་འབྲེལ་བ་ངེས་པ་ལ་རག་ལས་པའི་རྒྱུ་མཚན་གྱིས་དགག་རྟགས་ཀྱི་ཁྱབ་པའང་འབྲེལ་བ་ལ་ལྟོས་པར་བསྟན་པའོ། །

ཐ༡ སྒྲུབ་རྟགས་གཉིས་ཀྱི་ཁྱབ་པ་ངེས་པ་འབྲེལ་བ་ངེས་པ་ལ་ལྟོས་པར་སྒྲུབ།

དེ་ཕྱིར་དེ་ཙམ་དང་འབྲེལ་བའི། །ངོ་བོ་ཉིད་ཀྱིས་[1]ངོ་བོ་ཉིད། །
ལྡོག་པར་འགྱུར་བའམ་རྒྱུ་ཡིས་ནི། །འབྲས་བུ་འཁྲུལ་པ་མེད་པའི་ཕྱིར། །༢༣། །

དང་པོ་ནི། མི་མཐུན་ཕྱོགས་ལ་མ་མཐོང་ཙམ་གྱིས་ལྡོག་ཁྱབ་ངེས་པ་མི་འཐད་པ་དེའི་ཕྱིར། རྟགས་དེ་ཡོད་པ་ཙམ་དང་རང་ཆས་སུ་རྗེས་སུ་འབྲེལ་བའི་ཆོས་ཀྱི་ངོ་བོ་ལོག་པའི་སྟོབས་ཉིད་ཀྱིས་རྟགས་ཀྱི་ངོ་བོ་ཉིད་ལྡོག་པར་འགྱུར་བ་ཡིན་ཏེ། རང་བཞིན་རང་བཞིན་ཅན་ལ་འཁྲུལ་བ་མེད་པའི་ཕྱིར། འམ་ཞེས་པ་འོག་མ་བསྡུ་བའི་ཚིག་གོ །

དེ་བཞིན་དུ་རྒྱུ་ལོག་པ་ཡིས་ནི་འབྲས་བུ་ལྡོག་པར་འགྱུར་ཏེ། འབྲས་བུ་རྒྱུ་ལ་རྗེས་སུ་འགྲོ་ལྡོག་འཁྲུལ་པ་མེད་པའི་ཕྱིར།

མདོར་ན། འབྲས་རང་གི་ལྡོག་འབྲེལ་གྲུབ་སྟེ། རྒྱུ་འབྲས་དང་རང་བཞིན་དང་རང་བཞིན་ཅན་དག་རྗེས་སུ་འགྲོ་ལྡོག་མི་འཁྲུལ་བའི་འབྲེལ་བ་ངེས་པའི་ཕྱིར་ཞེས་བྱ་བའི་དོན་ཏོ། །

དེ་ལྟ་མིན་ན་གཅིག་ལོག་པས། །ཇི་ལྟ་[2]གཞན་ནི་ལྡོག་པར་འགྱུར། །
མི་ལ་རྟ་མི་བདོག་ཅེས་ཏེ། །ཕྱུགས་ཀྱང་བདོག་པ་མིན་ནམ་ཅི། །༢༤། །

དེ་ལྟར་འབྲས་རང་གི་རྟགས་ཆོས་མེད་ན་མི་འབྱུང་བའི་འབྲེལ་བ་ངེས་པར་བསྟན་ནས། དེ་འདྲའི་འབྲེལ་བ་གྲུབ་པའི་རྒྱུ་མཚན་གྱིས་རྗེས་སུ་འགྲོ་ལྡོག་གི་ཁྱབ་པའང་གྲུབ་པ་ཡིན་ནོ། །

ཞེས་སྒྲུབ་པ་ནི། འབྲས་རང་གི་རྟགས་ཆོས་མེད་ན་མི་འབྱུང་བའི་འབྲེལ་བ་གྲུབ་པ་དེ་ལྟ་མིན་ན་འབྲེལ་མེད་ཐ་དད་དུ་འགྱུར་བས། ཅིག་ཤོས་ལོག་པས་ཇི་ལྟར་གཞན་ནི་རྟགས་ལྡོག་པར་[106]འགྱུར་བ་མི་འཐད་པར་འགྱུར་ཏེ། མི་

1 《པེ་》《སྣར་》ཀྱི

2 《པེ་》《སྣར་》ལྟར།

དེ་ལ་ཧ་མི་བདག་ཅེས་ཏེ། དེ་ཙམ་གྱིས་དེ་ལ་ཞུགས་ཀྱང་བདག་པ་མིན་ནམ་ཅི་སྟེ་མེད་པས་མ་ཁྱབ་པ་བཞིན་ནོ། །

དེ་བཞིན་གཅིག་གཅིག་ཉེ་བའི་ཕྱིར། །ཇི་ལྟ་གཞན་ནི་ཉེ་བར་འགྱུར། །
མི་ལ་ཞུགས་ནི་བདག་ཅེས་ཏེ། །དེ་བཞིན་ཧ་ཡང་བདག་གམ་ཅི། །༢༥། །

དེ་བཞིན་དུ་རྟགས་གཅིག་གཅིག་ཉེ་བའི་ཕྱིར། ཇི་ལྟར་གཞན་ཆོས་ནི་ཉེ་བར་འགྱུར་ཏེ། རྟགས་ལ་ཆོས་ཀྱིས་ཁྱབ་པ་ངེས་པ་མི་འཐད་པར་འགྱུར་ཏེ། འབྲེལ་མེད་ཐ་དད་ཡིན་པའི་ཕྱིར། དཔེར་ན། མི་དེ་ལ་ཞུགས་ནི་བདག་ཅེས་ཏེ། དེ་ཙམ་གྱིས་དེ་བཞིན་ཧ་ཡང་བདག་གམ་ཅི་སྟེ་ཡོད་པས་མ་ཁྱབ་པ་བཞིན་ནོ། །

ཐ༢ ལྡོག་ཁྱབ་ངེས་པ་རྟགས་ཆོས་མེད་ན་མི་འབྱུང་བའི་འབྲེལ་བ་ངེས་པ་ལ་ལྟོས་དགོས་པ་མི་འཐད་པའི་རྩོད་པ་སྤང་།

གཉིས་པ་ལྡོག་ཁྱབ་ངེས་པ་རྟགས་ཆོས་མེད་ན་མི་འབྱུང་བའི་འབྲེལ་བ་ངེས་པ་ལ་ལྟོས་དགོས་པ་མི་འཐད་པའི་རྩོད་པ་སྤང་བ་ལ། རྩོད་པ་དང་། ལན་ནི། །

དང་པོ་ནི། གལ་ཏེ་རྟགས་ཀྱི་ལྡོག་ཁྱབ་ངེས་པ་ལ་རྟགས་དེ་སྒྲུབ་ཀྱི་མི་མཐུན་ཕྱོགས་མཐའ་དག་ལ་མེད་པར་ངེས་དགོས་ན། རྟགས་དེ་སྒྲུབ་ཀྱི་མི་མཐུན་ཕྱོགས་མཐའ་དག་ལ་ཡོད་ན་སྣང་དུ་རུང་བ་ལ། མ་དམིགས་པའི་རྟགས་ཀྱིས་རྟགས་དེ་སྒྲུབ་ཀྱི་མི་མཐུན་ཕྱོགས་མཐའ་དག་ལ་མེད་པར་ངེས་པར་བྱེད་དགོས་ལ། དེ་ལྟ་ན་སྐབས་ཀྱི་ཕྱི་རྒོལ་གྱིས་རྟགས་ཀྱི་ལྡོག་ཁྱབ་ངེས་པ་ལ་སྐབས་ཀྱི་ཕྱི་རྒོལ་གྱིས་རྟགས་དེ་ཉིད་གང་ལས་ལྡོག་པའི་གཞི་མི་མཐུན་ཕྱོགས་མཐའ་དག་ངེས་དགོས་པར་འགྱུར་རོ་ཞེ་ན།

ད༢ ལན།

གཉིས་པ་ལན་ལ། དངོས་དང་། དེ་ལས་འཕྲོས་པའི་དོན་གཉིས།

ད༡ དངོས།

དེ་ཕྱིར་ཆོས་མི་མཐུན་དཔེ་ལ། །ངེས་པར་འདི་ལ་གཞི་མི་འདོད། །
དེ་དག་མེད་ནའང་དེ་མེད་ཅེས། །བརྗོད་པ་ལས་ཀྱང་དེ་རྟོགས་ཕྱིར། །༢༦། །

དང་པོ་ནི། རྟགས་ཆོས་འབྲེལ་བའི་དབང་གིས་རྗེས་སུ་འགྲོ་ལྡོག་གི་ཁྱབ་པ་ངེས་པའི་ཕྱིར།

ཤེས་བྱ་ཆོས་ཅན། འབྲས་རང་གཉིས་པོ་འདི་ལ་ལྡོག་ཁྱབ་འགྲུབ་པ་ལ། རྟགས་དེ་སྒྲུབ་ཀྱི་ཆོས་མི་མཐུན་དཔེ་མཐའ་དག་ལ་མེད་པར་ངེས་དགོས་ཀྱང་། ངེས་པར་རྟགས་ཀྱི་ལྡོག་གཞི་མི་མཐུན་ཕྱོགས་མཐའ་དག་ངེས་པ་ལ་ལྟོས་དགོས་པར་མི་འདོད་དེ། མི་མཐུན་ཕྱོགས་མཐའ་དག་མ་ངེས་ཀྱང་། བསྒྲུབ་བྱའི་ཆོས་དེ་དག་མེད་ནའང་རྟགས་དེ་མེད་ཅེས་པའི་འབྲེལ་བ་དཔེ་ལ་བསྟན་ཅིང་། སྒྲུབ་ངག་གིས་བརྗོད་པ་ལས་ཀྱང་རྟགས་ཆོས་ཀྱི་འབྲེལ་བ་དེ་ངེས་པའི་སྟོབས་

ཀྱིས་རྟགས་མི་མཐུན་ཕྱོགས་མཐའ་དག་ལ་མེད་ངེས་ཀྱི་ལྡོག་ཁྱབ་དེ་རྟོགས་པའི་ཕྱིར།

གང་དག་གཞུང་འདི་འབྲས་རང་གི་རྟགས་ཀྱི་ལྡོག་ཁྱབ་སྒྲུབ་པ་ལ་མི་མཐུན་དཔེ་རྗེས་གྲུབ་མི་དགོས་པར་འདོད་ཅེས་པའམ། དེ་རྗེས་སུ་གྲུབ་པ་ལ་ལྟོས་དགོས་པར་མི་འདོད་ཅེས་སྨྲ་བ་ནི། གཞུང་གི་མཚམས་སྦྱོར་བའི་འགྲེལ་གྱིས་ཐོངས་པར་ཟད་དེ། རྟགས་ཀྱི་ལྡོག་ཁྱབ་ངེས་པ་ལ་རྟགས་ཆོས་མེད་ན་མི་འབྱུང་བའི་འབྲེལ་བ་ངེས་དགོས་ན། མི་མཐུན་དཔེ་རྗེས་སུ་གྲུབ་པས་ཁྱབ་བམ། ཞེས་བྱ་བའི་དོགས་པ་འབྱུང་བ་ལ་འབྲེལ་གང་ཡང་མེད་དོ། །

སྒྲུབ་རྟགས་ཀྱི་མི་མཐུན་དཔེ་རྗེས་སུ་མ་གྲུབ་པས་ཁྱབ་ཅེས་ཁ་ཅིག་འཆད་པ་ལ་ནི། དུ་བས་དུ་ལྡན་ལ་ལ་མེ་ཡོད་པར་སྒྲུབ་པ་ལ་ཆུ་ཀླུང་མི་མཐུན་དཔེར་བཀོད་པ་མི་འཐད་པར་ཐལ་ལོ། །

ཁ་ཅིག་འདི་ལ་ཞེས་པས་སྒྲུབ་རྟགས་དམིགས་ཀྱིས་བསལ་ནས། རང་བཞིན་མ་དམིགས་པའི་རྟགས་ཀྱི་མི་མཐུན་དཔེ་རྗེས་སུ་གྲུབ་པས་ཁྱབ་པར་བསྟན་ལ། འདི་ཉིད་ཀྱི་དོན་ཤཱཀྱ་བློས་ཀྱང་བཤད་པར་འདོད་པ་ནི། བློ་གྲོས་ཀྱིས་ཤཱཀྱ་བློའི་འགྲེལ་པའི་དོན་ཁོང་དུ་མ་ཆུད་པར་ཟད་ཅིང་། བདག་དམིགས་རུང་མ་དམིགས་པའི་རྟགས་ཀྱིས་ཕུང་པོ་བདག་མེད་དུ་སྒྲུབ་པ་ལ་རི་བོང་གི་མགོའི་རྭ་མི་མཐུན་དཔེར་མི་རུང་བར་ཐལ་ལོ། །

ཁ་ཅིག། གཞུང་འདིའི་འགྲེལ་ནི། མ་གྲུབ་སྨྲར་བ་བརྗོད་བྱ་མིན། །ཞེས་བྱ་བ་ལ། ཅི་རིགས་པ་ཞེས་གསུངས་པས། ལྡོག་པ་ལ་ནི་ཚོམ་ཟ་བ་ལྡོག་ཁྱབ་ཀྱི་སྐྱོན་མ་ཡིན་པར་བསྟན་པ་ཡིན་ནོ། །ཞེས་ཟེར་བའི་ལན་དུ། ཇི་ལྟར་སྒྲུབ་རྟགས་གཉིས་ལ་ཆོས་ཅན་གཞི་མ་གྲུབ་པ་ཕྱོགས་ཆོས་ཀྱི་སྐྱོན་ཡིན་པ་ལྟར། མི་མཐུན་དཔེ་གཞི་མ་གྲུབ་པ་ལ་ལྡོག་ཁྱབ་ཀྱི་སྐྱོན་མ་ཡིན་ཏེ། དེ་གཞི་མ་གྲུབ་ཀྱང་། དེ་དག་མེད་ནའང་དེ་མེད་ཅེས། བརྗོད་པ་ལས་ཀྱང་ལྡོག་ཁྱབ་དེ་རྟོགས་པའི་ཕྱིར། ཞེས་སྟོན་པ་ལ་འཆད་པའང་གཞུང་གི་དོན་མ་ཡིན་ཏེ། དེ་ཡིན་ན། གཞུང་འདི་ཉིད་དེའི་འགལ་སྤོང་ཡིན་བཞིན་དུ། མ་གྲུབ་སྨྲར་བ་བརྗོད་བྱ་མིན་ཞེས་པའི་སྐབས་སུ་འགལ་སྤོང་དེ་ཉིད་རང་འགྲེལ་དུ་གསུངས་པ་དོན་མེད་པ་དང་། ཟློས་པའི་ཉེས་པ་གཉིས་ཀ་རུ་འགྱུར་བའི་ཕྱིར་རོ། །

ན༢ དེ་ལས་འཕྲོས་པའི་དོན།

དཔེ་ལ་དེ་ཡི་ངོ་བོ་དང་། །རྒྱུ་དངོས་དེ་དག་མི་ཤེས་ལ། །
སྟོན་ཏེ་[1]མཁས་པ་རྣམས་ལ་ནི། །གཏན་ཚིགས་འགའ་[2]ཞིག་བརྗོད་པར་བྱ། །༢༧། །

གཉིས་པ་དེ་ལས་འཕྲོས་པའི་དོན་ནི། དེ་དག་མེད་ནའང་དེ་མེད་ཅེས། །བརྗོད་པ་ལས་ཀྱང་དེ་རྟོགས་ཕྱིར། །ཞེས་སྨྲས་ན་རྟགས་ཆོས་མེད་ན་མི་འབྱུང་བའི་འབྲེལ་བ་དེ་ཉིད། སྒྲུབ་ངག་གིས་དཔེ་ལ་སྟོན་པ་དེ་གྲོལ་བ་ཇི་ལྟ་བུ་ལ་དགོས་

1 《སྡེ་》《སྣར་》དེ།
2 《སྡེ་》《སྣར་》འགའ།

པ་ཅིའི་ཕྱིར་སྟོན་ཅེ་ན་འབྲེལ་བ་དཔེའི་སྟེང་དུ་སྒྲུབ་ངག་གིས་སྟོན་པའི་དུས་ནི་གཉིས་ཏེ། འབྲེལ་བ་དེ་ཉིད་མ་ཤེས་པ་ཤེས་པར་བྱ་བའི་ཕྱིར་དུ་སྟོན་པ་དང་། འབྲེལ་བ་ཤེས་ཟིན་ཀྱང་ཁྱབ་པ་དྲན་པའི་ཕྱིར་དུ་སྟོན་པའོ། །

དང་པོ་སྟོན་པ་ནི། སྐབས་ཀྱི་བསྒྲུབ་བྱའི་ཆོས་དེ་རྟགས་དེའི་ངོ་བོ་དང་། རྒྱུའི་དངོས་པོར་མི་ཤེས་པའི་གྲོལ་བ་ལ་རྟགས་ཆོས་གཉིས་ཀྱི་བདག་གཅིག་དང་དེ་བྱུང་གི་འབྲེལ་བ་དེ་དག་ཤེས་པར་བྱ་བའི་ཕྱིར་འབྲེལ་བ་དེ་དག་དཔེ་ལ་སྒྲུབ་ངག་གིས་སྟོན་པར་བྱེད་པ་ཡིན་ཏེ། དེ་ལྟ་ནའང་། རྟགས་ཆོས་དེ་དག་གི་འབྲེལ་བ་དེ་ཤེས་ཟིན་ཀྱང་། ཕྱོགས་ཆོས་ཙམ་མ་ཤེས་པའི་མཁས་པ་རྣམས་ལ་ནི་འབྲེལ་བ་དེ་ཉིད་མ་ཤེས་པ་ཤེས་པར་བྱ་བའི་ཕྱིར་དུ་དཔེ་ལ་བསྟན་མི་དགོས་ཀྱི། ཕྱོགས་ཆོས་མི་ཤེས་པ་ཤེས་པར་བྱ་བའི་ཕྱིར་དུ། གཏན་ཚིགས་འབའ་ཞིག་བརྗོད་པར་ཟད་ཅིང་། བརྗོད་པ་ཙམ་གྱིས་ཆོག་གོ། །

དེ་ཉིད་ཀྱི་ཕྱིར་འབྲེལ་ཤེས་[1]ན། །གཉིས་ལས་གང་ཡང་རུང་སྨྲས་པས། །
དོན་གྱིས་གོ་བས་ཅིག་ཤོས་ལ། །དྲན་པ་ཡང་དག་སྐྱེ་བར་འགྱུར། །༢༥། །

གཉིས་པ་སྟོན་པ་ནི། རྟགས་ཆོས་མེད་ན་མི་འབྱུང་བའི་འབྲེལ་བ་མ་ཤེས་པ་ཤེས་པར་བྱ་བའི་ཕྱིར་སྒྲུབ་ངག་གི་འབྲེལ་བ་བསྟན་པ་དེ་ཉིད་ཀྱི་ཕྱིར། དེ་ལ་བརྟེན་ནས་འབྲེལ་བ་ཤེས་ན། འབྲེལ་བ་མ་ཤེས་པ་ཤེས་པར་བྱ་བའི་ཕྱིར་འབྲེལ་བ་དེ་ཉིད་སྒྲུབ་ངག་གིས་བསྟན་མི་དགོས་ཀྱང་། ཁྱབ་པ་མ་དྲན་པ་དྲན་པར་བྱ་བའི་ཕྱིར་ཁྱབ་འབྲེལ་དེ་ཉིད་སྒྲུབ་ངག་གིས་དཔེ་ལ་བསྟན་དགོས་ཤིང་། དེ་ཡང་རྗེས་སུ་འགྲོ་ལྡོག་གཉིས་ལས་གང་ཡང་རུང་བ་གཅིག་སྒྲུབ་ངག་གིས་དངོས་སུ་སྨྲས་པས་ཀྱང་། ཅིག་ཤོས་དངོས་སུ་མ་སྨྲས་པ་ལ་དྲན་པ་ཡང་དག་སྐྱེ་བར་འགྱུར། གཅིག་དངོས་སུ་དྲན་པ་དེའི་དོན་གྱི་ཤུགས་ཀྱིས་ཅིག་ཤོས་དངོས་སུ་མ་སྨྲས་པ་དེ་ཡང་གོ་ཞིང་དྲན་པར་ནུས་པས་སོ། །

ཡང་ན་རྗེས་སུ་འགྲོ་ལྡོག་གི་ཁྱབ་པ་མ་ཤེས་པ་ཤེས་པར་བྱ་བའི་ཕྱིར་དུ་འབྲེལ་བ་སྒྲུབ་ངག་གིས་སྟོན་དགོས་ཞེས་པ་གཞུང་སྔ་མའི་དོན་དང་། རྗེས་སུ་འགྲོ་ལྡོག་གི་ཁྱབ་པ་ཤེས་ཟིན་ཀྱང་དྲན་པའི་ཡན་ལག་ཏུ་འབྲེལ་བ་དེ་ཉིད་སྒྲུབ་ངག་གིས་སྟོན་དགོས་ལ། དེ་ཡང་ཆོས་མཐུན་སྦྱོར་དང་མི་མཐུན་སྦྱོར་གྱི་སྒྲུབ་ངག་གང་རུང་གཅིག་སྨོས་པས་ཆོག་ཅེས་པ་གཞུང་ཕྱི་མས་བསྟན་པ་ཡིན་ནོ། །

ཐ༢　སྒྲུབ་རྟགས་ཀྱི་ཁྱབ་པ་ངེས་པ་འབྲེལ་བ་ངེས་པ་ལ་རག་ལས་པའི་རྒྱུ་མཚན་གྱིས་དགག་རྟགས་ཀྱི་ཁྱབ་པའང་འབྲེལ་བ་ལ་ལྟོས་པར་བསྟན་པ།

དེ་ཕྱིར་རྒྱུ་དང་རང་བཞིན་དག །མེད་པས་[2]འགའ་ཞིག་བསྒྲུབ་[3]པའི་ཡང་། །

[1] 《པེ་》《སྣར་》ཞེས།
[2] 《པེ་》《སྣར་》པ།
[3] 《པེ་》《སྣར་》སྒྲུབ།

གཏན་ཚིགས་ཡིན་ཏེ་དམིགས་པར་ནི། །རིགས་ལྡན་དེ་མི་དམིགས་པ་[1]ཡང་། །༢༩། །

གསུམ་པ་སྒྲུབ་རྟགས་ཀྱི་ཁྱབ་པ་ངེས་པ་འབྲེལ་བ་ངེས་པ་ལ་རག་ལས་པའི་རྒྱུ་མཚན་གྱིས་དགག་རྟགས་ཀྱི་ཁྱབ་པའང་འབྲེལ་བ་ལ་ལྟོས་པར་བསྟན་པ་ནི། རྒྱུ་དང་ཁྱབ་བྱེད་ཀྱི་རང་བཞིན་དག་མེད་པ་རྟགས་སུ་བཀོད་པས་འབྲས་བུ་དང་། ཁྱབ་བྱ་འགའ་ཞིག་དགག་པ་གོ་བར་བྱེད་པ་ཡིན་ཡང་རྟགས་ཆོས་མེད་ན་མི་འབྱུང་བའི་འབྲེལ་བའི་དབང་གིས་རྗེས་སུ་འགྲོ་ལྡོག་གི་ཁྱབ་པ་ངེས་པའི་སྒོ་ནས། གཏན་ཚིགས་སུ་འགྱུར་དགོས་པ་ཡིན་ཏེ། འབྲས་རང་གི་རྗེས་སུ་འགྲོ་ལྡོག་འབྲེལ་བའི་དབང་གིས་གྲུབ་པ་དེའི་ཕྱིར།

དེར་མ་ཟད་བུམ་པ་ཡོད་ན་དམིགས་པར་ནི་རིགས་པ་དང་ལྡན་པ་ལས། དེ་མི་དམིགས་པ་ཡང་རང་ཕྱོགས་ཀྱི་ཆོས་སུ་གྲུབ་པའི་གཞིར། བུམ་པ་མེད་པ་གོ་བར་བྱེད་པ་རྟགས་ཆོས་མེད་ན་མི་འབྱུང་བའི་འབྲེལ་བ་གྲུབ་པ་ལ་རག་ལས་ཏེ། འབྲས་རང་གི་རྟགས་ཆོས་འབྲེལ་བའི་དབང་གིས་ཁྱབ་པ་འགྲུབ་དགོས་པ་དེའི་ཕྱིར།

དེས་ན་གཞུང་འདི་དག་གི་དོན་ནི། འབྲས་རྟགས་ཀྱི་ལྡོག་ཁྱབ་ངེས་པ་འབྲེལ་བ་ལ་རག་ལས་པར་བསྟན་པས་རྒྱུ་མ་དམིགས་པའི་ཁྱབ་པའང་འབྲེལ་བའི་དབང་གིས་གྲུབ་དགོས་པར་གྲུབ་ལ། དེ་བཞིན་དུ་རང་བཞིན་རྟགས་ཀྱི་རྟགས་ཆོས་འབྲེལ་བའི་དབང་གིས་ལྡོག་ཁྱབ་གྲུབ་དགོས་པར་གྲུབ་པ་ན། ཁྱབ་བྱེད་མ་དམིགས་པ་དང་རང་བཞིན་མ་དམིགས་པའང་འབྲེལ་བའི་དབང་གིས་ཁྱབ་འབྲེལ་ངེས་དགོས་པར་གྲུབ། ཅེས་བྱ་བའི་དོན་ཏོ། །

དེ་ལྟར་མི་དམིགས་འདི་རྣམ་གསུམ། །བཤད་ཀྱང་རྣམ་པ་དུ་མ་སྟེ། །
དེ་དང་དེ་འགལ་ལ་སོགས་པ། །མ་རྟོགས་རྟོགས་དབྱེའི་སྦྱོར་སྒོ་ནས། །༣༠། །

དེ་ལྟར་མི་དམིགས་པའི་གཏན་ཚིགས་འདི་རྣམ་པ་གསུམ་དུ་བསྡུས་ནས་བཤད་ཀྱང་གསུམ་པོ་དེ་དང་རྒྱུ་ཁྱབ་བྱེད་རང་བཞིན་དེ་དང་འགལ་བ་དམིགས་པ་རྟགས་སུ་བཀོད་པ་གསུམ་དང་། ལ་སོགས་པ་འགལ་འབྲས་དམིགས་པ་དང་། རྒྱུ་དང་འགལ་བའི་འབྲས་བུ་དམིགས་པ་སོགས་འབྲེལ་ཟླ་མ་རྟོགས་པ་སྟེ་མ་དམིགས་པ་དང་། འགལ་ཟླ་རྟོགས་པ་དེ་དམིགས་པའི་སྦྱོར་བ་འགོད་ཚུལ་གྱི་སྒོ་ནས་དུ་མར་འགྱུར་བ་ཡིན་ནོ། །ཞེས་ཏེ།

འདི་ལྟར་བཤད་པའི་དགོས་པ་ནི། འབྲས་རང་གི་རྟགས་ཆོས་འབྲེལ་བ་ངེས་པའི་དབང་གིས་ཁྱབ་འབྲེལ་ངེས་པར་གྲུབ་པའི་རྟགས་ཀྱིས་རྒྱུ་ཁྱབ་བྱེད་རང་བཞིན་མ་དམིགས་པ་གསུམ་འབྲེལ་བའི་དབང་གིས་ཁྱབ་པ་མི་འཁྲུལ་བར་གྲུབ་པ་ན། མ་དམིགས་པའི་རྟགས་ཐམས་ཅད་འབྲེལ་བའི་དབང་གིས་ཁྱབ་པ་མི་འཁྲུལ་བར་གྲུབ་སྟེ། འགལ་ཟླ་དམིགས་པ་དང་འབྲེལ་ཟླ་མ་དམིགས་པའི་རྟགས་དུ་མར་ཕྱེ་བ་ཐམས་ཅད་ཀྱང་། སྦྱོར་བ་འགོད་ཚུལ་གྱི་སྒོ་ནས་ཕྱེ་བ་ཙམ་མ་གཏོགས་ཐམས་ཅད་ཀྱང་གསུམ་པོ་དེར་འདུས་པའི་ཕྱིར་ཞེས་བྱ་བའི་དོན་ཏོ། །

[1] 《པེ་》《སྣར་》པར།

འདི་ར་ནི་མ་དམིགས་པའི་རྟགས་ཀྱི་སྦྱོར་བའི་དབྱེ་བ་དེ་དག་ཐམས་ཅད་ཀྱང་རྟགས་ཆོས་འབྲེལ་བའི་དབང་གིས་ཁྱབ་པ་མི་འཁྲུལ་བར་སྒྲུབ་པ་ཡིན་ལ། སྔར་ནི། དགག་རྟགས་ཀྱི་དབྱེ་བ་ཇི་ལྟར་འབྱེད་ཚུལ་བཤད་པ་ཙམ་ཡིན་པས་སྔར་བཤད་པ་དང་མི་རྙོས་སོ། །

ཏ༣ རྟགས་ཆོས་མེད་ན་མི་འབྱུང་བའི་འབྲེལ་བ་ངེས་བྱེད་ཀྱི་ཚད་མ་བཤད་པ།

གསུམ་པ་རྟགས་ཆོས་མེད་ན་མི་འབྱུང་བའི་འབྲེལ་བ་ངེས་བྱེད་ཀྱི་ཚད་མ་བཤད་པ་ལ། རྟགས་ཆོས་ཀྱི་འབྲེལ་བ་ངེས་པ་རྟགས་ཆོས་རྒྱུ་འབྲས་སམ། རང་བཞིན་དང་རང་བཞིན་ཅན་དུ་ངེས་བྱེད་ཀྱི་ཚད་མ་ལ་ལྟོས་པར་སྤྱིར་བསྟན། ཚད་མ་དེ་དག་སོ་སོར་ཕྱེ་སྟེ་རྒྱས་པར་བཤད་པའོ། །

ཐ༡ རྟགས་ཆོས་ཀྱི་འབྲེལ་བ་ངེས་པ་རྟགས་ཆོས་རྒྱུ་འབྲས་སམ། རང་བཞིན་དང་རང་བཞིན་ཅན་དུ་ངེས་བྱེད་ཀྱི་ཚད་མ་ལ་ལྟོས་པར་སྤྱིར་བསྟན།

རྒྱུ་དང་འབྲས་བུའི་དངོས་པོ་འམ། །རང་བཞིན་ངེས་པར་བྱེད་པ་ལས། །
མེད་ན་མི་འབྱུང་ངེས་པ་སྟེ། །མ་མཐོང་ལས་མིན་མཐོང་ལས་མིན། །༣༡། །

དང་པོ་ནི། རྟགས་ཆོས་རྒྱུ་དང་འབྲས་བུའི་དངོས་པོའམ། རང་བཞིན་དང་རང་བཞིན་ཅན་དུ་ངེས་པར་བྱེད་པའི་ཚད་མ་ལས་རྟགས་ཆོས་མེད་ན་མི་འབྱུང་བའི་འབྲེལ་བ་ངེས་པ་སྟེ་རྟགས་མི་མཐུན་ཕྱོགས་ལ་མ་མཐོང་ཙམ་ལས་རྟགས་ཆོས་ཀྱི་འབྲེལ་བ་ངེས་པ་མིན་ཞིང་། མཐུན་ཕྱོགས་ལ་མཐོང་ཙམ་ལས་ཀྱང་རྟགས་ཆོས་ཀྱི་འབྲེལ་བ་ངེས་པ་མིན་ནོ། །

གཞན་དུ་གཞན་ན་[1]གཞན་དག་དང་། །ངེས་པར་ཡོད་པའི་ངེས་པ་གང་། །
དོན་གཞན་རྒྱུ་མཚན་ཅན་གྱི་[2]ཆོས། །ཡིན་ན་གོས་ལ་ཚོན་བཞིན་ནོ། །༣༢། །

དེ་ཉིད་འཆད་པ་ནི། འབྲས་རྟགས་ཀྱི་རྟགས་ཆོས་རྒྱུ་དང་འབྲས་བུའི་དངོས་པོར་ངེས་པར་བྱེད་པའི་ཚད་མས་རྟགས་ཆོས་མེད་ན་མི་འབྱུང་ངེས་པ་ལས་གཞན་དུ་ན་རྟགས་ཆོས་འབྲེལ་མེད་རྣམ་གཞན་དུ་འགྱུར་བས་འབྲེལ་མེད་དོན་གཞན་ནི་གཞན་དག་དང་གཅིག་ཡོད་ན། ཅིག་ཤོས་ངེས་པར་ཡོད་པའི་ངེས་པ་གང་སྟེ་ངེས་པ་དེ་འདྲ་མི་འཐད་པས་འབྲས་བུ་ཡོད་པས་རྒྱུ་ཡོད་པར་སྒྲུབ་པ་མི་འཐད་པར་འགྱུར་རོ། །

རང་བཞིན་རྟགས་ཀྱི་རྟགས་ཆོས་རང་བཞིན་དང་རང་བཞིན་ཅན་དུ་ངེས་པར་བྱེད་པ་ལས་མེད་ན་མི་འབྱུང་ངེས་པ་མ་ཡིན་པར། མི་རྟག་པ་དེ་བྱས་པའི་རྒྱུ་ལས་དོན་གཞན་པའི་རྒྱུ་མཚན་ཅན་གྱི་ཆོས་ཡིན་ན། བྱས་པ་གྲུབ་ཙམ་ནས་མི་རྟག་པ་ཡིན་པར་འགྱུར་ཏེ། དཔེར་ན། གོས་དཀར་པོ་དམར་པོར་འགྱུར་བ་ཕྱིས་འབྱུང་གི་ཚོན་ལ་ལྟོས་དགོས་པས། རང་

[1] 《སྡེ་》《སྣར་》ནི།

[2] 《སྣར་》གྱིས།

གྲུབ་ཙམ་ནས་དམར་པོ་མ་ཡིན་པ་བཞིན་ནོ། །དེས་ན་བྱས་པ་ཡིན་པས་མི་རྟག་པ་ཡིན་པར་སྒྲུབ་པ་ཁྱབ་པ་འཁྲུལ་བར་འགྱུར་རོ། །

ཆོས་དོན་གཞན་གྱི་རྒྱུ་མཚན་ཅན། །ཡིན་པར་གྱུར་ན་དེ་བཞིན་[1]ཉིད། །

ཕྱིས་འབྱུང་ཕྱིར་ན་རྒྱུ་ཉིད་མིན། །འབྲས་བུ་ན་ཡང་ག་ལ་ངེས། །༢༢། །

གཞན་ཡང་མི་རྟག་པ་དེ་བྱས་པའི་རྒྱུ་ལས་རྒྱུ་རྐྱེན་གྱི་ཆོས་དོན་གཞན་གྱི་རྒྱུ་མཚན་ཅན་ཡིན་པར་གྱུར་ན། ཞེས་གནོད་བྱེད་གཞན་བསྟན་པའི་ཕྱིར་དུ་ཕྱོགས་སྔ་སྐར་ཡང་བྱང་དྲངས་ནས། བྱས་པ་ཆོས་ཅན། ཁྱོད་མི་རྟག་པ་དེ་དང་རྫས་གཞན་ཉིད་ཡིན་པར་ཐལ། དེ་དང་རྒྱུ་རྐྱེན་གྱི་ཚོགས་པ་སྣ་ཕྱི་སོ་སོ་བ་ལས་སོ་སོ་བར་སྐྱེས་པའི་ཕྱིར།

འདོད་ན། བྱས་པ་དེ། མི་རྟག་པ་དང་འབྲེལ་མེད་ཡིན་ན། མི་རྟག་པ་སྒྲུབ་པའི་རྟགས་ཡང་དག་ཏུ་འགྱུར་མི་སྲིད་པས་འབྲེལ་བ་ཡོད་དགོས་ལ། འབྲེལ་བ་ཡོད་ཅིང་རྫས་གཞན་ཡིན་ན་རྒྱུ་འབྲས་ཡིན་པ་ལས་འོས་མེད་པས། མི་རྟག་པ་དེ་བྱས་པའི་རྒྱུའམ་འབྲས་བུ་གང་ཡིན།

རྒྱུ་ཡིན་ནོ་ཞེ་ན། མི་རྟག་པ་ཆོས་ཅན། ཁྱོད་བྱས་པའི་རྒྱུ་ཉིད་མ་ཡིན་པར་ཐལ། ཁྱོད་བྱས་པ་གྲུབ་ཟིན་པའི་ཕྱིས་འབྱུང་བའི་ཕྱིར་ནའོ། །

རྟགས་ཁས་བླངས། འབྲས་བུ་ཡིན་ནོ་ཞེ་ན་ཡང་བྱས་པ་ཆོས་ཅན། ཁྱོད་ཀྱིས་སྒྲ་མི་རྟག་པར་སྒྲུབ་པའི་ཁྱབ་པ་ག་ལ་ངེས་ཏེ་མ་ངེས་པར་ཐལ། ཁྱོད་ཀྱིས་དེ་སྒྲུབ་ཀྱི་བསྒྲུབ་བྱའི་ཆོས་ཡིན་ན། ཁྱོད་ཀྱི་འབྲས་བུ་ཡིན་པས་ཁྱབ་ཅིང་ཕྱོགས་ཆོས་གྲུབ་པའི་ཕྱིར། ཆོས་དོན་ཞེས་སོགས་རྐང་པ་གཉིས་ཀྱི་རང་འགྲེལ་དུ་རིལ་རྫས་གཅིག་ཏུ་འགྱུར་རོ། །

དེས་ན་ལྷན་ཅིག་སྐྱེ་བ་དང་འཇིག་པ་དག་ཐམས་ཅད་ལ་ཐམས་ཅད་ཉེ་ཁོར་སྦྱོར་བར་འགྱུར་རོ། །དེ་ལྟ་མ་ཡིན་ན་གཅིག་ཅེས་བྱ་བ་ཉིད་དུ་མི་འགྱུར་བའམ་མིང་ཐ་དད་པར་ཟད་དེ། དོན་ཁས་བླངས་ནས་དེ་སྐད་དུ་བརྗོད་པའི་ཕྱིར་རོ། །ཞེས་སོགས་གསུངས་པའི་དོན། མཁས་རློམ་ཁ་ཅིག །དངོས་པོ་དང་བུམ་པ་རྫས་གཅིག་ཡིན་ན། བུམ་པ་དང་ཀ་བའང་རྫས་གཅིག་ཏུ་འགྱུར་ཞིང་། དེ་ལྟ་ཀ་བུམ་སོགས་དངོས་པོ་ཐམས་ཅད་སྐྱེ་འགག་ཅིག་ཅར་བྱེད་པ་སོགས་སུ་ཐལ་བར་འགྱུར་རོ། །ཞེས་ཟེར་རོ། །

འདི་ནི་འགྲེལ་པ་འགྲེལ་བཤད་ཀྱི་ཡི་གེ་ཙམ་ལའང་མ་བརྟགས་པར་རང་འདོད་ཀྱིས་གྱ་ཆོམ་བྱས་པར་ཟད་དེ། འདི་ལྟར་རྒྱུ་ཚོགས་སྣ་ཕྱི་ཐ་དད་ལས་སྐྱེས་པས་ཐ་དད་དུ་མི་འགྲུབ་ན། རིལ་རྫས་གཅིག་ཏུ་འགྱུར་རོ། །ཞེས་པའི་ཐལ་བ་འཕངས་པ་ལ། གྲངས་ཅན་གྱིས་དངོས་པོ་ཐམས་ཅད་སྤྱི་གཙོ་བོའི་ངང་དུ་རང་བཞིན་གཅིག་ཡིན་པར་འདོད་དོ། །ཞེས་སྨྲས་པ་ལ་དངོས་པོ་ཐམས་ཅད་སྤྱི་རྟག་དངོས་ཆ་མེད་དེའི་རང་བཞིན་དུ་གཅིག་ན། དངོས་པོ་ཐམས་ཅད་གཅིག་ཏུ

[1] 《པེ་》《སྣར་》གཞན།

འགྱུར་དགོས་པས་སྐྱེ་འགག་ཅིག་ཅར་བྱེད་པར་ཐལ་བའི་ཐལ་འགྱུར་འཕངས་པ་ཡིན་ཏེ། དེའི་ཕྱིར་ཤཱཀྱ་བློས་ཀྱང་། དེའི་འགྲེལ་བཤད་དུ། ཡོན་ཏན་གསུམ་གྱི་རང་བཞིན་དུ་ཁྱད་པར་མེད་པའི་ཕྱིར་འདོད་དོ་ཞེ་ན། ཞེས་འབྱུང་བ་ཡིན་ནོ། །

དེས་ན་གྲངས་ཅན་ནི་ཡོན་ཏན་གསུམ་ཆ་མཉམ་པའི་སྤྱི་གཙོ་བོ་རྟག་དངོས་ཆ་མེད་གཅིག་པུ་དེ་དངོས་པོ་ཐམས་ཅད་ཀྱི་རང་བཞིན་དུ་ཁས་ལེན་པས། བུམ་པའི་རང་བཞིན་གང་ཡིན་པ་དེ་ཀ་བའི་རང་བཞིན་དུ་ཡང་ཁས་ལེན་ཏེ། བུམ་པའི་རང་བཞིན་དུ་གྱུར་པའི་སྤྱི་གཙོ་བོ་དེ་ཀ་བའི་རང་བཞིན་མ་ཡིན་པ་སོགས་སུ་ཁས་བླངས་ན་སྤྱི་གཙོ་བོ་ཆ་བཅས་སུ་འགྱུར་བས་སོ། །

འདིར་རང་ལུགས་ལ། དངོས་པོ་དང་བུམ་པ་རྫས་གཅིག་ཡིན་ཀྱང་། བུམ་པའི་རྫས་སུ་གྱུར་པའི་དངོས་པོ་དེ་ཀ་བའི་རྫས་སུ་གྱུར་པའི་དངོས་པོ་ཡིན་པ་སོགས་སུ་ཁས་ལེན་མི་དགོས་ཏེ། དངོས་པོ་ཆ་བཅས་ཡིན་པའི་ཕྱིར་རོ། །དེས་ན་དེ་གཉིས་ཀྱི་ཁྱད་པར་ཡང་མི་ཕྱེད་པ་ནི། དངོས་པོ་དང་བུམ་པ་རྫས་གཅིག་ཡིན་ན་དངོས་པོའི་རྫས་དང་བུམ་པའི་རྫས་ཀྱང་གཅིག་ཡིན་དགོས་སྙམ་དུ་བཟུང་བས་ནོངས་པ་ཡིན་ནོ། །འོན་ཀྱང་ཕྱོགས་འདི་དག་གི་དགག་སྒྲུབ་རྒྱས་པར་ཁོ་བོས་གཞན་དུ་བཤད་ཟིན་ཏོ། །

རྒྱུ་དང་འབྲས་བུའི་དངོས་པོའམ། ཞེས་སོགས་ཀྱི་གཞུང་འདི་དག་སྔར་བཤད་པའི་གཞུང་འདི་རྣམས་ཀྱི་མཇུག་བསྡུ་བ་ལ་སྦྱར་ན་གཞུང་གི་ཚིག་དོན་ལ་མི་འཁྲིག་པ་ཆེར་མེད་མོད་ཀྱི། འོན་ཀྱང་དགོངས་པ་མ་ཡིན་ཏེ། རང་འགྲེལ་དུ། རྒྱུ་དང་འབྲས་བུའི་དངོས་པོའམ། ཞེས་པ་ནས། གོས་ལ་སྔོན་བཞིན་ནོ། །ཞེས་པའི་བར་བར་སྐབས་ཀྱི་ཚིགས་སུ་བཅད་པར་གསུངས་པའི་ཕྱིར་རོ། །གཞན་དུ་ན་བསྡུ་བའི་ཚིགས་སུ་བཅད་པའོ། །ཞེས་གསུང་རིགས་པར་འགྱུར་རོ། །

ཐ༢ ཚད་མ་དེ་དག་སོ་སོར་ཕྱེ་སྟེ་རྒྱས་པར་བཤད་པ།

གཉིས་པ་ཚད་མ་དེ་དག་སོ་སོར་ཕྱེ་སྟེ་རྒྱས་པར་བཤད་པ་ལ། འབྲས་རྟགས་ཀྱི་རྟགས་ཆོས་འབྲེལ་བ་ངེས་བྱེད་ཀྱི་ཚད་མ་བཤད། རང་བཞིན་རྟགས་ཀྱི་རྟགས་ཆོས་འབྲེལ་བ་ངེས་བྱེད་ཀྱི་ཚད་མ་བཤད། །དེ་གཉིས་ཀྱི་དོན་བསྡུ། མ་དམིགས་པའི་རྟགས་ཀྱི་རྟགས་ཆོས་འབྲེལ་བ་ངེས་བྱེད་ཀྱི་ཚད་མ་བཤད་པའོ། །

ད༡ འབྲས་རྟགས་ཀྱི་རྟགས་ཆོས་འབྲེལ་བ་ངེས་བྱེད་ཀྱི་ཚད་མ་བཤད།

མེ་ཡི་འབྲས་བུ་དུ་བ་སྟེ། །འབྲས་བུས[1]ཆོས་ཀྱི་རྗེས་འཇུག་ཕྱིར། །
དེ་མེད་པར་ནི་དེ་ཡོད་ན། །རྒྱུ་དང་ལྡན་པ་ལས་འདས་འགྱུར། །༣༥། །

དང་པོ་ནི། འོ་ན། འབྲས་རྟགས་ཀྱི་རྟགས་ཆོས་མེད་ན་མི་འབྱུང་བའི་འབྲེལ་བ་དེ་དག །རྒྱུ་འབྲས་སུ་ངེས་བྱེད་ཀྱི་ཚད་མས་ངེས་དགོས་ན། ཚད་མ་དེ་ཡང་གང་ཞེ་ན། དུ་བ་ཆོས་ཅན། མེའི་འབྲས་བུ་ཡིན་ཏེ། མེའི་འབྲས་བུའི་ཆོས་ཉིད་

[1] 《པེ་》《སྣར་》བུའི།

ཀྱི་ རྗེས་སུ་འཇུག་ཅིང་། ཆོས་ཉིད་ནི་ཁྱོད་ལ་ཚང་བའི་ཕྱིར་ཞེས་པའོ། །

སྐབས་འདིར། འབྲས་བུའི་ཆོས་ཞེས་པ་འབྲས་བུའི་མཚན་ཉིད་ལ་ཟེར་རོ། །དེ་ཉིད་སྒྲུབ་པ་ནི། གལ་ཏེ་དེ་ལྟ་མ་ཡིན་པར་མེ་དེ་ཕན་བྱེད་དུ་མེད་པར་ནི་དུ་བ་དེ་སྐྱེ་བ་ཡོད་ན། དུ་བ་ཆོས་ཅན། ཁྱོད་རྒྱུ་དང་ལྡན་པ་ལས་འདས་པར་འགྱུར་བར་ཐལ། དུ་བ་གང་ཞིག་མེ་ལས་མ་སྐྱེས་པའི་ཕྱིར།

རྒྱུ་མེད་གཞན་ལ་མི་ལྟོས་ཕྱིར། །རྟག་ཏུ་ཡོད་པའམ་མེད་པར་འགྱུར། །

དངོས་པོ་རྣམས་ནི་རེས་འགའ་ཞིག །འབྱུང་བ་ལྟོས་པ་ལས་ཡིན་ནོ། །༣༥། །

འདོད་ན། དུ་བ་ཆོས་ཅན། ཁྱོད་ཡུལ་དུས་རྟག་ཏུ་ཡོད་པའམ་ནམ་ཡང་མེད་པར་འགྱུར་བར་ཐལ། རྒྱུ་རྐྱེན་གཞན་ལ་མི་ལྟོས་པའི་ཕྱིར། རྟགས་ཁས་བླངས་ཏེ། རྒྱུ་མེད་དུ་ཁས་བླངས་པས་སོ། །ཁྱབ་པ་ཡོད་དེ། དངོས་པོ་རྣམས་ནི་རེས་འགའ་ཞིག་འབྱུང་བ། རྒྱུ་རྐྱེན་གཞན་ལ་ལྟོས་པ་ལས་ཡིན་པའི་ཕྱིར་རོ། །

འདིར་དུ་བ་རྒྱུ་མེད་དུ་ཁས་བླངས་པ་ལ། རྟག་ཏུ་ཡོད་པའམ་མེད་པར་འགྱུར། ཞེས་པའི་ཐལ་བ་འཕངས་པ་ནི། རྟག་ཏུ་ཡོད་པར་ཐལ། རྒྱུ་མེད་དུ་ཡོད་པའི་དུ་བ་ཡིན་པའི་ཕྱིར། ཞེས་པ་དང་། ཡང་ན། ལན་གཅིག་ཀྱང་མེད་པར་ཐལ། རྒྱུ་མེད་དུ་ཡོད་པའི་དུ་བ་ཡིན་པའི་ཕྱིར། ཞེས་པའི་ཐལ་འགྱུར་གང་རུང་གཅིག་ཁོ་ན་འཕེན་གྱི། དུ་བ་རྒྱུ་མེད་དུ་ཡོད་ན། རྟག་ཏུ་ཡོད་པ་དང་། ལན་གཅིག་ཀྱང་མེད་པ་གཉིས་ཀར་དུ་ཐལ་བ་འཕེན་པ་མ་ཡིན་ཏེ།

དེ་ཡིན་ན། དུ་བ་རྒྱུ་མེད་དུ་ཡོད་ན་རྟག་ཏུ་ཡོད་པས་ཀྱང་ཁྱབ། ནམ་ཡང་མེད་པས་ཀྱང་ཁྱབ་ན། དངོས་འགལ་ལ་ཁྱབ་པ་མེད་པར་འགྱུར་རོ་ཞེས་ཟེར་བ་ནི་མི་འཐད་དེ། དེ་ལྟ་ན་ཁྱབ་པ་དེ་གཉིས་གང་རུང་གཅིག་སྐྱོན་ཅན་དུ་འགྱུར་བས་དེ་གཞན་ལ་གནོད་བྱེད་དུ་སྟོན་མི་རིགས་པའི་ཕྱིར། འདིར་ཐལ་འགྱུར་དེ་གསུངས་པ་མི་འཐད་པར་འགྱུར་ཞིང་། གང་རུང་གཅིག་གནོད་བྱེད་དུ་འཕེན་འདོད་ཅིང་། གང་ལ་ཁྱབ་པ་ཡོད་མེད་མ་ངེས་པར་སློབ་དཔོན་གྱིས་ཐེ་ཚོམ་ཟ་བཞིན་དུ། གདམ་ང་ཅན་དུ་བཀོད་པ་ཡིན་ན། དེ་བས་ཀྱང་སློབ་དཔོན་སྐྱོན་ཆགས་པར་འགྱུར་རོ། །

དེས་ན། འདིར་ནི། དུ་བ་རྒྱུ་མེད་དུ་ཡོད་ན། རྟག་ཏུ་ཡོད་པ་དང་ནམ་ཡང་མེད་པ་གཉིས་ཀས་ཁྱབ་པས། དེ་གཉིས་ཀ་རུ་ཐལ་བ་འཕེན་པ་ཡིན་ལ། དེ་ལྟ་ན་ཡང་། འམ་ཞེས། སྨོས་པ་ནི་ཡང་ན་ཐལ་འགྱུར་དེ་འཕེན་ལ། ཡང་ན་འདི་འཕེན་ཞེས་པའི་གདམ་ང་སྟོན་པ་མ་ཡིན་གྱི། དུ་བ་རྒྱུ་མེད་དུ་ཡོད་པའི་རྟགས་ཀྱིས། རྟག་ཏུ་ཡོད་པར་ཐལ་བ་འཕེན་པའམ། དེར་མ་ཟད། ནམ་ཡང་མེད་པར་ཐལ་བའང་འཕེན་པས་ཞེས་པའི་གཉི་ག་སྡུད་པའི་ཚིག་ཡིན་ནོ། །

འོ་ན་དེ་གཉིས་ཀ་ལ་ཁྱབ་པ་ཡོད་པའི་རྒྱུ་མཚན་ཅི་ཞེ་ན། དེ་གཉིས་ཀ་ལ་ཁྱབ་པ་ཡོད་ཅིང་། དེ་ལྟ་ན་ཡང་དངོས་འགལ་ཁས་བླངས་པའི་སྐྱོན་དུ་མི་འགྱུར་བའི་ཚུལ་འོག་ཏུ་བཤད་པར་བྱའོ། །

གལ་ཏེ་བརྒྱ་བྱིན་སྒྱི་བོའི་མེའི། །རང་བཞིན་ཡིན་ན་དེ་ཉིད་མེ། །

འོན་ཏེ་དེ་མེའི་རང་བཞིན་མིན། །ཇི་ལྟར་དེ་ལས་དུ་བ་འབྱུང་། །༣༦། །
དུ་བའི་[1]རྒྱུ་ཡི་རང་བཞིན་མེ། །དེ་ཡི་ནུས་པའི་བྱེ་བྲག་ལྡན། །
དུ་བ་དུ་བའི་རྒྱུ་མིན་ལས། །འབྱུང་ན་དེ་ནི་རྒྱུ་མེད་འགྱུར། །༣༧། །

དེ་མེད་པར་ནི་དེ་ཡོད་ན། ཞེས་སོགས་ཀྱིས་གྲུབ་པའི་དོན་ནི། གལ་ཏེ་བརྒྱ་བྱིན་གྱི་སྤྱི་བོ་དེ་དུ་བ་སྤུར་མེད་གསར་དུ་བསྐྱེད་པའི་ཉེར་ལེན་གྱི་རང་བཞིན་ཡིན་ན་དེ་ཉིད་མེར་འགྱུར་ཞིང་། འོན་ཏེ་མེའི་རང་བཞིན་མིན་ན་ཇི་ལྟར་དེ་ལས་དུ་བ་འབྱུང་སྟེ། དུ་བའི་ཉེར་ལེན་ཡིན་པར་མི་འཐད་པར་ཐལ།

དུ་བའི་ཉེར་ལེན་གྱི་རྒྱུའི་རང་བཞིན་དུ་གྱུར་པ་དེ་ཡི་ནུས་པ་དང་ལྡན་པས་མེ་མེ་མ་ཡིན་ལས་བྱེ་བྲག་གམ་ཁྱད་པར་དང་ལྡན་པ་ཡིན་པའི་ཕྱིར།

བརྒྱ་བྱིན་གྱི་སྤྱི་བོ་ནི། བྲམ་ཟེ་ཆེན་པོས། དབང་པོའི་མཆོད་སྡོང་གི་རྩེ་མོ་ལ་བཤད་ལ། གཞན་དག་ནི། རྒྱ་མཚོའི་འགྲམ་གྱི་གྲོག་མཁར་ལ་གྲགས་སོ། །

གལ་ཏེ་བརྒྱ་བྱིན་སྤྱི་བོ་མེའི། །རང་བཞིན་ཡིན་ན་ཞེས་པའི་མེ་ཞེས་པའི་ཚིག་འགྱུར་རམ། སྡེབ་སྦྱོར་གྱི་དབང་ཡིན་གྱི། དེའི་དོན་དུ་བའི་ཉེར་ལེན་ཡིན་པ་འགོག་པ་མ་གཏོགས། ཕྱོགས་སྔ་སྨྲ་བ་པོས་བརྒྱ་བྱིན་གྱི་སྤྱི་བོའི་མེའི་རང་བཞིན་མིན་པར་ཁས་བླངས་ཀྱི་ཡིན་པར་ཁས་མ་བླངས་པས་དེ་ཉིད་མེ་ཡིན་པ་འགོག་པའང་འོང་དོན་མེད་དོ། །

དེའི་དོན་བསྡུ་བ་ནི། དེས་ན་ཇི་སྐད་བཤད་པའི་ཚུལ་གྱིས་དུ་བ་དུ་བའི་རྒྱུ་མིན་ལས་འབྱུང་ན་དེ་ནི་རྒྱུ་མེད་དུ་འགྱུར་རོ་ཞེས་པའམ། དེས་ན་དུ་བ་དུ་བའི་རྒྱུ་མིན་པ་བརྒྱ་བྱིན་གྱི་སྤྱི་བོ་སོགས་ལས་འབྱུང་བར་མི་འཐད་པས། དུ་བ་མེ་ལས་མ་སྐྱེས་པར་ཡང་འགྱུར་ན་རྒྱུ་མེད་དུ་འབྱུང་བར་འགྱུར་རོ། །

ཐུར་མེའི་འབྲས་བུ་དུ་བ་སྟེ། ཞེས་སོགས་བཤད་པའི་རྒྱུ་འབྲས་ངེས་བྱེད་ཀྱི་ཚད་མ་སྤྱིའི་མཇུག་བསྡུ་བ་ནི། གང་ཞིག་རང་ལས་དོན་གཞན་སྔ་མ་དེ་ཕན་བྱེད་དུ་ཡོད་ན། སྐྱེ་བའི་རྗེས་སུ་འགྲོ་བ་དང་། མེད་ན་མི་སྐྱེ་བའི་ལྡོག་པ་ལས་དོན་གཞན་ཕྱི་མ་གང་ཞིག་དོན་གཞན་སྔ་མ་གང་གི་རྗེས་འགྲོར་མཐོང་བ་དེའི་རང་བཞིན་དེ་རྒྱུ་ཅན་འབྲས་བུའི་ཆོས་ཡིན་ལ། དུ་བ་ཡང་དེ་འདྲའི་སྔོན་ནས་མེ་ལ་རྗེས་སུ་འགྲོ་ལྡོག་མི་འཁྲུལ་བ་དེའི་ཕྱིར་མི་མཐུན་པ་མེ་མ་ཡིན་ཉེར་ལེན་དུ་བྱས་པ་ལས་དུ་བ་མི་འབྱུང་བས་དུ་བ་ནི་མེའི་འབྲས་བུར་ངེས་དགོས་སོ། །ཞེས་བྱ་བའོ། །

རྗེས་སུ་འགྲོ་དང་ལྡོག་པ་ལས། །གང་ཞིག་གང་གི་རྗེས་འགྲོར་མཐོང་། །
དེ་ཡི་རང་བཞིན་དེ་རྒྱུ་ཅན། །དེ་ཕྱིར་མི་མཐུན་ལས་མི་འབྱུང་། །༣༨། །

དེ་ལ། མཐོང་ཞེས་པའི་ཚིག་གིས་མེ་དུའི་རྒྱུ་འབྲས་ཀྱི་དོན། མེ་ཡོད་སྟོབས་ཀྱིས་དུ་བ་སྐྱེ་བ་དང་། མེ་ཕན་བྱེད་དུ

1 《པེ་》《སྣར་》བ།

འོག་པས་དུ་བ་ལྡོག་པའི་རྗེས་སུ་འགྲོ་ལྡོག་མངོན་སུམ་གྱིས་གྲུབ་པར་བསྟན་ལ།

དེའི་ཕྱིར་མེ་དུ་རྒྱུ་འབྲས་ཀྱི་དོན་མངོན་སུམ་གྱིས་གྲུབ་པར་བསྟན་པ་ཡིན་ཅིང་། དེ་ལྟ་ན་ཡང་། མེའི་འབྲས་བུ་དུ་བ་སྟེ། ཞེས་སོགས་སུ་དུ་བ་མེའི་འབྲས་བུར་སྒྲུབ་པའི་རྟགས་གསུངས་པ་ནི་མེ་དུ་ལ་རྒྱུ་འབྲས་ཀྱི་ཐ་སྙད་སྒྲུབ་པའི་ཐ་སྙད་འབའ་ཞིག་སྒྲུབ་ཀྱི་རྟགས་གསུངས་པ་ཡིན་ཏེ།

ཅི་ལྟར་མཐོང་དང་མ་མཐོང་ལས། རྒྱུ་དང་འབྲས་ཉིད་སྒྲུབ་བཞིན་ཏེ། །དེ་གཉིས་ལ་ནི་འབྲས་སོགས་སྒྲ། །ཐ་སྙད་དོན་དུ་བཀོད་པ་ཡིན། །ཞེས་གསུངས་པ་ལྟར་རོ། །

དེས་ན་གཞུང་འདི་དག་གིས་འབྲས་རྟགས་ཀྱི་རྟགས་ཆོས་ཀྱི་འབྲེལ་བའི་དོན་ངེས་བྱེད་ཀྱི་ཚད་མ་མངོན་སུམ་ཡིན་པར་བསྟན་ཅིང་། ཐ་སྙད་ངེས་བྱེད་ཀྱི་ཚད་མ་ཐ་སྙད་འབའ་ཞིག་སྒྲུབ་ཀྱི་རྟགས་ལ་བརྟེན་པའི་རྗེས་དཔག་ཀྱང་ཡོད་པར་བསྟན་པ་ཡིན་ནོ། །

མེ་དུ་རྒྱུ་འབྲས་སུ་ངེས་བྱེད་ཀྱི་མངོན་སུམ་སོགས་ཀྱིས་ཇི་ལྟར་ངེས་པར་བྱེད་པའི་ཚུལ་ལ་སོགས་པ་ཁོ་བོས་ཚད་མ་ཡིད་ཀྱི་མུན་སེལ་དུ་བཤད་ཟིན་ཏོ། །བསྡུ་བའི་ཚིགས་སུ་བཅད་པའོ་ཞེས་བྱ་བ་ནི་རང་འགྲེལ་གྱི་ཚིག་ཟུར་ཤོར་བ་ཡིན་གྱི་རྩ་བའི་ཚིག་མ་ཡིན་ནོ། །

西方哲学视野下的因果问题

张志伟

【提要】哲学（西方哲学）自公元前6世纪诞生，至今已经有2600年的历史了。一般而言，哲学家们解答因果问题有三个层面：形而上学、物理学与人生哲学。形而上学关注的是宇宙的终极原因，物理学关注的是存在物之间的带有规律性的关系，人生哲学关注的则是人之存在的原因和归宿。在某种意义上，我们可以围绕因果关系问题梳理西方哲学发生、发展、兴衰、演变的历史。本文是关于西方哲学中因果问题的概括性梳理。

【关键词】哲学　自然科学　因果问题　思维方式　区别

【作者简介】张志伟，中国人民大学哲学院教授。zhzhiwei@263. net

哲学（西方哲学）自公元前6世纪诞生，至今已经有2600年的历史了。哲学从希腊人寻求关于自然万物存在之原因的解释开始，西方哲学的第一个概念“本原”（arche）就有宇宙万物最古老的原因的意思，据说古代原子论的创始人德谟克利特说过：只找到一个原因的解释，也比成为波斯王要好，希腊人对于解释自然万物的原因的重视程度由此可见一斑。由此可见，因果问题自始就在哲学的视野之中，而且构成了哲学的核心问题。哲学起源于对世界的合理性解释，大到宇宙的终极原因，小到一个事物之所以存在的具体原因，及至“我是谁?”“我从何处来?”“我到何处去?”等的人生之问，统统与对原因的探寻和解释有关。我们很难想象，如果没有关于因果问题的思考、解释和追问，哲学乃至科学会是什么样子，恐怕它们都不会存在。

一般而言，哲学家解答因果问题有三个层面：形而上学、物理学与人生哲学。形而上学关注的是宇宙的终极原因，物理学关注的是存在物之间的带有规律性的关系，人生哲学关注的则是人之存在的原因和归宿。在某种意义上，我们可以围绕因果关系问题梳理西方哲学发生、发展、兴衰、演变的历史。

或问：哲学与自然科学关于因果问题的研究有什么区别？哲学最初与科学不分，不过逐渐呈现为两种不同的路向：自然科学关注于对自然现象的具体研究，而哲学则倾向于从最高原理出发构建一个理想的理论模型来整体性地解释世界。纵观历史，在古代哲学中，哲学与科学没有分家，科学研究是哲学式的。在近代哲学中，科学从哲学中分化出来，但是哲学家与科学家仍然联手前进。而在现代哲学中，关于宇宙万物的研究完全被自然科学垄断，已经不容哲学家置喙。结果，哲学缔造了一种科学思维方式，这种思维方式在自然科学以及技术中发扬光大卓有成效，哲学自己却偏偏不能成为科学。就此而论，我们甚至可以说哲学终结于自然科学，换言之，哲学家想说的话，科学家说得更好，这大概就是霍金说“哲学已死”的原因。[1] 我以为，哲学在当今时代陷入了有史以来最大的危机，因为它一向致力于为我们这个不完美的世界寻求一个完美的原因，抑或在现实世界之上建立一个理想世界作为现实世界的基础或根据，但是现在，这个理想世界在各个方面的冲击下彻底崩溃了，结果就是——我们只有一个世界亦即现实世界，理想世界是不存在的，我们遭遇虚无主义的威胁。

由于主题的限制，本文不是关于因果问题的深入详尽的学术研究，而是关于西方哲学中因果问题的概括性梳理。

一

我们借用一对拉丁语哲学概念来讨论形而上学意义上的因果问题：natura naturans 和 natura naturata。natura naturans 通常译作“能动的自然”“能生的自然”“产生自然的自然”，亦即“作为原因的自然”。natura naturata 译作“被动的自然”“被生的自然”“被自然产生的自然”，亦即

① ［英］史蒂芬·霍金、列纳德·蒙洛迪诺：《大设计》，吴忠超译，湖南科学技术出版社 2011 年版，第 3 页。

“作为结果的自然”。[①] 一部哲学史，追问宇宙之终极原因，可以这一对概念作为线索。

古希腊哲学之初，哲学家们追问的问题是自然万物的本原是什么。看起来哲学十分玄奥，其实最初的哲学问题是非常朴素的。希腊人发现自然中的万物都处在生灭变化之中，按常理自然本身也应该生灭变化乃至归于毁灭，但是实际情况却不是这样，自然看起来是永恒存在的。于是希腊人对此产生了好奇，他们认为在生灭变化的自然万物中一定有某种不生灭变化或者说永恒存在的东西，否则无法解释自然的存在，这个在一切生灭变化的自然万物中不生灭变化的东西，就是自然万物的“本原”。按照亚里士多德，所谓“本原”指万物从它那里来，毁灭之后回到它那里去，一切都在变化，唯独它不变的东西，亦即宇宙在时间上最古老的原因或开端。哲学原本没有属于自己的语言，所有哲学概念都源于日常语言。arche（本原）之所以成为第一个哲学概念，是因为这个日常语词中的两个含义，其一是开端，其二是主宰。由此我们可知，古人的原因概念与近代物理学以后之因果关系中的原因概念不同：希腊人的“本原”既是在时间上最古老的开端，同时也是万物演化的主宰，也就是说，原因并不因为产生了结果而不再存在，原因产生了结果，其自身亦在结果之中，由此才能在产生万物之后仍然维系着万物的存在。在某种意义上说，“作为原因的自然”与“作为结果的自然”乃是同一个自然。问题在于，希腊人试图以科学的方式解释自然，而此时此刻自然科学还没有发展出来，由于缺少科学的支持，他们始终无法说明自然之原因是如何产生结果的。

公元1世纪基督教诞生，无论是公元2—5世纪的教父哲学，还是11—14世纪的经院哲学，都属于基督教哲学。中世纪的哲学是为神学服务的，就上帝的超越性而论，“作为原因的自然”与“作为结果的自然”由此分离为二：上帝是创世的终极原因，宇宙万物是上帝的造物。由于这一时期哲学关注的主要问题是神学问题，对于自然的研究不仅在哲学的视

① natura naturans，natura naturata这对概念最初是中世纪学者以阿拉伯—拉丁语翻译亚里士多德著作而形成的概念，斯宾诺莎的使用使之具有了不同寻常的含义，由此对黑格尔影响深远。本文借用这对拉丁语哲学概念讨论形而上学意义上的因果问题，而不太考虑它们的历史沿革和演变。另外，我们在不同的语境中，或者用“作为原因的自然”与“作为结果的自然”，或者用“能动的自然”与“被动的自然”，翻译这对概念。

野之外，而且往往被视为渎神的，所以在近代自然科学发展起来之后，基督教哲学便逐渐为历史所淘汰，因为它无法承担为科学知识奠定基础的任务，而这一任务一向被视为哲学的工作。虽然如此，经院哲学毕竟在许多方面渗透于哲学之中，natura naturans 与 natura naturata 这一对概念就是在中世纪用阿拉伯—拉丁语翻译亚里士多德著作时出现的，及至 17 世纪时斯宾诺莎凸显了 natura naturans 与 natura naturata 这一对概念的特殊意义，尤其是通过黑格尔，使得形而上学形成了全面系统的体系。

斯宾诺莎说："事物被我们认为是真实的，不外两个方式，或者是就事物存在于一定的时间及地点的关系中加以认识，或者是就事物被包含在神内，从神圣的自然之必然性去加以认识。"① 前者是科学的研究方式，后者则是哲学的研究思路。斯宾诺莎显然推崇哲学的研究方式，因为由此才能从根本上解决问题，故而他赋予了"作为原因的自然"即"能动的自然"与"作为结果的自然"即"被动的自然"这对概念以特殊的意义。

斯宾诺莎这样解释"能动的自然"与"被动的自然"："能动的自然"指在自身内并通过自身而被认识的东西，或者指表示实体的永恒无限的本质的属性，亦即指作为自由因的神而言。"被动的自然"则是指出于神或神的任何属性的必然性的一切事物，换言之，就是指神的属性的全部样式，就样式被看作在神之内，没有神就不能存在，也不能被理解而言。② 斯宾诺莎的实体学说包括三个关键词，即实体、属性和样式。所谓"实体"亦即在自身内并通过自身而被认识的东西，换言之，形成实体的概念无须借助于他物的概念。所谓"属性"亦即由知性看来构成实体的本质的东西。所谓"样式"则是实体的分殊，亦即在他物内并通过他物而被认识的东西。③ 就此而论，实体是万事万物存在的原因，万事万物作为实体的样式则是实体的结果。因此，实体即自因，所谓"能动的自然"与"被动的自然"乃是一个自然而非两个自然，自然自己是自己存在的原因，也是自己存在的结果，自然是自成因果的。斯宾诺莎所说的"神"并非宗教意义上的神，在他看来，神即实体，实体即自然，神即绝对的第

① ［荷兰］斯宾诺莎：《伦理学》，贺麟译，商务印书馆 1983 年版，第 257 页。

② 同上书，第 29—30 页。

③ 同上书，第 3 页。

一因或自由因，而作为第一因或自由因的神并非万物的外因，而是万物的内因。[①] 由此我们可以理解，为什么斯宾诺莎生前身后饱受教会的迫害和谩骂，因为按照他的“泛神论”立场，神并非犹太教或基督教所理解的完全异在于宇宙的造物主、人格神，而不过是宇宙的内因，亦即神圣的自然必然性，神与宇宙是同一的。然而，“能动的自然”和“被动的自然”如何构成一个自成因果的自然，在斯宾诺莎那里是晦暗不明的，解决这个问题是黑格尔的贡献。

黑格尔继承了斯宾诺莎的立场，但是以“实体即主体”纠正了斯宾诺莎的实体缺少能动性的缺陷。所谓“实体即主体”的意思是说，作为宇宙万物的基础和根据的实体其自身就具有发展出来的能动性，而实体之主体性亦即“纯粹的否定性”，因此实体自己否定自己，分裂为二，将自身外化出去树立为对立面从而展开自身，由此而形成了宇宙万物，最终通过从宇宙万物中产生出人类精神而认识自身，从而扬弃对立返回自身，成为真正意义上的现实。这样的过程亦即预悬终点为起点，以终点为目的的“圆圈”。[②] 由此，黑格尔把宇宙解释为一个自己运动、自己产生自己、自己形成自己、自己实现自己、自己完成自己的目的论的体系。在某种意义上说，黑格尔哲学真正完美地、合乎逻辑地实现了斯宾诺莎关于“能动的自然”与“被动的自然”的哲学原则。

形而上学意义上的因果问题曾经是哲学的核心问题。这个问题的难点在于，既要给出宇宙的终极原因，同时这个终极原因亦能够与自然万物协调一致。按照斯宾诺莎，实体即自因，而万物作为实体的分殊或样式则是“他因”，这意味着具体事物构成了一个他因的因果系列，而终极原因则是既超越于这个因果系列，同时又内在于这个因果系列的。在某种意义上说，自然科学关注的是他因的因果系列，哲学关注的则是自因的实体。在斯宾诺莎看来，科学对事物的因果解释是不充分的，唯有哲学能够给出完满的答案。黑格尔将宇宙万物看作实体的外化，并且试图以自然自身的矛盾运动取代外在的因果关系，从而将形而上学层面的自由因与物理学意义

① ［荷兰］斯宾诺莎：《伦理学》，贺麟译，商务印书馆 1983 年版，第 14、19、20、22 页。

② 参见［德］黑格尔《精神现象学》上卷，贺麟、王玖兴译，商务印书馆 1979 年版，第 10—11 页。

上的自然万物之间的因果关系协调一致，在某种意义上实现了“能动的自然”与“被动的自然”之间浑然一体的“无缝连接”。

以上所说的是形而上学层面上的因果问题。哲学既然要追问宇宙万物的终极原因，而这个终极原因不可能在宇宙之外（那将超越了哲学的界限，也会陷入无穷后退的困境），所以黑格尔目的论式的回答是最完美的答案。如果黑格尔之后，西方哲学没有发生重大的转向，黑格尔哲学将是无法超越的顶峰。然而，黑格尔之后，古典哲学的许多基本观念发生了动摇，尤其是宇宙自身的合理性难以构成哲学的出发点，黑格尔目的论式的宇宙遭到人们的摈弃，以一个自成因果的理想的宇宙模型解释现实宇宙的方式不再为人们所接受，哲学最终放弃了关于宇宙之终极原因的探索。正如霍金所说：“在我们探索知识的旅程中，科学家已成为高擎火炬者。”①

二

我们在此讨论“物理学”意义上的因果问题。“物理学”这个概念既是在亚里士多德意义上使用，也是在近代物理学的意义上使用，不过两者不是一回事，虽然它们都叫作“物理学”。亚里士多德的物理学或许称之为“自然学”或“自然哲学”更为恰当。虽然亚里士多德与牛顿都讨论运动，但是两者所说的运动作为两种不同的范式是“不可通约”的。②

在通常被看作“哲学词典”的《形而上学》第五卷中，亚里士多德解释了六种原因，这就是由质料因、形式因、动力因和目的因所构成的四因说以及潜能与现实。③ 这里所说的原因不同于后世近代物理学意义上的因果关系中的原因，它指的是构成一事物之存在的条件，虽然潜能与现实体现为一个动态的过程，但是这些原因与事物之间不是外在的力学意义上

① 参见［英］史蒂芬·霍金、列纳德·蒙洛迪诺《大设计》，吴忠超译，湖南科学技术出版社 2011 年版，第 3 页。

② 参见［美］托马斯·库恩《科学革命的结构》，金吾伦、胡新和译，北京大学出版社 2003 年版，第 95 页等。

③ ［古希腊］亚里士多德：《亚里士多德全集》第七卷，苗力田主编，中国人民大学出版社 1993 年版，第 111—113 页。

的因果关系。中世纪之后，针对基督教神学中把自然看作死东西的宇宙观，文艺复兴时期的人文学者试图在不违背神学的前提下以自然来解释自然，从而形成了一种神秘的自然主义，例如一个物体之所以能够持续运动是因为灵魂的力量，而近代机械宇宙观脱颖而出并以力学取代了古代的自然哲学，由此而形成了被 17、18 世纪视为自然法则的自然因果律。1621 年，开普勒在《宇宙的奥秘》第二版中加了一个脚注："如果你用'力'这个词代替'灵魂'，你就懂得了在《论火星》中所依据的天体物理学的原理。因为以前我由于接受 J. C. 斯卡利格关于运动的天使的教导，完全相信移动行星的原因是灵魂。但是当我发现随着离太阳的距离增加，这种动因正如太阳的光线被减弱一样越来越弱时，我断定这种力必须看成是物质的。"从活的灵魂到力，从泛灵论到机械论，开普勒的思想发展预示了 17 世纪科学的进程。①

希腊人困惑于物体的持续运动，例如掷铁饼，当铁饼离开了投掷者的手掌之后，铁饼靠什么持续运动？亚里士多德关于运动的解释是：正像种子通过长成植物而实现其全部潜能一样，一个重物也通过向其固有位置运动而实现其本质。② 伽利略之后，人们则以力的"惯性"解释运动的持续性。于是，17 世纪的物理学最终将爱、恨、隐秘的力、灵魂……从自然中剔除出去，形成了一个机械论的动力学的宇宙图景，而在这个宇宙图景中，自然因果律占据着中心位置。

所谓自然因果律亦即以物体的运动解释自然现象的自然法则。按照牛顿物理学，一运动的物体如果没有碰到障碍就会永恒地运动下去，当它遇到障碍就会静止下来，而把能量传递给另一个物体……依此类推，以至无穷。因而在一个宇宙中，物体可以有生灭，但是能量不变，这便是所谓的"能量守恒定律"。相对于形而上学意义上的因果关系，自然因果律是被科学证实了的自然法则，而且因果之间的内在关系被外在的力学关系所代替，亚里士多德的四因说中只剩下了动力因。不过，当科学家乃至哲学家以物理学意义上的因果律解释自然的时候，这种自然科学之简洁的法则至

① 参见［美］理查德·S. 韦斯特福尔《近代科学的建构——机械论与力学》，彭万华译，复旦大学出版社 2000 年版，第 9 页。

② 同上书，第 18 页。

少需要解决两个问题：其一是最初的动力从何而来，其二是如何仅仅用动力学就可以解释宇宙万物的多样性。前者由牛顿的不动的第一推动力加以解释，后者则依赖于关于物体之两种性质的观念的学说。

牛顿既是伟大的科学家也是虔诚的基督徒，两者在他身上形成了完美的结合。机械力学以外力作为运动的原因，那么最初的动力从何而来？按照牛顿，上帝就是不动的第一推动者，他给了这个静态的宇宙第一动力，于是宇宙便按照自然法则永恒地运动下去了。如此说来，我们既证明了上帝的存在，又可以解释为什么宇宙服从自然法则而不必假设神迹。后来康德在批判形而上学的宇宙论时，以二律背反揭示了其中的自相矛盾：按照自然因果律，任何结果都需要有原因，因而需要有一个最初的动力；但是同样按照自然因果律，这个最初的动力乃是自身不再有原因的原因，因而违背了任何结果都需要有原因的自然因果律。

在 17、18 世纪的哲学家科学家看来，建立在力学基础上的自然因果律能够以最简洁的方式解释一切自然现象，由此而形成了事物之两种性质的观念的理论，那时候几乎所有的哲学家、科学家都持类似的观点。我们以洛克为例。洛克主张事物有两种性质，一种为原始性质，是事物有之即存在无之即消失的本质属性，这就是广延和运动，我们关于它们的观念是物体本质之原型的摹本，因而是客观真实的，这是第一性的质的观念。另一种则是色、声、味等感觉性状，这些感觉性状是由物体的运动引起的，但是在物体之中并没有原型，换言之，物体本身并没有色、声、味等属性，这些感觉性状不过是物体的运动刺激感官而形成的主观感受，这就是第二性的质的观念。就此而论，近代机械论的自然观便以最简洁的动力学解释了千差万别多种多样的自然现象，亦即将所有的自然现象还原为力学的关系。

然而，建立在实验科学基础上的自然因果律遭遇了休谟怀疑论的挑战。休谟将经验主义原则贯彻到底，强调既然一切知识来源于感觉经验，那就意味着超出经验我们一无所知。所以，作为知识的来源和基础的感觉经验究竟是由外部事物引起的，还是由上帝赋予心灵的，抑或心灵自生的，我们无从知晓，只能存疑而不作判断，所以我们只能满足于在经验之内谈论知识。不过，有一种法则看上去似乎可以使知识推论到经验之外，这就是自然因果律。休谟对此表示怀疑：当我们把事件 A 看作事件 B 的原因，把事件 B 看作事件 A 的结果，并且主张两者之间具有必然的因果关系的时候，首先单纯的理性分析不能告诉我们 A 和 B 之间的必然联系，经验也只能告诉我们当 A 出现时 B 随之而现，而不能告诉我们两者之间的必然联系，换言之，我们经验到了 A 和 B，但却从来也没有经验到两者之间的必然联系，那么我们为什么会形成因果观念呢？休谟给出的原因是"心灵之习惯性的联想"：当 A 出现时 B 随之而现，在多次重复之后，就会在我们的心灵上形成习惯性的联想，一看到 A 就会联想到 B，一看到 B 就会联想到 A，于是我们把 A 叫作原因，把 B 叫作结果，并且认为它们之间存在着必然联系，而其实我们并不知道它们之间是不是存在着必然联系。于是对休谟来说，自然因果律不过是恒常连续出现的事物在我们的心灵中形成的"习惯性联想"而已，而并不是什么客观的自然法则。休谟对因果必然联系的质疑至今仍然是人们研究的课题。

休谟的怀疑论质疑的是科学知识的认识论基础：我们与自然万物接触靠的是感觉经验，我们如何能够超出感觉经验去断定或检验我们的知识？由于科学技术的发展卓有成效，哲学家对于基础问题的质疑不再受到人们的重视。

三

在 18 世纪，物理学意义上的因果律不仅仅被用来解释自然万物，也被用来解释社会和人性。自然因果律被认为是普遍的自然法则，自然、社会和人性统统服从于因果法则而没有例外。例如近代的社会政治理论以自然状态和社会契约为核心解释社会的出现就是建立在这个基础之上的。为了批判当时的封建专制制度，思想家们试图建立一种社会制度之合理性的根据，这就是"人性"。人们假设在人类进入社会之前，完全按照自然本性而生存，这就是"自然状态"。人与自然万物一样，其本性有如动物，自保自利、趋利避害、趋乐避苦，亦即"自我保存"。这种自然本性构成了人的自然权利，势必酿成人人自危的战争状态，于是人们便通过转让自己的权利而制定契约，形成政治法律制度以及公共权力来维护社会的和平和安定。显然，符合人性的、能够保障人的自由平等的就是好的社会制度，否则就是坏的社会制度。在此基础之上，亦形成了 18 世纪盛行的幸福论或功利主义的伦理学。

18世纪法国哲学家爱尔维修以自然因果律解释人性，主张利益是推动一切的根本动力。他像拉美特利一样认为人不过是一架机器，“为肉体感受性所发动，必须做肉体的感受性所执行的一切事物”，因此人的推动力是肉体的快乐和痛苦，[①] 自爱则是肉体感受性的直接后果，对他人的同情和怜悯统统出于自爱，对幸福的追求则导致了对于利益的追求。爱尔维修认为他像牛顿发现了自然的运动规律一样发现了社会的运动规律：人类社会服从于利益的规律。当然，爱尔维修并不是个人主义者，他强调公共利益是道德的标准，亦是法律的依据。此后的一些哲学家将这种建立在自爱和幸福基础上的伦理学说构建为以“最大多数人的最大利益”为最高原则的功利主义。

在这个时代，唯有康德独树一帜。康德在哲学中发动了一场革命，我们通常称之为“哥白尼式的革命”，他强调人不是受自然法则限制的动物，其理性使他具有不同于自然存在物的价值和尊严。

如前所述，以牛顿为代表的动力学的宇宙观需要解决两个问题，其一是宇宙的最初动力从何而来，其二是如何解释自然现象的复杂多样性。机械论的自然是由一个有开端而无终结的因果系列组成的，它以上帝作为不动的推动者为前提，而以物体的两种性质来解释复杂的自然现象。对此休谟提出了挑战：首先，一切知识来源于感觉经验，如果感觉经验是相对的、个别的和偶然的，建立在感觉经验基础上的知识就不可能具有普遍必然性，这意味着像牛顿物理学这样与经验有关的知识充其量只能是或然的知识。其次，如果感觉经验是知识的界限，那么具有超验性质的宗教信仰和形而上学就都是不可能的。康德以颠倒主体与客体之间关系的方式来回应休谟的挑战，他区别了现象与物自身，亦区别了两种因果关系，从而一举两得地解决了上述两个难题。

如果主体必须按照客体的方式去认识客体，这意味着我们的认识对象是事物本身，那么休谟的质疑就是无法化解的。因为关于事物的知识当然要从关于事物的感觉经验开始，感觉经验的相对性和偶然性意味着我们无

---

① 北京大学哲学系外国哲学教研室编译：《十八世纪法国哲学》，商务印书馆1975年版，第494、496页。

论如何都无法解释科学知识的普遍必然性。针对这个难题，康德尝试像哥白尼一样思考：如果我们把主体与客体之间的关系倒转过来会有什么结果？正是这个倒转解决了难题：一切知识的确来源于感觉经验，但是仅仅感觉经验还不构成知识，知识是主体与客体相关的产物。既然如此，在经验和知识中不仅有客体的因素，也有主体的因素渗透其中，康德称这些主体的因素为“先天认识形式”。换言之，外部事物刺激感官产生了杂多表象，心灵中的先天认识形式对此进行加工整理从而形成了知识。由于先天认识形式独立于经验并且构成了经验乃至知识的先天条件，所以保证了我们的经验和知识的普遍有效性。当然，我们的先天认识形式既是认识的条件，也构成了认识的障碍——我们只能认识通过先天认识形式所经验和认识的现象，至于事物本身则属于不可知的领域。就此而论，认识活动以经验为界。

说到这里，康德看起来仅仅解决了休谟的第一个质疑，其实不然：恰恰因为物自身不可知，我们也为宗教和形而上学保留了一条出路。物自身不可知，但却是认识活动不可缺少的前提条件，没有物自身对感官的刺激，就没有感觉经验的发生，也就没有知识的出现了，因此物自身的存在是认识活动必不可少的前提条件。由于物自身不受认识形式的限制，我们可以像牛顿一样，将其设想为在经验之外而引起经验的第一因或自由因，而这意味着自由虽然不可知但却是可以思想的，否则我们就会陷入没有事物的刺激，被动的感官可以自己产生感觉经验的悖论。既然自由是可能的，那么以自由为基础的伦理学就是可能的。反之，如果我们可以认识物自身，那将意味着一切东西都是普遍必然的从而是有条件的，无条件的东西则是不可能的。对康德来说，形而上学是人类理性试图超越自身有限性而通达无限的、无条件的自由境界的理想。以往形而上学的错误在于试图通过认识活动使之成为科学来通达自由，殊不知越是如此离人类理性的理想就越远。于是，康德强调：“我必须限制知识，以便为信念留地盘”，亦即为自由，为道德，从而为形而上学，开辟了一条新路，因为只有伦理学能够满足人类理性通达自由境界的形而上学理想。

回到前面康德对宇宙论的二律背反的揭示：自由与必然是不能相容的。现在经过“哥白尼式的革命”，康德指出了解决这一问题的唯一出路：只有按照批判哲学关于现象与物自身的划分，问题才能得到解决。如果只有一个作为自在之物的世界，自然因果律与一个自由因就是不能相容的。但是如果从两个方面看世界，情况就不同了。作为现象界的自然服从于作为先天认识形式的知性范畴的限制，在此领域一切都服从于自然因果律，没有自由。而作为物自身（自在之物）的世界则在知性范畴的限制之外，不受知性范畴的限制，我们可以将其设想为现象界的“自由因”，这一点虽然不能有认识论上的证明，但却是合乎逻辑的，否则现象界就是不可能的。当然，这并不意味着我们可以证明宇宙有一个自由因，康德哲学构建的是一个纯粹理性的体系，与宇宙自身无关。虽然如此，现象与物自身的划分对于人类理性来说至关重要，它意味着我们自己也像事物一样划分为两个方面，即作为现象的我和作为自由因的我，这里所谓的自由因指的是我们有可能不受感觉经验的限制，按照某种道德法则而行动，这就是“应该”。对康德来说，自然既不可能产生“应该”，也不可能制止“应该”，恰恰是看上去只有理想性的“应该”凸显了人类理性不同于自然存在物甚至不同于上帝的“尊严”。

人是有限的理性存在。作为有限的自然存在物，他终其一生始终受自然法则的限制而没有自由；而作为理性存在者，他应该按照理性法则行动但并非必然如此，因而理性法则对所有有理性的存在统统有效，但对于像人这样的有限的理性存在者表现为“应该”遵守但不一定遵守的道德法则。于是，人同时是两个世界的成员，受两种法则的影响。自然法则是他必须服从的必然法则，道德法则乃是他出于理性自身之内在必然性而行动的法则，康德称之为“自律”。我们每个人都是出于某种动机而行动的，如果你的动机仅仅对你个人有效，它就是主观准则。如果你的动机可以对一切有理性者普遍有效，那么它就是客观法则。而当你按照道德法则而行动的时候，这相当于按照理性自身的法则而行动，理性法则对你来说并非外在的限制，而是出于理性的内在必然性，这意味着有理性的存在自己立法自己遵守，所以道德法则在康德看来乃是理性之自律，亦即自由。

当然，由于人的两重性，他自始至终受到自然法则的限制，唯有当他排除感觉经验的影响，完全按照理性法则而行动时，他才是一个自由的存在，因此康德把培根的“知识就是力量”改为“德性就是力量”，换言之，做一个有道德的人并非易事，而且或许只是终生的理想。我们之所以说康德在18世纪独树一帜，就在于当法国哲学家们将人看作是被利益驱动的动物时，康德强调人有可能而且应该由自己的动机决定自己的行为，换言之，人可以成为自己的主人，而这样理解的因果关系，不再是外在的自然因果关系——他律，而是自己决定自己的自由因果关系——自律。

康德之后，尤其是黑格尔之后，在自然科学的冲击下，哲学探寻终极原因的工作陷入停顿。哲学——传统哲学——的目的是在不完美的现实世界之上构建一个完美的理想世界，以之为现实世界的基础和根据。然而按照自然科学，宇宙并没有某种合理的原因，在我们眼前的现实世界之外一无所有，所谓自然之外的理想世界并不存在而且是多余的。于是哲学不仅失去了传统的研究领域，而且失去了对现实生活的影响。在自然科学和技术高歌猛进之时，在一片歌舞升平万象更新之中，哲学乃至我们这个世界，陷入了空前的危机之中。

在古典时代，按照雅斯贝尔斯的轴心时代的理论，在公元前 800 年至公元前 200 年之间，世界各大主要文明相继形成了各自原创的核心价值观念：中国的先秦诸子百家、希腊的哲学、印度的佛教和巴勒斯坦的犹太先知……这些价值观念一直影响至今，但是也出现了深刻的危机。在古典的价值观念的框架之下，人们是依据客观实在的真理而为自己“定性”的：天、道、上帝、实体……然而时至今日现代人失去了这个客观依据，那个指引我们前进方向的理想世界破灭了，我们无家可归。尼采振聋发聩，用一句话表达了现代人的困境：“上帝死了。”我们不要以为“上帝死了”仅仅是基督徒的事，好像和我们没有关系。“上帝死了”标志着绝对价值的贬黜，标志着前此以往所有的理想统统化归虚无。

哲学与宗教的区别：哲学不能跨越界限，它只能从我们的现实世界出发，在没有科学根据的情况下，不能假设有超越现实世界之外的另一个世界。当然，哲学其实也并不否定另一个世界的可能性，我的个人看法，哲学家最多是一个怀疑论者或不可知论者。因此，仅就哲学而论，我们现在面临的严重危机，在某种意义上有可能重复了 2000 年前所发生的事件，那时的希腊哲学竞争不过基督教，宗教取代哲学而成为安慰人类心灵的方便法门。

尼采曾经说："哲学家出现的那些时代是有大危险的时代。"① 令人遗憾的是，我们现在就处在有大危险的时代，但是却没有出现哲学家。但是这个世界是需要哲学家的，如同需要宗教一样。

① 转引自［德］海德格尔《尼采》上卷，孙周兴译，商务印书馆2002年版，第3页。

心理因果：从笛卡尔到金在权

Daniel Lim

【作者简介】 Daniel Lim，中国人民大学哲学院教授。

笛卡尔的遗产

所谓的意识问题和心理因果是当代西方心灵哲学的两个中心问题。两者既相互差异，又紧密相连，因其均围绕同一问题：心灵是一元论（心灵＝身体）抑或二元论（心灵≠身体），哪一个才是真实的？整体而言意识问题用于支持二元论，而心理因果的问题用于为一元论辩护。下面是金在权（Jaegwon Kim）对此点所作出的总结：

> 心理因果问题乃是这个疑问的答案：心灵如何在一个本质上是物质的世界里发挥因果效力？意识问题则是下列疑问的答案：在一个物质的世界里怎么能有意识这样一种事物存在？结果是两者紧密相连——两个结相互缠绕，这使得无论解开任何一个结都显得更为困难。（Kim 2005，p. 7）

虽然意识问题和心理因果问题今日在哲学界引起极大的兴趣，但它绝对不是新问题。

这些问题的现代陈述可以视为过去论题的变种，最早可追溯至勒内·笛卡尔。为了建立自己的认识论，找到一个稳妥的根基，笛卡尔提出了其著名的哲思“我思故我在”。因此他宣称，至少令自己非常满意，他的存在是不容置疑的。然而令人不怎么满意的是，支持他存在的事实很少。他通过提出“我”所指为何的问题继续给出理由来支持二元论，他的答案直截了当：“我是我所思……我所疑、理解、确认、否认、愿意、拒绝和我所想象即感知。”仔细反思他的存在的本质，笛卡尔相信并果断地建立起这样的认识，他是完全与身体相区分的存在。他写道：

> 我虽然可能有一个身体，与我紧密相连，然而因为一方面我有清晰而独特的自我的概念，在我是我所思的范围内我不是一个延伸之物；另一方面因为我有一个独特的身体的概念——在这个范围内不是延伸之物，不是所思的事物——因此我确定与身体一分为二，我可以脱离身体而存在。(Descartes 1980，p. 93)

本段证明他支持在身体和精神之间做出清晰和严格的区分。根据笛卡尔，身体存在的本质是空间的存在，而精神存在的本质是思想，缺乏空间的维度。做出如此分类他自然会支持二元论的观点了。这种观点是理解二元论的一种方式，它宣称人类至少在世上活着的时候由两种存在组成。我们是非物质的头脑拥有物质的身体。

这样就解决了二元论的问题吗？二元论是思想理论得以设计的最好架构吗？远非如此。二元论存在很多的困难和争论，最突出的困难是心理因果问题。这个问题解释思想作为非物质何以存在，并与物质存在互为因果。一个非物质的存在何以不受任何物质特征（或者整体外在于物质空间）的影响或者受物质身体的影响，而身体则在纯粹的物质法则之下？在一封来自波希米尔·伊丽莎白公主（Princess Elisabeth of Bohemia）的信件中笛卡尔不得不面对这个问题：

> 人类灵魂如何决定身体内动物灵魂的行动以便做出自愿的行为——存在（being）仅仅作为意识的存在？因为行动的决定看起来总是来自行动之身体的推动——依赖于来自手势所设置的某种神经冲动，或者再次依赖于后者表面的本质和形式。现在前两种状况存在矛盾，第三种涉及强有力之物存在延伸，但您完全排除灵魂概念的延伸，对我来讲与非物质之物的接触是矛盾的。（Anscombe and Geach 1977，pp. 274—275）

为了给出令人信服的答案，笛卡尔逐渐总结出：身心之因果关系可以在松果体（pineal gland）——大脑中心的一个微小器官中得以发现。然而这并不能使其怀疑者满意，安全地说，这预示着实体二元论（或物质二元论，substance dualism）之终结。

继而在笛卡尔关于意识本质的遗产中出现了有趣的张力。当反射“我”的时候，二元论（某种程度上）似乎是不可抵挡的；然而反射心理因果时一元论（某种程度上）似乎是不可抵挡的。依赖于我们接近意识的途径来看我们似乎被迫选择两种完全相反的立场。我们知道在逻辑的基础上，它们不可能都正确，但是无论抵挡哪一种直觉都异常困难。某种程度上这与例外的面图组织有些类似，最著名的可能是由埃德加·鲁宾（Edgar Rubin1915）所描绘的剖面图花瓶。不可能同时获得表面剖面图和花瓶。指定黑白交界边缘向内时只能得到白色花瓶，指定边缘向外时只能获得黑色面的剖面图。同样，通过意识问题来思考心的本质（the nature of mind）时，只有二元论看似正确。另一方面通过心理因果来思考心的本质时，只有一元论看似正确。

恒常联结（constant conjunction）和反事实依赖（counterfactual dependence）

伊丽莎白公主抱怨笛卡尔的二元论最初聚焦于完全非物质之物进入与物质之物的因果关系之内这样一个困难的预想。她担心精神存在不是在物质世界中可以带来因果差异之正确类型的事物。毕竟，精神存在作为非空间的存在在物质世界里无法得到任何的牵引力。根据伊丽莎白的理解，一种非延伸、非空间的实体无法推或者拉物质世界之物。我们将此担忧称为伊丽莎白公主之忧（PEW）。

与 PEW 同样令人印象深刻的是在笛卡尔的时代为 PEW 辩护将异常困难，因为必须采用我们对物质性之科学理解的方式，那是经过数年发展之后才有的。物理科学的发展急剧地改变了我们接受物质性的方式。与伊丽莎白公主相反，科学家们不再相信需要接触才能在物质世界里产生因果关系。在今日的处境下，主张非物质之心是以其关注为基础之偶发现象（epiphenomenal），结果将是一场艰苦的斗争。如果不是被迫承认特定的基础，事实上将很难为 PEW 辩护，物质实体也将成为偶发现象。

再次，如果不是不可能的，根据很多因果的哲学分析，很难排除以其非物质本质为基础之心灵活动的因果效力。我要讨论两种因果关系的恒久分析以便解释：（ⅰ）恒常联结；（ⅱ）反事实依赖。为方便理解我将用最基础的方式呈现这些分析。虽然这些分析最近已经有很多的发展和修订，辩论分析却维持了最初架构的基本精神。

让我们从大卫·休谟（David Hume）开始，这是最受欢迎的恒常联结分析。下面是表述的方式之一：

> 恒常联结
>
> c 引起 e：有 F 和 G 的性能，这样 c 有 F，e 有 G，F 类的每一种行动都效法 G 类的每一种行动。

下面是休谟给出的一个例证：

> 这是一个放在桌上的台球；另一个球迅速向它移动。它们碰撞，先前停住的那个球现在得到一个推动力。这是，证明我们所知因与果之间关系的一个完美的例证……因此让我们来检验……我们来尝试类似条件下同样类型的其他球。我们总是发现这一个的神经冲动产生另一个的动作。因此这是因与果之间的恒常联结。每一个像因一样的主体总是产生一些像果一样的客体。（Hume1740，pp. 649—650）

不难看出在此例证中因的物理性质（移动的台球）与恒常联结分析是不相关的。问题在于移动的台球有特定的性质（有特定的体积，以某种速度移动等），并且静止台球随后的移动是这个性质的例示。

将此运用于心理因果的案例中，我们不难理解非物质之心与物质之身体产生相互作用。所需要的是相关的心要例示一个特定的性质，比如大喊“噢”。按照休谟的推理，只要我们能说在心例示一种特定的疼痛的感觉和喊“噢”之间有恒常联结，我们可以说心例示的这种感觉引起了相应的物理行动。

让我们简单地看一下大卫·刘易斯（David Lewis）的分析，即反事实之依赖的分析。下面是一种表述方式：

反事实依赖

c 引起 e：如果 c 没有发生，e 将不会发生。

说“如果 c 不发生，e 将不会发生”，是说 e 反事实依赖于 c。回到休谟的台球例证，我们可以轻易地看出刘易斯是如何处理案例的。如果移动的台球不移动，那么静止的台球随后的移动也将不会发生。这个反事实的状况似乎是正确的，因为在最接近可能的世界里，移动的台球不移动，静止的台球随后的移动也将不会发生。所以我们可以说，根据反事实依赖的分析，移动的台球引起静止台球的运动。

将此运用于心理因果的案例中我们可以看出，像恒常联结分析一样，非物质之心引起与物质之身体之间的相互作用也不难理解。所需要的就是特定的反事实必须真实。或者在现实世界中，我的心例示特定疼痛的感觉，随后我大喊“噢”。如果我的心例示特定的疼痛感觉没有发生，随后我大喊“噢”也不会发生吗？考虑到最接近可能的世界，似乎我的心例示特定疼痛的感觉没有发生之处，这种反事实就是真实的。采用反事实依赖分析，我们可以说我的心例示特定疼痛的感觉导致我随后的身体行动。

简单总结，这两个有效力的因果分析显示心理因果问题，像 PEW 中的论证一样，都不再是对二元论辩护感兴趣者的障碍。没有什么可以阻碍非物质本质之心与物质实体之间的因果关系。像 PEW 中的论证那样，曾经破坏笛卡尔二元论的因果的问题，随着哲学（和科学）关于因果概念的发展得以从本质上完全消除。

金在权和因果排斥（CAUSAL EXCLUSION）

虽然笛卡尔所面对的那个受 PEW 启发的心理因果问题大部分消除了，但在现代处境下这个问题以不同的形式再次出现，即所谓的因果排斥（随附性）辩论，最显著的发展和辩护来自金在权，他聚焦于不同的问题——为精神假定一个可以做任何因果工作而不存在的空间。这个思想与此有些类似：与 PEW 相反，即使精神可以与物质有因果联系，赋予物质世界特定性质，也没有任何工作可以留下给精神去做。

金在权的辩论糅合了至少三项重要的论断：（ⅰ）终结（closure）；（ⅱ）排斥（exclusion）；（ⅲ）决定于多种因素的系统性抛弃（a rejection of systematic overdetermination）。让我们一一来看。终结宣称在物质因果秩序中没有缝隙。如果一个物质的行动 e 有一个动因，它必须有一个充足的物质动力。不能将其与“强有力”的终结相混淆，如果 e 有一个动因，就只能有一个充足的动因。宣称终结就表示主张所有引发的物质行动（caused physical events）都必须有充足的物质动因，不主张所有引发的物质行动只能拥有充足的物质动因。不像 PEW，终结不在自身，不属于自身，消除了心理因果的可能性。

排斥宣称行动无法多于充足的动因，除非它是决定于多种因素的案例。这看起来异常合理，接近于分析真理的水平，故我不再多言。最后是金在权之决定于多种因素的系统性抛弃。不可将此与决定于多种因素不存在的绝对之宣称混为一谈。相反他声称那个决定于多种因素不存在于任何规律的、系统的样式当中。决定于多种因素发生时乃偶然发生。

其论证如下：

1. 假设心灵作为 m 是身体行动 p*充足的动因。

2. 鉴于终结，p*必须有一个充足的动因 p。

3. 这意味着 m 和 p 均为 p*的充足动因。

4. 考虑到排斥，除非 m 和 p 是决定 p*的多种因素，否则不可能。

5. 任何一种动因必须互相排斥，或者心理因果必须系统性地决定于多种因素。

6. 考虑到决定于多种因素的系统性抛弃，我们似乎必须排除 m 或 p 作为动因。

7. 如果排除 p，考虑到终结，其他物质动因必须存在，最好排除 m。

8. 因此 m 是偶发现象。

似乎二元论在调适心理因果，以相反的立场作为终结（前提 1 和 8 相互矛盾）。为保持连贯性二元论者（坚持终结、排斥和决定于多种因素的抛弃的同时）被迫拒绝心理因果，成为偶然现象者。当然，如果有人愿意拒绝二元主义，有一种清晰的固定的心理因果之方式。大家可以变成一元论者，像金在权最后催促的那样。他相信唯一一种辩护心理因果的方式（坚持终结、排斥和决定于多种因素的抛弃的同时）是消除 m 和 p。因此身心并非相互区分，某种程度上来说必须是物质的。

操控（manipulation）

很多人反对金在权的建议，他们设计出各种各样的回应。然而最令我感兴趣的是最近的一种尝试，在不对心灵做物质性删减的同时对心理因果进行新的分析，以此来为心理因果做出辩护。下面是所谓操控心理因果分析的大纲。

> 操控
> c 引起 e：在干预 c 的情况下 e 的价值将改变。

这个分析的关键词是“干预”。不必太专业化，我们举例说明何为干预。

琴师在钢琴上弹出各种声音。我们如何知道琴师和各种声音之间的关系是因果性的呢？如果我们干预琴师（持续地保持其他因素），声音发生了变化，我们可以说它们的关系是因果性的。比如一名警员进入大厅，射击琴师（从而干预琴师），声音将发生变化——声音将被消除。或者如果琴师的妻子进入大厅，琴师兴奋起来（从而干预琴师），声音将发生变化——声音将更加高亢。因为声音在对琴师进行干预时发生变化，因此琴师导致钢琴发出不同的声音。

但这如何帮助回应金在权之因果排斥论辩呢？在此回应中重要的因素是多重实现（multiple realizability）的概念。这里宣称精神状态可以通过各种物质状态得以实现。例如考虑到经历狗叫的声音这样一种精神状态。你在这种（这些）精神状态（m）下时确定无疑地也处于特定的物质大脑状态（b1）之下。说 m 是多重实现是说你可以通过处于不同的物质大脑状态（b2）中，而在同样的精神状态（m）之下。确认到底是否真实可能距离尚远，但倒是可以享受初步的合理性（prima facie plausibility）。

我们假设你精神状态 m 的存在导致你执行一项身体行为（p）——你说，“Hi Spot!” p 的动因是什么？是精神状态 m？还是身体状态 b1？根据因果的操控分析，它决定于我们干预推论动因（putative causes）时所发生的事情。如果我们介入 b1，将其变成 b2，p 会有变化吗？很明显不是，因为大脑状态将伴随着同样的精神状态 m。你一旦听到狗的叫声，就会回应喊叫，“Hi Spot!” 所以似乎是特定地干预 b1 结果不一定是带来 p 的相应变化。m 怎么样呢？如何对 m 进行干预保持 p 原封不动则更加困难。因为如果 m 受到干预，经历到狗叫声的变化，似乎 p 也会变化。如果经历到狗叫声在声调和音量上的变化，或许这声音与你记忆中狗叫的声音不尽相同，你则不再大叫，“Hi，Spot!” 这里所建议的是 m 是 p 的动因，心理因果得到证明。事实是身心因果关系。

这提供了一种为心理因果辩护的方式的同时也不是没有问题。我将考虑其中的一个问题。根据这种因果分析，无论是 b1 还是 b2 似乎都不足以做 p 的动因。伴随着 m 发生时，像 b1 和 b2 那样的物质大脑状态将有何变化？这个问题似乎并没有令人满意的答案。首先，有人可能只认可 b1 和 b2 是偶然现象的观念。从这一观点来看，伴随着特定的精神状态，大脑状态是偶然现象。这似乎要付出高昂的代价。在变化心理因果时我们不得不说相关的大脑状态是虚弱的！其次，有人可能尝试通过提供不同的可以产生效力的身体状态（和不是说“Hi Spot!” 的身体行动）来挽救 b1 和 b2 的因果效力。或许有人会辩论 b1 和 b2 是身体状态，是“低于”精神状态的本体论层面的状态，是与比如像说“Hi Spot!” 这样的身体行动相关，这种状态是“低于”精神状态的本体论层面的。或许 b1 和 b2 是发生在细胞层面之身体状态的动因。我们可以说 b1 引起体内细胞如此组织（我们称此状态为 c1），声带受到刺激发出声波。故我们可以说 m 导致 p，b1 导致 c1。我们一旦思想到有一种因果关系，至少将出现两种。这幅图没有任何不连贯时，我们似乎要面对令人不快的平行形式。对于任何精神上的因果关系的给定实例，我们都不得不面对各种其他同时发生的因果关系（发生在不同本体论层面上）。

结 论

关于此主题当然还可以有更多的讨论，但我将就此做结。我们看到在尝试表述“心”时，有一项重要任务便是理解精神上的因果关系如何适应世界的因果秩序。我已经尝试做出简单的阐释。历史语言学家通过各种因果分析来形塑关于精神上的因果关系。该领域最近的工作，比如涉及因果操控分析的工作提醒我们，如果不发展并做出深入的因果分析，弄清楚精神的因果关系之任务将无法完成。为此至少前方有一条重要途径，西方分析传统的哲学家们正在与其他传统（像佛教传统）的思想家们进行交流。我相信这对于做出真正意义上的进步将越来越具有决定性意义。

（赵慧利译）

MENTAL CAUSATION: FROM DESCATES TO KIM

DANIEL LIM

THE CARTESIAN LEGACY

The so - called problems of consciousness and mental causation are two central issues in contemporary western philosophy of mind. Though distinct, the problems are intimately connected because they revolve around the same question regarding the mind: is monism (mind = body) or dualism (mind ≠ body) true? Generally, the problem of consciousness is used to argue for dualism and the problem of mental causation is used to argue for monism. Here's how Jaegwon Kim summarizes this point:

> **The problem of mental causation is to answer this question: how can the mind exert its causal powers in a world that is fundamentally physical? The problem of consciousness is to answer the following question: how can there be such a thing as consciousness in a physical world? As it turns out, the two problems are interconnected-the two knots are intertwined, and this makes it all the more difficult to unsnarl either of them.** (**Kim** 2005, **p.** 7)

Though the problem of consciousness and the problem of mental causation command a great deal of philosophical interest today they are by no means new.

The contemporary formulations of these problems can be seen as variations on themes that can be traced as far back as René Descartes. ① While searching for a secure foundation on which to build his epistemology Descartes formulated the, now famous, *Cogito*- "I think therefore I am." With it he claimed, at least to his own satisfaction, that his existence was indubitable. Dissatisfied, however, with the mere fact that he exists he went on to offer reasons in support of dualism by asking what this 'I' refers to? His answer was straightforward: "I am a thing that thinks… a thing that doubts, understands, affirms, denies, wills, refuses, and which also imagines and senses." Careful reflection on the nature of his existence, Descartes believed, decisively established that he was something wholly distinct and separate from his body. He writes:

> ***Although perhaps I have a body that is very closely joined to me, nevertheless, because on the one hand I have a clear and distinct idea of myself-insofar as I am a thing that thinks and not an extended thing-and because on the other hand I have a distinct idea of body-insofar as it is merely an extended thing, and not a thing that thinks-it is therefore certain that I am truly distinct from my body, and that I can exist without it.*** (***Descartes*** 1980, ***p.*** 93)

It is evident from this passage that he countenanced a clear and rigid demarcation between physicality and mentality. According to Descartes, the essence of physical substance was *spatial extension* while the essence of mental substance was *thought* which lacked spatial dimensions altogether. Given this classification it was quite natural for him to espouse a dualism of substances. This view, which is one way of spelling out dualism, claims that human beings, at least while alive on earth, are composites of two distinct sub-

① These issues can be traced at least as far back as Descartes. For ancient Greek discussions of mind/ body dualism we can look to Plato. In the Phaedo Plato argued that the soul and body are distinct since the soul is simple and immutable while the body is composite and perishable.

stances. We *are* non - physical minds that *have* physical bodies.

Does this settle the issue in favor of dualism? Is dualism the best framework within which a theory of mind is to be devised? It is far from clear that it is. Dualism is saddled with a number of difficulties and, arguably, the most pressing difficulty is the problem of mental causation. This is the problem of explaining how mental substances, being non - physical, can carry out causal transactions with physical substances and vice versa. How can a*non* - physical substance without any physical characteristics (and perhaps wholly outside physical space) causally influence or be influenced by physical bodies that are subject to purely physical laws? Descartes was forcefully confronted with this problem in a letter from Princess Elisabeth of Bohemia:

> ***How* [*can*] *the human soul can determine the movement of the animal spirits in the body so as to perform voluntary acts-being as it is merely conscious substance? For the determination of the movement seems always to come about from the moving body's being propelled-to depend on the kind of impulse it gets from what sets it in motion, or again, on the nature and shape of this latter thing's surface. Now the first two conditions involve contact, and the third involves that the impelling thing has extension; but you utterly exclude extension from your notion of soul, and contact seems to me incompatible with a thing's being immaterial.* (*Anscombe and Geach* 1977, *pp*. 274—5)**

Struggling to give a cogent answer to this problem Descartes eventually concluded that the mind - body causal nexus was to be found in the pineal gland—a tiny organ at the center of the brain. This, however, failed to satisfy his skeptics and, it is safe to say, foreshadowed the demise of substance dualism.

There is, then, an interesting tension that runs through Descartes' legacy regarding the nature of mind. When reflecting on the referent of 'I', dualism (of some sort) seems irresistible. When reflecting on mental causation, however, monism (of some sort) seems irresistible. Depending on how you approach the mind we seem to be forced into adopting one of two diametrically opposed positions. We know, on logical grounds, they cannot both be true but it is extremely difficult to resist either intuition! In some ways it is analogous to the figure – ground organization of perception that is probably best known by the 'profiles / vase' drawing described by Edgar Rubin (1915). It is impossible to perceive the face profiles and the vase simultaneously. When the edges between the black and white regions are assigned inward only the white vase is perceived but when the edges are assigned outward only the black face profiles are perceived. In the same way, when thinking about the nature of mind through the problem of consciousness, only dualism seems to be correct. On the other hand when thinking about the nature of mind through the problem of mental causation, only monism seems to be correct.

CONSTANT CONJUNCTION AND COUNTERFACTUAL DEPENDENCE

Princess Elisabeth's complaint against Descartes' dualism was focused primarily on the difficulty of envisioning how something completely non – physical might enter into causal transactions with something physical. She was worried that mental substances were simply not the right kinds of things that could make a causal difference in the physical world. After all, mental substances, being non – spatial, would fail to get any traction in the physical world. An unextended, non – spatial entity, according to Princess Elisabeth, would not be able to push or pull things in the physical world. Let's call this worry Princess Elisabeth's worry (PEW).

As effective as PEW was during Descartes' time it would be difficult to defend PEW in contemporary debates given the way our scientific understanding of physicality has evolved over the years. Progress in the physical sciences have radically altered the way we conceive of physicality and scientists no longer believe that contact, contra Princess Elisabeth, is required for causal interactions to take place in the physical world. Consequently, it would be an uphill battle, in today's context, to assert that the non - physical mind is epiphenomenal based on her concerns. Indeed it would be difficult to defend PEW without being forced to concede that certain fundamental *physical* entities would be epiphenomenal as well.

Furthermore, it would be difficult, if not impossible, according to many philosophical analyses of causation, to rule out the causal efficacy of mental events based purely on their non - physical nature. To illustrate this I will consider two enduring analyses of causation: (i) constant conjunction and (ii) counterfactual dependence. I will be presenting these analyses in their most elementary forms for ease of understanding. Though there have been a number of recent advances and emendations to these analyses, the augmented analyses maintain the basic spirit of the original formulations.

Let's begin with the constant conjunction analysis made popular by David Hume. Here is one way of spelling this out:

Constant Conjunction

c causes e: there are properties F and G, such that c has F and e has G, and each event of kind F is followed by an event of kind G.

And here is an example given by Hume:

Here is a billiard - ball lying on the table, and another ball moving towards it with rapidity. They strike; and the ball, which was formerly at rest, now acquires a motion. This is as perfect an instance of the relation of cause and effect as any which we know ... let us therefore examine it… let us try any other balls of the same kind in the alike situation, and we shall always find, that the impulse of the one produces motion in the other. Here therefore… is a constant conjunction between the cause and effect. Every object like the cause, produces always some object like the effect. (***Hume*** 1740, ***pp***. 649—50)

It's not difficult to see, in this example, that the physical nature of the cause (the moving billiard – ball) is irrelevant to the constant conjunction analysis. What matters is that the moving billiard – ball has a certain property (having a certain mass, moving at a particular velocity, etc.) and the instantiation of this property is followed by the stationary billiard – ball's subsequent movement.

Applying this to the mental causation case we can see that there are no obstacles in making sense of a non – physical mind causally interacting with a physical body. All that is needed is for the relevant mind to instantiate a certain property, say, the property of feeling pain to be followed by a certain physical behavior, say, shouting 'ouch!' So long as we can say, following Hume, that there is constant conjunction between the mind's instantiating a certain feeling of pain and shouting 'ouch!' we can say that the mind's instantiating this feeling *caused* the relevant physical behavior.

Let's take a brief look at the counterfactual dependence analysis made famous by David Lewis. Here is one way of spelling this out:

> ***Counterfactual Dependence***
> ***c causes e: if c were not to occur then e would not occur.***

To say that "if *c* were not to occur then *e* would not occur" is to say that *e* counterfactually depends on *c*. Returning to Hume's billiard – ball example we can readily see how Lewis' analysis handles this case. If the moving billiard – ball were not to occur then the stationary billiard – ball's subsequent movement would not occur. This counterfactual conditional seems to be true since in the closest possible world where the moving billiard – ball were not to occur the stationary billiard – ball's subsequent movement would not occur either. So we can say, based on the counterfactual dependence analysis, that the moving billiard – ball *caused* the stationary billiard – ball's movement.

Applying this to the mental causation case we can see that, like the constant conjunction analysis, there are no obstacles to making sense of a non –

physical mind causally interacting with a physical body. All that is needed is for certain counterfactuals to be true. Perhaps, in the actual world, my mind's instantiating a certain feeling of pain is followed by my shouting 'ouch!' If my mind's instantiating a certain feeling of pain were not to occur then would my shouting 'ouch!' not occur? It seems, by considering the closest possible worlds where my mind's instantiation of a certain feeling of pain does not occur, that this counterfactual is true. So we can, using the counterfactual dependence analysis, say that my mind's instantiating a certain feeling of pain *caused* my subsequent physical behavior.

What this, all too brief, look at two influential analyses of causation shows is that the problem of mental causation, as formulated in PEW, can no longer be considered an obstacle for those interested in vindicating dualism. There is nothing in the mind's non - physical nature that prevents it from entering into causal transactions with physical entities. Philosophical (and scientific) developments regarding the concept of causation have essentially eliminated the problem of mental causation, as formulated in PEW, that once jeopardized Descartes' dualism.

KIM AND CAUSAL EXCLUSION

Though the PEW - inspired problem of mental causation that Descartes faced has largely been dismissed in the contemporary context a different form of the problem has emerged. The so - called causal exclusion (or supervenience) argument, most notably developed and defended by Jaegwon Kim, has focused attention on a different issue- the putative absence of room for the mental to do any causal work. The thought goes something like this. Even if the mental could, contra PEW, causally interact with the physical, given certain features of the physical world, there simply wouldn't be any work left for the mental to do.

Kim's argument hinges on at least three critical claims: (i) closure, (ii) exclusion, and (iii) a rejection of systematic overdetermination. Let me say a bit about each claim. Closure is the claim that there are no gaps in the physical causal order. If a physical event*e* has a cause then it must have a sufficient physical cause. This claim should not be confused with '*strong*' closure which states that if *e* has a cause then it can *only* have a sufficient physical cause. As stated closure merely asserts that all caused physical events must have sufficient physical causes, it does not assert that all caused physical events can only have sufficient physical causes. That is, closure, unlike PEW, does not in and of itself rule out the possibility of mental causation.

Exclusion is the claim an event cannot have more than one sufficient cause unless it is a case of overdetermination. This seems to be an extremely plausible claim that borders on the level of an analytic truth so I won't have much to say about it here. Finally, there is Kim's rejection of systematic overdetermination. This should not be confused with the claim that overdetermination *simpliciter* does not exist. Rather, it is the claim that overdetermination does not happen in any regular, systematic fashion. Overdetermination, when it occurs, occurs by coincidence.

The argument can be regimented as a *reductio* as follows:

1. Let's assume mental event *m* is a sufficient cause of physical event *p* *.

2. Given closure, *p* * must have a sufficient physical cause, *p*.

3. This means *m* and *p* are both sufficient causes of *p* *.

4. Given exclusion, this is impossible unless *m* and *p* overdetermine *p* *.

5. Either one of the causes must be excluded or mental causation must be systematically overdetermined.

6. Given a rejection of systematic overdetermination, it seems we must exclude either *m* or *p* from being a cause.

7. If *p* is excluded, given closure, some other physical cause must exist so it is best to exclude *m*.

8. Therefore, *m* is epiphenomenal.

It seems the dualist, in trying to accommodate mental causation, ends up with a contradictory position (premises 1 and 8 are contradictory). To remain consistent dualists (while maintaining closure, exclusion, and a rejection of systematic overdetermination) are forced to reject mental causation and become epiphenomenalists. Of course, if one is willing to reject dualism there is an obvious way of securing mental causation. One can simply become a monist- which is what Kim ultimately urges. He believes that the only way to secure mental causation (while maintaining closure, exclusion, and a rejection of systematic overdetermination) is to physically reduce *m* to *p*. The mind, therefore, is not distinct from the body. It must, in some way, be physical.

MANIPULATION

Many have resisted Kim's advice and have devised a variety of responses. What is of interest to me, however, is a recent attempt to draw on a 'new' analysis of causation to vindicate mental causation without resorting to a physical reduction of the mind. Here is a rough sketch of the so – called manipulation analysis of causation.

Manipulation

c causes e: the value of e would change under some intervention on c.

The key word in this analysis is 'intervention.' Without getting too technical, perhaps an example can describe what an intervention is.

The pianist causes the piano to emit various sounds. How do we know that the relation between the pianist and the various sounds is causal? If we intervene on the pianist (while keeping other factors constant) and a change occurs in the various sounds we could say that the relation is causal. For instance, if a vigilante entered the saloon and shot the pianist (thereby intervening on the pianist) the various sounds would have changed- that is, the sounds would have been eliminated. Or if the pianist's wife walked into the saloon and the pianist got excited (thereby intervening on the pianist) the various sounds would have changed- that is, the sounds would have been louder. So the pianist causes the piano to emit various sounds because the various sounds would change under some intervention on the pianist.

So how does this help respond to Kim's causal exclusion argument? One critical element in this response is the notion of *multiple realizability*. This is the claim that mental states can be realized by a variety of different physical states. Consider, for example, the mental state of experiencing the sound of a dog barking. There is no doubt that when you are in this mental state (*m*) you are also in a certain physical brain state (*b*1). To say that *m* is multiply realizable is to say that you could be in the same mental state, *m*, while being in by a different physical brain state (*b*2). Though it is far from clear whether or not this is true it seems to enjoy *prima facie* plausibility.

Let's assume that your being in mental state*m* causes you to execute a physical behavior (*p*) -you say, "Hi Spot!" What is the cause of *p*? Is it the mental state *m*? Or is it the physical state *b*1? According to the manipulation analysis of causation it depends on what happens when we intervene on the putative causes. If we intervened on *b*1 and changed it to *b*2 would there be any change in *p*? Apparently not since both brain states would be accompanied by the *same* mental state, *m*. As long as you experience the sound of a dog barking you respond by calling out, "Hi Spot!" So it seems that certain interventions on *b*1 do not result in any changes regarding *p*. What about *m*? It's much harder to see how interventions on *m* could leave *p* intact. For if *m* were intervened on and the experience of the sound of a dog barking changed then it seems *p* would change as well. If the experience of the sound of a dog barking were different in tone or quality perhaps the sound would no longer be similar enough to your memory of the sound of your dog's barking and you would no longer call out, "Hi Spot!" What this suggests is that *m* is the cause of *p* and mental causation is vindicated. There can indeed be mind – body causal relations.

While this may offer a way of securing mental causation it is not without its problems. I will consider one such problem. According to this analysis of causation, neither *b*1 nor *b*2 seem to qualify as causes for *p*. What then do physical brain states like *b*1 and *b*2 cause when accompanied by *m*? There do not seem to be any satisfying answers to this question. First, one might simply endorse the claim that *b*1 and *b*2 are epiphenomenal. Brain states, when accompanied by certain mental states, are epiphenomenal on this view. This seems to be a high price to pay. In securing mental causation we'd be forced to say that the relevant brain states are causally impotent! Second, one might try to salvage the causal efficacy of *b*1 and *b*2 by proposing *different* physical states (and not the physical behavior of saying, "Hi Spot!") that could serve as their effects. Perhaps one could argue that *b*1 and *b*2, being physical states that are at a 'lower' ontological level than mental states, are causally related to states that are at a 'lower' ontological level than physical behaviors like saying 'Hi Spot!' Maybe *b*1 and *b*2 are causes of physical states occurring at the cellular level. We might say that *b*1 causes the cells in the body to organize in such a way (let's call this state *c*1) that the vocal chords are stimulated to emit sound waves. So we could say that *m* causes *p* and *b*1 causes *c*1. Where we once thought there was only one causal relation it turns out there are at least two. While there is nothing inconsistent about this picture we seem to be faced with an unpalatable form of parallelism. For any given instance of mental causation we will be forced to countenance a variety of other causal relations (occurring at different ontological levels) that occur simultaneously.

CONCLUSION

There is, of course, much more to be said on this topic but I will end the discussion here. As we try to give an account of the mind we see that understanding how mental causation fits into the causal order of the world is a vital task. And as I've tried to briefly illustrate, the historical dialectic regarding mental causation has been shaped by various analyses of causation. Recent work in this area, like the work involving manipulation analyses of causation, suggests that the task of making sense of mental causation may not be completed without developing and exploring further analyses of causation. To this end at least one important way forward is for philosophers in the western analytic tradition to engage with thinkers in other traditions (like the thinkers in Buddhist traditions). This will, I believe, become increasingly critical in making genuine progress.

REFERENCES

Anscombe, Elizabeth and Geach, Peter T. 1977. *Descartes: Philosophical Writings*. London: Nelson's University Paperbacks.

Descartes, René. 1980. *Discourse on Method and Meditations on First Philosophy*. Indianapolis: Hackett Publishing Company.

Hume, David. 1740. *An Abstract of a Treatise on Human Nature*, L. A. Selby - Bigge & P. H. Nidditch (eds.) Oxford: Clarendon Press, 1978.

Kim, Jaegwon. 2005. *Physicalism or Something Near Enough*. Princeton: Princeton University Press.

征稿启事

《国际佛学论丛》是由中国人民大学国际佛学研究中心主办的学术丛刊，主要发表有关世界佛教的学术论文与译文。文章的重要来源是每年一届的国际佛学论坛论文，同时也接受投稿。

《国际佛学论丛》由中国社会科学出版社出版，每年十月一日前截稿，次年出版。文献格式遵循中国社会科学出版社的惯例。

期待您的支持。来稿请寄：100872，北京市海淀区中关村大街59号中国人民大学人文楼514室国际佛学研究中心。

电子邮箱：zjgy@ ruc. edu. cn

《国际佛学论丛》编辑部

2016年6月26日